Über dieses Buch

Der ›dtv-Atlas zur Biologie‹, dessen erster Band Wissenschaftstheorie, Aufbau der Zelle, Zellvorgänge, Organe, Grundtypen der Lebewesen, Fortpflanzung, Mikroorganismen-Entwicklung, Metazoen-Entwicklung, Entwicklungsbedingungen, Ökologie und Systematik behandelt, wird mit dem vorliegenden zweiten Teil abgeschlossen. Über Band 1 urteilt die Presse:

»Ein hervorragender Führer durch die gesamte Biologie ist der gleichmäßig mit farbigen Tafeln und knappen, aber alle wesentlichen Dinge erfassenden Texten ausgestattete dtv-Atlas zur Biologie.«
(Frankfurter Allgemeine Zeitung)

»Das editorische Prinzip erhebt ihn in den Rang eines Nachschlagewerkes . . . Eine einmalige, überzeugende Taschenbuchedition.«
(Zofinger Tagblatt)

»Jedenfalls kann man nicht nur dem Deutschen Taschenbuch Verlag, sondern vor allem jedem ernsthaft interessierten Leser und Benutzer zu diesem vorzüglichen dtv-Atlas mit dem erstaunlich niedrigen Preis gratulieren.«
(Norddeutscher Rundfunk)

Günter Vogel/Hartmut Angermann:

dtv-Atlas zur Biologie
Tafeln und Texte

Graphische Gestaltung der Abbildungen:
Inge Szász-Jakobi und István Szász

Band II
Mit 114 Abbildungsseiten

Deutscher
Taschenbuch
Verlag

Originalausgabe
September 1968

Umschlaggestaltung: Celestino Piatti
Gesamtherstellung: C. H. Beck'sche Buchdruckerei,
Nördlingen
Offsetreproduktionen: Amann & Co., München
Printed in Germany

Vorwort

Der ›dtv-Atlas zur Biologie‹, dessen zweiter Band hiermit vorliegt, soll einen Überblick über das Wissenschaftsgebiet der Biologie geben. Er ist nicht nur Einführung, sondern auch Wissenschaftskunde und – durch das ausführliche Register – Nachschlagewerk.
Die Anordnung und Gliederung der Sachgebiete erfolgt grundsätzlich nach didaktischen Gesichtspunkten. Die im ersten Band abgehandelten grundlegenden Sachgebiete der vorwiegend deskriptiven Disziplinen werden im zweiten Band ergänzt und erweitert durch speziellere Fachgebiete, von denen einige – Verhaltensforschung, Genetik, Abstammungslehre – heute besonders im Brennpunkt des Interesses stehen. – Auch die Trennung von Botanik und Zoologie einerseits und Morphologie und Physiologie andererseits wurde nicht als Einteilungsprinzip verwandt, sondern nur nach ihrer didaktischen Notwendigkeit.
Während Symbol- und Abkürzungsverzeichnisse gesondert am Anfang beider Bände stehen, fassen Namenverzeichnis und Sach- und Personenverzeichnis am Schluß des zweiten Bandes den Inhalt beider Bände noch einmal lexikalisch zusammen.
Die Autoren, die bei der Planung dieses ›Atlas zur Biologie‹ optimistisch genug waren zu glauben, das Buch könne alle Gebiete der Biologie umfassen und zugleich auf dem neuesten Stand der Forschung sein, mußten während ihrer Arbeit erkennen, wie schwer dies Ziel zu erreichen ist. Sie hoffen aber, daß das Buch frei von wesentlichen Fehlern und Unvollkommenheiten ist. Für Anregungen und Hinweise sind sie jedoch stets dankbar.
Dank gebührt Frau Inge Szász-Jakobi und Herrn István Szász, die die Abbildungen nach den Entwürfen der Verfasser sorgfältig und gewissenhaft ausführten; der Redaktion, die unter Leitung von Herrn Dr. Erhard Klöss das Werk betreute; besonders aber dem Verlag, der das Risiko nicht gescheut hat, erstmalig in dieser Form biologische Sachverhalte auch einem größeren Leserkreis zugänglich zu machen.

Bielefeld, im August 1968 Die Verfasser

Inhalt

Symbol- und Abkürzungsverzeichnis

⌀	Durchmesser
♂	männlich
♀	weiblich
	Ortsbewegung (Bewegungspfeil)
	Bewegungsrichtung (Richtungspfeil)
←	»wird zu«, »wirkt auf« (Entwicklungspfeil)
⇌	»im chemischen Gleichgewicht mit« oder »Austausch zwischen«
Ⓟ	Phosphat-Rest
>	größer als
<	kleiner als
~	ungefähr
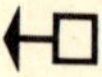	Ausschnittvergrößerung
	»wirkt hemmend«
	»wirkt stark hemmend«
	»wirkt fördernd«
	»wirkt stark fördernd«
+	oder ⊕ positive Ladung
—	oder ⊖ negative Ladung

A	Adenin (in der Genetik)
A	Reafferenz (in der Kybernetik)
AAM	angeborener Auslösemechanismus
ACTH	adrenocorticotropes Hormon
$Al_2(SO_4)_3$	Aluminiumsulfat
AM	ancient member
AMP	Adenosinmonophosphat
AoN-Regel	Alles-oder-Nichts-Regel
App.	Appetenzverhalten
Atm.	Atmosphären
A-Typ	Australopithecus-Typ
B	Bor
bakt.	bakteriell
$B(OH)_3$	Borhydroxid
C	Cytosin
$C_{1\,2\,3\,4}\ldots$	Organische Verbindungen mit 1,2,3,4, ... Kohlenstoff-Atomen
Ca^{2+}	Calcium-Ionen
cal	Kalorie
$Ca(NO_3)_2$	Calciumnitrat
$Ca_3(PO_4)_2$	Calciumphosphat
$CaSO_4$	Calciumsulfat
CH_4	Methan
Chl, Chl^+	Chlorophyll
$C_6H_{12}O_6$	Traubenzucker
Citr	Citrullin
Cl, Cl_2	Chlor
Co	Kobalt
CoA	Coenzym A
$Co(NO_3)_2$	Kobaltnitrat
Cu	Kupfer
$CuSO_4$	Kupfersulfat
DPN	Codehydrase I
dyn	Maßeinheit des Drucks
e, e^-	Elektron
E	Efferenz
EEG	Elektroenzephalogramm
EFF	Effektor
EK	Efferenzkopie
erg	Maßeinheit der Kraft
f.	forma
F	Geschlechtsfaktor bei Bakterien
F^-	Fertilität negativ
F_1	1. Filialgeneration
F_2	2. Filialgeneration
FAD, $FAD \cdot H_2$	Flavin-adenin-dinukleotid
Fe	Eisen
Fe^{++}, Fe^{+++}	Eisen-Ionen
$Fe_3(PO_4)_2$	Eisenphosphat
$FeSO_4$	Eisensulfat
FMN	Flavinmononukleotid
F. r.	Formatio reticularis
FSF	fibrinstabilisierender Faktor
FSH	follikelstimulierendes Hormon
G	Guanin
γ	Gamma ($\frac{1}{1000}$ Milligramm)
$+\Delta G$	gebundene Energie
$-\Delta G$	freie Energie
Gel	Zustand kolloidaler Lösungen (hohe Viskosität)
geschl.	geschlechtlich
Gg	Gleichgewicht
H^+	Wasserstoffion
Hb	Hämoglobin
HCN	Cyanwasserstoffsäure, Blausäure
HCO^-_3	Hydrogencarbonation
H_2CO_3	Kohlensäure
Hfr-	»high-frequency of recombination«
Hg	Quecksilber
HHL	Hypophysenhinterlappen
HNO_2	salpetrige Säure
H_2O_2	Wasserstoffperoxid

HPO_4^{--}	Hydrogenphosphat-Ion
$H_2PO_4^{-}$	Dihydrogenphosphat-Ion
H_2S	Schwefelwasserstoff
$h\nu$	Strahlungsenergie
HVL	Hypophysenvorderlappen
HZ	höheres Zentrum
IES	Indol-3-Essigsäure
in vitro	im Reagenzglas
Jh.	Jahrhundert
Jt.	Jahrtausend
K^+	Kalium-Ion
K	Kommando (in der Kybernetik)
KBr	Kaliumbromid
kcal	Kilokalorie
KCl	Kaliumchlorid
$KHCO_3$	Kaliumhydrogencarbonat
KH_2PO_4	Kaliumdihydrogenphosphat
KJ	Kaliumjodid
KNO_3	Kaliumnitrat
konst.	konstant
Leu^+	Leucin-produzierend
Leu^-	Leucin-bedürftig
Leu^+Bio^+	Leucin-produzierend, Biotin-produzierend
Leu^+Bio^-	Leucin-produzierend, Biotin-bedürftig
Leu^-Bio^+	Leucin-bedürftig, Biotin-produzierend
Leu^-Bio^-	Leucin-bedürftig, Biotin-bedürftig
Leu^+S^r	Leucin-produzierend, Streptomycin-resistent
Leu^-S^s	Strepto-Leucin-bedürftig, mycin-sensibel
LH	luteinisierendes Hormon
Li	Lithium
LiCl	Lithiumchlorid
LTH	lacto- und luteotropes Hormon, Prolactin
Lux	Maßeinheit der Lichtintensität
Lux/sec	Maßeinheit der Lichtmenge
M	Masse, Körpermasse
M	Meldung, Exafferenz (in der Kybernetik)
μ	10^{-4} cm
Mg^{++}	Magnesium-Ion
MG	Molekulargewicht
$MgSO_4$	Magnesiumsulfat
ml	Milliliter
Mn	Mangan
$MnCl_2$	Manganchlorid
Mo	Molybdän
mol	Molekulargewicht eines Stoffes in Gramm
Mrd.	Milliarde
m-RNA	Boten-(messenger-)Ribonukleinsäure
mV	Millivolt
NaCl	Natriumchlorid, Kochsalz
NAD^+, $NADH^+H^+$	Nicotinamid-adenin-dinukleotid

$NADP^+$, NADP, $NADPH{+}H^+$, $NADP \cdot H_2$	Nicotinamid-adenin-dinukleotid-phosphat
$NaHCO_3$	Natriumhydrogencarbonat
$-NH_2$	Aminogruppe
NH_3	Ammoniak
NH^+_4	Ammonium-Ion
Ni	Nickel
$NiSO_4$	Nickelsulfat
nm	Nanometer (= $m\mu$ = 10^{-7} cm)
NNR	Nebennierenrinde
NO_2	Stickstoffdioxid
NO^-_2	Nitrit-Ion
NO^-_3	Nitrat-Ion
NS	Nervensystem
NZ	niederes Zentrum
NZ	Nachkommenzahl (in der Genetik)
OH^-	Hydroxyl-Ion
Orn	Ornithin
P	Phosphor
P	Parental-(Eltern-)Generation (in der Genetik)
P_I, P_{II}	Eltern
pass.	passiv
pH, pH-Wert	negativer Logarithmus der Wasserstoffionenkonzentration
PO_4^{---}	Phosphat-Ion
PP	Pyrophosphat
r	Röntgen (Maßeinheit der Strahlungsdosis)
RM	Rückenmark
S	Schwefel
Si	Silizium
SiO_2	Siliziumdioxid
SO_4^{--}	Sulfat-Ion
Sol	Zustand kolloidaler Lösungen (geringe Viskosität)
$SnCl_2$	Zinnchlorid
s-RNA	Überträger-(transfer-)Ribonukleinsäure
T	Thymin
TiO_2	Titandioxid
TMÜ	Tier-Mensch-Übergangsfeld
TMV	Tabakmosaikvirus
TPN	Codehydrase II
U	Uracil
ungeschl.	ungeschlechtlich
UV-	Ultraviolett-
var.	Variation
x	Geschlechtschromosom
y	Geschlechtschromosom
Z	Zentrum
Zn	Zink
ZNS	Zentralnervensystem
$ZnSO_4$	Zinksulfat

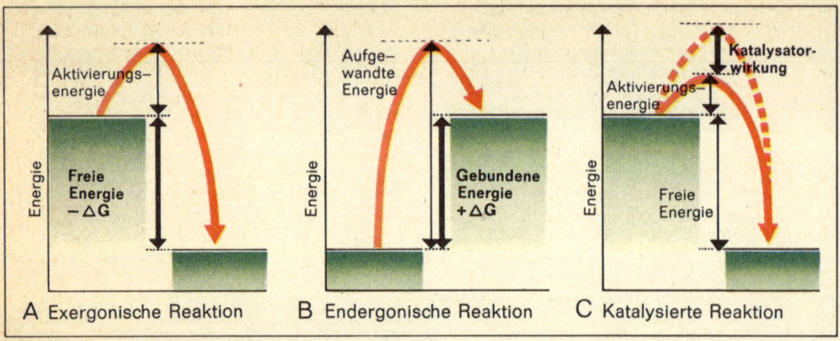

Energieverhältnisse bei chemischen Reaktionen

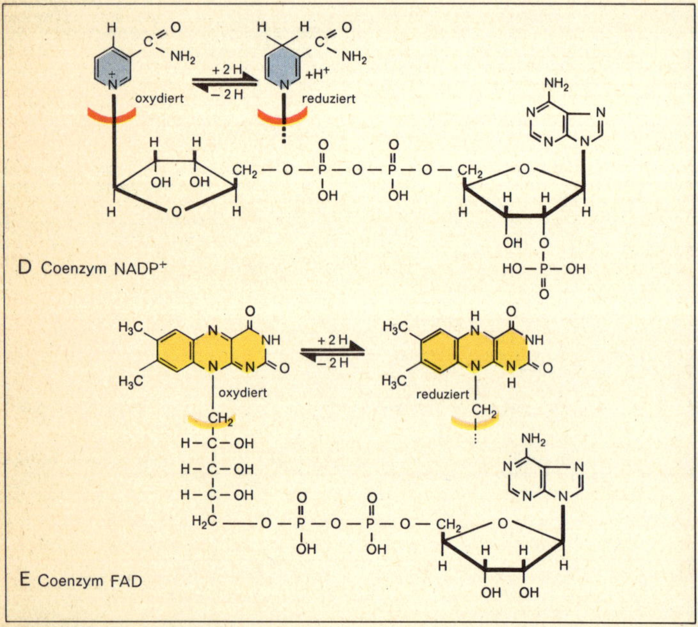

Wasserstoffübertragende Coenzyme

Adenosintriphosphat, ATP (→ ADP + Orthophosphat)	7,0 kcal/Mol
Adenosintriphosphat, ATP (→ AMP + Pyrophosphat)	8,6 kcal/Mol
Kreatinphosphat	10,2 kcal/Mol
Phosphoenolpyruvat	12,7 kcal/Mol
Acetyl-Coenzym A, Acetyl-CoA	8,2 kcal/Mol
Aminoacyl-AMP (Aminosäureaktivierung)	7,0 kcal/Mol
3-Phosphoglycerinsäure-1-phosphat (→ 3-Phosphoglycerinsäure + Orthophosphat)	13,6 kcal/Mol

Freie Energie »energiereicher« Verbindungen (bei Hydrolyse)

Alle Lebensäußerungen beruhen in der Sicht der Physiologie auf einer Folge komplizierter chem. und physikal. Vorgänge, die als **Stoffwechsel** in Erscheinung treten. Diese Stoffumsetzungen sind, wie jede chem. Reaktion, sowohl umkehrbar als auch mit Änderungen des Energiezustandes verbunden:

- Bei **exergonischen Reaktionen** (A) fallen Stoffe mit hohem Energiepotential auf einen energiearmen Zustand herunter und geben dabei anderweitig nutzbare »freie Energie« ab ($-\Delta G°$, meßbar in kcal/Mol).
- In **endergonischen Reaktionen** (B) verläuft der Prozeß umgekehrt. Unter Verbrauch einer entspr. Energiemenge ($+\Delta G°$) wird ein energiereicher Stoff aufgebaut.

Biokatalyse

Exergon. Vorgänge verlaufen nach den thermodynamischen Gesetzen freiwillig, da sie zu energieärmeren Zuständen führen. Demnach sollten die meist recht energiereichen organ. Verbindungen bei O_2-Anwesenheit spontan und rasch bis zur energieärmsten Stufe CO_2 und H_2O oxydiert werden, d. h. Leben wäre unter den Bedingungen der Erdatmosphäre unmöglich. Die thermodynamisch begründete Labilität ist jedoch bei vielen Kohlenstoffverbindungen durch eine gewisse Reaktionsträgheit zur **Metastabilität** umgewandelt: Erst nach Zufuhr einer bestimmten **Aktivierungsenergie** gewinnen die Stoffe ihre Reaktionsfähigkeit zurück; der einmal ausgelöste Prozeß läuft dann freiwillig und exergonisch weiter.

Wo die Aktivierung durch Erhitzen (z. B. Anzünden von Brennstoff) ausgeschlossen ist, wird in techn. wie biol. Systemen die Aktivierungsenergie durch **Katalysatoren** herabgesetzt (C), die definitionsgemäß

- nur eine thermodynamisch mögliche Reaktion beschleunigen, ohne das Reaktionsgleichgewicht zu ändern,
- dabei weder im Endprodukt erscheinen noch eine dauernde Umwandlung erfahren,
- in kleinsten Mengen große Umsätze bewirken (1 Molekül Katalase spaltet pro Sek. bis zu 1 Mill. Moleküle H_2O_2).

Die Biokatalysatoren der Zelle sind die **Enzyme** (= Fermente), die meist nur bestimmte Substrate umsetzen **(Substratspezifität)** und dabei nur bestimmte Reaktionen katalysieren **(Wirkungsspezifität)**. Sie sind Eiweiße oder enthalten neben einer »prosthetischen Gruppe« (= Coenzym, z. B. Häm, II, S. 316) ein spezif. Eiweiß (= Apoenzym). – Nach der Art der Bindung, die von dem jeweiligen Enzym gelöst oder geknüpft wird, unterscheidet man

Oxidoreduktasen: übertragen Wasserstoff oder Elektronen (II, S. 279, 307),

Transferasen: übertragen Molekülgruppen (II, S. 283, 305, 439),

Hydrolasen: spalten Bindungen unter H_2O-Anlagerung (z. B. Maltase, Amylase),

Lyasen: spalten Molekülgruppen ab,

Isomerasen: dienen innermolekularem Umbau,

Ligasen: knüpfen neue Bindungen ohne Mitwirkung von Wasser.

Häufig nehmen an enzymat. Reaktionen noch Coenzyme teil, die bei ihrem Eingreifen umgewandelt und erst durch nachfolgende zusätzl. Prozesse regeneriert werden und daher besser **Cosubstrate** heißen sollten. Es sind meist Mononukleotide (I, S. 29) und entsprechend ihrer Zuordnung zu Enzymen

1. **»Gruppenübertragende Coenzyme«** wie z. B.
   - Adenosintriphosphat (ATP; I, S. 28)
   - Coenzym A (CoA; II, S. 305)
   - Pyridoxalphosphat (II, S. 289) oder
2. **»Wasserstoffübertragende Coenzyme«** wie
   - Nicotinamid-adenin-dinukleotid NAD^+ (= früher DPN, »Codehydrase I«) und sein Phosphat, das Nicotinamid-adenin-dinukleotid-phosphat $NADP^+$ (= früher TPN, »Codehydrase II«, D), die beide reversibel Wasserstoff aufnehmen, wobei der Stickstoff ein Elektron erhält und die Verbindung reduziert wird. Sie wirken daher als Cosubstrat derjenigen Enzyme, die H aus den Substraten abspalten, bzw. in der reduzierten Form $NADH+H^+$ und $NADPH+H^+$ als Wasserstoffspeicher und -spender (s. Einzelheiten: Atmung, II, S. 304 ff.; Gärung, II, S. 309; Biosynthesen, II, S. 279; Photosynthese, II, S. 279).
   - Flavin-mononukleotid FMN (genauer: Riboflavin-5-phosphat, da kein Nukleotid) und das häufigere Flavin-adenin-dinukleotid FAD (E) wirken ebenfalls als Wasserstoffüberträger (Atmung, II, S. 307; Photosynthese, II, S. 279).

Viele Coenzyme stehen in enger Beziehung zu **Vitaminen** (II, S. 285), z. B. CoA/Pantothensäure, NAD^+/Niacinamid, FAD/B_2.

Energetische Koppelung

Endergon. Prozesse laufen weder freiwillig noch katalysebedingt ab. Sie müssen vielmehr mit stark exergon. Reaktionen gekoppelt sein, deren freiwerdende Energie sie ausnutzen. Im allg. wird diese Koppelung in der Herstellung einer energiereichen, d. h. reaktionsfähigen Zwischenverbindung aus dem zu aktivierenden Substrat und dem Energieträger erreicht (F).

Am häufigsten ist an einer energet. Koppelung der Phosphatrest aus ATP beteiligt, denn durch diese **Phosphorylierung** wird das Zwischenprodukt energiereich:

> Die direkte Bildung von Glucose-6-phosphat aus Phosphorsäure und Glucose ist stark endergonisch. Wird dagegen die Phosphorsäure zunächst in energiereicher Bindung von ADP aufgenommen, so wird beim Auflösen dieser Bindung während der Phosphorylierung der Glucose durch ATP insgesamt eine exergon. Reaktion ablaufen (–4 kcal/Mol), denn bei der Abspaltung der Phosphorsäure von der ATP werden $\Delta G = -7$ kcal/Mol frei, bei ihrer Verknüpfung mit Glucose dagegen $+3$ kcal/Mol verbraucht.

Der Aufbau der ATP bzw. die Regeneration aus ADP und Phosphorsäure ist als stark endergon. Prozeß ($\Delta G = +7$ kcal/Mol) an andere energieliefernde Reaktionen gebunden (Photosynthese, Atmung, Gärung).

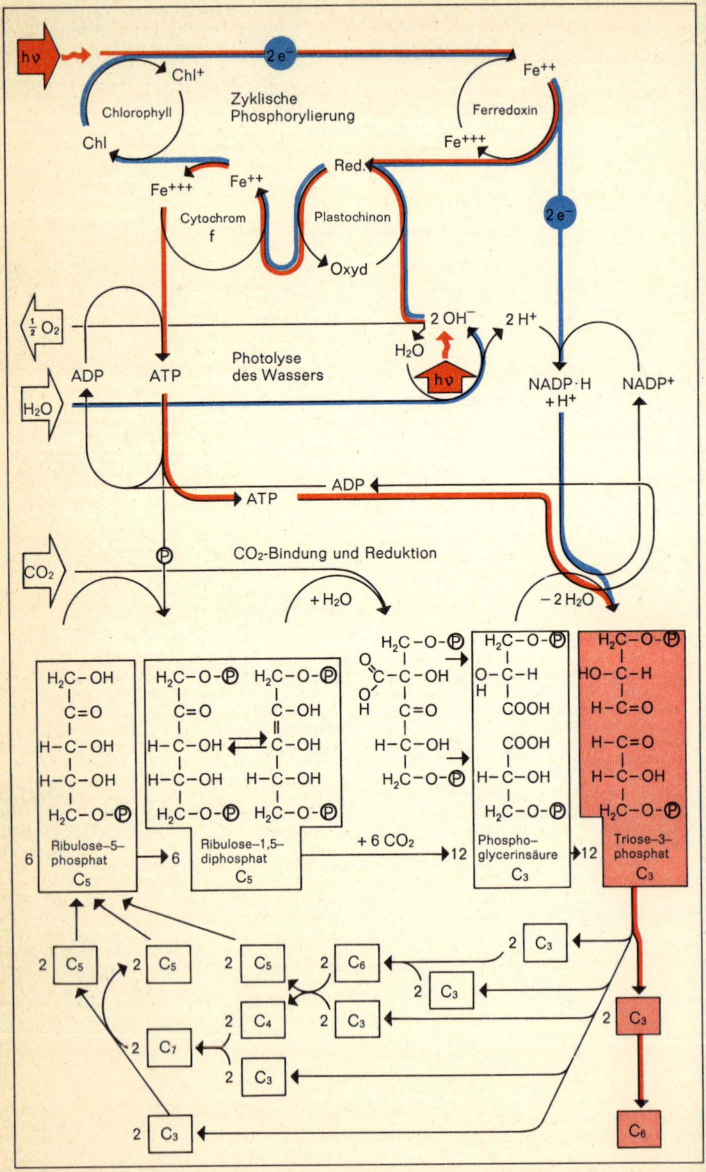

Schema der Photosynthese und C-Assimilation

Die Bedeutung der Photosynthese
Der qualitativ und quantitativ wichtigste biochem. Vorgang auf der Erde ist die Festlegung von Strahlungsenergie (hν) bei der Photosynthese im Zusammenhang mit der Kohlendioxid-Assimilation bei den autotrophen Pflanzen (I, S. 35); denn durch ihn wird nicht nur der gesamte, auf ständige Energiezufuhr angewiesene Prozeß »Leben« aufrechterhalten, sondern es stammen praktisch auch alle organ. Stoffe und klass. Energiequellen aus der lichtabhängigen CO_2-Assimilation. Die Syntheseleistung ist gewaltig:
- Ein m^2 Blattfläche produziert stündlich etwa 1 g Zucker, das bedeutet, daß
- der jährl. Assimilationsgewinn der gesamten Erdvegetation mehr als 100 Mrd. t Kohlenstoff beträgt (etwa die hundertfache Weltkohlenförderung).

Der Ablauf der Photosynthese
Die Umwandlung der energiearmen C- und H-Oxide in energiereiche, metastabile Kohlenhydrate scheint nach der Gleichung

$$6\,CO_2 + 6\,H_2O + h\nu \rightarrow C_6H_{12}O_6 + 6\,O_2$$

einfach zu sein, doch sind die Probleme der Energieübertragung, enzymat. Katalyse und der Zwischenprodukte hochkompliziert und erst teilweise gelöst.
Selbst bei stark vereinfachter Darstellung ist es zweckmäßig, die Photosynthese als Summe dreier Teilreaktionen aufzufassen.
1. Die zyklische Photophosphorylierung, d. h. die Synthese von ATP aus ADP und anorgan. Phosphat (P) während des durch die Lichtreaktion getriebenen Elektronenkreislaufes:
Durch die Lichtabsorption des Chlorophylls, des grünen Farbstoffs in den Plastiden der Blätter (I, S. 24), werden Elektronen (e^-) angeregt, d. h. auf ein höheres Energieniveau gehoben, und auf ein bes. Reduktions-Oxydations-System übertragen, das eisenhaltige Eiweiß Ferredoxin.
Von hier kann das Elektronenpaar über eine Kette von Redox-Katalysatoren (Plastochinon, Cytochrom f) zum Chlorophyll zurückkehren und dabei die Energie für die Phosphorylierung der ADP liefern:

$$ADP + \text{Phosphat} + h\nu \rightarrow ATP$$

Außer diesem zyklischen Elektronentransport gibt es noch einen nichtzyklischen:
2. Die Photolyse des Wassers, d. h. die lichtbedingte Spaltung des Wassers unter Bildung von O_2 und reduziertem Nicotinamid-adenin-dinukleotid-phosphat ($NADP \cdot H + H^+$, s. S. 277):
Statt wieder zum Chlorophyll zurückzukehren, können die angeregten Elektronen vom reduzierten Ferredoxin auch auf das $NADP^+$ übergehen, das unter gleichzeitiger Aufnahme von zwei Wasserstoffionen H^+ in seine reduz. Form verwandelt wird und somit als H-Überträger für die weitere, eigentliche Assimilation verfügbar ist.
Die H-Ionen stammen aus dem dissoziierten Wasser ($H_2O \rightarrow H^+ + OH^-$); seine übrigbleibenden Hydroxyl-Ionen (OH^-) werden, wahrscheinlich ebenfalls in einer Lichtreaktion des Chlorophylls, oxydiert und entwikkeln als »Abfallprodukt« der Photosynthese den atmosphär. Sauerstoff nach der Gleichung

$$2\,OH^- + h\nu \rightarrow H_2O + \tfrac{1}{2}\,O_2 + 2e^-.$$

Die angeregten Elektronen werden von der Redox-Katalysatoren-Kette aufgenommen, bilden in einer »nichtzyklischen Phosphorylierung« unter Abgabe ihrer Energie ATP und ersetzen schließlich im Chlorophyll die zuvor an das $NADP^+$ gelieferten und damit dem Kreislauf entzogenen Elektronen.
Insgesamt läßt sich also die Photolyse-Reaktion zusammenfassen in

$$H_2O + NADP^+ + ADP + P + h\nu \rightarrow NADP \cdot H + H^+ + ATP + \tfrac{1}{2}\,O_2.$$

3. Die CO_2-Bindung und Reduktion, d. h. die chem. Fixierung des atmosphär. Kohlendioxids an einen Akzeptor und seine endergon. Umwandlung zu Kohlenhydrat:
In einer lichtunabhängigen Dunkelreaktion wird CO_2 (genauer: HCO_3^-), katalysiert von dem Enzym Carboxydismutase, von dem Akzeptor Ribulose-1,5-diphosphat fixiert und das labile Primärprodukt in weniger als 0,5 Sek. über wenig bekannte Zwischenstufen in zwei C_3-Körper, die Phosphoglycerinsäure, gespalten. Diese wird durch ATP phosphoryliert, worauf die somit aktivierten Moleküle der 1,3-Diphosphoglycerinsäure unter Übernahme von H aus dem bereitstehenden $NADP \cdot H + H^+$ und anschließender Wasserabspaltung das Triose-3-phosphat als erstes faßbares Photosyntheseprodukt bilden. Damit ist der Kohlenstoff des energiearmen CO_2 auf die Stufe des Kohlenhydrats reduziert und in energiereiche Bindung gebracht:

$$CO_2 + C_5\text{–}P + 3\,ATP + 2\,NADP \cdot H + 2\,H^+ \rightarrow 2\,C_3\text{–}P + 3\,ADP + 2\,NADP^+ + 3\,P.$$

Im weiteren Verlauf der Biosynthese werden nun zwei Moleküle Triose-3-phosphat in einen C_6-Körper (Hexose) unter Freisetzung der Phosphorsäure umgewandelt und zum Aufbau von Rohrzucker, Stärke, Zellulose oder anderen Kohlenhydraten verwandt.
Zur stetigen Aufrechterhaltung des ganzen Photosynthese-Prozesses ist neben der Aufnahme von CO_2, H_2O und Lichtenergie aber auch eine fortwährende **Neubildung des CO_2-Akzeptors,** also des Ribulose-1,5-diphosphats, erforderlich. Vereinfacht dargestellt, verläuft der Vorgang analog, nur umgekehrt wie die Umwandlung der Hexosen in Pentosen (C_5) im »Pentosephosphatzyklus« (II, S. 308 f.): Um die 6 C-Atome einer Hexose zu assimilieren, müssen formal 6 CO_2 von der gleichen Molekülzahl Ribulose-1,5-diphosphat gebunden werden. Durch Zerfall entstehen 12 C_3-Körper, von denen sich nur 2 zu einer Hexose als dem eigentlichen Assimilationsgewinn vereinen, während die restlichen 10 C_3-Körper auf einem komplizierten Weg über C_4-, C_5- und C_7-Körper wieder die 6 C_5-Körper des Ribulose-5-phosphats bilden, die nach ihrer Phosphorylierung wieder als CO_2-Akzeptoren bereitstehen. Ob die dabei verwandte ATP aus der Photosynthese oder aus der Atmung stammt, ist noch nicht genügend geklärt.

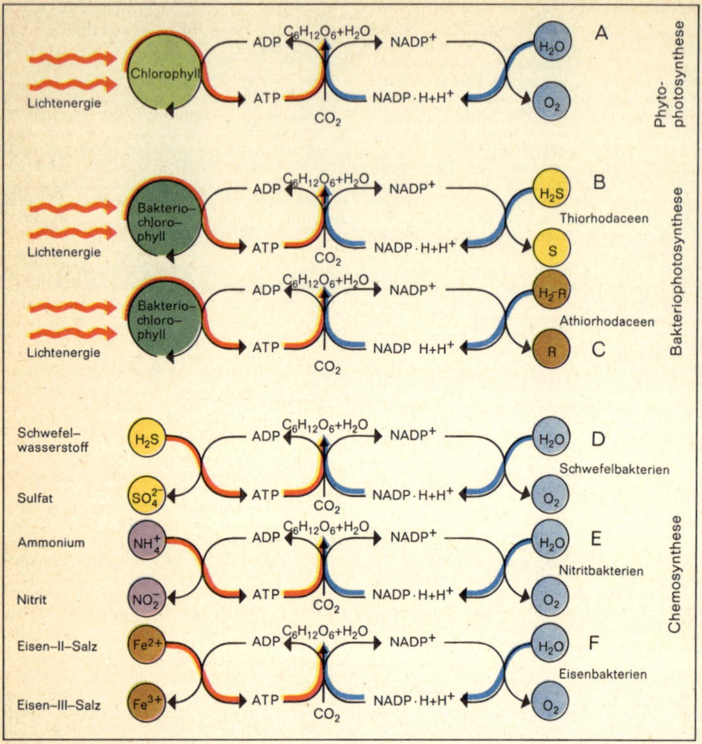

Schematischer Vergleich verschiedener Photo- und Chemosynthesen

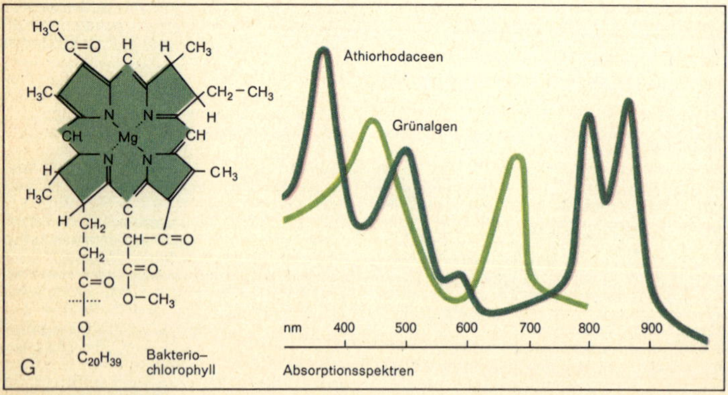

Bakteriochlorophyll

Die CO_2-Assimilation bei Bakterien
hebt sich von dem relativ einheitl. Geschehen der Phyto-Photosynthese grüner *Pflanzen* (A; II, S. 279) durch eine überraschende Vielseitigkeit sowohl der verwendeten primären Energiequellen als auch der Wasserstoff- bzw. Elektronen-Spender ab.

Die Bakterio-Photosynthese
Die durch Carotinoide rotgefärbten *Purpurbakterien* enthalten in den Chromatophoren-Äquivalenten (I, S. 41) ein grünes Bakteriochlorophyll (G) mit Absorptionsmaxima, die von denen aller anderen Chlorophylle abweichen und damit Licht, das durch grüne Blätter oder *Algen* in den oberen Wasserschichten gefiltert wurde, für *Purpurbakterien* noch photochemisch wirksam werden lassen. *Purpurbakterien* betreiben nur unter luftsauerstoff-freien (anaeroben) Bedingungen einen Lichtstoffwechsel, wahrscheinlich, weil bei ihnen als *Bakterien* noch Plastiden und Mitochondrien als getrennte Organelle der um Elektronen konkurrierenden Photo- bzw. Atmungsphosphorylierung fehlen. Dementsprechend können sie auch nur solche H- und Elektronen-Spender verwerten, bei deren Oxydation kein O_2 frei wird wie bei der Photolyse des Wassers.

Schwefelpurpurbakterien *(Thiorhodaceen)* benutzen den reduz. Schwefel des Schwefelwasserstoffes H_2S als Elektronen-Spender, der nach der Gleichung (B)
$6\,CO_2 + 12\,H_2S + h\nu$
$\rightarrow C_6H_{12}O_6 + 12\,S + 6\,H_2O$
in elementaren Schwefel übergeht und in Tröpfchen als Polysulfid im Zellinneren gespeichert wird. *Thiorhodaceen*, z. B. *Chromatium* und *Thiospirillum*, treten manchmal in Massen in rein mineralstoffhaltigen, aber H_2S-reichen Gewässern auf.

Schwefelfreie Purpurbakterien *(Athiorhodaceen)* treten dagegen in der Natur nie massenhaft auf, sind frei von Schwefel und benötigen als heterotrophe Organismen trotz, besser wegen ihres Photosynthesevermögens bestimmte organ. Stoffe (Photoheterotrophie). Sie verwenden nämlich organ. Substanzen als Elektronen-Spenderund bilden statt des O_2 oxydierte Kohlenstoffverbindungen (C). *Rhodopseudomonas* z. B. oxydiert bei der CO_2-Reduktion Isopropanol zu Aceton:
$6\ CO_2 + 12\ CH_3\text{–}HCOH\text{-}CH_3 + h\nu$
$\rightarrow C_6H_{12}O_6 + 12\,CH_3\text{–}CO\text{–}CH_3 + 6\,H_2O.$

Die Bakterio-Chemosynthese
Faßt man als den wesentl. Vorgang bei der Photosynthese die energieverbrauchende Ablösung des Wasserstoffs von seinem Spender und seine Fixierung in metastabilen, energiereichen Kohlenhydraten auf, so verwundert es nicht, daß auch andere als nur Lichtenergie zur endergon. CO_2-Assimilation genutzt werden kann.
Einige *Bakterien* leben trotz fehlender Farbstoffe und völliger Dunkelheit ausschließlich von anorgan. Verbindungen, weil sie als chemoautotrophe Organismen durch die Oxydation (= Elektronenentzug) verschiedener anorgan. Substanzen Energie zur **»Chemosynthese«** ihrer organ.-chem. Zellbestandteile gewinnen. **Der grundsätzl. Unterschied zur Photosynthese** liegt also darin, daß statt der Lichtenergie hier die Energie aus dem eigenen Stoffwechsel bzw. besonderen chem. Reaktionen genutzt wird. Die übrigen Schritte der CO_2-Assimilation, insbesondere die Beteiligung von
- NADP · H + H^+ als Reduktionsmittel,
- Ribulose-1,5-diphosphat als CO_2-Akzeptor,
- Wasser als bedeutendstem H-Spender

entsprechen wohl weitgehend den Verhältnissen bei photoautotrophen *Pflanzen*.
Entsprechend den von den jeweiligen *Bakterien* oxydierten Substraten unterscheidet man:

Farblose Schwefelbakterien: Diese in Gesellschaft mit desulfurizierenden *Bakterien* (II, S. 309) in nährstoff- und schwefelwasserstoffreichen Gewässern lebenden fädigen Bakterienkolonien oxydieren mit Hilfe von Luftsauerstoff den aus unteren Wasserschichten aufsteigenden Schwefelwasserstoff H_2S zunächst zu elementarem Schwefel und diesen dann bis zum Sulfat (D), z. B. *Beggiatoa, Thiotrix*.

Nitrifizierende Bakterien: Weitverbreitete Bodenbewohner, bei denen die *Nitritbakterien* (E, z. B. *Nitrosomonas*) Ammonium NH_4^+ zu NO_2^-, die mit ihnen vergesellschafteten *Nitratbakterien* (z. B. *Nitrobacter*) dann dieses giftige Nitrit zu Nitrat NO_3^- exergonisch umsetzen. Diese »Nitrifizierung« führt dem Boden biologisch die für das Gedeihen der *höh. Pflanzen* nötigen Mineralstoffe zu und steht in Wechselbeziehung mit der »Denitrifizierung« der Ammonium erzeugenden *Bakterien* (II, S. 309). Bei guter Durchlüftung des Bodens führen nitrifizierende *Bakterien* einem Hektar Ackerland bis 200 kg Nitrat pro Sommer zu.

Eisenbakterien: In den gallertigen Kolonien, z. B. von *Crenothrix (Brunnenfaden)* oder *Leptothrix* (bildet Raseneisenstein), wird Eisen-II-Salz unter Energiegewinnung zu Eisen-III-Salz oxydiert (F).

Methanbakterien verbrennen das durch bakt. Zellulose-Abbau (I, S. 43) entwikkelte Methan CH_4 (Sumpfgas) zu CO_2 und Wasser.

Knallgasbakterien oxydieren molekularen Wasserstoff H_2 mit Hilfe des Enzyms Hydrogenase zu Wasser, können jedoch auch heterotroph leben.

Von großem theoret. Interesse ist die Tatsache, daß die normalerweise photoautotroph lebende *Grünalge Scenedesmus* unter bestimmten Experimentalbedingungen nicht mehr Wasser, sondern wie *Knallgasbakterien* H_2 als Wasserstoff-Spender für $NADP^+$ verwertet und sogar im Dunkeln zu H_2O verbrennt, also echt chemosynthetisch CO_2 assimiliert. Hier zeigt sich bes. deutlich die enge Beziehung zwischen Photo- und Chemosynthese und ihr Unterschied in der Art der Energiegewinnung.

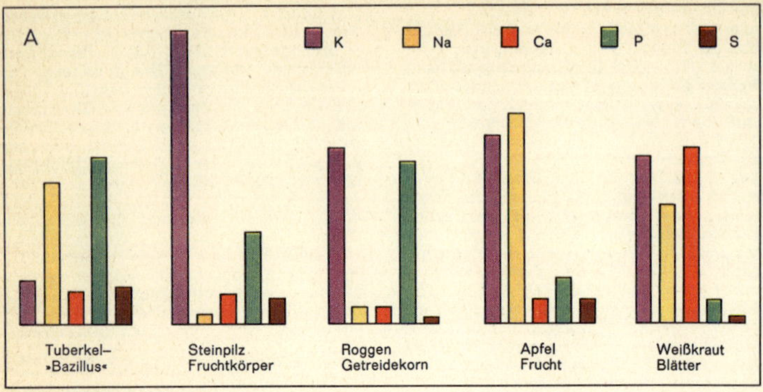

Relative Häufigkeit verschiedener chemischer Elemente in der Pflanzenasche

B

	Ertrag dz/ha		darin kg Nährstoff			
	Korn Knolle Rübe	Stroh Blätter	Kali	Kalk	Stick-stoff	Phosphor-säure
Roggen	22	40	60	15	50	30
Weizen	23	44	48	10	70	37
Gerste	22	32	48	13	50	25
Kartoffeln	170	40	140	30	70	30
Zuckerrüben	320	140	180	40	140	48
Futterrüben	450	90	200	30	100	36
Erbsen	17	27	60	50	100	30
Bohnen	?	?	110	50	150	40
Winterraps	17	36	55	80	85	40

Alle Werte gelten für mäßige Ernten, sie sind für Mitteleuropa um 30 bis 50% zu erhöhen.

KNOP:

1000 g H_2O
1,00 g $Ca(NO_3)_2$
0,25 g $MgSO_4$
0,25 g KH_2PO_4
0,25 g KNO_3
0,10 g $FeSO_4$

v. d. CRONE:

1000 g H_2O
1,00 g KNO_3
0,50 g $MgSO_4$
0,50 g $CaSO_4$
0,25 g $Ca_3(PO_4)_2$
0,25 g $Fe_3(PO_4)_2$

Dazu 1 Tropfen A–Z–Lösung (Spurenelemente):

1000 g H_2O
0,055 g $Al_2(SO_4)_3$
0,028 g KJ
0,028 g KBr
0,055 g TiO_2
0,028 g $SnCl_2$
0,028 LiCl
0,889 $MnCl_2$
0,614 $B(OH)_3$
0,055 $ZnSO_4$
0,055 $CuSO_4$
0,059 $NiSO_4$
0,055 $Co(NO_3)_2$

C

Ertrag und Nährstoffentnahme

Nährlösungen

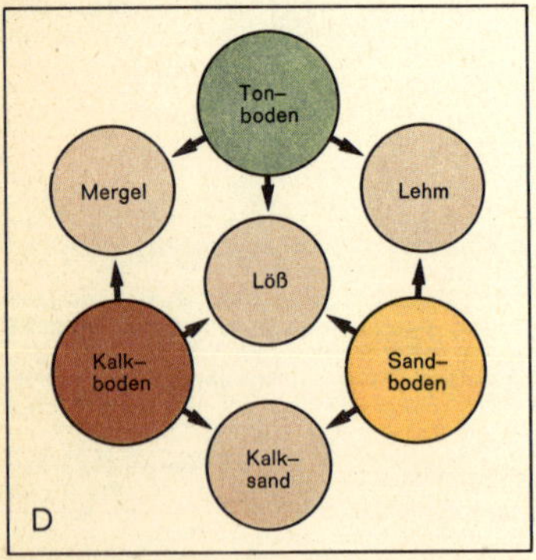

Bodentypen

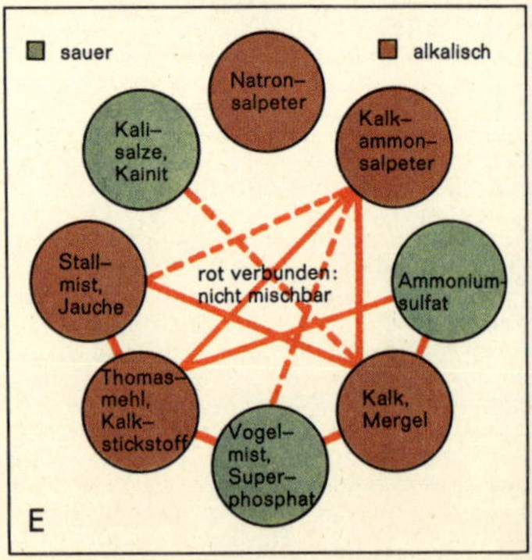

Mischbarkeit von Düngemitteln

Die Elementaranalyse des Pflanzenkörpers zeigt, daß die Trockensubstanz außer den **klass. Elementen** der organ. Stoffe (C, N, O, H, S, P) in ihrem unverbrennbaren Bestandteil, der **Pflanzenasche**, einen nach Gewebetyp, Pflanzenart und Standort wechselnden Gehalt an chem. Elementen aufweist (A). Ihr Stoffwechsel, der **Mineralstoffwechsel**, unterscheidet sich wesentlich von dem der organ. Verbindungen, weil die Mineralstoffe im Organismus weder produziert noch verbraucht werden.

Mineralsalze

Die natürl. Quelle der notwendigen Nährsalze ist der Erdboden (B), der neben den dunklen organ. Humussubstanzen die verschiedenen, aus der Verwitterung des Gesteins entstandenen Mineralsalze birgt (D). Zwar ist zu deren Aufnahme die ganze Pflanzenoberfläche fähig, doch sind bes. die Wurzeln als **Organ der Salzaufnahme** anzusehen, da außer bei Wasserpflanzen normalerweise nur sie in Kontakt mit den Nährsalzen kommen.

Salze werden von den *Pflanzen* nur als Ionen, d. h. als elektr. geladene Teilchen, und in wäßriger Lösung aufgenommen. Daher können **Nährlösungen** an die Stelle des Erdbodens treten (»Hydrokultur«), wenn sie die notwendigen Ionen enthalten (C):

- Positiv geladene **Kationen** K^+, Ca^{++}, Mg^{++}, Fe^{++} in schwacher Konzentration; Mn, Cu, Zn, Mo, B und andere als »Spurenelement«.
- Negativ geladene **Anionen** NO_3^- (Nitrat), SO_4^{--} (Sulfat) und PO_4^{3-} (Phosphat); als Spurenelement manchmal Cl^-.

Die Ionen müssen in einem ausbalancierten Verhältnis geboten werden, da einzelne Ionen allein giftig sind, selbst wenn sie als lebensnotwendig vorhanden sein müssen (Ionenantagonismus, I, S. 21); außerdem darf aus osmot. Gründen die Gesamtkonzentration nicht zu hoch sein. – Fehlt eines der genannten Ionen, so bilden sich bald schwere Mangel- und Ausfallserscheinungen, denn von den notwendigen Stoffen bestimmt derjenige das Ausmaß der Entw., der vergleichsweise in der kleinsten Konzentration vorliegt **(Gesetz des Minimums)**.

Aufnahme der Mineralsalze

Der komplexe Mechanismus der Ionenaufnahme ist erst zum Teil aufgeklärt, die Vorstellung noch überwiegend hypothetisch:

- **Die passive Anfangsphase** beginnt mit der freien Ionenbewegung in den »freien Raum«, der im wesentlichen wohl aus den kapillaren Räumen der Zellwand besteht. Es schließt sich als ebenfalls passiver, die Zelle keine Energie kostender Prozeß eine oberflächliche Adsorption der Ionen an die äußere Plasmagrenzschicht an, die offenbar dem Prinzip der Austauschadsorption folgt: Es werden gleichgeladene Ionen gegeneinander ausgetauscht, indem ein stärker adsorbierbares Ion aus dem Boden das schwächer adsorbierbare verdrängt und im Plasma seinen Platz einnimmt.
- **Die aktive Ionenaufnahme** in der anschließenden Phase verbraucht Energie (Ionenatmung) und führt der Zelle entgegen dem Konzentrationsgefälle Ionen zu. Dieses **Speichervermögen** ist verbunden mit einem **Wahlvermögen**, denn bestimmte Ionen können bevorzugt aufgenommen werden.

Vermutl. werden die Ionen durch (auswählende?) eiweißartige **Carrier-Substanzen** im Plasmalemma gebunden und transportiert.

Stoffwechselbedeutung der Mineralsalze

Salze können eine zweifache Rolle im Stoffwechsel spielen: Sie dienen als direkte Bausteine lebenswichtiger organ. Moleküle (Eiweiße, Enzyme) oder wirken aufgrund ihrer elektr. Ladung auf den Kolloidzustand wichtiger Plasmabestandteile (I, S. 21).

Die spez. Aufgabe einzelner Elemente läßt sich bes. an Mangelerscheinungen prüfen:

Kalium kommt nicht in organ. Bindung, sondern nur als Ion vor. Es fördert die Quellung der Plasmakolloide und aktiviert die Enzyme der Eiweißsynthese.

Calcium wirkt, antagonistisch zum Kalium, entquellend auf das Plasma. Da Ca-Pektinverbindungen am Aufbau der Mittellamelle der Zellwand beteiligt sind (I, S. 26), führt Ca-Mangel zum frühen Absterben der Vegetationspunkte.

Magnesium ist allein giftig und muß daher in einem balancierten Verhältnis zu Ca stehen (ionenantagonist. Wirkung auf Kolloide?). Es ist nicht nur Komplexbestandteil des Chlorophylls (I, S. 24) und Pektins (I, S. 26), sondern scheint Enzyme des Energiestoffwechsels wie der DNA-Synthese zu aktivieren.

Eisen ist lebensnotwendig als Baustein von Enzymen, z. B. Ferredoxin (II, S. 278f.), Cytochrom (II, S. 278f.). Sein Mangel unterbindet sek. die Chlorophyllbildung (»Chlorose« bei stark kalkhaltigem Boden).

Mangan ist ebenfalls in Spuren notwendig, denn es ist in oxydierenden Enzymen, z. B. des Citratzyklus (II, S. 304) und wahrscheinl. in der Photosynthese bei der O_2-Entwicklung, beteiligt.

Nitrat ist bei den autotrophen *Pflanzen* der Ausgangsstoff für den gesamten N- und Eiweißstoffwechsel. NO_3^- wird zunächst zur Stufe der Amino-Gruppe $-NH_2$ reduziert und dann zur Aminosäuresynthese verwandt. Nitrat-Ionen sind durch Ammonium-Ionen NH_4^+ zu ersetzen.

Sulfat wird ebenfalls zum Aufbau S-haltiger Aminosäuren (Cystein-Cystin) gebraucht. Schwefel findet sich außerdem im Coenzym A und Biotin.

Phosphat schließlich wird nicht reduziert, sondern im Zuge versch. Stoffwechselvorgänge unter Mitwirkung einer Phosphorylase esterartig gebunden. Solche organ. Phosphatverbindungen sind z. B. das ATP, die Nukleinsäuren, Phosphatide wie das Lecithin (I, S. 22) sowie die Cosubstrate NAD^+ bzw. $NADP^+$ (II, S. 276f.).

A

— fehlt + in Spuren vorhanden	100 g Lebensmittel enthalten in Gramm					kcal		100 g Lebensmittel enthalten in $\frac{1}{10}$ mg								
	Wasser	Eiweiß	Eiweiß, verwertbar	Fett	Kohlenhydrat	Kalorien	Kalorien, verwertbar	Vitamin A Carotin	E Tokopherole	K Phyllochinone	B_1 Aneurin	B_2 Lactoflavin Riboflavin	B_2 Niacin	Pantothensäure	B_6 Pyridoxin Adermin	C Ascorbinsäure
Hühnerfleisch	70	19	18	9	+	162	152	+	9	2	?	?	50	20	8	—
Kalbfleisch	74	22	21	3	+	118	111	+	9	2	?	?	50	20	8	—
Rindfleisch	74	21	20	4	+	123	115	+	9	2	1,5	25	50	20	8	—
Schweinefleisch	?	16	15	34	+	382	362	+	9	2	6	25	50	20	8	—
Mettwurst	35	19	17	41	+	459	430	?	?	?	?	?	?	?	?	?
Leber	72	20	18	4	4	130	?	2000	16	4	5,2	37	250	60	25	300
Hering	48	20	13	17	+	240	155	?	?	?	?	?	?	?	?	?
Eier	74	14	13	11	0,6	162	150	2	15	2	1,4	3	8	48	20	—
Frauenmilch	87	2	2	3	6	70	66	10	18	+	0,2	1,6	5	2,5	1,5	70
Kuhmilch	88	4	3	3	5	65	63	10	1	0,3	0,4	2,5	5	3,7	3	25
Butter	14	1	1	84	+	791	785	120	30	?	?	?	?	?	?	?
Magerkäse	52	38	35	2	3	186	167	?	?	?	?	4,5	?	?	?	?
Roggenmehl	15	7	4	1	76	350	310	?	45	?	4,2	2	27	20	?	+
Weizenmehl	15	12	10	1	71	354	305	3	75	0,2	10	2,5	80	15	7	15
Äpfel	84	1	—	—	14	59	40	0,5	?	?	0,4	0,2	5	0,6	2	270
Pflaumen	81	1	+	—	17	73	45	2	?	?	0,5	1	?	3	?	100
Tomaten	93	1	+	+	4	20	10	23	?	8	1,2	0,5	6	4	3	240
Spinat	93	2	1	+	2	16	15	80	60	30	2,2	3,6	17	1,2	5	150
Kohl	70	5	3	1	10	70	30	80	30	30	2	1	4	14	3	700
Karotten	88	1	+	+	9	41	25	100	30	0,8	0,7	1	15	2,5	2	100
Kartoffeln	75	2	1	+	21	96	74	0,6	?	0,8	1,8	0,4	13	7	6	350

Gehalt der Nahrungsmittel an Nährstoffen und Vitaminen

B

Fettlösliche Vitamine

Vitamin	Coenzym	Mangel-krankheiten	Bedarf mg/Tag
Retinol	Opsin?	Nachtblindheit, Verhornung des Augenepithels	2
Calciferol	?	Rachitis	0,025
Tocopherol	Coenzyme des Elektronen-transportes	Rückbildung der Muskeln?	(5)
Phyllo-chinon	Coenzyme des Elektronen-transportes	verlangsamte Blutgerinnung	0,001
Ubichinon	Coenzyme des Elektronen-transportes	?	—

Wasserlösliche Vitamine

Vitamin	Coenzym	Mangel-krankheiten	Bedarf mg/Tag
Thiamin	Thiamin-pyrophosphat	Beriberi	1
Riboflavin	FAD	—	1
Niacin	NAD^+	Pellagra	—
Folsäure	Coenzym F	Anämie	2
Pantothen-säure	Coenzym A	—	5
Pyridoxin	Pyridoxal-phosphat	?	2
Cobalamin	— Coenzym	Anämie	0,001
Ascorbin-säure	Redox	Skorbut	75
Biotin	—	—	0,25

Bedeutung der Vitamine für den Menschen

Heterotrophe Organismen sind auf die Zufuhr organ. Substanz angewiesen (I, S. 43). Sie sind unter *Pflanzen* selten (I, S. 205), dagegen bei *Bakterien* häufig (I, S. 41) und für das Tierreich charakteristisch.

Die Nahrung tierischer Organismen
Heterotrophe Lebewesen nähren sich von *Tieren* oder *Pflanzen* oder Teilen von ihnen, wobei für jede Tierart die **Art der Nahrung** innerhalb bestimmter Grenzen festliegt (I, S. 213). Die aufgenommenen **Nahrungsmittel** (z. B. des *Menschen:* Milch, Fleisch, Brot, Gemüse) enthalten neben unbrauchbaren Ballaststoffen, die im Kot wieder abgegeben werden, die chemisch genau definierten **Nahrungs- und Ergänzungsstoffe** (A). Ihre spez. Bedeutung ist für die jeweilige Tierart verschieden: In der Energieproduktion können sich die Hauptnährstoffe entspr. ihrem Kalorienwert (II, S. 303) weitgehend vertreten, nur muß durch die Nahrung der Verlust an den einzelnen Elementen in der Gesamtstoffbilanz wieder ausgeglichen sein. Deswegen ist z. B. zur Erhaltung der Stickstoffbilanz beim *Menschen* eine tägl. Mindestzufuhr von 20 bis 30 g Eiweiß nötig.
Außerdem ist bei der Beurteilung der Nahrung entscheidend, welche Nahrungsbestandteile **essentiell,** d. h. lebensnotwendig und durch andere nicht ersetzbar, sind. Die Grenze ist hier nicht immer scharf zu ziehen (Artspezifität, Grad der Unersetzlichkeit, Abhängigkeit von anderen Nahrungsbestandteilen).
1. Die Kohlenhydrate (Zucker, Stärke) sind nicht absolut essentiell und können durch Eiweiß und Fett ersetzt werden. Bei Mangel (unter 100 g/Tag) bilden sich allerdings Acetonkörper und Schäden der Darmflora (gestörte Vitaminsynthese).
2. Die Fette dienen als konzentrierte Kalorienträger, zur Resorption fettlösl. Vitamine und Provitamine und liefern die essentiellen Fettsäuren (z. B. die ungesättigte Linolsäure), die von bes. Bedeutung sind für Jungorganismen (Haarausfall, gestörter Wasserhaushalt), aber auch für Erwachsene (Fortpflanzungsstörung).
3. Die Eiweiße sind unbedingt notwendig, unterscheiden sich jedoch entsprechend ihrem Gehalt an versch. Aminosäuren in ihrer Fähigkeit zur Synthese von Körpereiweiß. Essentiell sind für den *Menschen* die Aminosäuren Tryptophan, Lysin, Isoleucin, Leucin, Valin, Threonin, Methionin und Phenylalanin; die beiden letzten lassen sich teilweise ersetzen.
Übermäßige Zufuhr einzelner Aminosäuren führt zu Störungen (Aminosäure-Ungleichgewicht), doch kann die giftige Wirkung von z. B. zuviel Methionin durch Zulage von Lysin und Arginin wieder behoben werden, die selbst in einem ausbalancierten Verhältnis vorliegen müssen, sollen sie sich nicht gegenseitig hemmen. Aus solchen Beziehungen erklärt sich die gegenseitige Ergänzung der Nahrungseiweiße zu vollwertiger Nahrung (z. B. Gemisch von Kartoffeln und tier. Eiweiß).
4. Die anorgan. Bestandteile Natrium, Kalium, Calcium, Magnesium, Chlorid und Phosphat, ferner die Spurenelemente Kupfer, Zink, Mangan, Kobalt, Molybdän, Jod und Eisen sind von essentieller Bedeutung, z. B. beeinflussen sie das Verhalten des Wassers und der Eiweiße (I, S. 21), erfüllen statische Funktionen oder sind Bestandteile biologisch wirksamer organ. Verbindungen (Eisen im Häm).
5. Die Vitamine sind niedrigmolekulare organ. Stoffe, die im tier. Organismus nicht erzeugt werden können, auf dessen Zufuhr er aber für Existenz, Wachstum und Fortpflanzung angewiesen ist. Die Versorgung erfolgt meist mit der Nahrung und vorwiegend in kleinen Mengen. Ihre zu geringe Zufuhr ruft oft Mangelkrankheiten (Avitaminosen) hervor, da sie bestimmte Coenzyme aufbauen (B).

- **Vitamin A** (Retinol, Axerophthol) wird im Organismus aus dem Provitamin Carotin erzeugt und ist als Aldehyd Bestandteil des Sehpurpurs (II, S. 348f.).
- **Vitamin D** (Calciferol) entsteht in der Haut bei UV-Bestrahlung aus Provitaminen. Es fördert die Aufnahme von Ca^{++} aus der Nahrung und somit die Knochenfestigung.
- **Vitamin E** (Tocopherol) wurde als Antisterilitätsfaktor der weibl. *Ratte* entdeckt und scheint u. a. die Oxydation ungesättigter Stoffe zu verhindern.
- **Vitamin K** (Phyllochinon) ermöglicht die Blutgerinnung, indem es an der Biosynthese der Gerinnungseiweiße beteiligt ist. Versorgung des *Menschen* durch Darmflora.
  Ubichinon, als Vitamin umstritten, ist als Elektronenüberträger in der Atmungskette tätig und findet sich überall und angereichert in Mitochondrien.
- **Vitamin B_1** (Thiamin, Aneurin) spielt eine wesentl. Rolle bei der oxydativen Decarboxylierung (II, S. 305) und wohl auch in der Nervenphysiologie.
- **Vitamin-B_2-Komplex,** dessen Fehlen beim *Menschen* vorwiegend Schleimhautschädigungen verursacht, umfaßt die Vertreter **Riboflavin, Niacin, Folsäure** und **Pantothensäure,** die wichtige Funktionen als Coenzyme erfüllen.
- **Vitamin B_6** (Pyridoxin, Adermin) steht in enger Beziehung zu dem Pyridoxalphosphat, das ein Coenzym des Aminosäurestoffwechsels ist.
- **Vitamin B_{12}** (Cobalamin) heilt die perniziöse Anämie des *Menschen* (starker Abfall der Erythrocytenzahl). Mikroorganismen sind die natürl. Quelle.
- **Vitamin C** (Ascorbinsäure) ist für die meisten *Säuger* kein Vitamin (Eigensynthese aus Glucose) und gehört in ein biochem. Redoxsystem (Bildung von Noradrenalin, Kollagen).
- **Vitamin H** (Biotin) wurde als Wuchsstoff der *Hefe* entdeckt, spielt aber bei höh. Organismen ebenfalls eine Rolle in der CO_2-Übertragung bes. des Fettstoffwechsels.

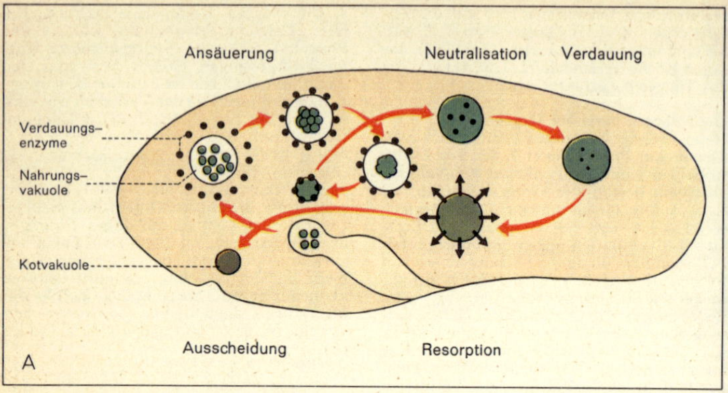

Intrazelluläre Verdauung (Pantoffeltierchen)

Wirkstoff	Enzymatische Spaltung		Organ	Sonstige Funktion
Ptyalin	Stärke	Maltose	SPEICHEL-DRÜSE	
Salzsäure			MAGEN	Quellung, Desinfektion, Eiweißdenaturierung, Aktivierung von Pepsin und Secretin
Pepsin	Eiweiß	Polypeptide		Gerinnung der Milch
Kathepsin	Eiweiß	Polypeptide		Gerinnung der Milch
Trypsin	Eiweiß	Polypeptide	PANKREAS	
Chymotrypsin	Eiweiß	Polypeptide		
Erepsin	Polypeptide	Aminosäuren		
Ptyalin	Stärke	Maltose		
Maltase	Maltose	Glucose		
Lipase	Fette	Monoglycerid + Fettsäuren		
$NaHCO_3$				Neutralisation
Maltase	Maltose	Glucose	DÜNNDARM	
Lactase	Lactose	Glucose + Galaktose		
Erepsin	Polypeptide	Aminosäuren		
Secretin				$NaHCO_3$-Abgabe des Pankreas
Pankreozymin				Enzym-Abgabe des Pankreas
Enterokinase				Aktivierung des Trypsins
Enterogastron				Hemmung der Magenmotorik und -sekretion
Cholecystokinin				Gallenausschüttung
Hepatokrinin				Gallenbildung
Villikinin				Zottenbewegung

B

Extrazelluläre Verdauung (Säugetier)

Die Ernährung der Tiere umfaßt im allg. vier aufeinanderfolgende Vorgänge:

Aufnahme der Nahrung in physiologisch noch zur Außenwelt des *Tieres* gehörende Körperhöhlen (Vakuolen, Darm) auf versch. Weise (Einzelheiten I, S. 213),

Verdauung im engeren Sinne, d. h. mechan. und chem. Verarbeitung der Nahrung durch spez. Verdauungsenzyme, wodurch anschließend, oft im Verlauf eines Stofftransportes (II, S. 295), die

Aufnahme (Resorption) verwertbarer Bestandteile in das Zell- oder Körperinnere möglich wird (II, S. 289), während durch

Ausscheidung (Defäkation, II, S. 298 ff.) unbrauchbare Anteile den Körper wieder verlassen.

Da die beiden ersten Abschnitte gemeinsam die Nahrung resorbierbar machen, werden sie gelegentl. als »Verdauung im weiteren Sinne« zusammengefaßt. Man unterscheidet **intrazelluläre Verdauung** (die Verdauung läuft im Zellinnern ab) und **extrazelluläre** Verdauung (die Verdauung läuft außerhalb der Zellverbände ab).

Intrazelluläre Verdauung (A)

Bei allen fressenden *Protozoen*, den *Schwämmen*, manchen *Hohltieren*, *Strudelwürmern*, *Stachelhäutern* und hinsichtlich der Eiweißverdauung auch *Weichtieren* werden die zu verdauenden Nahrungskörper durch **Phago-** und **Pinocytose** (I, S. 35) in das Cytoplasma aufgenommen und von einer Vakuole umschlossen. Die anschließenden enzymat. Prozesse gleichen im Prinzip denen der extrazellulären Verdauung.

Der Ablauf in den Vakuolen läßt bei *Protozoen* und phagozytierenden *Metazoen*-Zellen mehrere Phasen erkennen:

- In der sauren Phase (Salzsäure, pH4) wird unter Auspressen von Wasser die Nahrung abgetötet und zusammengeballt.
- Während der 2. Phase weicht die saure Reaktion einer neutralen; Enzyme aus dem umgebenden Plasma zersetzen die verdaul. Nahrungsbestandteile.
- Die gelösten Spaltprodukte werden unter Schrumpfung der Vakuole aufgesaugt.
- Unverdaul. Rückstände werden durch Platzen der Vakuole nach außen entleert.

Extrazelluläre Verdauung (B)

Viel größere Bedeutung kommt der bei *Ringelwürmern*, *Gliederfüßlern* und *Wirbeltieren* ausschließlich vorkommenden **extrazellulären Verdauung** zu. Hierbei sezernieren Drüsenzellen die Verdauungssäfte in die Darmhöhle, in der die Nahrung auch enzymatisch zersetzt wird. Im Sonderfall der **extraintestinalen Verdauung** der Außenverdauer (z. B. *Seesterne*, *Spinnen*, *Laufkäfer*) werden die Verdauungssäfte in das Beutetier gespritzt, das dadurch schnell verflüssigt und ausgesogen werden kann. Eine Besonderheit ist auch die **endosmotische Aufnahme** der vom Wirt enzymatisch bereits resorbierbar gemachten Stoffe bei vielen Darmparasiten.

Die Diff. des Darmes läßt in der Tierreihe versch. Entw.-Tendenzen erkennen:

- Vergrößerung der aktiven Oberfläche durch Darmverlängerung *(Pflanzenfresser)*, Faltenbildung *(Regenwürmer, Haie)*, Verzweigung *(Planarien)*.
- Muskulöse Bewegungs- und Zerkleinerungsapparate, z. B. Kaumägen; Ringmuskelverschlüsse zum Festhalten der Nahrung in bestimmten Darmabschnitten *(Vögel)*.
- Entstehung von Anhangsorganen zur Erhöhung der Enzymsekretion (Speichel-, Magen-, Darmdrüsen mit Pankreas und Leber bei *Wirbeltieren*).
- Ausbildung funkt. versch. Darmabschnitte für die Enzymtätigkeit (»Fließband«).
- Regulationsmechanismen zum geregelten Ineinandergreifen der versch. Vorgänge.

Die Verdauungsenzyme sind sämtlich Hydrolasen, die hochmolekulare Nahrungsstoffe unter Wasseraufnahme in niedermolekulare, meist wasserlösl. Bausteine (Aminosäuren, einfache Zucker, Glycerin, Fettsäuren) spalten. Sie bilden zusammen mit anderen spezif. Substanzen (Salze, Säuren oder Alkalien, Schleimstoffe) die Sekrete, die von den Drüsenzellen (I, S. 69) holokrin *(Krebs, Schabe)*, merokrin *(Aphrodite)* oder apokrin *(Wirbeltiere)* abgeschieden werden.

Die versch. Abschnitte des Darmkanals sind bei allen *höh. Tieren*, bes. aber bei den *Wirbeltieren* (I, S. 87), auf einzelne Stufen der Verdauung spezialisiert:

- **Mundverdauung**: Direkte Berührungsreize der Nahrung oder Großhirnrindenimpulse (Pawlowscher Hund, II, S. 382 f.) lösen nervös-reflektor. Speichelsekretion aus. Während der Speichel der *Lurche*, *Reptilien*, *Vögel* und pflanzenfressender *Säuger* nur durch Mucin schlüpfrig macht, enthält er bei den anderen Tieren Stärke abbauende Amylase. *Wassertieren* fehlen die Speicheldrüsen meist.
- **Magenverdauung**: Der saure, salzsäurehaltige Magensaft der Magenwanddrüsen verwandelt durch Pepsin Eiweiße in kürzere Bruchstücke (Peptide) und bewirkt durch die Säure ein Abtöten von *Bakterien*, den Verschluß des Pförtners und die Aktivierung der Pepsinvorstufe Pepsinogen.
- **Dünndarmverdauung**: Der neutralisierende alkal. Verdauungssaft führt die Verdauung zu Ende. Er bildet physiologisch eine Einheit, obwohl seine Bestandteile drei versch. Organen entstammen.
  Sekrete der **Dünndarmschleimhaut** enthalten peptidspaltende Peptidasen (»Erepsin«) und Malz und Rohrzucker spaltende Maltasen, daneben Gallen-, Magen- und Zottenaktivität regulierende Wirkstoffe.
  Das alkalische **Pankreassekret** enthält die meisten Enzyme: fettspaltende Lipasen, eiweißspaltendes Trypsin und Peptidasen, kohlenhydratspaltende Carbohydrasen.
  Die in der Leber erzeugte **Galle** dient bes. der Neutralisation, der Fettemulgierung und der Aktivierung der Dickdarmperistaltik.

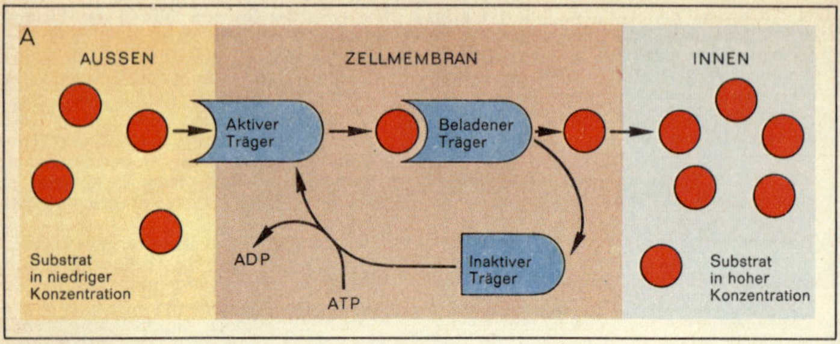

Aktiver Transport des Substrats durch Trägermoleküle

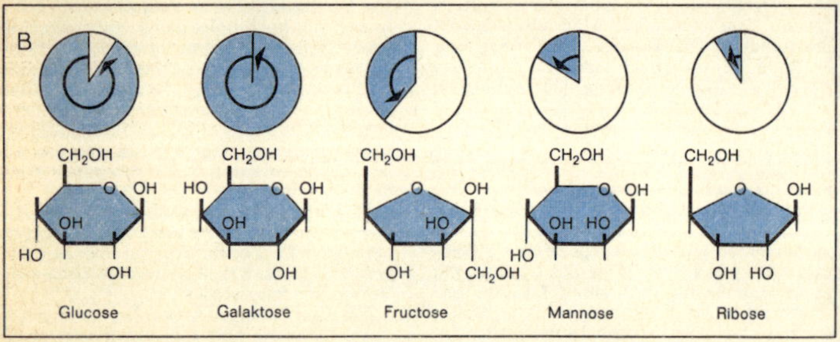

Resorptionsgeschwindigkeit verschiedener Monosaccharide

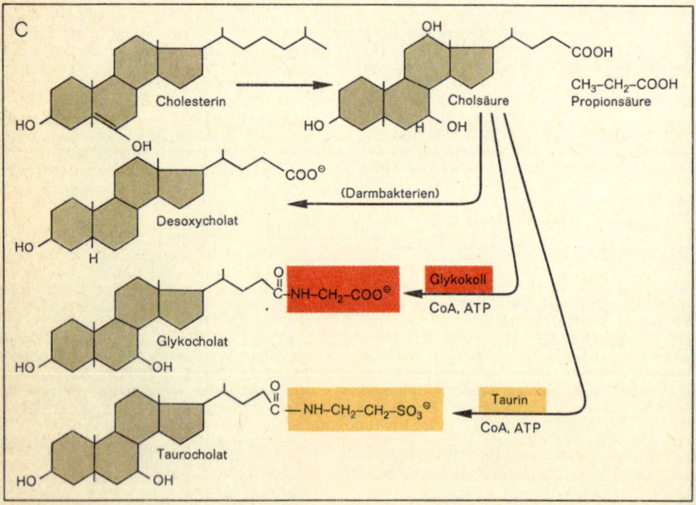

Biosynthese der wichtigsten Gallensäuren

Arten der Resorption

Durch den Prozeß der Resorption gelangen die meist kleinmolekularen Stoffe durch die lebende Oberfläche in den Organismus. Da dieser Vorgang mit der Verdauung Schritt hält, wird eine Konzentrationserhöhung der Abbauprodukte und damit die gemäß dem chem. Massenwirkungsgesetz einsetzende Verzögerung der weiteren Verdauung vermieden. Entsprechend der Art der resorbierenden Oberfläche unterscheidet man:

- **Parenterale Resorption,** d. h. die Stoffaufnahme an äußeren oder inneren Organoberflächen (Haut, Hautderivate, ausgenommen Darm) sowie der Stoffaustausch zw. Zellen und Gewebsflüssigkeiten. Bei den versch. Arten ist das Ausmaß nach der Beschaffenheit der Haut sehr unterschiedlich (Schleimhaut resorbiert besser als verhornte Epithelien) und oft auf bestimmte Substanzen beschränkt (Lungenbläschen, Placenta, Harnblase).
- **Enterale Resorption,** d. h. die Aufnahme von Stoffen aus dem Darmkanal, erfolgt vorwiegend im Dünndarm, weniger im Dickdarm (Wasser, Salze). Zunge und Mundhöhle können Salze und manche Medikamente, der Magen Alkohol sowie Zucker und Aminosäuren resorbieren.
  Durch die Motorik des Dünndarms wird nicht nur ein Weiterschieben des Darminhalts (Peristaltische Wellen der Darmwand) und Durchmischung (rhythmische Segmentierung) erreicht, sondern zusammen mit der Kontraktion der Darmzotten eine Förderung der Resorption, weil immer neu wechselnde Teile des Darminhaltes mit der resorbierenden Darmoberfläche in Berührung kommen. Das sog. Zottenpumpwerk wird wahrscheinlich sowohl nervös durch ein unter der Schleimhaut gelegenes Gangliengeflecht (Plexus submucosus MEISSNER) als auch durch das Gewebshormon Villikinin geregelt.

Mechanismus der Resorption

Eine Anzahl versch. Vorgänge ist in wechselndem Ausmaß an der Resorption beteiligt, ohne daß hierüber schon volle Klarheit herrscht.

- **Diffusion und Osmose** sind als rein mechan. Vorgänge wirksam, wenn aus hypertonischen Lösungen Salze, aus hypotonischen dagegen Wasser aufgenommen wird entspr. dem Konzentrationsgefälle.
- **Aktiver Transport** unter Energieverbrauch wird nicht nur bei Resorption »bergauf«, also entgegen dem Konzentrationsgefälle, beobachtet, sondern unterstützt und beschleunigt auch die freiwillig ablaufende Diffusion. Letzteres wird durch die Beeinträchtigung der »bergab« verlaufenden Vorgänge durch Stoffwechselgifte bewiesen. Neben der starken Neubildung des Darmepithels ist der aktive Transport die Ursache für den hohen Energieverbrauch der Darmschleimhaut.
- **Oberflächenaktivität und Löslichkeit** beschleunigen die Resorption. Bei wasserunlösl. Substanzen werden sie durch die Bindung an gallensaure Salze erreicht.
- **Elektrische Potentiale** infolge der negativen Ladung der Innenseite und positiven der Außenseite beeinflussen die Wanderung geladener oder polarer Moleküle.
- **Druckwirkung** des Zottenpumpwerks beschleunigt vielleicht die Resorption.

Resorption spezifischer Substrate

Wasser wird sowohl über die Zellen als auch interzellulär im Dick- und Dünndarm aufgenommen und sofort dem Blut zum Abtransport übergeben.

Salze werden bes. im Dünndarm resorbiert, Ca^{++} häufig in Bindung an Peptide, Fett- und Aminosäuren.

Kohlenhydrate werden zu Monosacchariden gespalten und aktiv resorbiert, Traubenzucker schneller als Pentosen (B), weil letztere wohl nur diffundieren. Wahrscheinlich ist der Hexose-Transport aber nicht von einer Phosphorylierung abhängig, sondern von der Konfiguration des Moleküls und einem entgegengesetzten Natriumionengefälle (CRANE). Dabei ist nur der Na-Transport, der die Zuckerresorption induziert, energieabhängig. Der Glucose-Träger in der Zellmembran scheint durch Insulin gefördert zu werden. Der resorbierte Zucker gelangt mit dem Pfortaderblut in die Leber.

Eiweiße können nur bei neugeborenen *Säugern* die Darmschleimhaut passieren (passive Immunisierung durch Immunstoffe in der Erstmilch der Mutter), ebenso bei bestimmten Krankheiten (Allergie gegen Fremdeiweiße). Die Resorption der Aminosäuren und Peptide erfolgt immer aktiv, räuml. Konfiguration und Aminosäurekonkurrenz (II, S. 285) spielen eine Rolle. Es bestehen auch hier Beziehungen zu Pyridoxalphosphat und Na-Ionen im Außenmedium. Wahrscheinlich werden K-Ionen der Zelle gegen die aufgenommenen Aminosäuren ausgetauscht. Beim Transport in der Membran wirken mehrere Träger mit. Der weitere Transport der Aminosäuren verläuft fast nur durch das Pfortaderblut.

Fette werden nach neueren Auffassungen z. T. unvollständig gespalten und vermutlich als fein emulgierte Monoglyceride (Ester aus 1 Molekül Glycerin und 1 Molekül Fettsäure) resorbiert. Feinstemulgierte Teilchen können sogar direkt ohne Hydrolyse durch Pinocytose aufgenommen werden. Die Aufnahme erfolgt durch die Mikrovillen der Darmschleimhautzellen (I, S. 18, 69). Während nied. Fettsäuren und Glycerin ohne wesentl. Veränderung durch die Darmschleimhaut über das Kapillarblut in die Pfortader kommen, werden die höh. Fettsäuren in den Mucosazellen unter ATP-Verbrauch über Mono- zu Triglyceriden umgesetzt. Diese werden als Chylomikronen, d. h. in kolloidaler Verteilung in einer Umkehrung der Pinocytose aus der Zelle und in die Lymphwege befördert.

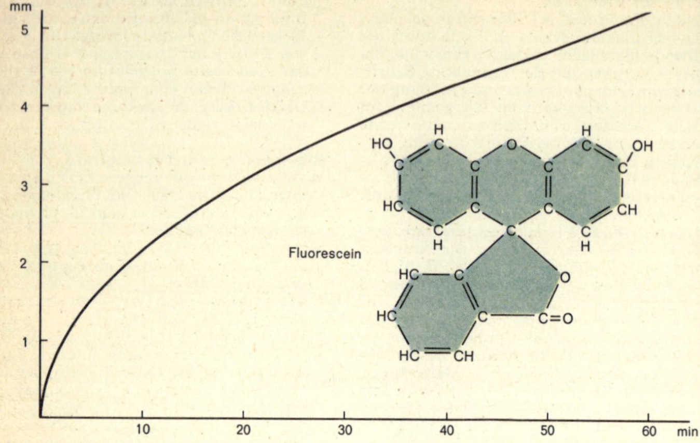

A **Diffusionsgeschwindigkeit** von Fluorescein in Wasser (aus einer einprozentigen Lösung bei 20° C)

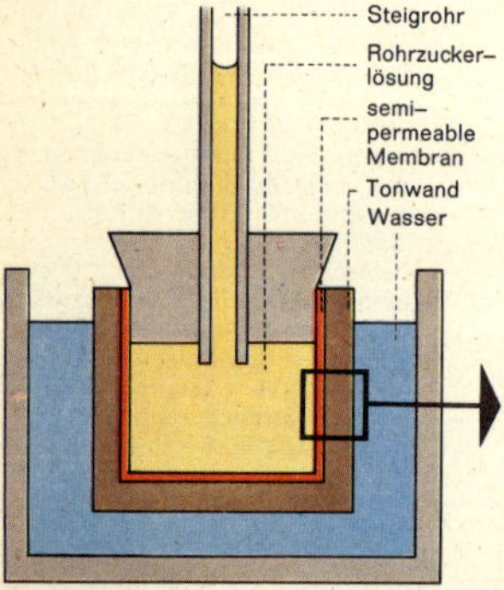

B **Pfeffersche Zelle**

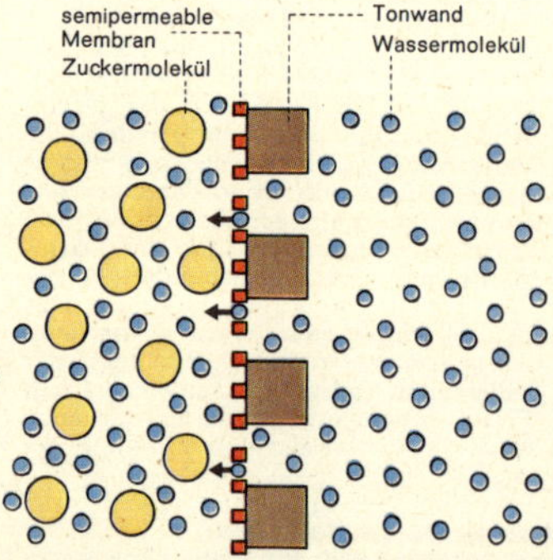

C **Osmose**

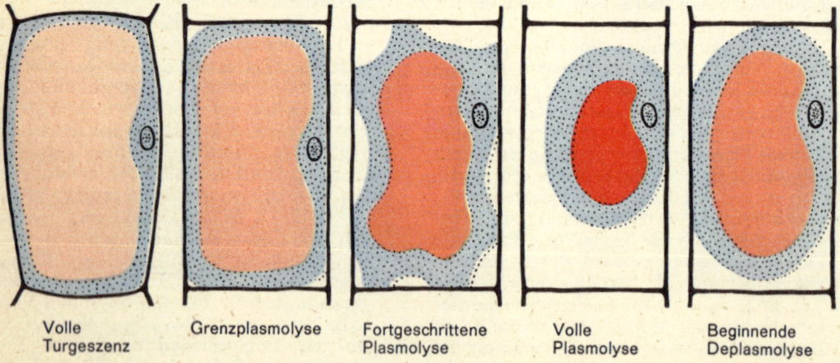

D **Plasmolyse und Deplasmolyse** einer Pflanzenzelle mit gefärbtem Zellsaft

Diffusion und Osmose

Der Stofftransport, ein Zusammenspiel passiver physikalischer und aktiver energieverbrauchender Leistungen des Organismus, ist Voraussetzung für den koordinierten Stoffwechselablauf. Er umfaßt die Leistungen:
- Transport der Nährstoffe vom Resorptions- zum Verbrauchs- oder Speicherort,
- der Speicherstoffe zum Verbrauchsort,
- der Exkretstoffe zum Ausscheidungsort,
- der Inkrete zu den Wirkorten.

Er ist von der Resorption nicht scharf zu trennen; erfolgt er durch Membranen, wirken gleiche Mechanismen (II, S. 289).

Der intrazelluläre Transport
ermöglicht zusammen mit dem Feinbau der Zelle den Ablauf zahlreicher chem. Umsetzungen auf engstem Raum (z. B. Photosynthese, II, S. 279; Zellatmung, II, S. 305 f.).

Der Ferntransport
schließt oft den intrazellulären ein; er ist Grundlage der Arbeitsteilung im vielzelligen Organismus. Die Transportstrecken betragen bei *Pflanzen* bis über 100 m. Der pflanzl. Stofftransport betrifft bes. folgende Stoffe:

Wasser, grundlegend wichtig, da mit ihm zahlr. andere Stoffe befördert werden.

Nährsalze, bes. von Wurzeln aufgenommen, wandern im aufsteigenden Saftstrom, aber auch in anderer Richtung, z. B. im Herbst aus Blättern in ausdauernde Pflanzenteile (N-, P-, K-Verbindungen).

Organische Stoffe
- **Kohlenhydrate,** meist aus den Laubblättern absteigend, können im Frühjahr in den Gefäßen aufsteigen (Blutungssaft des *Zuckerahorns* enthält bis zu 5 Prozent Rohrzucker).
- **Eiweiße** entstehen bes. in Laubblättern, wenig im farblosen Sproß- und Wurzelparenchym; sie wandern zu den versch. Bedarfsorten (z. B. wachsende Vegetationspunkte, reifende Früchte).
- **Alkaloide** werden oft in Wurzeln gebildet, aber in Blättern gespeichert.
- **Wuchsstoffe** (II, S. 337) wandern oft aus Vegetationskegeln über größere Strecken in den Achsen zu den Wirkorten.

Transportformen der Stoffe
Kleine Moleküle und Wasserlöslichkeit sind Vorbedingung für Transport; hochmolekulare Stoffe werden in Bausteine zerlegt, deren chem. Natur oft noch ungeklärt ist:
- Eiweiße werden wohl meist als Aminosäuren oder Amide transportiert;
- Stärke meist als Glucose oder Saccharose;
- Eiweißartige Trägerstoffe (»Carrier-Substanzen«; vgl. II, S. 289) spielen beim Membrantransport mancher Stoffe eine Rolle (bei *Pflanzen* hypothetisch, bei *Tieren* nachgewiesen).

Die Transportmechanismen im Nahbereich
sind oft auch für den Ferntransport wichtig. Bei *Pflanzen* ist der Anteil pass. physikal. Prozesse groß.

1. Die Diffusion: Gase und gelöste Stoffe erfüllen aufgrund ihrer Bewegungsenergie den gegebenen Raum gleichmäßig. Dadurch ist Stofftransport an einem Konzentrationsgefälle möglich, doch nur bis zum Konzentrationsausgleich. – Durch Diffusion wandern Stoffe nur über kurze Strecken schnell (z. B. durch die Vakuole einer Zelle in wenigen Sekunden), für 1 m würden schon Jahre gebraucht: wird je Zeiteinheit die Strecke s durchmessen, dann in x Zeiteinheiten die Strecke $s_x = s\sqrt{x}$; die Diffusion schreitet also mit der Quadratwurzel aus der Zeit fort (A).

2. Die Osmose: Der Diffusion grundsätzlich ähnlich, erfolgt aber durch Membranen. Bei pflanzl. Zellulosewänden sind die wassergefüllten Micellarräume so weit, daß sie nur kolloidal gelöste Teilchen (∅ 500–10 nm) zurückhalten. Bei Plasmamembranen sind die Poren eng, so daß oft größere Teilchen echt gelöster Stoffe (Rohrzucker: ∅ 1 nm) nicht passieren (semipermeable Membranen), sondern nur die des Lösungsmittels (H_2O: ∅ 0,25 nm). Neben dem Porendurchmesser ist auch die physikal.-chem. Beschaffenheit der Membran wichtig, bes. beim Durchtritt elektr. geladener Teilchen.

3. Die Pfeffersche Zelle (Osmometer) ist ein Modell für die Pflanzenzelle als osmot. System (B, C): die semipermeable Ferrocyankupfer-Membran ($Cu_2[Fe(CN)_6]$) entspricht dem wandständigen Plasmafilm (insbes. dessen Grenzschichten Plasmalemma und Tonoplast), die poröse Tonwand der Zellwand, die (hypertonische) Zuckerlösung dem Zellsaft. – Aus hypotonischen Flüssigkeiten wandern, während die semipermeable Membran den Austritt der Zuckermoleküle verhindert, durch den Diffusionsdruck H_2O-Moleküle in die Zelle ein, bis der Druck der Flüssigkeitssäule im Steigrohr dem Diffusionsdruck (osmot. Druck) die Waage hält. – Bei der Pflanzenzelle rührt dieser Gegendruck von der Spannung der elast. Zellwand her. Volle Wassersättigung wird hier aber selten erreicht (mangelndes Wasserangebot). Der osmot. Gesamtwert zerfällt daher in
- aktuellen Turgordruck, der die Zellwand dehnt, und
- potentielle Saugkraft (= Diffusionsdruck-Defizit; ermöglicht weitere H_2O-Aufnahme).

4. Die Plasmolyse (D) tritt ein bei Einwirkung hyperton. Lösungen auf Pflanzenzellen: Wasser tritt aus dem Zellsaft, der Plasmafilm folgt der schrumpfenden Vakuole. Hypoton. Lösungen kehren den Vorgang um (Deplasmolyse).

So ist der osmot. Wert der Zelle durch Vergleich mit Lösungen bekannter Konzentration meßbar. Hebt das Plasma nur in den Zellecken ab, sind Zellsaft und Außenlösung etwa gleich konzentriert (isotonisch). So wurden in Wurzelrindenzellen osmot. Werte bis 15 Atm., in Blattzellen 30–40 Atm., bei *Schimmelpilzen* über 200 Atm. gemessen.

5. Aktiver Transport ist als energieverbrauchende Leistung der Zelle bes. im Nahbereich wichtig. Er ermöglicht erst Stoffbewegung entgegen einem Konzentrationsgefälle und damit Anhäufung bestimmter Stoffe in einzelnen Pflanzenteilen.

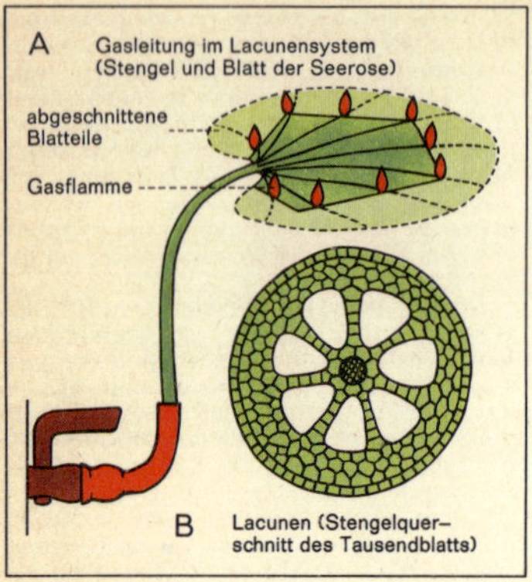

Gastransport

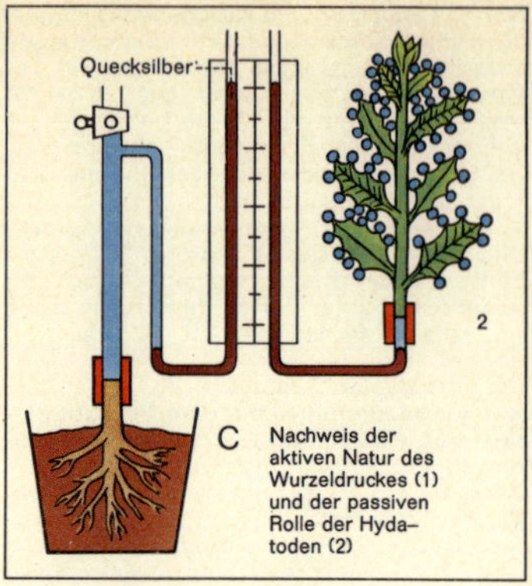

Wurzeldruck und Guttation

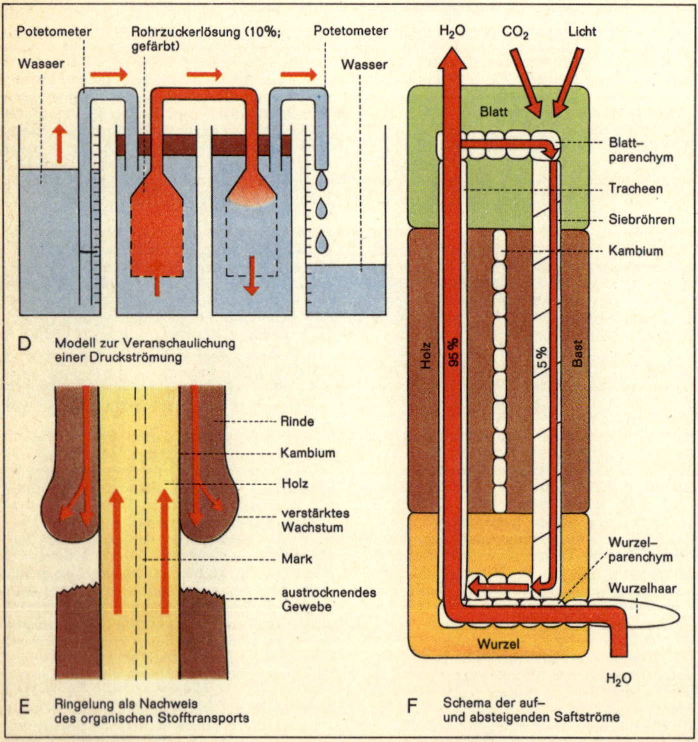

Saftströme der Pflanzen

Höh. Pflanzen haben im typ. Fall drei Ferntransportsysteme, die morpholog. und funkt. vielfach miteinander verknüpft sind.

Das Gas-Transportsystem
besteht hauptsächlich aus dem die ganze Pflanze durchziehenden Interzellularsystem. Als Aerenchym (I, S. 62 G) fördert es durch große Hohlräume (Lacunen; A, B) bei Wasser- und Sumpfpflanzen den Gaswechsel untergetauchter Organe. – Nach außen öffnen sich regelbare Spaltöffnungen (I, S. 65) oder starre Lentizellen. – Der Gastransport (CO_2, O_2, H_2O-Dampf) beruht nur auf Diffusion ohne aktive Beteiligung der Pflanze (die Diffusionsgeschwindigkeit der Gase ist erheblich höher als die gelöster Stoffe).

Das Wasser-Transportsystem
befördert auch Nährsalze, Produkte des Wurzelstoffwechsels (organ. N- und S-Verbindungen) und Zucker (Blutungssaft).

Die Transportwege sind
- Gefäße (I, S. 59) in Holz oder Leitbündeln, tote Zellfusionen, in denen sich geschlossene Wassersäulen bewegen (∅ bis 0,7 mm, Länge bis über 10 m);
- Reihen lebender parenchymat. Zellen, die Gefäße und Pflanzenoberfläche verbinden (in Wurzel und Blatt; F); der Transport in ihnen verläuft kapillar in den Micellarräumen der Zellwand und osmot. durch die Zellen selbst.

Die Transportkräfte sind überwiegend physikal. Natur, so daß die Pflanze wenig Stoffwechselenergie aufwenden muß:

1. Die Verdunstung (Transpiration), Ausgleich der Dampfdruckdifferenz zw. Luft und gequollenen Zellwänden, hat zwei Komponenten:
- **Die stomatäre Transpiration** durch die Spaltöffnungen ist regelbar; sie erreicht hohe Werte, da die Mesophyllzellen des Blattes viel Wasserdampf an das Interzellularsystem abgeben. Die Stomata (nur 1–2% der Blattfläche) verdunsten soviel Wasser wie eine freie Wasserfläche von der Größe des Gesamtblattes (hohe Randwirkung bei Diffusion aus kleinen Poren: gehemmter Austritt in der Mitte, freier nur am Porenrand).
- **Die cuticuläre Transpiration,** nicht regelbar, ist nur bei Feuchtpflanzen mit dünner Cuticula hoch; meist ist sie nur ein kleiner Teil der Gesamttranspiration (*Birke:* 6–8%; bei Xerophyten viel weniger).

2. Die Kohäsion, der Zusammenhalt der H_2O-Moleküle, überträgt durch Transpiration entstehende hydraulische Zugkräfte schnell und fast verlustlos über große Strekken. Von der Porengröße der Membranen hängt ab, wann sie bei steigenden Kohäsionszügen Wasser durchlassen (Poren von 1 μ ∅ tragen schon 30 Atm. = 300 m Wasser). Das ist im Holz wohl der durchschnittl. kritische Wert; am Anulus der *Farn*-Sporenkapsel (II, S. 338) wurde ermittelt, daß das Füllwasser erst bei 300 Atm. reißt.

3. Der Wurzeldruck als aktive Transportkomponente tritt dort auf, wo die Transpiration als Triebkraft nicht ausreicht:
- bei Holzpflanzen vor der Belaubung;
- bei krautigen Pflanzen in feuchten Nächten: Abscheidung von Wassertropfen (Guttation) aus bes. Wasserspalten (Hydatoden) an best. Stellen der Blätter (C);
- im trop. Regenwald oft als Dauererscheinung mit Höchstwerten (5 Atm.);
- bei Wasserpflanzen: Wasserabscheidung in den Scheitelgruben (Hydropoten).

Erzeuger des Wurzeldrucks ist bes. die Wurzel-Endodermis (I, S. 80 A), in der der Stofftransport durchs Zellinnere geht (radiale Wände verholzt). Die nicht ganz geklärte Erscheinung beruht vermutlich auf aktiver Verschiebung osmot. wirksamer Stoffe zur Außenseite, wodurch aus der Wurzelrinde Wasser angesaugt und an das zentrale Leitbündel abgegeben wird. Aufrechterhaltung solcher Potentiale erfordert Energieaufwand: Behinderung der Zellatmung (Atmungsgifte) senkt den Wurzeldruck ab. – Auch der osmot. Saugkraftabfall an der Endodermis deutet auf aktive Prozesse bei der Wasseraufnahme der Wurzel.

Das Transportsystem der organischen Stoffe
Den ersten Beweis lieferte der Ringelungsversuch MALPIGHIS (E).

Die Bahnen sind Markstrahlparenchym (radialer Transport) und lebende Siebröhren (I, S. 59) in Bast oder Leitbündeln (vertikaler Transport). Diese haben folgende Merkmale:
- Die Siebporen, weite Plasmodesmen, sind von zahlr. meist längs verlaufenden Kanälen des ER durchzogen.
- Der Tonoplast (II, S. 291) fehlt; Vakuole und Plasma sind nicht scharf getrennt.
- Der Kern fehlt (bisher kein Zusammenhang mit der Leitfunktion erkennbar).
- Die kernhaltigen Geleitzellen sind wichtig für den Siebröhrenstoffwechsel.

Die Transportkräfte werden noch diskutiert. Nach neuen Vorstellungen wandert in den Siebröhren auf Grund eines osmot. Gefälles passiv eine Massenströmung, die 5 Prozent des gesamten bewegten H_2O der Pflanze umfaßt (F). Es wird dem Transpirationsstrom durch Assimilate bildende und Reservestoffe aktivierende Gewebe entzogen und im Wurzelbereich von Assimilate verbrauchenden und Reservestoffe bildenden Geweben wieder an ihn abgegeben. Dieser Ein- und Austritt beruht, wie der radiale Transport in den Markstrahlen, nach neuen Erkenntnissen vorwiegend auf aktiven Stoffwechselprozessen.

Die Konvektions-(Druckstrom-)theorie (D; passive Bewegung der gelösten Stoffe mit dem strömenden Lösungsmittel) wird durch zahlr. Befunde gestützt:
- Stoffe unterschiedl. Struktur, Molekülgröße und Oberflächenaktivität wandern in den Siebröhren gleich schnell.
- Die Geschwindigkeit des Wassers in den Siebröhren ist etwa gleich der der transportierten Stoffe.

Die Diffusionstheorie (Wandern der Stoffe im ruhenden Lösungsmittel) gilt als widerlegt.

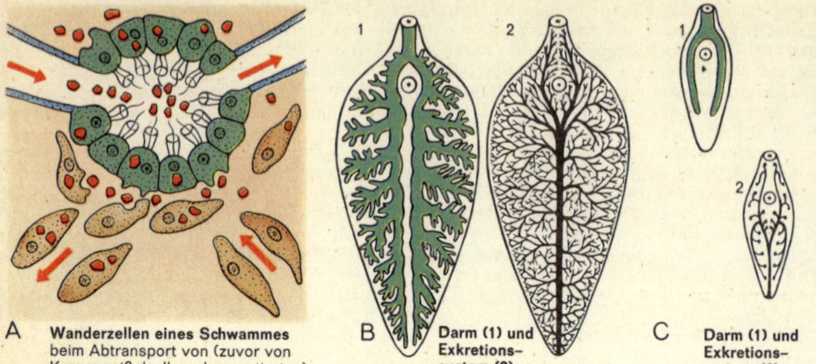

A **Wanderzellen eines Schwammes** beim Abtransport von (zuvor von Kragengeißelzellen phagozytierten) Karminkörnchen

B **Darm (1) und Exkretionssystem (2)** des Großen Leberegels

C **Darm (1) und Exkretionssystem (2)** des Kleinen Leberegels

Wanderzellen, Gastrovaskular- und Protonephridialsystem

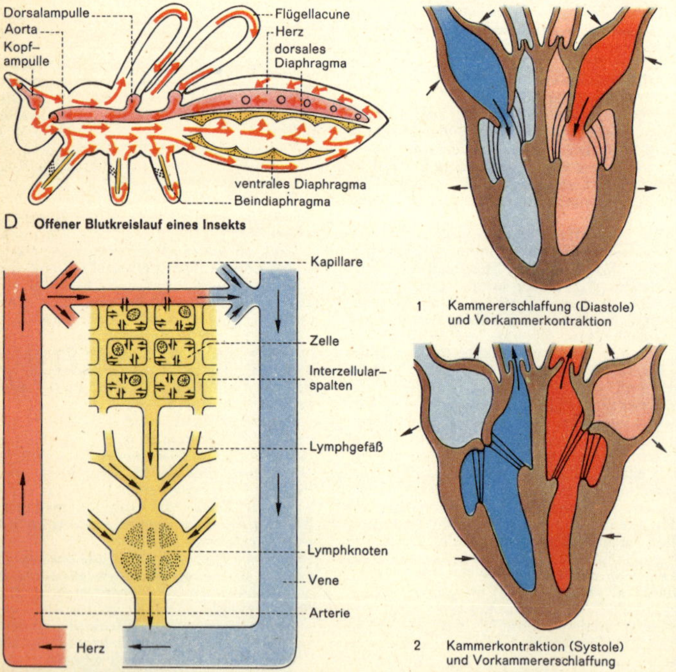

D **Offener Blutkreislauf eines Insekts**

1 Kammererschlaffung (Diastole) und Vorkammerkontraktion

2 Kammerkontraktion (Systole) und Vorkammererschlaffung

E **Schema des Zusammenhangs zwischen Blut- und Lymphkreislauf**

F **Schema des Klappenmechanismus beim Säugerherzen**

Blutkreislauf

Der tier. Stofftransport beruht stärker als der pflanzliche auf aktiven Stoffwechselvorgängen. Je nach Organisationshöhe sind Transportsysteme ausgebildet, deren Leistung der Körpergröße korreliert ist. Nur für kleine Tiere sind allein ausreichend:

- **Transport von Zelle zu Zelle** (z. B. bei nied. *Hohltieren* aus zwei Zellschichten);
- **Diffusion in Interzellularräumen** in stehender Flüssigkeit (z. B. bei *Plattwürmern* und *Nematoden*; I, S. 106);
- **Transport durch Wanderzellen** amöboiden Charakters (bes. bei *Schwämmen*; A).

Gastrovascular- und Protonephridial-System

Das Gastrovascular-System ist die durch den ganzen Körper verzweigte afterlose Darmhöhle (*Schwämme*, *Hohltiere*, *Plattwürmer*; I, S. 54, 104, 106). Die Nährstoffe werden mit ihrem oft durch begeißelte oder bewimperte Zellen bewegten Inhalt verteilt. Dadurch liegen die Resorptionsorte den Bedarfsorten nahe: die durch langsame Vorgänge (Diffusion, aktive Weitergabe von Zelle zu Zelle) zu überwindenden Strecken sind kurz. – Mit steigender Körpermasse muß der Verzweigungsgrad zunehmen (B, C), so daß die Leistungsfähigkeit des Systems begrenzt ist. – Auch den Abtransport der Stoffwechselprodukte kann das Gastrovascular-System leisten: die Stoffe werden in den Darm abgegeben und dort zu neuen Verbrauchsorten befördert oder als Exkrete durch die Mundöffnung ausgeschieden.

Das Protonephridial-System (B, C) als eigenständiges Exkretions- oder Osmoregulationssystem ähnelt funkt. dem Gastrovascular-System:

- Verzweigung bringt kurze Diffusionswege;
- durch Wimperflammen (I, S. 106) erzeugte Strömung trägt die Exkrete fort.

Das Blutgefäßsystem

ist in zahlr. Typen bei höher organisierten Tiergruppen entwickelt; typisch ist die ständige Bewegung der Transportflüssigkeit, die die Stoffe zu den Verbrauchs-, Speicher- oder Ausscheidungsorten führt.

Typen des Blutkreislaufs:

1. Das offene Blutgefäßsystem (D), ein abgeleiteter Typus, weist zur Regelung des Blutstroms außerhalb der Gefäße bindegewebige Häute (Diaphragmen) und aderartige Gewebelücken (Lacunen; z. B. Flügelgeäder der *Insekten*) auf.

2. Das geschlossene Blutgefäßsystem (bes. bei *Anneliden* und *Wirbeltieren*) ist durch Blut gekennzeichnet, das nur in Gefäßen, die mit Endothel ausgekleidet sind (I, S. 89), fließt. Der Stoffaustausch zw. Blut und Geweben geschieht nur in den Kapillaren (deren Gesamtoberfläche beträgt bei *Mensch* und *Großsäugern* mehrere tausend m^2):

- In den Atmungsorganen tritt O_2 ins Blut, CO_2 tritt aus (II, S. 313).
- In den Exkretionsorganen werden Abfallstoffe abgegeben (II, S. 301).
- In den Körpergeweben geschieht vielfacher Stoffaustausch zw. Blut und Gewebeflüssigkeit, die die Zellen umspült (E).

Diese wird stets durch Blutplasma aus den Kapillaren ergänzt; sie sammelt sich in Lymphbahnen und größeren Lymphgefäßen, die nach Einschaltung von Lymphknoten in die venöse Blutbahn münden und damit den Lymphkreislauf schließen.

Der Antrieb des Kreislaufs

geschieht durch kontraktile Gefäßabschnitte (Hohlmuskeln), wobei im allg. die Strömungsrichtung durch Klappen (Ventile; F) festgelegt ist; nur bei den *Manteltieren* wechselt sie regelmäßig.

Das diffus-kontraktile Gefäßsystem (z. B. bei *Anneliden*) hat zahlr. kontraktile Gefäßabschnitte von wenig diff. Bau.

Das Herz, zentraler Kreislaufmotor in zahlr. Typen (I, S. 88, 112, 120), läßt sich trotz kompliziertem Bau aus einem einfachen Gefäßabschnitt herleiten. Es wird in bes. Fällen durch periphere kontraktile Gefäße unterstützt (z. B. Venen in *Fledermaus*-Flügeln).

Regelungsvorgänge im Blutkreislauf sind entsprechend dem Komplikationsgrad des Systems zahlreich. Die Regelung der Herztätigkeit kann wie folgt gegliedert werden:

1. Selbstregelung durch den »Depressorreflex«: durch den Blutdruck mechan. gereizte Rezeptoren der Aortenwand regeln über Depressor-Nerv, verlängertes Mark, Vagus und Sympathicus den Herzschlag (Prinzip der Rückkoppelung; I, S. 38).

2. Einflüsse äußerer Faktoren: Förderung geschieht beim *Säuger*-Herzen durch einen Sympathicus-, Hemmung durch einen Vagus-Ast. Man unterscheidet chronotrope Wirkungen (Änderung der Frequenz), dromo- und inotrope (Änderung von Kontraktionsablauf und Kontraktionshöhe).

Die Konstanz des Blutdrucks bei unterschiedlicher Kreislaufbelastung beruht auf einem Regelkreis; dessen Meßorgane, Pressorezeptoren (Blutdruckzügler) in der Wand der Aorta und des Sinus caroticus, senden bei Dehnungsreizen (Blutdruckerhöhung) Impulse erhöhter Frequenz zu den vegetativen Vasomotorenzentren des verlängerten Marks, auf die sie insgesamt hemmend wirken (Hemmung der sympathischen, Förderung der parasympathischen Zentren). Das wirkt auf:

- Herz (Frequenz- und Kontraktionssenkung);
- Arterien (Senkung des nervösen Tonus);
- Venen (Tonussenkung und dadurch Kapazitätserhöhung [Blutspeicher]);
- Hormonsyst. (bes. deutl.: geringere Ausschüttung des die Harnbildung hemmenden [antidiuretischen] Hormons des HHl).

Die hieraus folgende Senkung des Blutdrucks bewirkt ein Absinken der Impulsfrequenz der Pressorezeptoren und leitet dadurch die gegenteiligen Auswirkungen ein (negative Rückkoppelung). – Über die Zentren des verlängerten Marks werden auch höhere Zentren beeinflußt, die Atmung und Muskeltonus ändern und Schaltungen im Blutkreislauf in der Weise bewirken, daß unterschiedl. beanspruchte Organe (Verdauungssystem, Muskelgruppen) auf Kosten anderer stärker durchblutet werden.

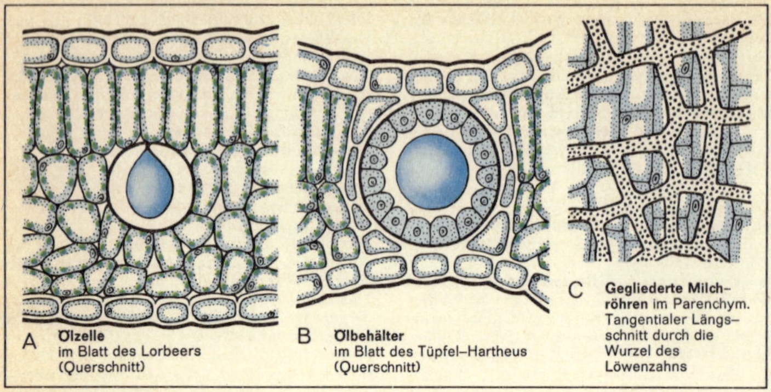

Speicherung von Exkretstoffen

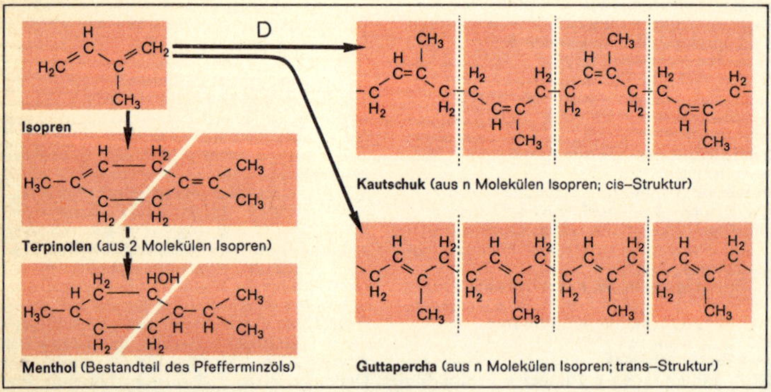

Isopren-Abkömmlinge als pflanzliche Exkretstoffe

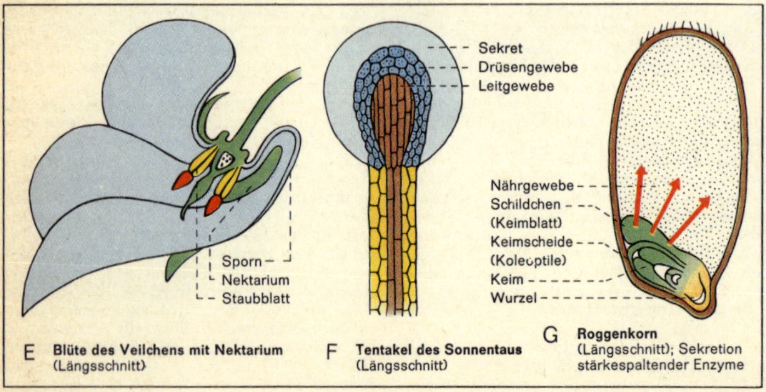

Sekretion bei Pflanzen

Die pflanzl. Stoffausscheidung zeigt gegenüber der tierischen charakteristische Züge. **Die chemische Natur ausgeschiedener Stoffe** ist durch den Kohlenhydratüberschuß der *Pflanzen* auf Grund der autotrophen Ernährung bestimmt; dagegen ist N für sie immer ein Mangelstoff, oft der begrenzende Faktor überhaupt. Sie scheiden daher nicht die für *Tiere* charakterist. N-Verbindungen (II, S. 299) ab, an denen diese durch die heterotrophe Ernährung einen Überschuß haben. Aus absterbenden Pflanzenteilen, z. B. aus Blättern vor dem Laubfall, wandern im Gegenteil N-Verbindungen in die ausdauernden Teile der Pflanze zurück und werden erneut in den Stoffwechsel einbezogen.

Die Mechanismen der Ausscheidung
Während bei *Tieren* im allg. spezif. Ausscheidungsorgane vorhanden sind, wird bei *Pflanzen* diese Aufgabe meist von unspezialisierten Organen mit erfüllt. – Man spricht dabei von Ausscheidung in allen Fällen, in denen Stoffe nicht wieder in den Stoffwechsel eingehen, also auch dann, wenn sie, wie oft bei *Pflanzen*, im Organismus festgelegt werden. – Man gliedert die Ausscheidungsprozesse nach den ihnen zugrunde liegenden Stoffwechselvorgängen.

Exkretion
liegt immer dann vor, wenn es sich um Produkte des abbauenden (dissimilatorischen) Stoffwechsels handelt. Sie werden
- nach außen abgegeben,
- in Vakuolen von Zellen (A) oder
- in bes. Interzellularräumen abgelagert (B).

Gasförmige Exkrete. Von ihnen ist **Atmungs-CO_2** am verbreitetsten. Während es bei assimilierenden Pflanzenteilen nicht abgeschieden, sondern wieder zur Photosynthese verwandt wird, ist bei Pflanzen im Dunkeln und bei chlorophyllfreien Pflanzenteilen (Wurzeln, Samen) CO_2-Abscheidung nachweisbar. – **Äthylen** wird oft von reifenden Früchten abgeschieden.

Flüssige Exkrete sind bes. die Terpene (ungesättigte Kohlenwasserstoffe aus Isoprenresten; D) und ihre Abkömmlinge (Derivate): z. T. wirtschaftlich wichtig sind die **ätherischen Öle**, die an Blüten, Sprossen und Blättern von Drüsenhaaren (I, S. 58 C) abgeschieden oder in Ölzellen und -behältern (A, B) abgelagert werden. – **Harze (Balsame)** sind Lösungen von festen (höhermolukularen) in flüssigen Terpenen. Sie werden besonders bei *Nadelhölzern* in Harzgängen (I, S. 78 C) gebildet, die das Holz, die Rinde und die Nadeln durchziehen. Destillieren des Harzes liefert Terpentinöl, der feste Rückstand ist Kolophonium. – **Kautschuk** und verwandte Stoffe (Guttapercha, Balata, Chicle) sind Polyterpene, die in den Milchröhren (C) zahlreicher Pflanzen (*Wolfsmilch-, Mohngewächse, Korbblütler*) in Tröpfchenform abgelagert werden (Emulsionen). Durch Koagulation des Milchsaftes (Latex) wird der Rohkautschuk gewonnen (Hauptlieferant ist das baumförm. *Wolfsmilchgewächs Hevea brasiliensis:* jährlich bis 30 l Latex = 10 kg Rohkautschuk).

Feste Exkrete sind z.B. die Ablagerungen schwerlösl. Ca-Oxalats im Zellinnern (I, S. 56), in denen die Oxalsäure (Endprodukt des Atmungs- und Eiweißstoffwechsels) festgelegt ist. – Hierher gehören auch die Gerbstoffe (Phlobaphene), im Kernholz zahlr. Bäume abgelagert.

Ob die Alkaloide Exkrete sind, ist noch unklar; sie spielen vielleicht noch im Stoffwechsel eine Rolle und sind dann Sekrete.

Sekretion
betrifft Stoffe des aufbauenden (assimilatorischen) Stoffwechsels, die ausgeschieden, selten abgelagert werden; sie haben meist eine deutlich erkennbare Funktion.

Wurzelsekrete sind meist Säuren (Kohlen-, Apfel-, Zitronen-, Weinsäure), die für die Aufschließung von Bodenmineralien wichtig sind. Daneben werden Zucker und von *Leguminosen*-Wurzeln (in Symbiose mit *Nitratbakterien*) Aminosäuren ausgeschieden.

Sekrete von Nektarien (Zuckerdrüsen) inner- und außerhalb der Blüte (florale und extraflorale) locken bei vielen Pflanzen *Insekten* zur Bestäubung an (E).

Verdauungsdrüsen insectivorer Pflanzen (z. B. *Drosera*; F) sind bes. kompliziert. Sie erzeugen zunächst einen klebrigen, honigartig duftenden Stoff, an dem die Beute festklebt. Von ihr ausgehende chem. Reize regen das Drüsengewebe zur Absonderung von eiweiß-hydrolysierenden Enzymen an. Auch die Enzymabgabe des Graskeimlings ins Endosperm (Mobilisierung der Stärke; G) läßt sich als Sekretion auffassen.

Rekretion
betrifft Stoffe, die unverändert wieder ausgeschieden oder abgelagert werden. – Ca-Carbonat wird z. B. in Cystolithenzellen mancher *Pflanzen* abgelagert (I, S. 62 H). – Kieselsäure (SiO_2) wandert mit dem Transpirationsstrom in die Micellarräume ein und lagert sich in den peripheren Zellwänden oder in spezif. Zellen ab (z. B. Kegelzellen der Epidermis von *Sauergräsern*).

Bei Guttation werden aus den Wasserspalten (Hydatoden) auch überschüssige Mineralstoffe ausgeschieden, die sich in Krusten absetzen können (z. B. Kalk an den Blattspitzen von *Steinbrech*-Arten); Pflanzen kochsalzreicher Böden (Halophyten) scheiden überschüssiges Salz durch spezif. Salzguttationsdrüsen aus (»Absalzen«).

Die Transpiration (Abgabe von H_2O-Dampf) muß auch als Rekretionsvorgang gelten. Von ihr abhängig ist die **cuticuläre Rekretion,** bei der sich überschüssige Ionen (K^+, Mg^{2+}, Ca^{2+}, Cl^-, SO_4^{2-}, HPO_4^{2-}) in Wandkapillaren an der transpirierenden Oberfläche anreichern, bei Benetzung (Tau, Regen) herausgelöst und mit dem Tropfwasser dem Boden wieder zugeführt werden. Bei manchen Zimmerpflanzen ist daher Abbrausen notwendig, da sonst in den Blättern schädliche Salzkonzentrationen entstehen.

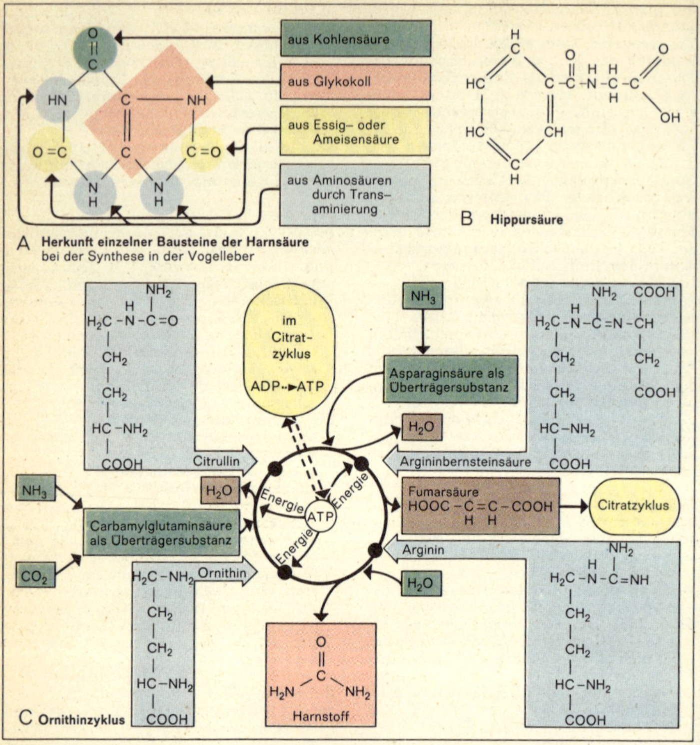

Stickstoffhaltige Exkrete

Substanzen	Enzyme	Tiergruppen
Nukleoproteide	Adenase, Guanase, Xanthinoxidase	
Harnsäure	Uricase	Insekten (ohne Zweiflügler); Rundmäuler; landlebende Kriechtiere; Vögel; Primaten; Mensch
Allantoin	Allantoinase	Schnecken; Zweiflügler; Säuger (ohne Primaten und Mensch)
Allantoinsäure	Allantoicase	ein Teil der Neuflosser (Edelfische; Plattfische; Aale)
Harnstoff	Urease	Süßwassermuscheln; Haie; Lungenfische; Quastenflosser; ein Teil der Neuflosser (Karpfenfische; Hechte; Makrelen); Lurche
Ammoniak		Spritzwürmer; marine Muscheln; Krebse

D Nicht erfaßt in dieser Tabelle ist die Synthese von Harnsäure, Guanin, Allantoin und Harnstoff mit dem NH_3 aus dem Eiweißstoffwechsel

Oxydativer Purinabbau bei Metazoen

Bei *Tieren* werden folgende Arten der Stoffausscheidung unterschieden:
- **Exkretion,** Ausscheidung von unverwertbaren oder schädl. Stoffwechselprodukten.
- **Sekretion,** Abscheidung von Stoffen, die noch eine Funktion haben (z. B. Verdauungsenzyme). Eine scharfe Trennung ist nicht immer möglich, da die Frage der Funktion oft ungeklärt ist.
- **Exkrementation (Defäkation),** Abscheidung unverdaulicher Stoffe, die den Organismus nur im Darmkanal passieren, ohne physiologisch aufgenommen zu werden.

Die chem. Zusammensetzung der Exkrete ist vielfältig. Prim. Exkretstoffe sind:
- CO_2 und H_2O als Abbauprodukte organ. Stoffe; zu ihnen kommt noch
- Ammoniak (NH_3) bei N-haltigen Stoffen.
- Anorganische Salze.
- Hochmolekulare Stoffe (Wirkstoffe, Gifte), deren schnelle Entfernung aus dem Organismus notwendig ist.
- Noch verwendbare Stoffe, deren Ausscheidung auf der Unvollkommenheit des Exkretionsmechanismus beruht (z. B. Zukker bei Zuckerkrankheit, Eiweiße).

Bes. das NH_3 wird bei *höh. Tieren* zu sek. Exkretstoffen umgewandelt (in der Leber, auch in den Nieren), die meist chemisch wenig aktiv und daher anders als das Ammoniak für den Organismus unschädl. sind.

N-haltige Exkretstoffe

Ammoniumsalze finden sich bei *nied. Tieren (Einzeller, Hohltiere, Würmer)*, denen oft Exkretionssysteme ganz fehlen; ferner bei *Insekten*-Larven, während die Imagines Harnsäure als Hauptexkret haben.

Harnsäure: Die Leber synthetisiert ihre löslichen prim. und sek. Ammonium- und Alkalisalze (Urate); in den Exkreten liegt überwiegend die schwerlösliche, kristalline freie Säure vor. – Sie entsteht durch:

1. Synthetische Harnsäurebildung aus versch. Ausgangsstoffen (nachgewiesen durch Radioisotope in der *Vogel*-Leber; A).

2. Oxydativer Purinabbau, der bei Anwesenheit weiterer Enzyme bis zum NH_3 führt (D). Die oxydativ gebildete Harnsäure kann aus Nahrungs-Purin stammen (exogene Herkunft) oder aus körpereigenem (endogene Herkunft; z. B. aus Nukleoproteiden). Sie ist damit bei Tieren ohne synthetische Harnsäurebildung ein Maß des Purinstoffwechsels. – Bei *Vögeln, Kriechtieren*, zahlr. *Insekten* und *Schnecken* ist sie Hauptexkret (urikotelische Tiere).

Harnstoff wird wie Harnsäure auf zwei grundsätzlich versch. Arten gebildet:

1. Die direkte Bildung, mengenmäßig stets gering, geschieht durch
- Einwirken des Enzyms Arginase auf Arginin und einige Derivate (bei Um- und Aufbauprozessen aller *Tiere*; auch bei patholog. Wachstum von Geschwülsten);
- Einwirken des Enzyms Glykocyamase auf Glykocyamin (in der *Säuger*-Leber).

2. Die synthetische Bildung, bes. in der Leber von *Weichtieren, Fischen, Lurchen* und *Säugern* (ureotelische Tiere), dient der Inaktivierung des bes. im Eiweißstoffwechsel auftretenden NH_3 und vollzieht sich im endergonischen Ornithinzyklus (C), der hinsichtlich der Energielieferung und Regeneration seiner Zubringersysteme mit dem Citratzyklus (II, S. 305) eng verbunden ist. – Im eigentl. Zyklus bildet sich aus Ornithin unter Aufnahme von 2 NH_3 und 1 CO_2 und Abspaltung von im Endeffekt 1 H_2O ein Molekül Harnstoff unter Regeneration des Ornithin. – Die Einführung des NH_3 erfolgt durch spezif. Überträgerstoffe: Asparaginsäure (NH_3-Überträger) bildet mit Citrullin Argininbernsteinsäure, die sich in Arginin und Fumarsäure spaltet. Bei der Bildung von Citrullin aus Ornithin wirkt vermutl. Carbamylsäure transaminierend mit.

Die Hippursäure (B), bes. in der Niere von *Huftieren* gebildet, ist wichtigster Vertreter einer Exkretstoff-Gruppe, die durch Koppelungsreaktionen entsteht. So werden für den Organismus z. T. schädl. Stoffe (Phenole, Kresole, Indole, aromat. Säuren, Hormone [z. B. Adrenalin, Östron]) unwirksam und abscheidungsfähig gemacht (z. B. durch Veresterung; Glykosidbindung an Uronsäuren; Säureamidbindung an Aminosäuren).

Die Kynurensäure und ihre Derivate entstehen speziell aus Tryptophan (bei zahlr. *Säuger*-Gruppen).

Weitere N-haltige Exkretstoffe sind:
- die Methylamine (Mono-, Di-, Trimethylamin), bei *Fischen* Endprodukte des Eiweißstoffwechsels, nach Fischnahrung auch im Harn von *Säugern* auftretend;
- Hormone, Vitamine, Enzyme, Farbstoffe und körperfremde Stoffe, die mangels zugeordneter Enzyme nicht oder nur unvollständig abgebaut ausgeschieden werden.

N-freie organische Stoffe,
die ausgeschieden werden, lassen sich klassifizieren als
- Exkretstoffe: Reste von Fett- und desaminierten Aminosäuren (bes. die kleinmolekularen Acetonkörper) werden in größeren Mengen nur bei anaerobem Stoffwechsel oder Störungen des Normalstoffwechsels ausgeschieden (z. B. bei Zuckerkrankheit).
- Nichtexkretstoffe: oft wichtige Nährstoffe (Aminosäuren, Zucker), die den Nierenfilter (II, S. 301) passieren, wenn ihre Konzentration im Blut eine Schwelle überschreitet (bes. Glykokoll und Aminosäuren aus biol. minderwertiger Eiweißnahrung). Die Abscheidung erfolgt oft in Form lösl. Eiweißbruchstücke (Peptide).

Anorganische Bestandteile
Neben anderen Stoffen sind bes. wichtig:
- Wasser (notwendig als Lösungsmittel für die übrigen Exkretstoffe);
- anorgan. Ionen, deren Ausscheidung das ionale Gg im Körper aufrecht hält. Die abgeschiedene Menge hängt im allg. von der Zufuhr ab (z. B. großer Überschuß von K^+ bei Pflanzenfressern).

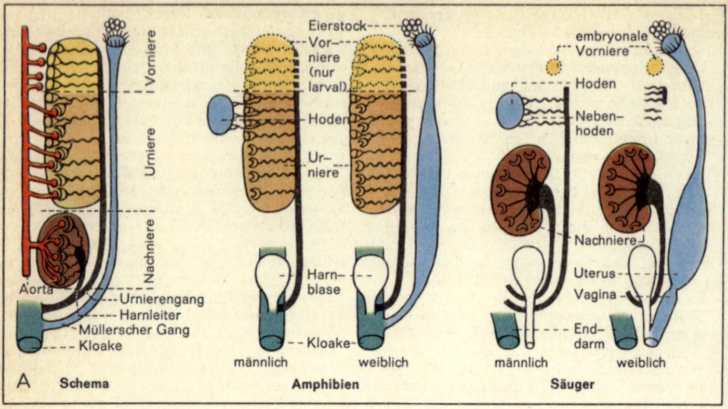

Nierenorgane der Wirbeltiere

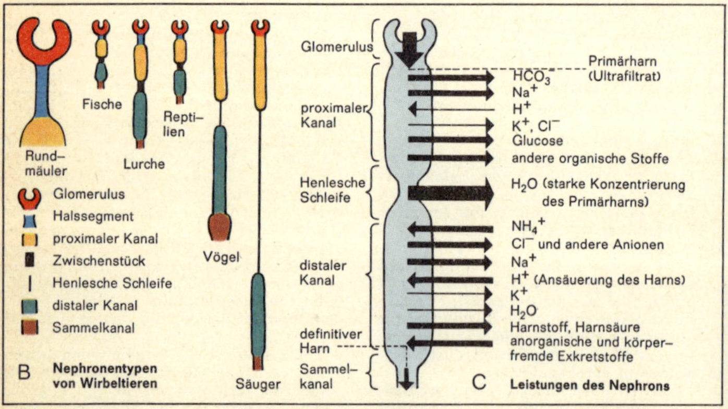

Bau und Funktion des Nephrons

Salzdrüsen

Speicherung von Exkretstoffen
im Körper ist im Tierreich relativ selten:
- bei *Kriechtieren* und *Vögeln* in der embryon. Harnblase (Allantois; I, S. 184 F);
- bei *Fischen* in den Schuppen (Guanin);
- bei *Insekten* in Fettkörper und Flügeln (Harnsäure; z. B. bei *Schmetterlingen*);
- bei *Landschnecken* während des Winterschlafs in der Niere (Harnsäure).

Ausscheidung von Exkretstoffen
vollzieht sich nur bei einfach gebauten Tieren direkt durch die Zellwände nach außen *(Einzeller, Schwämme, Hohltiere)*. – Meist sind Exkretionsorgane ausgebildet, z. B.:
- Protonephridien, blind endend mit endständiger Wimperflamme (*Plattwürmer, Rädertierchen*, Larven von *Ringelwürmern* und *Weichtieren*; I, S. 106 D);
- Metanephridien, mit zur Leibeshöhle offenem Wimpertrichter (*Ringelwürmer, Brachiopoden, Weichtiere*; I, S. 108 D);
- Malpighische Gefäße, blind endende, in den Darm mündende, drüsige Schläuche (*Insekten*; I, S. 112 B).

Die Nieren der Wirbeltiere,
von Metanephridien-Organen abgeleitet, treten in drei Typen auf:
1. Die Vorniere (Pronephros) besteht aus Metanephridien. Ihre zur Leibeshöhle offenen Trichter münden in den Vornierengang, der sich im Urnierengang (Wolffscher Gang) fortsetzt (A). Sie funktioniert (neben der Urniere) nur bei erwachsenen *Rundmäulern* und primitiven *Knochenfischen*, *Fisch-* und *Amphibien*-Larven; embryonal angelegt wird sie auch bei höh. *Wirbeltieren*.
2. Die Urniere (Mesonephros), bandartig geformt, bleibendes Exkretionsorgan bei *Fischen* und *Lurchen*, hat noch offene Wimpertrichter an der Oberfläche, denen von der Aorta aus Kapillarknäuel (äußere Glomeruli) gegenüberliegen (A). Diese können auch ins Innere verlagert sein und sind dann von einer seitl. Wölbung des Nierenkanälchens umhüllt (Bowmansche Kapsel; I, S. 86 F). Nierenkanälchen und Bowmansche Kapsel bilden zusammen das Nephron. Die Verbindung mit der Leibeshöhle kann ganz verschwinden. – Die Urniere tritt bei den *Amnioten* im männlichen Geschlecht in Beziehung zu den Hoden; ihre Reste dienen als Nebenhoden der Samenleitung, der Urnierengang wird zum Samengang.
3. Die Nachniere (Metanephros), bleibendes Organ der *Reptilien*, *Vögel*, *Säuger*, ist ohne segmentale Anordnung der Nierenkanälchen, die stets in einer Bowmanschen Kapsel enden. Ihr eigener Ausführgang (sek. Harnleiter oder Ureter) geht vom Urnierengang aus, bildet das Nierenbecken (I, S. 86 D) und nimmt die Sammelröhrchen auf.

Die Harnbildung in der Säugerniere (renale Exkretion)
ist keine reine Diffusion, da die Exkretstoffe im Harn stärker konzentriert sind als im Blut, aber auch Stoffe in höherer Konzentration im Blut bleiben, ohne daß sie in den Harn übergehen. Zu unterscheiden sind:
Die Filtration im Glomerulus. Seine Wand wirkt als Ultrafilter, der keine Eiweiße, unter dem Einfluß des Blutdrucks aber Blutplasma mit den gelösten Stoffen durchläßt. Der so durch direkte Herzarbeit entstehende Primärharn gleicht diesem also bis auf die zurückgehaltenen hochmolekularen Stoffe. – Allerdings sind die Glomerulusfilter für Eiweiße nicht völlig undurchlässig: kleinmolekulare Eiweiße (z. B. Eieralbumin, Mol. Gew. 34000) passieren in erhebl. Mengen. Der Permeabilitätsgrad des Filters ändert sich; hoher Eigenstoffwechsel deutet auf aktive Transportmechanismen und befähigt die Glomeruluswand, eingetretene Veränderungen wieder auszugleichen.
Die Rückresorption in den Nierenkanälchen (Tubuli), die eng von Kapillaren umsponnen sind (I, S. 86 E), erfaßt bes. für den Organismus noch verwertbare Stoffe (Nichtexkretstoffe; II, S. 299), die z. T. fast ganz resorbiert werden (z. B. Glucose, Aminosäuren). Sie kann passiv entsprechend einem Konzentrationsgefälle oder unter Energieverbrauch aktiv ablaufen. – Morpholog. und funkt. unterscheidet man drei Abschnitte:
1. Das gewundene Kanälchen I (proximaler Tubulus; C) resorbiert selektiv.
2. Die Henlesche Schleife staut durch ihren geringen ∅ den Primärharn; das begünstigt den H_2O-Entzug (Eindicken zum definitiven Harn). Der Vergleich versch. Nephronen-Typen (B) zeigt, daß Abscheidung von konzentriertem (hypertonischem) Harn vom Vorhandensein einer Henleschen Schleife abhängt *(Vögel, Säuger)*.
3. Das gewundene Kanälchen II (distaler Tubulus) gleicht dem proximalen, resorbiert aber z. T. andere Stoffe.
Die aktive Sekretion geschieht bes. in den beiden Tubuli. Sie ist z. B. für das Säuren-Basen-Gg sehr wichtig, da resorbiertes Na^+ und K^+ gegen H^+ ausgetauscht werden (Ansäuern des Harns). – Die Vorgänge der Rückresorption und Sekretion sind auch, hormonal gesteuert, an der Regelung des Wasserhaushalts beteiligt (II, S. 329).

Die extrarenale Exkretion
geschieht durch zahlr. andere Organe:
- Die Lungen scheiden den weitaus größten Teil des CO_2 aus.
- Die Haut, und in ihr bes. die Schweißdrüsen, scheiden vor allem NaCl, aber auch andere anorgan. Salze und körperfremde Stoffe ab.
- Der Darm ist bes. für die Exkretion der Verbindungen mehrwertiger Metalle (Ca, Mg, Fe, Mn, Co, Cu, Ni, Hg) wichtig, wahrscheinlich auch des Cholesterins.
- Salzdrüsen bei *Seevögeln* und *Meeresschildkröten* (D) scheiden selektiv das mit der Nahrung aufgenommene NaCl in konzentrierter Lösung (bis zu 7%) aus.
- Kiemen entfernen bei *Meeresfischen* den durch Trinken von Meerwasser (notwendig, da der Körper durch das hypertonische Außenmedium ständig Wasser verliert) entstehenden Salzüberschuß.

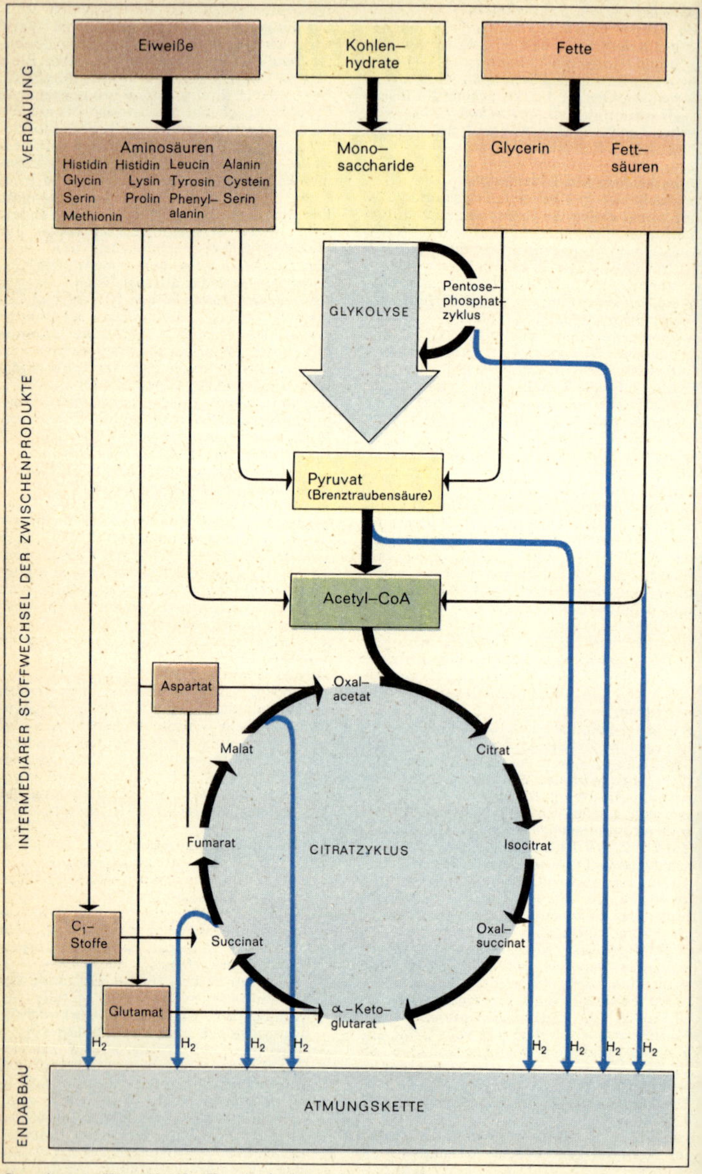

Gemeinsame Wege des Stoffwechsels der Nahrungsstoffe

Der Energie- oder Betriebsstoffwechsel
Fundamentales Kennzeichen eines lebenden Organismus ist der ununterbrochene Stoffwechsel, auch in den makromolekularen Verbindungen. Er ist Ausdruck des **Fließgleichgewichts** (I, S. 37). Der Energiestoffwechsel, der nur aus heuristischen Gründen von dem Bau- oder Erhaltungsstoffwechsel unterschieden wird (I, S. 35) und mit ihm innigst verzahnt ist, überführt die in organ. Substanzen ruhende Energie in Arbeit und Wärme, wobei die energiereichen Verbindungen in energieärmere umgeformt werden.

Energietransformation
Quell des Lebensprozesses ist allein die potentielle, chem. Energie der Nährstoffe, also letztlich die der photo- und chemosynth. gewonnenen metastabilen C-H-Verbindungen (II, S. 277). Wird Energie freigesetzt, ohne daß Arbeit geleistet wird, so wird sie völlig in Wärme umgeformt (»Reaktionswärme«). Diese kann jedoch in Organismen nicht mehr als Arbeit genutzt werden, da Lebewesen anders als eine Dampfmaschine keinen kalorischen, sondern einen chemodynamischen Mechanismus besitzen. Wird jedoch Arbeit geleistet, so geht dabei ein Teil der Energie als unvermeidliche »primäre Wärme« verloren; nur die »freie Energie« ΔG ist als Arbeitsenergie nutzbar. Auch sie kann durch Reibung in Wärme übergehen (»sekundäre Wärme«). Die Transformation erfolgt stets am Verbrauchsort, da ein Transport freier Energie ausgeschlossen ist. Möglich ist nur ein Transport leicht greifbarer, aber gebundener Energie, zumeist in Form der ATP.

Kalorischer Nutzwert und ATP-Ausbeute
Im Energiestoffwechsel, nicht aber im Baustoffwechsel (II, S. 285), können die versch. Energielieferanten, Kohlenhydrate, Fette und Eiweiße, einander in gewissen Grenzen vertreten **(Isodynamiegesetz)**, da sie nach dem »Prinzip der gemeinsamen Endstrecke« über den gleichen Abbauweg oxydiert werden (Abb.). Man rechnet mit folgenden abgerundeten Werten für die **»physiologische Verbrennungswärme«**:

Kohlenhydrat	4,1 kcal/g
Eiweiß	4,1 kcal/g
Fett	9,3 kcal/g

Den wahren Nutzeffekt der Nährstoffe geben die Mole ATP an, die je Mol Nährstoff gebildet werden können. Die Ausnutzung der Energie ist für die Oxydation der Hauptnährstoffe ungefähr gleich: etwa 17 bis über 20 kcal müssen zur Gewinnung von 1 Mol ATP aufgewandt werden (40 Prozent Nutzeffekt). Legt man für einen *Menschen* einen Tagesbedarf von 3000 kcal zugrunde, so ergibt sich ein tägl. Umsatz von etwa 75 kg ATP!

Die energetischen Umsetzungen werden im allg. in zwei Gruppen von Vorgängen eingeteilt:

1. Der Grundumsatz umfaßt die Energieproduktion zur Aufrechterhaltung aller lebenswichtigen Funktionen im Ruhezustand. Er ist in isolierten vergleichbaren Geweben der *Wirbeltiere* ähnlich groß und steht im intakten Organismus unter dem regulator. Einfluß vor allem der Nebennierenrinden- und Schilddrüsenhormone (II, S. 327 ff.). Demzufolge ist die Höhe des Grundumsatzes, die z. B. beim *Menschen* zw. 1400 und 2000 kcal beträgt, vom Alter, Geschlecht, Körpergewicht (Muskelgewebe), jahreszeitl. Aktivitätszustand und der Außentemperatur abhängig:
- Schwere *Säugetiere* haben einen relativ kleineren Grundumsatz als leichte, denn die Wärmeabgabe ist nicht der Körpermasse M, sondern $M^{0,73}$ proportional; z. B. hat eine *Maus* einen relativ zwanzigfachen Umsatz gegenüber einem *Pferd* (»Gesetz der Stoffwechselreduktion«).
- Dunkelpigmentierte Warmblüter, z. B. *Vögel*, scheinen unter Sonnenstrahlung ihren Umsatz um über 20 Prozent auf »Sparflamme« drosseln zu können.

2. Der Leistungszuwachs bezieht sich auf alle Steigerungen des Energieverbrauchs über den Grundumsatz hinaus. Den größten Bedarf erfordert die Körperbewegung; aber auch die Nahrungsaufnahme (bes. Eiweiße) und der Temperaturausgleich führen zu einem Leistungszuwachs.

Grundzüge der biologischen Oxydation
Der Hauptvorgang der Energiegewinnung in den Zellen lebender Organismen ist die biol. Oxydation, die durch einige allgemeine Grundzüge ausgezeichnet ist und sich dadurch von älteren Oxydations-Vorstellungen abhebt:

1. Wesen der Oxydation: Während ursprünglich die Verbindung eines Stoffes mit Sauerstoff als Oxydation definiert war (LAVOISIER), versteht man heute aufgrund vertiefter chem. Kenntnisse darunter die Abgabe von Elektronen.

2. Einwirkung von Enzymen: Unter Einfluß von Enzymen und Coenzymen kann die biol. Oxydation unter Bedingungen erfolgen, bei denen die reagierenden Substanzen sonst nicht angegriffen werden (wäßrige Lösung, tiefe Temperatur).

3. Einheitl. Reaktionsablauf: Die zahlr. Substrate werden entsprechend dem Isodynamiegesetz auf einer gemeinsamen Endstrekke oxydativ abgebaut. Kohlenstoff und Wasserstoff gehen dabei getrennte Wege (Citratzyklus, II, S. 305 bzw. Atmungskette, II, S. 307).

4. Wasserstoffoxydation als Energiequelle: LAVOISIERS (1780) genialer Vergleich der biol. Oxydation mit einer Flamme trifft nur für die freiwerdenden Energiemengen und einige Endprodukte zu. Die Wege sind jedoch grundsätzl. verschieden: Die energieliefernde Reaktion in biol. Systemen ist die Oxydation des Wasserstoffs, während die Bildung des CO_2 hier ohne wesentl. Energiegewinn erfolgt.

5. Mehrstufige Energieabgabe: Die Energiegewinnung bei der H-Oxydation geschieht in einer mehrstufigen Reaktionskette und nicht in einer einstufigen wärmeliefernd n Reaktion wie bei der Flamme.

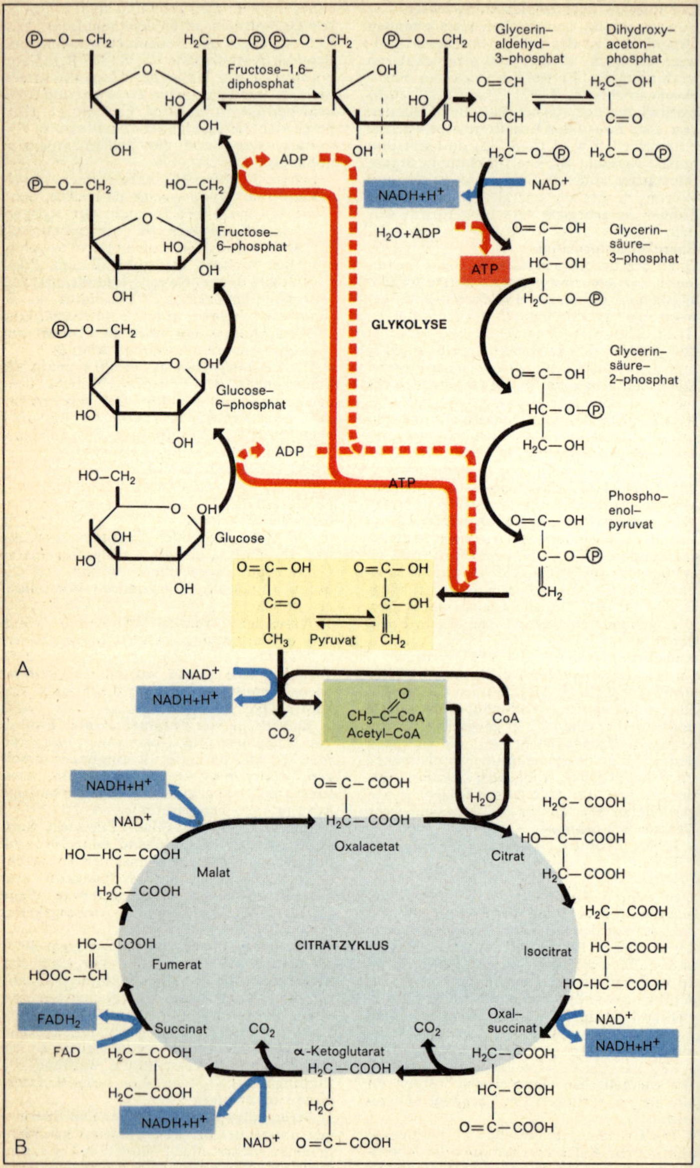

Oxydativer Abbau der Glucose

Abbauprozesse zur Energiegewinnung erfassen zwar auch Fette und Eiweiße als Betriebsstoffe (II, S. 302), doch steht die **Oxydation der Kohlenhydrate,** bes. der Glucose, im Zentrum des Geschehens. Dieser Vorgang, der zahlr. Einzelreaktionen umfaßt und zu den bestuntersuchten biochem. Prozessen zählt, wird aus Gründen der besseren Übersicht in vier Abschnitte gegliedert, deren letzter den Hauptteil der gewonnenen Energie freisetzt (Atmungskette, II, S. 307).

Die Glykolyse (A)
Die Spaltung des Glucosemoleküls in kleinere Einheiten unter Abgabe von Wasserstoff endet mit der Bildung des im Gesamtstoffwechsel an zentraler Stelle stehenden Pyruvats, des Ions der Brenztraubensäure. Dieser Vorgang wird nicht nur im Falle des sauerstoffreien (anaeroben) Abbaus als »Glykolyse« oder Embden-Meyerhof-Weg bezeichnet, sondern auch bei aerobem Verlauf, da sich beide Möglichkeiten nur noch durch die Verwendung der reduz. Coenzyme und des Pyruvats unterscheiden (s. auch Gärungen, II, S. 309).
Nach Aktivierung der Glucose durch Phosphorylierung (II, S. 277) unter enzymat. Einwirkung der Transferase Hexokinase und Verbrauch von 2 ATP pro Molekül und weiteren Umlagerungen entstehen schließlich 2 Moleküle einer C_3-Verbindung. Der vom energet. Standpunkt entscheidende Reaktionsschritt ist die Dehydrierung (Wasserstoffentzug) des dabei entstandenen Glycerinaldehyd-3-phosphats zu Glycerinsäure-3-phosphat. Die dabei frei werdende Energie wird zum Aufbau von ATP verwertet (»**Substratkettenphosphorylierung**«), während der Wasserstoff von NAD^+ übernommen wird.
Nach weiteren Umlagerungen stellt das Phospho-enolpyruvat seinen Phosphatrest zum Aufbau eines weiteren ATP-Moleküls zur Verfügung, das wieder zur Phosphorylierung der Glucose verwendet wird und somit in den Glykolysekreislauf zurückkehrt.
Der biol. Nutzeffekt der Glykolyse liegt demnach in dem Gewinn von 2 Molekülen ATP aus einem Molekül Glucose. Außerdem wird noch das relativ energiereiche Pyruvat bereit gestellt, das im Falle aerober Atmung weiter exergonisch abgebaut werden kann.

Die oxydative Decarboxylierung
Bei Gegenwart von Sauerstoff kann das Pyruvat dehydriert und zugleich decarboxyliert werden: CO_2 wird abgegeben, der abgespaltene Wasserstoff von NAD^+ übernommen und der oxydierte C_2-Körper, der Acetylrest, mit dem Coenzym A zum energiereichen Acetyl-CoA (»aktivierte Essigsäure«) verbunden. Mitwirkende Faktoren sind dabei das Pyrophosphat des Thiamins (Vitamin B_1, II, S. 285) und das Amid (= Verbindung einer Säure mit Ammoniak oder Amino-Gruppe) der ebenfalls schwefelhaltigen Liponsäure.

Das Acetyl-CoA, ein kompliziertes Nukleotid aus Adenin, Ribose, Pyrophosphat, dem Vitamin Pantothensäure und der eigentl. Wirkgruppe Cysteamin, offenbart, daß neben den bekannten energiereichen Bindungen des Phosphats (II, S. 277) auch solche des Schwefels in der Natur vorkommen. Acetyl-CoA dient vor allem als Schlüsselsubstanz sowohl bei dem Endabbau des C-Gerüstes im Citratzyklus als auch bei Biosynthesen z. B. von Fettsäuren, Überträgerstoffen der Nervenleitung (Acetylcholin), Baustoffen (Acetylglucosamin) und Steroiden (Gallensäuren, II, S. 288; Nebennierenrinden- und Sexualhormone, II, S. 325, 329; Vitamin D, Digitalin, Saponin).

Der Citratzyklus (B)
Die gemeinsame Endstrecke für den Stoffwechsel aller Gruppen der Nahrungsstoffe ist der nach seinen Entdeckern auch als Krebs-Martius-Zyklus bezeichnete Citratzyklus, bei dem der in das Citratmolekül eingegangene Acetylrest des Acetyl-CoA unter wiederholter Dehydrierung und Decarboxylierung vollständig abgebaut wird.
Die Reaktionen des Citratzyklus ergeben vier Stufen:
- Die Kondensation einer C_2-Verbindung (Acetylrest) mit einer C_4-Verbindung, dem Oxalacetat, unter Abspaltung von Wasser zu einem C_6-Körper.
- Der Übergang von C_6 zu C_5 unter Abgabe von CO_2 und Wasserstoff.
- Erneute Dehydrierung und Decarboxylierung in komplizierter Reaktionskette bildet eine C_4-Verbindung.
- Umwandlungen auf dem C_4-Niveau und Regeneration des Oxalacetats.

Insgesamt entstehen aus jedem Acetylrest 2 CO_2. Betrachtet man den Abbau des Glucosemoleküls, so ergeben sich 6 CO_2, deren Sauerstoff aber nicht der Oxydation durch elementaren Sauerstoff, sondern vielmehr entsprechend dem Wielandschen Dehydrierungsschema dem Wasser entstammt: zunächst wird H_2O angelagert, dann H abgespalten.
Hieraus ergibt sich als Gesamtbilanz der Glykolyse und des Citratzyklus:

$$C_6H_{12}O_6 + 6\ H_2O + 12\ \text{Coenzyme} \rightarrow 6\ CO_2 + 12\ \text{Coenzym-}H_2.$$

Die Energieausbeute im Citratzyklus ist relativ gering, da die Hauptmenge der Energie bei der Atmung nicht durch die »Verbrennung« des Kohlenstoffs zu CO_2 gewonnen wird, sondern in der Atmungskette. Somit liegt die Bedeutung des Citratzyklus bes. darin, alle zum Zwecke der Energiegewinnung abgebauten Stoffe ungeachtet ihres spez. chem. Charakters in die einheitl. Energiequelle der reduz. Coenzyme umzuformen. Dazu sind aber nicht immer wieder neue Coenzym-Moleküle nötig, da sie nach der Wasserstoffabgabe in der Atmungskette regeneriert verfügbar sind. Der Citratzyklus läuft demnach nur in Verbindung mit der Atmungskette ab; damit hat er aber auch Anteil an dem dort freigesetzten hohen Energiebetrag.

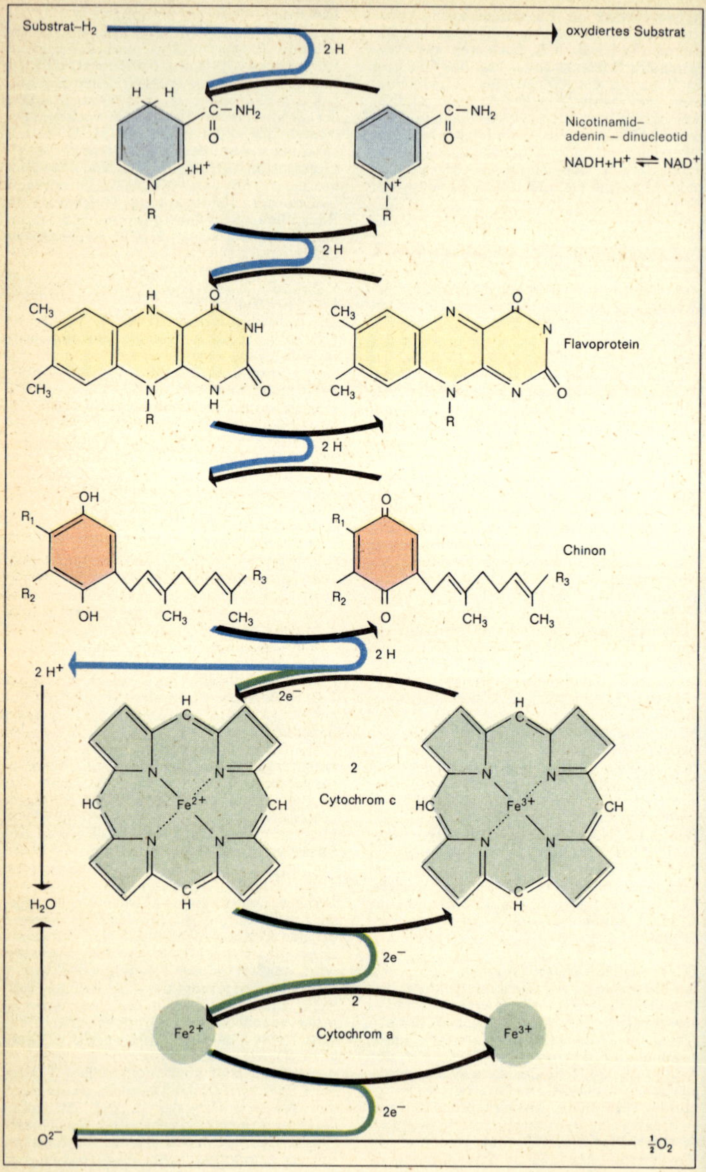

Die Atmungskette

Die entscheidende energieliefernde Reaktion des Stoffwechsels ist die Wasserbildung, bei der molekularer Sauerstoff O_2 mit Wasserstoff reagiert, der in der Glykolyse (II, S. 305) und dem Citratzyklus gewonnen und durch reduz. Nicotinamid-adenin-dinukleotid ($NAD \cdot H + H^+$, II, S. 277) angeliefert wird. Die Vereinigung und Energieabgabe erfolgt in mehreren miteinander gekoppelten Schritten (»Atmungskette«), deren Mechanismen und Katalysatoren erst in den Grundzügen bekannt sind.

Die Stufen der Atmungskette

Eine logische Anordnung der Enzyme in der Atmungskette ergibt sich aus den Redoxpotentialen der prosthetischen Gruppen, d. h. ihrem elektrochemisch in Volt zu messenden Bestreben, Elektronen auszutauschen.

1. NAD^+-Katalyse: Das reduzierte $NAD \cdot H$ dient als Sammelbecken für den Wasserstoff der Atmungskette, während das in geringerem Umfang gebildete $NADP \cdot H$ vor allem für reduktive Synthesen anderer Substrate benötigt wird. Aber nur das in den Mitochondrien selbst reduz. $NAD \cdot H$ kann oxydiert werden. Der Wasserstoffaustausch durch die Mitochondrienmembran wird von bestimmten Substraten zwar ermöglicht, doch stammt das meiste H aus dem Citratzyklus innerhalb der Mitochondrien.

2. Flavin-Katalyse: Flavinhaltige Enzyme (enthalten meist Flavin-adenin-dinukleotid, FAD, II, S. 277) oxydieren das $NAD \cdot H$ wieder, indem sie den Wasserstoff übernehmen und dabei zu $FAD \cdot H_2$ werden. Die meisten der über 60 versch. Flavin-Enzyme reagieren nur mit bestimmten Wasserstoffspendern (H-Donatoren), aber mehreren Wasserstoffakzeptoren; ihre Spezifität ist demnach weniger ausgeprägt als bei den NAD-Enzymen. Manche enthalten Schwermetalle (Fe, Cu, Mn; Bedeutung der Spurenelemente).

3. Chinon-Katalyse: Chinone können allg. leicht unter Umwandlung in Hydrochinon Wasserstoff aufnehmen. Wahrscheinlich schließt sich ein solches Hydrochinon-Chinon-System in der Atmungskette an ein Flavin-Enzym an, z. B. das Ubichinon. Andere fettlösl. Vitamine (z. B. Vitamin K, Plastochinon bei *Pflanzen*), deren Beteiligung vermutet wird, finden sich in geordneter Weise in den Lipoproteiden der Mitochondrien.

Vielleicht kann das Chinon-System in manchen Fällen (nicht phosphorylierende Atmungskette) umgangen werden, indem Enzyme eine direkte Reaktion der Flavine mit dem Cytochrom-System katalysieren.

Mit dem Chinon-System endet der Transport der H-Atome, da sie sich als H^+-Ionen vom Hydrochinon ablösen. Die dabei frei werdenden Elektronen werden vom Cytochrom c übernommen.

4. Hämin-Katalyse (Cytochrome): Das Hämin-System ist an zahlreichen katalyt. Funktionen beteiligt (z. B. Blutfarbstoff, II, S. 316, Photosynthese). Es enthält als Wirkungsgruppe das Porphyrinring-System, in dem jedoch statt des Mg des Chlorophylls (I, S. 24) Fe unter Valenzwechsel Elektronen aufnimmt: $Fe^{3+} + e^- \rightarrow Fe^{2+}$.

Cytochrom c kann nur Elektronen übertragen, nicht aber selbst mit O_2 reagieren, da seine prosthetische Gruppe (Häm) tief in der Proteinkette versteckt liegt.

Ob und wo das ähnlich strukturierte **Cytochrom b** im Elektronentransport der Atmungskette beteiligt ist, ist umstritten.

Das **Cytochrom a** (Cytochromoxydase), das eigentliche »Atmungsferment« WARBURGS, enthält das grüne Cytohämin als Wirkungsgruppe und neben Fe auch Cu. Als letztes Glied der Atmungskette (Endoxydase) reagiert es mit dem Atmungssauerstoff: O_2 wird mit Elektronen beladen und zu O^{2-}-Ionen umgewandelt, die sich sofort mit den Wasserstoffionen zu Wasser verbinden. Das dabei oxydierte Atmungsferment wird vom Cytochrom c wieder reduziert.

Die Atmungskettenphosphorylierung

Die Bedeutung der Atmungskette mit ihren einzelnen Redoxstufen liegt darin, daß hier jeweils die freie Energie der Oxydation als chem. Energie abgefangen und in der ATP gespeichert wird (Oxydative Phosphorylierung, II, S. 277). Pro Mol gebildeten Wassers werden 52 kcal frei, aber nur etwa 21 kcal werden zur Bildung von 3 Mol ATP genutzt (Wirkungsgrad 40 Prozent).

Durch versch. Stoffe (z. B. Dinitrophenol, das Antibioticum Oligomycin) kann die ATP-Bildung gehemmt werden, ohne daß der Elektronentransport unterbrochen wird (»Entkopplung«); biol. »Entkoppler« sind wahrscheinlich, aber noch unbekannt.

Regelung der Atmungskettenphosphorylierung

Die Atmungskette ist im normalen Stoffwechsel nicht in der vollen Kapazität ausgenutzt. Da die Sauerstoffaufnahme z. B. experimentell durch Zusatz von Entkopplern gesteigert werden kann, darf im einzelnen geschlossen werden, daß nicht der Elektronentransport begrenzend wirkt, sondern die Phosphorylierung. Die Reaktion hängt offenbar davon ab, wieviel und ob Adenosindiphosphat (ADP) verfügbar ist. Es liegt auf der Hand, daß dieser Mechanismus selbstregulator. Eigenschaften hat und nach dem Prinzip eines Regelkreises arbeitet (Negative Rückkoppelung, I, S. 38 f.):

Da die Oxydation der Substrate bzw. von $NAD \cdot H + H^+$ mit der ATP-Synthese gekoppelt ist, kann sie nur ablaufen, wenn genügend ADP zur Verfügung steht. Das bedeutet jedoch wiederum, daß zuvor ATP in entspr. Maße verbraucht worden ist, entweder für Muskelarbeit, Transportaufgaben oder Biosynthesen. So paßt sich der Sauerstoffverbrauch dem Energiebedarf der Zelle an. Demnach bildet sich auch kein echtes chem. Gleichgewicht, sondern der stationäre Zustand eines Fließgleichgewichts aus (I, S. 36 f.), der vom O_2-Angebot, von der Substratkonzentration und vor allem der Koppelung mit dem Phosphorylierungssystem abhängt (s. auch II, S. 310 f.).

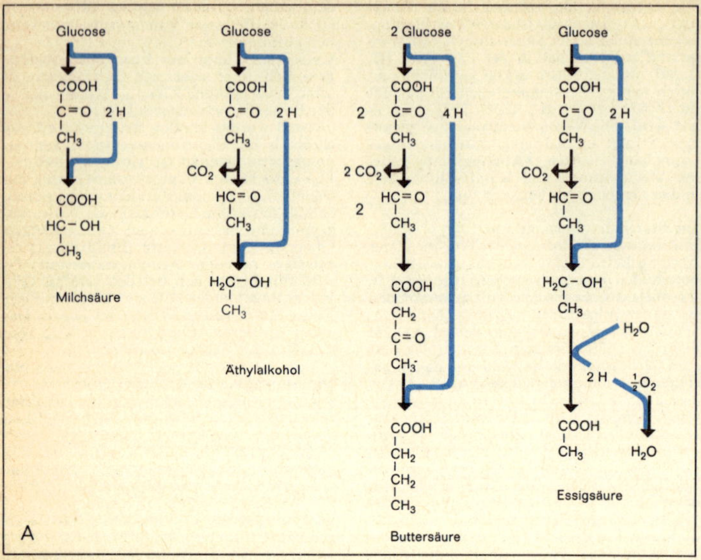

Verschiedene Typen der Gärung

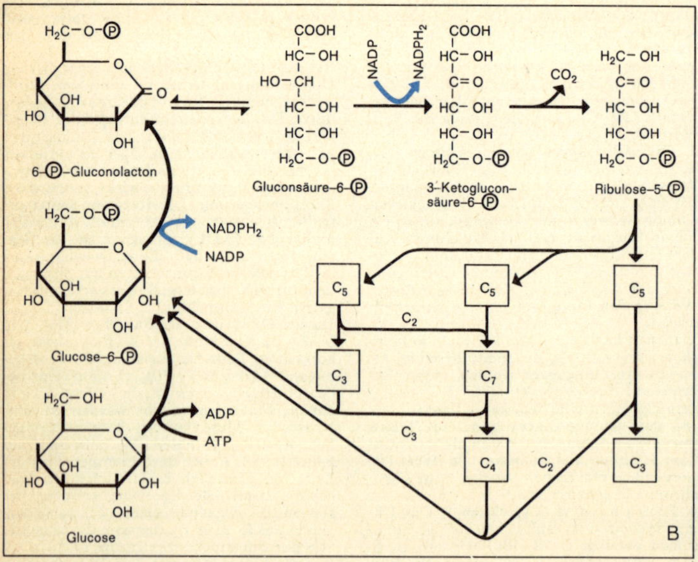

Direkte Oxydation der Glucose

Die Verwertung der Kohlenhydrate im Stoffwechsel nimmt nicht immer den bisher (II, S. 305ff.) dargestellten Weg. Die Abweichungen betreffen sowohl den Wasserstoffakzeptor (Atmung, Gärung) als auch das Schema des Glucoseabbaus (Direkte Oxydation).

Atmung und Gärung (A)
Als **Atmung** bezeichnet man den Stoffwechsel dann, wenn der aus den versch. Substraten stammende Wasserstoff schließlich innerhalb der Atmungskette mit **freiem Sauerstoff** zu Wasser reagiert:

Aerobe Atmung, bei der molekularer Luftsauerstoff O_2 als H-Akzeptor auftritt, ist der eigentliche Typus der »Atmung« und allgemein verbreitet.

Anaerobe Atmung: Einige Mikroorganismen gewinnen den freien Sauerstoff in Abwesenheit von Luftsauerstoff aus anorgan. chem. Verbindungen und verwenden ihn als H-Akzeptor. Sie gewinnen ihn durch Reduktion von Nitraten oder Nitriten zu Stickoxiden oder N_2. Diese Denitrifikation entzieht daher in schlecht durchlüfteten Böden den *Pflanzen* die Nitrate. Ähnlich reduzieren desulfurizierende *Bakterien* Sulfat zu Schwefelwasserstoff.

Die Zersetzung organ. Materials unter Energieabgabe in **Abwesenheit von freiem Sauerstoff,** dessen Funktion der H-Übernahme von anderen, organ. Substraten wahrgenommen wird, wird als **Gärung** bezeichnet. Diesem Prozeß fehlt die hohe Energieausbeute der Sauerstoffatmung; die Deckung der Energiebedürfnisse ist daher nur durch erhöhten Verbrauch und Umsatz des Gärungssubstrates gewährleistet. Vielfach wird auch dem Substrat nicht aller Wasserstoff entzogen, sondern nur ein Teil, so daß nicht CO_2 und H_2O, sondern – eventuell neben CO_2 – die typ. Gärungsprodukte entstehen, die den versch. Gärungstypen ihren Namen gegeben haben.

Milchsäuregärung: Zahlr. *Bakterien* setzen Glucose und andere Monosaccharide zu Milchsäure um; die »reinen Milchsäuregärer« *Streptococcus lactis* sowie die Joghurt-*Bakterien* der Gattung *Lactobacillus* finden in der Milchverwertung oder bei der techn. Milchsäureproduktion Verwendung. Ihrem Chemismus nach ist die Milchsäuregärung der anaeroben Glykolyse im Muskel gleich: Glucose wird dehydriert und der Wasserstoff von dem Pyruvat aufgenommen, wodurch Milchsäure entsteht. Da eine Decarboxylierung unterbleibt, entsteht kein CO_2:
$C_6H_{12}O_6 \rightarrow 2\ CH_3\text{-}CHOH\text{-}COOH + 18$ kcal/Mol.

Alkoholische Gärung: Die *Hefepilze*, z. B. die *Bierhefe (Saccharomyces cerevisiae)*, bauen Glucose ebenfalls glykolytisch bis zum Pyruvat ab, das dann aber unter dem Einfluß von Pyruvat-Decarboxylase zu Acetaldehyd decarboxyliert wird. Dieser erhält von NAD · H den Wasserstoff und wird so zum Äthylalkohol:
$C_6H_{12}O_6 \rightarrow 2\ CO_2 + 2\ CH_3\text{-}CH_2OH + 21$ kcal/Mol.

Buttersäuregärung: Eine Anzahl obligator. anoxybiontischer *Bakterien*, z. B. die verbreiteten Rauschbrand-Erreger der Gattung *Clostridium*, bauen versch. Substrate (z. B. Pektin der Mittellamellen: Flachs- und Hanfröste) bis zum Acetaldehyd oder Acetyl-CoA ab und synthetisieren dann rückläufig Acetessigsäure $CH_3\text{-}CO\text{-}CH_2\text{-}COOH$, die als H-Akzeptor dient und dabei in Buttersäure übergeht:
$C_6H_{12}O_6 \rightarrow CH_3\text{-}CH_2\text{-}CH_2\text{-}COOH + 2\ CO_2 + 2\ H_2 + 17$ kcal/Mol.
Der Energiegewinn ist gering, da ein Teil des Wasserstoffs ungenutzt entweicht (Nutzung durch *Knallgasbakterien*, II, S. 281).

Essigsäuregärung: Manche *Bakterien*, z. B. das *Essigsäurebakterium (Bacterium aceti)*, können den noch recht energiereichen Äthylalkohol der alkohol. Gärung aerob weiter umsetzen (**»Oxydative Gärung«**). Durch zweifache Dehydrierung entstehen aus 1 Molekül Äthylalkohol und Wasser über Zwischenprodukte schließlich Essigsäure und Wasserstoff; letzterer geht in die Atmungskette ein und wird mit O_2 zu Wasser verbrannt:
$CH_3\text{-}CH_2OH + O_2 \rightarrow CH_3\text{-}COOH + H_2O + 118$ kcal.
Auf die *Essigsäurebakterien* geht das Sauerwerden der an Luft stehenden alkohol. Flüssigkeiten zurück (»Weinessig«).

Direkte Oxydation der Glucose (B)
Neben dem Abbau der Glucose über Glykolyse und Citratzyklus führt ein weiterer Weg über die direkte Oxydation, in dem die Dehydrierung nicht wie bei der Glykolyse auf später Stufe, sondern schon am Anfang steht. Das Glucose-6-phosphat wird unter Wasseraufnahme durch $NADP^+$ dehydriert, das entstehende Gluconsäure-6-phosphat erneut von $NADP^+$ dehydriert und dadurch zu 3-Ketogluconsäure-6-phosphat. Durch Decarboxylierung bildet sich ein C_5-Körper, das Ribose-5-phosphat. Damit ist der eigentliche Oxydationsvorgang beendet: Er erfaßt nur ein einzelnes C-Atom des Glucosemoleküls, das als CO_2 abgespalten wird; dabei entstehen zwei NADP · H + H^+.
Die Pentose häuft sich jedoch in der Zelle nicht an, da in dem **Pentosephosphat-Zyklus** durch komplizierte Reaktionen aus ihr neue Zucker entstehen:

Aus 3 Pentosen bilden sich 2 Hexosen und 1 Triose. Erstere können wieder in die direkte Oxydation einbezogen werden, letztere wird entweder auf dem Embden-Meyerhof-Weg abgebaut, oder 2 Mole verbinden sich erneut zu einer Hexose, die ebenfalls wieder in den Zyklus eintreten kann.
Somit besteht die Möglichkeit, letzten Endes Glucose vollständig in CO_2 und 12 reduzierte NADP zu überführen. NADP·H kann jedoch nicht in der Atmungskette ATP bilden. Die Übertragung seines Wasserstoffs auf NAD^+ scheint aber selten zu sein, so daß der abgespaltene Wasserstoff weniger der Energiegewinnung als vielmehr reduktiven Synthesen dient.

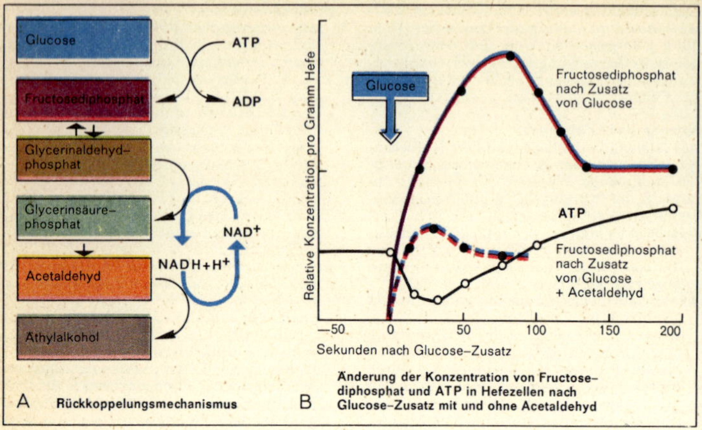

Alkoholische Gärung als Regelkreis

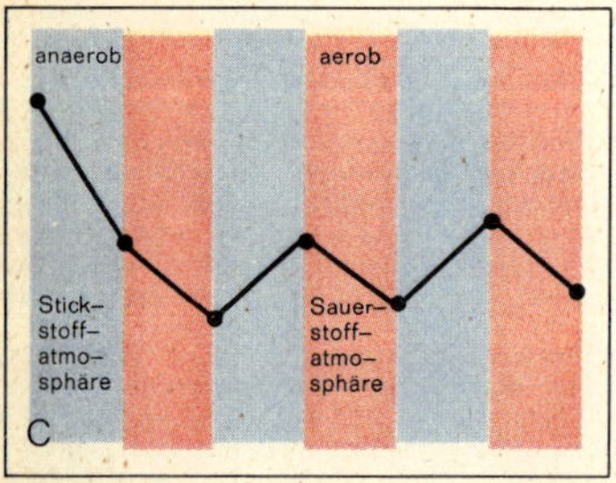

Phosphatspiegel in atmenden und gärenden Hefezellen

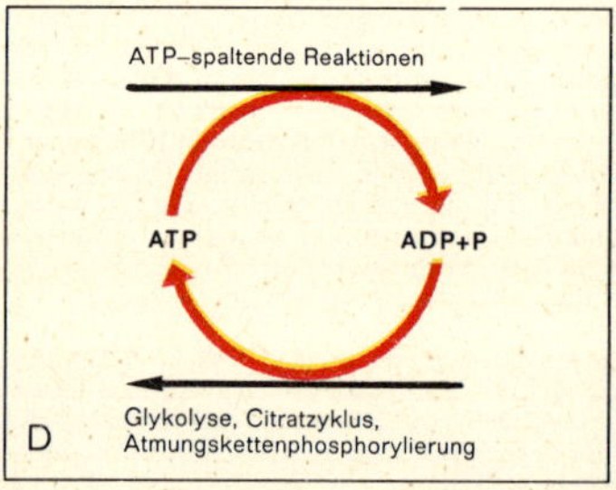

Konkurrenz um das System ATP/ADP+P

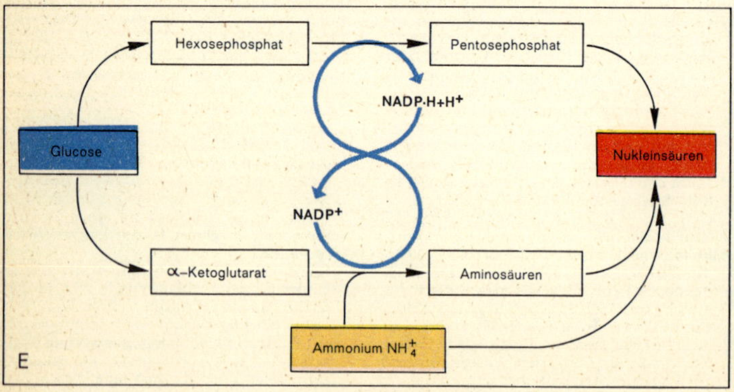

Koppelung der Pentosephosphat- und Aminosäurebildung in wachsenden Hefezellen

Intrazelluläre Regulation
Anpassung an Veränderungen der Umgebung ist eine unabdingbare Eigenschaft jeglichen Lebens. Viele dieser biol. Regelvorgänge beruhen auf dem **Prinzip des Regelkreises** (I, S. 16 f., 38 f.) und laufen im »einfachen« Fall intrazellulär, d. h. im Inneren einer Einzelzelle, ab, dagegen erstrecken sich neurale (II, S. 315) und hormonale Regulation (II, S. 322ff.) interzellulär auf Organe oder den ganzen Organismus. Die intrazelluläre Regulation wirkt aufgrund versch. Mechanismen:
- **Repression** oder **Induktion** der Enzymsynthese durch Veränderung der Genaktivität (Einzelheiten s. II, S. 441);
- Änderung der **Enzymaktivität** durch Endprodukthemmung (II, S. 441);
- **Enzymatische Regulation,** d. h. die nachfolgend an Beispielen dargelegte Änderung der Stoffwechselintensität durch Konkurrenz der Enzyme um gemeinsame Coenzyme und Substrate.

Beispiele enzymatischer Regulation
Man kennt heute viele Stoffwechselreaktionen, deren Einzelschritte durch Enzyme ermöglicht werden, die selbst um ein gemeinsames Coenzym-System konkurrieren. Dadurch wird die lineare Reaktionskette zum Kreisprozeß verknüpft.
1. Alkoholische Gärung als Regelkreis (A): Der Reaktionskette von der Glucose zu den Gärungsprodukten Äthylalkohol und CO_2 ist ein Rückkoppelungsmechanismus eingeschaltet, nämlich der durch das Coenzym-System $NAD^+/NADH+H^+$ vermittelte Wasserstoffkreislauf, der den letzten Reaktionsschritt mit einem früheren koppelt. Stört man das stationäre Gg durch Vergrößerung der Glucose-Konzentration, so häufen sich die Zwischenprodukte bis zur Stufe des Glycerinaldehyd-3-phosphats zunächst, da dessen Dehydrierung zu Glycerinsäure durch das Angebot an NAD^+ begrenzt ist. Dieser Anstau wird erst behoben, wenn nach einiger Zeit genügend Acetaldehyd entstanden und das vorhandene $NADH+H^+$ zu NAD^+ oxydiert ist. Das beobachtete »Übers-Ziel-schießen« der Triosekonzentration, das für das Zeitverhalten der meisten Regelkreise typisch ist, kann experimentell durch gleichzeitige Zugabe von Glucose und Acetaldehyd verhindert werden, wodurch die Enzymkonkurrenz um das gemeinsame Coenzym-System erkennbar wird (B).
2. Pasteur-Effekt: Bereits Mitte des 19. Jh. stellte PASTEUR fest, daß der unter anaeroben Bedingungen zu beobachtende Glucoseverbrauch der Hefezellen merklich (auf etwa 60 Prozent) verlangsamt wird, wenn Sauerstoff zugeführt wird. O_2 scheint demnach den Glucoseabbau zu hemmen, was höchst wirtschaftlich ist, da die Atmung wesentlich mehr Energie verfügbar macht als die anaerobe Gärung (Nachweis: erhöhter Phosphatverbrauch als Folge vermehrter Bildung von ATP aus P und ADP, C). Einen ähnlichen Anpassungsmechanismus zeigen alle normalen tier. und pflanzl. Gewebe, ausgenommen die reifen roten Blutkörperchen (Erythrocyten), deren verkümmertes Atmungssystem kaum Unterschiede in der Milchsäuregärung zw. aeroben und anaeroben Bedingungen zeigt.
Der Pasteur-Effekt wird allerdings nicht direkt durch Sauerstoff verursacht; vielmehr unterdrückt eine ungehemmte Sauerstoffatmung die Gärung in einem Wettbewerb um das ATP/ADP/P-System (LYNEN). Auch hier besteht ein Regelkreis (D): Phosphorylierende Enzyme, die ATP aus ADP und anorgan. Phosphat synthetisieren, konkurrieren mit ATP-spaltenden Enzymen um ATP, ADP und Phosphat. Der Kohlenhydratabbau durch Glykolyse und Citratzyklus ist mit der ATP-Bildung aus ADP und P fest gekoppelt und kann daher nur in dem Maße ablaufen, wie ATP gespalten wird. Da unter aeroben Bedingungen aber auch die Atmungskette vermehrt ATP herstellt und somit ADP und P verbraucht, mangelt es an diesen beiden Verbindungen, und der Kohlenhydratabbau wird gehemmt. Diese Theorie des Kohlenhydratabbaus durch Atmung oder Gärung wird experimentell gestützt:
- Setzt man *Bakterien*-Aufschwemmungen unter aeroben Bedingungen Phosphat zu, dann steigt der Glucoseumsatz auf den anaeroben Wert an.
- Bei Entkopplung der oxydativen Phosphorylierung durch Entkoppler (Dinitrophenol, II, S. 307) erreicht die aerobe Glykolyse ebenfalls anaerobe Werte, weil nun ADP und P in einem solchen Überfluß vorliegen, daß gleichzeitig Glykolyse und Atmung mit Höchstgeschwindigkeit ablaufen können.

3. Pentosephosphatzyklus und Wachstum (E): Wachsende Organismen, z. B. *Hefe*, brauchen vermehrt Aminosäuren und Nukleinsäuren für Zellvermehrung und Wachstum. Durch Vermittlung des $NADP^+/NADPH+H^+$-Systems werden die diese Baustoffe produzierenden »reduktiven Synthesen« und der Pentosephosphatzyklus miteinander gekoppelt:

Die Umwandlung z. B. des Ammoniums in den organisch gebundenen Stickstoff der Aminosäuren erfordert $NADPH + H^+$, das zu $NADP^+$ oxydiert wird und anschließend durch die Dehydrierungsreaktionen innerhalb des oxydativen Pentosephosphatzyklus wieder zu $NADPH + H^+$ regeneriert wird. Daher kann auch experimentell bei *Hefe* durch Zusatz von Ammoniumsalz die direkte Oxydation der Glucose beschleunigt werden.

Gestörte Zellregulationen
In Geschwülsten (Tumoren) ist das Wachstum infolge intensiver Zellteilung außer Kontrolle, die Diff. zur funktionsfähigen Körperzelle unterbleibt, und trotz aerober Bedingungen herrscht Milchsäuregärung. Diese gestörten enzymat. Regulationsvorgänge, nach WARBURG vor allem die aerobe Glykolyse, kennzeichnen und verursachen vielleicht die Krebszelle.

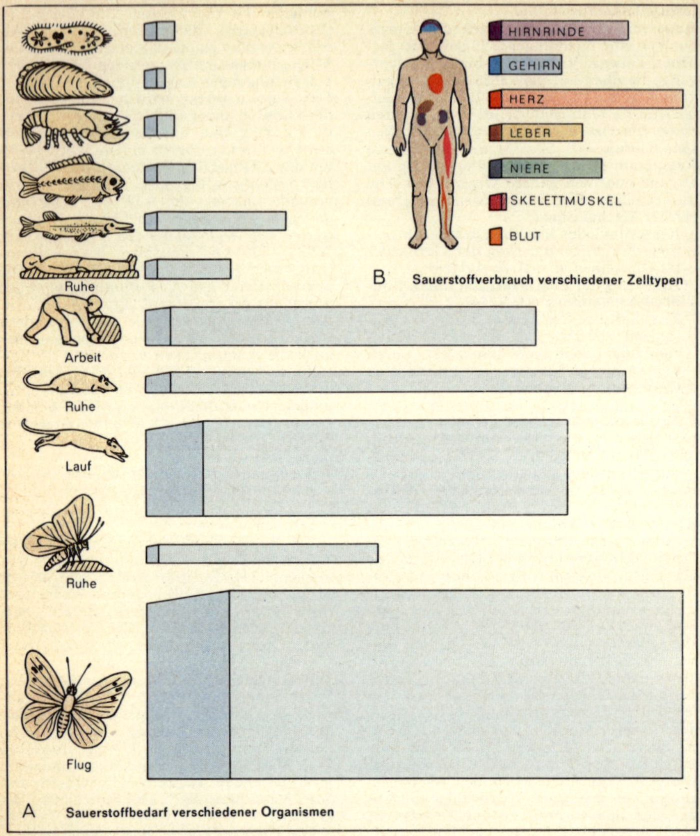

Sauerstoffbedarf verschiedener Organe und Tiere

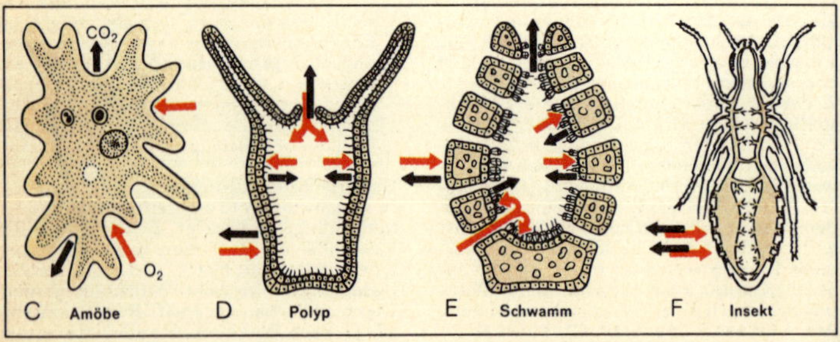

Typen des Atemgas-Transports

Die Zellatmung (Innere Atmung) erfordert zu ihrer Aufrechterhaltung aerobe Bedingungen. Der Organismus ist daher auf einen ständigen Gaswechsel (Äußere Atmung) angewiesen, durch den dem Gewebe Sauerstoff zugeführt und das gebildete Kohlendioxid CO_2 abgenommen wird. Die äußere Atmung bildet somit Anfang und Ende der Zellatmung, wobei das Blut als Mittler dient (II, S. 317).

Eine längere Einschränkung oder Unterbrechung der O_2-Zufuhr führt immer zu tiefgreifenden Funktionsstörungen oder zum Tod (II, S. 311), denn der **innerzellulär gebundene Sauerstoff** reicht zur Deckung des normalen Energiebedarfs nur wenige Sekunden. Nur die Muskelzelle verfügt mit dem roten Muskelfarbstoff **Myoglobin** über einen kurzfristigen O_2-Speicher. In gleicher Weise wirkt eine erhöhte CO_2-Konzentration schädigend. Demnach hängt die Lebens- und Leistungsfähigkeit des Organismus wesentlich von der Wirksamkeit der Transportmechanismen für die Atemgase ab.

Der Sauerstoffbedarf der Tiere (A) schwankt innerhalb weiter Grenzen. Während Anaerobier von der Zufuhr gasförm. Sauerstoffs unabhängig sind, erhöht bei den Aerobiern jede mit Energiebedarf verbundene Aktivität den O_2-Verbrauch:

- Intensivierung des Stoffwechsels,
- funkt. bedingte Besonderheiten (Arbeitsleistung, Verdauung, »Fieber«),
- bei Kaltblütern die Temperatur, bei Warmblütern die Wärmeausstrahlung, die zur Erhaltung der Temperaturkonstanz ersetzt werden muß.

Die Sauerstoffversorgung ist unterschiedl. umweltabhängig:

- bei *Wirbeltieren*, *Insekten*, *Krebsen*, *Tintenfischen* und *Quallen* ist der O_2-Antransport so gut, daß das Gewebe mit Sauerstoff gesättigt ist; daher sind diese *Tiere* in gewissem Umfang von der O_2-Konzentration der Umwelt unabhängig.
- Viele *Schnecken*, *Stachelhäuter* und *Actinien* sind in ihrer O_2-Versorgung eng mit dem Sauerstoffangebot der Umwelt gekoppelt, da das Gewebe wegen schlechter Durchblutung, langer Diffusionswege und leistungsschwächerer Atmungsfarbstoffe keine O_2-Sättigung erreicht.

Prinzipien des Atemgas-Transportes

Die Leistung des Transport-Mechanismus für die Atemgase besteht vor allem in der

- Aufnahme des für den Gesamtenergieumsatz notwendigen Sauerstoffs aus der Umwelt,
- Verteilung entspr. dem unterschiedl. Bedarf der versch. Zelltypen (B),
- Anpassung an zeitl. veränderte Bedürfnisse des Gewebes bei Funktionswechsel.

Sinngemäß gelten diese Forderungen auch für den Abtransport des Kohlendioxids in der 0,7- bis 1,0fachen Menge des verbrauchten Sauerstoffs.

1. Die Diffusion darf heute ohne Einschränkung als grundlegender Vorgang beim Gasaustausch gelten. Sie ist ein Ausgleichsprozeß, bei dem entspr. dem 2. thermodynam. Hauptsatz Moleküle von einem Ort höh. Konzentration zu einem Ort nied. Konzentration transportiert werden. Die Transportenergie ist dabei die Bewegungsenergie der Moleküle, so daß vorteilhafterweise Zellenergie dabei nicht verbraucht wird. Nachteilig wirkt sich jedoch aus, daß so nur relativ kurze Strecken von maximal einigen Millimetern durch Diffusion überwunden werden können.

Für einzellige Lebewesen reicht die Diffusion allein aus, um O_2-Versorgung und CO_2-Abgabe sicherzustellen (C).

2. Oberflächenvergrößerung wird bei größeren Organismen zwingend. Hier gelingt der Gasaustausch durch Diffusion allein nur dann, wenn für einen möglichst kurzen Diffusionsweg von der O_2-haltigen Umwelt zu den einzelnen Zellen gesorgt ist. Dies ist durch Vergrößerung der inneren und äußeren Oberfläche bei allen *Gewebepflanzen* (Blattspreite, Interzellularsystem, bei Unterwasserpflanzen Aerenchym, I, S. 63, 97) und z. B. beim *Süßwasserpolypen* erreicht (D).

3. Hilfseinrichtungen der Atmung müssen bei allen übrigen Organismentypen die Diffusion der Atemgase ermöglichen:

Das Kanalsystem der *Schwämme* wird ständig von frischem Meerwasser durchspült, das an den Poren durch Flimmerbewegungen der Kragengeißelzellen eingesaugt wird und den Gastralraum durch das Osculum verläßt (E).

Das Tracheensystem der *Insekten* erreicht in feinsten Kanälchen alle Körperzellen. In manchen Fällen findet nicht nur der Gasaustausch zw. Tracheen und Zellen, sondern auch der zw. den Kanälchen und der umgebenden Außenluft allein durch Diffusion statt (F).

Das Blutkreislaufsystem übernimmt bei vielen *höh. Tieren* die Aufgabe des Gastransportes (II, S. 316 f.). Dabei findet an einer äußeren Kontaktfläche der Gasaustausch zw. dem Blut und dem umgebenden Medium genauso durch Diffusion statt wie zw. den Gewebezellen und dem an ihnen vorbeifließenden Blut.

Vereinfacht man die Sauerstoff-Diffusion auf eine Membranpassage (wobei die Mehrschichtigkeit, Plasmadiffusion und das Verhalten gegenüber Erythrocyten außer acht gelassen wird), so ist der Gasdurchtritt abhängig von dem Druckgefälle, der Schichtdicke, der Schichtbeschaffenheit und vor allem von der Größe der Kontaktfläche:

- Bei *Würmern* genügt noch als äußere Austauschfläche die Körperoberfläche ohne bes. Differenzierungen;
- bei einigen *Anneliden*, den *Weichtieren*, *Krebsen* und *Fischen* treten spez. Austauschsysteme mit großen Oberflächen in Form von feinen, gut durchbluteten Ausstülpungen auf, den Kiemen.
- Bei *Reptilien*, *Vögeln* und *Säugern* schließlich dienen die Lungen als einzig wirksamer Atmungsapparat dem Gasaustausch mit der umgebenden Luft.

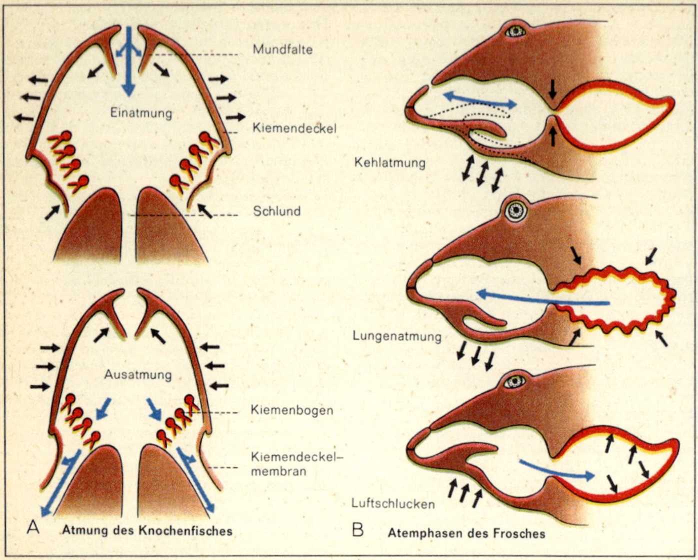

Atembewegung bei Wirbeltieren

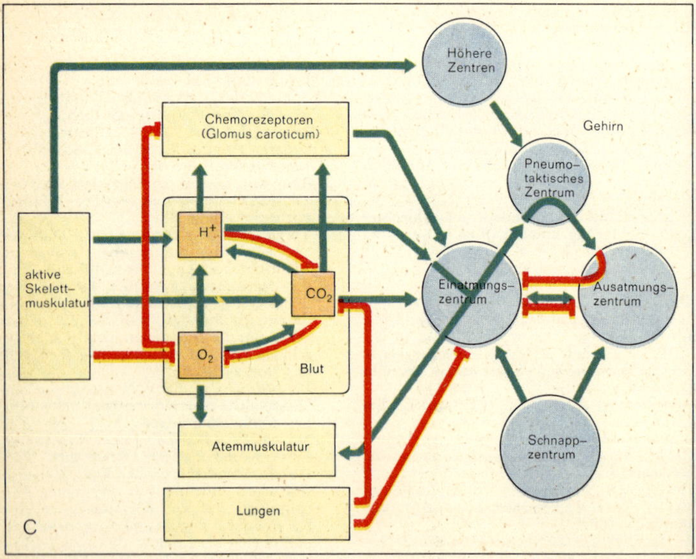

Regulation der Atembewegungen

Bei höherem Sauerstoffbedarf reicht reine Diffusion selbst bei hochentwickelten Atemhilfseinrichtungen nicht aus. Er kann dann nur durch dynamische Einrichtungen gedeckt werden, die durch Atembewegungen den Gasaustausch intensivieren und den jeweiligen Erfordernissen anzupassen vermögen.

Die Atembewegungen
Die versch. Tierklassen zeigen eine außerordentliche Mannigfaltigkeit der Möglichkeiten, durch Ventilation einen schnelleren Gasaustausch zu erreichen; doch lassen sie sich im allg. auf wenige Grundtypen zurückführen:

- **Milieuwechsel** durch Eigenbewegung des *Tieres* in seinem Medium (rhythm. Pumpbewegungen der *Quallen*, undulierende Körperbewegungen bei *Egeln* und *Tubifex*).
- **Ventilation durch Flimmern** mit Cilien *(Muscheln, Rotatorien)*.
- **Bewegung** kiementragender Extremitäten *(Krebse)*, Parapodien *(Meeresborstenwürmer)* oder Mantelränder *(Meeresschnecken)*.
- **Auspressen** des Inhalts der Atemorgane *(Landlungenschnecken, Insekten, Tintenfische, Wirbeltiere)*.

Die zuletzt genannte Erscheinung tritt im Zusammenhang mit **Kiemenatmung** bei *Fischen, Weichtieren* und *Krebsen* auf, mit **Darmatmung** z. B. bei Larven großer *Libellen (Anisopteren)*, ist aber bes. in den **Tracheen** und **Lungen** verwirklicht:

Die Atemmechanik der Insekten beruht meist auf der normalen Körperbewegung, bei der die elast. Tracheen (I, S. 113) wechselnd zusammengedrückt und geweitet werden. Arten mit bes. intensivem Stoffwechsel (z. B. *Bienen*) führen durch schnelles rhythm. Zusammenziehen des Hinterleibs Atembewegungen aus. Stets ist die Einatmung passiv, die Ausatmung aktiv.

Die Atmungsbewegungen der Fische erzeugen durch Abheben des Kiemendeckels bei angelegter Kiemendeckelmembran einen Sog, der Frischwasser durch das Maul einzieht. Bei *Haien* z. B. ist die Herztätigkeit mit dem Atemrhythmus gekoppelt (A).

Die Amphibien, z. B. *Frösche*, befördern bei geschlossener Luftröhre und offenen Nasenlöchern durch schnelle Bewegungen der Kehlhaut Frischluft in den Kehlraum (Kehlatmung), durchmischen sie im Kehlsack mit der aus der Lunge herausgepreßten Luft (Lungenatmung) und schlucken dann mit Hilfe der Mundbodenmuskulatur die Mischluft (B).

Die Reptilien weiten die Brusthöhle durch Rippenbewegungen, wodurch die Lungen gedehnt werden und Luft ansaugen. *Schildkröten* können nur durch Druck der Bauchmuskeln aktiv ausatmen. Als einzige *Wirbeltiere* besitzen sie, wie auch die *Eidechsen*, eine eigene quergestreifte Lungenmuskulatur.

Die Vögel haben die anatom. vollkommensten Wirbeltierlungen entwickelt: Da sie an Stelle blind endender Alveolen ein System kommunizierender Röhren, die »Lungenpfeifen«, besitzen, kann im Fliegen durch Luftdruck und Blasebalgwirkung der Luftsäcke, bei Ruhe durch Rippenmuskeltätigkeit Luft durch das ganze System gesogen werden.

Die Säuger atmen mit Hilfe der Rippen- und Zwerchfellbewegung, die einen die Lungen luftdicht umschließenden »Pleuralraum« und damit auch passiv die Lungen weitet (I, S. 83). – Die normale Atmung bewegt beim *Menschen* 0,5 l pro Atemzug, die Atemfrequenz beträgt bei Ruhe etwa 15 Zug/min. (*Maus* 200, *Kaninchen* 50, *Pferd* 10, *Elefant* 4–10).

Die Regulation der Atembewegungen (C)
Während viele *nied. Tiere* mit geringem O_2-Bedarf anscheinend keine oder nur eine »Diffusionsregulation« haben (*Insekten, Weichtiere:* Erweitern der Atemöffnungen) und manche Wassertiere indirekt durch Aufsuchen O_2-reicheren Wassers regulieren, können *Wirbeltiere* sich meist den jeweiligen Bedürfnissen durch Änderung der Atemfrequenz und -tiefe automatisch und quantitativ anpassen.

1. Das Atemzentrum im Nachhirn (Medulla oblongata) der *Wirbeltiere* regelt neural die Atembewegungen; *Vögel* besitzen außerdem im Mittelhirn ein Hechelzentrum (Schutz gegen Überhitzung). Im Atemzentrum sind der Inspirations- und Exspirationskern autonom und, einander gegenseitig hemmend, rhythmisch aktiv. Außerdem besteht ein Regelkreis mit dem »pneumotaktischen Zentrum« in der Brücke, die wiederum Verbindung zum Hypothalamus und Großhirn aufweist. Schließlich hemmt eine Dehnung der Lungen über sensible Vagusfasern das Inspirationszentrum (Selbststeuerung der Atmung). Bei Ausfall der Atemzentren im Nachhirn wird von tieferen spinalen Zentren, dem primitiven Atemzentrum der *Fische*, eine Schnappatmung ausgelöst. Übernormale Vaguserregung bedingt das Bronchialasthma.

2. Der Atemantrieb, d. h. die Erregung der Atemzentren, hat versch. Ursachen:

- **Erniedrigung des Sauerstoffdrucks** im Blut wird von Chemorezeptoren im Carotissinus gemessen, da die Zellen der Carotisknötchen bei O_2-Mangel sehr schnell zu Gärung übergehen und die ausdiffundierenden Gärungsprodukte benachbarte chemosensor. Nervenendungen erregen.
- **Erhöhung des Kohlendioxiddrucks** wirkt sich über die Erhöhung der H^+-Konzentration (aus Kohlensäure) sowohl in den Chemorezeptoren als auch in den Zellen des Atemzentrums aus; auf letztere nimmt vielleicht auch das CO_2 direkt Einfluß.
- **Muskelarbeit** läßt die Atmung proportional ansteigen. Der Antrieb wird von Rezeptoren in der Skelettmuskulatur und von höh. Zentralstellen des Zwischenhirns und der motor. Großhirnrinde vermittelt.

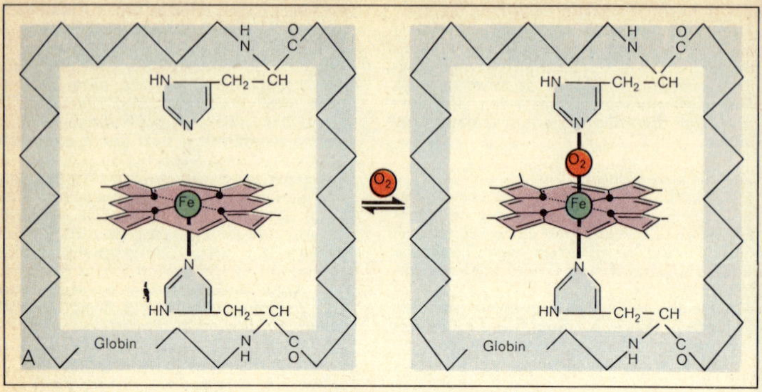

Hypothetisches Raumbild des sauerstoffbindenden Hämoglobins

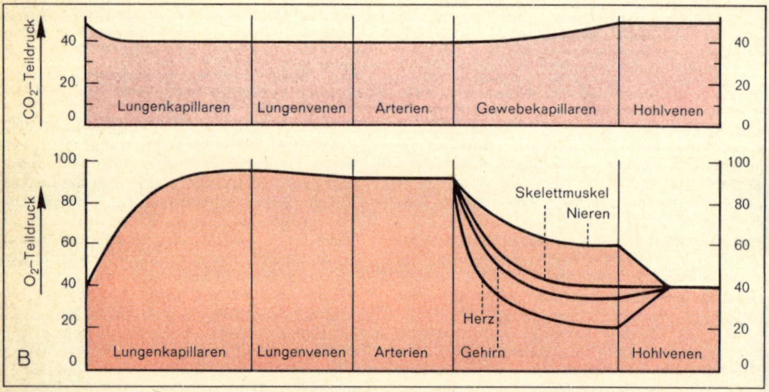

Kohlendioxyd- und Sauerstoff-Teildrucke in verschiedenen Gefäßabschnitten (ruhender Mensch)

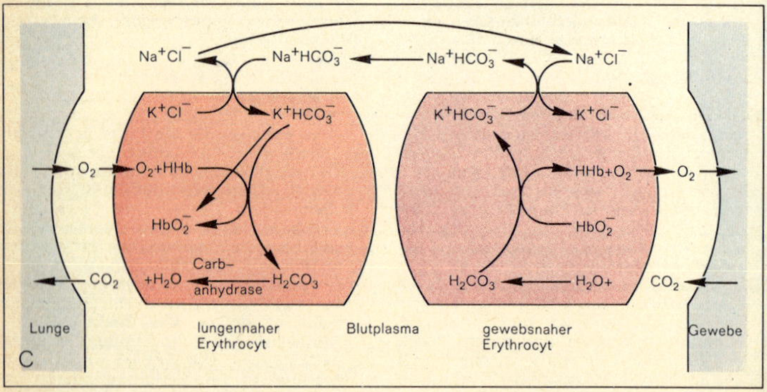

Reaktionsschema des Gasaustauschs in der Lungen- und Gewebskapillare

Übersicht über die Aufgaben des Blutes
Die Hauptfunktion des Blutes ist der Stofftransport; im einzelnen betrifft er die
- **Atmung**, d. h. den Antransport von O_2 und den Abtransport von CO_2,
- **Ernährung**, d. h. die Versorgung der Zellen mit den zum Aufbau und zur Tätigkeit notwendigen Stoffen,
- **Spülung**, d. h. den Abtransport der Stoffwechselprodukte,
- **Pufferung**, d. h. die Konstanthaltung der Wasserstoffionen-Konzentration trotz wechselnder Bindung von Säuren (II, S. 319),
- **Wärmeabgabe**, d. h. den Temperaturausgleich zw. Körperinnerem und Oberfläche bei den Warmblütern.

Durch den Transport der Hormone beteiligt sich das Blut außerdem an der koordinierten Regelung des Gesamtorganismus (II, S. 323 ff.). Ferner ist es in die Abwehr von Fremdstoffen und Krankheitserregern eingeschaltet (II, S. 319).

Allgemeiner Aufbau des Blutes
Das Blut hat den Charakter eines lebenden Organs. Es besteht aus Zellen (Blutkörperchen) und Interzellularsubstanz (Blutplasma), mit dem Unterschied, daß erstere nicht zu einem Gewebe verbunden sind und letztere mengenmäßig und durch ihren Eiweißgehalt hervortritt.
1. Das Blutplasma enthält als nur **transportierte Bestandteile** Glucose als Blutzucker, Fette, Lipoide, Stickstoffverbindungen und, bes. nach Muskelarbeit, Milchsäure. Unter den **Funktionsbestandteilen** überwiegt Wasser mit 90 Prozent, während die nach Menge und Art relativ konstanten anorgan. Ionen (Na^+, Ca^{++}, Cl^-, HCO_3^-) nur in geringer Konzentration vorliegen. Der durch sie bedingte osmot. Druck entspricht z. B. beim *Menschen* einer 0,9-, beim *Frosch* einer 0,6-prozentigen »physiologischen« NaCl-Lösung. Die Plasma-Eiweiße schließlich sind sehr mannigfaltig: Albumine dienen der Eiweißreserve, dem kolloidosmot. Druck, Wassertransport durch Membranen und Fettsäuretransport im Blut; Globuline transportieren Metallionen, Hormone und Enzyme, sie sind an Gerinnung (II, S. 321) und Immunisierung beteiligt (II, S. 319).
2. Die Blutkörperchen werden nach Funktion und Form als Leuko-, Thrombo- und Erythrocyten unterschieden (I, S. 60f.). Bes. der Stoffwechsel der **Erythrocyten**, die bei den *Säugern* weder Kern, Ribosomen noch Mitochondrien besitzen, weist Eigenarten auf: Die Sauerstoffzehrung ist sehr gering, die ATP-Synthese erfolgt allein durch Glucoseabbau auf einem abgewandelten Glykolyseweg. Dadurch wird die charakterist. Komponente der roten Blutkörperchen, das Hämoglobin, funktionsfähig erhalten.
Das normale **Hämoglobin** (A) des *Menschen* besteht aus 4 Hämgruppen und je 2 α- bzw. β-Peptidketten aus 141 bzw. 146 Aminosäureresten bekannter Sequenz. Das stets zweiwertige Eisen des Häms vermag reversibel O_2 zu binden, wobei es den Abstand der β-Ketten verringert und gleichzeitig zu einer stärkeren Säure wird (Bohr-Effekt). 1 g Hämoglobin bindet 1,34 ml O_2, d. h. maximal können 100 ml menschl. Blut 22 ml O_2 binden.
Bei *Wirbellosen* ist das Hämoglobin, falls vorhanden, meist im Plasma gelöst *(Anneliden*, manche *Arthropoden* und *Mollusken)* und belädt sich viel leichter mit O_2. Dagegen vermag das Hämocyanin *(Krebse*, viele *Mollusken*, *Skorpione)* nur 0,51 ml O_2 pro g zu binden.

Die Atmungsfunktion des Blutes (B, C)
Beim Transport der Atemgase arbeiten Blutplasma und Erythrocyten eng zusammen.
1. Der O_2-Transport im Blut: Sauerstoff und andere Gase der Luft diffundieren aus den Atmungsorganen in das Blut über und lösen sich hier physikal. entspr. ihrem Teildruck (B): arterielles Blutplasma enthält in 100 ml bei 37° C nur 0,18–0,22 ml O_2. Gleichzeitig belädt sich das Hämoglobin, das eine viel höhere (40fache) Sauerstoffkapazität hat, mit Sauerstoff. Gelangt nun das O_2-gesättigte Blut in den mit O_2 zu versorgenden Gewebebereich, so tritt der Sauerstoff entspr. dem Teildruck in das Gewebe ein, das angereicherte CO_2 jedoch in das Blutplasma. Der zunehmende CO_2- bzw. Kohlensäuregehalt zwingt nun nach dem chem. Massenwirkungsgesetz das Hämoglobin, aus der sauren oxydierten Form unter O_2-Abgabe in die weniger saure Form überzugehen. Damit können die Erythrocyten den gespeicherten Sauerstoff zunächst an das Blutplasma, dann aber auch an das benachbarte Gewebe abgeben.
Auf den Bohr-Effekt nimmt außer Kohlensäure in stark arbeitenden Muskeln auch die infolge mangelhafter Sauerstoffversorgung zunächst gebildete Milchsäure Einfluß, wodurch die aeroben Bedingungen lokal am Orte größten O_2-Bedarfs wiederhergestellt werden.
2. Der CO_2-Transport im Blut: Das im Gewebe anfallende CO_2 diffundiert entspr. dem Druckgefälle in das Blut und wird hier weniger als CO_2, sondern vorwiegend als HCO_3^- gelöst. Die dazu gehörenden Alkali-Ionen stellen die Plasma-Eiweiße (Na^+) und das Hämoglobin (K^+). In den Atmungsorganen tauscht dann das durch O_2 aus dem reduz. Hämoglobin entstehende, saurere Oxyhämoglobin das K^+ des $KHCO_3$ gegen H^+ aus, so daß Kohlensäure entsteht, die hier unter dem Einfluß des Enzyms Carbanhydrase schnell in H_2O und CO_2 zerlegt wird. Der im Blutplasma als $NaHCO_3$ transportierte Teil gibt unter den Bedingungen der Atmungsorgane das HCO_3^- an die Erythrocyten ab, in denen ebenfalls Kohlensäure gebildet und enzymat. zersetzt wird. CO_2 tritt endlich entspr. dem Konzentrationsgefälle in die Atemluft aus.
Der Transport von CO_2 und O_2 ist also gekoppelt. Die Bedingungen der Atemorgane und versorgten Gewebe regeln jeweils den Gasaustausch.

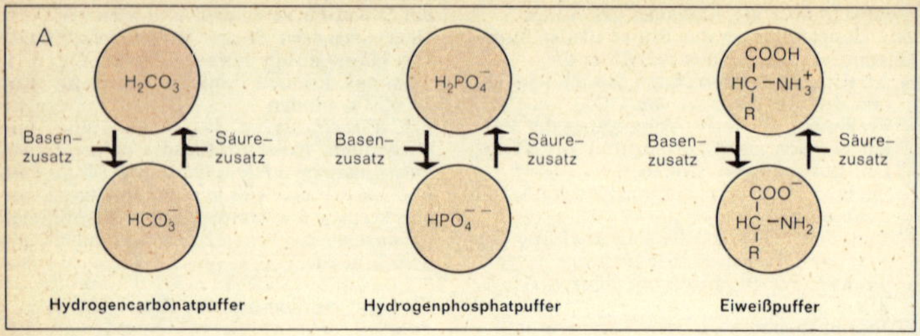

Puffersysteme des Plasmas

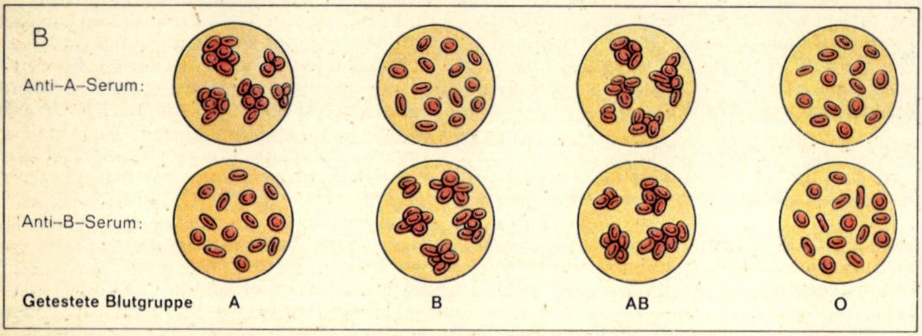

Blutgruppentest (Agglutination roter Blutkörperchen)

Population	O	A	B	AB	Population	O	A	B	AB
Eskimos	54,2	38,5	4,8	2,0	Buschmänner	56,0	33,9	8,5	1,6
Schotten	51,2	34,2	11,8	2,7	Kikuyu	60,4	18,7	19,8	1,1
Engländer	46,7	41,7	8,6	3,0	Perser	37,9	33,3	22,2	6,6
Finnen	34,1	41,0	18,0	6,9	Chinesen	45,5	22,6	25,0	6,1
Russen	32,9	35,6	23,2	8,1	Japaner	30,5	38,2	21,9	9,4
Polen	33,4	38,5	19,5	8,6	Ainu	17,0	31,8	32,4	18,4
Ungarn	35,7	43,3	15,7	5,3	Australier	53,2	44,7	2,1	—
Zigeuner	28,5	26,6	35,3	9,6	Papuas	40,8	26,7	23,1	9,4
Franzosen	42,9	46,7	7,2	3,0	US-Neger	17,4	81,8	—	0,7
Italiener	45,6	40,5	10,6	3,3	Navajo	72,6	26,9	0,2	0,5
Deutsche	39,1	43,5	12,5	4,9	Bororo	100,0	—	—	—

Prozentuale Häufigkeit der klassischen Blutgruppen

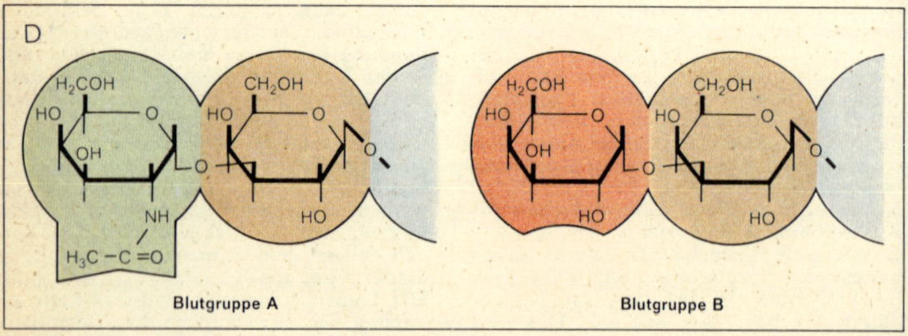

Determinante Endgruppen der Blutgruppensubstanz

Die Pufferfunktion des Blutes (A)
Die Konstanterhaltung der nahezu neutralen Reaktion des Blutes im Organismus ist eine lebenswichtige Notwendigkeit, da die Veränderung des Säuren-Basen-Verhältnisses nicht nur den Ionen-Antagonismus und die Atemfunktion des Blutes beeinflußt, sondern auch die Eiweiße des Blutes, der Zellmembranen in den Geweben und die der Enzyme völlig in ihren Eigenschaften bestimmt.
Die Reaktion einer Lösung hängt ab von der **Wasserstoffionen-Konzentration** [H^+], die gewöhnlich als negativer Logarithmus formuliert wird **(pH-Wert)**: neutrales Wasser besitzt z. B. 10^{-7} g H^+-Ionen in 1 l, d. h. sein pH beträgt 7. Setzt man Wasser eine Säure zu, also eine Verbindung, die H^+ abspaltet (Elektrolytische Dissoziation), so wächst [H^+], während entspr. der pH-Wert fällt. Bei Einwirkung einer Base, die definitionsgemäß der wäßrigen Lösung H^+ entzieht und an sich bindet, geschieht das Gegenteil: der pH-Wert steigt.

Puffersysteme sind nun in der Lage, den pH-Änderungen einer Lösung bei Zugabe oder Verlust von Säuren oder Basen entgegenzuwirken, indem sie, selbst Gemische aus schwachen Säuren und Basen, im Gegensinn H^+ abspalten oder binden. Der ständigen Zufuhr saurer Stoffwechselprodukte wie CO_2 oder Milchsäure wirkt im Blut ein physiolog. Puffersystem entgegen, wodurch der pH-Wert des Blutes (*Mensch:* 7,38) nur geringfügig schwankt.

Die Hydrogencarbonatpufferung durch das System HCO_3^-/H_2CO_3 ist bes. wichtig und steht auch mengenmäßig im Vordergrund, vor allem durch den Anionenaustausch im Zusammenhang mit dem Gastransport (II, S. 317). Die Puffereigenschaft ist allerdings weniger durch die Kapazität des Systems bestimmt als vielmehr dadurch, daß die H_2CO_3 eine flüchtige Säure ist und somit als CO_2 aus dem Gleichgewichtssystem entweicht (Offenes System).

Die Phosphatpufferung wird im Blut und Gewebe durch $H_2PO_4^-$, eine schwache Säure, und die korrespondierende Base HPO_4^{--} erreicht.

Die Eiweißpufferung schließlich reguliert in beträchtl. Umfang den pH-Wert, weil Aminosäuren und Eiweiße als »Ampholyte« bald die Rolle einer schwachen Säure, bald die einer schwachen Base übernehmen können. Bedeutungsvoll ist hier vor allem das Hämoglobin, das entspr. seiner Oxydation und Reduktion wechselndes Bindungsvermögen der Wasserstoffionen zeigt (II, S. 317).

Die Puffersysteme des Blutes vermögen so Stöße an Säuren oder Basen abzufangen. Die endgültige Regulation des pH-Wertes erfolgt durch die koordinierte und geregelte Tätigkeit versch. Organsysteme des Körpers, vor allem durch Variation der CO_2-Abgabe in der Lunge und der Säuren- und Basenabgabe in der Niere.

Die biologische Abwehrfunktion
Das Blut spielt eine große Rolle bei der Immunität, d. h. der Widerstandsfähigkeit des Organismus gegen Krankheitserreger und ihre Produkte. Die Abwehr kann auf zwei versch. Reaktionsweisen beruhen:

1. Die natürliche, unspezifische Resistenz gegen verschiedenartigste Erreger fußt außer auf phagocytierenden Zellen (z. B. Leukocyten) auf bestimmten Eiweißen:

Interferon, ein art-, vielleicht sogar zellspezif. Eiweiß, wirkt zugleich gegen zahlreiche *Viren*, indem es deren Vermehrung durch Blockierung der Nukleinsäuresynthese vereitelt.

Properdin, ein γ-Globulin, verbindet sich mit bestimmten Polysacchariden in der Zellmembran z. B. von *Bakterien* oder *Protozoen*, die dadurch getötet werden. Seine kurze Halbwertszeit erfordert ständige Neubildung, die aber bei schwerer Belastung unterbleibt, wodurch sonst harmlose Infektionen schwerwiegende Folgen haben (Abkühlung = »Erkältung«).

2. Die erworbene, spezifische Immunität wird dadurch erlangt, daß als Reaktion auf eingedrungene »Antigene« (I, S. 61) versch., spezif. wirksame »Antikörper« in Plasmazellen gebildet und im Blut angereichert werden; Antigene und Antikörper verbinden sich zu einem unlöslichen und ungefährlichen Komplex. Wiederholter Befall durch gleiche Antigene beschleunigt die Antikörperbildung und kann zu einer spezif. Überempfindlichkeit führen (Allergie).

Die Spezifität der Antigene hängt von bestimmten niedermolekularen »determinanten Gruppen« der Eiweiße ab, besonders von deren räuml. Stellung, so daß die Antigenität räuml. starrer Moleküle (z. B. aromat. Verbindungen) hoch ist, während z. B. Gelatine, die frei von aromat. Aminosäuren ist, nicht als Antigen wirkt.

Bakterienantigene, die die serolog. Spezifität des Erregers bestimmen, sind Polysaccharidketten der äußeren Bakterienzellwand oder Schleimkapsel (I, S. 40 f.).

Blutgruppensubstanzen, die die Blutgruppen (AB0 und andere) bei *Menschen* und *Tieren* festlegen (B, C), enthalten mindestens zwei determinante Polysaccharidketten spezif. Zuckersequenz (D).

Antikörper, die mit den spezif. Antigenen reagieren, liegen gebunden in Zellen oder zirkulieren im Blut (Immunglobuline). Jedes Immunglobulin besteht aus zwei versch. schweren Paaren von Peptidketten, die gemeinsam zwei zu den determinanten Antigengruppen komplementäre Reaktionsorte formen und damit die Giftwirkung der Antigene neutralisieren.

Die Bildung der Antikörper erfolgt in den Plasmazellen der Milz und Lymphknoten (pro Plasmazelle bis 300000 Moleküle Antikörper pro Minute). Das Problem der Entstehung der Spezifität ist ungelöst.

Die **immunolog. Intoleranz,** d. h. die Unverträglichkeit körperfremden Eiweißes, läßt den Organismus ein transplantiertes Fremdgewebe abstoßen.

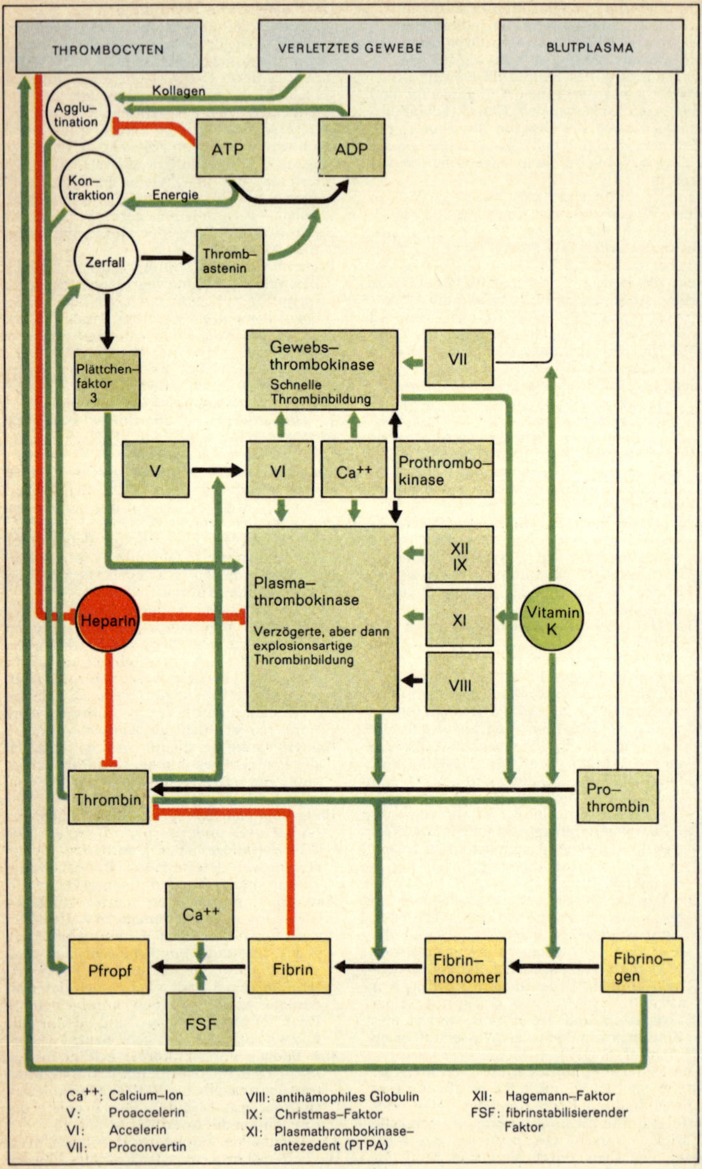

Hypothetisches Schema der Blutgerinnung (Mensch)

Die wichtigen Funktionen des Blutes lassen verständl. erscheinen, daß ein akuter Blutverlust, z. B. durch Gefäßverletzung, verhindert werden muß. Während sich *Anneliden* und *Mollusken* auf Muskelkontraktionen beschränken müssen, tritt bei den *Gliederfüßlern* und *Wirbeltieren* eine Blutgerinnung hinzu.

Die Blutstillung der Gliederfüßler
Bei allen Arten scheint eine Agglutination, d. h. ein Verkleben von Blutzellen an Wunden, einzutreten. Dazu kommt bei manchen *Gliederfüßlern* eine unterstützende Blutgerinnung, die Ähnlichkeit mit den enzymat. Prozessen bei Gerinnung des Wirbeltierblutes zeigt, da Extrakte aus Wirbeltierorganen die Umwandlung fibrinogenartiger Plasmabestandteile beeinflussen.

Die Blutstillung der Wirbeltiere
Die Tatsache, daß die Blutungszeit nach einer kleinen Verletzung mit 2–3 min kürzer ist als die Gerinnungszeit des Blutes (über 5 min), macht eine Unterscheidung notwendig:
Die vorläufige Blutstillung erfolgt durch das Zusammenwirken von
- Gefäßkontraktionen auf einen Verletzungsreiz hin,
- wellblechartiges, längsgerichtetes Aufrollen der Intima der Arteriolen,
- Klebrigkeit und Elastizität des Endothels,
- Freisetzen eines die Kontraktion kleiner Gefäße, vor allem der kleinen Venen, auslösenden Hormons (Serotonin) aus den zerfallenden Thrombocyten,
- Verkleben der Thrombocyten zu einem »Agglutinationspfropf«, an den sich das Gerinnsel anlagert.

Die endgültige Blutstillung (s. Abb.) wird durch die Blutgerinnung herbeigeführt, einen chem.-physiolog. Vorgang, durch den aus flüssigem Blut der gallertige Blutkuchen entsteht. – Der zentrale Vorgang ist dabei die Aktivierung des Prothrombins zu Thrombin unter Einfluß des Enzyms Thrombokinase (Thromboplastin) und die dadurch bewirkte Umwandlung des löslichen Fibrinogens in das unlösliche Fibrin.
An den verschiedenen Phasen nehmen zahlreiche aktivierende und hemmende Faktoren teil, die sich oft mehrfach an unterschiedl. Reaktionen beteiligen, meistens im Sinne einer Mitkoppelung und Autokatalyse, aber auch als negative Rückkoppelung (I, S. 39):

Ca-Ionen katalysieren die Bildung der Thrombokinase, des Thrombins und tragen zur Festigung des Fibringerinnsels bei;

Thrombin beschleunigt unter Selbstverbrauch die Fibrinbildung (negative Rückkoppelung) und wirkt mitkoppelnd auf den Thrombocytenzerfall und das aktivierende Accelerin (Faktor VI);

Fibrinogen ist nicht nur der Vorläufer des Fibrins, sondern auch Stabilisator der Thrombocyten;

Thrombocyten ermöglichen die Thrombokinasewirkung, beschleunigen die Fibrinogenumwandlung, bilden das Zentrum des Gerinnungspfropfes, dem sie durch Kontraktion Festigkeit verleihen, und hemmen das Heparin.

Bemerkenswert ist schließlich, daß fast alle Gerinnungsfaktoren in inaktiven Vorstufen vorliegen und der Gesamtprozeß durch die zahlreichen Regelkreise verschiedener Trägheit von einer Verzögerungsphase gekennzeichnet ist, der eine lawinenartige Beschleunigung folgt. Insgesamt ergibt sich folgende
Einteilung der Blutgerinnung:

Vorphase, Bildung der Thrombokinase: Die innerhalb weniger Sekunden gebildete »Gewebsthrombokinase« umfaßt vielleicht das aus Gewebsextrakt, Ca-Ionen und den Faktoren V, VII, X (= Prothrombokinase) bestehende Aktivatorsystem. Zu der verzögert, aber dann explosionsartig wirkenden »Plasmathrombokinase« gehören die Plasmafaktoren XII, XI, IX und der Plättchenfaktor 3.

1. **Phase,** Thrombinentstehung: Das Glykoproteid Prothrombin wird enzymat. in kleinere Eiweiße und Kohlenhydrate zerlegt.
2. **Phase,** Fibrinogen-Umwandlung: Das stark saure Glykoproteid Fibrinogen wird zunächst in saure Peptide, Kohlenhydrate und Fibrinmonomere zerlegt. Letztere polymerisieren reversibel zu Fibrin unter Einbau des Thrombins.
3. **Phase,** Retraktion: Unter Mitwirkung von Plasma-Enzym (FSF) und Ca^{++}, aber auch intakter Thrombocyten verkleinert sich das Gerinnsel auf $^1/_{20}$ seines Anfangsvolumens. Das Fibrin vernetzt sich unter Bildung neuer Peptidbindungen.

Die Fibrinolyse
umfaßt die Auflösung der Gerinnsel in den Gefäßen unter Einfluß des Enzyms Fibrinolysin (Plasmin). Dessen Aktivierung erfolgt in einem komplizierten, zu dem Gerinnungssystem fast spiegelbildlichen Wirkungsgefüge. Es scheint sich demnach unabhängig von Verletzungen der Gefäße ein ständiges **Gleichgewicht zwischen Fibrinbildung und Fibrinolyse** einzustellen, das durch Verletzung stark in die Richtung der Fibrinbildung, durch gerinnungshemmende oder fibrinolyt. Stoffe (Heparin, Hirudin des *Blutegels*, Streptokinase der *Streptokokken*) dagegen zur Fibrinolyse hin verschoben wird.

Störungen des Gerinnungsgleichgewichts treten als Krankheitserscheinung auf:
- Hämophilie A (Echte Bluterkrankheit) geht auf den genetisch bedingten (II, S. 430f.) Mangel an Faktor VIII zurück, der als bei Gerinnung sich verbrauchendes und lagerungsunfähiges Globulin im Verletzungsfall ständig durch Frischblut ergänzt werden muß.
- Hämophilie B, die seltener auftritt, wird durch IX-Mangel verursacht.
- Thrombosen gehen als Gerinnung in unverletzten Gefäßen auf übermäßige Thrombinbildung zurück.

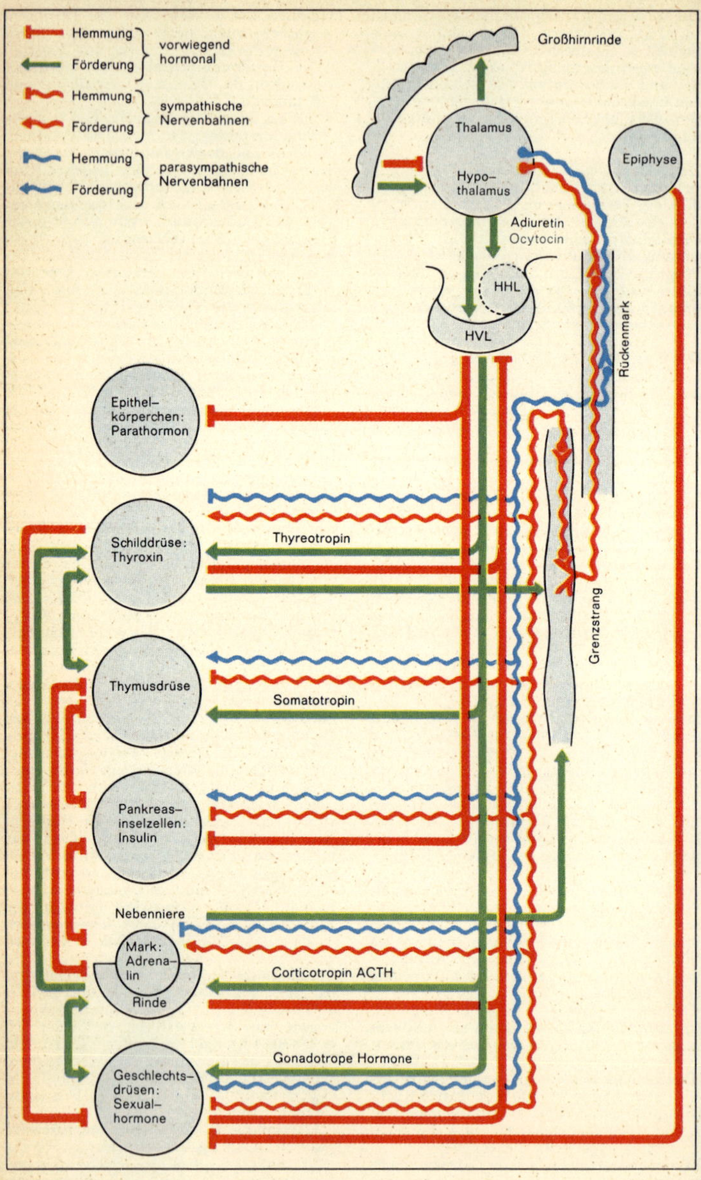

Gefüge der hormonalen und nervösen Regulation

Die klassische Definition der Hormone
erfaßt Stoffe, die der Organismus selbst in dazu spezialisierten Zellen bildet und in kleinsten Mengen sofort (Corticoide) oder nach Speicherung (Thyroxin) in die Blutbahn abgibt (Innere Sekretion), um in peripheren Organen spezif. zu regeln. Hormone wirken infolge des Bluttransports langsamer, weniger scharf begrenzt, aber anhaltender als die nervöse Regulation. Nach kurzer Zeit werden sie im intermediären Stoffwechsel abgebaut, da sonst ihre regelnde Funktion an einer Hormonüberschwemmung scheitern würde. Eine Störung des Hormonsystems aber bedeutet immer Minderung der Regulations- und Anpassungsfähigkeit des gesamten Organismus.

Die Wirkung der Hormone
wird auf zwei Stufen erfaßt. Die oft direkt greifbare **physiologische Wirkung** ist die Folge der prim. **chemischen Wirkung**, von der gegenwärtig zwei Aktionsweisen nachgewiesen sind:
- Wohl alle Hormone induzieren Enzyme, indem sie deren Synthese durch entspr. Genaktivierung einleiten (s. II. S. 442).
- Daneben kann durch einige Hormone (Insulin, Adiuretin) die Durchlässigkeit der Zellmembran beeinflußt werden.

Obwohl im chem. Aufbau geringe artl. Unterschiede auftreten können (II, S. 473), verhält sich ein Hormon im allg. nicht artspezifisch, sondern **wirkungsspezifisch**: In irgendeinem *Wirbeltier* gebildet, wirkt es in jedem anderen nach künstl. Übertragung dort gleichartig. Dies ermöglicht die medizin. Hormonbehandlung z. B. von Zuckerkranken durch gereinigte und standardisierte Auszüge aus den Bauchspeicheldrüsen von Schlachttieren. Die Wirkungsspezifität ist offenbar an das reagierende Erfolgsorgan gebunden: obgleich viele Hormone mit dem Blut in alle Organe transportiert werden, tritt ihre Wirkung nur in bestimmten Zellen auf.

Die Regulation der Hormonproduktion
ist bei der außerordentl. Wirksamkeit und Funkt. dieser Stoffe von größter Bedeutung und vollzieht sich im Rahmen hormonaler und nervöser Rückkoppelungsmechanismen, die einige allg. Prinzipien beachten: Entsprechend dem **Prinzip der doppelten Sicherung** wird die Aktivität der Hormondrüsen sowohl auf Nerven- als auf Blutbahnen reguliert. Beide getrennt lassen dabei häufig auch ein **Zwei-Zügel-Prinzip** erkennen: Der gleiche Aktivitätsgrad einer Hormondrüse kann entweder durch den gesteigerten fördernden Einfluß eines Synergisten oder verringerte hemmende Wirkung eines Antagonisten eingestellt werden. Ein gewisses **hierarchisches Prinzip** läßt die Hypophyse erkennen, die durch die »tropen« Hormone viele andere Hormondrüsen regelt und dabei sowohl rückwirkend von diesen als auch von einem Neurosekret des Hypothalamus gesteuert wird. In diesem Zwischenhirn-Abschnitt werden Nerven- und Hormonsyst. auch zentral verknüpft.

Die Einteilung der Hormone
erfolgt unter versch. Gesichtspunkten: Ihre **chem. Natur** stellt die Sexualhormone zu den Steroiden, die Hypophysenhormone, Glucagon und Insulin zu den Eiweißen (Peptid- und Proteohormone mit gewisser Artspezifität), Adrenalin und Thyroxin sind Aminosäure-Abkömmlinge.
Nach dem **Bildungsort** unterscheidet man:
- Drüsenhormone (Glanduläre H.), die aus Drüsenorganen in die Blutbahn gelangen,
- Gewebshormone, die von Gewebezellen aus nur die nähere Umgebung beeinflussen,
- Zellhormone, die meist nur unmittelbar in ihrer Bildungszelle wirken.

Entspr. der **Wirkungsweise** faßt man morphogenet. Hormone (z. B. der Corpora allata, der Schilddrüse), Stoffwechselregulatoren (Insulin, Thyroxin, Adrenalin) und die übergeordneten glandotropen Hormone zusammen.

Die Hormone der Hypophyse
Diese Anhangsdrüse des Zwischenhirns besteht aus zwei versch. Organen:
1. Der Hinterlappen (Neurohypophyse, HHL) produziert in Nervenzellen »Neurosekrete« mit Hormonfunkt., die im Axon transportiert und ins Blut abgegeben werden.
Ocytocin (Oxytocin) fördert die Kontraktion glatter Muskeln des Uterus (Wehenauslösung) und milchgebender Brustdrüsen.
Adiuretin (Vasopressin) steigert langanhaltend den Blutdruck und in der Niere die Wasserrückresorption (II, S. 328).
2. Der Vorderlappen (Adenohypophyse, HVL) bildet vorwiegend glandotrope Hormone:
Thyreotropes Hormon (Thyreotropin) stimuliert die Thyroxin-Ausschüttung der Schilddrüse und wird durch ein Neurosekret des Hypothalamus (»Thyreotropin-releasing factor«) positiv, durch Thyroxin negativ in seiner Ausschüttung beeinflußt.
Adrenocorticotropes Hormon (Corticotropin ACTH) wirkt in einem ähnl. Regelkreissystem auf die Nebennierenrinde. Außer einem Neurosekret (»Corticotropin-releasing factor«) ist es den Reizwirkungen von »Stress«-Faktoren unterworfen (Infektion, Verwundung, Kälte, Schock).
Gonadotrope Hormone zielen auf das Geschehen in den Keimdrüsen (Gonaden), ohne selbst geschlechtsspezif. zu sein: FSH **(follikelstimulierendes H.)** regelt die Entw. von Eibläschen und Samenzellen. LTH **(lacto- und luteotropes H.**, Prolactin) regt weibl. Gelbkörper, Brustdrüsen und Brutinstinkte an. LH **(luteinisierendes H.)** aktiviert die Produktion der Sexualhormone, wird aber selbst vom »LH-releasing factor« aus dem Hypothalamus und durch negative Rückkoppelung von den kreisenden Sexualhormonen geregelt.
Wachstumshormon (Somatotropin) wirkt artspezif. und komplex auf Knorpel- und Knochenwachstum, Fettverbrennung, Eiweiß- und Blutzuckervermehrung.
Melanotropin bewirkt bei *Amphibien* und *Fischen* eine Hautverdunklung durch Ausbreiten der Melanophoren (Farbwechsel).

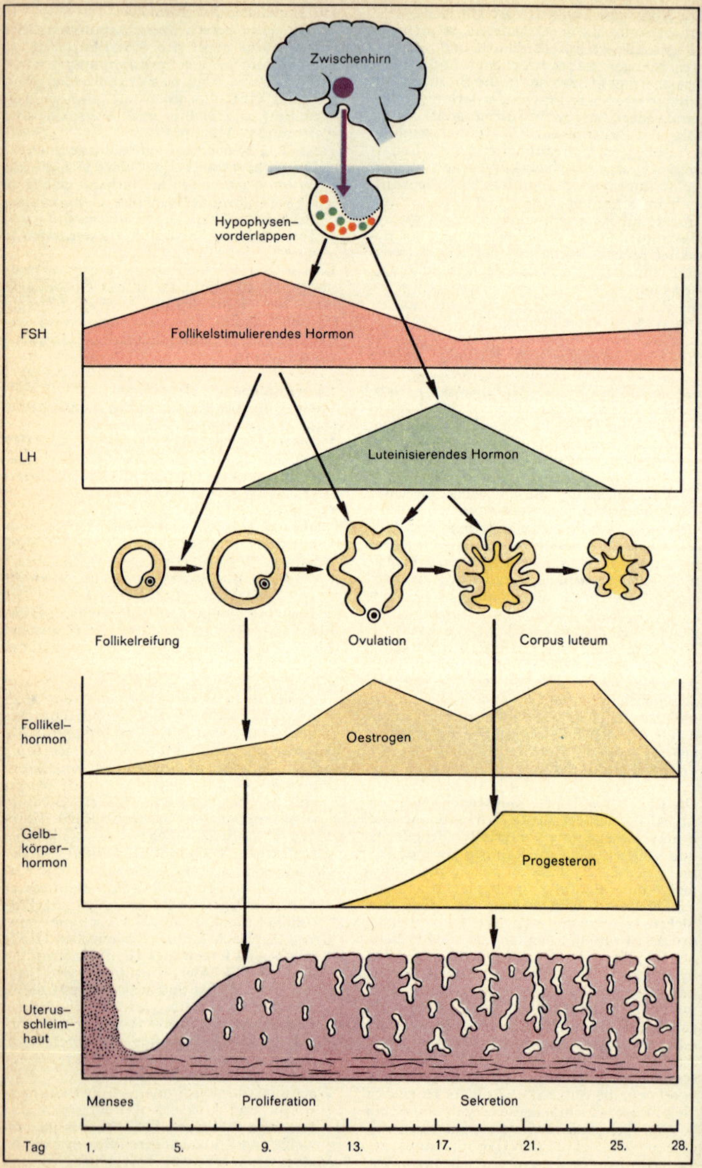

Weiblicher Genitalzyklus

Die Keimdrüsen (Gonaden)
sind zugleich Sekret- und Inkretdrüsen: Sie bilden die Eier bzw. Spermien und prägen durch Hormonausschüttung die artspezif. Sexualmerkmale und -verhaltensweisen. Ihre Hormone sind in beiden Geschlechtern nahe verwandt, treten in versch. wirksamen Abkömmlingen auf und lassen sich nach der physiolog. Wirkung gliedern:

1. Das Hodenhormon Testosteron, das eigentl. vermännlichende, »androgene« Hormon, wird in den Leydigschen Zellen der Hoden, andere Androgene auch in der Nebennierenrinde gebildet. Überproduktion in der letzteren kann auch beim weibl. Geschlecht Vermännlichung bewirken (Virilismus).

Die physiologische Funktion erstreckt sich
- bei embryonalen und jugendl. *Wirbeltieren* auf die Ausbildung vieler männl. Merkmale (Hahnenkamm, Hirschgeweih), bei künstl. Testosteronbehandlung trächtiger Weibchen werden weibl. Embryonen vermännlicht;
  bei erwachsenen auf Produktion, Beweglichkeit und Lebensdauer der Spermien; lichtbedingte Auslösung der Brunst; Stimmung zu männl. Verhalten (Imponiergehabe, Kampf, Begattung); Ausbildung eines Hochzeitskleides (Kamm der *Molche*, Halskragen der *Kampfläufer*, Rotfärbung des *Stichlings*).

Diese androgenen Wirkungen werden durch **Kastration** (Gonadenentfernung) und anschließende **Hormonzufuhr** (Injektion, Gewebeimplantation) bewiesen.

Neben dieser sexualspezifischen tritt noch eine **»anabolische« Wirkung** auf: Förderung des Eiweißaufbaus (Muskelzunahme) und der Stickstofferhaltung im Stoffwechsel.

2. Das Follikelhormon Östradiol gehört in die umfangreiche Gruppe der die period. weibl. Brunst erzeugenden »oestrogenen« Hormone. Die Bildung erfolgt zumeist im reifenden Follikel und in Eierstockdrüsen, in der Placenta, den Hoden, vielleicht auch in der Nebennierenrinde. Während des Transportes im Blut sind die Oestrogene locker an Eiweiße gebunden, werden aber schnell abgebaut (Halbwertszeit 6 min). Nur in den Zielorganen bleiben sie länger unverändert und können dort bestimmte genet. festgelegte Enzymsysteme durch Genaktivierung beeinflussen.

Die physiologische Wirkung betrifft
- in der Embryonal- und Jugendentw. die Ausbildung weibl. Sexualorgane (Eileiter, Uterus, Scheide), wobei bei *Säugern* der Einfluß mütterl. Oestrogene auf einen männl. Embryo auffällig gering ist;
- bei geschlechtsreifen *Wirbeltieren* alle Organ- und Instinktveränderungen im Zusammenhang mit den Geschlechtszyklen: Verstärkung der Uterusmuskulatur und ihrer Ansprechbarkeit auf Ocytocin, implantationsbereite Uterusschleimhaut (I, S. 189) und Scheidenschleimhautveränderungen (Proliferationsphase).

Bei Männchen wirken Oestrogene im Hypophysen-Hoden-Regelkreis und als Spermabestandteil (Einfluß auf Eileiterbewegung).

3. Das Gelbkörperhormon Progesteron, das wichtigste schwangerschaftserhaltende »gestagene« Hormon, entsteht zu best. Zeiten in Follikel, Gelbkörper, Chorion, Placenta und Nebennierenrinde, verschwindet jedoch schnell aus dem Blut (Halbwertszeit 13 min), ohne in den Zielorganen wie die Oestrogene angereichert zu werden.

Seine **physiologische Wirkung** dient der Vorbereitung, Entw. und dem Schutz der Schwangerschaft, indem es die durch Oestrogene eingeleiteten Zustände ergänzt und vollendet:
- Aufbau der implantations- und ernährungsbereiten Uteruswand (Sekretionsphase I, S. 189),
- Funktionsvorbereitung der Milchdrüsen,
- Unterdrücken der Brunst, bes. der erneuten Follikelreifung,
- Aufhebung der wehenerregenden Ocytocinwirkung (die deswegen erst nach Erschöpfung des Gelbkörpers bei der Geburt auftritt),
- Steigerung der Temperatur um 0,5–1° C (Erkennen der Empfängnismöglichkeit).

Die Regulation des weiblichen Genitalzyklus, der period. Reifung von Follikeln in den Eierstöcken und period. Veränderungen der Uterusschleimhaut, erfolgt in einem Regelkreis, in dem Hypophysen- und Eierstockhormone wirksam werden.

Der Zyklus beginnt, wenn die Hypophyse das follikelstimulierende Hormon (FSH) und danach das luteinisierende Hormon (LH) ausschüttet. FSH bewirkt direkt die Reifung eines neuen Follikels, der dann unter Einfluß des LH Östradiol erzeugt. Bei einem größeren, bestimmten Verhältnis LH/FSH tritt die **Ovulation** ein (Follikelsprung: Das Ei verläßt im Eierstock ein es umhüllendes Säckchen, den »Follikel«) und die Umwandlung des Follikelepithels in den **Gelbkörper** (Corpus luteum).

Währenddessen ist im Uterus die neue Schleimhaut unter Oestrogeneinfluß regeneriert **(Proliferationsphase).** Gleichzeitig hemmt dieses Hormon die FSH-Abgabe und fördert die LH- und LTH-Abgabe der Hypophyse, wodurch kurz vor der Ovulation die Progesteronbildung beginnt. Progesteron veranlaßt die Uterindrüsen zu verstärkter Sekretion **(Sekretionsphase)** und gewährleistet die Einpflanzung des Eies. Ist das Ei befruchtet, dann steigern Gelbkörper und Placenta die Progesteronproduktion, wenn nicht, vermindert sich der anregende Einfluß des Oestrogens auf die LTH-Abgabe der Hypophyse, und das vorhandene Progesteron wirkt hemmend auf die LH-Produktion zurück. Dadurch sinkt der Progesteronspiegel, der Gelbkörper schrumpft. Die Sekretionsschleimhaut kann ohne Progesteronzufuhr nicht erhalten bleiben, sie wird in der Menstruation abgestoßen. Der Zyklus beginnt von neuem.

Die hormonale Empfängnisverhütung bedient sich der Bremswirkung von Gestagenen auf die Hypophysentätigkeit. Wird kein LH gebildet, tritt keine Ovulation und damit kein befruchtungsfähiges Ei auf.

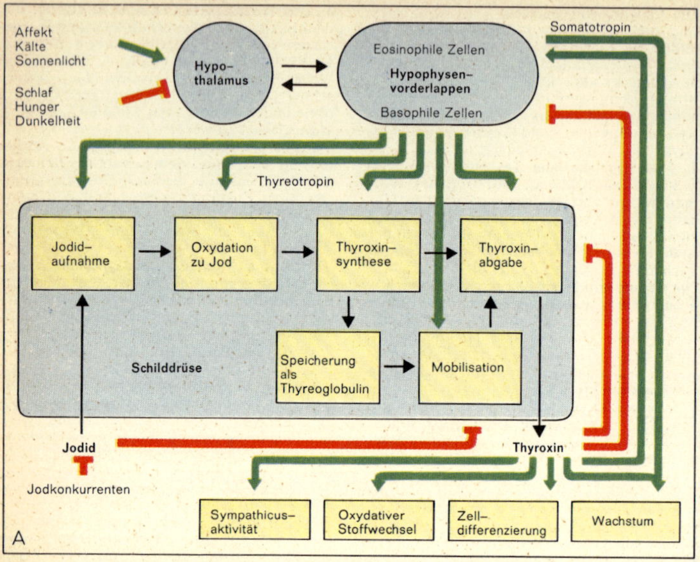

Das Schilddrüsenhormon Thyroxin

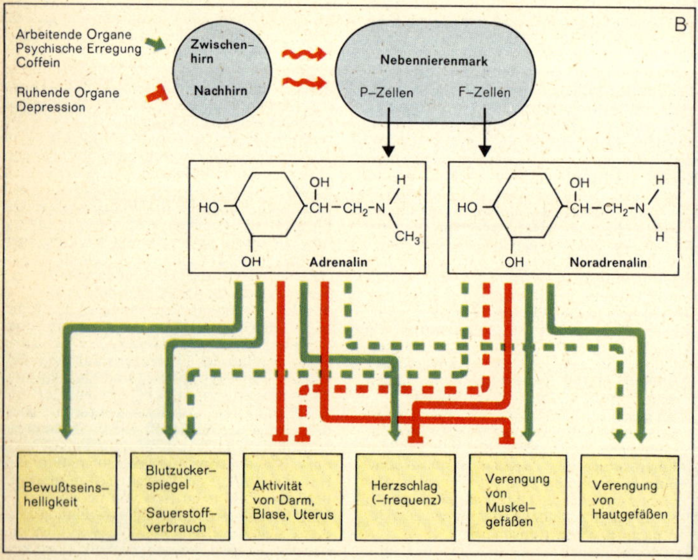

Die Hormone des Nebennierenmarks

Das Schilddrüsenhormon Thyroxin (A)
Dieses schon lange bekannte Hormon entsteht in der beim *Menschen* vorn auf der Luftröhre dicht unter dem Schildknorpel liegenden Schilddrüse (Thyreoidea) durch Jodierung der proteingebundenen Stammsubst. Tyrosin. Das notwendige Jod wird aus dem Blut als Jodid aufgenommen (Jodraffungsvermögen der Schilddrüse) und zu freiem Jod oxydiert in Tyrosin eingeführt. – Dieses Thyreoglobulin wird in der Drüse gespeichert und nach Bedarf oder Reizung auf Veranlassung des thyreotropen Hypophysenhormons gespalten, worauf Thyroxin in das Blut übertritt. Hier wird es locker an ein Glykoproteid gebunden, das zu den α-Globulinen gehört. Nach einiger Zeit erfolgt Stoffwechselabbau.
Thyreohemmstoffe (Thyreostatica) blockieren die Thyroxinsynthese durch Behinderung des aktiven Jodidtransportes (SCN^-, NO_3^-), des Jodeinbaues (Thiouracil, Schwefelverbindungen im *Kohl*) oder durch Jodkonkurrenz (viele Sulfonamide, Phenole).
Die Aktivität der Schilddrüse ist im Sommer, im Alter und bei winterschlafenden *Tieren* geringer; daneben besteht Ernährungsregulation, da Kohlenhydrate stimulierend, Eiweiße dagegen dämpfend wirken.
Die physiologische Wirkung des Thyroxins erstreckt sich auf zwei Funktionskreise:
1. Die morphogenetische Funktion erweist sich vor allem in jugendl., wachsenden Geweben. Thyroxin ist unentbehrlich für Wachstum und Entwicklung.
- Beim Jugendlichen führt Ausfall oder Unterfunktion der Schilddrüse zu schweren Entwicklungsstörungen (Kretinismus).
- Bei Entfernung der Schilddrüse reagieren Jungtiere mit Verzögerung des Wachstums und der Geschlechtsreife.
- Thyroxingaben lösen bei Amphibienlarven (Kaulquappen) verfrüht Metamorphose aus.

2. Die Stoffwechselregulation erfaßt im erwachsenen Organismus den Gesamtstoffwechsel, aber auch das NS.
- **Überfunktion** (Hyperthyreose, Basedowsche Krankheit) äußert sich als Folge eines erhöhten Stoffumsatzes in Abmagerung (Fettverbrennung), verstärkter Atem- und Herzschlagfrequenz, feuchter Haut (Temperaturregulation), lebhaftem Temperament bis Übererregbarkeit und ist oft von hervorquellenden Augen und weichem Kropf begleitet.
  Unterfunktion (Hypothyreose) führt bei Jodmangel in der Nahrung zu einem harten Kropf, allgemein zur Verringerung der Stoffwechselintensität, Trägheit, Störung des Unterhautgewebes (Schleimdurchsetzung, Myxödem). Eine starke Herabsetzung der Schilddrüsentätigkeit löst bei manchen *Säugern* den Winterschlaf aus.

Die primäre Wirkung des Thyroxins wird z. T. im Bereich der Mitochondrienvermehrung und -aktivierung (Entkoppler der oxydativen Phosphorylierung) wie in der Nukleinsäureaktivierung gesucht.

Das Nebennierenmarkhormon Adrenalin
ist das erste in Reinform isolierte Hormon (TAKAMINE, 1901). Erst viel später fand man noch das ihm sehr ähnl. **Noradrenalin** (Arterenol). Beide leiten sich in der Biosynthese durch Oxydation und CO_2-Abspaltung (Decarboxylierung) aus der Thyroxin-Stammsubstanz Tyrosin ab. Vor allem das Adrenalin wird leicht weiter oxydiert, ist demnach empfindlich gegen Licht und Sauerstoff. Ascorbinsäure (Vitamin C), die auch an seinen Produktionsstätten gefunden wird, wirkt stabilisierend.
Die Bildung erfolgt hauptsächlich im Nebennierenmark, einem Gewebe, das sich entwicklungsgeschichtl. vom Nervus sympathicus ableitet und das sich oft auch als sog. Paraganglien im übrigen Gewebe verstreut findet. *Tiere* mit zahlreichen Paraganglien ertragen daher den Verlust des Nebennierenmarkes *(Ratten)*.
Die Ausschüttung wird nicht durch ein Hypophysenhormon veranlaßt, sondern durch einen Reiz des Nervus splanchnus des Sympathicus. Die Reaktion ist bei geringer Latenzzeit (Gegensatz zu Thyroxin) intensiv, aber nur kurz, da Adrenalin offenbar schnell im Stoffwechsel zerstört wird. Noradrenalin arbeitet ökonomischer und wird bevorzugt in der Ruhesekretion gebildet.
Die physiologische Wirkung beruht insgesamt auf Erregungssteigerung des Sympathicus, also desjenigen Teils des vegetat. NS, der die Regulation der inneren Organe im Sinne einer Funktionsförderung (ergotrop) des Leistungsapparates zum Zwecke einer umfassenden Körpermobilisierung übernimmt (Notfallreaktion; CANNON, 1915):
- Organe der Erholung und des Aufbaus (Blase, Darm, Uterus) werden in ihren Funktionen gehemmt (Verdauung, Gefäßdurchblutung, oxydativer Stoffwechsel in ruhenden Organen).
- Bereits sehr geringe Adrenalinzufuhr verändert die **Blutverteilung** (Schließung nicht benötigter Haargefäße und Umleitung des Blutes). Ein stark arbeitender Muskel hat gegenüber dem ruhenden die achtfache Menge durchströmter Kapillaren.
- Der **Blutdruck** wird durch Gefäßverengung und Veränderung des Herzschlags erhöht, durch Adrenalin nur systolisch, durch Noradrenalin auch diastolisch.
- Adrenalin beeinflußt vor allem den Glykogenabbau zu Traubenzucker in der Leber, erhöht also den **Blutzuckerspiegel** (Antagonist zu Insulin; II, S. 329). Diese Wirkung tritt im Notfall stärker hervor und vermag dank der kurzen Latenzzeit den Organismus vor einem unphysiolog. Blutzuckermangel zu bewahren.

Beide Hormone spielen eine Rolle in der Erregungsübertragung in adrenergischen (sympathischen) Nerven, was bei den engen Beziehungen der Produktionsstätten zur Nervensubstanz verständlich ist. Sie leiten damit über zu den Gewebshormonen und hormonähnl. Wirkstoffen, künstl. begrenzende Begriffe, die in der Natur durch fließende Übergänge verbunden sind.

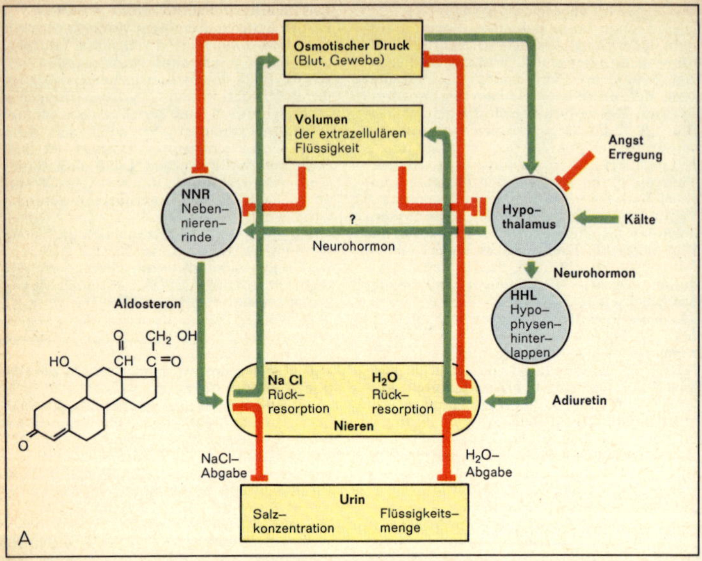

Regulation des Wasser- und Salzhaushalts

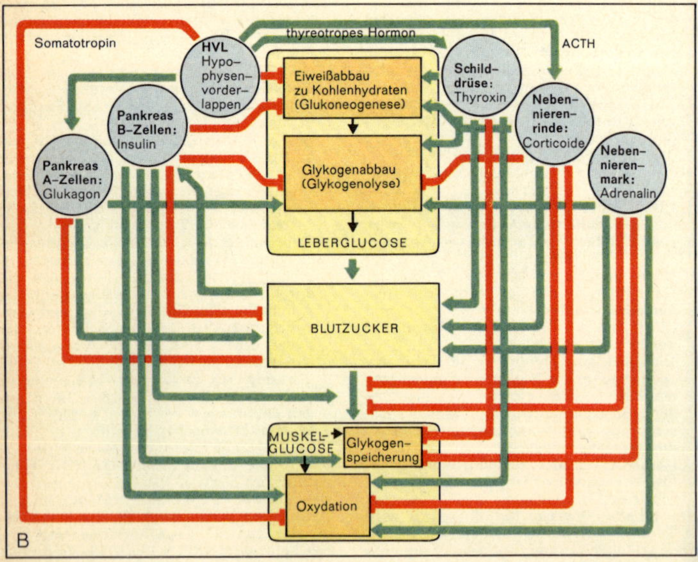

Hormonale Regulation des Blutzuckerspiegels

Die Nebennierenrindenhormone (Corticoide) sind Steroide, die durch Oxydation des Gelbkörperhormons Progesteron entstehen. Die Syntheseleistung der Nebennierenrinde ist dabei ungeachtet ihrer sehr geringen Speicherungsfähigkeit so hoch, daß die gesamte im menschl. Organismus kreisende Corticoidmenge alle 2–3 Stunden ersetzt wird. Die **Produktionsregelung** erfolgt vor allem durch das ACTH des Hypophysenvorderlappens (II, S. 323), wobei sowohl ein Tag-Nacht-Rhythmus als auch die Abhängigkeit von schwerer körperl. und seel. Belastung (Stress) beobachtet werden kann. Innerhalb des Regelkreises (A) tritt eine Selbsthemmung dadurch ein, daß der erhöhte Cortisolgehalt des Blutes zu einer Hemmung der ACTH-Ausschüttung führt; eine Selbstförderung ist auf nervösem Wege möglich, indem der Hypothalamus das Nebennierenmark zur Adrenalinausschüttung anregt, worauf das Adrenalin als Reiz wie eine schwere Belastung auf den Hypothalamus zurückwirkt.

Unter den etwa 30 versch. Corticoiden stellen das Cortisol 70, Corticosteron 15 und Aldosteron 1–2 Prozent der Hormonmenge im Blut. Ihre biol. Bedeutung ist sehr groß und erfaßt, ohne daß sich eine strenge Aufgabentrennung durchführen läßt, zwei lebenswichtige Gebiete:

Die Mineralocorticoide, vor allem Aldosteron, regulieren Wasserhaushalt und Salzstoffwechsel, indem sie die Abgabe von Na^+ im Urin, Schweiß und Speichel hemmen, die von K^+ dagegen fördern. Bei Hormonmangel kommt es daher zu einem Wassereinstrom aus dem extra- in den intrazellulären Raum, der vermehrt K^+ enthält, während der Na^+-Verlust der extrazellulären Flüssigkeit zu weiterem Wasserverlust führt: Muskelquellung bei gleichzeitiger Senkung der Blutmenge (= Bluteindikkung, Nachlassen der Organdurchströmung und des Blutdruckes).

Die Glucocorticoide, bes. Cortisol, weniger Corticosteron, wirken sich hauptsächlich auf den Eiweiß- und Kohlenhydratstoffwechsel aus: Sie bedingen einen erhöhten Ab- und Umbau der Eiweiße zu Glucose **(Gluconeogenese)** und gleichzeitig eine gesteigerte Glykogenspeicherung in der Leber, während der Kohlenhydratumsatz im Gewebe gedrosselt werden kann.
Künstl. Zufuhr von Cortisol erhöht jedoch nicht den Blutzuckerspiegel (Kompensation durch vermehrte Insulinausschüttung!), hemmt aber entzündliche Prozesse.

Außer den Corticoiden scheint die Nebennierenrinde noch androgene Hormone (II, S. 325) zu bilden.

Die Hormone der Bauchspeicheldrüse,
das Glukagon und Insulin, sind beide Polypeptide artl. leicht variierender Aminosäuresequenz (I, S. 20; II, S. 473), die in den B- bzw. A-Zellen der Langerhansschen Inseln produziert werden. *Vögel* bilden Insulin auch in anderen Organen als der Pankreasdrüse.

Das Glukagon, das in Spuren beim *Menschen* auch in der Magen- und Darmschleimhaut auftritt, aktiviert die Phosphorylierung des Leberglykogens und löst damit Glykogenabbau zu Glucose (Glykogenolyse) und Erhöhung des Blutzuckerspiegels aus. Seine Ausschüttung wird vermutlich durch eine Senkung des Blutzuckergehalts reguliert.

Das Insulin dagegen senkt den Blutzuckerspiegel, indem es die Durchlässigkeit der Zellmembranen für Glucose steigert und gleichzeitig ihre Verwertung durch stärkere Glucose-Oxydation wie durch Steigerung der Glykogendeponierung und Fettbildung aus Zucker erhöht. Dieser vermehrte Zuckerabbau drängt dann sekundär den Fett- und Eiweißumsatz zurück.

Bei **Insulin-Mangel,** der Ursache der Zukkerkrankheit (Diabetes mellitus), tritt ein entspr. Krankheitsbild auf:

- Die herabgeminderte Zuckeroxydation im Gewebe erhöht den Blutzuckerspiegel.
- Bei vermehrter Harnmenge wird Zucker ausgeschieden (Glykosurie).
- Dadurch verhält sich der gesamte Organismus, bes. die Leber, wie im schwersten Hunger: Es werden alle verfügbaren Glucosequellen herangezogen, nämlich
- der Eiweißumsatz wird gesteigert, wobei Stickstoff im Harn ausgeschieden wird,
- der Fettabbau ist erhöht. Dabei fallen vermehrt Ketonkörper an (Aceton, Acetessigsäure, ß-Oxybuttersäure), die ein Ansäuern des Blutes (Acidose) bedingen.
- Die Ausscheidung der Säuren im Urin entzieht dem Organismus Na^+ und K^+, wodurch die Membranfunkt. gestört wird.

Die hormonale Regelung des Blutzuckers (B) erfolgt direkt sowohl durch

- **Glucoseliefernde Vorgänge** wie Glykogenabbau, Galaktose- oder Fruktose-Umbau und Glukoneogenese als durch
- **Glucosezehrende Vorgänge** wie Glykogenbildung, Oxydation und Fettbildung.

Während das **Insulin** vor allem im peripheren Gewebe die verbrauchenden Vorgänge fördert und gleichzeitig in der Leber die glucoseliefernden Prozesse hemmt, wirken ihm entgegen: das **Glukagon** durch erhöhten Glykogenabbau in der Leber, das **Adrenalin** durch Glykogenabbau in Leber und Muskeln.

Neben der Gg-Verschiebung Glykogen/Glucose spielt natürlich auch die Höhe der Oxydation eine Rolle. Die Bedeutung des stoffwechselsteigernden **Thyroxins** ist dabei nur gering, groß dagegen die der Nebennierenrindenhormone, bes. **Cortisol** (s. o.). Das Hypophysenvorderlappenhormon **Somatotropin** hemmt als Wachstumshormon die Glukoneogenese, also einen glucoseliefernden Vorgang, zugleich aber auch die Glucose-Oxydation, also einen glucoseverbrauchenden Prozeß. – Durch die versch. Regelmechanismen wird also insgesamt nicht nur der Blutzuckerspiegel sehr konstant gehalten, sondern gleichzeitig der Stoffwechsel in versch. Bahnen gelenkt.

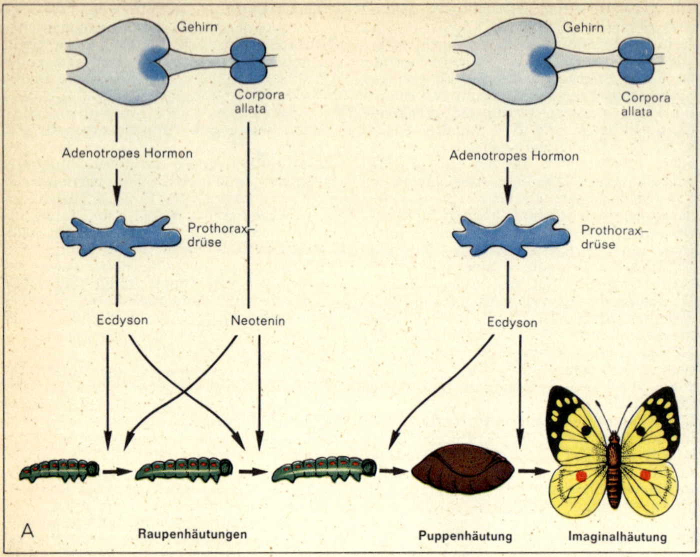

Häutungshormone der Insekten

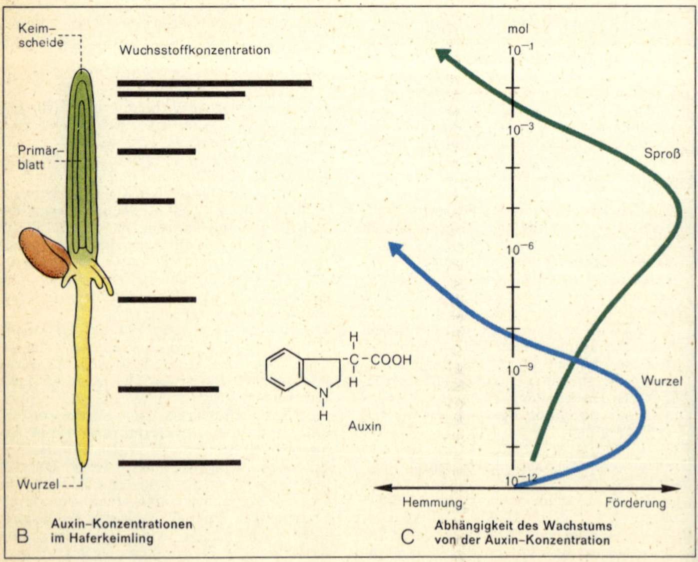

Wuchsstoffe der Pflanzen

Die Hormone der wirbellosen Tiere
Auf diesem Gebiet ist die Kenntnis noch gering, trotz jüngster Fortschritte auch gerade hinsichtl. der Primärwirkung.

Die Häutungshormone der Insekten (A) kontrollieren während der Häutung das Stoffwechselgeschehen und damit Wachstum und Jugendentw., die über eine Reihe von Häutungen (Larven-H., bei vollständiger Verwandlung auch Puppen-H.) zur fertigen Imago führt (z. B. Raupe–Puppe–Schmetterling):
- Blut verpuppungsreifer Schmetterlingsraupen löst in Jungtieren Verpuppung aus.
- Wird eine Raupe einen Tag vor der planmäßigen Verpuppung durch eine Fadenschlinge eingeschnürt, so daß das Blut vom Vorderende nicht mehr zum Hinterende gelangt, dann verpuppt sich nur das Vorderende.

Daraus folgt, daß im Kopfbereich Hormone gebildet werden. Jede Häutung wird von neurosekretor. Gehirnzellen eingeleitet. Ihr **Adenotropes Hormon** reizt die Prothoraxdrüse zur Abgabe des eigentl. Häutungshormons **Ecdyson**, eines dem Cholesterin verwandten Steroidhormons.
Wirkt nur Ecdyson auf die Epidermis ein, so ist die Häutung mit ausgeprägtem Gestaltwandel verbunden: Die Raupe häutet sich zur Puppe, diese zur Imago.
Wenn jedoch daneben noch das »Juvenilhormon« **Neotenin** der Corpora allata (im Kopf direkt hinter dem Gehirn zu beiden Seiten des Schlundes gelegenes Drüsenpaar) ausgeschüttet wird, treten nur Larven-H. auf, das Raupenstadium bleibt erhalten:
- Implantation zusätzl. Corpora allata in ältere Larven läßt Riesenlarven entstehen.

Daneben lösen die beiden Antagonisten auch typ. Verhaltensweisen aus: Unter Einfluß des Neotenin sind Raupen positiv phototaktisch, unter dem des Ecdyson dagegen negativ; sie spinnen Larvengespinste bzw. Puppenkokons.
Bei **erwachsenen Insekten** ist die Prothoraxdrüse verkümmert. Die C. allata bleiben für Eiweißsynthese und Reservestoffspeicherung weiterhin verantwortlich, haben daneben aber vielleicht Bedeutung für das Sexualverhalten: Bei der *Schabe Leucophaea* läßt das Weibchen die Begattung nur unter Einfluß der C. allata zu.

Sexualhormone bei Krebsen
sind sicher nachgewiesen. Nach Kastration durch radioaktive Strahlung unterbleibt die Ausbildung sek. Geschlechtsmerkmale. Parasitäre Kastration (*Sacculina*, I, S. 216f.) verwandelt *Inachus*-Männchen in Weibchen.

Sozialkastenhormone bei Termiten
werden in der Ventraldrüse und den C. allata gebildet. Überwiegt in den ersten Larvenstadien erstere, so entsteht ein Geschlechtstier, verringert sich das Übergewicht, ein Arbeiter. In den 2 letzten Stadien werden Arbeiter zu Soldaten, wenn beide Drüsen verhältnisgleich fünffach vergrößert sind.

Der physiologische Farbwechsel einiger Tiere, d. h. die Fähigkeit, sich versch. Beleuchtungsverhältnissen und Umgebungen innerhalb kurzer Zeit anzupassen, beruht wie bei *nied. Wirbeltieren* auch bei den *Wirbellosen* auf der Ausbreitung und Ballung von Farbstoffen in Farbzellen (Chromatophoren). Während dabei für *Tintenfische* nervöse Steuerung erwiesen ist, treten bei *Würmern, Krebsen* und *Insekten* Neurohormone auf:
- Der **Fischegel** *(Piscicola)* wird durch einen vom Gehirn erzeugten Faktor verdunkelt.
- Der X-Organ-Sinusdrüsen-Komplex im Augenstiel der **Sandgarnele** *(Crangon)* schüttet ein Aufhellungshormon aus, während nach Zerstörung eines best. Cephalothoraxgewebes die Verdunkelung unmöglich wird.
- Im ZNS der **Stabheuschrecke** erzeugte, antagonist. wirkende Neurohormone regulieren teils endogen, teils lichtabhängig den Tag-Nacht-Rhythmus des Farbwechsels.

Die Farbwechselhormone sind nicht artspez., sie wirken in gewissem Umfang auch auf die Chromatophoren der *Wirbeltiere.*

Wuchsstoffe der Pflanzen (Phytohormone)
Die Trennung von Hormonen als organismuseigene Wirkstoffe von den Vitaminen als organismusfremde ist für autotrophe *Pflanzen* begriffl. schwierig. Neuere Untersuchungen zur Primärwirkung der Phytohormone haben nun wahrscheinlich gemacht, daß auch sie auf den Nukleinsäurestoffwechsel des Zellkerns einwirken wie die tier. Hormone (Genom-Hormon-Beziehung, II, S. 441). Dadurch wird nicht nur ihr Hormoncharakter verständlich, sondern auch ihre verschiedenartige, an vielen Stoffwechselvorgängen in der Pflanzenzelle beteiligte Wirkung.

Auxin (Indol-3-Essigsäure IES), ein Abkömmling der Aminosäure Tryptophan, wirkt bes. als Streckungswuchsstoff, indem es die Dehnbarkeit der Zellwand erhöht (Lösen der Zellulosehaftpunkte durch Ca-Ionen-Ausschwemmung? Beschleunigung der Zellulosesynthese?): 10^{13} Pflanzen auf einem 30 km^2 großen Felde wurden von 1 g deutlich gestreckt (weitere Wirkungen s. I, S. 191). Die optimale Konzentration liegt im allg. bei Wurzeln tiefer als beim Sproß, so daß von sproßfördernden Mengen die Wurzelstreckung gehemmt wird (B).
In Getreidekeimlingen steigt inaktivierte IES vom Endosperm in die Spitze der Keimscheide (Koleoptile) und regt von hier, nach Aktivierung, abwärts strömend das Koleoptilenwachstum an (C).

Gibberelline, bei dem auf Reispflanzen parasitierenden und dort krankhaft schnelles Längenwachstum verursachenden *Schlauchpilz Gibberella* entdeckt, fördern bes. das Internodienwachstum *höh. Pflanzen* (s. auch I, S. 191).

Kinine sind natürl. Phytohormone, die in ihrer Wirkung (I, S. 191) dem aus tier. Material gewonnenen nukleinsäurehaltigen Kinetin gleichkommen. Sie werden anscheinend in den Wurzeln gebildet und zu den Blättern transportiert.

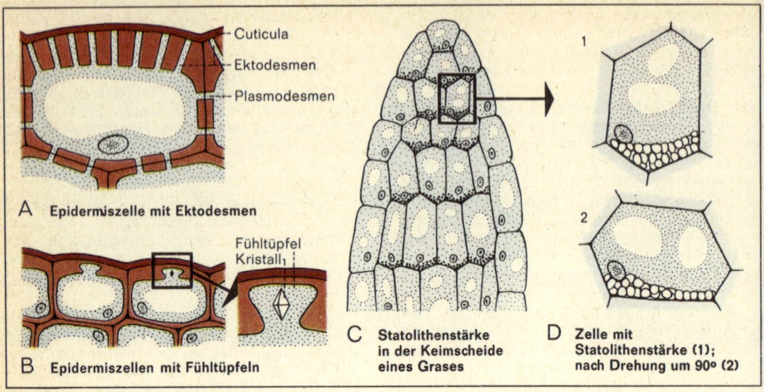

A Epidermiszelle mit Ektodesmen

B Epidermiszellen mit Fühltüpfeln

C Statolithenstärke in der Keimscheide eines Grases

D Zelle mit Statolithenstärke (1); nach Drehung um 90° (2)

Organe der Reizaufnahme

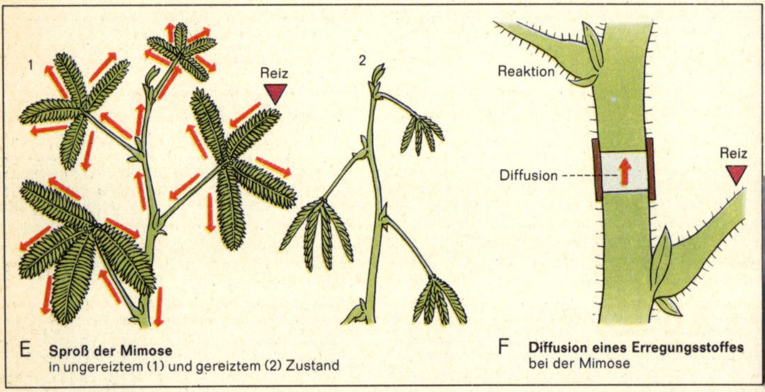

E Sproß der Mimose in ungereiztem (1) und gereiztem (2) Zustand

F Diffusion eines Erregungsstoffes bei der Mimose

Erregungsleitung

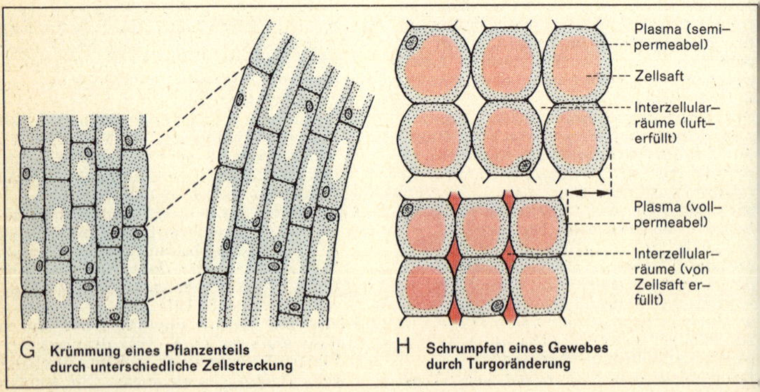

G Krümmung eines Pflanzenteils durch unterschiedliche Zellstreckung

H Schrumpfen eines Gewebes durch Turgoränderung

Turgor- und Wachstumsbewegung

Die Reizbarkeit (Irritabilität) ist eine Grundeigenschaft lebender Systeme. Die Sinnes-(Reiz-)physiologie untersucht, nach welchen Gesetzmäßigkeiten ein Organismus auf Umweltänderungen (Reize) reagiert. – Dabei hat der Reiz nur auslösende Wirkung; die Energie für die meist verwickelte Reaktion stammt aus dem Organismus selbst. Daher besteht im allg. keine Proportionalität zw. Reiz- und Reaktionsstärke; oft folgt die Reaktion der Alles-oder-Nichts-Regel (AoN-Regel). – Die nach Reizung ablaufenden Vorgänge sind bei *Pflanze* und *Tier* grundsätzlich gleich, in vielen Punkten aber noch unklar.

Die Reizaufnahme (Suszeption)
Ihr je nach Reizqualität (z. B. Licht, Temperatur) versch. Mechanismus ist nicht in allen Fällen geklärt.
Die Aufnahme von Lichtreizen ist sicher zunächst eine Absorption von Lichtenergie, die photochem. Reaktionen auslöst. Daß die Pflanze bes. im blaugrünen und blauvioletten Spektralbereich absorbiert (spektrale Empfindlichkeit), deutet auf eine gelbrote absorbierende Substanz. Da von Karotinen keine photochem. Reaktion bekannt ist, spricht man ihnen nur Gelbfilterwirkung zu, die bei durchsichtigen Organen bei einseitiger Belichtung die nötigen Helligkeitsunterschiede zw. Licht- und Schattenseite bewirkt. – Als eigentl. Suszeptor gilt das Riboflavin, dessen Absorptionsspektrum dem der Karotine ähnelt und das in vitro β-Indolylessigsäure photooxydativ zerlegt. Eine endgültige Klärung steht noch aus.
Die Aufnahme von Schwerkraftreizen. Zwei Hypothesen werden noch diskutiert:
- Aufgrund der Schwerkraft üben spezif. schwere Teilchen durch Verlagerung im Plasma (z. B. an Stärkekörnern oft beobachtet) einen Druck aus, der eine chem. Reaktion einleitet (C, D).
- Im Schwerefeld der Erde wandern Kationen schneller als Anionen abwärts, Zellen und Zellverbände laden sich an der Unterseite um einige Millivolt positiv auf (geoelektrischer Effekt). Eine Reizsuszeption aufgrund dieser Tatsache wird aber bezweifelt.

Die Aufnahme mechanischer Reize ist oft an spezif. Reizqualitäten geknüpft. Manche Ranken reagieren auf leichte Berührung fester Körper von 0,00025 mg Gewicht, nicht aber auf intensive Berührung mit Flüssigkeiten (Wasser, Quecksilber). Offenbar müssen durch unterschiedl. Reizung benachbarter Oberflächenpunkte Druck- und Zugdifferenzen im Plasma entstehen, während Reizung größerer Flächen mit fast gleicher Intensität unwirksam ist. – Als anatom. Grundlage dieser Berührungsempfindlichkeit gelten neuerdings die Ektodesmen (A), plasmodesmenartige Gebilde in Epidermiszellen; die auffälligen Fühltüpfel (B) kommen nicht allen berührungsempfindl. Geweben zu und können daher auch nicht allgemein die Grundlage dieser Form der Reizbarkeit sein.

Organe der Reizaufnahme (Rezeptoren) sind bei *Pflanzen* im allg. nicht so diff. wie bei *Tieren* (II, S. 341 ff.). Neben den schon erwähnten Formen (Statolithenstärke, Ektodesmen, Fühltüpfel) treten auf:
- Fühlborsten (*Venusfliegenfalle*, *Wasserschlauch*; I, S. 100 E, G),
- Fühlhaare und Fühlpapillen,
- Lichtsinnesorganelle bei *pflanzl. Einzellern* (I, S. 44 B, D).

Auch morpholog. undiff. Pflanzenteile können Reize aufnehmen: z. B. Lichtreize die Blattstiele der *Kapuzinerkresse* und die Spitze der *Hafer*-Keimscheide (II, S. 337).

Die Erregung (Induktion, Perzeption) verläuft bei Einwirken versch. Reizqualitäten unterschiedlich, ist aber noch weitgehend ungeklärt; sicher liegt immer eine spezif. Plasmaänderung zugrunde. Ist die Reaktion eine Wachstumsbewegung, sind an der Perzeption die Mechanismen des Streckungswachstums beteiligt; prim. Vorgänge sind dabei wohl die polare Verlagerung kleiner Wuchsstoffmengen (z. B. β-Indolylessigsäure) und Erhöhung der Zellwand-Plastizität. Sie bewirken noch kein verstärktes Wachstum, polarisieren aber die Leitungsbahnen für weiteren Wuchsstoff so, daß er bevorzugt zu einer Seite des sich dann krümmenden Pflanzenteils strömt. Der Vorgang ist gegen die Erregungsleitung nicht scharf abgrenzbar. – In anderen Fällen nimmt man an, daß im Plasma ein labiles chem. System unter Bildung best. Erregungsstoffe zerfällt.

Die Erregungsleitung
ist am deutlichsten bei der *Mimose* (E). Nach Verletzungen eines Fiederblättchens wird die Erregung bis über 50 cm weit geleitet, mit Geschwindigkeiten bis 10 cm/sec. Dabei sind offenbar best. Erregungsstoffe wirksam:
- An abgeschnittenen Sprossen sind Reaktionen durch organ. Stoffe auszulösen (aus *Mimosen* isolierte Oxysäure wirkt noch in der Verdünnung 1:100 Mill.).
- Die Erregung läßt sich durch eingeschaltete Wassersäulen übertragen (F).

Die Ausbreitung dieser Stoffe kann in Gefäßen mit dem Transpirationsstrom, in Siebröhren und im Parenchym erfolgen. – Die Geschwindigkeit der Erregungsleitung in manchen Fällen weist darauf hin, daß auch die bei Erregungsvorgängen auftretenden elektr. Ströme wirksam sind.

Die Reaktion
Nach den beteiligten Mechanismen werden zwei Typen unterschieden:
1. **Wachstums-(Nutations-)bewegungen** (G): ungleichmäßige Wuchsstoffverteilung bewirkt Krümmung durch einseitiges Wachstum; meist an Meristeme gebunden.
2. **Turgor-(Variations-)bewegungen** (H): meist in Dauergeweben, oft in spezif. Organen (II, S. 339). Sie beruhen auf Permeabilitätssteigerung der Plasmamembranen und Infiltration von Zellsaft in die Interzellularen. Die vermutete Mitwirkung kontraktiler Plasmaeiweiße ist noch unklar.

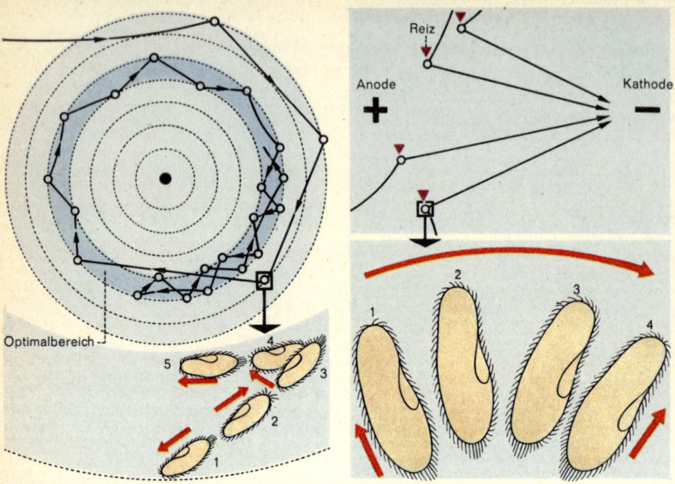

A **Phobotaktische Orientierung** eines Pantoffeltierchens in einem Konzentrationsgefälle

B **Topotaktische Orientierung** eines Pantoffeltierchens im elektrischen Gleichstrom

Phobische und topische Reaktion

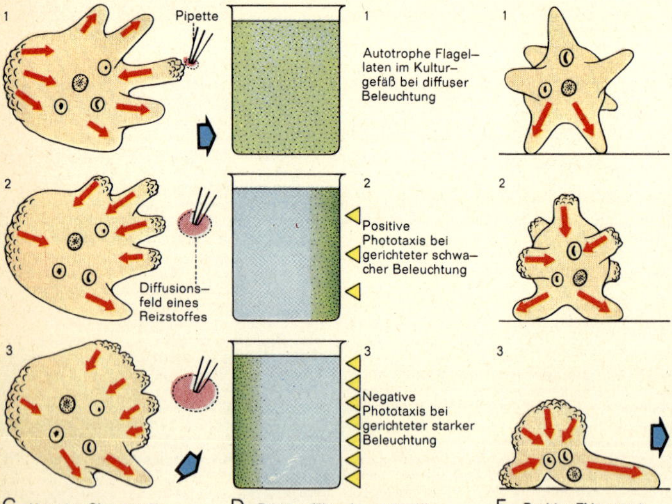

C **Negative Chemotaxis einer Amöbe**

D **Positive (2) und negative (3) Phototaxis bei Flagellaten**

E **Positive Thigmotaxis einer Amöbe**

Taxien

Bei *Pflanzen* wird unterschieden zwischen
- Taxien, Reizreaktionen bei Formen mit freier Ortsbewegung (Lokomotion), und
- Nastien und Tropismen bei ortsfesten Arten, denen nur Bewegungen einzelner Teile möglich sind.

Die Taxien
finden sich im Pflanzenreich bes. bei nied., meist einzelligen Formen *(Blau-, Geißel-* und *Kieselalgen, Bakterien, Schleimpilze)*, aber auch bei frei bewegl. Keimzellen (Zoosporen vieler *Algen* und *Pilze*; männl. Keimzellen der *Moos-* und *Farnpflanzen* und einiger *Nacktsamer*). – Auch tier. Organismen gleicher Organisationshöhe sind in ihren Reizreaktionen völlig gleich.

Die Bewegungsmechanismen sind bes. amöboide und Geißelbewegung, seltener Schleimabscheidung *(Desmidiaceen)* und Plasmaströmung *(Kieselalgen)*.

Die Definition des Taxisbegriffs ist uneinheitlich: KÜHN nennt die ganze gerichtete Bewegung einschließlich der lokomotor. Komponente Taxis; in der Verhaltensforschung (II, S. 389) heißt nach LORENZ nur die orientierende Wendung Taxis unter Ausklammern der Ortsbewegung, so daß eine orientierte Bewegung zahlr. Taxien (= orientierende Wendungen) einschließen kann.

Positive und negative Taxien unterscheidet man unabhängig von der Reizqualität danach, ob eine anlockende (bei positiver Taxis) oder abschreckende (bei negativer Taxis) Wirkung vorliegt.

Die Einstellmechanismen, ebenfalls unabhängig von der Reizqualität, sind von grundlegender Bedeutung.

1. Die Schreck- oder Unterschieds-(phobische)reaktion (A): Sie beruht auf Unterschiedsempfindlichkeit (Unterscheidung zeitl. aufeinanderfolgender Reize versch. Intensität). Indirekt wird durch ständige Wiederholung starr ablaufender Wendungen das Erreichen einer Optimalzone (Indifferenzzone des Reizes) erreicht (I, S. 51). – Nach neuen Untersuchungen treten phobische Reaktionen nur im Experiment unter den unphysiolog. Bedingungen eines hängenden Wassertropfens auf, unter natürl. Bedingungen dagegen nur Orientierungsreaktionen.

2. Die Einstellungs- oder Orientierungs-(topische)reaktion (B): Sie beruht auf Wahrnehmung der räuml. Verteilung der Reize, aus der eine best. Einstellung zur Reizquelle folgt, die bei Ortsbewegung beibehalten wird (I, S. 51). – Schwimmen z. B. *Farn*-Spermatozoiden in einem chem. Konzentrationsgefälle, nehmen offenbar beide Körperseiten versch. Konzentrationen wahr, worauf durch stärkeres Schlagen der Geißeln auf der Seite der schwächeren Konzentration die Zelle so gedreht wird, daß auf beiden Seiten gleiche Konzentration und damit gleiche Schlagintensität herrscht.

Die Klassifikation der Taxien
erfolgt, unabhängig von den obigen Einteilungsprinzipien, nach der Reizqualität.

1. Die Chemotaxis, die Reaktion auf chem. Reize (C), ist durch unterschiedl. Reizstoffe auslösbar:
- *Fäulnisbakterien* werden angelockt durch anorgan. (Alkali-, Erdalkalisalze) und organ. Stoffe (Trauben-, Milchzucker, Dextrin, Harnstoff u. a.; selbst durch Morphium und Äther, trotz schädigender Wirkung).
- Pathogene *Bakterien* reagieren positiv auf spezif. Stoffe, worauf z. T. wahrscheinlich ihre Wirtsspezifität beruht.
- Autotrophe *Flagellaten* werden durch CO_2, Phosphate und Nitrate angelockt.
- Spezif. Lockstoffe wirken auf die Spermien der *Farnpflanzen* (Äpfelsäure), *Bärlappgewächse* (Zitronensäure) und *Laubmoose* (Rohrzucker), beim *Lebermoos Marchantia* wirkt ein Eiweißkörper.

Die Reaktion auf Sauerstoff (**Aerotaxis**; je nach dem physiolog. Zustand der Organismen positiv oder negativ) und auf Feuchtigkeit **(Hydrotaxis)** werden oft als bes. Taxien abgetrennt.

Die Reizschwelle ist im allg. sehr niedrig. *Farn*-Spermien reagieren noch auf eine Konzentration von 0,001 % Äpfelsäure; bei spezif. Sexuallockstoffen (Gamonen) vermutet man noch niedrigere Werte.

Der richtende Faktor ist die Konzentrationsdifferenz. Die nötige Steilheit des Gefälles ist jedoch abhängig von der Grundkonzentration: In einer Äpfelsäurelösung von 0,001 % wirken schon 0,03 % als Reiz, in einer solchen von 0,01 % aber erst 0,3 % (die Unterschiedsschwelle entspricht also in beiden Fällen einer Steigerung auf das 30fache). – Längerer Aufenthalt in einer homogenen Lösung des Reizstoffes wirkt abstumpfend auf einen Organismus.

Das Unterscheidungsvermögen für versch. Stoffe ist mit Hilfe dieser Gewöhnung bestimmbar. Unterschieden wird z. B. die NH_2-Gruppe (Aminosäuren) von der NH_4-Gruppe (Ammoniumsalze); Unterschiede zw. den einzelnen Ammoniumsalzen werden nicht wahrgenommen. In Einzelfällen werden selbst optische Isomere eines Stoffes unterschieden.

2. Die Phototaxis kommt bes. bei autotrophen Organismen vor; sie ist dann gewöhnlich positiv bei geringen Lichtintensitäten, bei starker Beleuchtung schlägt sie oft in negative Phototaxis um (D).

Die Suszeption des Reizes erfolgt bei geißeltragenden Formen oft in der Geißelbasis. Der karotinhaltige Augenfleck bei *Flagellaten* wirkt wohl nur durch seinen »Gelbfiltereffekt« indirekt richtend (I, S. 45). – Photosynthet. *Purpurbakterien* absorbieren wahrscheinlich im Bakteriochlorophyll (im roten und infraroten Bereich).

3. Die Thermotaxis kommt z. B. bei Planktonorganismen vor.

4. Die Thigmotaxis (Reaktion auf Berührungsreize; E) ist z. B. für das Umgehen von Hindernissen und für die Feindvermeidung wichtig.

5. Die Galvanotaxis durch elektr. Gleichstrom fehlt unter natürl. Bedingungen, hat aber als Untersuchungsmethode Bedeutung.

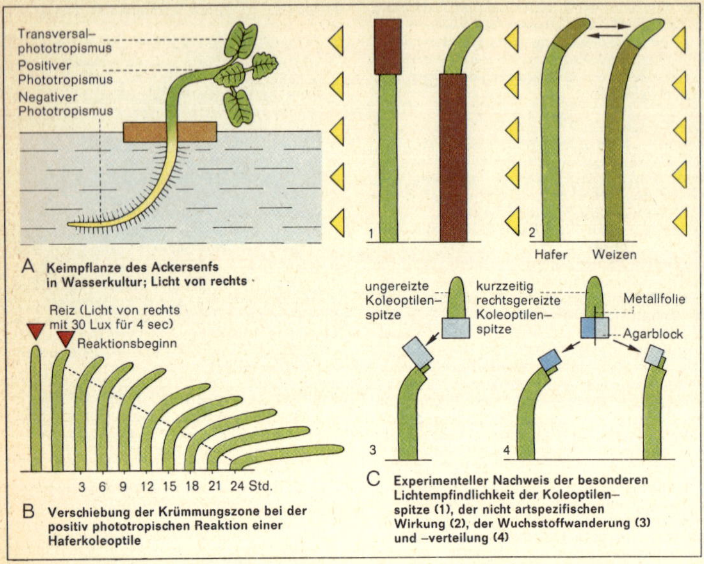

A **Keimpflanze des Ackersenfs in Wasserkultur; Licht von rechts**

B **Verschiebung der Krümmungszone bei der positiv phototropischen Reaktion einer Haferkoleoptile**

C **Experimenteller Nachweis der besonderen Lichtempfindlichkeit der Koleoptilenspitze (1), der nicht artspezifischen Wirkung (2), der Wuchsstoffwanderung (3) und -verteilung (4)**

Phototropismus

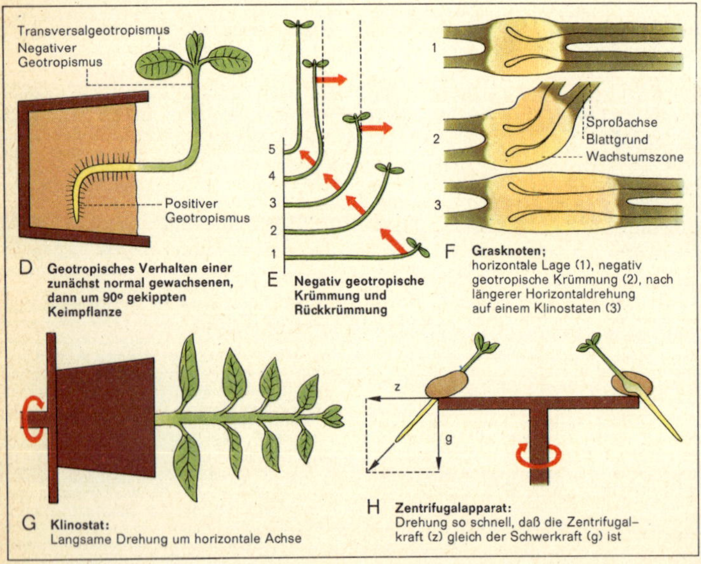

D **Geotropisches Verhalten einer zunächst normal gewachsenen, dann um 90° gekippten Keimpflanze**

E **Negativ geotropische Krümmung und Rückkrümmung**

F **Grasknoten;** horizontale Lage (1), negativ geotropische Krümmung (2), nach längerer Horizontaldrehung auf einem Klinostaten (3)

G **Klinostat:** Langsame Drehung um horizontale Achse

H **Zentrifugalapparat:** Drehung so schnell, daß die Zentrifugalkraft (z) gleich der Schwerkraft (g) ist

Geotropismus

Tropismen sind Bewegungen ortsfester *Pflanzen*, deren Richtung in Beziehung zur Reizrichtung steht. Sie bewirken die räuml. Orientierung der *Pflanze* oder ihrer Teile entspr. den Gegebenheiten ihrer Umwelt. – Man unterscheidet:

- positive Tropismen (zum Reiz hin),
- negative Tropismen (vom Reiz weg),
- transversale Tropismen (Einstellung der reagierenden Organe in einem best. Winkel, oft senkrecht, zur Reizrichtung).

Sie sind meist Wachstums-, selten Turgorbewegungen (letztere z. B. Blattbewegungen bei *Schmetterlingsblütlern*).

Der Phototropismus

ist bei *Pflanzen* weit verbreitet (A).

Positiv phototropisch sind z. B. viele oberird. Sprosse und Blattstiele. Die Keimscheide (Koleoptile) der *Gräser* ist wegen bes. guter Reaktionsfähigkeit bevorzugtes Studienobjekt (C).

Negativ phototropisch reagieren manche Wurzeln, bes. Luft- *(Araceen)* und Haftwurzeln (z. B. *Efeu*); auch die Rhizoide der *Farn*-Prothallien und *Lebermoose*.

Transversal phototropisch sind bes. dorsiventrale Pflanzenteile, z. B. Thalli von *Lebermoosen* und Blätter. Auch Parallelstellung zum Mittags-Lichteinfall kommt vor (z. B. *Kompaßpflanze*).

Umstimmung eines Organs kann erfolgen:

- Im Laufe der Entw.: Die Blütenstiele des *Efeublättr. Leinkrautes* sind während der Blühzeit positiv, danach negativ phototropisch, wodurch die Samen in Mauerritzen u. ä. gelangen.
- Bei Wechsel der Lichtmenge (Produkt aus Lichtintensität [Lux] und Einwirkungszeit [sec]): Die *Hafer*-Koleoptile ist positiv phototropisch nur zw. 40000 und 500000 und unterhalb 340 Luxsec; in den übrigen Bereichen reagiert sie negativ.

Untersuchungen an der Hafer-Koleoptile

Der normale Krümmungsverlauf wird bei kurzer einseitiger Belichtung deutlich (B): Nach einer Latenzzeit (Reaktionszeit) setzt die Krümmung ein, die Krümmungszone rückt nach unten weiter. Schon ein starker Lichtblitz von $^1/_{2000}$ sec erzeugt eine eben sichtbare Krümmung. Die **Reizmengenregel** gilt vom Schwellenwert (3–25 Luxsec) bis 100 Luxsec; bei höh. Werten geht die Proportionalität zw. Reizmenge und Reaktionsintensität verloren. Unterschwellige Reize in kurzen Abständen (intermittierend) bewirken eine Reaktion (Reizsummation).

Der Reaktionsmechanismus wird durch folgende Untersuchungen beleuchtet (C):

- Abdunklungsversuche zeigen, daß Reizaufnahme fast nur an der Spitze erfolgt.
- Dekapitieren der gereizten Koleoptile bewirkt Ausbleiben der Reaktion. – Zwischenschalten eines die Diffusion nicht hemmenden Agarstücks verhindert die Krümmung nicht, wohl aber Einschalten einer Metallfolie (stoffl. Prinzip der Erregungsleitung).
- Aufsetzen eines Agarblocks auf eine dekapitierte ungereizte Koleoptile ergibt eine Krümmung, wenn durch einseitiges Aufsetzen der im Block enthaltene Erregungsstoff ungleichmäßig verteilt wird.

Durch seitl. Belichtung wird also die Verteilung des von der Koleoptilenspitze dauernd abfließenden Wuchsstoffes zugunsten der Schattenseite verändert. Eine Verschiebung von Wuchsstoff dorthin wurde durch radioaktive Markierung nachgewiesen; daneben spielt möglicherweise auch eine photooxydative Zerstörung des Wuchsstoffes an der Lichtseite eine Rolle.

Der Geotropismus

Die geotrop. Reaktionsweisen der Pflanzenteile ähneln den phototropischen (D):

- Hauptsprosse sind meist negativ geotropisch. In einigen Fällen ist erwiesen, daß Statolithenstärke an der Zellunterseite die sonst spitzenwärts wandernden, baustoffbeladenen Golgi-Vesikel staut und dort stärkeres Wachstum der Zellwand bewirkt.
- Hauptwurzeln wachsen positiv geotropisch. Die Krümmung wird hier auf eine Hemmwirkung des an der Unterseite des Organs angereicherten Wuchsstoffes zurückgeführt (niedriges Optimum).
- Nebensprosse und -wurzeln erster Ordnung und viele Blattorgane stellen sich transversalgeotropisch ein. Nebenwurzeln zweiter Ordnung sind meist geotrop. unempfindlich.

Der Nachweis der Schwerkraftwirkung ist auf zwei Arten zu führen:

1. **Der Klinostat** (G) hebt die Schwerkraftwirkung durch langsames Drehen horizontal gelagerter *Pflanzen* auf. Die dadurch allseitig wirkenden Schwerkraftreize bringen z. B. Knoten von *Gräsern* zu verstärktem Wachstum (F).
2. **Der Zentrifugalapparat** (H) ersetzt die Schwer- durch die Fliehkraft. Bei Einwirkung beider Kräfte wachsen *Pflanzen* in Richtung der Resultierenden.

Autotropismus heißt die Tendenz jedes Pflanzenteils, nach einer Krümmung in die gestreckte Lage zurückzukehren (E), auch wenn man sie danach auf einem Klinostaten jeder Reizwirkung entzieht.

Der Lateralgeotropismus, eine noch nicht näher geklärte Sonderform, findet sich bei manchen windenden *Pflanzen*.

Der Haptotropismus (Thigmotropismus),

die Reaktion auf Berührungsreize, kommt bes. bei Ranken vor, aber auch bei Blattstielen und -spitzen, Stengeln und Blütenständen. – Berührung bewirkt meist eine Wachstumsförderung der Gegenseite, der berührende Gegenstand wird umgriffen.

Der Chemotropismus

kommt, positiv oder negativ, gegenüber vielen Stoffen vor, z. B. bei Pilzhyphen, bei Wurzeln und Pollenschläuchen höh. Pflanzen, wo er für das Problem der Selbststerilität verantwortlich gemacht wird.

Hydro- und **Traumatotropismus,** wohl auch **Thermo-** und **Galvanotropismus,** sind als Sonderformen des Chemotropismus aufzufassen.

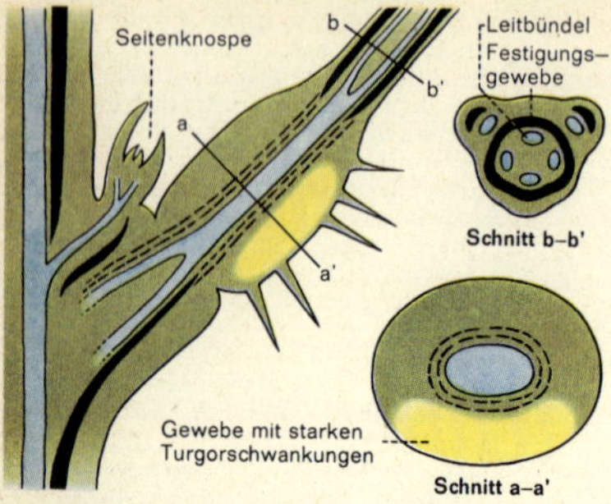

A **Blattstielgelenk der Mimose**

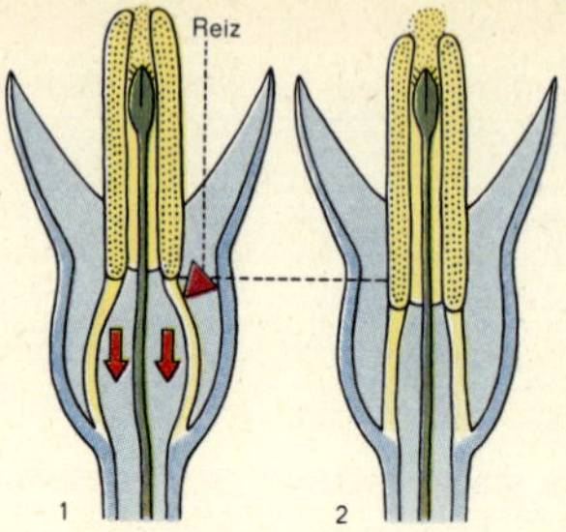

B **Seismonastie der Staubblattstiele**
Einzelblüte der Flockenblume
(Längsschnitt)

Seismonastie

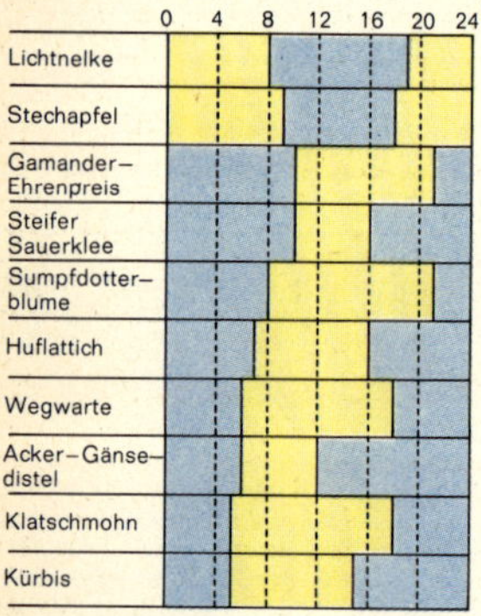

C **Photonastische Bewegungen bei Blüten**
geöffnet ▭ geschlossen ▭

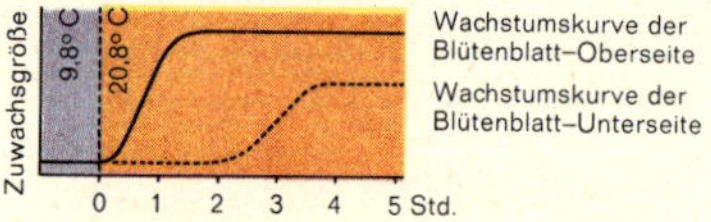

D **Thermonastische Bewegung eines Krokus-Blütenblattes**
nach Wechsel der Temperatur von 9,8° auf 20,8° C

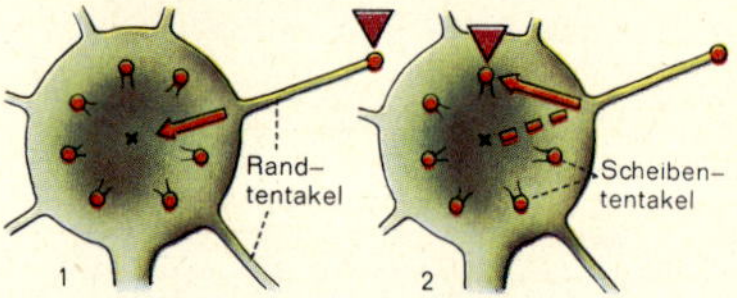

E **1 Chemonastie eines Randtentakels beim Sonnentau:**
Reizung des Köpfchens, Krümmung zur Blattmitte
2 Chemotropismus:
Reizung eines Scheibententakels, Krümmung des Randtentakels gegen den Reizort

Photo-, Thermo- und Chemonastie

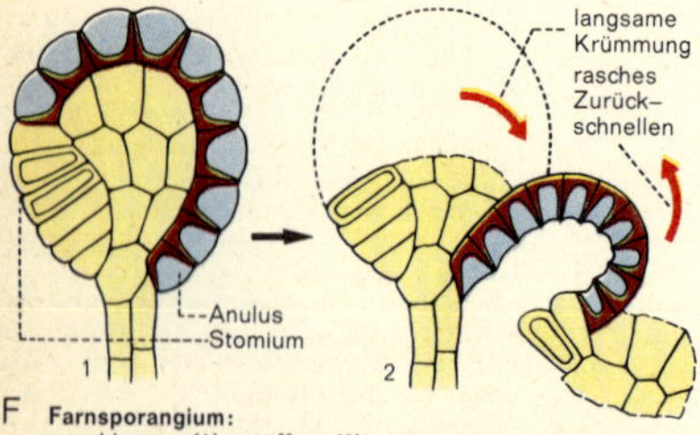

F **Farnsporangium:**
geschlossen (1), geöffnet (2)

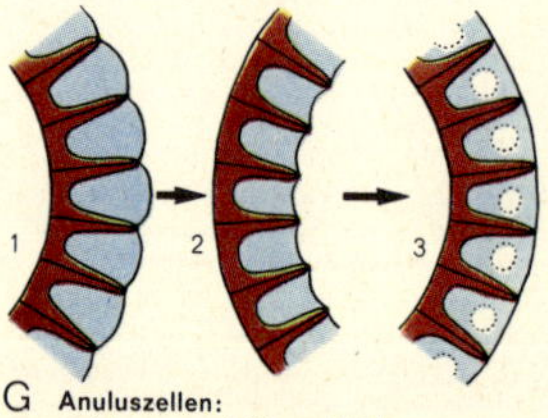

G **Anuluszellen:**
voll turgeszent (1), nach Wasser-verlust (2), nach Eindringen von Luft bei weiterer Austrocknung (3)

Kohäsionsmechanismus

Nastien sind in ihrer Bewegungsrichtung nicht auf die Reizrichtung bezogen; der Reiz kann sogar diffus sein (Temperatur, diffuses Licht). Die Bewegungsrichtung ist durch den oft dorsiventralen Bau der reagierenden Organe festgelegt. Nastien dienen daher nicht der räuml. Orientierung. Als Bewegungsmechanismen kommen vor:

- Wachstumsvorgänge und
- Turgoränderungen (reversibel; letztere auch an ausdiff. Pflanzenteilen).

Nach kurzer Reizung erfolgt Rückkehr in die Ausgangslage **(Autonastie).**

1. Die Seismonastie, Reaktion auf Berührung oder Erschütterung, unterscheidet sich von haptischen Reaktionen (vgl. Haptotropismus, II, S. 337) dadurch, daß sie durch jede Berührung, z. B. auch durch Aufprall eines Wassertropfens, ausgelöst wird. Dabei setzt meist die Reaktion bei Überschreiten der Schwelle voll ein (AoN-Regel).

Die Mimose zeigt zahlr. seismonastische, auch durch chem., therm., elektr. und Wundreize auslösbare Bewegungen. Bei Reizung einer Endfieder z. B. reagieren durch Turgoränderung nacheinander (II, S. 332 E):

- die Fiedergelenke (Zusammenklappen der Fiedern nach oben),
- die sek. Blattgelenke oder Fiederstrahlgelenke (Senken der sek. Blattstiele),
- das prim. Blattgelenk oder Blattstielgelenk (Senken des Blattstiels).

Die Latenzzeit beträgt unter optimalen Bedingungen nur 0,08 sec, die Refraktärzeit 15 bis 20 Min. bis zur völligen Erholung. Die Gelenke (A) bestehen aus zartwandigen, isodiametrischen Zellen (an der Beugeseite meist größer); in ihnen sind die Leitbündel entgegen der üblichen Verteilung zu einem zentralen Strang zusammengefaßt, der einer Biegung leichter nachgibt.

Staubblätter zeigen seismonast. Bewegungen von meist blütenbiol. Bedeutung. – Bei *Centaurea*-Arten kontrahieren sich bei Erschütterung die Stiele (Filamente) der Staubblätter reversibel (mehrfach wiederholbar) um 20–30% ihrer Länge, wodurch die Narbe Pollen aus der Staubblattröhre preßt (B); blütenbesuchende *Insekten* streifen ihn dann ab. – Andere Staubblätter (*Berberitze*, *Zimmerlinde*, *Helianthemum*-Arten) krümmen sich seismonastisch.

Narben mit weit klaffenden Lippen klappen oft bei Berührung der Innenseite zusammen und schließen den abgestreiften Pollen ein.

Insektivore Pflanzen zeigen die schnellsten nastischen Bewegungen. Bei der *Venusfliegenfalle* (I, S. 100 E) klappen nach Berührung einer Sinnesborste die Blatthälften in 0,02–0,01 sec zusammen. Die Bewegung beruht auf schneller Turgorsteigerung in den Geweben unterseits der Mittelrippe, wohl zus. mit Turgorsenkung und Interzellularen-infiltration oberseits der Mittelrippe. Am weiteren Verlauf der Bewegung sind auch Wachstumsvorgänge beteiligt.

2. Die Haptonastie kommt bes. bei den Randtentakeln der *Sonnentau*-Arten vor (E), auslösbar schon durch ein Gewicht von 0,0008 mg. Rezeptor ist nur das Köpfchen, die Krümmung zur Blattmitte erfolgt durch Wachstum der basalen Tentakelunterseite (Erregungsleitung rd. 8 mm/sec). – Bei Reizung eines Innententakels reagieren die Randtentakel auch, aber haptotropisch: Sie krümmen sich zur Stelle der Reizung.

3. Die Chemonastie ist bei insektivoren Pflanzen auslösbar durch Eiweißstoffe, Ammoniumsalze oder Phosphate (Reize, die sicher auch vom Beutetier ausgehen). Sie verläuft hier wie nach haptischer Reizung. In 1 Min. wird eine Krümmung bis 180° erzielt; 2–3malige Wiederholung erschöpft das Reaktionsvermögen.

4. Die Thermonastie ist bes. deutlich bei Organen der Blütenhülle: *Krokus*-Blüten antworten schon auf Temperaturänderung von 0,2°, *Tulpen* von 1° mit Öffnungs- und Schließbewegungen. Es sind meist Wachstumsbewegungen, wobei die Oberseite ein höh. Wachstumsoptimum hat (D). Blütenblätter der *Tulpe* verlängern sich bei einmaligem Öffnen und Schließen um rd. 7%, der Gesamtzuwachs bei mehreren Wiederholungen beträgt bis 100%.

5. Die Photonastie, auf Schwankungen der Lichtintensität beruhend, findet sich ebenfalls meist bei Blütenorganen; oft wirken gleichzeitig thermische Einflüsse mit. Die Reaktion auf best. Lichtintensitäten ist artspezifisch: Neben Tagblühern kommen auch Nachtblüher vor (C). – An den durch den Wechsel von Tag und Nacht bedingten period. Schließ- und Öffnungsbewegungen **(Nyctinastie)** sind neben Reizreaktionen auch reizunabhängige (autonome) Bewegungen beteiligt (II, S. 377).

Bewegungen innerhalb der Zelle,

z. T. autonomer Natur, werden auch durch therm., chem. und Lichtreize induziert:

- Die Plasmaströmung (I, S. 33) kann passive Verlagerung von Organellen und Inhaltsstoffen mit sich bringen.
- Aktive Bewegungen von Kern (z. B. bei Verletzungen) oder Chloroplasten (im schwachen Licht diffus verteilt, im starken an den zum Lichteinfall parallelen Wänden).
- Bewegungen bei der Kernteilung (I, S. 31).

Physikalische Bewegungen sind nicht unter die Reizreaktionen einzureihen, da sie mechan. Bewegungen sind, an denen das Plasma nicht im Sinne einer Reizbeantwortung mitwirkt. Hierher gehören:

- Schleuderbewegungen aufgrund des Turgors (z. B. Frucht des *Springkrautes*, Sporangienträger von *Pilobolus*); sie sind gegen Reizreaktionen z. T. nicht scharf abgrenzbar.
- Hygroskopische Bewegungen, beruhend auf den physikal. Vorgängen der Quellung, Entquellung und Austrocknung von Membranen (Öffnungsmechanismen von Samenkapseln, Sporenbehältern).
- Kohäsionsmechanismen, u. a. die auf Austrocknungsvorgängen beruhenden Öffnungsmechanismen mancher *Farn*-Sporangien (F, G).

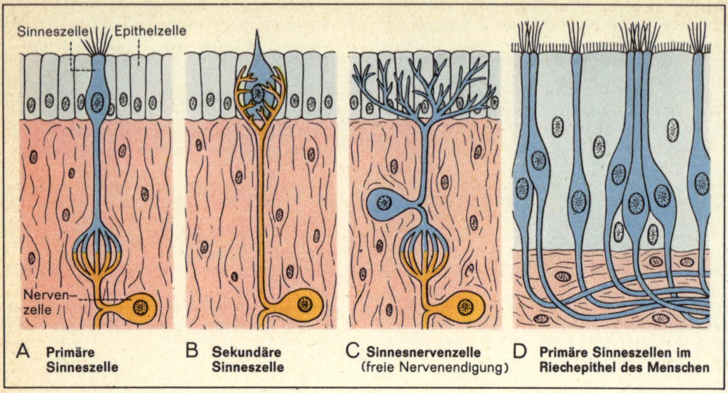

A **Primäre Sinneszelle**

B **Sekundäre Sinneszelle**

C **Sinnesnervenzelle** (freie Nervenendigung)

D **Primäre Sinneszellen im Riechepithel des Menschen**

Typen von Sinneszellen

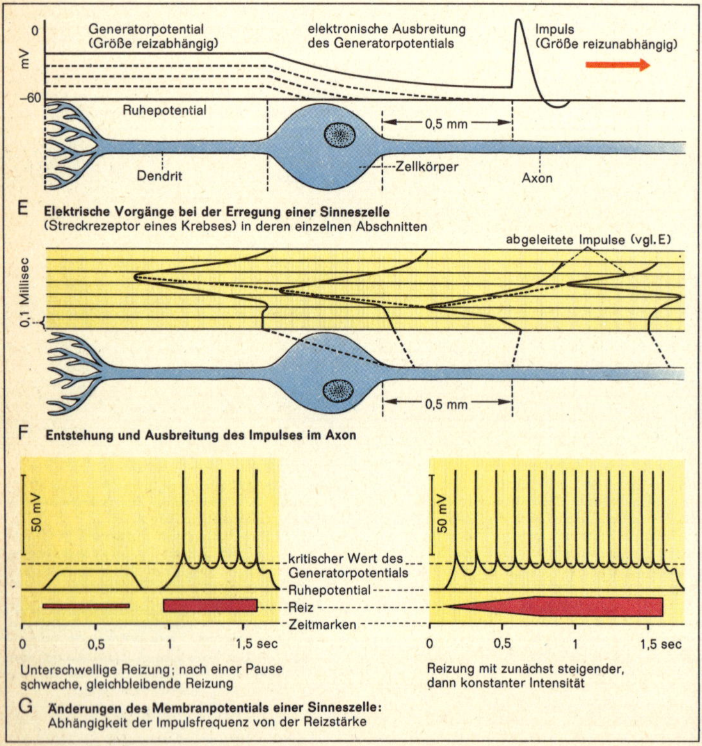

E **Elektrische Vorgänge bei der Erregung einer Sinneszelle** (Streckrezeptor eines Krebses) in deren einzelnen Abschnitten

F **Entstehung und Ausbreitung des Impulses im Axon**

G **Änderungen des Membranpotentials einer Sinneszelle:** Abhängigkeit der Impulsfrequenz von der Reizstärke

Arbeitsweise einzelner Sinneszellen

Die tier. Sinnesphysiologie unterscheidet sich von der pflanzlichen durch weit stärkere Diff. der physiolog. Prozesse und der zugeordneten morpholog. Strukturen:

- **Die Rezeptoren** sind bei *Tieren* stets spezif. Sinneszellen (D), deren viele oft morpholog. und funkt. zusammenwirken und, oft zus. mit Hilfseinrichtungen, hochkomplizierte Sinnesorgane bilden.
- **Die Organe der Erregungsleitung** sind bei allen *Eumetazoen* Nerven; die Silberliniensysteme höh. diff. *Einzeller* (I, S. 51) sind vergleichbare Strukt. der Erregungsleitung.
- **Die Reaktionsorgane** sind neben Drüsen meist Bewegungsorgane (II, S. 373ff.); alle sind, anders als bei *Pflanzen*, streng auf ihre Funkt. spezialisiert.
- **Zentren** sind meist vorhanden: bei den *Eumetazoen* das ZNS (außer bei primitiven *Hohltieren*), bei manchen *Einzellern* das neuromotor. Zentrum (I, S. 50 D).

An die Existenz eines ZNS ist offenbar das Auftreten von subjektiven Empfindungen gebunden (z. B. Geruchs-, Geschmacks-, Temperatur-, Tastempfindung), die den objektiv meßbaren Erregungen parallel laufen. Da zw. beiden keine Kausalität herrscht, kann über Empfindungen nur jeder Einzelmensch als sich selbst beobachtendes Subjekt exakte Aussagen machen. Analogieschlüsse auf andere *Menschen* haben einen hohen, auf *Tiere* einen geringeren Sicherheitsgrad, da dort auch bei grundsätzl. gleicher Struktur des ZNS wenigstens starke quantitative Unterschiede der Empfindungen zu vermuten sind.

Empfindungsmodalitäten sind daher nur für den Menschen Einteilungsprinzip:

- Gesichtssinn;
- Gehörsinn;
- Geruchs- und Geschmackssinn;
- Wärme- und Kältesinn;
- Tastsinn.

Die Energieform der Reize ist für alle anderen Lebewesen Einteilungsprinzip:

- Chem. Sinne (chem. Energie): Geruchs- und Geschmackssinn;
- Lichtsinn (Lichtenergie);
- Mechan. Sinne (mechan. Energie): Gehör-, Schwere-, Tast-, Temperatursinn.

Die Sinneszellen
sind die Grundeinheiten aller Sinnesorgane. Sie werden in zwei Gruppen gegliedert:

- exterozeptive, die Umweltreize,
- enterozeptive (propriozeptive), die Innenweltreize aufnehmen (z. B. Änderung der Muskelspannung, des Blutdrucks, der Körpertemperatur).

Sie treten in drei morpholog. Typen auf (A bis C):

Prim. Sinneszellen, endend in einer ableitenden (effektor.) Nervenfaser (Axon).

Sek. Sinneszellen ohne effektor. Faser; ihre Erregung wird von einer Nervenfaser aufgenommen (nur bei Wirbeltieren).

Sinnesnervenzellen mit effektor. Faser; ihr Zellkörper liegt nicht im Epithel, er ist in die Tiefe verlagert und steht mit der Reizaufnahmestelle durch eine rezeptor. Faser (freie Nervenendigung) in Verbindung, die meist kleine Endanschwellungen hat.

Die Arbeitsweise einzelner Sinneszellen
ist Grundlage für das Verständnis der Leistungen komplizierter Sinnesorgane. Das an Streckrezeptoren ermittelte Funktionsschema gilt wohl für viele Typen von Sinneszellen (E, F).

Die primäre Reizwirkung, sicher auf chem. Prozessen fußend, ist nur bei Sehzellen genauer bekannt (II, S. 349). Darauf folgen bisher unbekannte Vorgänge, an die sich gut bekannte und quantitativ untersuchte Vorgänge anschließen: elektr. Phänomene, an der Zelloberfläche als Zeichen der Erregung ablaufend. Der zeitl. Verlauf dieser Spannungsänderungen an versch. Stellen ist mit Mikroelektroden (0,5 μ ∅) meßbar.

Das Membranpotential der gesamten Zelle in Ruhe (Ruhepotential) ist −60 bis −120 mV (negative Aufladung der Membran-Innenseite gegenüber der -Außenseite um diesen Wert).

Das Generatorpotential sind langsame Spannungsänderungen im Dendriten, die den bei dessen Reizung ablaufenden Generatorprozeß (Umformung des Reizes in physiolog. Erregung) begleiten. Es tritt als Depolarisation auf, senkt also das Ruhepotential. Das Generatorpotential hat folgende Eigenschaften:

- Seine Größe ist der Reizgröße proportional; es folgt also nicht der AoN-Regel.
- Es breitet sich über den Zellkörper oft bis in den Axonbeginn passiv und trägheitsfrei (elektrotonisch) aus, wobei seine Größe nach physikal. Gesetzen abnimmt.

Der Zusammenbruch des Axon-Membranpotentials erfolgt im Bruchteil einer Millisec, wenn die Depolarisation durch das sich ausbreitende Generatorpotential einen Schwellenwert überschreitet (G). Der entstehende Impuls wird aktiv zum ZNS geleitet (s. Nervenphysiologie, II, S. 359). Anschließend wird die Axonmembran wieder aufgeladen bis zum Ruhepotential, so daß nach wenigen Millisec eine neue Depolarisation und damit ein Impuls folgen kann. Diese Impulse

- haben stets gleiche Größe (AoN-Regel);
- ihre Frequenz hängt von der Größe des Generatorpotentials und damit von der Reizgröße ab (Transformierung der Reizstärke in die Impulsfrequenz).

Das Verschwinden des Generatorpotentials, beruhend auf dem Abklingen des Reizes, stoppt die Impulserzeugung im Axon. Eine **Hemmung** des Erregungsvorgangs kann durch Impulse vor benachbarten, durch Synapsen verbundene Sinnes- oder Nervenzellen ausgelöst werden, indem sie die K^+-Durchlässigkeit der Dendritenmembran steigern. Dadurch wird das Generatorpotential so schnell wieder aufgebaut, daß sein Schwellenwert erst wieder später oder gar nicht erreicht wird (nachgewiesen an Streck- und Druckrezeptoren, Sehzellen, Rezeptoren der Bogengänge, »Schrittmacher« des Herzens, motor. Neuronen im RM).

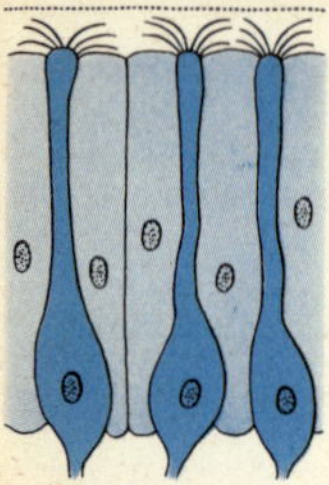

A Chemorezeptoren einer Schnecke

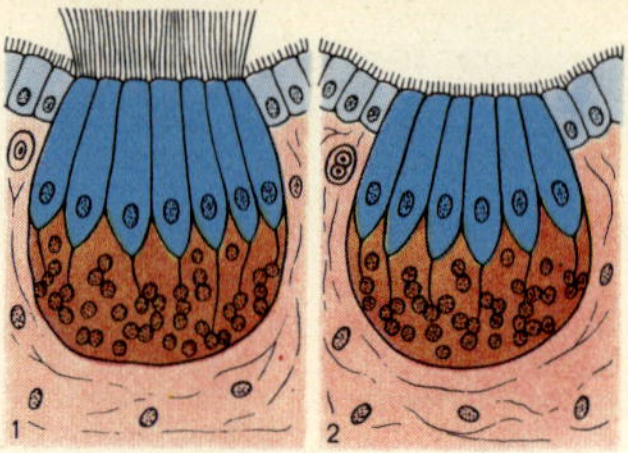

B Riechzellen eines Molches während des Land- (1) und Wasserlebens (2)

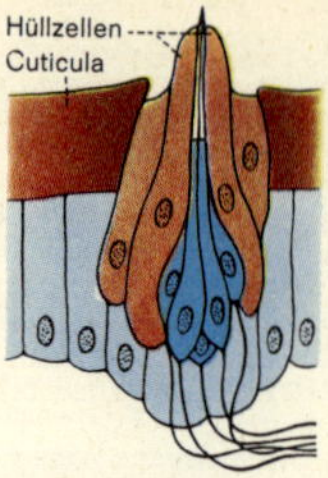

C Riechkegel eines Insekts

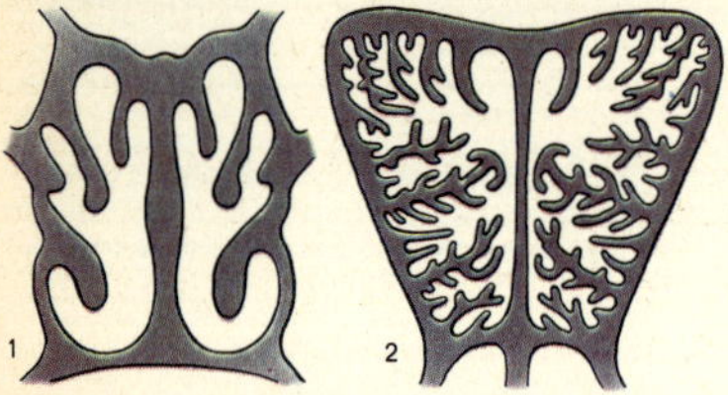

D Nasenhöhle von Mensch (1) und Reh (2) im Querschnitt

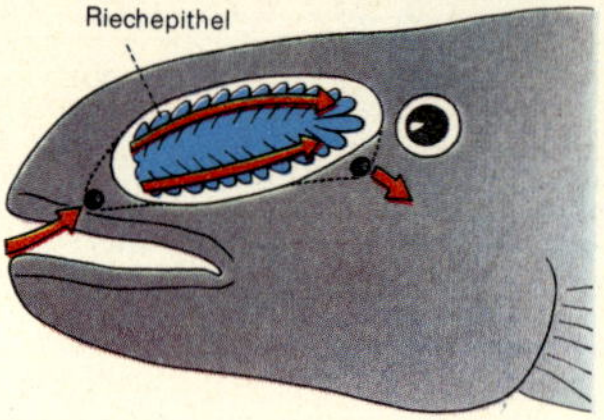

E Kopf des Aals mit geöffneter Nasengrube

Geschmackssinn

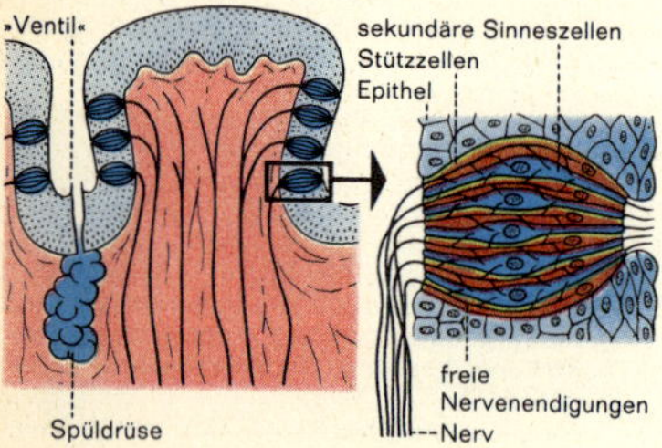

F Umwallte Papille des Zungengrundes und Geschmacksknospe des Menschen (Längsschnitt)

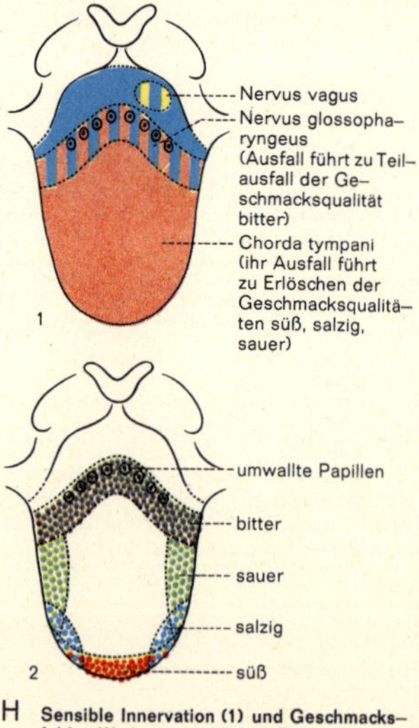

Molare Konzentration	Na-Bromid	K-Bromid	Li-Bromid
0,01	süßlich	süß	schwach süß
0,02	süß, salzig	süß, bitterlich	schwach süß
0,04	salzig	bitter, salzig	salzig, süß
0,2	salzig	salzig	salzig

G Geschmacksempfindungen in Abhängigkeit von der Konzentration

H Sensible Innervation (1) und Geschmacksfelder (2) der menschlichen Zunge

Geruchssinn

Rezeptoren haben im allg. eine bes. Disposition für adäquate Reize mit niedriger Schwelle; auf inadäquate Reize sprechen sie erst bei viel höheren Intensitäten an. Auf chem. Energie spezialisierte Rezeptoren sind versch. chem. Sinnen zuzuordnen.

Der undifferenzierte chemische Sinn kommt wohl allen Tiergruppen außer *Wirbeltieren* und *Insekten* zu, wenn auch spezif. Chemorezeptoren erst bei *Weich-*, *Glieder-* und *Wirbeltieren* nachgewiesen sind (A).

Die Lage der Chemorezeptoren ist unterschiedlich, z. B. bei

- Krebsen an Antennen und Mundgliedmaßen,
- Spinnen an den Tarsen (Tarsalorgane),
- Schnecken in der Mantelhöhle,
- Muscheln an Mantelrand und Sipho,
- Kopffüßern an den Fangarmen.

In manchen Fällen sind zu unterscheiden:

1. Ein **Fernsinn** (äußerer chem. Sinn; Rezeptoren z. B. bei *Krebsen* an den Antennen; die Reizschwellen sind niedrig).
2. Ein **Nahsinn** (innerer chem. Sinn; bei den *Krebsen* an Mundgliedmaßen; höh. Schwellenwerte).

Die Reizstoffe sind nur z. T. die auch beim *Menschen* wirksamen Geruchs- und Geschmacksstoffe:

- Wahrgenommen werden z. B. Stärke, Glykogen (für *Menschen* nicht wahrnehmbar);
- nicht wahrgenommen werden andere, beim *Menschen* wirksame Stoffe.

Die unterschiedenen Kategorien sind z. T. wohl ähnlich wie beim *Menschen* (s. u.). *Regenwürmer* z. B. unterschieden in Versuchen mit Geschmacksgelatine »bitter« und »sauer« (abgelehnt) und »süß« (angenommen).

Der Feuchtigkeitssinn zahlr. Tiere ist, da spezif. Rezeptoren unbekannt sind, wohl als Leistung des chem. Sinnes zu werten.

Der Geruchssinn

ist, wie der Geschmackssinn, nur bei *Wirbeltieren* und *Insekten* nachgewiesen.

Die Wirbeltiere

Da ihr Riechepithel (II, S. 340 D) einen versch. großen Teil der Schleimhaut der unterschiedl. großen Nasenhöhlen (D) umfaßt, gibt es:

- **Mikrosmatiker** (u. a. der *Mensch*; seine Reizschwelle beträgt im allg. 10^{-2} bis 10^{-7} γ/cm^3);
- **Makrosmatiker** (u. a. *Hunde*; rd. 225 Mill. Riechzellen, Wahrnehmungsvermögen 1000 bis 1 Mill.-mal so groß wie beim *Menschen*; in Einzelfällen bewirkt wohl schon ein Molekül Wahrnehmung [absolute Geruchsschwelle]).

Außer bei den *Fischen* (E) sind die Nasenhöhlen stets durch Gänge (Choanen) mit dem Rachenraum verbunden. Dadurch werden bei Landtieren die Geruchsstoffe den Rezeptoren mit der Atemluft zugeführt. – *Reptilien* haben das Jacobsonsche Organ als zusätzliches Geruchsorgan im Gaumendach; es wird durch Zungenbewegungen (Züngeln) mit Duftstoffen versorgt. – *Amphibien* haben im Wasser wie auf dem Lande dieselben Geruchsrezeptoren (B). – *Fische* sind trotz blind geschlossener Nasenhöhlen z. T. Makrosmatiker (z. B. *Lachs*, *Aal*). Dieser reagiert noch auf Phenyläthylalkohol bei 1,8 Molekülen/mm^3 Wasser (vermutl. absolute Geruchsschwelle).

Die Insekten

haben Geruchsorgane anderer Art (C), meist auf den Fühlern, deren oft vergrößerte Oberfläche (I, S. 146 E) zahlr. Rezeptoren trägt. Ihr Geruchsvermögen erscheint grundsätzl. ähnlich dem der *Wirbeltiere*; doch sind manche Gruppen stark spezialisiert (*Aaskäfer* auf Scatol und Ammoniak, Phytophagen auf ätherische Öle ihrer Nährpflanzen).

Höchstleistungen zeigen manche Schmetterlingsmännchen (z. B. *Seidenspinner*), die die Weibchen durch Sexuallockstoffe bis auf 11 km wahrnehmen (im Experiment absolute Geruchsschwelle: 0,001 γ/cm^3).

Eine **Theorie des Geruchssinnes** ist bisher nicht aufgestellt. Der Zusammenhang zw. chem. Konstitution und Geruchswirkung ist unklar, nachdem sich die Molekülformtheorie nicht halten ließ. – Selbst die prim. Reizwirkung ist noch ungeklärt: Viele Autoren nehmen chem. Einwirkung an, einige physikal. (Infrarot-Absorption der Geruchsstoffe, somit spezif. Abkühlung der Rezeptoren). Wahrscheinl. bewirken relativ wenige Rezeptorenarten die zahlr. Wahrnehmungen durch Erregungskombinationen.

Der Geschmackssinn

Die Wirbeltiere haben sek. Sinneszellen als Rezeptoren, zu Geschmacksknospen vereinigt und oft in größere Organe eingefügt (F), in der Mundhöhle und bes. auf der Zunge; bei manchen *Fischen* mit reduz. Schuppen sind sie am ganzen Körper verteilt. – Der *Mensch* unterscheidet 4 Geschmacksqualitäten, deren Rezeptoren in best. Zungenbereichen konzentriert sind (H). Bei anderen *Wirbeltieren* scheinen einzelne dieser Qualitäten zu fehlen, wie Dressur- und elektrophysiolog. Versuche zeigten (z. B. ist bei der *Elritze* die Schwelle für »süß« 500-mal, für »salzig« 180mal tiefer als beim Menschen, die für »bitter« [Chinin] dagegen 10-mal höher).

Der Geschmackssinn der Insekten, dessen Rezeptoren in der Mundhöhle, an den Lippentastern, aber auch an den Tarsen (*Tagfalter*, *Fliegen*, *Bienen*) liegen, wurde bes. an der *Honigbiene* untersucht. Sowohl bei Geschmacksqualitäten als auch bei Reizschwellen herrschen große Unterschiede: »Süß« wird, entspr. der biol. Bedeutung, meist wahrgenommen, bei den übrigen Qualitäten ist das Bild uneinheitlich.

Die Theorie der Geschmackswahrnehmung ist nicht voll geklärt. Den 4 Qualitäten entspr. sicher 4 Rezeptorentypen, da jede reine Geschmackswahrnehmung durch Mischung der 4 Kategorien erzeugbar ist. Daneben sind aber andere Sinne (bes. Geruchs-, aber auch Druck-, Temperatur- und Schmerzsinn) von Bedeutung, außerdem die Konzentration der Stoffe, durch die ihr Geschmack durch alle Kategorien hindurch wechseln kann (G).

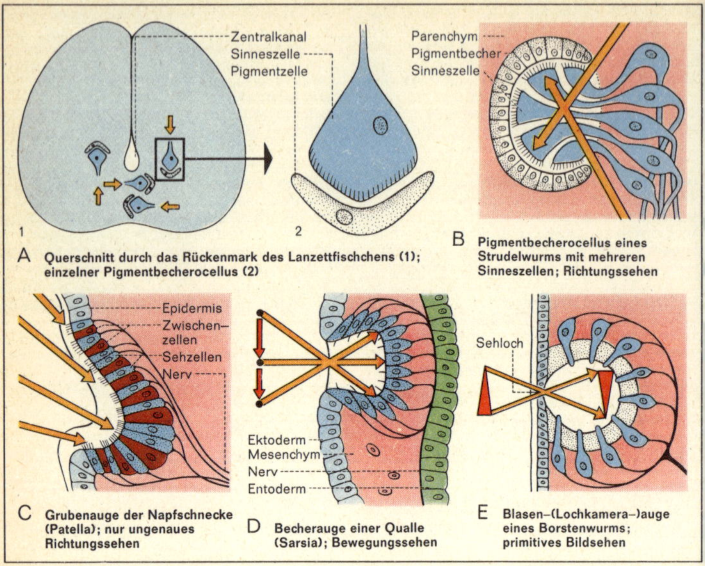

Typen von Lichtsinnesorganen

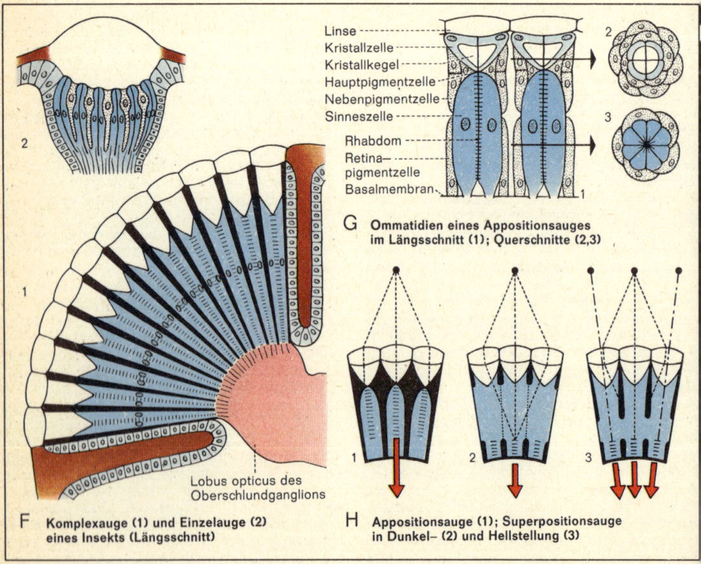

Bau und Funktion des Komplexauges

Der Lichtsinn ist das Vermögen, auf elektromagnet. Schwingungen best. Wellenlängen zu reagieren. Sie liegen nicht immer in dem vom *Menschen* wahrnehmbaren Bereich:
- Ultraviolett nehmen z. B. *Bienen*,
- Infrarot *Grubenottern* mit bes. Sinnesgruben vor den eigentl. Augen wahr.

Der Lichtsinn kann beruhen auf:
- allgemeinem Reaktionsvermögen der Hautzellen (dermatoptischer Sinn, z. B. bei *Hohltieren*, *Muscheln*, *Insektenlarven*);
- spezif. Photorezeptoren; sie sind stets prim. Sinneszellen.

Die Rezeptoren sind meist zu Lichtsinnesorganen (Augen) vereinigt; Hilfseinrichtungen erhöhen deren Leistungsfähigkeit:
- Pigmentzellen verhindern allseitigen Lichteinfall;
- lichtbrechende Systeme konzentrieren aus best. Richtungen kommende Strahlen.

Die tier. Augentypen zeigen bes. deutlich, wie sich Organe mit größerer Leistung differenziert haben. – Ihre Leistungssteigerung gründet sich auf drei Komplexe:
- Entwicklung des dioptrischen Apparates, d. h. der Einrichtungen, die das Umweltbild im Auge entstehen lassen;
- Verfeinerung des Sinneszellen-Rasters zur Verbesserung der Bildaufnahme;
- Verbesserung der zentralnervösen Erregungsverarbeitung (II, S. 364 ff.).

Das Helligkeitssehen,
Unterscheidung versch. Lichtintensitäten, leisten schon einzelne Sinneszellen. Sie sind z. B. beim *Regenwurm* über den ganzen Körper verteilt; eine typ. Vakuole enthält vermutlich eine lichtzersetzl. Substanz, die die Reizaufnahme vermittelt. Grobe Wahrnehmung der Lichtrichtung ist durch Zusammenwirken solcher Rezeptoren möglich, wenn sie z. T. vom Körper beschattet werden. – Derartige Rezeptoren ermöglichen dem Tier im allg. nur ungerichtete (phobische) Reaktionen (z. B. Belichtungs-, Beschattungsreflex), die folgenden komplizierteren Typen bei entspr. neuralen Mechanismen topotaktische Reaktionen (Tropo-, Telo- und Menotaxis).

Das Richtungssehen
wird schon durch eine Sinneszelle möglich, die in einer becherförm. Pigmentzelle liegt (**einfache Pigmentbecherocellen**; z. B. bei *Turbellarien*, beim *Lanzettfischchen*; A). Eine Zelle ermittelt stets nur eine Lichtrichtung; Zusammenwirken vieler steigert die Leistung. – Bei **zusammengesetzten Pigmentbecherocellen** (B), bei denen nur die Endabschnitte der Sinneszellen Reize aufnehmen, unterscheidet schon ein Organ versch. Lichtrichtungen, da durch die Becheröffnung einfallendes Licht versch. Zellen reizen kann. – **Grubenaugen (Becheraugen),** bei denen die Sinneszellen in Epitheleinsenkungen liegen, leisten das gleiche (C); das abschirmende Pigment liegt in bes. Zellen oder in den Sinneszellen hinter dem reizaufnehmenden Teil. Schon hier kommen linsenartig wirkende Sekretschichten vor.

Das Bewegungssehen
wird bei gegebenen nervösen Voraussetzungen von allen Sinnesorganen geleistet, die Richtungssehen garantieren, wenn nämlich von einem Objekt ausgehendes Licht nacheinander versch. Rezeptoren reizt; Voraussetzung ist eine gewisse Geschwindigkeit der Bildverschiebung. Bei engerer Öffnung des Auges sind die Voraussetzungen für Bewegungs-(und Richtungs-)sehen besser (D); allerdings ist das Auge dann lichtschwach.

Das Bildsehen (Formsehen),
die höchste Stufe des Sehens, leisten zwei grundsätzl. versch. Augentypen:

1. Komplexaugen (Netz- oder Facettenaugen), konvergent entwickelt bei *Insekten*, *Krebsen* und einigen *Muscheln*, bestehen aus zahlr. Einzelaugen (Ommatidien; F, G). Der dioptrische Apparat jedes Ommatidiums besteht aus cuticularer Linse (Cornea) und vierzelligem Kristallkegel; der Rezeptor eines jeden ist eine Gruppe von meist 8 Sehzellen (Retinula): Ihre einander zugekehrten Stäbchensäume sind zu einem axialen Stab (Rhabdom) verschmolzen. Durch Pigmentzellen sind die Ommatidien mehr oder weniger optisch isoliert. Danach unterscheidet man zwei Typen von Komplexaugen (H):
- **Das Appositionsauge** mit opt. völlig isolierten Ommatidien. Sein Vorteil: hohes Auflösungsvermögen (da jedes Ommatidium einen Lichtpunkt abbildet, der auf seiner opt. Achse liegt); sein Nachteil: geringe Lichtstärke (kleine Lochblende im Pigmentmantel).
- **Das Superpositionsauge** hat unvollständig isolierte Ommatidien. Vorteil dieses bei Nachttieren vorherrschenden Typs: lichtstärkeres Bild; Nachteil: geringere Bildschärfe. – Durch Pigmentwanderung wird tagsüber das Superpositionsauge dem Appositionsauge ähnlich (Adaptation; vgl. II, S. 347).

2. Kameraaugen sind phylogenet. aus Grubenaugen abzuleiten, die am Vorderpol nur ein enges Sehloch haben (E). Solche Blasen- oder Lochkameraaugen entwerfen auch ohne dioptrische Systeme umgekehrte Bilder auf der Innenseite der Augenblase, in der die Sehzellen liegen (Netzhaut oder Retina). – **Linsenaugen,** die Weiterentw. dieses Typs, sind die höchstdiff. Sehorgane, in mehreren Tiergruppen konvergent entw. (*Wirbeltiere*, *Kopffüßer*, *Gliederwürmer*). Besonders die Augen der *Cephalopoden* und *Vertebraten* bestehen aus gleichen funktionellen Teilen, die aber morphologisch ungleichwertig sind (II, S. 346 A, B):
- Die Pigmente liegen bei den *Wirbeltieren* in einem bes. Epithel, bei den *Kopffüßern* in den Sehzellen;
- die Retina ist bei den *Wirbeltieren* mehr- (II, S. 346), bei den *Kopffüßern* einschichtig;
- die Sinneszellen sind mit ihren reizaufnehmenden Fortsätzen bei *Wirbeltieren* vom Lichteinfall weg- (inverse Lage), bei den *Kopffüßern* dem Licht zugewandt (everse Lage).

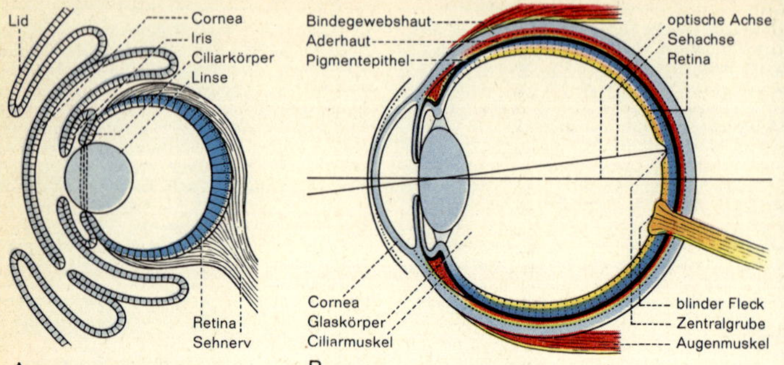

A **Auge eines Kopffüßers (vertikaler Querschnitt)**

B **Rechtes Auge des Menschen (horizontaler Querschnitt)**

Konvergente Formen von Linsenaugen

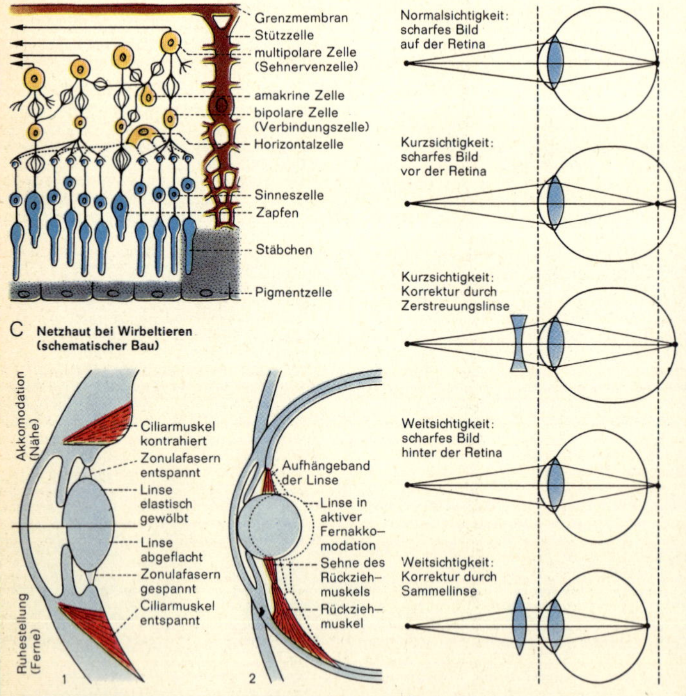

C **Netzhaut bei Wirbeltieren (schematischer Bau)**

D **Akkomodation des Auges bei Säugern (1) und Fischen (2)**

E **Sehstörungen**

Das Wirbeltierauge

Die Augen der *Wirbeltiere* sind trotz artspezif. Anpassungen als Typ doch sehr einheitlich.

Der lichtbrechende (dioptrische) Apparat beseitigt einen Nachteil des Blasenauges: dieses entwirft ein Bild, das bei engem Sehloch scharf aber lichtschwach, bei weitem Sehloch lichtstark aber unscharf ist. Der dioptrische Apparat des Linsenauges bündelt die durch ein weites Sehloch (Pupille) einfallenden Strahlen gerade so, daß sie auf der Retina scharfe Bildpunkte liefern. Der Strahlengang wird dabei beeinflußt: vom Brechungsindex der versch. Medien (Verhältn. der Lichtgeschwindigkeiten in ihnen), von der Stärke der Krümmung der lichtbrechenden Flächen, von deren Entfernung zueinander, von der Zentrierung des opt. Systems (Krümmungsmittelpunkte der brechenden Flächen auf einer opt. Achse).

Die lichtbrechenden Flächen im *Wirbeltier*-Auge sind

- vordere und hintere Hornhautfläche (an Luft bzw. an Kammerwasser grenzend);
- vordere und hintere Linsenfläche (an Kammerwasser bzw. Glaskörper grenzend).

Die Gesamtbrechkraft schwankt beim menschl. Auge zw. 70,6 Dioptrien (Nähe) und 58,6 (Ferne). Davon ist der Hornhautanteil fast konstant (rd. 43 Dioptrien), der der Linse schwankt.

Abbildungsfehler treten auch beim normalen Auge in starkem Maße auf (sphärische und chromat. Aberration, Astigmatismus [= Hornhaut vertikal und horizontal versch. stark gekrümmt]), werden aber auf dem Wege der nervösen Verarbeitung ausgeglichen.

Die Akkomodation gleicht versch. Gegenstandsweiten so aus, daß stets ein scharfes Bild auf der Retina entsteht. Man unterscheidet:

- Negative Akkomodation (aktive Einstellung auf die Ferne; bei Wassertieren);
- positive Akkomodation (aktive Einstellung auf die Nähe; bei Landtieren).

Der Mechanismus der Akkomodation läßt sich zwei Typen zuordnen:

- Veränderung des Abstandes zw. starrer Linse und Retina. Sie erfolgt durch Muskeldruck auf den Glaskörper, der die Linse nach vorn schiebt (z. B. bei *Kopffüßern*), oder durch direkt an der Linse ansetzende Muskeln (Retraktor bei *Fischen* [D]; Protraktor bei *Lurchen*).
- Formänderung der elast. Linse. Bei *Vögeln* und *Kriechtieren* schnürt der ringförm. Ciliarmuskel die Linse aktiv ein, die sich dann stärker wölbt. – Bei *Säugern* ist die Linse bei schlaffem Ciliarmuskel durch den Zug radialer elast. Fasern des Linsen-Aufhängebandes abgeflacht (Ferneinstellung; D); bei Kontraktion des Ciliarmuskels erschlaffen die Fasern, die Linse wölbt sich durch ihre Elastizität stärker (Naheinstellung).

Augenfehler können die vollständige Akkomodation verhindern (E):

- Kurzsichtigkeit (Myopie): Augapfel zu lang, die Strahlen schneiden sich vor der Retina, Punkte werden als Zerstreuungskreise abgebildet (unscharfes Bild). Korrektur durch Zerstreuungslinsen.
- Weitsichtigkeit (Hyperopie): Augapfel zu kurz. Korrektur durch Sammellinsen.
- Altersweitsichtigkeit (Prisbyopie): Verlust der Linsenelastizität und damit der Fähigkeit zur Nahakkomodation. Korrektur durch Sammellinsen (»Lesebrille«).

Der Aufbau der Retina der Wirbeltiere

Die inverse Lage der durch ein bes. Pigmentepithel abgeschirmten Sinneszellen ist entwicklungsbedingt: Der Augenbecher ist Teil des Mittelhirns (I, S. 182). Zwei morpholog. und funkt. versch. Rezeptoren-Typen sind, abgesehen von artspezif. Unterschieden, in der Retina charakterist. verteilt:

- Zapfen stehen vorwiegend im Gelben Fleck; sein Zentrum (Fovea) ist die Stelle schärfsten Sehens (Fixierpunkt). Hier ist jede Sinneszelle einzeln mit den opt. Zentren des ZNS verbunden.
- Stäbchen überwiegen in der Peripherie der Retina.

Neben Stützfasern und Gliazellen bilden Nervenzellen komplizierte Schaltungen (C):

- Zentripetal leitende Verbindungs-(bipolar) und Sehnervenzellen (multipolar);
- Querverbindungen zw. den Sinneszellen (Horizontalzellen) und im Bereich der höh. Zellniveaus (Amakrinen).

Der Blinde Fleck, Durchtrittsstelle des Sehnerven, ist frei von Sehzellen und daher unfähig zur Reizaufnahme.

Das Auflösungsvermögen des Auges hängt nicht von der Zahl der Sehzellen ab (beim *Menschen* in der Fovea 160000/mm², bei *Vögeln* bis zu 1 Mill.), sondern von der Seheinheit (rd. 800000 beim *Menschen*), die alle Sehzellen umfaßt, deren Impulse von derselben Sehnervenfaser abgeleitet werden.

Die Adaptation

(Anpassung des Auges an versch. Lichtintensitäten) beruht auf versch. Faktoren:

1. Die physikalische Adaptation umfaßt zwei Mechanismen:

- Die Pupillenreaktion wird reflektorisch bei starkem Lichteinfall durch Kontraktion der glatten Muskulatur des Ringmuskels (Sphincter), bei schwachem Lichteinfall durch Kontraktion radiärer Muskelfasern (Dilatatoren) ausgelöst.
- Die retinomotor. Erscheinungen sind auf zwei Komponenten zurückzuführen: Pigmentwanderung (Zurückziehen des Pigments bei Dunkeladaptation aus den Räumen zw. den Sehzellen; ausgeprägt bei *Fischen*, fehlend bei *Säugern*), Bewegungen der Stäbchen (Kontraktion bei Dunkelheit und damit Auftauchen aus der Pigmentschicht) und Zapfen (Streckung bei Dunkelheit).

2. Die physiologische Adaptation beruht auf Änderung der Empfindlichkeit der Sehzellen. Sie ist bes. ausgeprägt an den Zapfen, die zur Anpassung rd. 1 Std. brauchen.

Durch alle Adaptationsvorgänge steigert sich die Lichtempfindlichkeit des menschl. Auges um das 1500–8000fache.

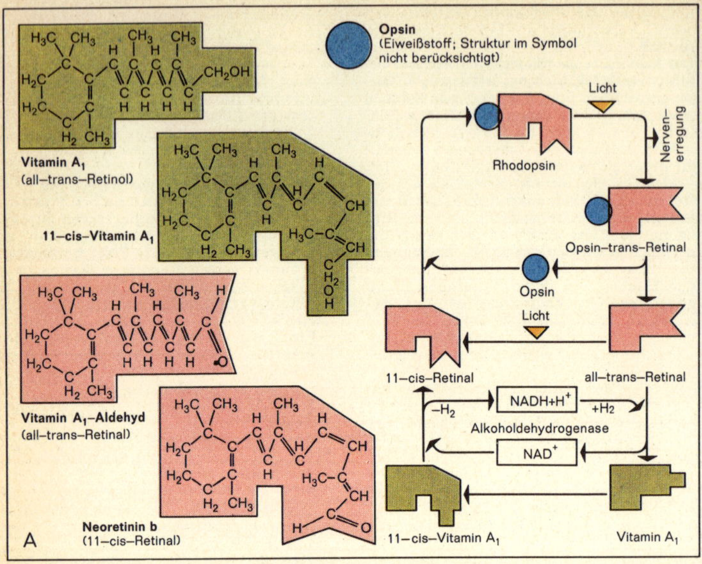

Zerfall und Rückbildung des Sehpurpurs in der Netzhaut

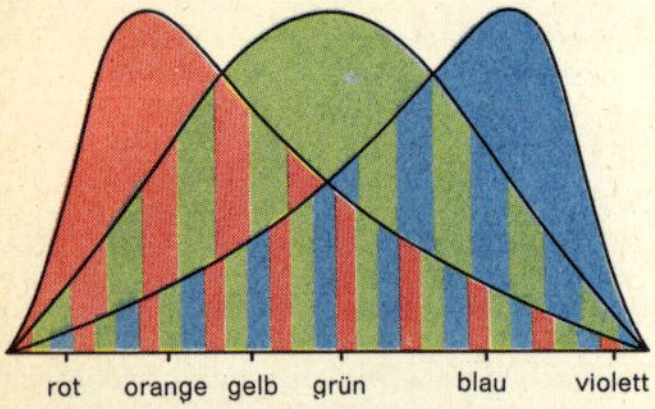

B **Die spektrale Empfindlichkeit der drei Elementarmechanismen (Young-Helmholtzsche Farbentheorie)**

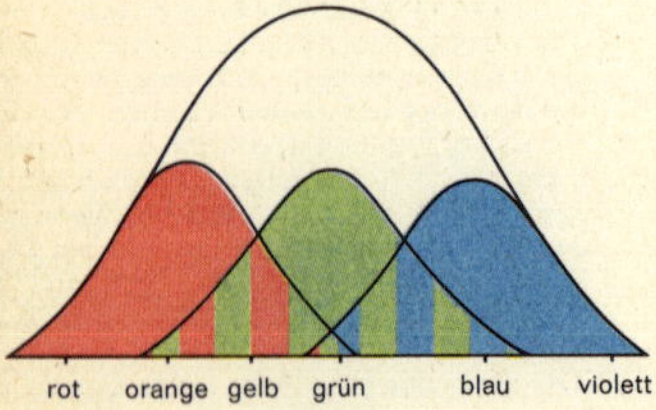

C **Schematische Darstellung der spektralen Empfindlichkeit des Dominator-Modulator-Systems**

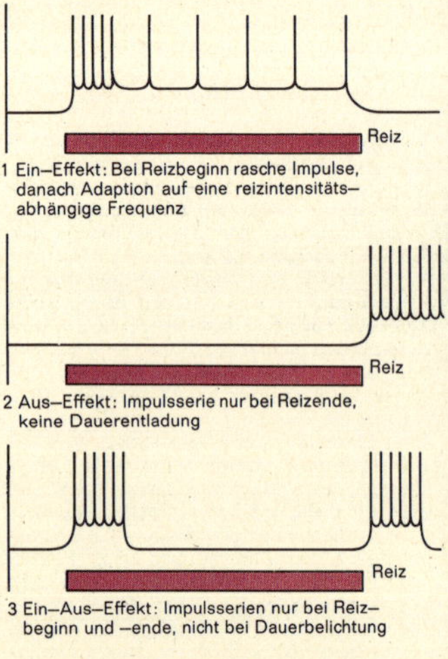

D **Drei Reaktionstypen von Ganglienzellen des Auges bei Belichtung**

Farbensehen

Bei Belichtung der Retina ist die Beeinflussung der Sehstoffe bes. wichtig.

Die Lichtabsorption
im Plasma der Sehzellen geht auf mehrere Farbstoffe in der Retina zurück:
- Rhodopsin (Sehpurpur; A), ein Chromoproteid aus dem Eiweiß Opsin und dem abspaltbaren Retinal (Retinin$_1$); in den Endabschnitten der Stäbchen bei den meisten *Wirbeltieren*. Im Dunkeln rot, wird es durch Licht gebleicht; sein Absorptionsmaximum liegt zw. 495 und 502 nm.
- Porphyropsin (Sehviolett) enthält Retinin$_2$ (Aldehyd des Vitamin A_2); Absorptionsmaximum bei 540 nm; bei *Fischen*.
- Jodopsin (mit Retinin$_1$); Absorptionsmaximum bei 560 nm; in den Zapfen der *Säuger* und des *Menschen*.
- Cyanopsin (mit Retinin$_2$); Absorptionsmaximum bei 620 nm; in den Zapfen von *Schildkröten* und bei *Fischen*.

Die primäre Reizwirkung
ist am Sehpurpur gut untersucht: Durch Umlagerung des 11-cis-Retinal (A) in das räumlich (stereo-)isomere all-trans-Retinal bei Lichteinwirkung (schon 2–5 Lichtquanten erzeugen einen Seheindruck), bei gleichzeitiger Opsin-Abspaltung, wird auf noch unbekanntem Wege die Nervenerregung erzeugt.
Die Regeneration des Sehpurpurs verläuft auf zwei Arten:
- In einem ebenfalls photochem. Prozeß (Regeneration während d. Belichtung; A).
- In einer Dunkelreaktion über Vitamin A_1 (mit dem im Blut enthaltenen austauschbar) und 11-cis-Vitamin A_1 durch das Enzym Alkoholdehydrogenase unter Mitwirkung des Systems NAD^+–NADH + H^+. – An diesem Vorgang beteiligt sich wohl das Pigmentepithel, das zur Regeneration nötige Stoffe enthält (Vitamin A, Xanthophyll, Lactoflavin), wahrscheinlich in den »Ölkugeln«. Vergleichbare Strukturen der Stäbchen enthalten wohl vorwiegend Retinin (zahlreich im dunkeladaptierten Auge, sonst selten).

Das Farbensehen,
weniger verbreitet (bes. bei *Wirbeltieren*, *Kopf-* und *Gliederfüßern*), beruht auf intensitätsunabhängiger Farbwahrnehmung aufgrund der Wellenlänge. Beim Helligkeitssehen wird dagegen die Reizwirkung nur durch das Produkt Lichtintensität × Zeit bestimmt (Reizmengengesetz), wobei die Farben in Grauwerte übersetzt werden.
Methoden zur Feststellung der Farbtüchtigkeit zerfallen in zwei Gruppen.
1. Auf Verhaltensstudien basierend:
- Dressur auf Farben;
- Untersuchung aktiver Farbanpassungen;
- Optomotor. Reaktionen (II, S. 351); farbige Streifen mit gleichem Grauwert.

2. Elektrophysiolog. Methoden, die ständig an Bedeutung gewinnen:
- Untersuchung des Elektroretinogramms (Aktionsströme der ganzen Retina) bei verschiedenen Farben;
- Untersuchung der Elektrogramme einzelner Sinneszellen.

Die Theorien der Sehvorgänge
haben bes. zu klären,
- wie die versch. Sehzellen arbeiten;
- wie die Sehfarbstoffe am Hell-Dunkel- und Farbensehen beteiligt sind;
- wie die Erregungen der Sinneszellen im ZNS verarbeitet werden.

Die Duplizitätstheorie, die in ihrer klass. Form besagt, daß die Zapfen zum Farben-, die Stäbchen zum Helligkeitssehen dienen, wird durch zahlr. Beobachtungen an *Wirbeltieren* gestützt:
- Erlöschen des Farbensehens der *Fische*, wenn die Zapfen im Pigment liegen;
- nur Helligkeitssehen bei reiner Stäbchenretina (z. B. *Geckos*, *Fledermäuse*, *Katzen*).

Trotzdem gilt sie nicht generell, da bei farbtüchtigen Wirbellosen *(Kopffüßer*, *Insekten*, *Krebse)* nicht zwei morphol. verschiedene Rezeptorentypen vorliegen.
Die Dreikomponententheorie (YOUNG, HELMHOLTZ) gründet sich auf die psycholog. Feststellung, daß aus drei Farben (Rot, Grün, Violett) alle Farbeindrücke mischbar sind. Daraus wurde auf drei Endapparate (Elementarmechanismen) in der Retina geschlossen, deren jeder max. durch eine best. Wellenlänge erregt wird (B).
Die Dominator-Modulator-Theorie (GRANIT) fußt auf den Grundlagen der vorigen, trägt aber neueren Befunden Rechnung.
Das Dominator-System (C) besteht aus Breitband-Sehelementen, die durch Licht aller Wellenlängen mit einer Intensität erregt werden, die den Absorptionskurven von Sehstoffen entspricht und die bei Reizbeginn Impulse senden (Ein-Elemente; D). – Man unterscheidet den photoptischen Dominator (bei Hell-Adaptation; zuzuordnen die Farbstoffe Jodopsin [*Mensch*, *Säuger*] und Cyanopsin [*Fische*]) und den Scotoptischen Dominator (bei Dunkel-Adaptation; Farbstoffe: Rhodopsin [*Mensch*, *Säuger*] und Porphyropsin [*Fische*]).
Die drei Modulatoren, daneben arbeitende Engband-Elemente für best. Wellenlängen, entsprechen wohl den auch beim Menschen nachgewiesenen drei versch. absorbierenden Zapfentypen (Rot-, Grün-, Blaumodulator; entspr. den drei Komponenten der Helmholtzschen Theorie).
Neben dieser Farbanalyse nach trichromatischem Prinzip auf der Ebene photochem. Reaktionen gibt es auf der Ebene der Ganglienzellen noch einen nach dem **Gegenfarben-Prinzip** arbeitenden Erregungsmechanismus:
- Einzelne Ganglienzellen geben Ein-Antworten (on-Effekt) bei kurzwelligem, Aus-Antworten (off-Effekt) bei langwelligem, Ein-Aus-Reaktionen oder gar keine Reaktionen in mittl. Bereichen.
- Bei Ein-Reaktionen auf blaues Licht erfolgen auf gelbes Aus-Reaktionen.
- Bei Aktivierung durch grünes Licht erfolgt durch rotes eine Hemmung.

Diese Umcodierung der Sinneszellen-Erregungen ist sicher eine Leistung des Nervennetzwerks der Retina; Näheres ist unbekannt.

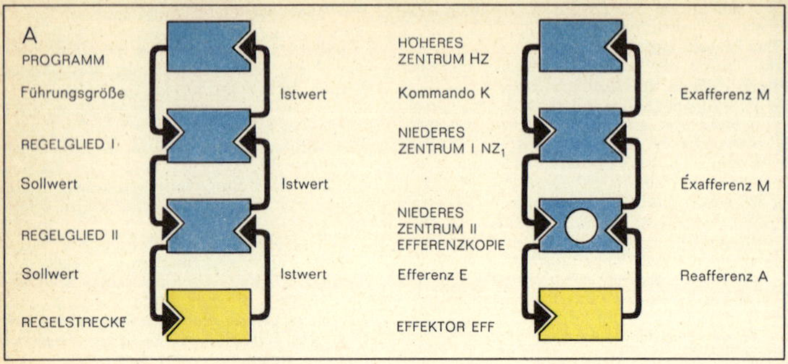

System vermaschter Regelkreise und System mit Reafferenz

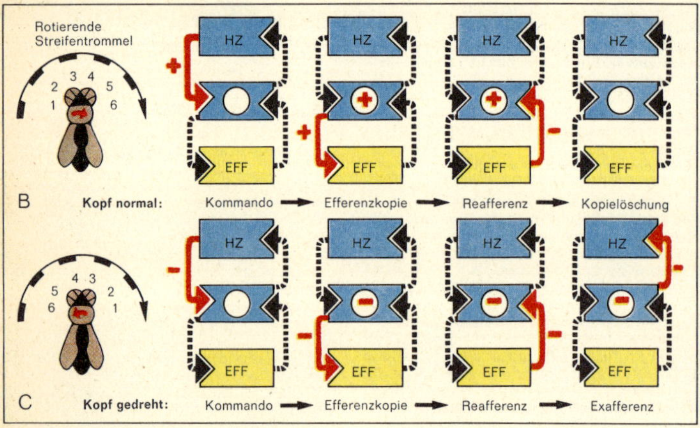

Optomotorischer Versuch an Fliegen

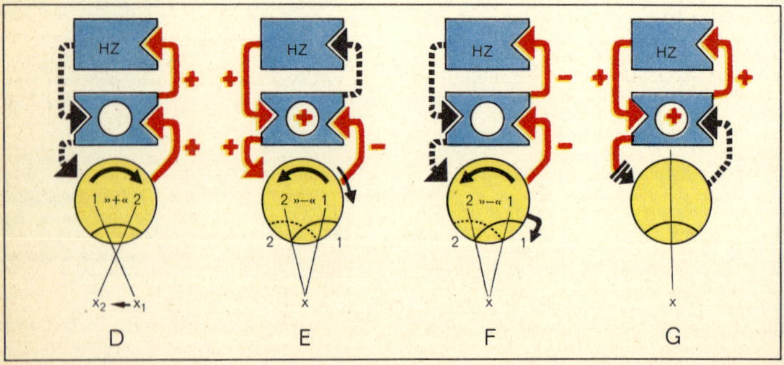

Bewegungssehen beim Menschen

Das Reafferenzprinzip (A)
Die klass. Physiologie konnte nicht erklären, wie ein Organismus die gleichen Erregungsmuster der Sinnesorgane versch. auswertet, wenn die Beziehung zw. erkennendem Subjekt und erkannter Umwelt unterschiedlich ist:

- Warum wird die objektiv gleiche Bildverschiebung auf der Netzhaut des Auges bei aktiver Augenbewegung als »Standbild«, bei Veränderungen der Umwelt als »Bewegungsbild« gedeutet?
- Warum wird ein vom Auge klein abgebildeter, weil entfernter großer Gegenstand richtig als solcher erkannt?

Die Klärung gelang durch das auf dem Regelkreis (I, S. 16 f.) aufbauende Reafferenzprinzip (VON HOLST):
Das **höhere Nervenzentrum** HZ sendet ein **Kommando** K aus, das sich als Änderung des nach dem **nied. Zentrum** NZ_1 absteigenden Impulsstroms äußert und den **Effektor** EFF aktivieren soll. Dieser Impulsstrom veranlaßt in NZ_1 erstens eine nach EFF strömende Erregung, die **Efferenz** E, und zweitens eine E streng zugeordnete, sich in den benachbarten Nervenmassen verzögert ausbreitende Aktivitätsänderung, die **Efferenzkopie** EK. Die Efferenz E setzt den Effektor in Gang; diese Bewegung wird jedoch sofort durch Sinneszellen in den Muskeln an NZ_1 zurückgemeldet. Diese Rückmeldung oder **Reafferenz** A tritt in NZ_1 mit der Efferenzkopie in Wechselbeziehung: Sind Kommando und Reafferenz gleich groß, dann heben sie sich gegenseitig auf und die Efferenzkopie wird gelöscht (die erwartete Afferenz bekommt das Vorzeichen »minus«, wenn die Efferenz »plus« ist). Sobald infolge äußerer Einwirkung die gesamte Afferenz, bestehend aus der normalen, erwarteten Reafferenz und der von außen stammenden unerwarteten **Exafferenz**, zu groß oder klein ist, bleibt in NZ_1 ein Rest der EK übrig. Dieser Rest wird aufwärts, manchmal bis zu den höchsten Zentren in Form einer **Meldung** M weitergeleitet. Sie kann in einem übergeordneten nied. Zentrum NZ_2 wieder mit dem absteigenden Kommando in Beziehung treten, so daß K und schließlich die Reaktion von EFF im Sinne der Meldung M abgeändert werden. Ist z. B. die ausgeführte Bewegung stärker geworden, als von K verlangt wurde, dann wird der Überschuß an Energie in der Meldung auf K so einwirken, daß sich dessen Energie verringert und die Bewegung auf das geplante Maß einreguliert wird. Es ist aber auch zugleich möglich, daß M in HZ das Auftreten der Exafferenz meldet und so dem Organismus die unvorhergesehene Veränderung in der Beziehung zw. Umwelt und ihm als Wahrnehmung bewußt macht.
Die durch Eigenaktivität entstehenden Reize werden so auf der unteren Ebene der nervösen Hierarchie als vorausgesehen und daher wenig bedeutsam getrennt von denjenigen, die als tatsächliche Veränderungen der Umwelt höheren Instanzen zur »Beurteilung« gemeldet werden müssen. Durch diese Arbeitsteilung wird eine Überforderung der versch. hohen Zentren vermieden.
VON HOLST stützte die Reafferenztheorie mit folgenden Experimenten:

- Wird eine *Fliege* in einem **optomotorischen Versuch** in einen sich von links nach rechts drehenden Streifenzylinder gesetzt, so folgt sie, wie viele andere Tiere unter dieser Bedingung, dieser Bewegung durch eine gleichlaufende Rechtsdrehung: Das HZ gibt Kommando »+«. Das über das Raster des Facettenauges von links nach rechts hinweglaufende Streifenmuster ruft über eine scheinbare, subjektive Linksverschiebung der Umwelt durch Eigenbewegung (EFF »+«) die Reafferenz »—« und damit eine sinnvolle Lagekorrektur hervor (B).
- Wird nun der Fliegenkopf um 180° gedreht (C), so läuft das Muster aber vom rechten zum linken Facettenauge: Das Tier dreht sich nach links, und zwar in steigendem Maße, da die gegensinnige Drehung des Streifenzylinders die Abweichung noch vergrößert (A und EK addieren sich mit gleichem Vorzeichen).

Bewegungssehen beim Menschen läßt ebenfalls das Reafferenzprinzip deutlich werden:

- Gegenstand bewegt sich ($x_1 \rightarrow x_2$), Abbildung auf dem ruhenden Augenhintergrund ($x'_1 \rightarrow x'_2$ ist definiert als »Rechtsbewegung«, »+«). Da kein Verlöschen durch Efferenzkopie erfolgt, geht Meldung »Bewegung nach rechts in Umwelt« nach HZ (D).
- Gegenstand unbewegt, Auge aktiv bewegt (E): Bei »Augen rechts« springt Abbild erwartungsgemäß nach links. Die EK »+« wird durch A »—« gelöscht, d.h. der Gegenstand erscheint unbewegt.
- Gegenstand unbewegt, Auge passiv gedreht (F): Keine EK, aber Reafferenz; dadurch wird eine Gegenstandsbewegung im Sinne der Bildverschiebung registriert.
- Auge unbeweglich gemacht durch experiment. Lähmung, dann Kommando »Augen rechts« (G): Keine Bildverschiebung auf der Netzhaut, aber Efferenzkopie »+«. Da EK nicht durch eine Reafferenz gelöscht wird, springt die Umwelt »erwartungsgemäß« entsprechend der Meldung von NZ nach HZ nach rechts.

Das Phänomen der Größenkonstanz, d. h. daß ein Gegenstand trotz versch. Entfernung in seiner Größe richtig eingeschätzt wird, beruht ebenfalls auf Reafferenz:

Beim Fixieren eines Gegenstandes führen die Augen zwei aktive Bewegungen durch, nämlich Akkomodation und Konvergenzbewegung der beiden Augen (II, S. 347). Je näher der Gegenstand, desto größer die Konvergenz. Sowohl die Muskelbewegung zur Einstellung der Konvergenz wie die der Akkomodation besitzen entsprechende Efferenzkopien. Die Reafferenz löscht diese wieder aus: Der Gegenstand wird bei wechselndem Abstand gleich groß empfunden.

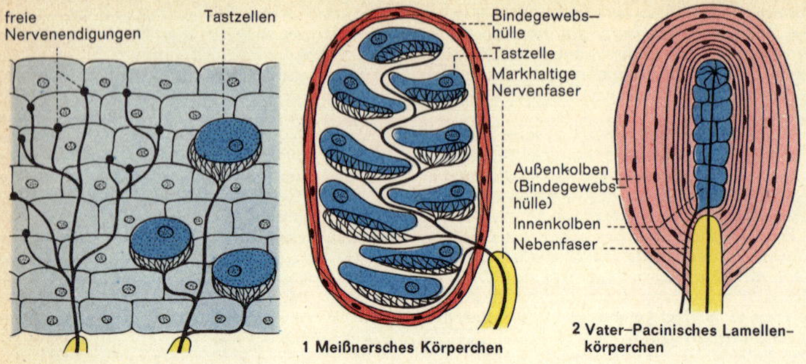

A **Epidermale Tastsinnesorgane**

B **Subepidermale Tastsinnesorgane**

Tastsinn

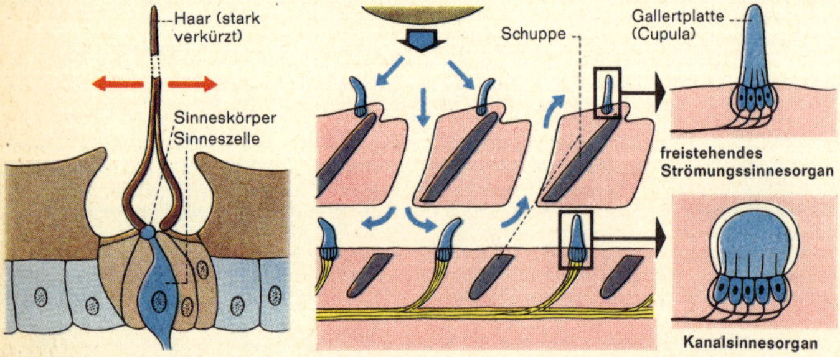

C **Tasthaar (Trichobothrium) eines Gliederfüßlers**

D **Seitenliniensystem eines Fisches bei Annäherung eines Gegenstandes (Längsschnitt)**

Ferntastsinn

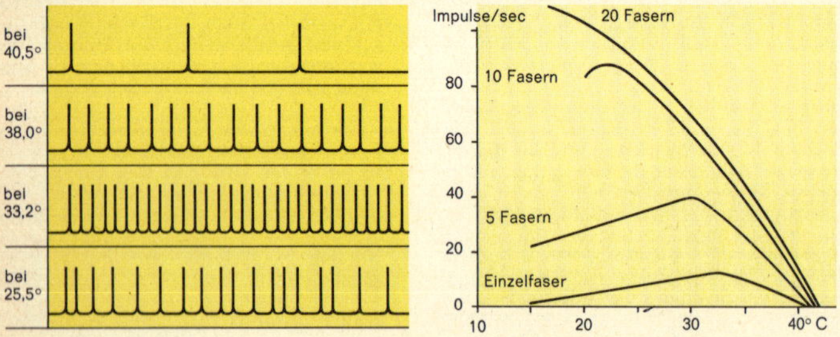

E **Impulse einer Kälterezeptor-Faser bei verschiedenen konstanten Temperaturen**

F **Impulsfrequenz bei verschiedener Zahl von Kältefasern und jeweils konstanter Temperatur**

Temperatursinn

Den **mechanischen Sinnen** ist Reizung durch mechan. Deformierung der Rezeptoren gemeinsam. – Nur sie sprechen auch auf körpereigene Reize (propriozeptiv) an, z. B.:
- Muskelspindeln, Anzeiger der Änderung der Muskelspannung (Tonus; II, S. 379);
- Pacinische Körperchen, Rezeptoren des Blutdrucks.

Ein physiolog. Merkmal der Mechanorezeptoren ist das rasche Abklingen der Erregung nach Reizende bis zu völliger Ruhe, in der keine Aktionsströme mehr auftreten.

Der Tastsinn (Drucksinn)
gilt als ursprünglichster Sinn (bei allen *Tieren* vorkommend). Die Rezeptoren, oft auf der ganzen Körperoberfläche, liegen meist an exponierten Stellen bes. dicht, die dann stark tastempfindl. sind:

Beim *Menschen* ist der Abstand, in dem Berührungsreize noch getrennt wahrgenommen werden (simultane Raumschwelle), an der Zungenspitze 1 mm, an den Fingerspitzen 2 mm, an den Lippen 4–5 mm, am Handrücken 31–32 mm, am Rücken 60–70 mm.

Die Rezeptoren
Primäre Sinneszellen (bei den *Wirbellosen*) erheben sich oft mit Sinnesstiftchen über die Körperoberfläche. Oft mit Hilfseinrichtungen versehen (z. B. hohle, bewegl. eingelenkte Cuticularhaare; C), sprechen sie z. T. außer auf Berührung auch auf Luftbewegung an (»Ferntastsinn«).
Freie Nervenendigungen (bei den *Wirbeltieren*) sind oft mit spezif. Zellen kombiniert (A). »Saftreiche« Zellen der subepidermalen Tastorgane (B) bewirken als Druckpolster eine gleichmäßige Erregung aller Nervenenden des Organs. – Tasthaare sind durch Erweiterung des Tastbereichs und durch empfindlichkeitssteigernde Hebelwirkung (Drehpunkt: die starre, verhornte Oberhaut) wirksame Hilfseinrichtungen. Wahrgenommen werden noch: Kräfte von 0,03 erg (Druckschwelle), Änderung der erregenden Kräfte um $^{1}/_{25}$.
Funkt. sind zwei Typen von Mechanorezeptoren an Haarbälgen zu unterscheiden:
- Berührungsrezeptoren (bei Reizung rasche, vollständige Adaptation; Dauerberührung, z. B. durch Kleidung, wird bald nicht mehr spürbar), zahlr. in der Haut.
- Druckrezeptoren (anfängl. rasche Adaptation, doch während der ganzen Reizzeit Impulse). Diesem Typ gehören auch die Propriozeptoren an.

Die Reaktionen
auf Berührungsreize sind sehr vielfältig:
1. Berührungsreize können z. B. auslösen:
- Ausweichbewegungen, Flucht;
- Abwehrbewegungen (Biß, Stich, Schlag);
- Totstellreflex (bei vielen *Insekten*);
- Autotomie (Abschnüren von Gliedmaßen).

Die Reizintensität ist oft wichtig für die Art der Reaktion: Beim *Ohrwurm* z. B. führt leichte Berührung eines Beines zu Putz-, stärkere zu Ausweich-, sehr starke zu Abwehrbewegungen (Biegen des Hinterleibs und Greifen mit den Zangen).

2. Fehlen von Berührungsreizen kann ebenfalls best. Bewegungen auslösen, z. B.:
- Fehlen an großen Teilen der Körperoberfläche: Unruhe, Aufsuchen von Spalten, Einwühlen in den Untergrund (positive Thigmotaxis).
- Fehlen an den Füßen: reflektor. Schwimmbewegungen *(Krebse)* oder Fallreflexe (*Weberknecht:* Hochbiegen der Beine; *Stabheuschrecke:* Durchbiegen des Körpers; bewirkt Landung in Laufstellung).

Der Ferntastsinn (Strömungssinn)
ist am besten bekannt von den **Seitenlinienorganen** *(Fische*, wasserlebende *Lurche)*. Die Rezeptoren, ursprüngl. frei in der Epidermis liegend, sind bei *Fischen* z. T. in durch Poren mit dem freien Wasser verbundene Kanäle verlagert, wobei die Cupula plattenförmig wird (D).
Adäquate Reize sind Wasserströme und Änderungen des Stauungsdrucks (z. B. bei Annäherung fester Körper). Dressurversuche zeigten, daß die Organe ein genaues Ferntasten ermöglichen.

Der Temperatursinn
ist bei vielen Tieren nachgewiesen, doch nur bei *Wirbeltieren* genauer untersucht.
Die Rezeptoren, freie Nervenendigungen der Haut, sind funkt. zwei Typen zuzuordnen:
1. Kältepunkte (Krausesche Endkolben u. a.), oberflächennah (genaue Lokalisierung der Reize), nur auf Abkühlung reagierend.
2. Wärmepunkte (Ruffinische Organe), sehr ungleich verteilt in größerer Tiefe.
Adäquate Reize sind Temperaturreize, doch reagieren die Rezeptoren auch auf elektrische und Druckreize.
Die Erregungsbildung gründet sich offenbar auf eigenrhythm. Prozesse; die prim. Reizwirkung beruht vielleicht auf reversiblen kolloidalen Prozessen (Sol-Gel-Umwandlungen).
Kälterezeptoren reagieren auf Abkühlung zunächst mit hoher Impulsfrequenz, schließlich stellt sich eine Dauerentladung ein, deren Frequenz der endlich erreichten Temperatur entspricht (E). Der Wirkungsbereich versch. Rezeptoren ist unterschiedlich, für mehrere Fasern zusammen besteht demnach eine fast lineare Abhängigkeit zw. Temperatur und Frequenz (F). Bei über 40° arbeiten die Kälterezeptoren nicht, sie senden erst wieder bei viel höh. Temperaturen (»paradoxe Kälteempfindung«, z. B. bei Eintauchen der Hand in heißes Wasser).
Die Wärmerezeptoren reagieren entspr. (Erniedrigung der Impulsfrequenz bei Abkühlung). Sie arbeiten bis ca. 10°.

Der Schmerzsinn
Seine Rezeptoren, wohl freie Nervenendigungen in der Haut und tiefer im Körper, reagieren auf viele Reizqualitäten (mechan., therm., osmot., elektr., chem.). Die Erregung beruht wohl auf der Freisetzung best. »Schmerzsubstanzen« (u. a. auf einem proteolytischen Globulin, einem Polypeptid, Histamin, Acetylcholin, Serotonin).

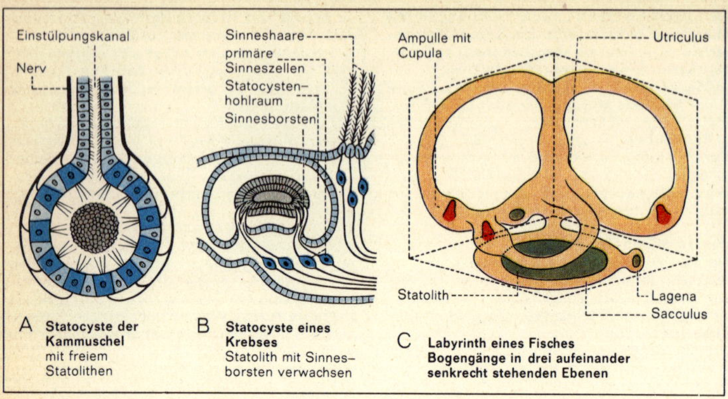

A **Statocyste der Kammuschel** mit freiem Statolithen

B **Statocyste eines Krebses** Statolith mit Sinnesborsten verwachsen

C **Labyrinth eines Fisches Bogengänge in drei aufeinander senkrecht stehenden Ebenen**

Statische Sinne

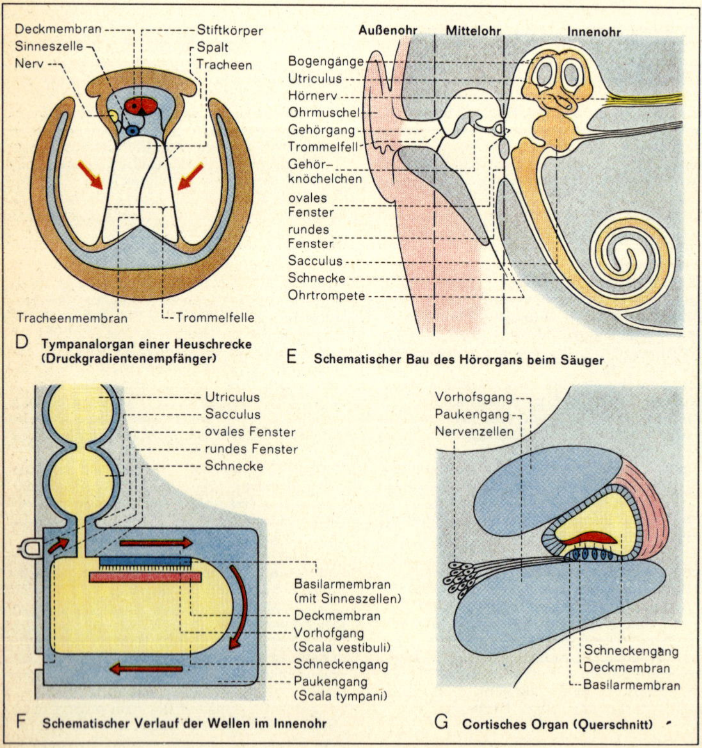

D **Tympanalorgan einer Heuschrecke (Druckgradientenempfänger)**

E **Schematischer Bau des Hörorgans beim Säuger**

F **Schematischer Verlauf der Wellen im Innenohr**

G **Cortisches Organ (Querschnitt)**

Gehörsinn

Die statischen Sinne, auch mechan. Sinne, unterrichten über die Lage des Körpers und seiner Teile im Raum. Sie sind nach verschiedenen Orientierungsmechanismen zu gliedern.

Der Schweresinn
spricht auf Gravitationskräfte als Reize an. **Statocysten** (Rezeptoren bei *Wirbellosen*) sind offene oder geschlossene, meist paarige Bläschen. Ein verschiebbarer Körper (Statolith) berührt eine Gruppe von Sinneshaaren, auf die er bei Lageänderung Zug oder Druck ausübt. Er ist frei beweglich (A; er reizt dann bei Bewegungen die jeweils tiefstliegenden Sinneshaare) oder mit den Sinneshaaren verwachsen (B; reizt alle Rezeptoren, aber versch. stark durch unterschiedl. Abbiegung [Scherung]).
Statolithenorgane im Labyrinth der *Wirbeltiere* arbeiten auf die zweite Art (C). – Funkt. sind die Schweresinnesorgane in zwei Gruppen aufzuteilen:
1. Doppelsinnig wirkende: Jedes der paarigen Organe hält allein das Gg aufrecht (oft bei schwimmenden Formen).
2. Einsinnig wirkende: Die Dauererregungen beider Organe heben sich auf; jede Statocyste steuert die Muskulatur nur einer Körperseite. Bei Abweichungen aus der Normallage sind die Impulse von einem Organ stärker und bewirken Ausgleichsbewegungen. Einseitige Ausschaltung führt zu Gg-Störungen. Auch die *Wirbeltier*-Statolithenorgane arbeiten so.
Der Drehsinn der Wirbeltiere
Seine Rezeptoren in den Ampullen der Bogengänge (C) sind nach Bau und Leistung den Seitenlinienorganen der *Fische* vergleichbar: Bei Kopfbewegungen in der Ebene eines Bogengangs bleibt die Flüssigkeit (Endolymphe) in ihm hinter der Bewegung zurück, die Cupula wird abgebogen. Spezif. Erregungen der einzelnen Cupulae lösen nach zentralnervöser Verarbeitung Ausgleichsbewegungen aus (nicht bei Willkürbewegungen; vgl. Reafferenz, II, S. 351).

Der Gehörsinn
hat unter den mechan. Sinnen durch die ihn kennzeichnenden Resonanzerscheinungen, durch seine Feinheit und seine Bedeutung (Fernsinn) eine Sonderstellung. Seine Rezeptoren reagieren auf longitudinale Schwingungen von Massenteilchen (Schallwellen). Sie können dabei ansprechen auf:
- Schallschnelle (gerichtete Geschwindigkeit der Teilchen: in cm/sec). Bei *Krebsen*, *Spinnentieren*, *Insekten* (Vibrationssinn; II, S. 352 C).
- Schalldruck (Folge der Luftverschiebungen: in dyn/cm^2). Manche Empfänger messen ihn direkt (z. B. *Wirbeltiere*; F), andere den Druckgradienten (z. B. *Insekten*; D).

Bau und Funktion des menschlichen Ohres
sind durch Hilfseinrichtungen sehr kompliziert (E):
1. Das Außenohr (Ohrmuschel, Gehörgang, Trommelfell) ist schallfangender Apparat.
2. Das Mittelohr (Paukenhöhle), luftgefüllt, überträgt durch Gehörknöchelchen die Schwingungen modifiziert zum ovalen Fenster, dem der Steigbügel bewegl. eingepaßt ist.
3. Das Innenohr, in einem Hohlraum des Felsenbeins (knöchernes Labyrinth), besteht aus dem häutigen Labyrinth, das von Flüssigkeit erfüllt (Endolymphe) und umgeben ist (Perilymphe). Es gliedert sich in:
- Utriculus (oberes Bläschen) mit den drei Bogengängen;
- Sacculus (unteres Bläschen);
- Cochlea (Schnecke, Lagena), dem eigentl. Sitz des Gehörsinnes.

Der häutige Schneckengang trennt zwei am Ende verbundene Röhren (G), den Vorhof- und den Paukengang, der am elast. verschlossenen runden Fenster endet. – Unter der Basalwand des Schneckenganges spannt sich die Basilarmembran (an der Schneckenbasis 0,04, an ihrer Spitze 0,49 mm breit). Ihr sind die gruppenweise vierreihig stehenden Sinneszellen aufgelagert, deren Sinneshärchen gegen die Deckmembran stoßen (Cortisches Organ). – Schallwellen erzeugen rhythm. Druckschwankungen der Perilymphe, die die Basilarmembran schwingen lassen; dabei werden best. Sinneszellen gereizt.
Leistungen des menschlichen Ohres
Der Hörbereich umfaßt 16 Hz –20000 (im Alter bis 5000) Hz. Die Unterschiedsschwelle für Tonhöhen liegt im Optimalbereich (80 bis 600 Hz) bei 0,1 %; die für Lautstärken liegt wesentlich höher (rd. 10 %). – Das Trommelfell reagiert noch auf longitudinal um 0,0000001 mm schwingende Luftteilchen. – Hunderte gleichzeitig eintreffender Schallwellen versch. Frequenz und Amplitude werden analysiert und zentralnervös zu einheitl. Klangbildern zusammengesetzt.
Die Hörtheorien
verlegen meist die Schallanalyse im wesentl. ins Cortische Organ (»periphere Theorien«).
1. Die Schallbildertheorie (EWALD), Entstehung vieler Schwingungsbäuche der Basilarmembran und Reizung entspr. vieler Sinneszellen, gilt als widerlegt.
2. Die Resonanztheorie (HELMHOLTZ) nimmt versch. lange, quergespannte Fasern der Basilarmembran an, die bei best. Wellenlängen in Resonanz geraten. Jedem Ton entspricht also nur ein Reaktionsgebiet (Einorttheorie), bei tiefen Tönen nahe der Spitze, bei hohen nahe der Basis.
3. Die Dispersionstheorie (BÉKÉSY, RANKE), ebenfalls eine Einorttheorie, hat die Resonanzvorstellung aufgegeben, da sich zeigte, daß die Basilarmembran eine faserlose gallertige, biegungssteife, elast. Platte ist. Die Reizung der Sinneszellen wird auf frequenzabhängige »Wanderwellen« im Vorhofgang zurückgeführt, deren Energie an best. Stellen (bei tiefen Tönen nahe der Spitze, bei hohen nahe der Basis) durch Dämpfung auf die Basilarmembran übertragen wird, die dadurch dort Schwingungsmaxima erhält und so die Sinneszellen erregt. Das Klangbild wird also nach Tonhöhen durch Dispersion zerlegt.

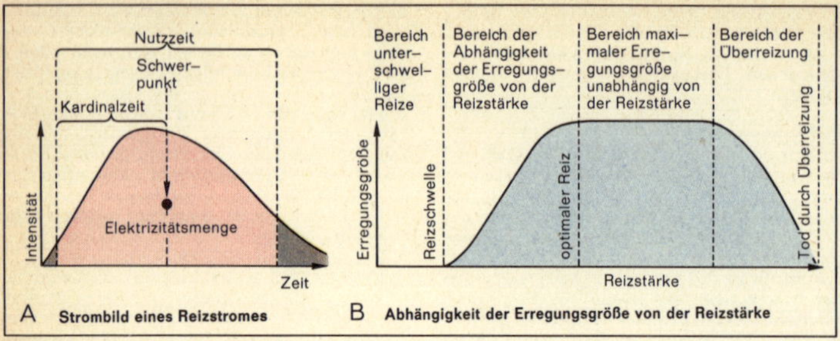

A **Strombild eines Reizstromes**

B **Abhängigkeit der Erregungsgröße von der Reizstärke**

Elektrische Reizung von Nerven

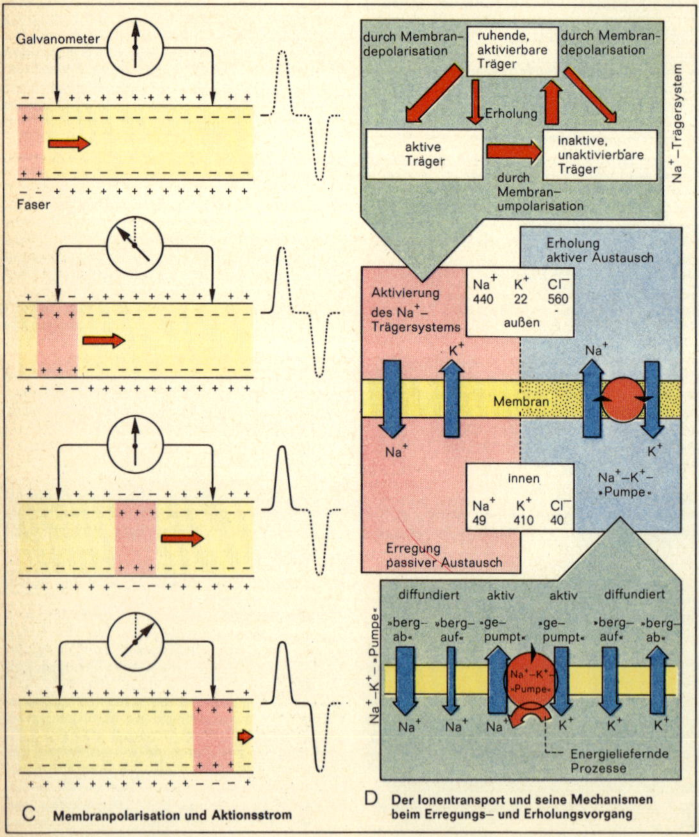

C **Membranpolarisation und Aktionsstrom**

D **Der Ionentransport und seine Mechanismen beim Erregungs- und Erholungsvorgang**

Ionentheorie der Erregung

Nerven- und Sinneszellen bilden funkt. Einheiten; oft wirken freie Nervenendigungen als Reizrezeptoren (II, S. 353). Für beide ist zur Beurteilung der Funkt. der Reizbegriff wichtig.

Das Wesen des Reizes

Im allg. wirken Reize auf spezif. Rezeptoren, können aber bei hoher Intensität auch unspezif. Nervenzellen erregen. – Die **Reizschwelle** ist bei spezif. Rezeptoren niedrig: z. B. reagiert das menschl. Auge noch auf die Intensität von $5{,}6 \cdot 10^{-17}$ Watt (schwelliger Reiz). – Die **Summation** unterschwelliger Reize ist für Nervenzellen fast aller Tierklassen nachgewiesen. Man unterscheidet:

- räumliche Summation bei Reizung von funkt. benachbarten Nervenzellen;
- zeitliche Summation bei wiederholter Reizung derselben Nervenzelle.

Elektrische Reize

haben bes. Bedeutung, u. a. da sie dem natürl. Erregungsprozeß im Nerven nahe kommen und genau dosier- und auswertbar sind. – Sie können hochgespannte Wechsel- und konstante Gleichströme sein, wobei die Stromdichte (Stromstärke/Leiterquerschnitt) die Wirksamkeit bestimmt. Dabei reagiert der Nerv auf Intensitätsschwankungen (Ein- und/oder Auseffekt; vgl. S. 348), nicht auf einen konstanten Strom.

Die Reizgestalt läßt sich in einem Strombild (A) darstellen; durch planmäßiges Variieren ergaben sich folgende Zusammenhänge mit dem physiolog. Charakter des Nerven:

- Die Nutzzeit, in der der Strom für die Erregung wirksam ist, ist ein Maß für die Erregbarkeit des Organs.
- Die Lage des Schwerpunktes ist wichtig, da von zwei Stromstößen gleicher Elektrizitätsmenge der wirksamer ist, dessen Schwerpunkt dem Anfang näher liegt.
- Bei gleicher Kardinalzeit ist ein Reiz größerer Elektrizitätsmenge wirksamer.
- Bei Momentreizen sind Anstieg und Abfall des Stromes steil, bei Zeitreizen flach. Zeitreize sind bes. wirksam bei großer Trägheit des zu erregenden Organs.

Die Reizfrequenz hat für versch. Fasern versch. Optimalwerte, z. B. für markhaltige motor. Fasern 80–100 Hz, für marklose sympathische 4–10 Hz. Daher sind im gemischten Nerv beide Typen selektiv reizbar.

Die Reizstärke zeigt gesetzmäßige Beziehungen zur Erregungsgröße (B). Sie werden durch die Stoffwechselnatur der Erregungsvorgänge verständlich:

- Der Anstieg zw. Schwelle und Optimalreiz kann durch seine Steilheit einen AoN-Effekt vortäuschen.
- Bei maximaler Erregung sind die Stoffwechselprozesse voll aktiv, weitere Reizsteigerung bringt keinen Erregungsanstieg.
- Bei überstarken Reizen treten stoffwechselschädigende Nebenwirkungen auf.

Das Wesen der Erregung

Wohl alle Reizarten lösen, wie in der Sinneszelle, den Zusammenbruch eines Ruhepotentials aus, dessen äußeres Merkmal der Aktionsstrom ist (C).

Die Aktionsstoffe, die dabei wirken, sind stark permeabilitätsändernd. Durch Reizwirkung freigesetzt, lösen sie Ionenverschiebungen an Grenzmembranen aus:

- Acetylcholin findet sich im ganzen Tierreich, bei *Wirbeltieren* in allen motor., sensiblen und präganglionären vegetativen Nerven (cholinerge Nerven), in Synapsen, Endplatten und Ganglienzellen, angereichert an der Außenmembran. Es wird wohl aus einer Eiweißverbindung freigesetzt, von Acetylcholinesterase abgebaut (zu Cholin und Acetat) und durch Cholinacetylase regeneriert.
- Die sensible Aktionssubstanz kommt bei *Deuterostomiern* in den sensiblen Wurzeln und Zentren des ZNS vor (bei *Protostomiern* verwandte Stoffe). Bei Hemmung ihres enzymat. Abbaus durch Strychnin kommt es durch langdauernde Erregung zu Krämpfen.
- Noradrenalin findet sich in den postganglionären sympath. Fasern (adrenerge Nerven).
- Thiamin (Aneurin, Viatmin B_1) hat wohl Bedeutung für die Umladung der Membran bei Erregung (vielleicht im Na^+-Transportsystem).

Die Ionenvorgänge sind gebunden an die semipermeable Hüllmembran.

Das Membranpotential (40–80 mV) geht auf ihre bes. Struktur zurück; mehrere Mechanismen sind an ihm beteiligt:

- Für einzelne Ionen werden aktive Konzentrationsunterschiede zw. Zellinnerem und Außenmedium gehalten (Ionen-Pumpe; z. B. ist die Konzentration von Na^+ innen, von K^+ außen niedriger; D).
- Durch 1000mal höh. Permeabilität für K^+ als für Na^+ wandert mehr K^+ nach außen als Na^+ nach innen (Ladungsdifferenz).
- Die meist großen Anionen im Inneren (Proteinat-Ionen) können nicht nach außen diffundieren. Außen sind Cl^- und HCO_3^- stark konzentriert, da der Membran-Potentialsprung eine passive Einwärtsdiffusion behindert.

Das Aktionspotential einer erregten Nervenzelle (D) zeigt nach einer De- und Umpolarisierung der Membran eine ebenso rasche Umkehrung dieses Vorganges (Spitzenpotential), dann ein Einpendeln auf den Ausgangswert (Nachpotentialschwankungen). – Das wird durch drei Vorgänge erklärt (**Ionentheorie der Erregung**):

- Selektive Permeabilitätssteigerung (bis auf das 500fache) für Na^+ bewirkt Einströmen und Positivierung des Innern; sie wird erklärt mit einem entspr. dem Konzentrationsgefälle arbeitenden spezif. Na^+-Transportsystem (D).
- Wiederabsinken dieser Permeabilität durch völlige Aktivierung der Na^+-Träger bewirkt Membran-Repolarisation. Erneute Reizung in dieser Phase ist erfolglos (Refraktärphase). Mit der Zunahme ruhender Na^+-Träger steigt die Erregbarkeit wieder (relative Refraktärphase).
- Eine Permeabilitätssteigerung für K^+, später beginnend, ist weniger wichtig.

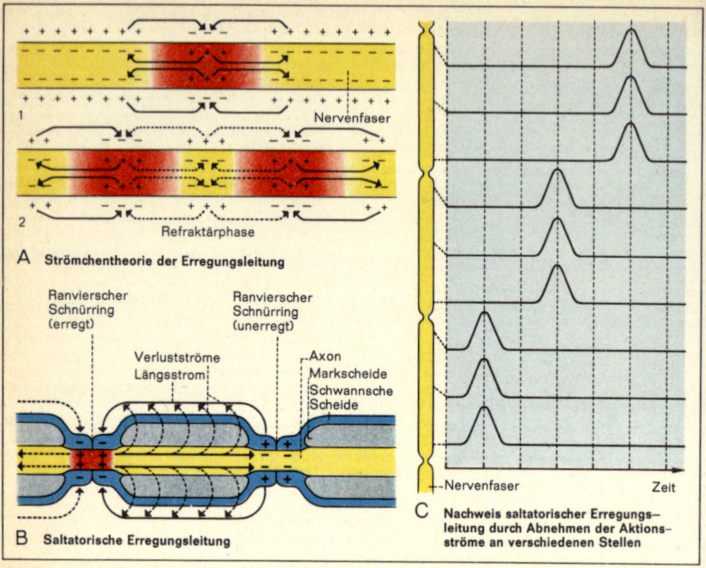

A **Strömchentheorie der Erregungsleitung**

B **Saltatorische Erregungsleitung**

C **Nachweis saltatorischer Erregungsleitung durch Abnehmen der Aktionsströme an verschiedenen Stellen**

Erregungsleitung

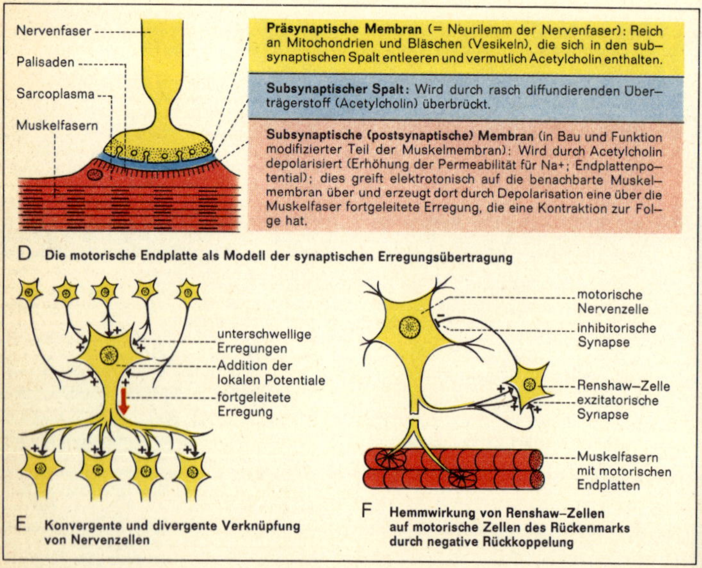

D **Die motorische Endplatte als Modell der synaptischen Erregungsübertragung**

E **Konvergente und divergente Verknüpfung von Nervenzellen**

F **Hemmwirkung von Renshaw-Zellen auf motorische Zellen des Rückenmarks durch negative Rückkoppelung**

Erregungsübertragung

Die Erregungsleitung ist, ähnl. wie bei der Sinneszelle, in den versch. Teilen der Nervenzelle (I, S. 74 D) unterschiedlich.

Die Ganglienzelle
gibt auf einen Reiz hin die »lokale Antwort«: ein Erregungszustand breitet sich vom Reizort unter Abschwächung (Dekrement) in der Zelle aus; er verursacht den Elektrotonus der Ganglienzelle. In diesem Bereich des Neurons gilt also die AoN-Regel nicht: Nach unterschwelligem Reiz klingt die Erregung wieder ab, ohne daß die Faser anspricht. Bei schwelligen Reizen (auch bei Summation unterschwelliger) dehnt sich die Erregung bis zum ableitenden Neuriten aus. Sein markloser Anfangsteil (mit Dekrement) löscht unvollständige Erregungen vor Erreichen des dekrementlosen Faserabschnittes (»Sicherheitsventil«).

Die Nervenfaser
leitet nach der AoN-Regel: Das bei der Erregung entstehende Aktionspotential greift auf die Nachbarregion über, die dort eintretende Membran-Depolarisation löst den gleichen Erregungsvorgang aus wie an der zuerst gereizten Stelle. Da durch die Potentialumkehr an der erregten Stelle auch der hohe Querwiderstand sinkt, können benachbarte Ionen zuströmen, wodurch sich auch dort das Potential umkehrt, bis der Vorgang mit dem Weiterwandern der Erregungswelle auch hier wieder rückgängig gemacht wird. Es gleichen sich also die Potentialdifferenzen zw. erregter Stelle und angrenzenden Bereichen durch lokale Ströme aus (**»Strömchen«-Theorie** der Erregungsleitung von HERMANN; A). Diese sind aber nicht die Erregung, an der neben physikal. auch chem. Prozesse mitwirken, sie lösen sie durch ihre depolarisierende Wirkung erst aus. Hiernach breitet sich die Erregung im Nerv von einer erregten Stelle beidseitig mit charakterist. Geschwindigkeit aus. – Bei Fasern mit Markscheide wird die Erregung nicht kontinuierlich, sondern in Sprüngen von einem Ranvierschen Schnürring zum andern geleitet (**saltatorische Erregungsleitung**; B). Nur dort fehlt die Markscheide, so daß bei direktem Kontakt zw. Axonmembran und Außenmedium bei Leitung eines Potentials ein ausreichender Ionenstrom entsteht. Die isolierte Zwischenstrecke wird »im Sinne eines leitenden Kabels« durch passiv-physikal. Stromschleifen überbrückt, die am nächsten Schnürring austreten und in einer Elektrolytschicht auf der Markscheide zurückfließen; die Verluste durch die Markscheide hindurch sind gering. – Die Vorteile dieser Anordnung sind:

- Hohe Leitgeschwindigkeit, da die Elemente, deren jedes durch das Aktionspotential des vorigen erregt wird (C), weit auseinander liegen (bis mehrere mm);
- geringer Energieverbrauch, da nur an den Schnürringen eine Potentialumkehr notwendig wird;
- dekrementlose Leitung der markhaltigen Fasern; gegenüber sukzessiver Erregungsabnahme in marklosen Fasern (Nerven zahlr. *Wirbelloser*, sympath. Fasern der *Wirbeltiere*) und Faserabschnitten (alle feinen Endverzweigungen).

Die Erregungsübertragung in Synapsen
auf Endorgane oder andere Neurone ist so wenig wie die Erregungsleitung auf rein physikal. (elektr.) Vorgänge zurückzuführen; oft ist sie so langsam, daß die elektr. Erscheinungen im zuführenden Neuron schon vor dem Auftreten der Erregung im Endorgan abklingen. Das deutet auf stärkere Beteiligung chem. Vorgänge.

Die motor. Endplatte kann als Modell des Übertragungsmechanismus auf ein Endorgan (hier: Muskel) dienen (D). – Wichtig ist die Einbahnwirkung dieser chem. Übertragung: Erregungen werden nur vom Nerven zum Muskel übertragen. – Die Eigenständigkeit dieses Übertragungsmechanismus geht daraus hervor, daß er selektiv durch das im Pfeilgift Curare enthaltene Curarin ausgeschaltet werden kann.

Synapsen zu anderen Neuronen (I, S. 74 G) arbeiten grundsätzlich nach dem gleichen Prinzip; doch ist die Natur der Überträgersubstanz noch unbekannt. Zwei Möglichkeiten sind zu unterscheiden:

1. Auslösen neuer Erregungen durch die einlaufenden Impulse in der postsynapt. Ganglienzelle (bei schwelligen Reizen) oder Erhöhung ihrer Erregbarkeit (bei unterschwelligen Reizen). Im letzteren Fall bewirkt der Erregungsstoff an den unter den Endköpfchen liegenden Membranteilen lokale Potentiale, die durch elektrotonische Ausgleichsströme auf benachbarte Membranbezirke übergreifen. Zu einer fortgeleiteten Erregung kommt es bei unterschwelligen Reizen nur, wenn die lokalen Potentiale, die in polysynapt. Nervenzellen von zahlr. Endköpfchen her entstehen, sich zu hinreichender Größe addieren (räuml. Summation; E). – Jedes afferente Neuron bildet durch Verzweigung Synapsen mit mehreren anderen Nervenzellen (Divergenzprinzip); umgekehrt bekommt jede Nervenzelle synapt. Verbindungen von mehreren afferenten Fasern (Konvergenzprinzip).

2. Verminderung oder völlige Hemmung der Erregbarkeit der postsynapt. Ganglienzelle durch die einlaufenden Impulse. Best. Zellen, z. B. die Renshaw-Zellen des Vorderhorns im RM (F) erzeugen bei Reizung durch Freisetzen eines noch unbekannten Überträgerstoffes an der Synapse in der postsynapt. Ganglienzelle ein sich elektrotonisch ausbreitendes lokales Potential, das aber nicht im Sinne einer De-, sondern einer Hyperpolarisation wirkt, also dem bei der Reizung erregender Neurone entstehenden entgegengesetzt ist. Das führt zur Erregbarkeitsverminderung, u. U. bis zur völligen Blockierung. – Im erwähnten Fall sind die hemmenden Zellen als kurze Zwischenneuronen geschaltet und bewirken so eine Selbsthemmung der motor. Vorderhornzellen, immer wenn diese erregt werden (Renshaw-Hemmung beim rhythm. Aufhören der in- und exspiratorischen Atembewegungen).

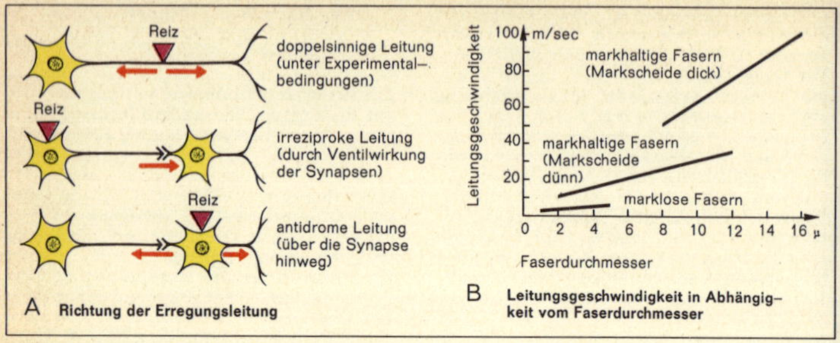

Richtung und Geschwindigkeit der Erregungsleitung

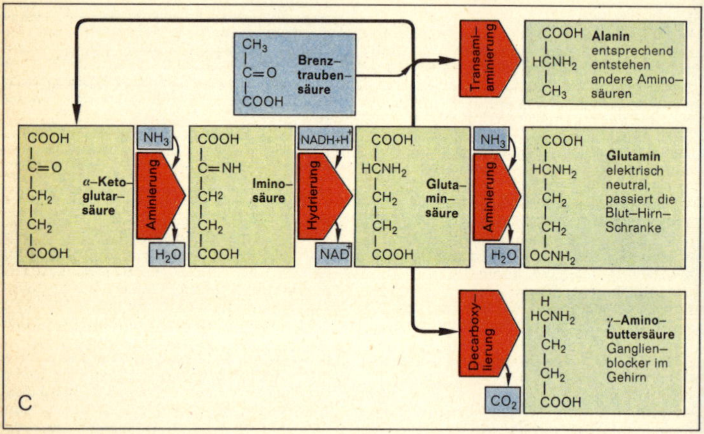

Reaktionen der Glutaminsäure im Hirnstoffwechsel

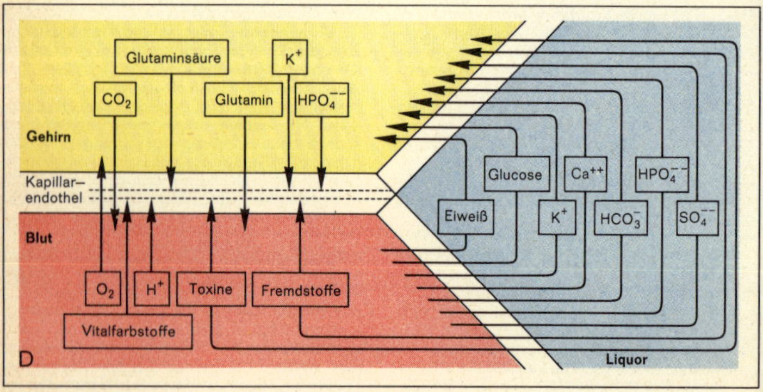

Blut-Hirn-Schranke

Die Richtung der Erregungsleitung
beruht auf der »Ventilwirkung« der Synapsen (A). Das doppelsinnige Leitvermögen der Faser selbst wird dadurch unter natürl. Bedingungen eingeengt zur irreziproken Leitung, die für die sensor. Faser (zentripetale Leitung; vgl. auch die Verhältnisse beim Axon-Reflex, II, S. 363), das ZNS und die motor. Faser (zentrifugale Leitung) gilt. – In der Faser ist eine Erregungsumkehr unmöglich, da die folgende Refraktärperiode jede rückläufige Erregung löscht. – In Einzelfällen scheint aber auch antidrome Erregungsleitung über Synapsen hinweg vorzukommen.

Die Leitungsgeschwindigkeit
bei funkt. vergleichbaren Nerven hängt nicht von der Erregungsgröße sondern vom Faserquerschnitt ab (B). – Da im allg. Nerven Fasern versch. Dicke enthalten, laufen in ihnen Erregungswellen versch. Geschwindigkeit. – Da die Relation zw. Leitungslänge und -geschwindigkeit bei den einzelnen Tierarten nicht gleich ist, reagieren kleine Tiere rascher als große. – Viele *Wirbellose* haben Kolossalfasern mit großem Durchmesser für schnelle Reaktionen (Flucht, Beutefang).

Die Temperaturabhängigkeit
der Erregung und Erregungsleitung beruht auf den beteiligten chem. Umsetzungen, die bei höherer Temperatur schneller ablaufen (II, S. 357).

Die Alles-oder-Nichts-Regel
der Erregungsleitung drückt sich in der Konstanz der Potentialamplitude aus: Eine fortgeleitete Erregung tritt, wenn überhaupt, nur in voller Stärke auf (II, S. 257). In einer narkotisierten Nervenstrecke ist die Erregung schwächer, erreicht aber nach ihrem Durchlaufen wieder den vollen Wert. – Der Elektrotonus der Ganglienzelle steuert dagegen reizabhängig die Frequenz der Entladungen.

Der Stoffwechsel beim Erregungsvorgang
in Form spezif. chem. Reaktionen ist neben den physikal. Prozessen ein zweites Kriterium des gleichen Fundamentalvorganges.
Der Sauerstoffverbrauch, Maß der Stoffwechselintensität, zeigt wie bei anderen Organen drei Stufen:
- Der Erhaltungsumsatz zur Aufrechterhaltung der molekularen Strukturen.
- Der Bereitschaftsumsatz garantiert die zur Erregbarkeit nötigen Konzentrationsdifferenzen. Beide zusammen bilden den Ruhe-(Grund-)Umsatz (z. B. bei markhaltigen *Frosch*-Nerven: 0,4 cal/100 g/min bei 20°).
- Der Tätigkeitsumsatz umfaßt zusätzlich die Stoffwechselprozesse, die nach Erregung zur Um- und dann zur Repolarisation der Membran führen.

Der Vergleich dieser Werte zeigt für die einzelnen Teile des NS typische Unterschiede:
- Das periphere NS verbraucht in Ruhe wenig, in Tätigkeit etwas mehr O_2.
- Das ZNS verbraucht schon in Ruhe sehr viel, in Tätigkeit aber nur wenig mehr (das EEG bestätigt die auch »in Ruhe« intensive Tätigkeit des ZNS); es sind rd. 20 % des Gesamtverbrauchs des Organismus. – Am höchsten ist der Verbrauch in Groß- und Kleinhirnrinde, deren Zentren auch bei geistiger und körperlicher Ruhe arbeiten. – Der O_2-Bedarf anderer Hirnteile ist verschieden; eine Deutung der Verhältnisse ist noch schwierig.

Unterbrechung der O_2-Versorgung führt schon nach einigen sec zu Funktionsunfähigkeit, nach wenigen Min. zu irreversiblen Schäden. – Die Reaktion auf O_2-Mangel (Erweiterung der Hirngefäße) erfolgt schon beim O_2-Druck von 30 mm Hg im Venenblut, Bewußtseinsverlust bei 19 und Tod bei 10 mm Hg.

Die Energiegewinnung für die Stoffwechselvorgänge im Nerven erfolgt aus dem Kohlenhydratstoffwechsel durch Citratzyklus (II, S. 305) und oxydative Phosphorylierung (II, S. 277). Die Glucose, Ausgangsstoff dieser Vorgänge, wird nicht im NS gespeichert, sondern ständig auf dem Blutwege zugeführt.
Der Eiweißstoffwechsel ist bes. im ZNS hoch, wie sich im Gehalt an Aminosäuren ausdrückt. 70 % der Gehirn-Aminosäuren sind Glutaminsäure und ihre Derivate. Ihre Stellung im Eiweißstoffwechsel des ZNS ist zentral, da sie an wichtigen enzymat. Prozessen teilnimmt (C). – Auch das reichl. anfallende NH_3 wird mit ihrer Hilfe entgiftet.

Die Blut-Hirn-Schranke
schützt das bes. empfindl. Gehirn vor dem Eindringen schädl. Stoffe: Die Permeabilität der Kapillarwände ist für viele Stoffe unabhängig von deren Teilchengröße selektiv gesenkt (D), bes. für elektr. geladene Teilchen. Die Erscheinung entspricht damit grundsätzlich den auch sonst im Organismus vorhandenen Blut-Gewebs-Schranken (z. B. Blut-Leber, Blut-Placenta), ist aber wirksamer. – Der Schrankeneffekt ist noch weitgehend unklar. Schädigung durch O_2-Mangel und durch Blockierung best. Enzymsysteme (z. B. Carboanhydrase) beweisen die Beteiligung aktiver Vorgänge; morpholog. Besonderheiten des Endothels der Hirnkapillaren (z. B. Überlappen der Zellen) lassen auch eine passive Komponente vermuten. – Manche Stoffe umgehen die Blut-Hirn-Schranke über die Hirn-Rückenmarksflüssigkeit (Liquor), da die Blut-Liquor-Schranke viel durchlässiger ist. Sie können dann in einem Konzentrationsgefälle an Berührungsflächen von Liquor und Hirn (z. B. im III. Ventrikel) ins Nervengewebe diffundieren. Ihre Konzentration bleibt aber auch dann geringer als bei direktem Übertritt.
Die Bedeutung der Blut-Hirn-Schranke:
- Das ZNS wird vor schädl. chem. Einflüssen geschützt; auch bei Aufnahme über den Liquor bleibt die wirksame Konzentration der schädl. Stoffe geringer.
- Im Stoffwechsel des ZNS entstehende und für dieses bes. wichtige Stoffe (z. B. Glutaminsäure, K^+, anorgan. Phosphat) werden nicht gleich vom Blut abtransportiert, sondern bleiben zur Wiederverwendung in der Erholungsphase verfügbar.

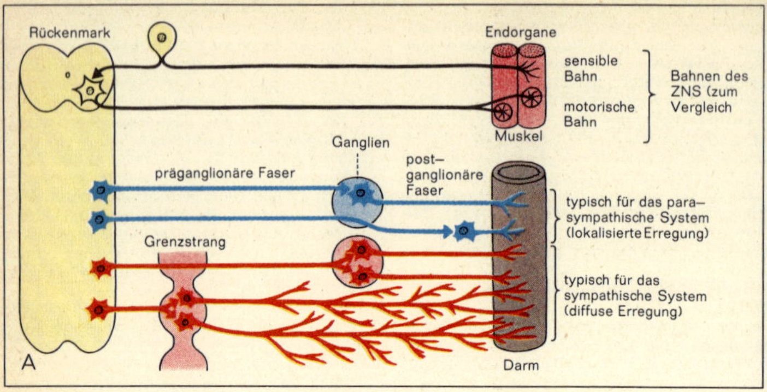

Schema der Bahnen des vegetativen Nervensystems

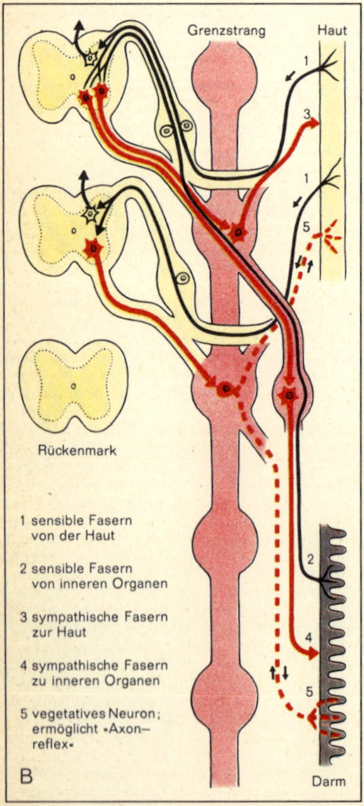

Autonome Reflexe zwischen Haut und inneren Organen

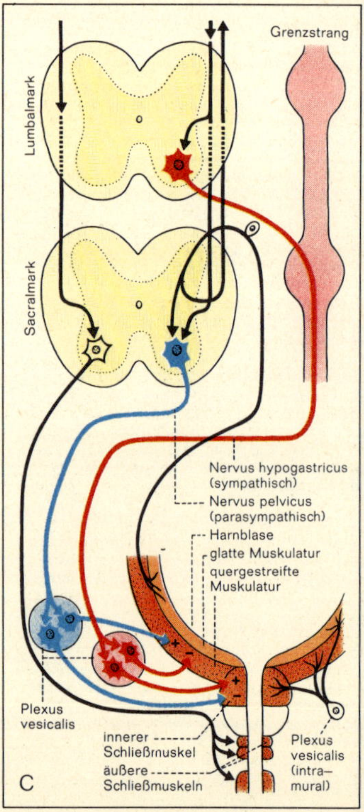

Antagonistische Innervierung der Harnblase (+ = Kontraktion; – = Erschlaffung)

Funktionelle Definitionen des vegetativen NS sind unbefriedigend; zahlr. Ausnahmen fügen sich nicht einem starren Schema:
- Innenwelt-NS, im Gegensatz zum Umwelt-(animalen)NS. Doch wird z. B. die Pupille aufgrund von Außenreizen verengt (Lichteinfall), obwohl die Reflexbahn (II, S. 369) z. T. vegetativ ist.
- Unwillkürliches (autonomes) NS. Doch gibt es beim *Menschen* z. B. willkürl. Beeinflussung der Herzfrequenz, zum anderen verläuft die Skelettmuskelmotorik, obwohl zerebrospinal gesteuert, meist unwillkürlich.
- Eingeweide-(viscerales)NS, da es bes. innere Organe versorgt.

Die anatomische Definition ist klarer: das vegetative NS bilden alle effektor. Fasern, die nicht zu quergestreiften Muskeln ziehen. Sie verlassen das ZNS zus. mit den motor. Wurzeln der RM- und Hirnnerven und sind alle auf dem Weg zum Endorgan unterbrochen (A):
- in Rückenmarksnähe, in den paarigen Ganglien des Grenzstrangs (Regelfall);
- in den unpaaren Eingeweideganglien oder
- im peripheren Bereich in der Nähe des innervierten Organs (selten).

Alle Nerven des vegetativen NS enthalten außerdem noch sensible Fasern (bis 50 %).

Autonome Reflexe
laufen über sensible und vegetat. Fasern (B; vgl. II, S. 369), sie vermitteln Beziehungen zw. Haut und Eingeweiden (viscerocutane Reflexe) und innerer Organe untereinander (visceromotor. Reflexe). – Der **Axon-Reflex** (bei Reizung von marklosen, z. B. vegetativen oder sensiblen Fasern) beruht auf Fortsetzung der zentripetalen Erregung zentrifugal in Parallelverzweigungen (Kollateralen). Er ist stark hypothetisch, erklärt aber zahlr. sonst nicht deutbare Vorgänge im vegetat. NS.

Das vegetative NS umfaßt zwei morpholog. und funkt. verschiedene, oft antagonist. Systeme (vgl. I, S. 91):

1. Das sympathische System beginnt an Nervenzellen des RM, die in paarigen Streifen im Seitenhorn-Gebiet der grauen Substanz liegen. Da bei der Umschaltung auf die postganglionäre Faser, meist schon im Grenzstrang, die verzweigte präganglionäre Faser zahlr. Zellen aktiviert, breitet sich die Erregung stark aus. Diese diffuse Ausbreitung wird weiter begünstigt durch Verzweigung der postganglionären Fasern (die Vorstellung ganglionärer Netze in diesem Bereich ist nach elektronenoptischen Befunden nicht haltbar) und Verbindung vieler Seitenhorn-Segmente durch Reflexkollateralen. Trotzdem sind einzelnen Fasern bes. Versorgungsgebiete zugeordnet.

2. Das parasympathische System umfaßt die den sympathischen Bahnen antagonistischen Fasern. Sein Ursprung liegt in Mittelhirn, Medulla und Sakralmark (I, S. 90 E). Die Umschaltung auf die postganglionäre Faser erfolgt spät, oft erst im Innervationsgebiet selbst. Das parasympathische System neigt daher zur spezif. Erregung einzelner Organe (lokalisierte Reaktion).

Die Erregungsübertragung im vegetativen NS spiegelt den Antagonismus der Teilsysteme. Während die präganglionären Fasern stets cholinerg sind, sind die postganglionären
- beim Parasympathicus cholinerg;
- beim Sympathicus dagegen adrenerg (Freisetzen von Nor-Adrenalin und Adrenalin); daher fördern Stoffe, die die Nor-Adrenalin-Bildung steigern, die Sympathicus-Aktivität.

Ausnahmen von dieser Regel gibt es im sympathischen System (z. B. cholinerge Innervation von Uterus und Schweißdrüsen) und im parasympathischen (z. B. bei Vagus-Fasern). – Eine Ausnahme vorgetäuscht wird beim Nebennierenmark, das als umgewandeltes sympath. Ganglion von cholinergen, aber präganglionären Fasern innerviert wird.

Der Antagonismus im vegetativen NS
kommt in der doppelten Innervierung zahlr. Organe zum Ausdruck (C; vgl. I, S. 90 E). – Er ist aber nicht immer verwirklicht: Ein Partner kann ganz fehlen (z. B. an den rein sympath. innervierten Herzkammern); auch innerhalb eines Systems kann antagonist. Innervierung vorkommen, z. B. bei Schweißdrüsen-Sekretion (gesteigerter Sympathicus-Einfluß) bei gleichzeitiger Erweiterung der Hautgefäße (verringerter Sympathicus-Einfluß).

Die Gesamtleistung des vegetativen NS
ist die Konstanthaltung des inneren Milieus (Homeostasis) auch bei Belastung des Organismus. Eine Arbeitsteilung zw. den Teilsystemen ist deutlich:

1. Die ergotrope Reaktion bei erhöhtem Sympathicotonus steigert die Fähigkeit zu Arbeitsleistung, Angriff oder Flucht: Aktivierung von Herz und Kreislauf, Mobilisierung von Glykogen, Hemmung der Aktivität des Verdauungssystems.

2. Die trophotrope Reaktion bei überwiegendem Parasympathicotonus bringt Vorgänge der Erholung (Restitution): Minderung der Kreislaufleistung, Senkung der Herzfrequenz (»Schongang«), Steigerung der Leistung von Verdauungsdrüsen und Darmmuskulatur. – Die Aktivierung der beiden Systeme verläuft bei emotioneller Auslösung (Angst, Wut) gleichsinnig, es überwiegt aber der Sympathicus-Einfluß infolge seiner Tendenz zu diffuser Erregung.

Höhere Zentren des vegetativen NS
finden sich bes. auf zwei Ebenen:
- im Zwischenhirn die vegetativen Zentren des Hypothalamus und des Thalamus;
- im Großhirn die vegetativen Felder der motor. Rinde und der limbische Cortex (Übergang zw. Hirnstamm und Neocortex).

Von diesen untereinander vielfach verflochtenen Regionen aus sind eng lokalisierte und generelle Effekte auszulösen. Sie tragen ferner durch ständige Erregungsproduktion zur Erhaltung eines best. Tonus in zahlr. vegetativ innervierten Organen bei (Blutgefäße, Herz, Augenmuskulatur).

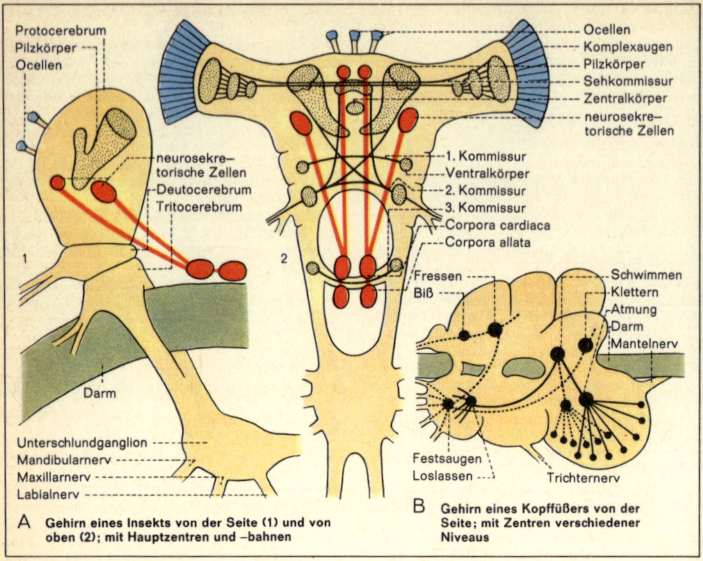

Gehirntypen bei Wirbellosen

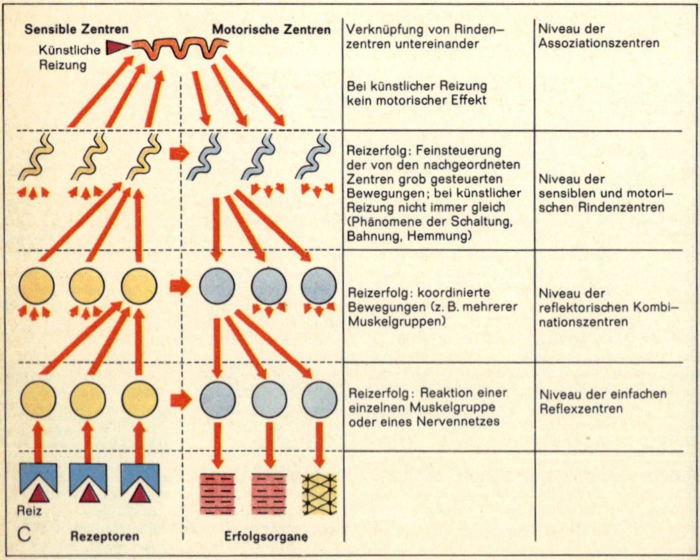

Niveaus der Reizbeantwortung im Zentralnervensystem

Die Zentralisation unterschiedl. Ausmaßes ist Kennzeichen aller Nervensysteme.

Nervennetze

bilden bei *Hohltieren* das ganze NS (I, S. 82 C; 104 B). Seine meist gleichmäßig verteilten, multi- oder bipolaren Nervenzellen stehen mit Rezeptoren und Effektoren in Verbindung. – Die Erregung wird diffus geleitet und mit steigender Entfernung vom Reizort schwächer (Dekrement). – Das Nervennetz ermöglicht koordinierte, allerdings einfache Bewegungen (z. B. Beutefang, Fortbewegung). Da isolierte Körperteile (z. B. Tentakel) mit Teilen des Netzes sich wie im Körperverband verhalten, ist zu schließen, daß diesem NS ein übergeordnetes Zentrum fehlt. Bei *höh. Tieren* dienen Nervennetze nur der Regelung vegetativer Organe.

Zentralnervensysteme

sind in drei Entwicklungsreihen zu hochkomplizierten Formen differenziert:
- die *Gliederfüßer* erreichen in den staatenbildenden *Insekten* (A),
- die *Weichtiere* in den *Kopffüßern* ihre höchste Organisationsstufe (B);
- die *Wirbeltiere* übertreffen beide in der Ausbildung ihres morpholog. und funkt. reich gegliederten Gehirns.

Bei der Entw. dieser Typen sind gemeinsame Tendenzen erkennbar.

1. Morphologische Gestaltungsprinzipien sind:
- Zusammenfassung der Nervenzellen zu zentralen Ganglienmassen;
- Gliederung dieser Ganglien in Einzelkomplexe;
- Ausbildung langer Leitungsbahnen;
- Trennung afferenter und efferenter Nerven durch einsinnige Erregungsleitung.

2. Funktionelle Prinzipien sind:
- Erzeugung spezif. Impulsmuster in den Zentren (endogen entstehend oder durch Umformung sensibler Impulse).
- Hierarchische Ordnung der einzelnen Teile (C) unter wechselseitiger Beeinflussung. Diese kann fördernd und hemmend sein (Fähigkeit der Selbstregelung; II, S. 379).
- Komplexe Schaltmechanismen bewirken, daß gleiche Reizsituationen unter dem Einfluß innerer Faktoren im ZNS versch. Wirkungen haben.
- Adaptationsfähigkeit zentraler Mechanismen, die peripheren Adaptationsmechanismen ergänzend, sorgen bei unterschiedl. Reizstärke für eine physiolog. tragbare Erregungshöhe.
- Summation (Förderung einzelner Leistungen im ZNS durch zusätzliche Impulse) und Hemmung (II, S. 357).
- Engrammbildung, Entstehung bleibender Veränderungen in Nervenzellen als Folge durchlaufender Erregungen, die spätere Erregungsabläufe beeinflussen.
- Psychische Vorgänge, Empfindungen und Bewußtseinsbildung, nachweisbar beim *Menschen*, in weniger diff. Vorstufen auch bei *Tieren* anzunehmen, beruhen offenbar auf Zusammenwirken vieler Hirnteile (II, S. 371). Sie sind kausaler Untersuchung nicht zugänglich (II, S. 383).

Die Arbeitsweise des ZNS

Es gibt zwei grundsätzl. versch. Auffassungen:

1. Die Lokalisationslehre knüpft jede spezif. Funktion an begrenzte, oft histolog. erkennbare Bezirke (Zentren), die von keinem anderen Teil des ZNS ersetzbar sind. Bei Ausfall des Zentrums erlischt die zugeordnete Tätigkeit (Rindenfelder; II, S. 366 C).

2. Die Plastizitätslehre nimmt für jede Leistung ein Zusammenwirken des ganzen ZNS an, so daß Einzelfunktionen nicht lokalisierbar sind; einzelne Gebiete übernehmen je nach der Gesamtsituation versch. Funktionen.

Beide Auffassungen gelten heute als Arbeitshypothesen mit eingeschränktem Geltungsbereich: Die Vorstellung einer oft genauen Lokalisation besteht grundsätzlich zu Recht. Doch herrscht auch eine gewisse Plastizität, z. B. in der Übernahme der Funktion durch ein anderes Gebiet nach Zerstörung des ursprüngl. Zentrums.

Die Zentrenhierarchie des ZNS

Da histolog. Kriterien oft versagen, werden Zentren definiert als Gruppen von Nervenzellen gleicher Funktion. Ihre Aufgabe ist die Umformung zufließender Impulse in ein spezifisches Erregungsmuster. – Nach deren Herkunft oder Verbleib unterscheidet man:
- Sensible Zentren, die ihre Impulse von Rezeptoren erhalten.
- Motorische Zentren, die ihre Erregungsmuster an Effektoren abgeben.

Nach versch. großen Einzugs- und Wirkungsbereichen läßt sich innerhalb des ZNS eine Stufenfolge (Hierarchie) von Zentren aufstellen (C), deren Funktionen deutlich abgegrenzt sind (hier nur für den motor. Bereich aufgeführt):

1. Einfache Reflexzentren beherrschen ein Nervennetz oder eine Muskelgruppe.

2. Reflektorische Kombinationszentren steuern koordinierte Handlungen. – Bei *Wirbeltieren* liegen sie in mehreren hierarchischen Stufen im RM, in der Medulla und im Kleinhirn. Auch bei *Insekten* und *Kopffüßern* sind sie zahlreich; ferner ist der Nervenring der *Seesterne* ein solches Zentrum.

3. Motorische Zentren der Hirnrinde lenken die Fein-Koordination, die die von nachgeordneten Zentren grob gesteuerten Bewegungen überformt. In ihnen ist die ganze Körpermuskulatur repräsentiert.

4. Assoziationszentren des Großhirns sind weder Endbezirke sensorischer noch Ursprungsgebiete motor. Bahnen. Die Auffassung, daß sie nur Impulse anderer Rindenfelder miteinander verknüpfen, ist falsch: Sie haben auch Verbindungen zum Thalamus. – Da gerade diese Zentren mit wachsender Differenzierungshöhe zunehmen, bringt man sie mit den höh. geistigen Fähigkeiten in Beziehung. Doch sind im Sinne der Plastizitätslehre Bewußtsein, Intelligenz und psych. Vorgänge nicht an eng umgrenzte Zentren gebunden, sondern Integrationsleistungen weiter Hirngebiete.

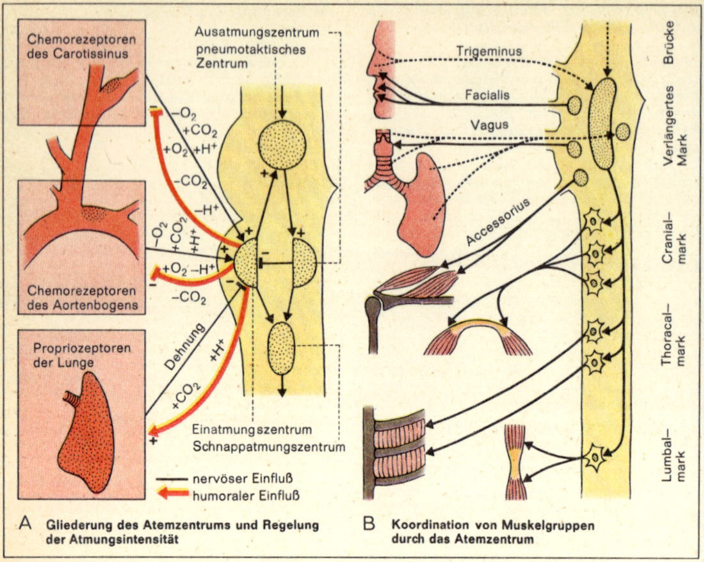

Das Atemzentrum

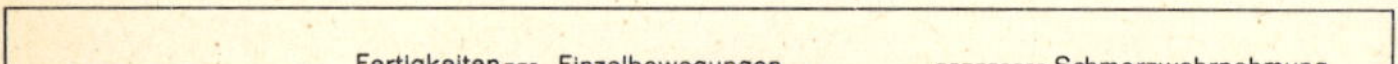

Felder der Großhirnrinde (nach Brodmann)

Das zerebrospinale (Hirn-RM-) System
des ZNS umfaßt die Teile, deren
- Ganglien im ZNS liegen,
- sensible (afferente) Fasern als Hirnnerven oder über die Spinalganglien kommen,
- motor. (efferente) Fasern direkt zu den Effektoren ziehen.

Seine Teile sind untereinander und mit anderen Teilen des NS funkt. eng verbunden. Die Verhältnisse der *Wirbeltiere* sind uneinheitlich, bei höh. Formen gehen best. Funkt. auf höh. Zentren über: Entfernung der Großhirnrinde z. B. hat bei *Fischen* kaum Wirkung, deutliche bei nied. *Säugern, Affen* überleben wenige Tage, für den *Menschen* ist ihr Ausfall sofort tödlich.

Das Rückenmark
ist Leitorgan (II, S. 369) und Steuerorgan der Reflextätigkeit.
Reflexe (vgl. auch II, S. 363) sind unwillkürl. Antworten auf Reize. Die Erregung durchläuft anders als bei Willkürbewegungen weitgehend festliegende Bahnen (II, S. 369), der Reizerfolg ist ziemlich sicher vorhersagbar. – Wichtige Reflexzentren des RM sind:
- Zentrum für Darmentleerung,
- für Blasenentleerung,
- für die Bewegungen der Geschlechtsorgane,
- Zentren für Schutzreflexe (klinisch oft geprüft: Fußsohlen-, Kniesehnen- und Bauchdeckenreflex).

Das Verlängerte Mark (Nachhirn)
hat wie das RM Leitfunktion. – Außerdem ist es Sitz zweier Arten von Zentren:
1. Die Reflexzentren steuern komplizierte Reflexe (Kauen, Speichelfluß, Schlucken, Erbrechen, Husten, Niesen, Tränenfluß).
2. Die Automatiezentren (u. a. Atem-, Herzhemmungs- und vasokonstriktorisches Hauptzentrum).
Das Atemzentrum (A) sendet durch Hemmungsmechanismen (II, S. 357) rhythmisch unterbrochene Impulse (Autorhythmie). – Es ist dreigeteilt:
- Das Atemzentrum, funkt. gegliedert in paarige Einatmungs- und Ausatmungszentren (einander hemmend).
- Das pneumotakt. Zentrum in der Brücke (Pons) ist mit dem medullären Atemzentrum durch Rückkoppelung verbunden.
- Das Schnappatmungszentrum im RM, dem Atemzentrum der *Fische* entsprechend, wird nur bei Ausfall der anderen Zentren tätig. Es unterbricht den Atemstillstand durch seltene, schnappende Atemzüge (0_2-Versorgung nur unzureichend).

Auch höh. Zentren regeln die Tätigkeit des medullären Zentrums (willkürl. Beeinflussung der Atemtätigkeit). – Motorisch ist das Atemzentrum mit der normalen und der auxiliären Atemmuskulatur verbunden (B), deren Tonus es steigert.

Klein-, Mittel- und Zwischenhirn
sind Durchgangs- und Schaltstationen und Sitz wichtiger Zentren (I, S. 91).

Das Großhirn
hat bes. im Neopallium (bei *Lurchen, Kriechtieren, Vögeln* und bes. *Säugern* entw.) einen komplizierten Assoziationsapparat.
Die Methoden der Zentrenlokalisation sind hier am weitesten entwickelt:
1. Anatomische Methoden unterscheiden nach Zellbild (Cytoarchitektonik) und Faserbild (Myeloarchitektonik) zahlr. Felder.
2. Physiologische Methoden zeigen, daß diesen Feldern oft spezif. Zentren entsprechen:
- Die Neuronographie mit Strychnin nutzt dessen blockierende Wirkung auf hemmende Zwischenneuronen: Maximale Impulse einzelner Zellgruppen werden so verfolgt.
- Die Elektroencephalographie (Aufzeichnung der Gehirn-Potentialschwankungen). Durch aufgelegte oder eingeführte Elektroden lassen sich nach Reizung best. Rezeptoren »ausgelöste Antworten« ableiten; Mikroelektroden erfassen selbst Aktionspotentiale einzelner Nervenzellen.

Die Ergebnisse der Zentrenlokalisation
Die Hirnrinde ist funkt. gegliedert (C):
1. Die motorischen Projektionsfelder. In ihnen ist die Körpermuskulatur doppelt repräsentiert (in beiden Hemisphären; meist auf der Gegenseite: gekreuzte Bahnen).
2. Die sensorischen Projektionsfelder:
- somato-visceral-sensible repräsentieren Körperoberfläche und innere Organe;
- optische und akustische, mit zahlr. getrennten nervösen Verbindungen zu den Rezeptoren (Punkt-zu-Punkt-Projektion);
- olfaktorische mit starker Erregungskonvergenz (mehrere Mill. einlaufende Nervenfasern, aber nur 70000 Synapsen).

3. Die Assoziationsfelder. Der Begriff »Erinnerungsfelder« ist umstritten. Er ist nicht so auszulegen, daß nur in diesen Gebieten spezif. Erinnerungen in Engrammform deponiert seien; eher handelt es sich um einen »Engpaß«, durch den bes. viele Fasern zu versch. Gehirnteilen laufen (definitionsgemäß nicht als Zentrum anzusprechen).
4. Die Großhirnfelder des vegetativen NS, die vegetative Vorgänge z. T. sogar willkürlich beeinflussen (z. B. Gefäßkontraktion, Herztätigkeit, Schweiß-, Tränen-, Speichel- und Magensaftsekretion, Darmperistaltik, Blasenentleerung).

Ausschaltung einzelner Felder
führt zu spezif. Ausfallserscheinungen:
- **Apraxie** (Handlungsunfähigkeit bei kaum gestörter Bewegungsfähigkeit) zeigt sich bei Ausfall motor. Felder, bes. deutlich des motor. Sprachzentrums: Trotz intakter Sprechmuskulatur werden nur einzelne Worte artikuliert (motor. Aphasie); innere Sprache und Denken sind intakt.
- **Agnosie** (Unfähigkeit zu Erkennen bei wenig gestörter Wahrnehmungsfähigkeit) bei Ausfall sensibler Felder: z. B. sensor. Aphasie bei Störungen der Felder für Sprachverständnis (Sprache wird gehört, aber nicht im Sinn erfaßt; verbunden mit Störungen des Lesens, Schreibens, Denkens, oft auch der opt. Orientierung).

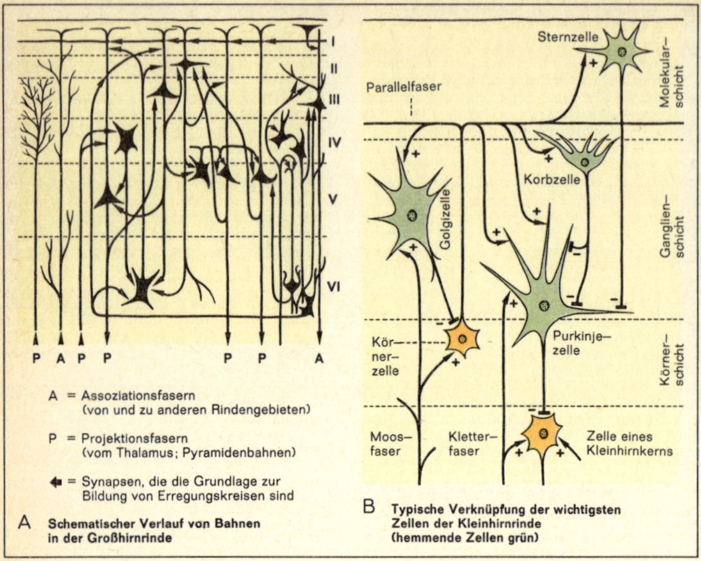

Bahnen der Groß- und Kleinhirnrinde

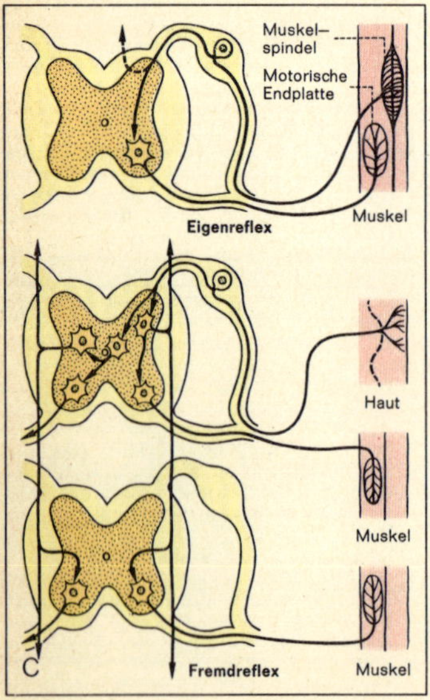

Reflexbögen

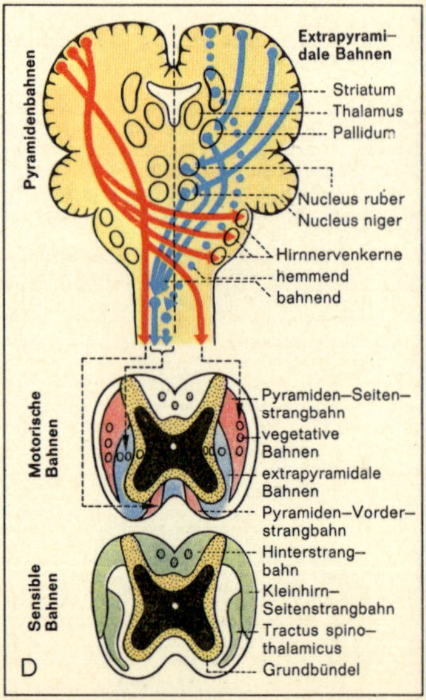

Herkunft und Verlauf wichtiger Bahnen im Rückenmark

Neuronenverbindungen in der Hirnrinde
sind die Grundlage für die hohen Leistungen des ZNS.

Der Aufbau der Großhirnrinde (A) zeigt schon im vereinfachten Schema die große Zahl von Schaltmöglichkeiten; dabei ist zu beachten, daß große Neurone über bis zu 10000 Synapsen mit anderen Nervenzellen verbunden sind. Bei Einschaltung nur weniger Zwischenneurone wird die Zahl der indirekten synapt. Kontakte ungeheuer groß.

Der Aufbau der Kleinhirnrinde (B) zeigt auch Schichtbau; spezif. Zell- und Leitelemente bilden Regelkreise:

Afferente Fasern gibt es in zwei Typen:

1. Kletterfasern, jede einer Purkinje-Zelle zugeordnet. Monosynapt. Reizung nach dem AoN-Prinzip, vermutlich zur Kontrolle des Erregbarkeitsniveaus: Die Purkinje-Zelle antwortet auf Kletterfaser-Reizung gewöhnlich mit 3–4 Entladungen, wenn sie gehemmt ist, nur mit einer.

2. Moosfasern, jede zu Hunderten von Körnerzellen ziehend. Diese sind über ihren Neuriten mit vielen Purkinje-, Golgi-, Stern- und Korbzellen verbunden.

Efferente Fasern sind nur die Neurite der Purkinje-Zellen.

Die Golgi-Zellen haben Synapsen mit Parallelfasern und Körnerzellen. Die Regelwirkung besteht in rückläufiger Hemmung (negative Rückkoppelungskontrolle der Körnerzellen-Aktivierung).

Stern- und Korbzellen haben Synapsen mit Purkinje-Zellen (vorwärts gekoppelte Hemmungsregelung). Die Erregungs-(excitatorischen) Synapsen der Moosfasern werden nicht durch antagonist. Hemmung am Wirkort, sondern durch Hemmung der nächsten Stufe ihrer Reizwirkung (Synapsen zw. Parallelfasern und Purkinje-Zellen) gesteuert.

Die Purkinje-Zellen hemmen endlich durch ihre Impulse Zellen der Kleinhirnkerne, die vom Hirnstamm, u. a. durch Kollateralen der Kletterfasern, erregt werden.

Die Gitterstruktur der Kleinhirnrinde ist wichtig für die Erregungsmuster:

- Die Längselemente des Gitters (Parallelfasern der Körnerzellen) sorgen bei einem Moosfaser-Impuls für einen bis 3 mm langen Erregungsstrahl, in dessen Bereich die Purkinje-Zellen gefördert sind.
- Die Querelemente des Gitters (Neurite der Korb- und Sternzellen) hemmen etwa 1 mm beiderseits des »Strahls« die Purkinje-Zellen. Ein Moosfaser-Impuls erregt so eine Zone von Purkinje-Zellen, an die sich beidseitig eine Hemmungszone anschließt. Die weitere Erregungsverarbeitung ist noch unklar.

Reflexbahnen
Viele Zellen des RM sind nicht an der Bildung langer Bahnen beteiligt, sondern überbrücken nur kurze Entfernungen. Sie sind bes. für den Reflex-Ablauf wichtig; sie verlaufen großenteils in den Grundbündeln (D) und absteigend im Hinterstrang.

Der Reflexbogen besteht aus sensiblen (afferenten) Neuronen von den Rezeptoren, Schaltzellen (Zwischenneuronen) zur Erregungsverteilung und motor. oder sekretor. (efferenten) Neuronen zu den Effektoren. Nach der Zahl der eingeschalteten Synapsen unterscheidet man:

1. Polysynaptische Reflexe, die Reflexfiguren zu biol. sinnvollen Handlungen koordinieren (z. B. Fluchtreflexe, koordinierte Tätigkeiten des Gesamtorganismus umfassend).

2. Monosynaptische Reflexe, nur in dem Sonderfall, daß Muskelkontraktionen durch Impulse ihrer eigenen Muskelspindeln (Dehnungsrezeptoren) ausgelöst werden.

Nach der Beziehung zw. gereiztem und Erfolgsorgan werden unterschieden: **Fremdreflexe** (diese Organe nicht identisch; stets polysynaptisch) und **Eigenreflexe** (makroskopisch beide Organe zusammenfallend; mono- oder polysynaptisch).

Leitungsbahnen im ZNS,
bes. deutlich in der weißen Substanz des RM (D), bilden funkt. zwei Gruppen:

1. Die motorischen Bahnen:

- **Die Pyramidenbahn,** aus langen, nicht unterbrochenen Fasern, meist gekreuzt in der Seitenstrangbahn, z. T. ungekreuzt in der Vorderstrangbahn zu den motor. Zellen der RM-Segmente laufend (oft über Zwischenneuronen vom Hinterhorn aus). Sie kann so das sensible System blokkieren (die isolierte Betrachtung motor. und sensibler Bahnen ist also eine Vereinfachung). – Ihre Fasern entspringen z. T. den Riesenzellen der prim. motor. Region der Großhirnrinde; sie enden z. T. an den Kernen der Brücke (Pons), über die das Kleinhirn in jede bewußte Muskelinnervation eingeschaltet wird. – Die spezif. Leistung der Pyramidenbahn ist die direkte Beeinflussung motor. Vorgänge durch die Großhirnzentren (fein abgestimmte Willkürbewegungen).
- **Die extrapyramidalen Bahnen** bilden kein einheitl. System, sind aber alle zw. ihren Ursprungsgebieten und dem RM mindestens einmal unterbrochen. – Ihre Leistungen sind: Einleitung, Förderung oder Dämpfung grober willkürl. Bewegungskomplexe, Verteilung des Muskeltonus, Auslösung unwillkürl. Bewegungen.

2. Die sensiblen Bahnen. Die Fasern treten in die Hinterwurzeln des RM ein und teilen sich zunächst in einen auf- und einen absteigenden Ast. Die Erregungsübertragung auf ein zweites, zum Thalamus ziehendes Neuron erfolgt im Hinterhorn (Schmerz- und Thermorezeptoren) oder in Nachhirn-Kernen (Rezeptoren für Druck und Berührung der Haut; Propriozeptoren). Das dritte Neuron führt dann zu den sensiblen Zentren der Großhirnrinde. – Verbindungen zu motor. Bahnen bestehen bes. auf zwei Ebenen:

- durch Reflexbahnen im RM (Auslösung unwillkürl. Bewegungen);
- durch Assoziationsbahnen im Großhirn (Auslösung willkürl. Handlungen).

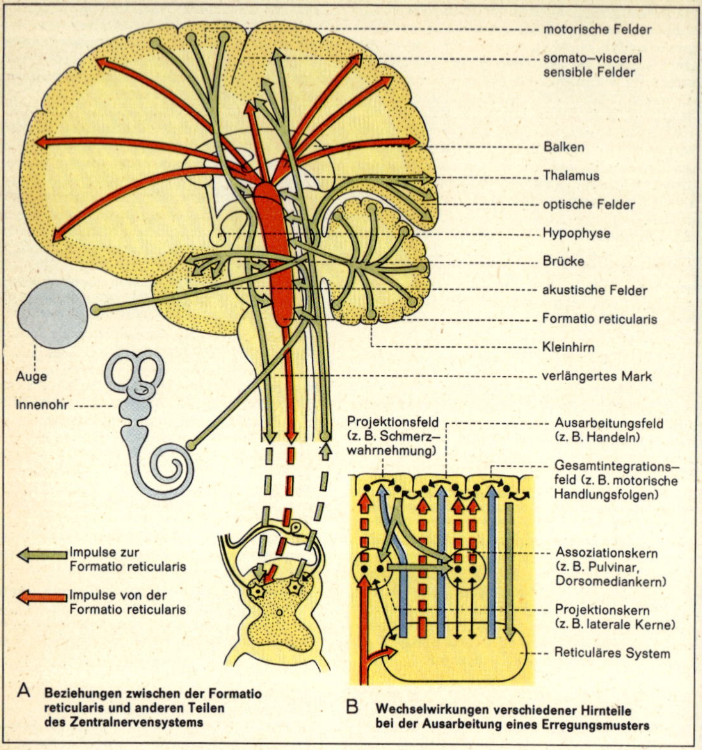

Beziehungen zwischen subcorticalen und corticalen Gebieten

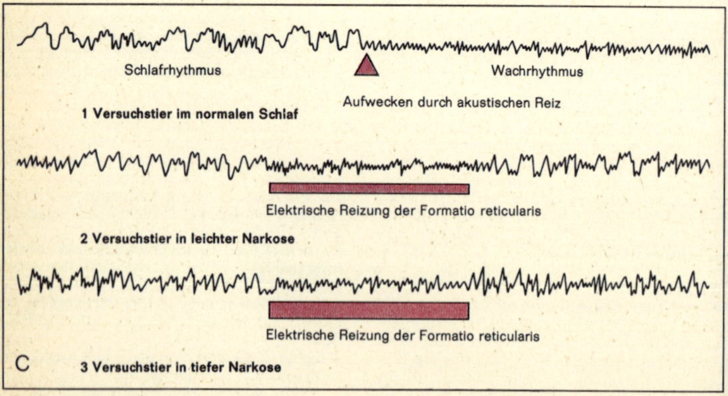

Die Weckwirkung der Formatio reticularis (elektrische Potentialschwankungen von der Großhirnrinde der Katze)

Die Großhirnrinde ist zwar insofern oberste Regelinstanz des NS, als ihre Impulse alle anderen Teile des NS beeinflussen; sie steht aber selbst unter der Kontrolle nied. Niveaus, deren Erregungen ihre Aktivität regeln.

Die Formatio reticularis (F. r.)
ist bes. an der Kontrolle des Großhirns beteiligt (A; der Begriff ist vorläufig und bedarf der Diff.). – Sie besteht aus kurzen, verfilzten Zwischenneuronen wie der Eigenapparat des RM (II, S. 367), als dessen Fortsetzung sie das Stammhirn bis zum Zwischenhirn durchzieht, am stärksten ausgeprägt im Tegmentum. – Sie ist kein funkt. einheitl. Gebiet, sondern in ihr liegen Kerne (z. B. der Einatmungskern; II, S. 367), von denen auch längere Bahnen ausgehen; doch gestatten zahlr. Zwischenverbindungen eine starke Erregungsausbreitung im Gesamtkomplex. – Die Verflechtung mit anderen Teilen des NS ist vielschichtig: alle sensor. Bahnen geben Kollateralen zur F. r. ab, ebenso Pyramiden- und extrapyramidale Bahnen; dazu kommen noch Bahnen aus dem Thalamus und vom Kleinhirn. Damit bestehen in der F. r. und zu Thalamus, Groß- und Kleinhirn zahlr. Erregungskreise. Man spricht daher vom reticulo-thalamo-corticalen System, in das der Hypothalamus und das Hypophysen-Hormonsystem (II, S. 322ff.) einzugliedern sind.

Die F. r. zeigt bes. zwei Leistungen:
- Einfluß auf Tonusverteilung der Muskulatur und Bewegungskoordination (z. B. Zusammenwirken der Atemmuskulatur; II, S. 367).
- Beeinflussung der Großhirntätigkeit über Zwischenneurone zu fast allen Großhirngebieten, z. T. über reticuläre Thalamus-Kerne.

Einflüsse der F. r. auf den Cortex

Die Weckwirkung beruht darauf, daß sensible Erregungen nicht nur spezif. Rindenfelder, sondern auch über Kollateralen Zentren der F. r. aktivieren, die das Erregungsniveau des Cortex so beeinflussen, daß Vorgänge ins Bewußtsein treten. Diese Weckreaktionen, erkennbar u. a. an charakterist. Veränderungen im EEG (C), sind auch durch elektr. Reizung im reticulären System auszulösen. Ableitung der Aktionsströme einzelner Nervenzellen zeigte keine Erhöhung der Zahl der Erregungen, sondern Neuverteilung. – Unter Einfluß best. Pharmaka bleibt die Aktivierung der F. r. durch sensible Erregung aus (keine bewußte Wahrnehmung). Cholinerge und adrenerge Fasern, die vom reticulären System zum Cortex ziehen, lassen sich durch best. Drogen selektiv blockieren und bewirken spezif. Veränderungen der Erregungsverteilung im Cortex (Psychopharmaka).

Der Schlafzustand ist durch elektr. Reizung eines Schlafzentrums (z. B. bei der *Katze* in den reticulären Kernen des Thalamus) herbeizuführen; Zerstörung des Weckgebietes führt zu Ohnmacht (kein echter Schlaf, in dem der Kontakt zur Umgebung ja nicht ganz abreißt). Das zeigt den Schlaf als aktiven Prozeß, während dessen im Körper die der Erholung dienenden Funktionen gesteigert sind (vgl. Vagus-Einfluß; II, S. 363). – Das Schlafzentrum hat einen endogenen Rhythmus, der aber bes. beim *Menschen* durch zahlr. exogene Faktoren (Zeitgeber) modifiziert werden kann. – Wie die Grade der Bewußtseinshelligkeit hängen auch die Stufen der Schlaftiefe vom Erregungsniveau der reticulären Zentren ab, die ihrerseits wieder auf corticalen und peripheren Erregungszuflüssen basieren (Aufwachen durch äußere Einflüsse).

Affekthandlungen sind auch durch Reizung best. Zentren im Hypothalamus hervorzurufen, z. B. ein isoliertes Wutverhalten, das nicht über die Reizwirkung hinaus nachwirkt (Pseudowut). Bei Entfernung des Cortex werden Versuchstiere bösartig, nach Entfernung des Hypothalamus ruhig, fast stumpf. – Die Versuche zeigen, daß die reticulären Strukturen des Hypothalamus wichtig für emotionelle Äußerungen sind. Hier liegen auch Bahnen, die für die Beeinflussung vegetativer Reaktionen (Pupillen, Schweißdrüsen, Kapillaren) durch Affekte verantwortlich sind.

Die Ausarbeitung eines Erregungsmusters geschieht unter Beteiligung der F. r. nach best. Gesetzmäßigkeiten (B):
- Grundlage einer Wahrnehmung ist z. B. ein Erregungsmuster, das über die lateralen Projektionskerne des Thalamus zu einem sensiblen Projektionsfeld kommt. Dabei findet im Thalamus und im Rindenfeld wechselseitige Beeinflussung statt, die das auslaufende Erregungsmuster gegenüber dem einlaufenden verändert (1. und 2. Integrationsstufe).
- An weiteren Integrationsstufen sind benachbarte Rindenfelder und solche des Frontalhirns beteiligt; in die weitere Ausarbeitung des Musters auf diesen Stufen bleibt das prim. Projektionsfeld eingeschaltet.
- Zusätzl. Erregungen fließen von Assoziationszentren des Thalamus und von unspezif. reticulären Kernen zu. Auch diese stehen in Wechselwirkung mit dem Cortex: die subcorticale Aktivität reicht nicht aus oder ist falsch verteilt ohne Impulse von Rindengebieten her, andererseits kann in diesen die weitere Ausarbeitung, Integration und erneute Diff. bei Fehlen subcorticaler Impulse nicht erfolgen.

Die zwei ersten Stufen sind beständig gegen Narkoseeinflüsse; die weiteren Stufen werden durch Narkotika gehemmt, die entweder auf die Rindenfelder oder die subcorticalen Systeme wirken. Im zweiten Fall wirken zwar noch Impulse auf das Projektionsfeld, eine bewußte Wahrnehmung bleibt aber aus. – Auch Muster für Willkürbewegungen entstehen nicht im motor. Projektionsfeld allein; sie werden ebenfalls im Zusammenwirken mit anderen Rindenfeldern und mit dem Thalamus ausgearbeitet und von der F. r. her aktiviert.

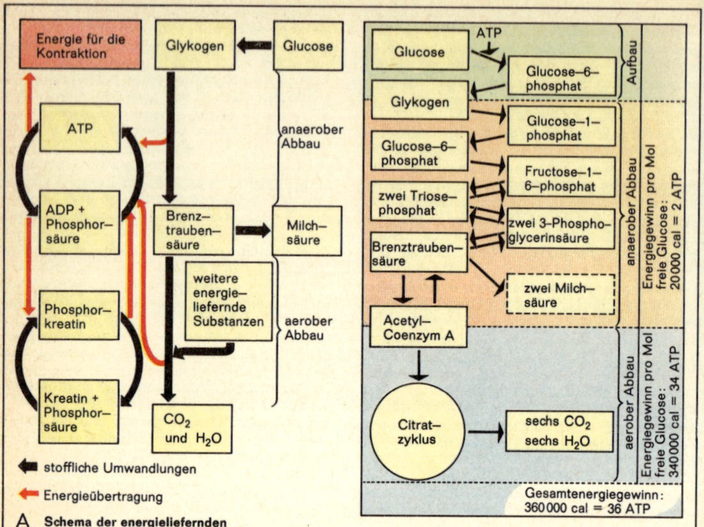

A **Schema der energieliefernden Prozesse im Muskel**

B **Kohlenhydratabbau im Muskel**

Der Energiehaushalt des Muskels

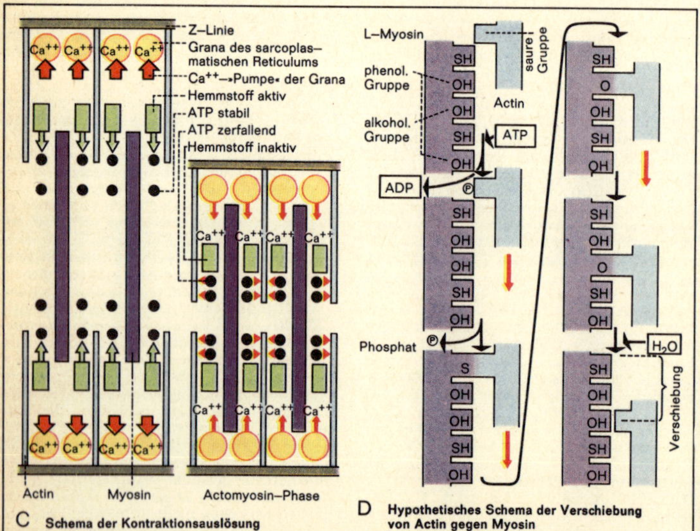

C **Schema der Kontraktionsauslösung im Muskel**

D **Hypothetisches Schema der Verschiebung von Actin gegen Myosin**
(6 aufeinanderfolgende Zustände)

Der Kontraktionsvorgang

Die Muskelbewegung ist an hochdiff. Muskelzellen und -fasern versch. Typen geknüpft (I, S. 73); hier werden nur die quergestreiften Muskelfasern berücksichtigt.

Die chemische Zusammensetzung des Muskels zeigt mehrere charakterist. Stoffgruppen:

Die Muskeleiweiße umfassen zwei Fraktionen:

1. Die lösliche Fraktion enthält neben Globulin-x und Myoglobin vor allem die Myogengruppe (rd. 30 % des Muskeleiweißes), die im wesentlichen das Sarcoplasma bilden und zahlr. Glykolyse-Enzyme enthalten.

2. Die unlösliche Fraktion (Eiweiße der Myofibrillen) enthält hauptsächlich:

- Das Myosin (35 % des Muskeleiweißes) in den A-Bändern (I, S. 72 A); mit der Struktur einer wohl 2- oder 3-fädigen verseilten Spirale. Es zerfällt durch Kurzeinwirkung von Trypsin in a) das schwerere H-Meromyosin (MG 250000), das wie Myosin ATP-ase-Wirkung hat, b) mehrere Moleküle des leichteren L-Meromyosin (MG 100000).
- Das Actin (14 % des Muskeleiweißes) in den I-Bändern kommt in zwei Formen vor: a) das globuläre G-Actin (MG 60000), b) das fibrilläre F-Actin, das aus G-Actin entstehen kann und period. Regelmäßigkeiten zeigt wie das intakte Muskelpräparat.
- Das Actomyosin entsteht aus Myosin (bzw. seiner H-Meromyosin-Komponente) und Actin durch Komplexbildung unter Viskositätserhöhung. Actomyosinfäden sind als Muskelmodelle wichtig (sie verkürzen sich in KCl-Lösung in Gegenwart von Mg^{++}-Ionen bei Zusatz von ATP).
- Das Tropomyosin (5–10 % des Muskeleiweißes; MG 53000) ist als 2-fädige Spirale, vermutlich mit Actin verbunden, Bestandteil der Z-Linien (Zwischenscheiben, die die Sarcomere [Struktureinheiten der Muskelfibrille] begrenzen).

Energieliefernde Substanzen sind besonders:

- ATP, lokalisiert vor allem in den I-Bändern zw. den Actinfibrillen.
- Kreatinphosphat, steht mit dem ATP-System in Wechselbeziehung (A).
- Glykogen als Hauptenergiedonator aller Muskeln (bis 4 %, im Mittel 0,5–1 %).
- Fette werden in manchen *Insekten*-Gruppen direkt als Energiequelle genutzt.

Die Ionen sind z. T. für die der Kontraktion zugrunde liegenden Stoffwechselprozesse wichtig (bes. Ca^{++} und Mg^{++}).

Der Stoffwechsel des Muskels
ist gekennzeichnet durch Anpassung an die Kontraktilität. – Grundvorgänge sind:

1. Die Spaltung von ATP (II, S. 303) zu ADP und Phosphat unter katalytischer Wirkung des Actomyosins (= ATP-ase) liefert die Energie für den Kontraktionsvorgang.

2. Die Spaltung von Kreatinphosphat in Kreatin und Phosphat liefert ebenfalls Energie, die zur Resynthese von ATP verwandt wird.

3. Der Abbau von Glykogen (und Glucose) liefert Energie (B) zur Bildung eines energiereichen Phosphats, das seine Phosphorsäure auf Kreatin oder ADP überträgt (Resynthese von Kreatinphosphat oder ATP). – Da oft die O_2-Zufuhr nicht reicht, führt der Kohlenhydratabbau nur z. T. zu CO_2 und H_2O:

- Der anaerobe Abbau des Glykogens führt zur Brenztraubensäure, die dann zu Milchsäure reduziert wird. Diese häuft sich im Muskel an oder diffundiert ins Blut; sie ist Zeichen einer »O_2-Schuld« des Körpers. Nach Abklingen der Muskeltätigkeit wird sie unter O_2-Aufnahme reoxydiert und dann zu CO_2 und H_2O abgebaut ($^1/_6$) oder zur Resynthese von Glykogen ($^5/_6$) verwendet.
- Der aerobe Abbau der Brenztraubensäure verläuft im Citratzyklus (II, S. 305).

4. Die Ergänzung des Glykogens erfolgt über das Blut von der Leber her.

Der Kontraktionsvorgang
Die noch unvollständigen Kenntnisse wurden im wesentl. an Modellen gewonnen:

- Fadenmodelle erhält man durch Fällen von Actomyosin aus Lösungen.
- Fasermodelle umfassen den Muskelrest, der nach Extraktion der niedermolekularen Bestandteile zurückbleibt.

Danach wirkt im Muskel ein komplexes System mit Myosin, Actin, ATP, Mg^{++} und Ca^{++} als wirksamen Faktoren.

Die Doppelfunktion des ATP (neben seiner Aufgabe als Energielieferant) ist wesentl. für die Muskelkontraktion und -erschlaffung:

1. Die Weichmacherwirkung beruht wohl darauf, daß ATP die Bindungsstellen des Myosins für Actin besetzt und so die Bindung verhindert. Der ATP-Zerfall (durch die ATP-ase-Wirkung des Myosins) führt durch Assoziation der Filamente zur Fixierung eines Kontraktionszustandes (z. B. Totenstarre). Dieser Zerfall wird aber durch best. Stoffe des Sarcoplasmas gehemmt.

2. Die kontraktionsauslösende Wirkung (C) beruht auf Zerfall und Resynthese des ATP im Zusammenwirken mit den Hemmstoffen im Sarcoplasma: Erregung führt zu zeitweiliger Inaktivierung des Hemmstoffes, zu ATP-Zerfall und Kontraktion; bei Wiedereinsetzen der Hemmwirkung erfolgt Resynthese des ATP und damit Erschlaffung des Muskels. – Die Hemmstoff-Inaktivierung geschieht durch Ca^{++}-Ionen, die, in Bläschen (Grana) gespeichert, bei Erregung ins Sarcoplasma diffundieren, dann aber von den Grana aktiv wieder aufgenommen werden (Ca-Pumpe der Grana). Fehlt eine Erregung, geben die Grana Hemmstoff ab.

Der eigentliche Kontraktionsvorgang beruht auf gleitender Verschiebung der Actin-Filamente (D; Denkmodell): Das ATP überträgt die endständige Phosphorsäure unter Mitwirkung des Myosins auf eine saure Gruppe des Actins. Sie wird dann gegen den Schwefelrest einer SH-Gruppe am Myosin ausgetauscht; durch weitere Reaktionen, wobei die Bindungen immer energieärmer werden, rückt das Actin am Myosin weiter. Wird schließlich die durch Hydrolyse freiwerdende saure Gruppe des Actin neu phosphoryliert, wiederholt sich der Vorgang.

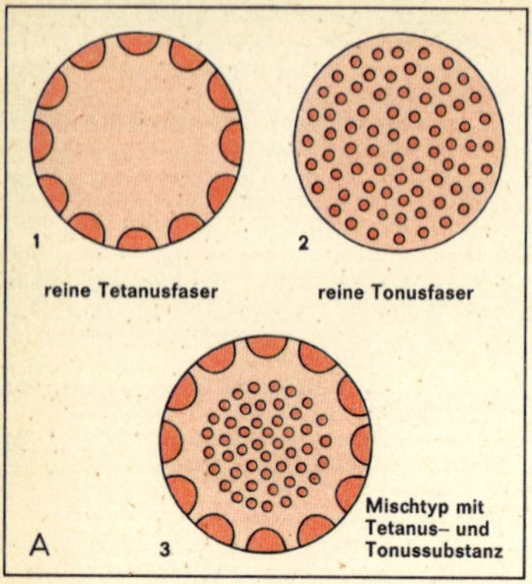

Schematische Querschnitte glatter Muskelfasern

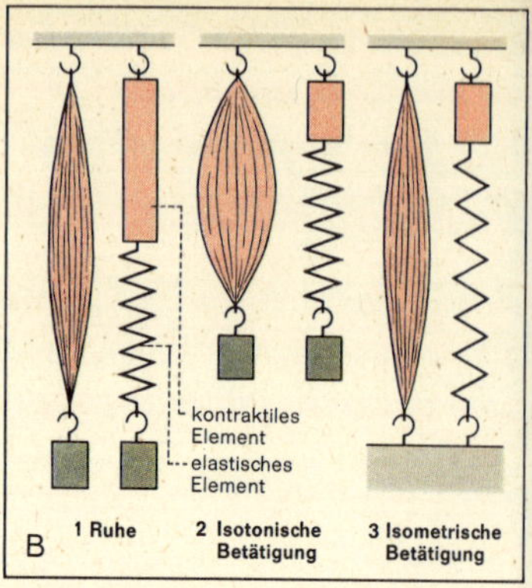

Schema isotonischer und isometrischer Muskelbetätigung

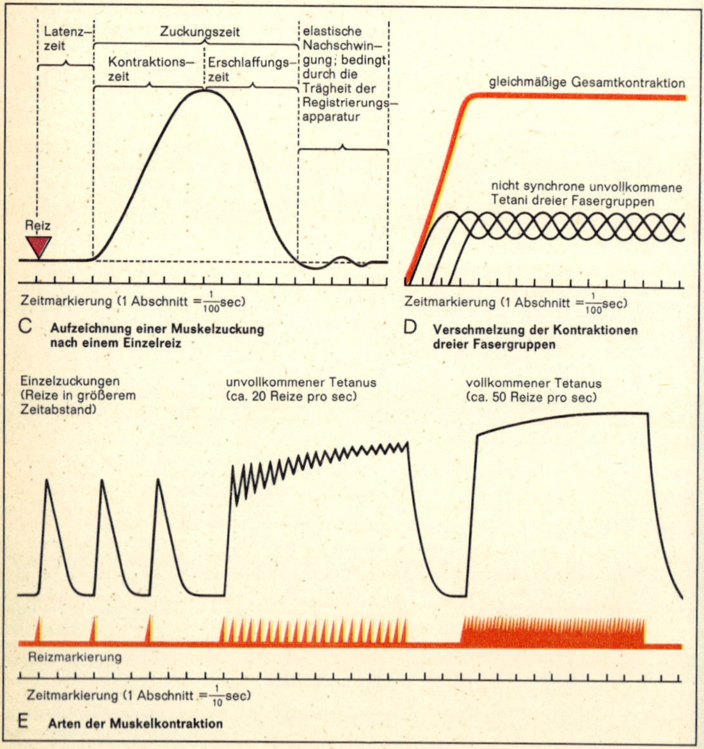

Aufzeichnung von Muskelkontraktionen

Das Grundelement des Muskels ist in zwei Richtungen differenziert:
- die Bewegungs-(tetanische) Fibrille, die durch Verkürzung Bewegungen auslöst;
- die Halte-(tonische) Fibrille, die in einem best. Kontraktionszustand ohne wesentl. Energiezufuhr verharrt.

Meist sind beide Funktionen in einem Muskel vereinigt: z. B. finden sich in Bewegungsmuskeln der *Wirbeltiere*
- rote Fasern mit stärker tonischen,
- weiße Fasern mit stärker tetanischen Eigenschaften.

Auch bei Einzelfibrillen gibt es histolog. Strukturen, die die zwei Funktionen repräsentieren (A). – Auch in quergestreiften *Wirbeltier*-Muskeln gibt es entspr. Typen: Muskeln mit bandförm. Säulchenfelderung (tonische Wirkung) und mit feiner Fibrillenfelderung (tetanische Wirkung).
Trotzdem scheinen beide Funktionen auf gleichen Elementarstrukturen zu beruhen; die Nervenimpulse und die von ihnen bewirkten spezif. Veränderungen an den kontraktilen Substraten entscheiden darüber, ob tonische oder tetanische Reaktion einer Fibrille überwiegen.

Der tetanische Muskel
(z. B. quergestreifter Skelettmuskel), bei dem Dauerverkürzung durch Summation von Einzelreizen eintritt (Tetanus), eignet sich bes. zur Untersuchung der Reizreaktion.
Die Reizung des Muskels
kann erfolgen:
- indirekt, d. h. durch Zuleitung der Erregung über motor. Nerven;
- direkt, z. B. nach Ausschalten der motor. Endplatten durch das spezif. wirkende Gift Curare.

Versch. Reizqualitäten (osmot., chem., mechan., therm.) bewirken Kontraktion; im Experiment setzt man meist elektr. Reize, da sie leicht dosierbar sind, der natürl. Reizung ähneln und somit den Muskel nicht schädigen. – Die Reizwirkung beruht auf Änderung der Stromdichte, konstanter Strom erregt den Muskel nicht. – Elektr. leicht erregbare gestreifte Muskeln sind mechan. nur schwer reizbar, elektr. schwer erregbare glatte reagieren schon auf leichte Dehnungsreize. – Acetylcholin, der natürl. Erregungsüberträger vom Nerv auf den Muskel, wirkt auf gestreifte Muskeln in Konzentrationen um 10^{-6} g/l, auf glatte schon bei 10^{-16} g/l.
Das Verhalten des Muskels bei Einzelreizung
Die Muskelkontraktion kann auf zwei grundsätzl. versch. Arten erfolgen (B):
- Isotonische Kontraktion leistet ein isolierter Muskel beim Heben eines Gewichts, wobei er sich verkürzt, seine Spannung aber gleich bleibt.
- Isometrische Kontraktion zeigt ein fest eingespannter Muskel, der nicht seine Länge, sondern seinen Spannungszustand ändert. – Im Körper sind, z. B. beim Heben eines Gewichts, meist beide Arten kombiniert (auxoton. Kontraktion): isometr. Phase bis zum Abheben des Gewichts, dann fast isoton. Kontraktion (nicht genau, wegen Änderung der Länge des Hebelarms).

Die einzelne Muskelfaser folgt der AoN-Regel (maximale Kontraktion bei überschwelligen Reizen), wobei die Kontraktionswelle sich vom Erregungsort beidseitig fortpflanzt. Die Aufzeichnung einer Kontraktion (C) zeigt nach der Latenzzeit (bei Skelettmuskeln 0,004–0,01 sec) die Zuckungszeit (bei quergestreiften Muskeln: bis 1,8 sec bei *Schildkröten;* bei glatten: bis 600 sec bei *Muscheln*); die Nachschwingungen beruhen auf der Trägheit der Schreibapparatur. Die Refraktärzeit, in der der Muskel unerregbar ist, liegt in der Größenordnung der Latenzzeit; eine Dauerreizung der einzelnen Faser ist also nicht möglich.
Der Gesamtmuskel folgt der AoN-Regel nicht, da die Schwellen der Einzelfasern versch. sind. Stärkere Reizung erfaßt mehr Fasern und bewirkt stärkere Kontraktion.
Das Verhalten bei wiederholter Reizung ändert sich bei steigender Reizfrequenz (E): es kommt zu Summation, da bei Eintreffen eines neuen Reizes vor Abklingen der Zukkung sich die neue Kontraktion unter Steigerung der Hubhöhe der alten auflagert. – Bei starker Ermüdung bleibt nach Reizende ein langsam abklingender Kontraktionsrückstand (Kontraktur). – Bei natürl. Innervation werden einzelne Fasergruppen asynchron erregt (D), die dann insgesamt einen vollkommenen Tetanus zeigen (kontraktiler Tonus). – Nicht tetanisierbar ist wegen der langen Refraktärperiode der Herzmuskel. Jede andere Muskelkontraktion ist tetanisch, da das ZNS stets Impulsserien über die motor. Nerven sendet.

Der tonische Muskel (Trage-, Sperrmuskel) wird durch den typ. glatten Muskel repräsentiert. Auch er enthält Actin und Myosin, aber in geringerer Menge, schwerer zu trennen und offenbar anders eingebaut. Da auch Endplatten fehlen (statt dessen sind die vegetativen Nerven weit verzweigt) und da die Erregung auch muskulär geleitet wird, sind Kontraktionsablauf und Erregungsausbreitung anders als beim tetan. Muskel. Die Kontraktionsdauer ist im allg. stark erhöht.
Die plastische Veränderung ist Hauptmerkmal glatter Muskeln. Ihre Grundlage sind die kontraktilen Elemente des Muskels, deren Moleküle bleibend umgeordnet werden, so daß der Zustand ohne weitere Energiezufuhr erhalten bleibt. Dieser plastische Tonus ist in gedehntem Zustand (z. B. gefüllte Harnblase) und in kontrahiertem nach tetan. Kontraktion (z. B. Blutgefäße) möglich. Aufgehoben wird die plastische Veränderung im ersten Fall durch isoton., im zweiten durch isometr. Kontraktion.
Der Sperrtonus (z. B. bei Schließmuskeln von *Muscheln*) basiert anders als die erwähnten zwei Tonustypen auf dem Tropomyosin (II, S. 373), dessen Viskosität bei Kontraktion abnimmt, so daß der Zustand auch gegen starke Kräfte erhalten bleibt.

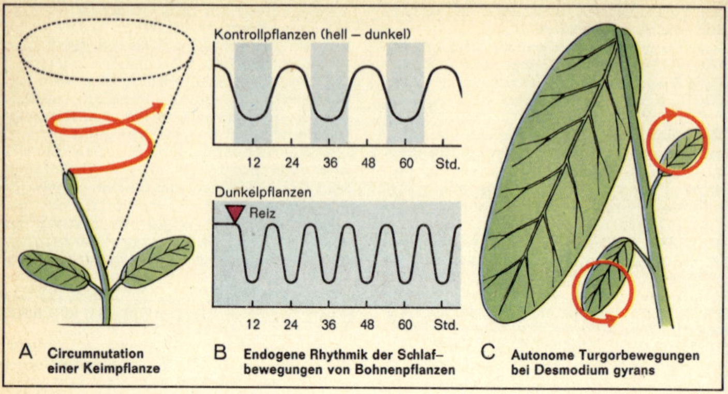

A **Circumnutation einer Keimpflanze**

B **Endogene Rhythmik der Schlafbewegungen von Bohnenpflanzen**

C **Autonome Turgorbewegungen bei Desmodium gyrans**

Autonome Bewegungen bei Pflanzen

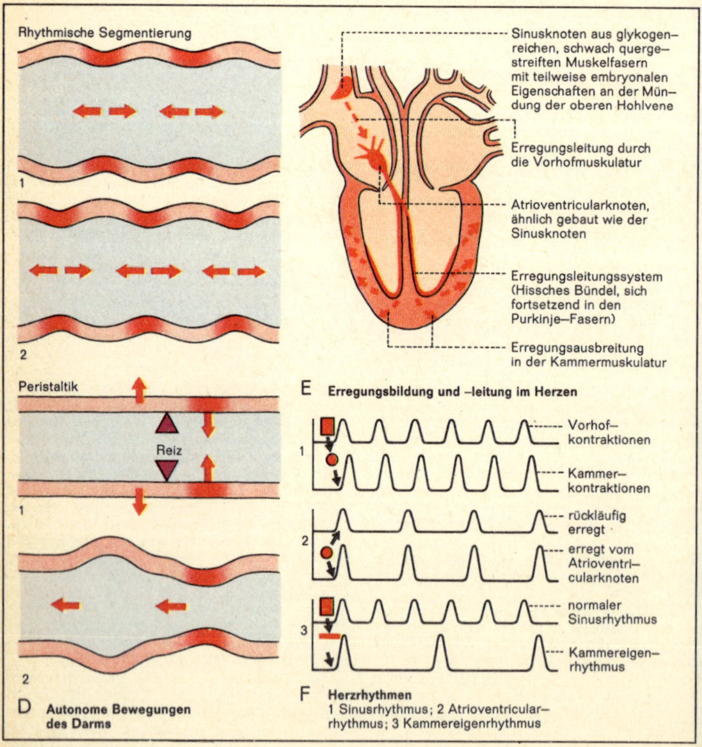

E **Erregungsbildung und -leitung im Herzen**

D **Autonome Bewegungen des Darms**

F **Herzrhythmen**
1 Sinusrhythmus; 2 Atrioventricularrhythmus; 3 Kammereigenrhythmus

Autonome Bewegungen bei Tieren

Autonome (endogene) Bewegungen der Pflanzen sind zwar von Außenfaktoren abhängig (bes. von der Temperatur, z. B. in der Ablaufgeschwindigkeit), werden aber nicht von ihnen ausgelöst und gesteuert.
Autonome Wachstumsbewegungen (Nutationen) finden sich bes. bei jungen Sprossen und Blütenteilen; sie beruhen auf ungleichmäßigem Wachstum der Organ-Seiten.
1. Pendelnde Bewegungen (gegenüberliegende Flanken des Organs abwechselnd im Wachstum gefördert): Sie treten u. a. auf bei Blütenschäften der *Küchenzwiebel* und bei Keimscheiden mancher *Gräser*.
2. Kreisende Bewegungen (Circumnutationen: stärker wachsende Zone wandert regelmäßig um den Sproß): Bes. Ranken und Sprosse windender Pflanzen führen so Suchbewegungen aus (A).
Autonome Turgor-(Variations-)Bewegungen erscheinen wohl am häufigsten bei den
Nyctinastischen (Schlaf-)Bewegungen. Diese sind unter natürl. Bedingungen induziert (II, S. 339); ihre autonome Komponente wird aber deutlich bei konst. Bedingungen, unter denen die period. Bewegungen, wenigstens noch einige Zeit, andauern. *Bohnen*-Pflanzen, bei absoluter Dunkelheit und konst. Temperatur gezogen, zeigen auf Temperaturreiz hin nyctinastische Bewegungen in 12-stündigem Rhythmus unabhängig vom kosmischen Tagesrhythmus (B).
Kreisende Bewegungen (bei Optimaltemperatur [35°] rd. 1 Min./Umlauf) zeigen die Fiederblätter eines ostindischen *Schmetterlingsblütlers* (C); weniger intensive Bewegungen haben auch andere Pflanzen (z. B. *Sauerklee*, *Averrhoa*).
Der Mechanismus, der den autonomen Turgorbewegungen zugrunde liegt, wird auf Permeabilitätsschwankungen des Plasmas zurückgeführt, die ihrerseits auf rhythm. Stoffwechselprozessen beruhen (z. B. tages-period. Schwankung der CO_2-Assimilation, period. Abfluß von Wuchsstoff aus Vegetationskegeln und Blattspreiten).

Autonome Bewegungen bei Tieren
sind wie bei *Pflanzen* zu definieren als nicht auf Umweltänderungen beruhend, sondern auf inneren Aufladungsvorgängen, als deren Folge »spontane« Entladungen (oft rhythmisch) auftreten.
Die Motorik des Dünndarms
ist Beispiel für zahlr. ähnl. Vorgänge (Peristaltik der übrigen Darmabschnitte, Kontraktionen von Blutgefäßen).
Die Fähigkeit spontaner Erregungsbildung der glatten Muskeln ist ihre Grundlage. Ihr Membranpotential ist niedriger als beim Skelettmuskel und damit näher dem kritischen Wert, bei dem eine fortgeleitete Erregung entsteht (II, S. 357). – Bei Hohlorganen löst Dehnung eine Membran-Depolarisierung der glatten Wandmuskulatur und damit Erregungsbildung aus (auch bei Ausschaltung aller motor. Nerven).
Die Ausbreitung der Erregung erfolgt über benachbarte Muskelzellen (myogene Leitung) auf oft große Gebiete. Statt anatom. festliegender motor. Einheiten (bei quergestreiften Muskeln: Nerv mit zugehörigen Endplatten und Muskelfasern) gibt es beim glatten Muskel nur in Größe und Synchronisation wechselnde funkt. Einheiten.
Die Koordinierung der Erregungen geschieht durch das zw. Quer- und Längsmuskeln liegende Nervennetz (Plexus myentericus), während der unter der Schleimhaut gelegene Plexus submucosus nervöse Erregungen zu den Darmdrüsen überträgt und die Rhythmik der Zottenbewegung regelt.
Den Bewegungen des Dünndarms, auch am isolierten Darm auslösbar, sind drei Typen zuzuordnen (D):
1. Die rhythmische Segmentierung beruht auf segmentaler Ringmuskel-Kontraktion und Erschlaffung der dazwischen liegenden Darmstücke. Da bis 22 mal/Min. die einzelnen Abschnitte ihren Zustand wechseln, wird der Nahrungsbrei hin- und herbewegt.
2. Das Pendeln beruht auf rhythm. Kontraktionen der Längsmuskulatur best. Darmabschnitte, durch die ganze Darmschlingen Pendelbewegungen ausführen; der Inhalt wird dabei auf der Schleimhaut verschoben.
3. Die peristaltische Wellenbewegung zum Transport des Darmbreies ist auszulösen durch Erhöhung des Wanddruckes: Oberhalb dieser Stelle kontrahiert sich die Muskulatur, unterhalb erschlafft sie; Kontraktions- und Erschlaffungsring wandern dann abwärts.
Die Autonomie des Säugerherzens
Im Gegensatz zum Skelettmuskel, der sich nur bei Erregungszufluß von außen kontrahiert, produziert das Herz auch isoliert die nötigen Erregungen und schlägt unter geeigneten Bedingungen weiter. Nervöse Einflüsse modifizieren nur diese autonome Erregungsproduktion.
Der Sinusknoten (»Schrittmacher des Herzens«), die Stelle der prim. Erregungsbildung, liegt an der Mündung der oberen Hohlvene (E). Die als Folge einer Depolarisation entstehenden Erregungen leitet die Vorhofmuskulatur weiter zum
Atrioventricularknoten. Von ihm gehen leitende Strukturen aus, die die Erregung auf die Kammermuskulatur übertragen.
Der Rhythmus der Herztätigkeit kann experimentell, aber auch durch Krankheit verändert werden (F):
- Der Sinusrhythmus prägt sich dem Atrioventricularknoten und damit dem ganzen Herzen auf; die Kammern kontrahieren sich kurz nach den Vorhöfen.
- Der Atrioventricular-Eigenrhythmus, der langsamer ist, tritt bei Zerstörung des Sinusknotens auf; Vorkammern und Kammern kontrahieren sich gleichzeitig.
- Der Kammer-Eigenrhythmus, noch langsamer, stammt von einem tertiären Erregungszentrum bei Ausfall des Atrioventricularknotens (unterbrochene Erregungsleitung: totaler Herzblock); die Vorkammern können in diesem Fall den ursprüngl. Sinusrhythmus zeigen, wenn der Sinusknoten intakt ist.

	Fremd–reflex	Eigen–reflex
Synapsen–zahl	poly–synaptisch	mono– oder polysynaptisch
Reflex–bahn	Ausbreitung abhängig von der Reiz–intensität	isoliert
Reflex–zeit	relativ lang; abhängig von der Reiz–intensität	relativ kurz; konstant
Reflex–erfolg	Tetanus	Einzel–zuckung
Reiz–summation	deutlich	gering
Ermüd–barkeit	deutlich	sehr gering

A **Unterschiede zwischen Fremd- und Eigenreflexen**

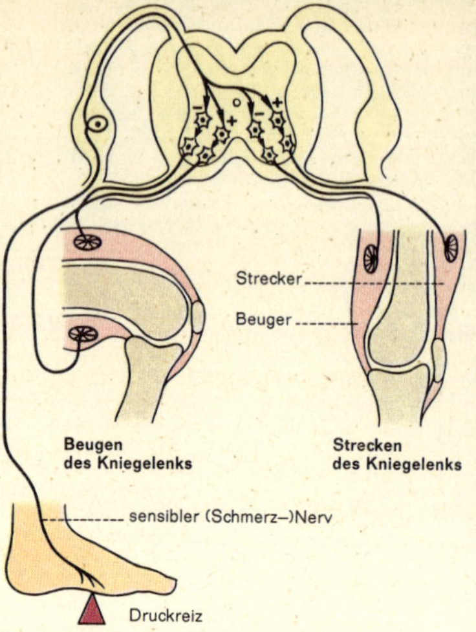

B **Schema der reziproken Innervation beim gekreuzten Streckreflex der Kniegelenke**

Fremd- und Eigenreflexe

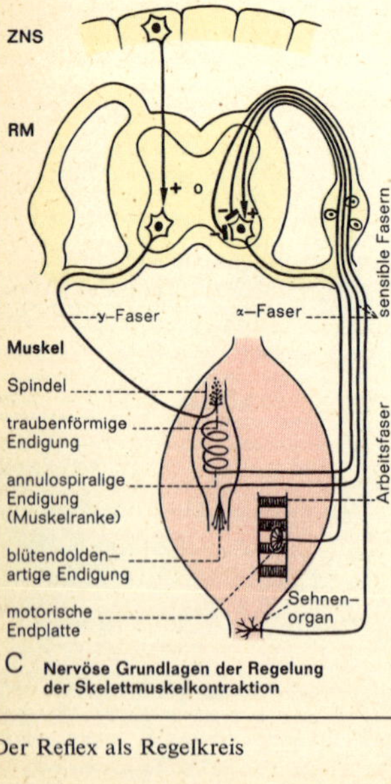

C **Nervöse Grundlagen der Regelung der Skelettmuskelkontraktion**

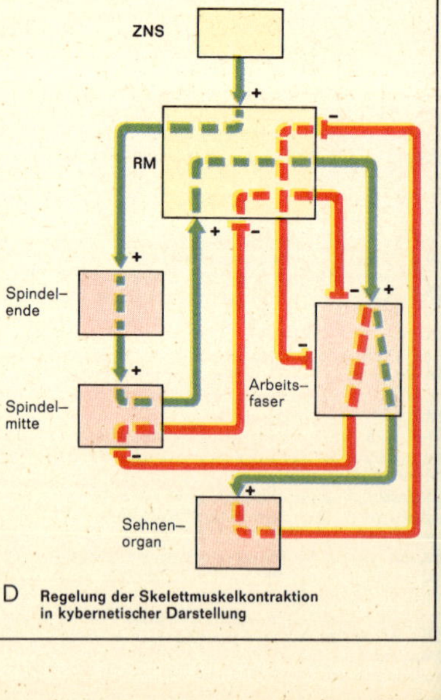

D **Regelung der Skelettmuskelkontraktion in kybernetischer Darstellung**

Der Reflex als Regelkreis

Reflex nennt man die Reaktion eines Effektors (meist eines Muskels) auf eine Erregung, die ihm auf festliegenden Bahnen zufließt. – Reflexe im Wortsinn (»Rückleitung« der Erregung) sind nur die Eigenreflexe, bei denen das reizaufnehmende Organ auch Effektor ist. – Eine Gliederung der Reflexe ist nach versch. Aspekten möglich.

Motorische Reflexe
bilden zwei Gruppen (vgl. auch II, S. 369):
1. Fremdreflexe: Ihr stets polysynaptischer Reflexbogen spricht meist zahlr. Muskelgruppen an, wobei Reflexkollateralen oft mehrere RM-Segmente erregen (plurisegmentale Reflexe), so daß die Muskulatur fast des gesamten Organismus reagieren kann. Entsprechend ist die Funktion sehr vielfältig (Schutz-, Fluchtbewegungen).
- **Kratzreflexe** zeigen die Fremdreflex-Natur bes. deutlich: Lokalisierte Juckreize (z. B. am Rumpf) führen zu Erregungen der Gesamtmuskulatur einer oder mehrerer Extremitäten, die gezielte Bewegungen unter Rückmeldungskontrolle (Regelkreis-Prinzip) bewirken.
- **Beugereflexe** führen oft zu komplizierten Bewegungsabläufen: Bei starkem Druck auf die Sohle eines Fußes wird über sensible Nerven der Kniegelenk-Beuger des gleichen Beines erregt (B), sein Antagonist gehemmt. Am Kniegelenk des anderen Beines werden umgekehrt der Strekker gefördert und der Beuger gehemmt (reziproke Innervation; führt zum gekreuzten Streckreflex). – Bei stärkerer Reizung werden weitere Muskelgruppen erfaßt; der Reflex liefert Innervationsmuster, die über das Wegziehen hinaus zu Fluchtbewegungen führen.
Bei einem »Spinaltier«, dessen Reflextätigkeit durch Ausschaltung des Hirns erhöht ist, läßt sich so durch wechselseitige Druckreizung der Beine eine grobe Laufbewegung erzeugen. Möglicherweise liegt in diesem Mechanismus eine Urform der Bewegung vor, auf der sich die höh. Motorik aufbaut und die durch Einflüsse höh. Zentren vielseitig modifiziert ist (willkürl. Komponenten).

2. Eigenreflexe sind wichtig bes. zur Regelung von Tonus und Kontraktionen.
Die Regelung der Skelettmuskelkontraktion ist ein Beispiel für das Regelkreis-Prinzip der Reflexe: Rückmeldung vom Effektor ermöglicht dem ZNS, Soll- und Istwerte aufeinander abzustimmen. Der Reflexmechanismus arbeitet im gewählten Beispiel auf drei Funktionsebenen:
- **Das ZNS** sendet bei Einleitung einer Willkürbewegung (z. B. Heben eines Gewichts) ein entspr. Programm von der motor. Großhirnrinde über Pyramidenbahnen ins RM.
- **Im Rückenmark** wird die Erregung über eine Vorderhorn-Zelle zum Effektor geleitet.
- **Der Muskel** (Effektor) wird zunächst gereizt über leicht erregbare, dünne γ-Nervenfasern (γ-System der motor. Innervation), die zu Muskelspindel-Enden ziehen und diese zur Kontraktion bringen, ohne daß sich zunächst der Gesamtmuskel kontrahiert. – Der Mittelteil der Muskelspindel (nicht kontraktil) ist mit spezif. Dehnungsrezeptoren (Muskelranken) verbunden, die erhöhte Impulsfrequenzen ins RM senden. Die motor. Bahnen dieses Reflexbogens sind dickere, schwerer erregbare α-Fasern (α-System der motor. Innervation); sie erregen nun die eigentl. Arbeitsmuskelfasern und bringen die Kontraktion des Muskels (feiner dosiert als bei direkter Erregung über das α-System). Diese entlastet die Muskelspindeln, was zum Absinken der Muskelranken-Frequenz führt und damit zur reflektor. Entspannung der Arbeitsfasern (Einstellen eines Gg-Zustandes).

Dieses Regelsystem dosiert die vom Muskel nach dem Willkür-Programm zu entwikkelnde Kraft optimal (reflektor. Zuschaltung von Einzelfasern: Servomechanismus).
Schnelle Bewegungen, die von direkter Erregung über das α-System herrühren, würden leicht zu heftig ausfallen; doch werden zwei Hemm-Reflexe aktiviert:
- **Im Antagonisten** werden die Spindeln gedehnt und seine Arbeitsmuskelfasern zur Kontraktion veranlaßt; sie wirken dann der Bewegung des ursprüngl. gereizten Muskels (Agonisten) entgegen.
- **Im Agonisten** werden Spannungsrezeptoren (Sehnenorgane) gereizt und bewirken reflektor. eine Kontraktionshemmung (C).

Der kontraktile Tonus der Skelettmuskulatur, der Änderungen der Körperhaltung angepaßt werden kann, kommt großenteils dadurch zustande (neben anderen Reflexen des RM und höh. Zentren), daß bei Dehnung des Muskels über spezif. Dehnungsrezeptoren der Spindeln (blütendoldenartige Endigungen) reflektor. zusätzl. motorische α-Fasern und damit Arbeitsmuskelfasern aktiviert werden (Einhaltung einer Körperstellung ohne bewußte Kontrolle).
Die Eigenreflexe des Skelettmuskels sind daher von Bedeutung für:
- Aufrechterhaltung des Körpers (Überwindung der Schwerkraftwirkung beim Stehen);
- Stellung der einzelnen Gelenke;
- Feinregulierung der Bewegungen.

Ausfall der ständigen sensiblen Kontrolle zeigt bes. deutl. bei Gehbewegungen die Bedeutung sensibler Rückmeldungen:
- der Gang wird unkontrolliert stampfend;
- das Kniegelenk wird übermäßig nach hinten durchgedrückt.

Auch der Einfluß höh. Zentren auf die Motorik wird modifiziert, da ja oft die Erregung der Muskeln auf dem Umweg über die Muskelspindeln reflektorisch erfolgt.

Trophische Reflexe
(Kreislauf- und Ernährungsreflexe) wirken bes. im Bereich der inneren Organe; bei ihren Reflexbogen gehört wenigstens die effektor. Faser zum sympathischen NS (II, S. 363).

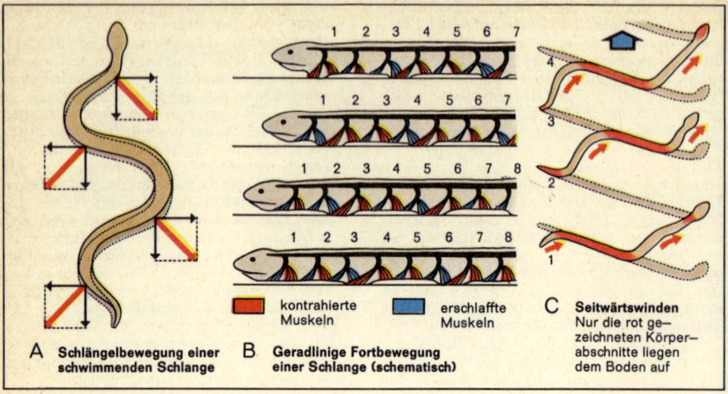

Fortbewegung ohne Extremitäten

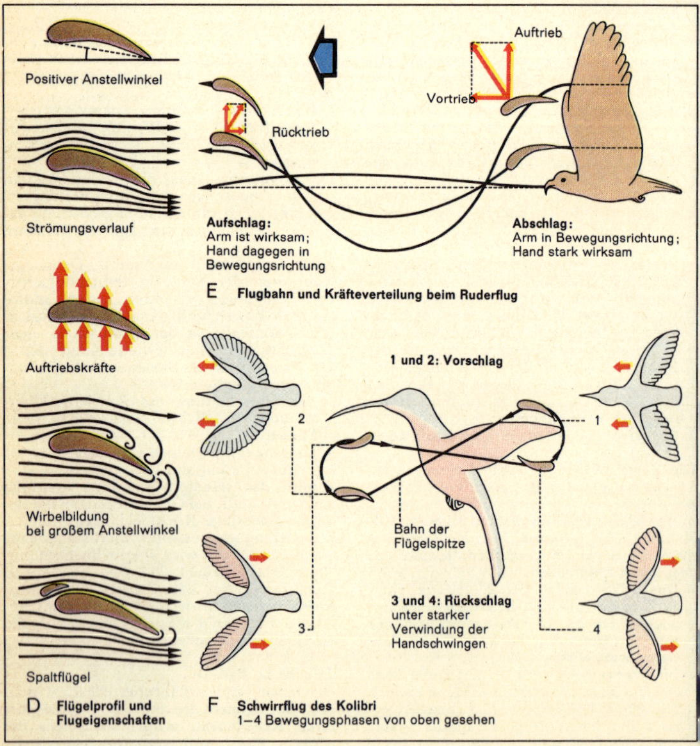

Vogelflug

Bewegungstypen unterscheiden sich in der Art, in der die Muskelkontraktionen wirksam werden:

1. Muskelparenchymbewegung: Kontraktion versch. Faserzüge einer verflochtenen Muskelmasse bewirkt vielseitige Formänderungen (Fuß der *Weichtiere*, *Wirbeltier*-Zunge).

2. Hohlmuskelbewegung: Das Muskelgewebe umgibt einen Hohlraum. Ist dieser geschlossen, wirkt die Flüssigkeit in ihm stabilisierend (*Würmer* mit Hautmuskelschlauch). – Bei offenem Hohlraum bewirkt rasche Kontraktion eine Pumpbewegung (Rückstoßschwimmen: *Quallen*, *Kopffüßer*).

3. Muskelwirkung gegen ein Außenskelett: Verleiht vielen *Gliederfüßlern* mit starker Körpergliederung und diff. Muskulatur vielseitige Beweglichkeit (I, S. 112 D, E).

4. Muskelwirkung gegen ein Innenskelett: Bei *Stachelhäutern* schwach ausgeprägt, ist sie bei *Wirbeltieren* Grundlage hoher Beweglichkeit.

Ortsbewegung bei Wirbeltieren
beruht auf zentralnervösen Erregungsmustern, die das Zusammenwirken der Muskeln gewährleisten.

1. Die Schlängelbewegung ist für gliedmaßenlose Tiere typisch:

Der Bewegungsapparat ist die Rumpf-Längsmuskulatur, die sich auf beiden Körperseiten alternierend und rückwärts fortschreitend kontrahiert. Dadurch entstehen von vorn nach hinten laufende Wellen (A), die durch den Reibungswiderstand des Mediums (Wasser, Untergrund) den Körper vorantreiben. Dabei heben die seitl. Kraftkomponenten sich gegenseitig auf, die rückwärts gerichteten summieren sich.

Zusätzliche Hilfseinrichtungen sind häufig:
- Flossensäume und unpaare Flossen vergrößern den Wirkungsgrad; oft sind dann die Schlängelbewegungen auf das Körperende konzentriert *(Fische)*.
- Gliedmaßen unterstützen bei manchen Formen vorwiegend das Schlängeln des Körpers *(Schwanzlurche, Eidechsen)*.

Die Fortbewegung der Schlangen, sek. fußloser Tiere, ist nur selten reines Schlängeln. Versch. Typen komplexer Bewegungen kommen vor:
- Geradlinige Fortbewegung durch Muskeln an den Rippen, die die Bauchhaut unter Abhebung vom Boden nach vorn (Ausschalten der Gleitreibung) und dann mit abgespreizten Bauchschildern (Haftreibung) wieder nach hinten ziehen (B). Diese Fortbewegung ist auch in engen Höhlen möglich.
- Seitwärtswinden bei mehreren Gattungen (z. B. *Klapperschlangen*) als Anpassung an Sandboden, der wenig Reibungswiderstand bietet. Der Körper wird rasch am Boden abgerollt, wobei die den Boden berührenden Teile ruhen, die dazwischen liegenden, vom Boden abgehobenen Schlingen sich bewegen (C). Hals und Körper bilden ein in Bewegungsrichtung offenes V; die Spur besteht aus Eindrükken von etwa der Länge der Schlange.

2. Flugbewegungen haben sich bei *Insekten*, ausgestorbenen *Reptilien*, *Vögeln* und *Fledermäusen* konvergent entwickelt.

Der Sprungflug ist nur eine Verlangsamung des freien Falls durch fallschirmartige Gleitflächen (ursprünglichste Form).

Der Segelflug der Vögel beruht auf dem gleichen Prinzip, doch ist durch das Flügelprofil (D) die Sinkgeschwindigkeit weiter verlangsamt, und durch Ausnützen aufsteigender Luftströme wird oft sogar Höhe gewonnen.

Der Ruderflug der Vögel, höchste Form des Fliegens, setzt bes. intensive Bewegungen voraus (aktive Fortbewegung in einem spezif. wesentl. leichteren Medium). – Neben vielen Einrichtungen zum Erreichen eines geringen spezif. Gewichts wirken bes. folgende Faktoren:
- Starke Flugmuskulatur (Brustbeinkamm als Ansatzfläche), hohe Leistungsfähigkeit von Kreislauf und Atmungssystem.
- Das Flügelprofil bewirkt im Zusammenhang mit dem Anstellwinkel an der Flügeloberseite, wo die Luft schneller strömt, einen Unterdruck, an der Unterseite, wo die Luft langsamer wird, einen Überdruck; beide Komponenten addieren sich zum »Auftrieb«.
- Die Flügelbewegungen erzielen zusammen mit dem Flügelbau (Drehbarkeit um die allein durch Knochen versteifte Vorderkante: Verwindung) bei Ab- und Aufschlag eine fast gleichmäßige Vorwärtsbewegung und ein Verbleiben in fast gleicher Höhe (E). – Beim Abschlag (Flügel bildet eine gestreckte, geschlossene Fläche) hat bes. der Handteil gegenüber der Bewegungsrichtung einen positiven Anstellwinkel und damit starken Auf- und Vortrieb. Bei großem Anstellwinkel verhindert Abspreizen des Daumenfittichs Wirbelbildung (Spaltflügel-Prinzip). – Beim Aufschlag, dem durch Rückbiegen der Hand und Drehen der Schwungfedern in Parallelstellung viel Wirkung genommen wird, erhält der Arm einen positiven Anstellwinkel; der geringe Rücktrieb wird durch die Trägheit der Körpermasse überwunden.
- Steuerbewegungen von Flügeln und Schwanz korrigieren die Fluglage reflektorisch oder beeinflussen sie aktiv.

Der Rüttelflug *(Greifvögel, Eisvögel)* wird mit aufgerichtetem Körper und größerem Anstellwinkel der Flügel durchgeführt. Dadurch wirkt der Aufschlag stark bremsend; Vor- und Rücktrieb gleichen sich aus, der Auftrieb hält der Schwerkraft die Waage.

Der Schwirrflug der *Kolibris*, eine Anpassung an den Blütenbesuch (F), erreicht durch horizontale Flügelbewegung am steil aufgerichteten Körper unter starker Verwindung der langen Handschwingen (so daß beim Rückschlag die Unterseite nach oben zeigt), daß in jeder Bewegungsphase Auftrieb gewonnen wird. Voraussetzung ist die hohe Frequenz der Flügelschläge (30 bis 50/sec). Es besteht Konvergenz zum Flug der *Insekten* (Hubschrauberprinzip).

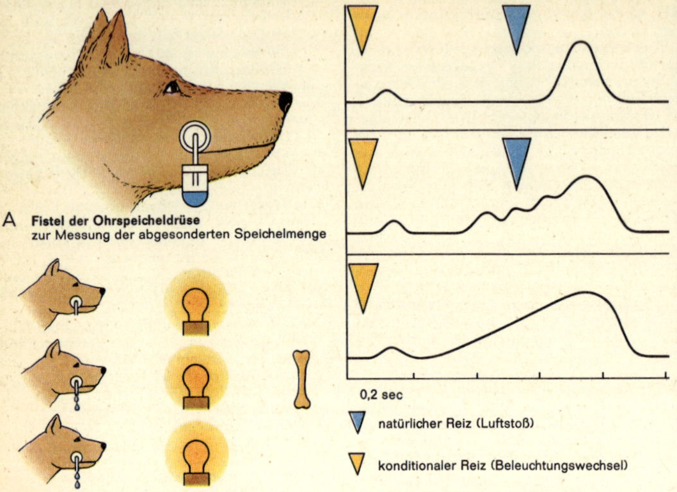

A **Fistel der Ohrspeicheldrüse**
zur Messung der abgesonderten Speichelmenge

B **Ausarbeiten eines bedingten Reflexes**
Speichelsekretion nach Lichtsignal

C **Drei Stadien der Entwicklung eines bedingten Lidschluß-Reflexes**

Reflextheorie

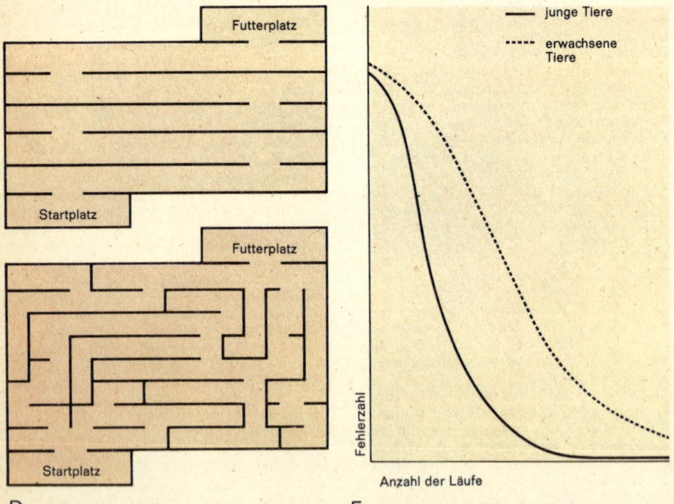

D **Labyrinthe verschiedenen Schwierigkeitsgrades**

E **Lernkurven von Ratten bei gleicher Versuchsanordnung**

Behaviorismus

Die Verhaltensforschung (Ethologie), begründet bes. von LORENZ (fußend auf Arbeiten von WHITMAN, CRAIG und HEINROTH) untersucht mit naturwissenschaftl. Methoden das beobachtbare Verhalten von *Tier* und *Mensch*. Sie strebt dessen Analyse an bis zu den physiolog. Grundlagen (Verhaltensphysiologie). Sie erforscht bes. angeborenes Verhalten, ohne aber andere Verhaltenselemente zu vernachlässigen (vgl. Behaviorismus). Ihre Terminologie ist z. T. noch bewußt vorläufig (Verwendung psycholog. Begriffe). Ihre Methoden und Forschungsgegenstände werden bes. deutlich durch Vergleich mit anderen Disziplinen, die sich auch mit dem Verhalten befassen.

Teleologische Deutung tierischen Verhaltens

Manche Biologen haben die unbestrittene Tatsache, daß Verhalten zielgerichtet ist, so interpretiert, daß der Zweck als Kausalfaktor eine Handlung bestimme:

> »Das objektive Ziel, der ›Zweck‹ der Tätigkeit, bestimmt ihren Ablauf in seinen Einzelheiten...« (RUSSELL)

Diese teleologische Erklärung wurde deduktiv gewonnen aus einem vorweg definierten, ganzheitlich gefaßten Instinktbegriff, der einer kausalen Erforschung unzugänglich sei:

> »Wir erkennen den Instinkt, aber wir erklären ihn nicht.« (BIERENS DE HAAN)

Die Ethologie dagegen setzt voraus, daß Verhalten grundsätzlich kausal analysierbar ist; sie gewinnt ihre Aussagen auf dem Weg induktiver Begriffsbildung (I, S. 11, 15).

Die Tierpsychologie

Sie schließt von psych. Vorgängen, die menschl. Verhalten gewöhnlich begleiten, analog auf Tiere und schreibt ihnen gleiche oder ähnl. Erlebnisqualitäten zu. Das führte zu stark vermenschlichten (anthropomorphistischen) Vorstellungen:

> Der *Löwe* sei, schreibt BREHM, »seit den ältesten Zeiten seines Mutes, seiner Kühnheit und Kraft, Tapferkeit und Stärke, seines Heldensinnes, Adels und seiner Großmut, seines Ernstes und seiner Ruhe halber berühmt«.

Manche Tierpsychologen werteten sogar psych. Vorgänge als Kausalfaktoren; dagegen lehnt die Ethologie »mit Schärfe die Behauptung ab, psychische Vorgänge könnten Ursachen physiologischer Vorgänge sein« (TINBERGEN). Sie versteht beide Bereiche als zwei Verhaltenskomponenten, die parallel laufen (Parallelgesetzlichkeit nach RENSCH), deren Verknüpfung aber grundsätzlich akausal ist. – So darf also die Aussage: »Der *Wolf* jagt, weil er hungrig ist«, nicht kausal verstanden werden, da dann Psychisches Ursache physiolog. Vorgänge wäre. Da Psychisches nur subjektiv erfahrbar ist (Introspektion), bei anderen, bes. bei artverschiedenen Subjekten aber nur vermutet werden kann, untersucht die Ethologie als Naturwissenschaft nur die objektiv faßbare physiolog. Verhaltenskomponente, ohne aber die Existenz psych. Vorgänge anzuzweifeln.

Die Reflextheorie

führt, in der Methode kausal wie die Ethologie, alles Verhalten auf Reflexe zurück.

1. Unbedingter Reflex: Untersuchungen von PAWLOW über die Speichelsekretion von *Hunden* zeigten deren reflektor. Auslösbarkeit durch Geruch und Geschmack von Nahrung (natürl. oder unkonditionierte Reize).

2. Bedingter Reflex: Wird zus. mit einem natürl. Reiz ein neutraler, wirkungsloser Reiz geboten (Lichtsignal, Ton, Berührung), löst dieser nach mehrfacher Wiederholung den Reflex auch allein aus. Diese Reize sind im Gegensatz zu den natürlichen erfahrungsabhängig (konditionale Reize). Zw. natürl. und konditionalem Reiz hat sich eine Assoziation gebildet. – Fast alle natürl. Reflexe lassen sich durch künstl. Reize konditionieren. – Der einseitigen Aussage der Reflextheorie gegenüber betont die Ethologie, daß neben reaktivem Verhalten als Antwort auf Außenreize auch spontanes Verhalten als Wirkung innerer Kausalfaktoren wichtig ist.

Die Tropismenlehre

von LOEB, die alles tier. Verhalten als Tropismus (Erregungs-Gg in bilateralsymm. Rezeptoren) oder Kombination mehrerer Tropismen deutet, unterliegt der gleichen Kritik.

Der Behaviorismus

Begründet von WATSON und bes. in Amerika verbreitet, lehnt er es wie die Ethologie ab, durch Introspektion und Übertragung der Eigenerfahrung auf andere Lebewesen psych. Erkenntnisse zu gewinnen; er beschränkt sich auf die Auswertung objektiver Beobachtung des Verhaltens.

Aus vorherrschendem Interesse am *Menschen* folgte aber eine Überbewertung höh. (»vormenschlicher«) Verhaltensweisen, bes. des Lernverhaltens, und eine Vernachlässigung des angeborenen Verhaltens.

Das führte, zus. mit der Verwendung standardisierter Versuchsanordnungen (D) und der Beschränkung auf wenige Arten von Versuchstieren (meist *Säuger*, oft domestiziert [II, S. 413] und im Verhalten möglicherweise verändert) zu unberechtigten Verallgemeinerungen, so zu der Behauptung, daß

> »es nicht zwei Arten von Faktoren gibt, die tier. Verhalten bestimmen, und daß der Begriff ›Instinkt‹ völlig irreführend ist, da er die Existenz eines nervösen Vorgangs oder Mechanismus bedeutet, der unabhängig von Umweltfaktoren ist und verschieden von jenen Nervenvorgängen, in die Lernen eingeht.« (HEBB)

Andere Behavioristen bestreiten zwar die Existenz lernunabhängiger Verhaltensanteile nicht, erklären aber den Begriff des »Angeborenen« für wertlos, da nie nachzuweisen sei, ob und wie weit nicht an epigenetischen Prozessen (I, S. 177) in Ei oder Uterus Lernvorgänge beteiligt seien (LEHRMAN).

Diese Auffassungen brachten den Behaviorismus in einen oft scharf betonten Gegensatz zur Ethologie; in Humanpsychologie und Ethnologie wirkte sich seine objektive Methode jedoch fruchtbar aus.

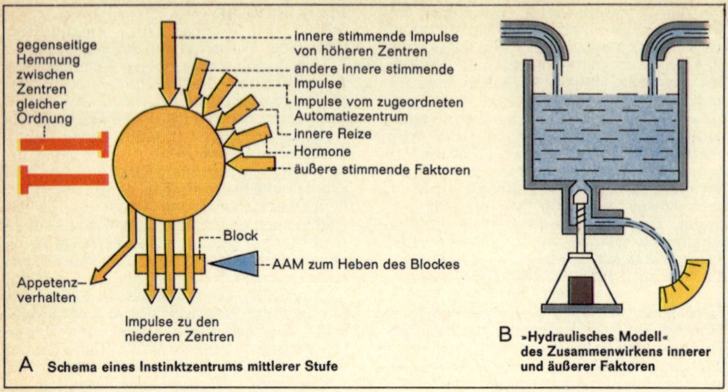

A **Schema eines Instinktzentrums mittlerer Stufe**

B **»Hydraulisches Modell« des Zusammenwirkens innerer und äußerer Faktoren**

Modellvorstellungen von Instinktzentren

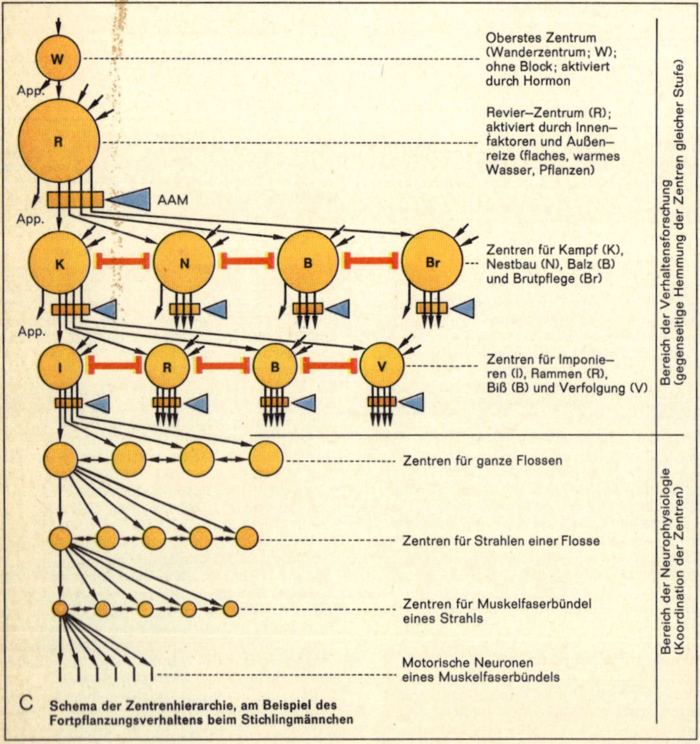

C **Schema der Zentrenhierarchie, am Beispiel des Fortpflanzungsverhaltens beim Stichlingmännchen**

Hierarchie der Instinktzentren

Verhaltensphysiologie ist die Ethologie insofern, als sie bei ihrer Erforschung der kausal faßbaren physiolog. Verhaltensanteile die Sinnes-, Bewegungs- und bes. die Nervenphysiologie zur Deutung ihrer Befunde heranzieht. Grundsätzlich gilt die Voraussetzung, daß alle Verhaltensweisen auf neurophysiolog. Mechanismen und Vorgängen beruhen.

Innere und äußere Faktoren
bedingen den Ablauf von Verhaltensweisen:
1. Die inneren Faktoren (A), deren Existenz erschlossen wurde aus wechselnder Auslösbarkeit best. Verhaltensweisen bei konstanten Außenbedingungen, wirken darin zusammen, daß im ZNS Energie gestaut wird (»Aktionspotential«), die Handlungsbereitschaft (»Stimmung«, »Trieb«, »Drang«) zur Folge hat.
Innere zentralnervöse Faktoren. Automatiezentren produzieren ständig, oft rhythmisch, Energie und bewirken so spontanes Verhalten. Dabei ist Spontaneität nicht vitalistisch verstanden, sondern kausal nach kybernetischen Vorstellungen als »Kippentladung« von im Verlauf von Stoffwechselvorgängen aufgestauter Energie.
Innere Sinnesreize sind z. B. Wahrnehmungen propriozeptiver Sinnesorgane. So geht der innere Zustand, den wir als »Hunger« kennzeichnen, z. T. auf rhythm. Kontraktionen der Magenwände zurück.
Hormone beeinflussen das Verhalten vielfältig (z. B. Sexualhormone). Vermutlich wirken sie direkt auf das ZNS, indem sie die Erregbarkeit sensomotor. Mechanismen erhöhen, die best. Instinkttätigkeiten zugrunde liegen.
2. Die äußeren Faktoren wirken grundsätzlich auf zwei Arten:
- **Äußere »stimmende« Faktoren** beeinflussen wie innere die Stimmung des Tieres.
- **Auslösende Faktoren** (II, S. 392f., 398f.) sind, meist unabhängig von der inneren Stimmung, zum Auslösen einer Instinktbewegung nötig. Sie wirken offenbar auf einen zentralnervösen Mechanismus (Angeborener Auslösemechanismus: AAM), der einen nervösen Sperrmechanismus (»Block«) hebt, der bis dahin den Fluß der gestauten Energie verhindert.

3. Das Zusammenwirken innerer und äußerer Faktoren veranschaulichte LORENZ an einem Modell (B).
Es verdeutlicht folgendes:
- Außenreize (Gewicht) müssen den Block (Feder) heben, damit die Instinkttätigkeit (Wasserstrahl) ablaufen kann.
- Bei stärkerem Energiestau können die auslösenden Faktoren schwächer sein, um gleiche Intensität der Instinktbewegung zu erreichen.
- Im Extremfall läuft die Instinktbewegung auch ohne Außenfaktoren ab (wenn die »Flüssigkeitssäule« das »Ventil« von selbst aufdrückt; Leerlauf, II, S. 395).
- Bei mehrfacher Betätigung (Leerung des Reservoirs) steigt der Schwellenwert für die Auslösung (Ermüdung; II, S. 395).

Koordinationsmechanismen
Verhalten beruht vor allem auf Muskelaktionen, wenn daneben auch z. B. Sekretion und Chromatophorenänderung *(Chamäleon)* wichtig sind. Die Ordnung (Koordination) dieser Einzelbewegungen in Zeit und Raum zu umfassenden Aktionen, die den ganzen Körper oder Teile von ihm betreffen, wird von nervösen Mechanismen (Koordinationsmechanismen) bewirkt. Daß diese auch »Zentren« heißen, sagt nur etwas über ihre Funktion, nicht über ihre Morphologie und Lokalisation im NS aus. Die ein best. Zentrum aufladende Energie, damit zuständig für den Ablauf einer best. Bewegung, heißt reaktionsspezifische Energie.

Integrationsniveaus
Die Verhaltensanalyse zeigt, daß einzelne Instinkttätigkeiten und damit auch die ihnen zugrunde liegenden Koordinationsmechanismen gruppenweise integriert sind, wobei einzelne Mechanismen von höh. Zentren bahnend oder hemmend beeinflußt werden können. Da diese Gruppen ihrerseits auf noch höh. Ebene zusammenwirken, ergibt sich die Vorstellung versch. Integrationsstufen, besetzt mit immer weniger Mechanismen, endlich gipfelnd in einem einzigen, für einen ganzen Verhaltenskomplex (z. B. Fortpflanzungsverhalten) zuständigen Integrationsmechanismus. Das Gesamt-Verhaltensinventar setzt sich aus mehreren solcher Pyramiden zusammen, die sich z. T. überschneiden.
Der Weg der Erregung in einer solchen Zentrenhierarchie ist so, daß das höchste Zentrum (ohne Block) seine Erregung teils in einem Appetenzverhalten (II, S. 397) aufbraucht (C), teils an ein Zentrum 2. Ordnung abgibt. Wird dessen Block durch spezif. Außenreize gehoben, laden sich die Zentren 3. Ordnung auf, ohne aber zunächst aktiv werden zu können, da sie noch blokkiert sind; nur die Appetenzverhalten dieser Stufe werden frei.
Auch unterhalb der letzten Stufe von dem Verhalten zugeordneten Koordinationsmechanismen setzt sich die hierarchische Ordnung fort bis zu den einzelnen motorischen Neuronen, hier allerdings modifiziert (keine Blöcke, keine Hemmung zw. Mechanismen gleicher Stufe).
Der Angeborene Auslösemechanismus (AAM) ist ein je einem Zentrum zugeordneter neurophysiolog. Apparat, der Auswahl von Reizen aus dem Gesamtangebot und Summation vornimmt und auf nicht näher bekannte Weise den Block dieses Zentrums beseitigt. Er liegt zw. Sinnesorganen und motor. Zentren, ohne daß über seine Lokalisation im ZNS bisher Genaueres gesagt werden könnte. Der AAM ist nicht konstant in seiner Wirkung: Bei starkem Erregungsstau genügen oft schon weniger starke Reize zur Deblockierung (Attrappe; Ersatzobjekt; Schwellenerniedrigung; vgl. II, S. 395). Er kann auch durch Lernvorgänge (II, S. 401) verändert werden (Instinkt-Dressur-Verschränkung).

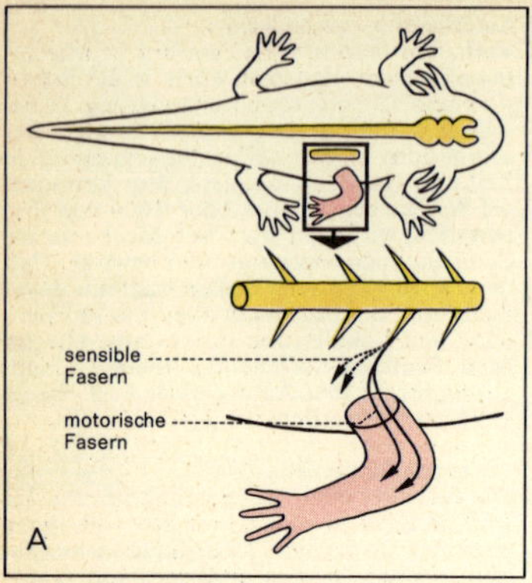

Motorische Innervierung einer Gliedmaßen-Knospe beim Axolotl

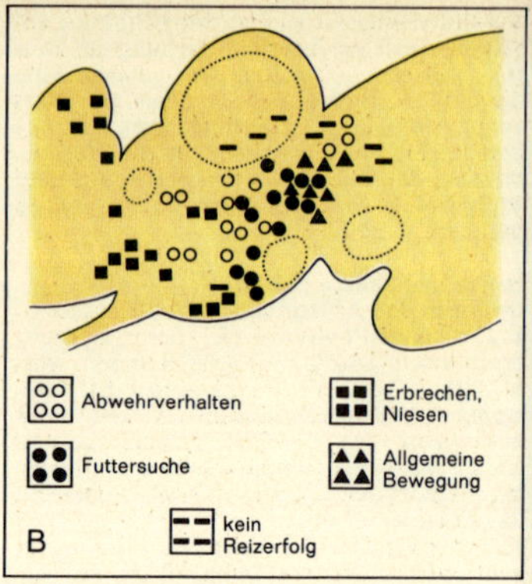

Zwischenhirn der Katze mit »Zentren«

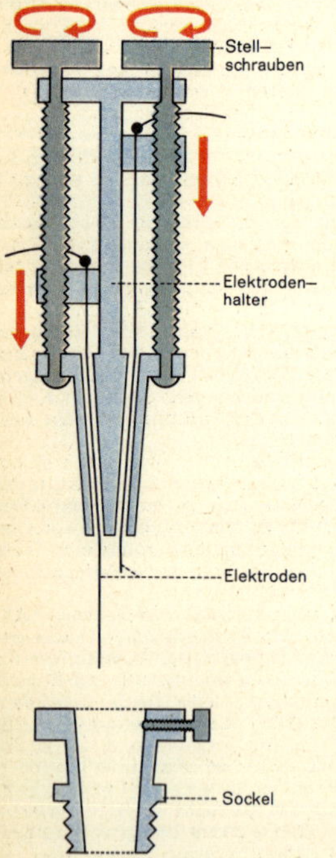

C **Elektrodenhalter und Sockel zur örtlichen Hirnreizung**

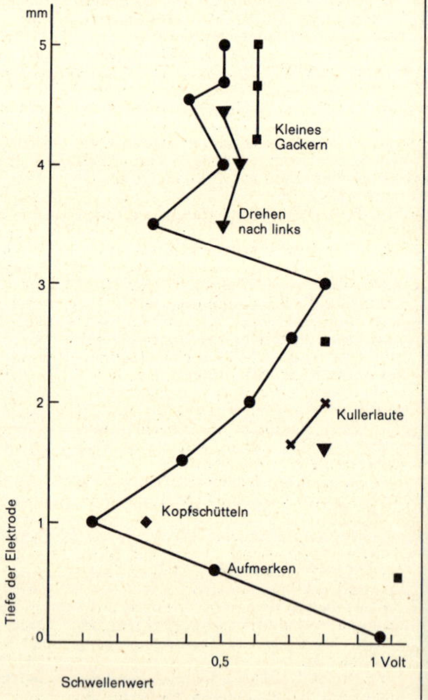

D **Auftreten verschiedener Verhaltensweisen bei Reizung an einer Stelle**

Direkte Hirnreizung

Die Neurophysiologie hat direkt am NS die Existenz der von Ethologen zunächst hypothetisch durch Verhaltensanalyse erschlossenen neuralen Mechanismen bestätigt.

Automatiezentren der Ortsbewegungen im RM
sind bei Ausschaltung der Außenreize durch Zerstörung der sensiblen Wurzeln (Desafferentierung) nicht mehr fähig, artspezif. Bewegungskoordinationen hervorzurufen.
- Bei Implantation einer Beinknospe und eines RM-Stückes in die Muskulatur beim *Axolotl* wachsen hiervon zuerst motor. Fasern ins Gastbein (A). Dieses bewegt sich rhythmisch, schon bevor die sensiblen Fasern nach Wochen wirksam werden.
- Bei teilweiser Desafferentierung und Abtrennung des Hirns zeigen *Fische* mit 2–3 intakten dorsalen Wurzeln normale Schwimmbewegungen leicht verminderter Intensität.

Die Versuche beweisen nur Umformung unspezif. Erregung in best. Erregungsmuster, keine völlige Autonomie der Erregungsproduktion. Die unspezif. Außenreize erhöhen hier vielleicht nicht die Erregungsquantität im RM, sondern heben einen Block vor dem Automatiezentrum.

Höhere Instinktzentren im Gehirn
wurden bes. nach der von HESS entw. **Methode der direkten Hirnreizung** untersucht. Bei *Katzen* wurden bes. in den Hypothalamus bis auf die Spitze isolierte Elektroden (0,25 mm ∅) eingeführt, die einheilen und lokalisierte Reizung erlauben; gereizt wurde mit niedrigen Frequenzen und Spannungen (ähnl. den normalen physiolog. Bedingungen). Voraussetzung für die Beurteilung der Versuchsergebnisse ist genaue Kenntnis der natürl. Verhaltensweisen.

Reizung best. Stellen des Hypothalamus löste Einzelbewegungen aus, diejenige anderer Areale dagegen voll koordinierte, typ. Verhaltensweisen, denen oft sogar Appetenzverhalten (Suche nach Lagerplatz oder Futter) vorausging.
- Bei Reizung best. Stellen z. B. sinkt die Ansprechbarkeit durch Außenreize, die Pupillen verengen sich, die Augen schließen sich, das Tier rollt sich ein und legt sich nieder. Der Zustand gleicht völlig dem normalen Schlaf.
- Abwehr und Flucht sind in zwei Bereichen auszulösen, die anatom. eng verknüpft sind (entspr. der von der Ethologie erkannten engen Verbindung beider Verhaltenskomponenten).

Das Problem der Lokalisation. Die klassische Vorstellung des »Zentrums« war nicht zu halten (B): Den Verhaltensweisen entsprechen nicht geschlossene Gruppen von Ganglienzellen, sondern hochkomplizierte, verflochtene Fasersysteme, deren Zuordnung zu best. histolog. Hirnstrukturen erst ansatzweise gelungen ist.

Probleme der Funktion standen bei den Versuchen v. HOLSTs zur hierarchischen Ordnung im ZNS im Vordergrund.

Die Methode wurde verfeinert durch
- drahtlose Fernreizung;
- verschiebbare Elektroden, in einem fest im Schädeldach eingesetzten Sockel (C) zu jedem Versuch mit einem Elektrodenhalter befestigt, die ein genau bemessenes Tieferschieben erlauben;
- Filmen der Versuche unter standardisierten Bedingungen.

Die Versuchstiere waren *Hühner*, die als soziale Tiere ein reiches Verhaltensinventar haben, zudem vorwiegend optisch und akustisch bestimmt und daher vom Experimentator leicht kontrollierbar.

Die wichtigsten Ergebnisse:
- Fast alle Instinktbewegungen mit zugehörigen Lauten lassen sich aktivieren.
- Bei Reizung an einer Stelle treten versch. Verhaltensweisen auf in Abhängigkeit von Tiefe der Elektrode und Höhe der Spannung (durch die die Ausdehnung des gereizten Bereichs verändert wird; D). Aus den Änderungen des Schwellenwerts folgt, daß die Elektrodenspitze an einer räumlich begrenzten Struktur vorbeigeschoben wurde (»Aufmerken« in D).
- Auslösen gleichen Verhaltens in versch. Regionen (»Kleines Gackern« in D).
- An vielen Stellen sind nur einfache Verhaltenselemente auslösbar (z. B. Gehen, Links- und Rechtswenden, Picken, Hakken, Aufmerken), an einigen Stellen umfassendere Reaktionen (höh. Integrationsniveaus) mit gemeinsamer Funktion. Ihre an anderen Stellen einzeln auslösbaren Teilhandlungen treten mit zunehmendem Reiz in konstanter Reihenfolge auf, z. B. bei Flucht vor einem Bodenfeind: Aufmerken, Gackern, Unruhe, Abflug, Schimpfen. Diese komplexen Handlungen sind unorientiert (z. B. Säubern des Schnabels) oder umweltorientiert (z. B. Picken nach Körnern, Kampf gegen Artgenossen oder Artfeinde).
- Noch höher in der Hierarchie der Integrationsmechanismen steht das instinktive Feindverhalten, das Angriff und Flucht umfassen kann: eine *Iltis*-Attrappe wird bei best. Reizstärke angegriffen; wird sie nicht entfernt, flieht das *Huhn*.
- Gleichzeitiges Auslösen zweier Handlungen kann Konflikte erzeugen: Bei gleichzeitiger Aktivierung von Fluchtverhalten und Sitzen bleibt das *Huhn* sitzen bis zum Abflug unter Schimpfen; die anderen Stufen des Fluchtverhaltens fallen aus.

Folgerungen: Auch nach der Methode direkter Hirnreizung ist das hierarchisch geordnete System der Instinkttätigkeiten aufzuzeigen. Die ihm zugrunde liegenden nervösen Strukturen müssen als hochkompliziertes dreidimensionales »Wirkungsgefüge« verstanden werden, das sich im NS ausbreitet und einerseits mit den Sinnesorganen, andererseits mit den Muskeln verbunden ist.

Auch bei *Insekten* (z. B. *Feldgrille*) sind mit ähnl. Methoden alle drei Gesangstypen (Weibchen-, Kampf- und Artgesang), Balz- und Kampfhandlungen auslösbar.

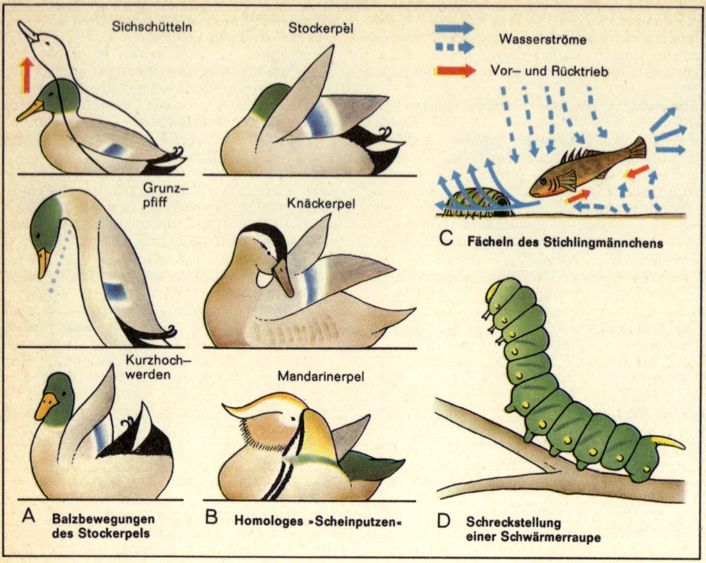

Instinktbewegungen

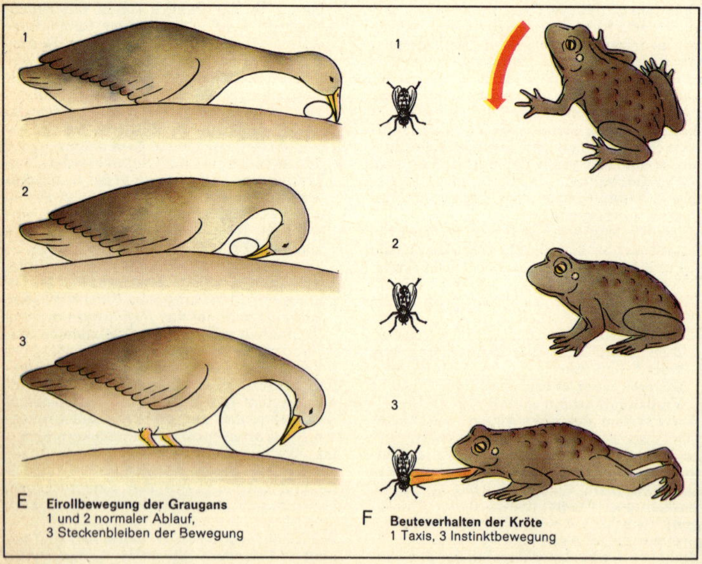

Taxiskomponenten von Instinkthandlungen

Das angeborene (instinktive) Verhalten
ist bes. Objekt etholog. Forschung. Als angeboren (ererbt) kann Verhalten gelten, wenn es bei allen gleichalten und gleichgeschlechtigen Tieren einer Art vorkommt; zu beachten ist dabei die Bedeutung individueller Erfahrung (II, S. 401; Kontrolle durch isolierte Aufzucht im Kaspar-Hauser-Versuch).

Der Instinktbegriff ist daher für die Ethologie bes. wichtig. Man unterscheidet:

- Instinkttätigkeiten, artspezif. Systeme von Verhaltensweisen (ererbt und unter natürl. Bedingungen arterhaltend sinnvoll); und die ihnen zugrunde liegenden
- Instinkte (nach TINBERGEN nur die nervösen Mechanismen). Er definiert den Instinkt als »hierarchisch organisierten nervösen Mechanismus, der auf bestimmte vorwarnende, auslösende und richtende Impulse, sowohl innere wie äußere, anspricht und sie mit wohlkoordinierten, lebens- und arterhaltenden Bewegungen beantwortet«.

Diese Definition erlaubt eine methodisch saubere Abgrenzung: Da sich versch. Instinkte gleicher Stufe gegenseitig hemmen (II, S. 384 C: z. B. spricht ein sex. stark erregtes Tier kaum auf Beute- oder Fluchtverhalten auslösende Reize an), müssen alle Einzeltätigkeiten, die koordiniert zusammenwirken, dem gleichen nervösen Mechanismus zugeordnet werden.

Die Instinktbewegung (Erbkoordination)
Verhalten äußert sich meist in Bewegungen und komplexen Bewegungsfolgen. Die Analyse zeigt immer wieder streng artspezif., starre Bewegungen, die LORENZ Instinktbewegungen oder Erbkoordinationen nannte. Sie sind nicht exakt definierbar, aber mit folgenden Kriterien zu charakterisieren:

- Die Auslösung durch spezif. Außenreize (II, S. 392f., 398f.), die nach Anlaufen der Bewegung fortfallen können.
- Die stereotype Bewegungsgestalt, deren Variationsbreite bei Individuen einer Art oft geringer ist als bei morpholog. Merkmalen. Die Erbkoordination ist daher arttypisch und wichtig für Systematik (I, S. 224ff.) und Phylogenie (II, S. 454ff.).
- Der innere Drang zur Durchführung der Bewegung (= Stau reaktionsspezif. Erregung) zeigt sich z. B. in period. Schwankungen der Frequenz der Fächelperioden beim *Stichling* (C), unter konstanten Außenbedingungen.
- Das Appetenzverhalten (II, S. 397), das zum Aufsuchen der auslösenden Situation führt. – Die beiden letzteren Kriterien sind zugleich Beweise für die innere Bedingtheit instinktiven Verhaltens (vgl. dagegen: Reflextheorie, II, S. 383).

Typ. Beispiele solcher Erbkoordinationen finden sich in vermutl. allen Tiergruppen:

- Das Balzverhalten der *Entenvögel* zeigt innerhalb einer Art deutl. versch. Instinktbewegungen (A), aber auch bei verschiedenen Arten ähnliche, sicher homologe, Bewegungen (B).
- Das Fächeln des *Stichlings*, das die Eier im Nest mit O_2-reichem Wasser versorgt, ist ein Beispiel für den häufigen Fall, daß Lokomotionsbewegungen Bestandteil von Erbkoordinationen sind. Die den Wasserstrom erzeugenden Brustflossen-Bewegungen bewirken einen Rücktrieb, dem normale Schwimmbewegungen der Schwanzflosse die Waage halten (C).
- Die Sphinxstellung bei *Schwärmer*-Raupen (D) zeigt beispielhaft das Vorkommen von Erbkoordinationen bei *Wirbellosen*.

Die Instinkthandlung
setzt sich zusammen aus Instinktbewegung und Taxiskomponente, wobei man unter Taxis nicht die gesamte Orientierungshandlung versteht, sondern nur die orientierende Wendung oder eine Folge von solchen. Für die Taxis müssen Außenreize während der ganzen Reaktionszeit andauern: Sie bewirken eine Aktivitätsverteilung der Muskulatur, aus der die räuml. Orientierung des Organismus zur Reizquelle resultiert. Die Taxis ist also situationsangepaßt; sie richtet die Instinkthandlung auf ihr Ziel und läßt sie erst biol. sinnvoll werden.

Beide Komponenten der Instinkthandlung können unterschiedl. zusammenwirken:

1. Gleichzeitiger Ablauf (simultane Verschränkung) findet sich z. B. bei der Eirollbewegung der *Graugans* (E), ausgelöst durch den Anblick eines Eies oder eiähnl. Gegenstandes außerhalb der Nestmulde. Hier ist die Taxiskomponente experiment. auszuschalten, wenn nach Anlaufen der Bewegung das Ei entfernt wird: Die seitl. pendelnden Balancier-Bewegungen bleiben aus, während die Erbkoordination (Halskrümmung in der Körper-Medianebene) taxisfrei weiterläuft. Auch Verwendung eines richtungskonstant gleitenden Würfels als Ersatzobjekt schaltet die Taxiskomponente aus. – Die Starrheit der Erbkoordination zeigt sich bei großen Attrappen: Die Bewegung bleibt stecken, da die Attrappe zw. Brust und Schnabel klemmt, die Bewegung aber nicht den veränderten Bedingungen angepaßt wird. Doch ist die Starrheit nicht absolut: Intensität und Geschwindigkeit der einzelnen Muskelaktionen schwanken; konstant bleibt die Bewegungsgestalt.

2. Zeitliche Aufeinanderfolge liegt z. B. vor bei der Beutefanghandlung von *Lurchen* (F). Im einfachsten Fall tritt hier die orientierende Wendung am Ort als reine Taxis auf. Ihr folgt, wenn die Beute nah genug ist, die starre Erbkoordination (Schnappen unter Vorschnellen der Zunge), die von Außenreizen nicht mehr gesteuert ist. Bewegt sich die Beute noch in dieser Phase von der Stelle, wird sie verfehlt. Wechselt sie vorher den Ort, verschränken sich orientierende Wendungen mit Erbkoordinationen zu einer komplizierten Handlung (Jagdverhalten).

Hohe Orientierungsleistungen ermöglichen versch. Sinne:

- Gesicht: *Biene* (II, S. 409); *Zugvögel*.
- Gehör: *Fledermäuse*, *Delphine* (»Sonar«).
- Geruch: *Lachse*, *Nachtfalter*.

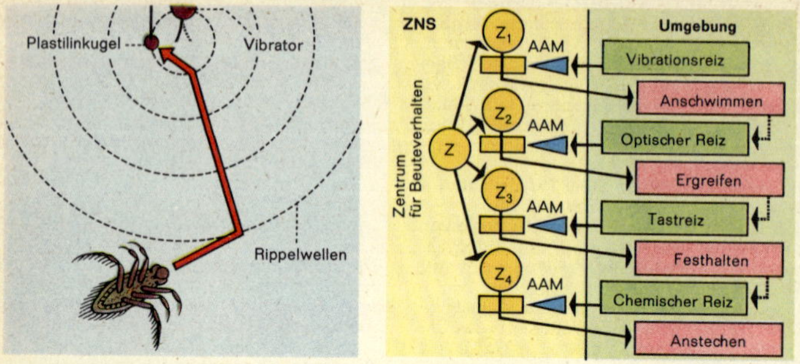

A Experimentelles Auslösen von Anschwimmen und Ergreifen beim Rückenschwimmer

B Beuteverhalten des Rückenschwimmers und seine zentralnervösen Grundlagen (schematisch)

Handlungskette

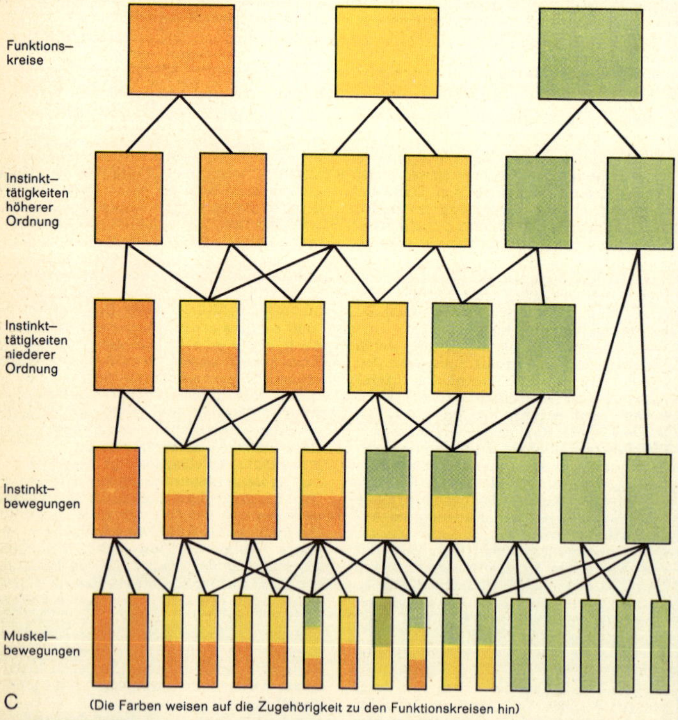

C (Die Farben weisen auf die Zugehörigkeit zu den Funktionskreisen hin)

Schema der Hierarchie der Instinkttätigkeiten

Die Handlungskette (Instinktkette)
Während TINBERGEN die Bezeichnung »Instinkthandlung« für das Gesamtverhalten eines Funktionskreises (z. B. des Paarungsverhaltens), aber auch für alle selbständigen Teilhandlungen verwendet, nennt LORENZ nur die nicht weiter zu gliedernden Verhalteinseinheiten »Instinkthandlungen«.
Diese Festlegung erfordert die Einführung eines weiteren Begriffes, da sich oft bei Verhaltensanalysen zeigte, daß auch einheitl. wirkende Instinkttätigkeiten tatsächl. aus einer Kette einzelner Instinkthandlungen bestehen, in der jedes Glied durch spezif. Reize ausgelöst wird. Normalerweise führt jede Einzelhandlung in eine Situation, in der die auslösenden Reize für die nächste Handlung wirksam werden; experimentell ist die Kette aber nach jeder Einzelhandlung zu unterbrechen. Das Paarungsverhalten des *Stichlings* (I, S. 148 B) ist ein typ. Beispiel; ebenso das
Beuteverhalten des Rückenschwimmers. Diese *Wasserwanze* (A) lebt von *Insekten*, die auf die Oberfläche des Wohngewässers fallen. Die Handlungskette ist experiment. in folgende Einheiten zu zerlegen (B):
- Das Anschwimmen wird noch in rd. 15 cm Entfernung durch Rippelwellen ausgelöst (vom Beutetier oder von einem vibrierenden Draht ausgehend). Es führt bis auf 2 cm an das Objekt, dann bricht bei Verwendung eines dünnen, für das Tier unsichtbaren Drahtes die Handlung ab (A).
- Das Zustoßen und Ergreifen ist vom Anschwimmen durch eine Pause und durch deutl. stärkeren Ruderschlag abgehoben. Es ist durch eine ruhende Plastilinkugel (rd. 1 cm ∅) auslösbar, die man etwa 2 cm neben dem Vibrator bietet. Die Zuwendung erfolgt auf 2 cm, der weiter vibrierende Draht bleibt unbeachtet.
- Das Festhalten ist nur durch Attrappen von weicher Konsistenz (Wattebällchen) auslösbar; ferner läßt sich zeigen, daß es nur auf Berührungs-, nicht auf chem. Reize erfolgt.
- Das Anstechen geschieht dagegen nur auf chem. Reize hin (Tränken der Attrappe mit Fleischpreßsaft).

Wie in vielen anderen Fällen wird jedes Kettenglied durch eine andere Reizqualität ausgelöst. Da in jeder Phase alle anderen Eigenschaften der Beute unbeachtet bleiben, folgt daraus, daß der *Rückenschwimmer* sie nacheinander als Objekt mit versch. Eigenschaften wahrnimmt (in diesem Maße ist sie durch Attrappen ersetzbar). Es herrscht also keine »Dingkonstanz«.

Die Hierarchie der Instinkttätigkeiten
Das Verhaltensinventar einer Tierart umfaßt Gruppen funkt. zusammengehöriger Instinkttätigkeiten, die sich in immer einfachere Verhaltensweisen gliedern lassen (C). Da zahlr. Einzelbewegungen in versch. Funktionskreisen auftreten, stellt sich das Gesamtverhalten als hierarchisch gegliederter Stufenbau aus einer Anzahl sich überschneidender Pyramiden dar, deren untere Ebenen mit immer zahlreicheren und einfacheren Instinkttätigkeiten besetzt sind (entspr. dem ebenfalls hierarchisch geordneten System von Zentren im ZNS; II, S. 384).
1. Einflüsse von Instinkten höherer Ordnung wirken im allg. so, daß Verhaltensweisen nied. Stufen nur dann auftreten, wenn die Instinkte der höh. Ebene aktiviert sind. Das ist wohl am genauesten analysiert am **Fortpflanzungsverhalten des Stichlingsmännchens:**
- **Der Fortpflanzungsinstinkt,** aktiviert von Temperaturanstieg und best. Strukturen der Umgebung (z. B. Wasserpflanzen), äußert sich zuerst in der Anlage eines verteidigten Nestareals (Revier; II, S. 405). Er schafft außerdem die Bereitschaft zu
- **Kampf, Nestbau, Verpaarung, Brutpflege,** die als gleichwertige Instinkttätigkeiten nied. Stufe dem allgem. Fortpflanzungsinstinkt untergeordnet sind. Die ihnen zugehörigen Verhaltensweisen können nur nach Aktivierung des übergeordneten Instinkts ablaufen. – Welche der Tätigkeiten tatsächlich auftritt, hängt von weiteren Außenfaktoren ab; das Eindringen eines anderen Männchens ins Revier löst z. B. allgem. Kampfbereitschaft aus.
- **Drohen, Rammen, Beißen, Verfolgen,** die Teilhandlungen des Kampfverhaltens auf der nächstniedrigen Stufe der Hierarchie (Instinkthandlungen im Sinne LORENZ'), werden wieder von Außenreizen aktiviert: Drohen eines Gegners löst Drohen aus, Beißen den Gegenbiß und Flucht des Gegners die Verfolgung. – Bei den nachgeordneten Tätigkeiten von Nestbau, Verpaarung (I, S. 148 f.) und Brutpflege sind die Verhältnisse entsprechend.

2. Die Hemmung von Instinkten gleicher Stufe ist für das arterhaltend sinnvolle Zusammenwirken von Verhaltensweisen wichtig.
Das Balzverhalten des *Stichlings* (gemessen an der Frequenz der Zick-Zack-Tänze gegenüber einer Attrappe unter konstanten Bedingungen) wird gehemmt durch die Aktivierung des Brutfürsorge-Verhaltens (gemessen an der Frequenz der Fächel-Perioden). Ob die Eizahl durch Befruchtung mehrerer Gelege (bis zu 5 Weibchen legen in ein Nest) oder künstl. erhöht wird, hat auf das Ergebnis keinen Einfluß.
Doch kommt auch gleichsinnige Steigerung von Instinkten gleicher Stufe vor:
Zu Beginn der Fortpflanzungsperiode nimmt die Zahl sowohl der aggressiven als auch der sex. Handlungen zu (z. B. bei *Fischen*, *Vögeln* und *Säugern*).
Grundsätzl. gleiche Befunde über die hierarchische Ordnung des Instinktverhaltens wurden an weiteren Tiergruppen gewonnen:
- **Wirbeltiere** *(Säuger: Hamster, Mäuse; Vögel: Silbermöwe, Meisen, Finken);*
- **Wirbellose** *(Insekten: Sandwespe, Schmetterlings*-Raupen; *Spinnentiere: Springspinnen).*

Die breite Streuung legt den Schluß nahe, daß dieser Organisationstyp instinktiven Verhaltens allgemein verbreitet ist.

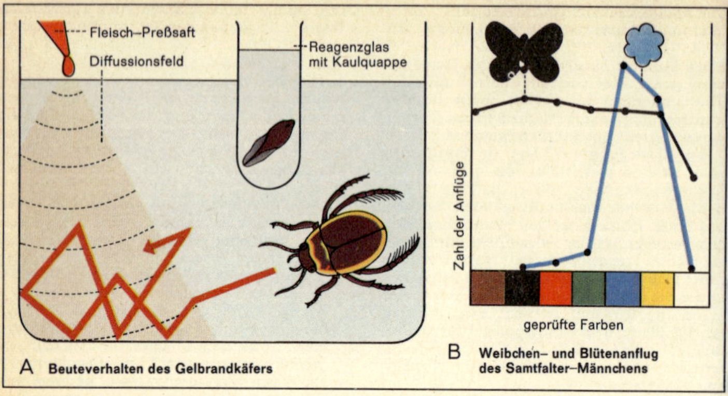

Wahrnehmbare und reaktionsauslösende Reize

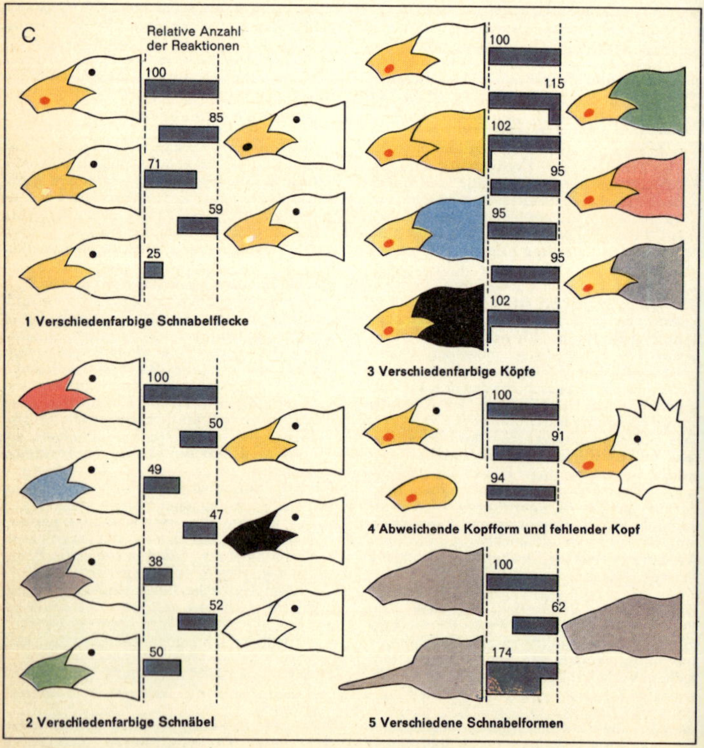

Analyse von Schlüsselreizen

Instinkthandlungen sind nur arterhaltend, wenn sie in richtigen Situationen orientiert ablaufen. Orientierung wird durch Taxien garantiert, rechtzeitiges Auslösen durch spezif. Reize oder Reizkombinationen in der Umgebung des Tieres. Dabei wird eine Reizauswahl getroffen

- durch die vorhandenen Sinnesorgane und ihre Leistungsgrenzen (II, S. 340 ff.),
- durch zentralnervöse Filterung der wahrnehmbaren Reize.

Wahrnehmbare Reize

Ein Tier nimmt von den vielen, es umgebenden Reizen oft nur wenige wahr, da entspr. Rezeptoren fehlen.

- Die *Zecke* hat außer Temperatur- und Tastsinn einen nur hell-dunkel unterscheidenden Hautlichtsinn und einen nur auf Buttersäure ansprechenden Geruchssinn (also nur einen kleinen Teil der menschl. Wahrnehmungsfähigkeit).
- *Nied. Tiere* sind oft taub und blind.
- Nachttiere sehen im allg. keine Farben.

Dagegen leisten Sinnesorgane mancher *Tiere* mehr als die des *Menschen:*

- *Heuschrecken*, *Vögel*, *Hunde* und *Fledermäuse* hören Ultraschall (bis über 170000 Hz; der *Mensch* bis 20000 Hz).
- Manche *Schmetterlinge*, *Fische* und *Säuger* riechen Stoffe in weit geringeren Konzentrationen als der *Mensch*.
- *Insekten* sehen bis zu 250 Einzelbilder/sec (der *Mensch* nur 16).
- Die *Biene* unterscheidet polarisiertes Licht von nichtpolarisiertem (II, S. 409).
- Das Seitenliniensystem der *Fische* ist Sitz eines Ferntastsinnes (II, S. 352 f.).

Dies nennt v. UEXKÜLL die Merkwelt eines Tieres, die mit dem, was es tut (Wirkwelt) eine einheitl. Umwelt bildet (Umweltlehre). Für den Ethologen ist die Kenntnis der Sinnesleistungen wichtig für die Beurteilung des Verhaltens. – Hier hat die Elektrophysiologie bes. Bedeutung (II, S. 349), da bei der Ermittlung von Sinnesleistungen durch Dressur außer den Rezeptoren auch zentralnervöse Mechanismen wirken, die die Ergebnisse verfälschen können.

Reaktionsauslösende Reize

sind nur ein kleiner Teil der von den Sinnesorganen grundsätzlich wahrnehmbaren.

- Der *Gelbrandkäfer* mit gut entw. Komplexaugen läßt sich auf opt. Reize dressieren, die aber für sein ererbtes Beuteverhalten unwichtig sind (A). Ein in einem Glasrohr schwimmendes Beutetier löst die Fanghandlung nicht aus; wird dem Wasser Fleischpreßsaft zugesetzt, beginnt ein Suchverhalten, und jeder zufällig berührte Gegenstand löst den Zugriff aus.
- Das *Samtfalter*-Männchen fliegt in Paarungsstimmung Weibchen-Attrappen an ohne Bevorzugung einer Farbe; bei der Nahrungssuche zieht es aber blaue u. gelbe Papierblumen andersfarbigen vor (B).

Schlüssel- oder Signalreize

werden also zentralnervös aus dem Gesamtangebot als reaktionsauslösend herausgefiltert, oft versch. in einzelnen Funktionskreisen. – Sie müssen in der natürl. Umgebung des Tieres hinreichend unwahrscheinlich sein, da die Instinkthandlung sonst zur Unzeit ausgelöst wird. Das wird meist durch Kombination mehrerer Schlüsselreize erreicht, deren jeder allein die Reaktion nicht auslöst. – Auf der Beachtung nur weniger Reize beruht die Wirksamkeit von Attrappen, mit deren Hilfe aus komplexen Reizsituationen die Schlüsselreize experiment. auszusondern sind.

- Das *Stichlings*-Männchen bekämpft bei der Revierverteidigung formtreue Artgenossen-Attrappen, denen der rote Bauch fehlt, kaum; heftig dagegen werden stark vereinfachte Attrappen mit roter Unterseite angegriffen. Diesem Merkmal gegenüber treten also alle anderen in ihrer Bedeutung zurück, obwohl das Stichlingsauge sie auch wahrnehmen kann.
- Das Futterbetteln der *Silbermöwen*-Jungen ist ein seitl. Picken gegen den Elternschnabel. Analyse der Schlüsselreize mit unräuml. Kopfattrappen zeigte:
  Der Schnabelfleck wirkt allgem. durch seine Abhebung; rot als Farbe wird aber bevorzugt (C 1).
  Die Schnabelfarbe wirkt nur als rot (C 2).
  Die Kopffarbe ist bedeutungslos (C 3).
  Die Kopfform ebenfalls (C 4; der Kopf kann ganz fehlen).
  Die Schnabelform ist stark wirksam (C 5).
  Daneben sind auch Lagebeziehungen (komplexe Gestaltwahrnehmung) wichtig.

Außer opt. Schlüsselreizen wurden nachgewiesen:

- chemische (z. B. Anlocken von *Nachtfalter*-Männchen durch Duftstoffe des Weibchens);
- akustische (z. B. Anlocken von *Heuschrekken*-Weibchen d. Zirpen der Männchen);
- taktile (Tastreize; z. B. der Biß beim Kampf von *Stichlingen*).

Die Reizsummenregel

besagt, daß sich die Wirkung der Schlüsselreize in einer auslösenden Situation addiert (nicht mathematisch exakt; der Verlauf des Summationsprozesses ist unbekannt). – Wird in Attrappenversuchen der Auslösewert eines Reizes verringert, kann demnach durch Verstärkung eines anderen Schlüsselreizes der Gesamt-Auslösewert konstant gehalten werden. – Dies additive Zusammenwirken ist typisch für ererbte Auslösesituationen und unterscheidet sie von erlernten (II, S. 401), bei denen die Gestaltwirkung des Objekts im Vordergrund steht.

Übernormalität (Überoptimalität)

liegt vor, wenn künstl. Objekte oder Situationen die natürl. in der Auslösewirkung übertreffen (vgl. auch C 5).

- Der *Austernfischer* zieht beim Brüten ein Fünfergelege seinem normalen Dreiergelege vor, ein übergroßes Ei dem eigenen.
- Der Weibchensprung des *Stubenfliegen*-Männchens wird durch größere Attrappen übernormal stark ausgelöst (mit einem Maximum bei 2,26facher Flächengröße des Weibchens).

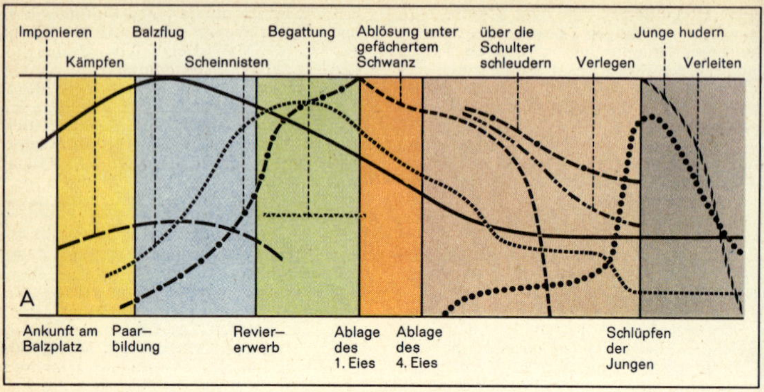

Häufigkeit sexueller Verhaltensweisen beim Sandregenpfeifer

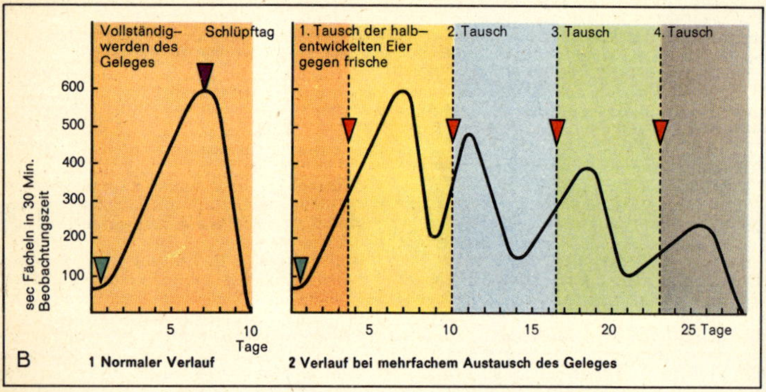

Abhängigkeit des Fächelns von inneren und äußeren Faktoren beim Stichling

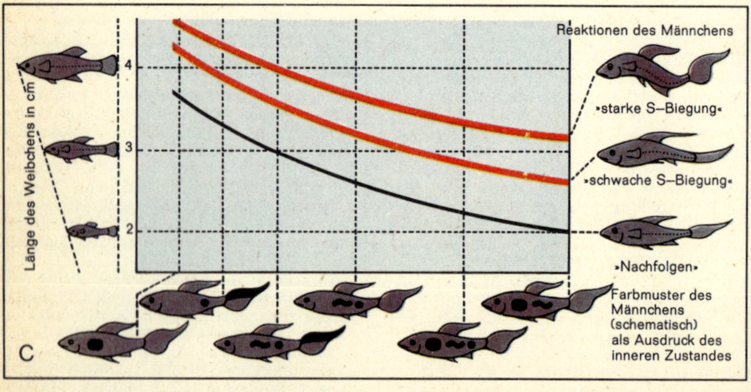

Zusammenwirken innerer und äußerer Faktoren

Die Wirkung innerer Faktoren durch Energiespeicherung im ZNS ist grundsätzlich an Unterschieden der Reaktion bei gleichen Außenbedingungen erkennbar.

Aktivierung verschiedener Instinkte
kann zu versch. Reaktionen auf die gleiche Außensituation führen. – Die *Sandwespe* z. B. reagiert auf eine offene Bruthöhle durch
- weiteres Aufgraben bei aktiviertem Grabinstinkt;
- Eintragen einer Raupe, wenn sie mit einer solchen anfliegt;
- Verschließen nach Ablauf der Verproviantierungshandlung.

Verschieden starke Aktivität eines Instinkts
führt zu charakterist. Erscheinungen.
Schwankungen von Frequenz und Intensität best. Instinkthandlungen
wurden oft beobachtet, aber selten analysiert.
- Die Brutperiode des *Sandregenpfeifers* zeigt typ. Häufigkeitskurven best. Verhaltensweisen, deren Schwankungen z. T. sicher auf inneren Faktoren beruhen (Experimente zur Eliminierung von Außenfaktoren fehlen hier noch; A).
- Das Eierfächeln des *Stichlings* nimmt nach Vollständigwerden des Geleges ständig zu (z. T. bedingt durch steigenden O_2-Verbrauch der Eier) und fällt vom Schlüpftage an stark ab (B). Ersetzt man die halbentw. Eier durch frische, steigt die Kurve weiter bis zum Schlüpftag des 1. Geleges, sinkt dann aber nicht völlig ab, da der O_2-Verbrauch der neuen Eier die Fächelfrequenz wieder hochtreibt bis zu einem zweiten Maximum am Schlüpftag des 2. Geleges. Bei Wiederholung dieses Vorganges sinken trotz jeweils gleicher Außenbedingungen die Maxima ab, was nur auf inneren Faktoren beruhen kann.

Reaktionsspezifische zentrale Ermüdung
tritt ein bei mehrfachem Auslösen einer Instinkthandlung. Sie ist eine Schwellenerhöhung gegenüber der auslösenden Situation, zu erklären durch den Verbrauch reaktionsspezif. Energie. Sie tritt am schnellsten auf bei Reaktionen, die normalerweise nur selten ausgelöst werden:
- Das Verleiten (Weglocken eines Feindes vom Nest) der *Regenpfeifer* und anderer *Vögel* ist nur drei- oder viermal auslösbar.
- Im Beuteverhalten der *Katze* ermüden die Glieder der Handlungskette (Anschleichen, Fangen, Totbeißen, Fressen) um so rascher, je seltener sie normalerweise betätigt werden. Bietet man mehrere *Mäuse* nacheinander, werden sie zuerst gefressen, dann nur noch getötet, danach mehrfach gefangen (»Spielen« mit der Beute), zuletzt nur noch beschlichen oder wenigstens intensiv fixiert.
- Das Sperrverhalten junger *Drosseln* ist durch taktile oder opt. Reize (Attrappen) sofort wieder voll auszulösen, nachdem es durch akust. Reize bis zum totalen Verschwinden ermüdet worden war; demnach ist eine Ermüdung im motor. Bereich ausgeschlossen. Auch Adaptation der Sinnesorgane spielt keine Rolle, da z. B. bei taktiler Reizung über die totale Ermüdung hinaus statt Sperrens Sich-Drücken als Reaktion erfolgt.

Schwellenerniedrigung
im zentralen Bereich beruht auf Stau reaktionsspezif. Energie und langem Ausbleiben der auslösenden Situation. Dann wird die Eintrittsschwelle einer Reaktion niedriger, d. h. das Tier spricht auf Reizsituationen an, die der natürlichen immer weniger adäquat sind, die Instinkttätigkeit läuft gegenüber unspezif. Ersatzobjekten ab.
- Das Füttern des *Jungkuckucks* beruht vielleicht darauf, da er die arteigenen Jungen aus dem Nest drängt. – Doch hat er wahrscheinl. übernormale Schlüsselreize für die Auslösung des Fütterns (Größe, Form und Farbe des Sperr-Rachens).
- Das Kampfverhalten isolierter Männchen des *Kampffisches* ist durch rohe Attrappen auszulösen, ermüdet dann aber um so rascher, je weniger die Attrappen dem artgleichen Gegner ähneln.

Leerlaufhandlungen
treten bei starkem Energiestau ein (ohne für den Beobachter sichtbares Objekt, wahrscheinlich ganz ohne auslösenden Außenreiz). – Auch Aktionen aufgrund direkter Hirnreizung (II, S. 387) sind in diesem Sinn Leerlaufhandlungen, sofern sie objektfrei ablaufen.
- Das Insektenfang-Verhalten von *Singvögeln (Star, Seidenschwanz)* kann im Leerlauf vollständig auftreten: Fixieren der »Beute«, Nachfliegen, Fangen, Töten, Schlucken und abschließendes Gefiederschütteln.
- Kopulationsbewegungen bei *Säugern* (z. B. *Hund*, *Stier*) treten ohne nachweisbaren Außenreiz auf.
- Putzbewegungen zum Flügelreinigen kommen auch bei *Insekten*-Imagines vor, deren Flügel sich bei der Häutung nicht ausgestülpt haben.

Zusammenwirken innerer und äußerer Faktoren wurde am Balzverhalten von *Guppy*-Männchen analysiert (C):
- Die Intensität des inneren Zustandes wurde am Farbmuster der Tiere gemessen,
- die Quantität der Außenreize durch die Größe der Weibchen variiert.

Für zwei Verhaltensweisen, eine davon in zwei Intensitätsstufen, wurde gezeigt, daß die Gesamtwirkung innerer und äußerer Faktoren das Verhalten bestimmt, wobei beide in best. Maße gegenseitig ersetzbar sind. Je stärker die Gesamtwirkung, desto weiter fortgeschritten im Balzverhalten sind die direkt auf das Zusammentreffen folgenden Handlungen; im Rahmen einer Verhaltensweise bewirkt Verstärkung der Gesamtwirkung Intensitätssteigerung (= zusätzl. Aktivierung von Muskelelementen in festliegender Reihenfolge).
Prinzipiell folgt hieraus, daß bei Prüfung einer (bekannten) Situation von Außenreizen auch der (oft unbekannte) innere Zustand zu berücksichtigen ist.

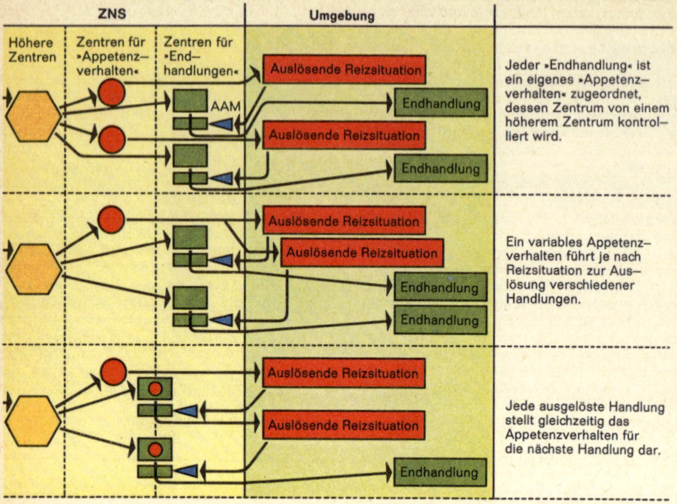

A **Schemata der möglichen Zuordnungen von Appetenzverhalten und Endhandlung**

Appetenzverhalten

B **Beutefangbewegung des Graureihers bei sexueller Erregung**

C **Übersprungpicken kämpfender Haushähne**

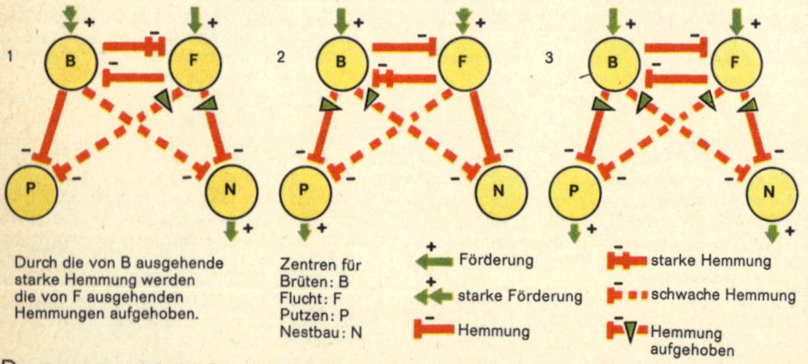

D **Erklärung spezifischer Übersprungbewegungen durch Hemmung von Zentren**

Übersprungbewegungen

Das Appetenzverhalten
Der Begriff geht auf CRAIG zurück, der das Gesamtverhalten in zwei Komponenten teilte:
1. Die Endhandlung, Abschluß eines oft komplexen Verhaltensabschnitts, ist selbst einfach und starr, verbraucht reaktionsspezif. Energie und »befriedigt« also den Trieb.
2. Das Appetenzverhalten, Suchen nach der Auslöse-Situation für die Endhandlung, ist im Gegensatz zu dieser plastisch, variabel und zielstrebig. Es kann aus einer einfachen Taxis bestehen (z. B. Zielwendung der *Kröte* vor dem Zuschnappen; II, S. 388 f.), aber auch zusammengesetzt sein aus Reflexen, Taxien, Lokomotionsbewegungen, höh. Instinkttätigkeiten und Erlerntem und oft monatelang dauern (z. B. Vogelzug und Laichwanderungen von *Lachs* und *Aal*).
Die Begriffe sind dem bisherigen Begriffssystem (Taxis, Erbkoordination, Instinkthandlung, Handlungskette) nicht exakt einzuordnen: Die Endhandlung trägt Züge der Erbkoordination, kann aber auch eine Handlungskette sein; das Appetenzverhalten ist uneinheitl. aus versch. Verhaltenselementen aufgebaut.
Die Zuordnung von Appetenzverhalten und Erbkoordination
kann daher nicht eindeutig erfolgen (A).
- Ein Appetenzverhalten kann fehlen, wenn der Partner die Auslöse-Situation präsentiert (z. B. Stichlingsbalz; I, S. 148).
- Eine Erbkoordination mit zugeordneten Taxien kann gleichzeitig Appetenzverhalten für die nächste sein (z. B. beim Beutefang des *Rückenschwimmers;* II, S. 392f.).
- Nicht jedes Appetenzverhalten mündet in eine Endhandlung; oft führt es in eine Situation, in der ein neues, spezielleres Appetenzverhalten ausgelöst wird.

Der Zentrenhierarchie entspricht so eine
Hierarchie von Appetenzen,
da jedes Zentrum ein Appetenzverhalten kontrollieren kann (s. auch II, S. 384):
Das Beuteverhalten eines *Greifvogels* zeigt zunächst ein allgemeines Absuchen des Reviers, wobei oft Stellen, an denen schon Beute gemacht wurde, bevorzugt aufgesucht werden (Lernvorgänge). Die Entdeckung einer Beute löst eine speziellere Appetenz aus, abhängig von der Art der Beute (fliegend, schwimmend, laufend; gesund oder krank), bei dem z. B. durch Scheinanflüge ein Einzeltier aus Schwärmen abgesprengt wird. Erst dann folgt die relativ starre Handlungskette Stoß-Schlagen-Töten-Rupfen-Kröpfen, die als Endhandlung gelten kann.
Das Aversionsverhalten
entspricht dem Appetenzverhalten, dient aber dem Vermeiden best. Reizsituationen.

Übersprungbewegungen
sind eingeschobene, nicht dem ablaufenden Verhalten zugehörige Elemente. Sie treten auf bei starkem Energiestau und gleichzeitiger Hemmung des Erregungsflusses, die Entladung im Leerlauf verhindert; bes. in folgenden Situationen:
1. Konflikt antagonistischer Triebe: Durch Blockierung der eigenständigen (autochthonen) Bahnen fließt die Erregung in neue Bahnen ab und aktiviert »allochthon« ein anderes Zentrum.
- Bei Grenzbegegnung territorialer *Stichlings*-Männchen kommt es zu Übersprung-Graben (aus dem Nestbauverhalten: Ausheben der Nestmulde). Die Konfliktsituation ist experimentell zu erzeugen: Wird ein Männchen im eigenen Revier durch eine Attrappe, die es zunächst angreift, bis zur Flucht eingeschüchtert, beginnt es nach einiger Zeit, die jetzt ruhig gehaltene Attrappe wieder anzugreifen. Unmittelbar vorher, wenn sich Flucht- und Angriffstendenz die Waage halten, tritt kurz Übersprung-Graben auf.
- Kämpfe von *Haushähnen* werden oft durch Übersprung-Picken beider Partner eingeleitet und unterbrochen, das aus dem gleichen Triebkonflikt erwächst (B).

2. Ausbleiben eines notwendigen Außenreizes: Die Situation ist im Balzverhalten häufig (Weibchen noch nicht paarungsbereit; C).
- Intensives Übersprung-Fächeln tritt beim *Stichlings*-Männchen auf, wenn das Weibchen nach dem Zick-Zack-Tanz nicht zum Nest folgt.
- *Vogel*-Männchen zeigen während der Balz oft Übersprung-Putzen (überhaupt entstammen viele Übersprungbewegungen dem Bereich der Körperpflege).

3. Zu schnelle Beendigung einer Handlung hinterläßt einen Rest reaktionsspezif. Energie, der allochthon abreagiert wird.
Paarungsnachspiele enthalten daher oft Übersprungkomponenten.
4. Reizung eines schon erschöpften Zentrums kann ein anderes Instinktzentrum entblokken, dessen Energie dann eine nicht situationsgemäße Übersprunghandlung bewirkt.
Drücken von *Jungdrosseln* nach Ermüdung des Sperrens (II, S. 395).
Die Spezifität von Übersprunghandlungen wird durch die Annahme erklärt, daß die von einem oder zwei Zentren auf ein weiteres ausgeübte Hemmung fortfällt, wenn die beiden Instinkte in Konflikt geraten.
- Bei *Silbermöwen* kommt es im Konflikt zw. Brüten und Flucht (erzeugt durch experiment. Änderungen am Nest) bei überwiegendem Bruttrieb zu Übersprung-Nestbau (D 1), bei überwiegendem Fluchttrieb zu Übersprung-Putzen (D 2).
- Beim *Stichlings*-Männchen tritt ähnlich im Konflikt zw. Sexual- und Aggressionstrieb Übersprung-Fächeln bei Überwiegen des sexuellen, Übersprung-Leimen am Nest bei stärker aggressivem Trieb auf.

Vollständigkeit und Orientierung von Übersprungbewegungen
Die allochthon ausgelösten Instinktbewegungen unterscheiden sich von den gleichen, autochthon ausgelösten, oft klar durch Unvollständigkeit (Intentionsbewegung: II, S. 399) und Taxisfreiheit (bei objektlosem Ablaufen). Sie haben dann oft, häufig unter Ritualisierung (II, S. 399), den Charakter von Signalen und Auslösern.

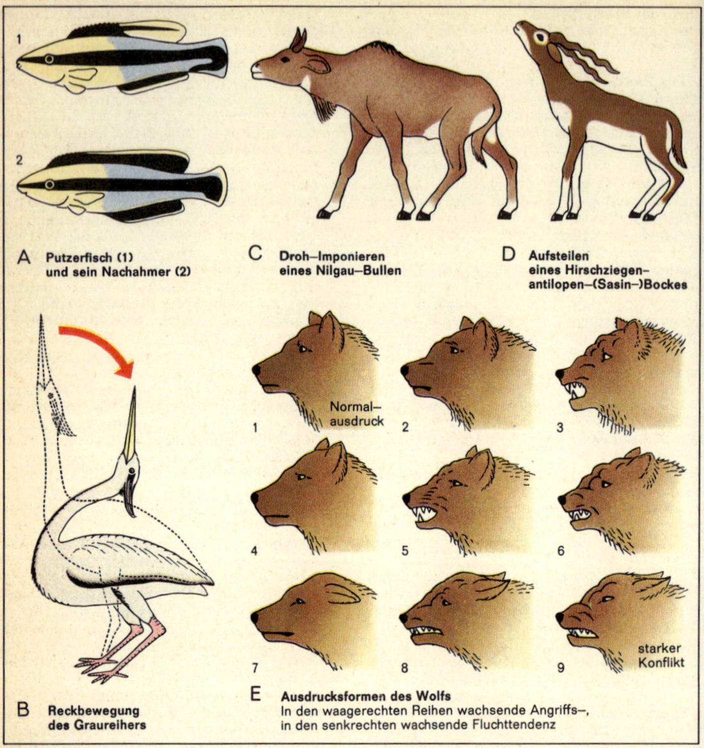

Auslöser

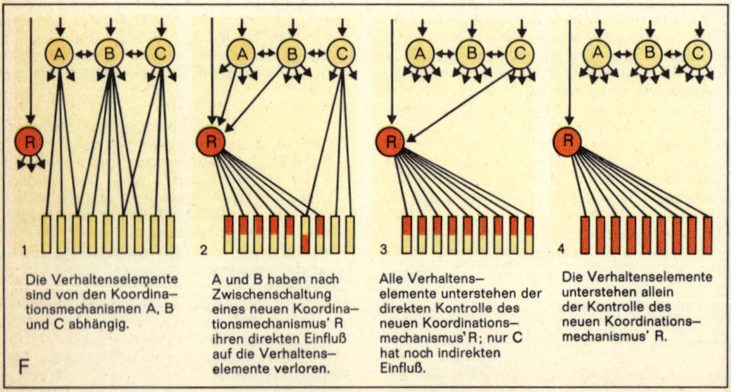

Hypothetische Veränderungen nervöser Strukturen beim Ritualisierungsvorgang

Auslöser sind nach LORENZ nur solche Strukturen oder Verhaltensweisen, die an ihre Funktion (Senden von auslösenden Reizen) bes. angepaßt sind und beim Partner best. AAMs ansprechen.

Intraspezifische (innerartliche) Auslöser sind häufig (Beispiele s. II, S. 392 f.).

Interspezifische (zwischenartliche) Auslöser sind seltener:

- Der *Putzerfisch* veranlaßt durch tanzende Bewegungen, die seine typ. Färbung zur Geltung bringen (A), größere *Fische*, eine »Putzhaltung« einzunehmen (mit offenem Maul und abgespreizten Kiemendeckeln) und sich Parasiten absuchen zu lassen. Die Auslöser sind so wirksam, daß der *Säbelzahn-Schleimfisch* mit ähnl. Färbung und ähnl. Verhalten ebenfalls *Fische* zum Einnehmen der Putzhaltung bringt, ihnen dann aber in raschem Zubiß Stücke aus Haut oder Flossen reißt.
- Die *Geierschildkröte*, in Gewässern lauernd, lockt Tiere mit einem bewegl. wurmartigen Zungenfortsatz und erbeutet sie in plötzlichem Zuschnappen.

Typen von Auslösern finden sich bei zahlr. Verhaltenselementen:

1. Bewegungen des Körpers oder einzelner Körperteile (z. B. Mimik):
- Droh-Gähnen bei *Pavianen*;
- Balzbewegungen zahlr. *Wirbeltiere* (z. B. Schnauzentremolo des *Stichlings*-Männchens).

2. Form- oder Farbstrukturen (oft zus. mit Bewegungen, die sie zur Geltung bringen):
- Balzverhalten (z. B. *Pfau*, *Paradiesvögel*).

3. Lautäußerungen:
- Rivalen- und Werbegesang (z. B. *Heuschrecken*);
- Revier- und Balzgesang bei *Vögeln*.

4. Duftstoffe:
- Das *Samtfalter*-Männchen fängt beim Paarungsvorspiel die Fühler des Weibchens zw. den Vorderflügeln, wo sie ein Duftfeld berühren. Das löst das Einnehmen der Begattungsstellung aus.

Stammesgeschichtliche Entstehung der Auslöser

Die wichtigste Methode zur Erforschung der Phylogenie des Verhaltens ist die vergleichende (Typologie; s. Untersuchung der Entenbalz, II, S. 470), da paläontolog. Material fehlt und auch die Ontogenie wenig ergiebig ist. Trotzdem liefert diese Hinweise auf die Gültigkeit der biogenet. Grundregel auch im Verhaltensbereich:

Daß *Lerchen*, *Pieper* und *Stelzen* als Jungvögel hüpfen, später aber laufen, kann als Rekapitulation einer phylogenet. alten Fortbewegung der *Sperlingsvögel* gelten.

Bes. aus folgenden Verhaltenselementen können Auslöser (hier nur Ausdrucksbewegungen berücksichtigt) entstanden sein:

- Instinktbewegungen mit direkter Funktion, z. B. Futtersuche oder Flucht.
- Intentionsbewegungen, nicht zu Ende geführte Bewegungsfolgen bei niedrigem Pegel reaktionsspezif. Energie oder bei Wirken einer Hemmung. Sie sind meist Ansätze zur Fortbewegung (Laufen, Springen, Auffliegen, Schwimmen, Tauchen).
- Übersprungbewegungen (II, S. 397; bes. wichtig für die Verhaltensphylogenie).
- Primär als Ausdrucksbewegungen entstandene Verhaltensweisen.

Die genannten Bewegungen sind oft primär funktionslos; ihnen fehlt nicht nur der arterhaltende Wert, sie können sogar schädlich sein (Erregen der Aufmerksamkeit optisch orientierter Feinde). Die Situation ändert sich, wenn im Artgenossen ein AAM auf die Bewegung anspricht: sie unterliegt dann der Wirkung von Mutation und Selektion.

Die Ritualisierung,

die dann einsetzt, bringt Verstärkung der auslösenden Merkmale und Unverwechselbarkeit mit anderen Verhaltensweisen. – Die Umformung ist oft so stark, daß die Herkunft solcher »Symbolbewegungen« nur vergleichend zu klären ist. – Ritualisierung kann sich auf versch. Weise vollziehen:

- Mimische Übertreibung einer Bewegung durch Änderungen im Bewegungsmuster: die Reckbewegung des *Fischreihers* als übersteigerte Abflug-Intention (B); das Droh-Imponieren des *Nilgau*-Bullen (C; durch Zeitlupen-Bewegung bes. auffällig).
- Unterstreichung einer Bewegung durch Farben oder Strukturen: die Flügelspiegel von *Enten*, die bei Balzbewegungen zur Geltung kommen (II, S. 388); die weiße Kehlregion, die der werbende *Sasin*-Bock beim »Aufsteilen« zeigt (D).
- Umorientierung einer gerichteten Bewegung kann zu völligem Bedeutungswandel führen. Zahlreiche »Demutsgebärden« sind so aus umorientierten Drohgesten abzuleiten: z. B. das Darbieten des Hinterkopfes (= Wegwenden des Schnabels als Angriffswaffe) der *Dohle*; das Darbieten des Halses (= Wegwenden des Gebisses) beim *Wolf*; Hinterkopf-Zuwenden der *Lachmöwe*, die gleiche Bewegung bei jungen *Dreizehenmöwen*, noch gesteigert durch Farbmuster des Hinterkopfes.
- Überlagerung (Superposition) zweier Instinktbewegungen kann zahlr. Neukombinationen z. B. mimischen Verhaltens hervorbringen (E), die dem Artgenossen genaue Informationen geben. Ein Sonderfall ist die Überlagerung einer normalen Instinkthandlung mit einer, die schon Signalfunktion hat, z. B. sex. Aufreiten und Androhen eines Rivalen beim *Wolf*, das kombiniert zu einer Überlegenheitsgebärde wird.

Die physiologische Deutung der Ritualisierung

nach der Zentrentheorie des Verhaltens besagt, daß neue Koordinationsmechanismen auftreten, daß also die Instinkthandlung stufenweise von den ursprüngl. zugeordneten zentralnervösen Mechanismen frei wird (F). Das ist zu folgern aus dem Auftreten neuer Orientierungsmechanismen und der oft starken koordinativen Veränderung ritualisierter Handlungen. Experiment. Beweise hierfür stehen noch aus.

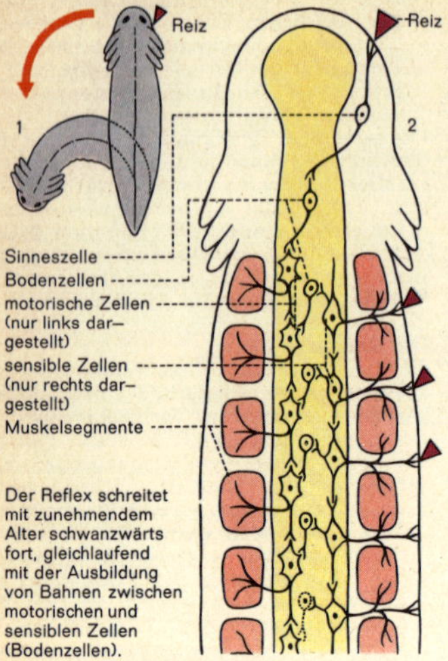

A **Einrollreflex der Axolotllarve (1) und seine nervösen Grundlagen (2)**

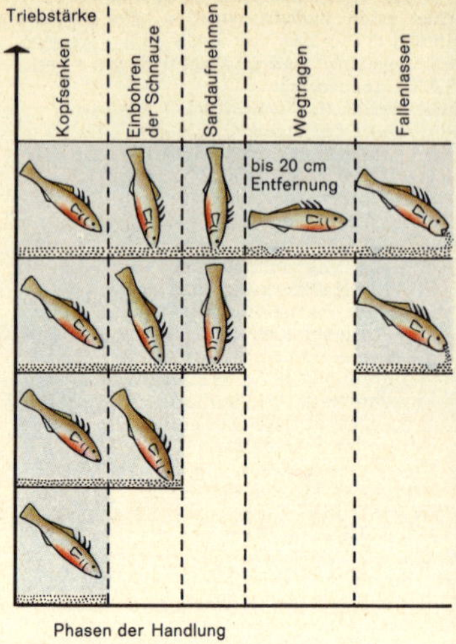

B **Reifen des Grabverhaltens beim Stichling in Abhängigkeit von der Triebstärke**

Wachsen und Reifen instinktiver Verhaltensweisen

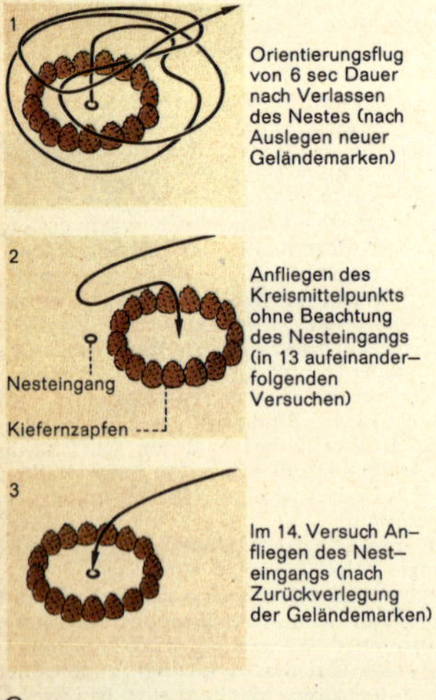

C **Rasches und vollständiges Lernen des Nestortes in Beziehung zu Geländemarken beim Bienenwolf-Weibchen**

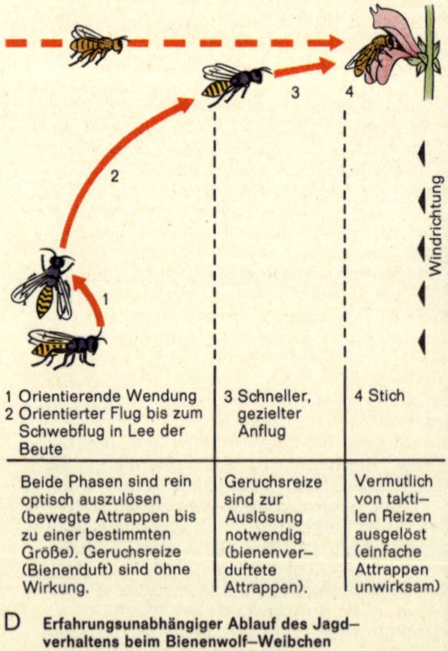

D **Erfahrungsunabhängiger Ablauf des Jagdverhaltens beim Bienenwolf-Weibchen**

Verschieden starke Lernanteile bei verschiedenen Instinkttätigkeiten

Das Lernen, ein zentralnervöser Vorgang, der neurale Mechanismen unter Umwelteinfluß verändert, beruht letztlich auf Veränderungen der Nervenzelle durch Erregungen, die spätere Erregungsabläufe beeinflussen. Art, Zahl und Verknüpfung der Nervenzellen (II, S. 366 f.) legen erblich die Lernmöglichkeiten fest (Lerndisposition). Lernergebnisse können ererbtes Verhalten verändern; dabei stellt die Ethologie bes. die Frage, was ein Tier unter natürl. Bedingungen lernt und wie sich das Gelernte auf sein Verhalten auswirkt (vgl. Behaviorismus, II, S. 383).

Lernen vortäuschende Verhaltensweisen
sind von wirkl. Lernvorgängen zu trennen.
Das Wachstum angeborener Verhaltensweisen ist fortschreitende Vervollkommnung während der Individualentw.; der Lerncharakter ist experimentell auszuschließen:
- *Frosch*-Embryonen wurden bewegungslos in Dauernarkose aufgezogen, bis gleichalte Kontrolltiere vollkommene Schwimmbewegungen zeigten. Beide Gruppen schwammen danach gleich gut.
- *Jungtauben* wurden am Gebrauch ihrer Flügel gehindert. Als Kontrolltiere 10 m weit flogen, gab man sie frei. Die Flugleistungen waren voll vergleichbar.
- Am *Axolotl* wurde gezeigt, daß Wachsen von Bewegungsweisen von der Ausbildung best. Strukturen im NS und weniger von der Ausbildung der Muskeln und Rezeptoren abhängt (A). – Dieses Ergebnis darf sicher verallgemeinert werden.

Das Wachsen komplexer Verhaltensweisen vollzieht sich wohl allgemein so, daß zuerst die Erbkoordinationen auftreten, dann die Taxien und zuletzt das zugehörige Appetenzverhalten:
- *Mäuse* machen Kratzbewegungen zuerst taxisfrei »ins Leere«; erst später gerichtet.
- Junge *Kormorane* zeigen das zum Nestbau gehörige Schnabelzittern zunächst in versch. Situationen. Später erfolgt Auslösung durch spezif. Reize und Koordination mit Taxien und Appetenzen zum Gesamt-Nestbauverhalten.

Das Reifen angeborener Verhaltensweisen als jahreszeitl. bedingter Prozeß (z. B. Fortpflanzungsverhalten) hebt sich dadurch ab, daß die nervösen Strukturen fertig vorliegen (B). Das zeigt sich in folgendem:
- Hormone können die Verhaltensweisen zur Unzeit hervorrufen, wobei auch höh. Zentren beeinflußt werden (z. B. werden beim *Stichling* Kampf- und Nestbauverhalten gleichzeitig aktiviert; vgl. II, S. 384 C).
- Als Übersprungbewegungen treten Teile des Sexualverhaltens auch außer der Paarungszeit auf (z. B. im Kampfverhalten).

Der Reifungsprozeß führt im allg., anders als beim Wachsen, von höh. Verhaltensweisen (allg. Appetenz) über immer tiefere Niveaus bis zur Endhandlung.

Stimmungsübertragung
beruht rein auf ererbtem Verhalten, täuscht aber ein »Lernen durch Nachahmung« vor.

Lernvorgänge
sind nur bei *Einzellern* umstritten. Bei *Säugern* (mit der größten Lernfähigkeit) ist durch Erkundungs-(»Neugier«-)verhalten der Einbau von Erfahrungen ins ererbte Verhalten in großem Umfang gesichert.

Die Unterscheidung der Lernweisen
läßt folgende Typen erkennen:
- Lernen durch Bildung bedingter Reflexe;
- Lernen durch Übung (z. B. bei Vervollkommnung des Flugvermögens: Segeln, Landen gegen den Wind);
- Lernen durch Versuch und Irrtum (Wahl von Gegenständen, an denen sich Tiere scheuern: Kanten werden Flächen vorgezogen);
- Lernen durch Nachahmung ist sehr selten (*Mensch*, hochentw. *Säuger*, manche *Vögel* bei Erwerbung des Artgesangs).

Veränderung ererbten Verhaltens durch Lernen ist für die Ethologie wichtig:
Veränderungen des AAM sind meist derart, daß durch »Hineinlernen« die auslösende Reizsituation spezifischer wird (Instinkt-Dressur-Verschränkung):
- *Möwen* und *Seeschwalben* füttern zunächst jedes arteigene Junge eines best. Alters, danach nur noch die eigenen.
- *Kolkraben* nehmen beim ersten Nestbau zunächst wahllos Dinge auf, bevorzugen aber bald leicht einzubauende Zweige.

Ererbte Begrenzung des Lernvermögens
wird dann deutlich, wenn best. Instinkttätigkeiten stark lernverändert sind, funkt. benachbarte dagegen nicht:
- Der *Bienenwolf* lernt die Lage des Nistortes schnell und vollständig nach Geländemarken (C), in das Jagdverhalten dagegen wird nicht »hineingelernt«.
- *Dohlen* lernen erwachsene Kolonie-Mitglieder hinsichtlich ihrer Rangordnungs-Stellung genau kennen, ihre Eier und Jungen unterscheiden sie aber nicht von fremden.

Sensible Phasen der Lernfähigkeit
zeigen sich unter anderem darin:
- Bei *Tieren* (deutlich z. B. bei *Kolkrabe*, *Ratte*) ist das Erkundungsverhalten auf die Jugendphase beschränkt, das erwachsene Tier lernt nur noch unter dem Druck bes. Situationen (z. B. Feindbedrohung).
- Beim *Menschen* dagegen persistiert das Neugierverhalten bis ins hohe Alter.

Die Prägung
ist ein Sonderfall des Lernens, bei dem im allg. die Kenntnis des auslösenden Objektes für eine Instinkthandlung erworben wird. Sie ist durch folgende Kriterien gekennzeichnet:
- Sehr kurze sensible Phase;
- extrem rasches Lernen;
- Irreversibilität des Vorganges, d. h. das Gelernte wird lebenslang nicht vergessen.

Dies scheint aber nur auf den Extremfall zuzutreffen (z. B. Prägung von *Graugans*-Küken auf eine Adoptivmutter); Unterschiede zu anderen Lernvorgängen sind wohl nur graduell.

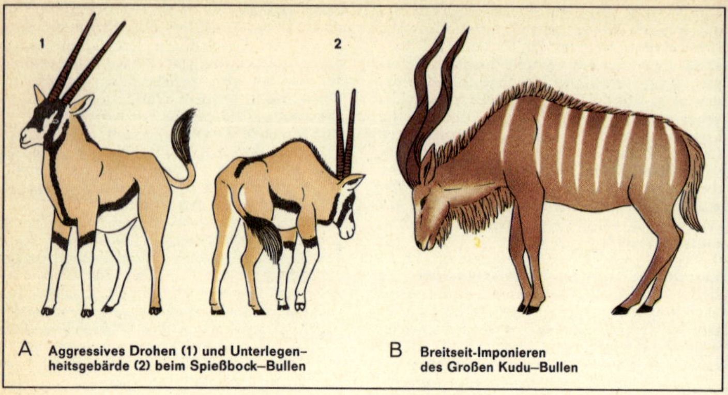

Droh- und Imponierverhalten

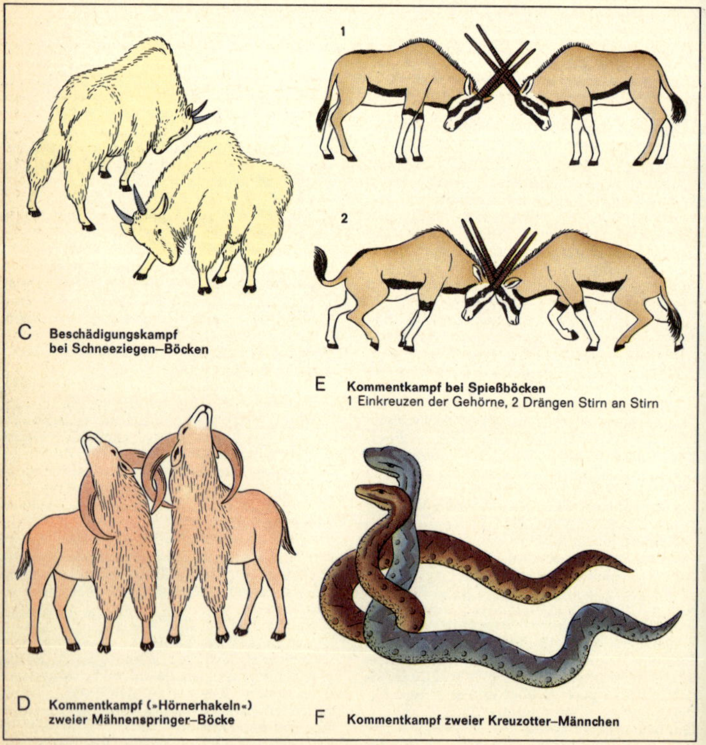

Beschädigungs- und Kommentkampf

Aggressionsverhalten tritt zw. Angehörigen einer Art (intraspezifisch) und zwischenartlich (interspezifisch; dann meist im Rahmen eines Räuber-Beute-Verhaltens) auf. Im allg. ausgelöst durch best. Schlüsselreize, richtet es sich bei starkem Stau reaktionsspezif. Erregung auch gegen Ersatzobjekte:

Hirsche und *Rehböcke* attackieren z. B. Büsche in typ. Kampfverhalten.

Das Aggressionsverhalten ist nach Art und Häufigkeit artspezifisch; auch bei der gleichen Art sind Intensitätsschwankungen die Regel (z. B. bei Fortpflanzungszyklen).

Interspezifisches Aggressionsverhalten
ist räuberischen Tieren eigen. Ihrem artspezif. Beuteverhalten entsprechen bei den Beutetieren durch Mutation und Selektion herausgezüchtete Verhaltensweisen zur Feindabwehr oder -vermeidung (vgl. auch I, S. 213).

1. Feindvermeidung wird als ererbtes Verhalten durch Schlüsselreize ausgelöst; in die Auslöse-Situation wird oft »hineingelernt«.

- **Fluchtverhalten** ist bei *Vögeln* gut untersucht. Sie haben z. T. verschiedene Reaktionen gegen Boden- (Auffliegen) und Luftfeinde (In-Deckung-Laufen; Sich-Drükken). – Auch bei *nied. Tieren* selbst geringer Beweglichkeit sind Fluchtreaktionen ausgeprägt: *Pilgermuscheln* fliehen vor *Seesternen* durch Rückstoßschwimmen, *Seeigel* (z. B. »*Sanddollars*«) durch Eingraben. In beiden Fällen liegt ein chem. Schlüsselreiz vor.
- **Tarnfärbung, Mimese** und **Mimikry** wirken auch feindvermeidend; die versch. Färbungen und Strukturen werden oft durch Verhaltensweisen erst voll wirksam (I, S. 212 f.).

2. Feindabwehr ist selbst bei wehrhaften Arten (z. B. *Wildrindern*) selten. Sie tritt meist nur auf, wenn Flucht nicht mehr möglich ist. Vorhandene Waffen werden versch. eingesetzt:

- Nur gegen artfremde Gegner (dann oft entspr. dem Beuteverhalten): *Giftschlangen* verteidigen sich gegen Artfeinde *(Igel, Iltis, Mensch)* mit den Giftzähnen, während im Rivalenkampf, einem streng ritualisierten Ringkampf (F), Bisse nicht vorkommen.
- Gegen artgleiche und artfremde Gegner: die *Oryx-Antilope* verwendet ihre meterlangen Hornspieße wie im Rivalenkampf (E). Doch kommt es dabei für Gegner, selbst für *Löwen*, zu tödlichen Wunden, da sie das Gehörn nicht abfangen können.

3. Soziale Verteidigung ermöglicht auch schwachen Tieren wirksame Feindabwehr. *Dohlen* reagieren angeboren auf die Situation »schwarzer Gegenstand (tote Dohle, einzelne Feder, Tuch), getragen von einem Artfremden *(Raubtier, Mensch)* oder Artgenossen«; sie löst einen intensiven Angriff der ganzen Schar (»Schnarr-Angriff«) aus. Die Kenntnis der Artfeinde ist hier also nicht ererbt.

4. »Irrtümliche« interspezif. Aggression gibt es bei territorialen (II, S. 405), einander sehr ähnl. Arten von *Korallenfischen*. Die Angriffe erfolgen bei starkem Erregungsstau, die Angegriffenen sind wohl Ersatzobjekte für artgleiche Gegner. Die Aggression kann demnach als intraspezifisch gelten.

Intraspezifisches Aggressionsverhalten
hat Beziehung zu zahlr. sozialen Verhaltensweisen (Fortpflanzungs-, Revier-, Rangordnungskampf); es führt nur relativ selten zu wirkl. Kämpfen. Oft wirkt ritualisiertes

- **Drohverhalten** (mit Kampftendenz, z. B. gegenüber einem Rivalen) oder
- **Imponierverhalten** (ohne Kampftendenz, z. B. im Paarungsvorspiel dem Weibchen gegenüber) einschüchternd auf den Gegner, der dann oft mit ebenfalls ritualisiertem
- **Beschwichtigungs- oder Demutsverhalten** antwortet (A, B).

Drohen und Imponieren sind nicht immer klar unterscheidbar, zeigen aber oft direkte Beziehungen zu ihrer Funktion:

- *Antilopen* drohen im allg. mit dem Gehörn (Zeigen der Angriffswaffe), imponieren aber in Breitseitsstellung (Zur-Schau-Stellen der Körpergröße).

Opt. Drohen ist auch bei *Fischen* häufig; akustisches (Gesang) bei *Vögeln* und olfaktorisches bei *Säugern* (Duftdrüsen; Markieren, II, S. 405).

1. Beschädigungskämpfe treten selten auf, meist bei Arten, deren Waffen nicht ausreichen, den Gegner ernstlich zu verletzen, oder bei denen der Gegner gut fliehen kann:

- Beißkämpfe bei *Säugern* (z. B. *Einhufer*) und *Fischen*.
- Hornstöße in die Flanke bei der *Schneeziege* (C), wo aber trotz kurzer Hörner und dichten Fells ernste Verletzungen beigebracht werden. Eine Weiterentw. der Hörner scheint hier nur möglich bei korrespondierender Änderung des Kampfverhaltens.

Bei gut bewaffneten Arten nimmt oft der Unterlegene in bedrohlicher Lage eine Beschwichtigungshaltung ein, die beim Sieger eine Kampfhemmung auslöst (»moralanaloges Verhalten« nach LORENZ, z. B. bei *Wolf* und *Hund*).

2. Kommentkämpfe nach festen Regeln, die ernste Verletzungen fast ganz ausschließen, treten bei wehrhaften Arten auf, deren Bewaffnung plötzliche, schwere Schäden verursachen kann.

- *Hirsche* greifen nur an, wenn der Gegner frontal steht; vielendige Geweihe verhindern oft ein Durchstoßen zum Körper des Gegners.
- *Horntiere* haben oft auf die Kampfart abgestimmte Hornformen: spiralig zum »Hörnerpressen« *(Kleiner Kudu)*, gebogen zum Schlagkampf *(Steinbock)*, Stirnplatten zum Frontalstoß mit dem ganzen Körper *(Wildschafe, Büffel, Moschusochse)*, kreisförmig zum Einhaken und Zerren (*Mähnenspringer*; D).
- *Fische* kämpfen sogar ohne Körperkontakt (Treiben von Wasserströmen gegen das Seitenlinienorgan des Gegners durch Schwanzschläge).

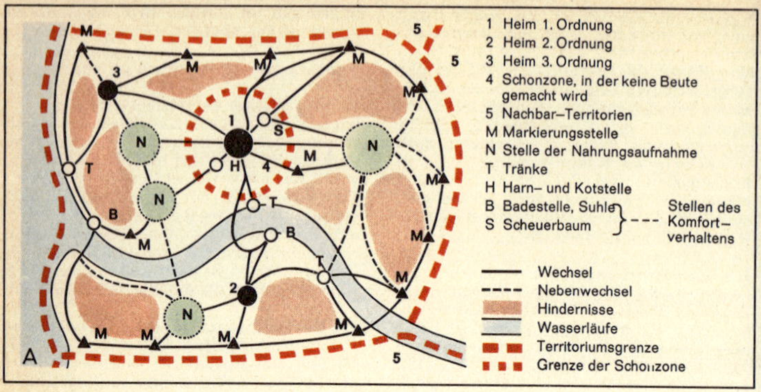

Schema eines Säuger-Territoriums

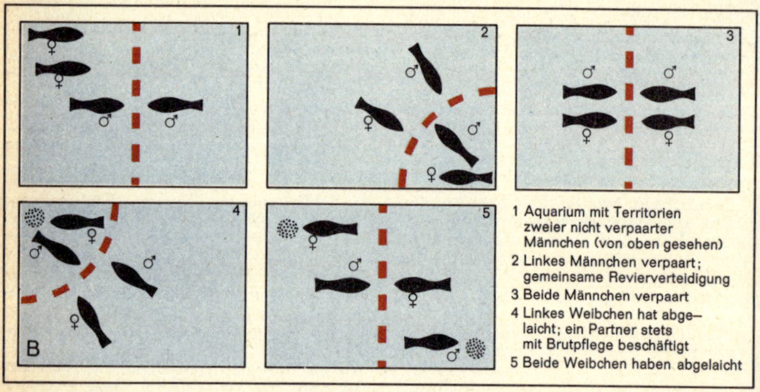

Veränderungen der Territoriumsgrenze beim Zebrabuntbarsch

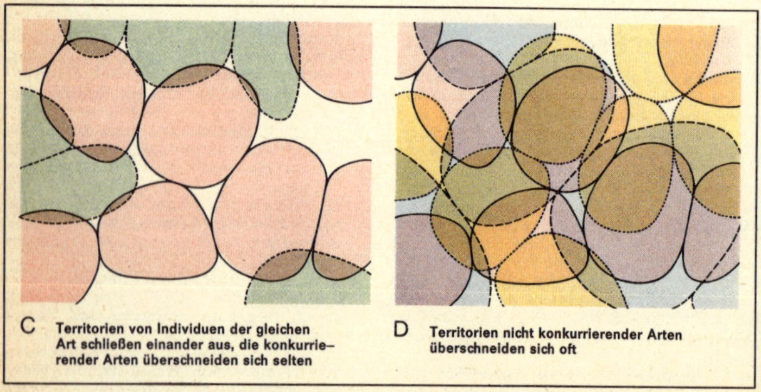

Ökologische Bedeutung der Territorialität am Beispiel von Vogel-Territorien

Das Territorium (Revier)
läßt sich definieren als Gebiet, das von einem Tier oder einer Sozietät (II, S. 407) bewohnt und gegen andere Tiere oder Tiergruppen verteidigt wird, bes. gegen Artgenossen und oft nur gegen die gleichen Geschlechts. – Die Verhaltensweisen territorialer Arten sind teilw. an ein solches Territorium gebunden.
Die Größe des Territoriums ist arttypisch. Sie hängt ab von der
- benötigten Nahrungsmenge (und damit von der Größe des Tieres): *Eidechsen* haben nur wenige m², *Bären* viele km²;
- Art der Nahrung: Fleischfresser und Nahrungsspezialisten (z. B. fruchtfressende Affen) haben größere Territorien als Verzehrer in großen Mengen vorkommender Nahrung (z. B. Grasfresser);
- Produktivität des Territoriums: *Löwen*-Rudel wildreicher Savannen haben kleinere Territorien als z. B. *sibirische Tiger*.

Die Struktur des Territoriums zeigt artspezif. Unterschiede, die z. B. bei der Einrichtung von Gehegen zu beachten sind (*Damwild* braucht weder Bad noch Suhle, für *Rotwild* ist eine Suhle notwendig). Trotzdem gelten allgemeine Gesetzmäßigkeiten:
- **Das Heim** (A), die Stelle maximaler Geborgenheit, ist gekennzeichnet durch Erdbau *(Fuchs, Dachs)*, Baumhöhle *(Marder, Eulen)* oder Nest *(Eichhörnchen, Vögel)* oder besteht oft aus einem einfachen Ruheplatz in geschützter Lage *(Hase)*. Neben dem Heim 1. Ordnung gibt es Plätze grundsätzlich ähnlicher, aber geringerer Bedeutung (Heime 2. und 3. Ordnung).
- **Regelmäßig frequentierte Stellen** hängen zusammen mit best. Verhaltensweisen, bes. der Nahrungsaufnahme, Exkretion, des Komfortverhaltens und der Fortpflanzung (Balzplatz). – Markierungsstellen liegen meist in Grenznähe, aber auch an markanten Punkten im Territorium.
- **Wechsel unterschiedl. Bedeutung** verbinden die Fixpunkte; ihr Verlauf ist manchmal von Hindernissen, oft auch nur von der Gewohnheit des Tieres bestimmt; stellenweise (z. B. in Nahrungsgebieten) fehlen feste Wechsel. Die übrigen Gebiete werden selten betreten; selbst plötzliche Flucht vollzieht sich meist auf Wechseln (praktische Bedeutung für die Jagd).

Die Grenzen zw. Territorien sind nicht Linien, sondern breite Säume. Ihr Verlauf, obgleich durch Markierung oft weitgehend festgelegt, ist abhängig vom physiolog. Zustand beider Reviernachbarn: Die starke Aggressionsbereitschaft nahe am Heim sinkt mit zunehmender Entfernung; gleichzeitig steigt die Fluchttendenz. Da diese nervösen Mechanismen in beiden Reviernachbarn wirken, stellt sich in best. Abstand von beiden Heimen ein Gleichgewicht beider Tendenzen ein. Der Grenzverlauf wird so zunächst durch Kämpfe mit wechselseitiger Verfolgung bestimmt, später durch Droh- und Imponierrituale aufrechterhalten. Diese Abhängigkeit zeigt sich bes. deutlich bei territorialen Aquarienfischen mit beengtem Lebensraum und daher heftigen Grenzkämpfen (B).

Das Markierungsverhalten legt Grenzen weitgehend fest und reduziert Kämpfe. Es ist in vielen Formen verbreitet:
- Markieren durch Geruch kommt bei zahlr. *Säugern* vor. Dabei treten Kot *(Fuchs, Nashorn, Antilopen)* und Harn *(hunde- und katzenartige Raubtiere, Halbaffen)* als Geruchsträger auf, aber auch Drüsensekrete (*Murmeltier* [Wangendrüsen], *Marder, Kleinbären* [Analdrüsen], *Antilopen* [Voraugendrüsen]).
- Opt. Markieren, wohl gekoppelt mit Geruch, findet sich z. B. beim *Braunbären*, der durch Schulter- und Kopfreiben an Bäumen Scheuermarken setzt, deren Höhe offenbar den Reviernachbarn über Größe und Stärke des Revierbesitzers informiert.
- Akust. Markieren (zahlr. *Vögel*) ist oft durch Einbringen eines Rivalen in das Revier oder Abspielen arteigener Lautäußerungen vom Band experimentell auslösbar (und hat dann Droh-Charakter).

Typen von Territorien
Oft sind *Tiere* nur in wenigen Verhaltensweisen und während einer best. Zeit territorial; auch beim gleichen Revier können nacheinander versch. Funktionen im Vordergrund stehen. Danach werden funkt. Typen unterschieden, deren scharfe Abgrenzung gegen (unverteidigte) bloße Teile des Wohngebietes aber mitunter schwerfällt.
1. Der Fortpflanzung dienende Reviere haben Beziehung zum gesamten Fortpflanzungsverhalten oder nur zu manchen seiner Teile:
- Balzreviere, z. B. beim *Birkhuhn*, wo auf dem gemeinsamen Balzplatz jeder Hahn sein Areal beansprucht (die Hennen sind in dieser Zeit nicht territorial).
- Paarungsreviere (bei *Pelzrobben*), bei vielen *Vögeln* mit den Balzrevieren zusammenfallend und später übergehend in die
- Brutreviere, die das Nahrungsgebiet oft, doch nicht immer einschließen.
- Nestreviere bei Koloniebrütern *(Möwen, Seeschwalben)* von meist sehr geringer Ausdehnung (»Hackdistanz«).

2. Nicht der Fortpflanzung dienende Reviere sind in reiner Form selten.
- Wohnreviere scheinen, bei der sehr allg. Bedeutung des Wortes, am schwersten abzugrenzen.
- Nahrungsreviere (z. B. bei *Reihern*, die am Brutplatz sozial sind).
- Schlafreviere (z. B. *Stare, Flughunde*).

Die ökologische Bedeutung der Territorialität liegt bes. in der gleichmäßigen Verteilung der Individuen einer Art über den Siedlungsraum und der gleichzeitigen Sicherung der für die Lebens- und Arterhaltung notwendigen Nahrungs- und Raumvoraussetzungen. Artgleiche Territorien überschneiden sich im allg. nicht, artfremde überlappen sich häufig (C, D). Das ist bes. dann ohne Nachteile möglich, wenn die Arten aufgrund von Sonderanpassungen »ökologische Nischen« bewohnen, also weder Nahrungs- noch Raumkonkurrenten sind.

A **Kontaktverhalten bei Prachtfinken ohne Prachtkleid (Gattung Estrilda; 1); Distanzverhalten bei Prachtfinken mit Prachtkleid (Gattung Erythrura; 2)**

Kontakttiere und Distanztiere

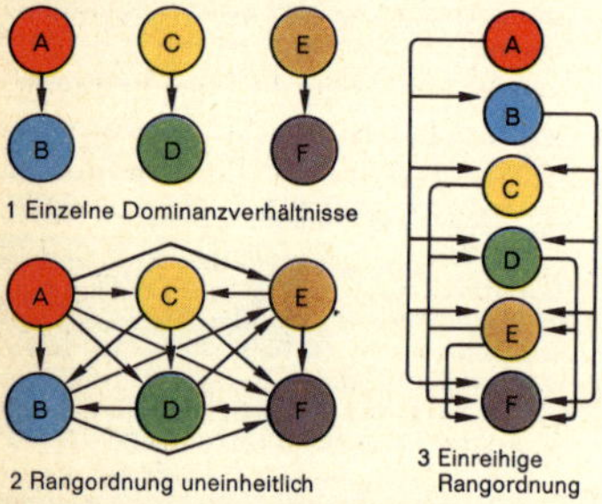

B **Entstehung einer Rangordnung in einer Gruppe von sechs Hähnen**

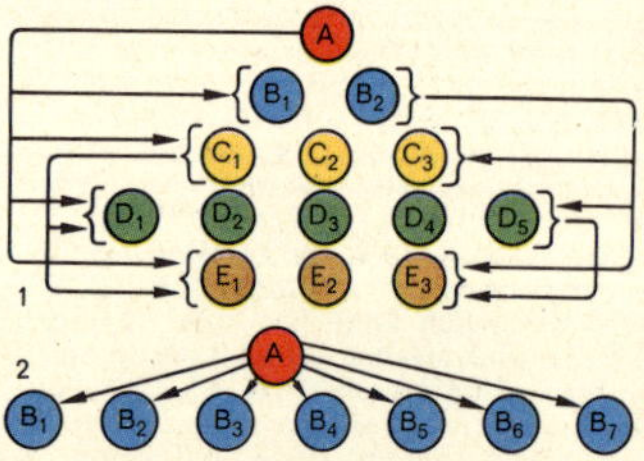

C **In den unteren Bereichen nicht klar gegliederte Rangordnungen:**
1 mit mehreren Rangstufen (amerikanisches Ziesel); 2 mit einem Leittier gegenüber einer wenig differenzierten Gruppe (Weibchenrudel bei Hirschen)

Rangordnung

D Voraus geht eine Gruppe von Männchen und Weibchen; es folgt die oft von Männchen flankierte Gruppe der Weibchen mit Jungen; am Schluß das ranghöchste Männchen; Gruppen von Jungtieren in wechselnder Verteilung

Marschordnung bei Grünen Pavianen

Soziales Verhalten ist keinem bes. »Sozialinstinkt« zugeordnet; es setzt sich heterogen zusammen und führt zu **Sozietäten** von versch. Größe und Struktur, im Gegensatz zu reinen **Ansammlungen** (ohne verhaltensmäßige Beziehungen, z. B. von einer Lampe angelockte *Insekten*). Die Wirkung von Mutation und Selektion ist hier bes. groß, so daß hochspezialisierte Auslöser und Reaktionen entstanden (II, S. 398 f.).

Der anonyme Verband
ist eine einfache Form sozialen Zusammenschlusses bei vielen Tiergruppen:
- *Säuger* (Wanderzüge der *Lemminge*);
- *Vögel* (Schwärme von *Staren*);
- *Fische* (Laichzüge von *Lachs* und *Aal*);
- *Insekten* (*Heuschrecken*-Wanderschwärme).

Die hier gültigen Grundbedingungen soz. Verhaltens gelten auch für höh. Sozietäten:

Die soziale Disposition
Bei manchen gewöhnl. einzeln (solitär) lebenden Heuschreckenarten entsteht infolge hoher Siedlungsdichte eine Übergangsform, dann die morpholog. und etholog. veränderte Wanderphase. Diese Umwandlung war nur bei *Wanderheuschrecken*, nicht bei verwandten, in Freiheit dauernd solitären Arten experimentell zu erzeugen. – Folgende Verhaltenstendenzen werden deutlich:

Die Sozialattraktion
(Streben nach Gemeinschaft): Jungtiere *(Vögel, Säuger)* reagieren auf Isolierung von der Gruppe mit »Angstrufen« und Nachlaufen und zeigen erst bei Wiederanschluß Normalverhalten. – Von *Vogel*-Schwärmen abgesprengte Tiere suchen stets aufzuschließen.
Der Zusammenschluß ist versch. eng:
- **Kontakttiere** rücken bis zur körperl. Berührung zusammen (A; Schlafgesellschaften bei *Wanderheuschrecken*, *Baumläufern*, *Zaunkönigen*, *Goldhähnchen*).
- **Distanztiere** halten eine situationsabhängig variable Individualdistanz ein; ihr Abbau, z. B. beim Paarungsvorspiel, erfordert komplizierte Verhaltensweisen.

Die Sozialimitation
ist die Nachahmung einer Handlung, die von einem Initiator ausgeht, der von Fall zu Fall wechseln kann. Sie erfolgt verschieden:
- Sofortiges Reagieren der Schar (Ausbreitungsgeschwindigkeit der Imitationswelle nach Filmaufnahmen bis 200 m/sec; bei *Vogel*- und *Fisch*-Schwärmen).
- Bestimmung der Handlung durch die Majorität (Aufbruch von *Vogel*-Schwärmen in mehreren Versuchen, bis die Mehrzahl der Tiere auffliegt und den Rest mitreißt).

Sozialimitation bewirkt Koordinierung und Festigung der Handlungen in einer Sozietät; sie kann auch bei Tieren zu Traditionsbildung führen (unterschiedl. Nahrungsgewohnheiten in versch. *Schimpansen*-Horden; Nistgewohnheiten bei *Vögeln* [gebietsweise Verwendung von Rindenbast durch *Sperlinge*]).

Die Sozietäten der Wirbeltiere
zeigen oft gegenüber der anonymen Schar typ. Besonderheiten. Sie sind, wie die der *Insekten* (I, S. 155, 219) aus der **Familie** entstanden, die in zahlr. Typen (I, S. 157) als exklusive, temporäre Sozietät der Aufzucht der Jungen dient.

Familienaggregate entstehen durch Abbau der Isolierung und Exklusivität der Familie (z. B. in Brutkolonien von *Pinguinen* und *Robben*). Außer dem Sozialverhalten der anonymen Schar zeigen sie höh. Verhaltensweisen (z. B. soziale Verteidigung, II, S. 403).

Integrierte Gruppen bilden sich unter Auflösen des Familienverbandes durch kollektive Brutpflege (Abbau des »Brutegoismus«):
- Bei *Pinguinen* werden die Jungen, die in »Krippen« zusammenleben, beim *Kaiserpinguin* schon die Eier kollektiv betreut.
- Bei amerikan. *Kuckucksvögeln* erfolgen Brut und Aufzucht im Gemeinschaftsnest.

Sippen (Dauer- oder Großfamilien) entstehen durch Verbleiben fortpflanzungsfähiger Nachkommen im Familienverband, Sie sind bei *Wirbeltieren* selten *(Primaten)*, am ausgeprägtesten wohl bei der *Wanderratte*, bei der alle Nachkommen eines Paares Revierverteidigung und Fortpflanzung kollektiv durchführen, Angehörige fremder Sippen aber töten.

Mehrere Typen von Sozietäten bei einer Art finden sich bes. bei *höh. Wirbeltieren:*
- Jugendverbände gleichaltriger Jungtiere;
- Weibchengruppen (oft mit Jungtieren);
- Männchengruppen (außerhalb der Brunft).
- Harems (z. B. bei *Hirschen*), u. U. auch mehrere in einer Sozietät (im lockeren Aggregat in *Robben*-Kolonien, in eine Rangordnung eingefügt bei *Affen* [*Makaken*]).

Die Rangordnung
als Kennzeichen höh. Sozietäten setzt persönl. Kennen der Artgenossen voraus. Sie entsteht oft in einer zunächst homogenen Schar über einzelne Dominanzverhältnisse (B) und ist im typ. Fall einreihig mit einem Spitzen-(α-) und einem rangtiefsten (ω-)Tier. Bes. in großen Sozietäten sind aber die unteren Stufen oft nicht eindeutig gegliedert (C). – Ein Ranghoher ist gegen ihm rangnahe Tiere aggressiv; er greift in Streitigkeiten zugunsten des Rangtiefen ein. Das verhindert übermäßige Unterdrückung rangtiefer Tiere, bei *Dohlen* zusätzl. eine akust. ausgelöste Attacke auf den überlegenen Angreifer (Jüp-Reaktion; »moralanaloges Verhalten«).

Die Bedeutung des Geschlechts für die Rangordnung ist verschieden. Männchen und Weibchen können in getrennten oder gemeinsamen Rangordnungen stehen.
- Bei *Dohlen* (Dauerehe) erreicht ein sich mit einem ranghohen Männchen »verlobendes« Weibchen allein dadurch einen hohen Rang, da das Männchen es bei Auseinandersetzungen schützt.
- Bei *Affen* (Kurzehe) tritt die gleiche Erscheinung für einen Brunstzyklus auf.

»Rechte« der Ranghohen: großer Individualraum, Vorrechte bei zahlr. sozialen Handlungen.

»**Pflichten**«: Nahrungssuche und Überlassen von Futter (z. B. beim *Haushahn*); Schutz der Sozietät (z. B. bei *Pavianen*; D).

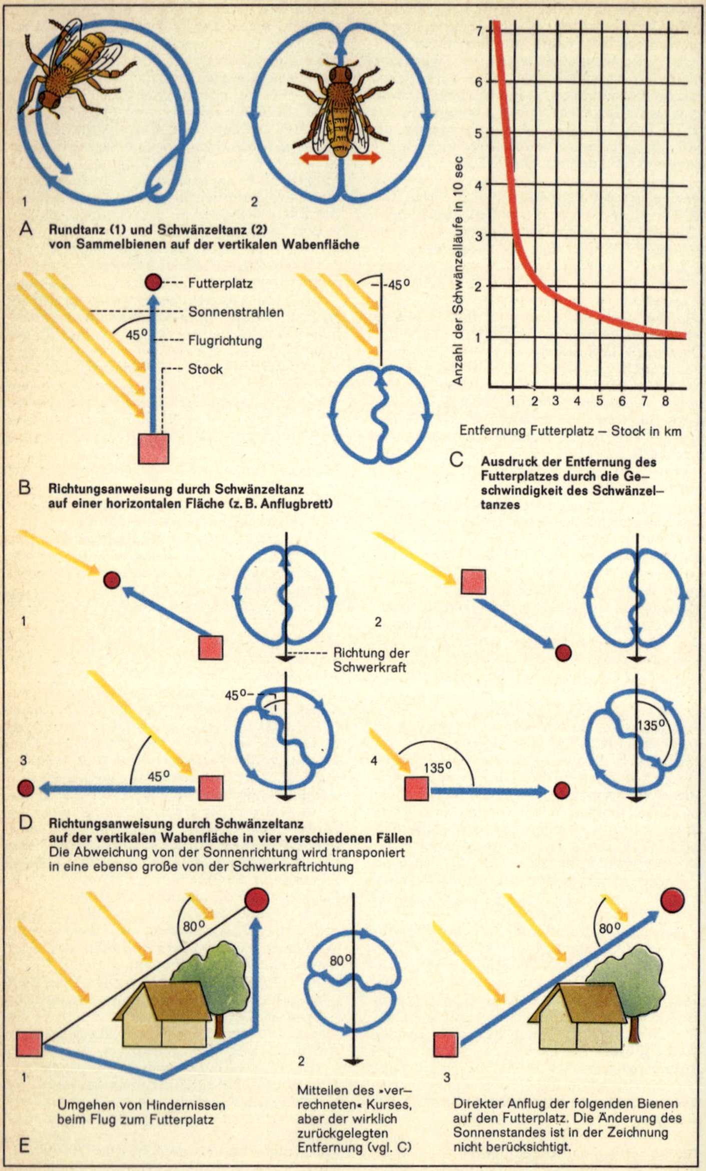

A **Rundtanz (1) und Schwänzeltanz (2) von Sammelbienen auf der vertikalen Wabenfläche**

B **Richtungsanweisung durch Schwänzeltanz auf einer horizontalen Fläche (z. B. Anflugbrett)**

C **Ausdruck der Entfernung des Futterplatzes durch die Geschwindigkeit des Schwänzeltanzes**

D **Richtungsanweisung durch Schwänzeltanz auf der vertikalen Wabenfläche in vier verschiedenen Fällen**
Die Abweichung von der Sonnenrichtung wird transponiert in eine ebenso große von der Schwerkraftrichtung

E
1 Umgehen von Hindernissen beim Flug zum Futterplatz
2 Mitteilen des »verrechneten« Kurses, aber der wirklich zurückgelegten Entfernung (vgl. C)
3 Direkter Anflug der folgenden Bienen auf den Futterplatz. Die Änderung des Sonnenstandes ist in der Zeichnung nicht berücksichtigt.

»Sprache« der Bienen

Die Kommunikation zw. Einzeltieren beruht auf versch. physiolog. Mechanismen.

Die hormonale Kommunikation
durch artspezif. Exo-(Sozio-)hormone (Pheromone, Telergone) koordiniert physiolog. Zustände bei Gliedern einer Sozietät. Bei den sonst sterilen Arbeiterinnen der *Honigbiene* wachsen nach Verlust der Königin die Ovarien, einzelne legen sogar unbefruchtete Eier, aus denen Drohnen schlüpfen. Die Königin scheidet den Hemmstoff durch die Haut aus, die Arbeiterinnen nehmen ihn durch »Belecken« auf und geben ihn weiter (auch tote Königinnen sind noch eine Zeitlang wirksam). – Auch der Wabenbau wird (außer durch Sozialstimulation) von der Königin hormonal angeregt: In ihrer Anwesenheit bauen schon 50 Arbeiterinnen, mit einer toten Königin 200, ohne Königin erst 10000. – Umgekehrt hemmt die Königin, offenbar hormonal, den Bau von Weiselzellen zur Aufzucht junger Königinnen: 4000 Arbeiterinnen eines Volkes bauten, wenn die Königin 52 Min./Std. im Stock war, in 2 Tagen 3 Weiselzellen; war die Königin nur 6 Min./Std. im Stock, bauten sie in 2 Tagen 10, und ohne Königin sogar 27 Weiselzellen.
Bei *Termiten* erzeugt die Königin wohl ähnl. Hormone; sie entstehen im Vorderkörper, gelangen in den Darm und werden als »Afternahrung« an die Arbeiter abgegeben.
Wahrscheinlich werden hormonale Beziehungen zw. Individuen einer Sozietät ebenso nach dem Regelkreis-Prinzip gesteuert wie die in einem Organismus (vgl. II, S. 322 ff.).

Die nervöse Kommunikation
beruht auf Perzeption spezif. Reize durch Sinnesorgane, Leitung der Erregung zum ZNS, Transformation zu best. Erregungsmustern (im Zusammenwirken mit inneren Faktoren) durch Koordinationsmechanismen und Umsetzung über motor. Zentren zu best. Instinkthandlungen; Mittel der nervösen Kommunikation können grundsätzl. alle Formen von Auslösern sein.
Die stammesgeschichtliche Entwicklung der nervösen Kommunikation zeigt zwei Typen:
- Die *Wirbeltiere* haben Einbau von Erlerntem ins Verhalten (Instinkt-Dressur-Verschränkung); dabei sind Lernvorgänge oft obligatorisch und an best. sensible Phasen geknüpft (Prägung; II, S. 401). Erreicht wird dadurch Plastizität des Verhaltens.
- Die *Insekten* haben starres Verhalten, auf das Lernvorgänge kaum Einfluß nehmen. Dafür haben sich bei ihnen die wohl kompliziertesten Formen tier. Kommunikation gebildet, deren wichtigste phylogenet. Stufen der Vergleich rezenter Formen erschließt (vgl. I, S. 155).

Die Tänze der Bienen
lassen sich normalem Ausdrucksverhalten gegenüberstellen (das das Senden von Schlüsselreizen [Elementarmitteilung] und Übertragen von Stimmungen [Stimmungsmitteilung] umfaßt). In ihnen werden Artgenossen Informationen über Umwelt-Gegebenheiten vermittelt; diese Mitteilungsform kann als Sprache bezeichnet werden: Bewegungsfolgen werden zu Symbolen für Gegenstände und Vorgänge (wie die Worte der menschl. Sprache).
1. **Der Zittertanz** ist wohl nur eine Hemmungsform ohne Mitteilungscharakter.
2. **Der Schütteltanz** fordert Artgenossen zu sozialer Körperpflege auf (Häufigkeitsmaximum bei der Königin vom 20.–28. Tag, bei Arbeiterinnen vom 2.–61. Tag, wohl im Zusammenhang mit der Flugaktivität).
3. **Der Rucktanz** wird wie die folgenden Tänze von heimkehrenden Sammlerinnen auf der Wabe getanzt, die so Informationen über Futterquellen vermitteln. Dabei wirken
- der passiv angenommene Duft der Futterpflanze, der den neu ausfliegenden Bienen die Art der Futterquelle verrät; bei duftlosen Nahrungsquellen (Zuckerwasser) setzen die Bienen aktiv Duftmarken;
- die Bewegungsweise der Tänzerin (unregelmäßige Bahnen mit gleichgerichteten Strecken, die unter Hinterleibs-»Schwänzeln« durchlaufen werden); sie informiert über die Entfernung Stock–Futterquelle (hier < 2 m). Beide Informationen werden durch Nachtanzen übernommen und auf Suchflügen ausgewertet.

4. **Der Sicheltanz** deutet durch ein etwas anderes Bewegungsmuster auf größere Entfernung der Futterquelle (8–20 m).
5. **Der Rundtanz** (A) vermittelt ebenfalls nur Informationen über Art und Entfernung der Futterquelle (50–100 m).
6. **Der Schwänzeltanz** leistet mehr (A). Schon sein Bewegungsablauf ist komplizierter. Die Tanzform gleicht einer Achterbahn, auf deren Mittelgerade intensiv geschwänzelt wird. Der Tanz informiert über folgendes:
- **Die Art der Futterquelle** wird wie sonst durch den Duft angezeigt.
- **Die Richtung** wird durch die Abweichung der Schwänzelstrecke von der Senkrechten ausgedrückt, die der Abweichung der Flugrichtung von der Sonnenrichtung entspricht (D). Dabei wird zentralnervös die Änderung des Sonnenstandes verrechnet, obwohl die Sonne im Stock nicht sichtbar ist. Das setzt die Fähigkeit endogener Zeitbestimmung voraus (»innere Uhr«, nachgewiesen auch bei *Zugvögeln*, *Spinnen*, *Krebsen*). Gezeigt wird stets die durchschnittl. Richtung, auch nach Fliegen von Umwegen (D); auch das setzt einen neuralen Verrechnungsmechanismus voraus. – Die Orientierung gelingt auch bei verdeckter Sonne, solange blauer Himmel sichtbar ist: die Biene »errechnet« aus der Polarisationsebene des Himmelslichtes den Sonnenstand.
- **Die Entfernung** wird nicht nur durch den Typ des Tanzes ungefähr (> 100 m) angegeben, sondern genauer durch seine Geschwindigkeit (B).

Zur Phylogenie des Schwänzeltanzes ist die Beobachtung aufschlußreich, daß eine indische Bienenart, die ihre Waben im Freien hat, die Richtung direkt, ohne Transponierung auf die Schwerkraft, anzeigt (vgl. C).

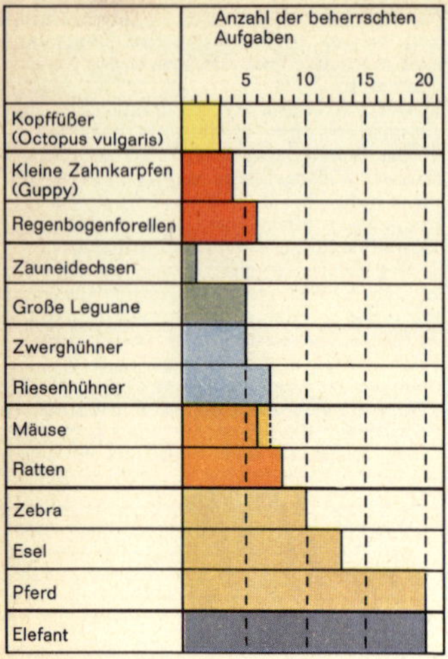

A **Optische Lernleistungen (gleichzeitige Beherrschung von Musterpaaren)**

Lernkapazität in Abhängigkeit von der absoluten Gehirngröße

Nr.	Musterpaare		Prozent der Richtigwahlen	
1				
2			70	
3			87	
4			99	
5			90	
9			78	
12			80	
24	DR	DD	52	nicht signi- fikant
25	FB	AA	46	
26	51	22	76	
27	73	88	78	

B **Ausgangsmuster (1) andressiert; Testmuster (2–27) ohne weitere Dressur geboten**

Generalisation von »ungleich« (positiv) gegen »gleich« (negativ) bei einer Zibetkatze

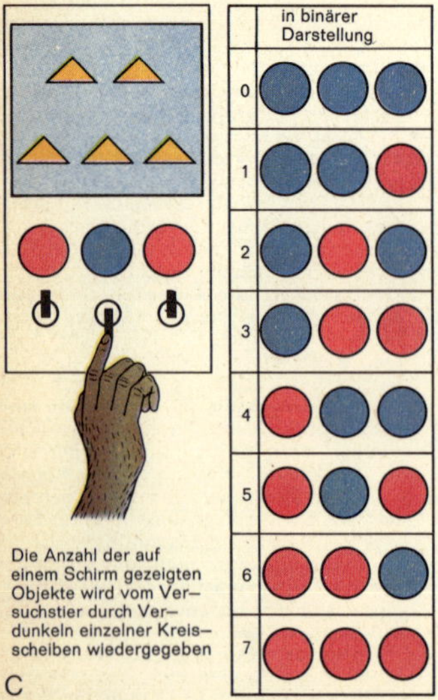

C

Wiedergabe gesehener Anzahlen in binärer Schreibweise durch Schimpansen

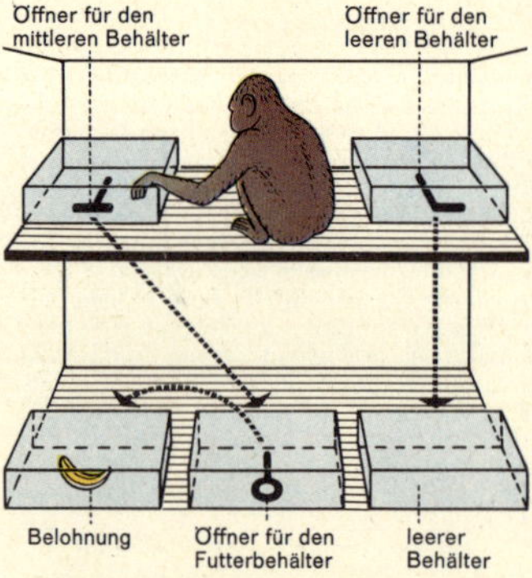

Das Versuchstier hatte bei wechselnder Reihenfolge der Behälter zwischen zwei Öffnern zu wählen, von denen nur einer zum Ziel führte. Es saß bei der Wahl mit dem Rücken zu den Behältern am Boden und blickte bis zu fünfmal bei einem Versuch hin und her (»Klarmachen der Zusammenhänge«). Es löste dann die Aufgabe ohne Probieren (in 44 Versuchen 37 richtige Wahlen).

D

Handeln nach Plan bei einem Schimpansen

Wirbeltieren ermöglicht der Einbau individueller Erfahrung ins Verhalten (vgl. II, S. 401) das Einstellen auf ganz neue Situationen (anders als bei *Insekten*, bei denen Höchstleistungen des NS auf der Basis rein angeborenen Verhaltens auftreten). – Diese Entw. ist auch deshalb wichtig, weil sie sicher die phylogenet. Entw. spezifisch menschl. Fähigkeiten spiegelt (Psychophylogenese; nach RENSCH).

Anatomische Voraussetzungen: Vergrößerung best. Hirnteile (bes. des Vorderhirns) und stärkere Ausbildung der assoziativen Regionen. Das ermöglicht Vermehrung der Neuronenzahl, stärkere funkt. Gliederung und Bildung neuer Integrationsniveaus.

Neurophysiologische Voraussetzung ist die Bildung von Engrammen (II, S. 365); sie ist Grundlage für ein Gedächtnis und alle auf diesem fußenden höh. Hirnleistungen.

1. Die Gedächtniskapazität hängt im wesentlichen ab von der Zahl der Neuronen (absolute Hirngröße; A), nicht von der systemat. Stellung des Tieres oder von den beteiligten Hirnteilen (*Octopus:* Ganglienmasse; *Fische:* Mittel-; *Vögel:* Mittel- und Vorder-; *Säuger:* Vorderhirn, bes. Cortex).

2. Die Gedächtnisdauer: Ein *Elefant (Pferd)* löste nach einem dressurfreien Jahr von 13 (20) opt. Aufgaben noch 12 (19); die Ergebnisse deuten für alle großen *Wirbeltiere* auf ein Gedächtnis für Erlerntes über z. T. mehrere Jahre.

3. Die Fähigkeit zur Abstraktion (Entw. einer Vorstellung des Gleichbleibenden an einem Objekt unter in Raum und Zeit wechselnden Aspekten) liegt wohl bei allen tier. Lernvorgängen vor. Sie führt bei *Wirbeltieren* zu Vorstellungskomplexen, die nicht durch ein Symbol (z. B. Wort) gekennzeichnet sind (unbenannte, averbale Begriffe).

4. Der Gleichheitsbegriff: *Schimpanse* und *Rhesusaffe* suchen nach Dressur beim Zeigen eines Gegenstandes aus einer Reihe von Objekten das jeweils Gleiche heraus.
- Übertragung der Gleichheitsvorstellung auf neue Aufgaben leisten z. B. *Dohlen:* Abwerfen von Futterschalen-Deckeln, deren Punktzahl mit der einer Anweisetafel übereinstimmt.
- Übertragung auf ein anderes Sinnesgebiet setzt noch weitergehende Generalisation des Gleichheitsbegriffs voraus. Ein dressierter *Graupapagei* reagierte bei Umstellung von optischen auf akust. Signale spontan richtig. – *Schimpansen* ertasten in einem Sack mit dreidimensionalen Gegenständen ohne opt. Kontrolle den, der einem gezeigten, nur opt. wahrgenommenen gleicht.

5. Der Ungleichheitsbegriff ist bei zahlr. *Säugern* festgestellt und z. T. bis an seine Grenzen analysiert worden (B).

6. Zahlbegriffe sind bei *Vögeln* und *Säugern* nach zwei Dressurmethoden nachgewiesen.
- In Simultanwahlen wurde ermittelt, welche »Anzahlen gesehen« werden.
- In rhythmusfreier Folge wurde das »Abhandeln von Anzahlen« andressiert.

Nach beiden Verfahren war 8 die höchste erkannte Anzahl (*Graupapagei; Rabe, Elster, Häher:* 7; *Wellensittich, Dohle:* 6; *Taube:* 5). Auch der *Mensch* kommt ohne benanntes Abzählen über die Anzahl 8 nicht hinaus. – *Schimpansen* lernen, gesehene Anzahlen von 0 bis 7 in binärer Schreibweise wiederzugeben (C).

7. Wertbegriffe sind bei *Primaten* festgestellt. *Schimpansen* wählen Marken, die sie an einem Futterautomaten eintauschen können, nach ihren Werten, horten sie und arbeiten, um sie zu bekommen. – Ein *Rhesusaffe* beherrschte noch nach 7 Monaten Versuchspause 5 Wertstufen in signifikanten Prozentsätzen.

8. Erfassen kausaler und logischer Zusammenhänge (KÖHLER: »Einsicht«) beruht auf
- averbalen Urteilen (Erfassen von Beziehungen zw. zwei Wahrnehmungs- oder Vorstellungskomplexen, wie z. B. bei der Bildung von Gleichheitsbegriffen);
- averbalen Schlüssen, aus averbalen Urteilen aufgebaut, bei spontanem Erfassen neuer Sachverhalte (z. B. Spontanwahl aufgrund einer Anweisetafel).

Solche Assoziationsabläufe sind als »averbales Denken« aufzufassen; es wird u. a. deutlich an den klass. Befunden KÖHLERS an *Schimpansen*: Herbeiholen eines Stockes; Zusammenstecken zweier Stöcke; Aufstapeln mehrerer Kisten.

9. Planmäßiges Handeln liegt dabei ebenfalls vor: Im ZNS laufen Vorstellungsreihen ab, die die Handlung vorwegnehmen, dann erst folgt die Erregung der zugehörigen motor. Zentren (D; s. auch Denkkreis, I, S. 16f.).

Freilandbeobachtungen an Primaten

haben den Einwand entkräftet, Tiere würden solche Leistungen nur im Experiment erbringen. *Schimpansen* zeigen im Freiland:
- Werkzeuggebrauch (Stöcke und Halme zum Stochern in Termitenbauten; zerknüllte Blätter zum Auftunken von Wasser aus engen Spalten);
- Werkzeugverbesserung (Abstreifen von Blättern; Abbrechen zerfaserter Enden);
- Zusammenarbeit (z. B. bei der Jagd auf kleinere *Affen*);
- planmäßiges Handeln (die Stöcke wurden in offenem Gelände oft mehrere 100 m vor einem Termitenbau abgebrochen).

Bei japan. *Makaken* (seit 12 Jahren unter Dauerbeobachtung) wurde die Entstehung neuer Traditionen beobachtet:
- Waschen von *Süßkartoffeln* und *Weizen*-Körnern in ganz best. Techniken;
- Schwimmen und Tauchen;
- Gewinnung neuer Nahrungsstoffe aus dem Meer *(Tang, Muscheln)*;
- eine neue Bettelgebärde (ausgestreckte offene Hand);
- aufrechter Gang.

Diese »vorkulturellen Verhaltensweisen« wurden von bes. begabten jüngeren Tieren »erfunden« (alle Tiere waren in Intelligenztests geprüft) und bes. von jungen und intelligenten Tieren übernommen, nicht dagegen von Tieren geringer Intelligenz und von den ranghohen erwachsenen Männchen.

Körperliche Domestikationserscheinungen

Mißverstehen tierischen Gesichtsausdrucks als Zeichen ererbten Ansprechens auf menschliche Ausdrucksformen

Die Erforschung instinktiver Verhaltensweisen beim *Menschen* ist für die Aufklärung der Psychophylogenese ebenso wichtig wie die Untersuchung vor-menschlicher Fähigkeiten bei *Tieren*.

Die Schwierigkeiten
bei der Einbeziehung des *Menschen* in die ethologische Forschung sind vielfach.

1. Gefühlsmäßige Hemmnisse dafür sind nach LORENZ folgende:
- Gerade die dem *Menschen* nächstverwandten *Tiere* erscheinen uns nach den Gesetzen der Gestaltwahrnehmung (vgl. B) als Zerrbilder des *Menschen*. Die daraus resultierende affektbetonte Abwehrhaltung verhinderte lange die vergleichende Untersuchung von *Mensch* und *Primaten*.
- Gefühlsmäßig abgelehnt wird die Erkenntnis, daß menschl. Handeln den Kausalitätsgesetzen unterliegt und nicht auf freien Willensentscheidungen fußt (»antikausales Werturteil« nach HASSENSTEIN).
- Ein Erbe idealist. Philosophie ist die Teilung der Welt in eine äußere, naturwissenschaftl. erforschbare, die als wert-indifferent gilt, und in eine der inneren Gesetzlichkeit des *Menschen*, der allein Werte zuerkannt werden.

Diese Vorurteile sind schuld daran, daß man komplexe Verhaltensweisen des *Menschen* nicht nach objektiven Methoden untersuchte, wie es für Verhaltens-Bausteine auf niedrigen Integrationsstufen (Erregungsleitung in Nerven, Reflexe) schon geschah.

2. Die Terminologie der objektiven Beschreibung menschl. Verhaltens ist deshalb schwierig, weil die gebräuchlichen Bezeichnungen für Verhaltensweisen subjektive Bedeutung haben, d.h. Empfindungen des Subjekts mit umfassen. Die objektive Formulierung dieser Sachverhalte ist meist umständlich; es ist daher in der Ethologie üblich, wenn auch unbefriedigend, die subjektiv getönten Bezeichnungen beizubehalten unter der ausdrücklichen Voraussetzung, daß sie als Kürzel für objektive physiolog. Sachverhalte stehen.

3. Die Methoden sind in wesentl. Punkten eingeschränkt: Kaspar-Hauser-Versuche, planmäßige Hirnläsionen und Hirnreizungen sind am *Menschen* aus ethischen Gründen nicht durchführbar.

Die Sonderstellung menschlichen Verhaltens
ist bes. von folgenden Faktoren bestimmt:

1. Die Domestikation (Auftreten best. erblicher morpholog. und verhaltensmäßiger Veränderungen) ist bes. deutlich bei Haustieren; zahlreiche bis ins einzelne gehende Parallelen lassen schließen, daß beim *Menschen* grundsätzlich gleiche Erscheinungen vorliegen. Da der *Mensch* die domestikationsauslösenden Bedingungen erst geschaffen hat, spricht man in seinem Fall von »Selbstdomestikation«. Nach LORENZ sind neben morpholog. Erscheinungen (A) für das Verhalten bes. zwei Änderungen wichtig:
- »Erweiterung der AAMs«, dadurch Selektivitätsverlust und Ansprechen der Instinkte auf unspezif. Situationen (Paarung zw. Angehörigen versch. Rassen bei Haustieren, aber auch beim *Menschen*).
- Veränderung der endogenen Energieproduktion best. Instinktzentren. Sie kann zu Hypertrophie führen (bes. bei den phylogenet. alten Instinkttätigkeiten der Nahrungsaufnahme [vgl. *Hausschwein*, *-gans*, *-ente*] und Fortpflanzung [hypertrophiertes Balzen beim *Truthahn*; ganzjährige Paarungsbereitschaft der meisten Haustiere]), aber auch zu Schwächung oder Ausfall (bes. bei den höh. sozialen Handlungen [Wegfall der bei der *Graugans* obligator. Verlobungszeit und Einehe bei der *Hausgans*; fast völliger Verlust des Brutpflegeverhaltens bei hochgezüchteten *Hühner*-Rassen]).

2. Die Instinktreduktion unter Einbau von Erfahrungen in das Verhalten ist stärker als selbst bei den tier. *Primaten*. Schriftl. oder mündl. Überlieferung setzen Verhaltensnormen der Sozietät, denen das Individuum aber nicht zwanghaft unterworfen ist, sondern die aufgrund persönl. Veranlagung und Erfahrung kritisch beurteilt und u. U. nicht befolgt werden können. – Daher ist nicht zu erwarten, daß beim erwachsenen *Menschen* auf höh. Integrationsniveaus reine Instinkthandlungen auftreten, auch wenn die Wurzeln des Verhaltens instinktiver Natur sind. Auf niedrigen Integrationsstufen (endogene Automatismen der Fortbewegung und anderer einfacher Bewegungskoordinationen) und beim Säugling (Klammer-, Saugreflex, Brustsuchen) sind jedoch nicht oder kaum von Erlerntem überlagerte Verhaltensweisen analysiert worden.

3. Verhaltensstrategien (nach FREUD als Abwehrmechanismen gedeutet) ermöglichen Kompromisse in Konfliktsituationen zw. Trieben und Moralnormen, durch die gleichzeitig Triebbefriedigung und moralisches Handeln im Sinne der gesellschaftlichen Norm möglich werden.
- **Verdrängung**: das Nicht-Wahrhaben-Wollen einer Intention oder eines Erlebnisses.
- **Rationalisierung**: nachträgl. Scheinbegründung für instinktives Handeln.
- **Substitution**: Ausrichtung einer Instinkttätigkeit auf ein Ersatzobjekt.
- **Sublimation**: Überführung »primitiver« Triebregungen in sozial hoch bewertete Tätigkeiten.
- **Projektion**: das Anderen-Personen-Zuschreiben eigener gehemmter Instinktregungen.
- **Identifizierung**: das Zu-eigen-Machen der Gründe der Autorität, die die eigenen Instinktregungen hindert.
- **Überkompensation**: Ausgleichen eines Minderwertigkeitsgefühls durch bes. Anstrengungen auf sozial hoch bewerteten Gebieten.
- **Regression**: Reaktivieren ontogenetisch alter, der frühen Kindheitsphase zugehöriger Verhaltensmuster.
- **Konversion**: Umwandlung psych. Konflikte in körperl. Symptome (z. B. funkt. Sehstörung bei Nicht-Wahrnehmen-Wollen einer Situation).

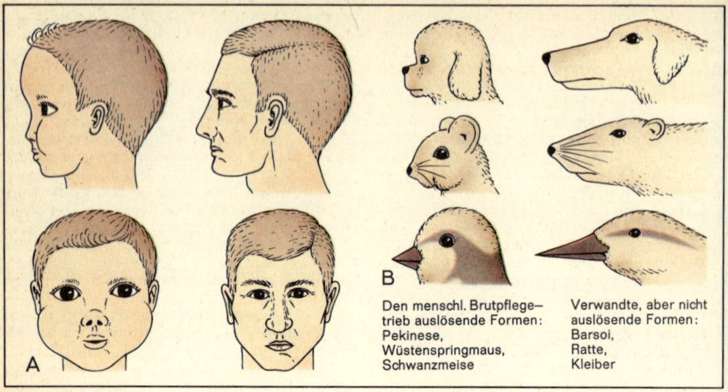

Kind-Schema

Weib-Schema

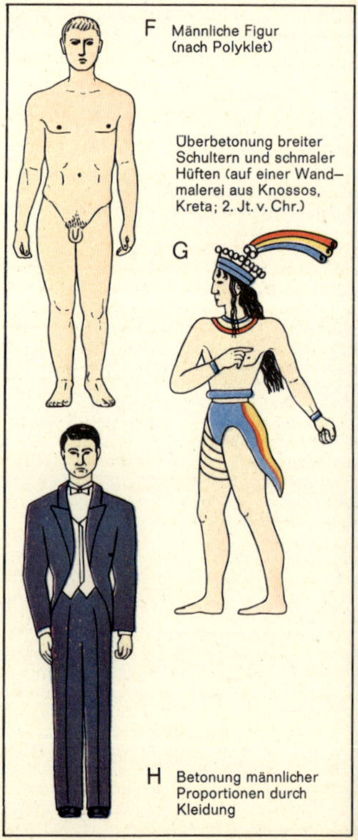

Mann-Schema

Beweise für Instinktverhalten beim Menschen liefern neben der Tatsache, daß *Menschen* oft ohne bewußtes Denken oder gegen vernünftige Überlegung handeln (Partnerwahl, Aggression), zahlr. Einzelbeobachtungen.

AAMs beim Menschen
Die Existenz best. Auslöser und zugeordneter nervöser Mechanismen ist zu schließen aus der Merkmalsarmut der Auslöse-Situation, dem Gelten der Reizsummenregel und gleichem Ansprechen normaler Menschen.
- **Das Kind-Schema** löst den Brutpflegetrieb aus (A). Seine Merkmale wirken auch an Ersatzobjekten (B); sie sind bei Puppen übersteigert (übernormale Attrappen).
- **Das Weib-Schema** (C), ursprünglich dem Paarungsverhalten zuzuordnen, hat heute vielfache Bedeutung (Reklame). Auch hier ist Übersteigerung der auslösenden Merkmale (Relation Schulter–Hüftbreite, schmale Taille, Brustform, gerundete Körper- und Gesichtsformen) zur Übernormalität deutlich (Hervorhebung durch Kosmetik und Mode: »tertiäre Geschlechtsmerkmale«; D, E).
- **Das Mann-Schema** (F) ist gekennzeichnet bes. durch breite Schultern, schmale Hüften, starke Muskulatur und Kantigkeit der Kopf- und Körperformen. Auch hier wird in bildl. Darstellungen (G) und durch Kleidung (H) oft Übernormalität angestrebt (auch durch Epauletten bei Uniformen). – In beiden Geschlechtern werden Domestikationsmerkmale (kurze Extremitäten, Muskelschwäche, starker Fettansatz) negativ bewertet.

Übersprungbewegungen beim Menschen
treten wie bei *Tieren* (II, S. 397) bei Konflikten auf und entstammen meist dem Bereich der Körperpflege (Ohrkratzen, Kinnreiben, Haarordnen). – Auch der Schlaf findet sich intentionell (als vorbereitendes Gähnen) im Übersprung:
- bei Soldaten vor einem befohlenen Angriff (Konflikt zw. Kampf- und Fluchttrieb);
- vor wichtigen Ereignissen (z. B. Examen, Trauung).

Auch erworbene Handlungen kommen im Übersprung vor (Anzünden einer Zigarette, Spielen mit Autoschlüsseln u. ä.).

Stimmungsübertragung
auf instinktiver Grundlage (Sozialimitation) wird in manchen Fällen deutlich:
- Gähnen (auch bei *Tieren* und in bildl. Darstellung) wirkt oft ansteckend.
- Essen in Gesellschaft verläuft bes. bei Kindern oft intensiver (Artgenossen-Effekt; auch bei *Tieren*).
- Unbewußte Nachahmung von Haltungen und Bewegungen (z. B. eines Gesprächspartners).

Das Sozialverhalten des Menschen
Seine instinktiven Grundlagen erschließen sich bes. im Vergleich mit tier. Verhalten.
Rangordnungen entstehen in menschl. Sozietäten aufgrund körperl. Fähigkeiten (Kindergruppen) oder geistiger Eigenschaften. Über gemeinsame Züge der Gruppen, in denen sich der Großteil des menschl. Lebens abspielt (Familie, Schulklasse, Spielgruppe, Arbeitskreis usw.) hat die **Gruppendynamik** wesentl. Aussagen erarbeitet.
Territorialität gibt es beim Einzelmenschen (Individualdistanz z. B. in dicht belegten Gefangenenlagern) und bei Sozietäten (Familie, Sippe, Stamm, bis zum Staat).
Droh- und Imponierverhalten findet sich beim *Menschen* in ursprüngl. Ausdrucksformen:
- Das Aufrichten der Restbehaarung an Armen und Schultern in Erregung (wohl homolog dem gleichartigen Imponierverhalten des *Schimpansen*).
- Das Mit-der-Faust-auf-den-Tisch-Schlagen und Mit-dem-Fuß-Aufstampfen.
- Das Entblößen des Gebisses, Drohgeste vieler *Tiere*, tritt in höchster Erregung auf.

Auch das Schmuckbedürfnis hat wohl seine Wurzel darin, daß der sich Schmückende eine Steigerung des Körpergefühls erfährt, gleichzeitig auf Artgenossen stärker wirkt (auch bei *Schimpansen* beobachtet):
- Kopfschmuck bei zahlr. Naturvölkern (vgl. auch antike und mittelalterl. Helme).
- Litzen, Schnüre, Schärpen und Ordensspangen (zahlr. Uniformen; »Wichs« studentischer Korporationen).

Beschwichtigungs- und Demutsgesten liegen nur selten in ursprüngl. Form vor:
- Zögernde Annäherung an eine höherrangige Person, leicht gebeugte Körperhaltung, Vermeidung intensiven Fixierens (im Tierreich als Aggression gewertet und entspr. beantwortet; auch unter Studenten noch vor einigen Jahrzehnten oft Anlaß für eine Forderung zum Duell).

Meist sind diese Gesten stark ritualisiert; gemeinsam ist die Demonstration der eigenen Waffen- und Wehrlosigkeit:
- Abnehmen der Kopfbedeckung;
- Hinstrecken der offenen Hand, u. U. mit Ausziehen des Handschuhs;
- Verbeugung und Kniefall (= Senken der Hände, Wegwenden des Gebisses, Darbieten des Hinterkopfes und Genicks).

In zahlr. sozialen Erscheinungen sind Parallelen zu tier. Verhalten deutlich:
- »Radfahrer-Reaktion«: Aggression gegen einen Rangtieferen nach Zurechtweisung durch einen Höhergestellten.
- Aufsteigen einer Frau in der Rangordnung durch Heirat.
- Starke Sozialattraktion der Hochrangigen.

Die intraspezifische Aggression ist dadurch problematisch geworden, daß die sicher vorhandene ursprüngl. Tötungshemmung des *Menschen* durch die Entw. der Waffen, die Töten ohne direkten Kontakt mit dem Gegner ermöglichen, nicht mehr wirksam ist. Es gelang bisher nicht, sie durch ein allg. akzeptiertes ethisches Gebot zu ersetzen (daher Kriege, Bürgerkriege, Pogrome). Da die Aggression, als Instinktverhalten durch endogene Erregungsproduktion im ZNS gesteuert, nicht zu unterdrücken ist, wird Kanalisierung und Neuorientierung diskutiert, etwa in ritualisierten Sonderformen des Kampfes (z. B. sportl. Wettkämpfe).

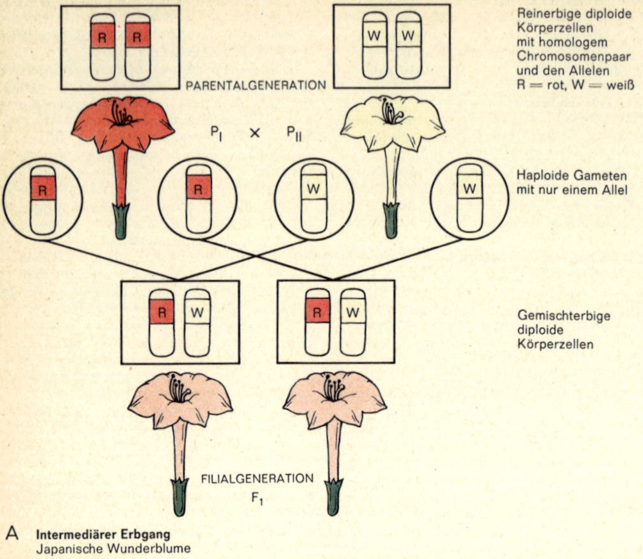

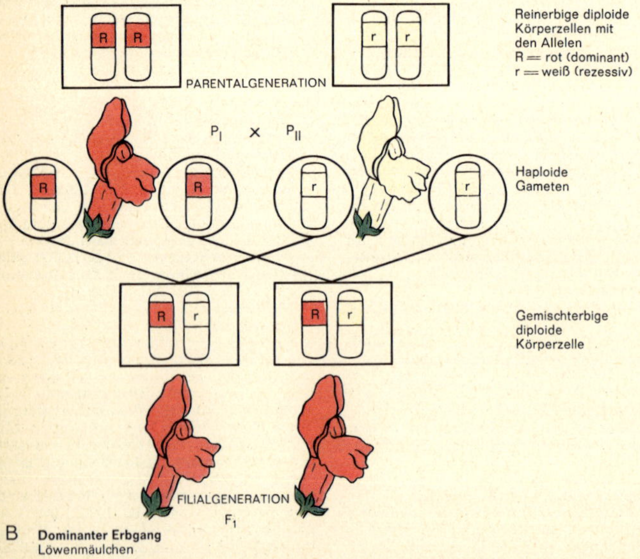

1. Mendelgesetz: Gleichheit der Filialgeneration (F_1)

Die durch sex. Fortpflanzung erzeugten Nachkommen gleichen im Erscheinungsbild weitgehend den Eltern. Auch die Angehörigen einer Art ähneln einander. Die Ursachen dieser Übereinstimmungen und der für die Erhaltung der Lebewesen unerläßlichen langfristigen Konstanz der Merkmale, zugleich aber auch deren Veränderlichkeit im Laufe der Zeit (Evolution) begreiflich zu machen, ist die theoret. **Aufgabe der Vererbungslehre** (Genetik). Ihre prakt. Aufgabe liegt in der rationellen Zucht von Nutzpflanzen und -tieren, dem Erkennen von Erbkrankheiten und der beratenden Beurteilung erbl. Begabungen und Schwächen beim *Menschen.*

Geschichte der Genetik

Schon im 18. Jh. wurden viele Kreuzungsversuche und variationsstatist. Untersuchungen an *Tieren* und *Pflanzen* durchgeführt. In entspr. Experimenten untersuchte GREGOR MENDEL (1822–84) exakt den Erbgang einzelner Merkmale und gelangte so zu der entscheidenden Entdeckung konstanter Zahlenverhältnisse der Merkmale (1865). Die Bedeutung der **Mendelschen Gesetze** wurde jedoch zunächst nicht erkannt, bis sie 1900 von CORRENS, TSCHERMAK und DE VRIES wiederentdeckt wurden. Denn erst nachdem HERTWIG (1875) die Rolle der Kernverschmelzung bei der Befruchtung erkannt hatte und ROUX und WEISMANN seit 1883 in den Chromosomen die Träger der Vererbung vermuteten, konnte durch SUTTON und BOVERI (1902–1904) eine **Chromosomentheorie der Vererbung** aufgestellt werden, welche die konstanten Zahlenverhältnisse der Mendelschen Gesetze kausal verständlich machte. Seither hat sich die Genetik stürmisch entwickelt. Waren ursprüngl. *Tiere* und *höh. Pflanzen* die Untersuchungsobjekte, so sind in jüngerer Zeit *Bakterien* und *Viren* hinzugekommen. Gerade die Forschungen an ihnen stießen bis zu den molekularen Grundlagen vor (II, S. 432f.).

Phänotypus und Genotypus

Das äußere Erscheinungsbild, der Phänotypus, ist die Summe vieler Einzelmerkmale (Phäne), die morpholog. Strukturen und physiolog. Leistungen betreffen. Die Realisierung eines jeden Phäns ist das Ergebnis von Umwelt und Erbfaktoren (Gene). Während die Umweltbedingungen im allg. veränderlich sind und zu versch. Modifikationen des Phänotyps innerhalb der Reaktionsnorm führen können, die als solche nicht erbfest sind, besitzen die Gene Kontinuität, d. h. sie werden über Generationen unverändert weitergegeben. Die Gene übertragen also vererbbare Information. Diese ist in Molekülen chem. verschlüsselt, ihre Gesamtheit wird als Genotypus bezeichnet. – Sowohl cytolog. als auch genet. Experimente ergeben, daß diejenigen Gene, die den Mendelgesetzen folgen, im DNA der Chromosomen liegen. Die Gesamtheit dieser Gene eines Chromosomensatzes, das Genom, steht den extrachromosomalen Erbfaktoren (II, S. 429) gegenüber. – Die Feininformation eines Gens kann sich gelegentl. sprunghaft und erbfest ändern (Mutation, II, S. 442–447). Dieses mutierte Gen kann zwar noch das gleiche Merkmal steuern, prägt es aber etwas anders. Solche Gene, die das gleiche Merkmal betreffen und an einander genau entspr. Orten der Chromosomen (Genloci) liegen, heißen Gegengene oder **Allele.** Während der Phänotyp bei Haplonten nur von einem einzigen Chromosomensatz beeinflußt wird, sind bei Diplonten, den vorherrschenden Generationen bei *Tieren* und *höh. Pflanzen* (I, S. 128), die Gene beider Sätze beteiligt. Hier treten also in jeder Körperzelle Allelpaare auf, die auf den einander homologen Chromosomen des diploiden Satzes liegen. Wirken die Allele eines Paares gleichsinnig auf die Merkmalsausbildung, so ist der Organismus hinsichtlich dieses Allelpaares reinerbig (homozygot), sonst mischerbig (heterozygot). In welcher Weise in dem letzten Fall die Allele ihr Phän bestimmen, wird durch Kreuzungsversuche erkannt.

Kreuzungsanalyse bei diploiden Organismen

Im einfachsten Falle verwendet man bei Kreuzungen zwei in sich reinerbige Rassen, die sich in einem Allelpaar **(monohybrider Mendelfall)** oder auch zwei Paaren **(dihybrider Mendelfall)** unterscheiden. Bezeichnet man in einem solchen die Allele des einen Partners mit AA, BB, CC, DD, . . . , so lauten die entsprechenden des anderen aa, bb, CC, DD, . . ., d. h. die beiden Organismen sind hinsichtlich der beiden ersten Merkmale heterozygot, in allen anderen (C, D, . . .) homozygot. Die in der Reifungsteilung entstehenden Gameten des ersten Partners besitzen nur die Allele A, B, C, D, . . ., die des zweiten nur die Allele a, b, C, D, . . . Die aus der Kreuzung hervorgehenden Nachkommen (1. Filial- oder F_1-Generation) sind Hybride (Bastarde), in diesem Beispiel »Dihybride«, weil sie in zwei Merkmalen, in denen sich ihre in sich reinerbigen Eltern (Parental- oder P-Generation) unterscheiden, mischerbig sind.

1. Mendelgesetz (Uniformitätsgesetz)

Kreuzt man zwei reinerbige Rassen, die sich in einem Allelpaar unterscheiden, so sind alle F_1-Hybriden unter sich gleich:

- Kreuzt man eine rot- (RR) und weißblühende (WW) Rasse der *japan. Wunderblume (Mirabilis jalapa)*, so sind die Nachkommen der F_1-Generation alle rosablühend (A).
- Eine Kreuzung rot- (RR) und weißblühender (rr) *Löwenmäulchen* ergibt in der F_1-Generation nur rotblühende Individuen (B).

Beim **intermediären Erbgang** des 1. Beispiels liegt das hybride Merkmal zw. der Merkmalsausbildung der reinerbigen Eltern, beim **dominanten Erbgang** des 2. Falls dagegen ist das eine Allel merkmalbestimmend (dominant), das andere unterlegen (rezessiv) und tritt nicht in Erscheinung. Dabei ist es belanglos, ob ein Allel vom mütterl. oder vom väterl. Elter stammt: reziproke Bastarde sind einander gleich (Reziprozitätsgesetz).

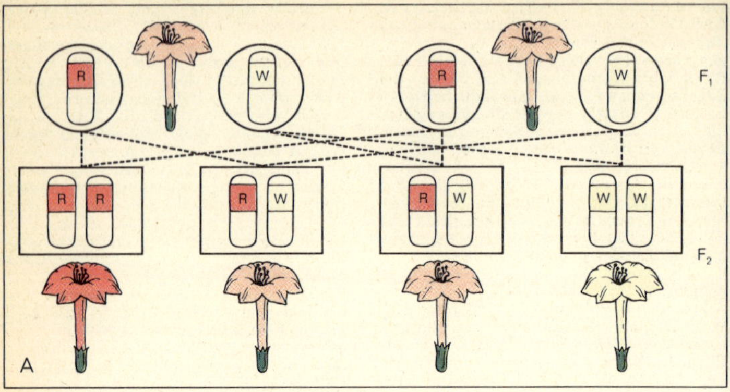

2. Mendelgesetz: Aufspaltung der F_2-Generation

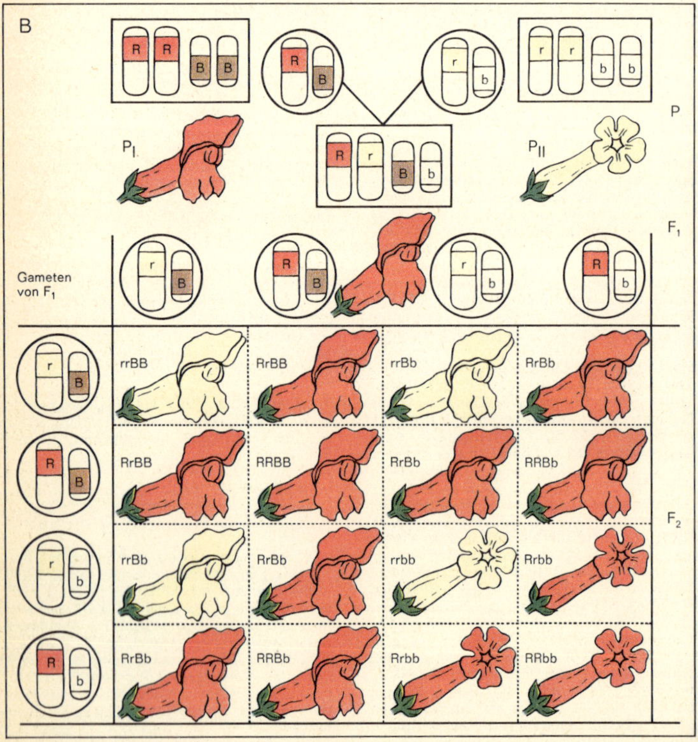

3. Mendelgesetz: Neukombination der Gene

2. Mendelgesetz (Spaltungsgesetz)
Werden Monohybride der F_1-Generation unter sich weiter gekreuzt, so sind die Individuen der F_2-Generation untereinander nicht gleich:

Rosablühende Eltern der *japan. Wunderblume* haben zu $^1/_4$ je rot- bzw. weißblühende, dem einen Großelter gleichende Nachkommen und zu $^1/_2$ rosablühende, den hybriden Eltern ähnelnde F_2-Vertreter. Die rot- und weißblütigen Pflanzen sind reinerbig herausgemendelt, während die rosablütigen heterozygot sind und unter sich gekreuzt immer wieder im Verhältnis 1:2:1 aufspalten (A).

Diese Spaltung geht auf die Trennung der homologen Chromosomen in der Meiose zurück: Die haploiden Gameten können nur jeweils eines der beiden Allele enthalten, entweder das für weiße oder das für rote Blütenfarbe **(Gesetz von der Reinheit der Gameten)**, so daß bei der Zygotenbildung die Kombinationen der Gene weiß/weiß, weiß/rot, rot/weiß und rot/rot möglich werden. Da aber die heterozygoten Pflanzen im Phänotyp gleich sind, die Genherkunft vom männl. oder weibl. Elter also belanglos ist, ergibt sich zwangsläufig das statist. Zahlenverhältnis 1:2:1.

Grundsätzl. Gleiches gilt auch für den dominanten Erbgang. Auch hier tritt der Genotyp im Kombinationsverhältnis 1:2:1 auf. Da jedoch die Hybriden den Phänotyp des dominanten Allels zeigen, spaltet die F_2-Generation hier phänotypisch im Verhältnis 3:1 auf.

Bei intermediärer Situation wird jeder Genotyp erkennbar. Bei dominantem Erbgang dagegen zeigen heterozygote wie dominanthomozygote Individuen das gleiche Erscheinungsbild. Ihre genotyp. Ausstattung wird durch **Rückkreuzung** mit einem rezessiven Partner bestimmt: Besitzt das Testindividuum reinerbig das dominante Allel, so ist die Rückkreuzungs- oder R-Generation entspr. dem Uniformitätsgesetz unter sich gleich (dominantes Merkmal bei homo- und heterozygoten Individuen). Ist es dagegen ein Hybride, so spaltet die R-Generation im Verhältnis 1:1 auf, nämlich in gleich viel homozygote Individuen mit rezessivem Merkmal und heterozygote mit dem Phänotyp des dominanten Elters.

Diese Mendelsche Spaltung der Allele findet sich bei allen Lebewesen. Sie macht begreiflich, daß

- bei diploiden Arten oft neu durch Mutation entstandene Gene erst in spät nachfolgenden Generationen im Phänotypus ausgebildet und damit der Auslese zugängl. werden, weil sie sich im Falle ihres rezessiven Verhaltens nur bei Reinerbigkeit durchzusetzen vermögen;
- aus heterozygotem Ausgangsmaterial schließlich reine homozygote Linien herausgezüchtet werden, weil bei jeder Spaltung die Zahl der Hybriden halbiert wird, so daß nach wenigen Generationen ihr Anteil an der Gesamtpopulation gering wird;
- die Nachkommen eines Elternpaares einander unähnl. sein können. Sie besitzen die Genome der elterl. Gameten, die ja im Verlauf der Meiose nur die Hälfte der Gene erhalten, unter denen solche sind, die im elterl. oder geschwisterl. Phänotyp verwirklicht sind oder auch nicht.

3. Mendelgesetz (Neukombination der Gene)
Kreuzt man Rassen, die sich in zwei oder mehreren Allelen voneinander unterscheiden (Zwei- bzw. Mehrfaktorenkreuzung), so werden die einzelnen Allele unabhängig voneinander (Ausnahme durch »Koppelung« s. II, S. 421) und entspr. den beiden ersten Mendelgesetzen vererbt (B):

Löwenmäulchen mit bilateralsymm. (= B) roten (= R) Blüten und solche mit radiärsymm. (= b) blaßgelben (= r) Blüten ergeben in der F_1-Generation nur Hybriden mit bilateralsymm. roten Blüten. »Radiärsymm.« und »blaßgelb« sind demnach rezessiv.

Wird die F_1-Generation unter sich weiter gezüchtet, so spaltet die nächste Generation auf nach dem Modus 9 bilateralsymm.-rot, 3 bilateralsymm.-blaßgelb, 3 radiärsymm.-rot und 1 radiärsymm.-blaßgelb.

Obgleich die Stammeltern nur zwei versch. Typen zeigten, sind hier vier, darunter also zwei neue, reinerbige Rassen entstanden (rrBB, RRbb). Die beobachtete neue Zusammenstellung der Gene **(Rekombination)** ist die Folge der freien Kombinationsfähigkeit der Allele zu vier Gametentypen und ihrer gleich häufigen Verschmelzungsmöglichkeit. Das Zahlenverhältnis folgt auch hier aus den Gesetzen des doppelten dominanten Erbganges.

Die Fähigkeit zur Neukombination der Gene erklärt auch die **»Typen-Rückschläge«** (Atavismen), die dann auftreten, wenn versch. Spielarten einer Art gekreuzt werden. Dabei wird der ursprüngl. Genotyp, von dem sich die neuen Rassen abgeleitet haben, wiederhergestellt. Ein klass. Beispiel ist die Rückzüchtung der wilden blauen *Felsentaube* aus versch. Taubenrassen durch DARWIN.

Folgende Überlegung beleuchtet die **Bedeutung der Gen-Neukombination**: Treten in einer Art zehn neue Rassen durch Mutationen von Genen auf, so würde die Typenzahl nach vielen Generationen bei ausschließl. ungeschlechtl. Fortpflanzung immer gleich bleiben, da ja kein Gen-Austausch durch versch. Elternindividuen stattfindet. Bei geschlechtl. Fortpflanzung jedoch beträgt die gesamte Kombinationsrate und damit die mögl. Zahl neuer Rassen aus den zehn Mutanten etwa 2^{10} oder 1024. Durch den mit einer geschlechtl. Fortpflanzung verbundenen Mendelschen Erbgang (der Aufspaltung, unabhängige Verteilung und Gen-Neukombination umfaßt) besitzen die Lebewesen das erfolgreichste Verfahren zur Erzeugung genet. Variation, der Voraussetzung für Weiterentwicklung und Anpassung an sich ändernde Umweltbedingungen.

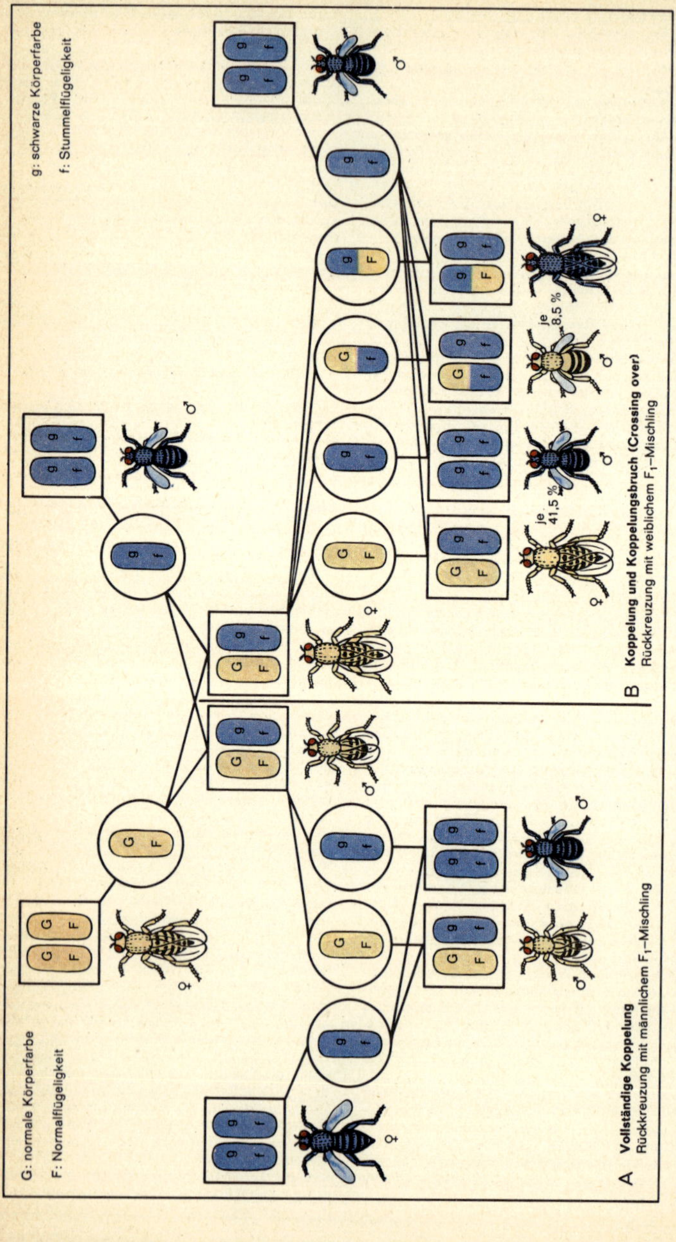

Koppelung und Koppelungsbruch der Gene »Körperfarbe« und »Flügeligkeit« bei der Fruchtfliege Drosophila melanogaster

Genkoppelung (A)
Die Chromosomentheorie der Vererbung erklärt die freie Kombination der Gene aus der Lokalisation der betr. Gene in verschiedenen Chromosomen: Die Kombination der Gene versch. Allelpaare beruht auf der Kombination ihrer Chromosomen.
Da jedoch ein Chromosom mehrere Gene enthält, muß der freien Kombination der Gene eine Grenze gesetzt sein. Denn alle Gene, die zusammen auf demselben Chromosom liegen, bleiben bei der Chromosomenkombination zwangsläufig zusammen, sie sind gekoppelt. Dabei entspricht die Zahl der Gruppen miteinander gekoppelter Gene **(Koppelungsgruppen)** der Anzahl der Chromosomen im haploiden Satz.
Diese Vermutungen sind bestätigt worden, vor allem durch die Untersuchungen von MORGAN und seiner Schule an der *Fruchtfliege Drosophila melanogaster:*

Wird eine schwarze (g), stummelflügelige (f) Rasse mit einer grauen (G) und normalflügeligen (F) gekreuzt, so sind die F_1-Hybriden Wildtypen, d. h. sie haben normale graue Farbe und normale Flügel, weil deren Gene dominieren. Wird nun ein Männchen der Hybridengeneration (GgFf) mit der doppelt rezessiven Rasse (ggff) zurückgekreuzt, treten nicht wie bei freier Kombination vier, sondern nur zwei Merkmalskombinationen auf, nämlich die ursprünglichen. Das beweist, daß das Hybridmännchen nur Samenzellen mit den Genkombinationen gf und GF, aber nicht Gf und gF erzeugt hat, weil g und f bzw. G und F auf jeweils demselben Chromosom liegen.

- Bei der *Fruchtfliege* bilden die über 500 bekannten Gene 4 Koppelungsgruppen. Hier umfaßt der haploide Chromosomensatz also 4 Chromosomen. Entspr. ihrer Größe sind Abstufungen versch. umfangreicher Koppelungsgruppen vorhanden.

Koppelungsbruch (B)
Die Koppelung der Gene, die in einem Chromosom liegen, braucht nicht absolut zu sein:

Wird ein *Fruchtfliegen*-Weibchen der Hybridgeneration (GgFf) mit der doppelt rezessiven Rasse (ggff) zurückgekreuzt, so finden sich neben den Nachkommen mit erwarteter Genkoppelung in geringem Prozentsatz, aber gleich häufig die beiden Neukombinationen schwarz-normalflügelig und grau-stummelflügelig.

Offensichtlich hat hier eine Trennung der ursprüngl. gekoppelten Gene, ein Koppelungsbruch stattgefunden: In der Meiose sind die homologen Chromatiden an der gleichen Stelle gerissen; der Chromosomenteil mit G verband sich mit dem, der f enthält, während der Teil, der F besitzt, sich mit dem g-Bruchstück vereinte. Dieses »Crossing over« ist mikroskop. sichtbar.
Vom Gesichtspunkt der genet. Variation ist die erhöhte Rekombination der Gene durch Crossing over bemerkenswert, da bei heterozygoten Organismen zwangsläufig eine Umkombination von Genen erfolgt.

Morgansche Genlokalisationstheorie
Die Häufigkeit, mit der Gene eines Chromosoms durch Crossing over getrennt werden, kann durch Zuchtexperimente abgeschätzt werden. Aus einer genügend großen Zahl von Beobachtungen ergibt sich dann als Austauschhäufigkeit zw. zwei best. Genpaaren einer Koppelungsgruppe bei jeder Organismenart jeweils ein best. Wert.
MORGAN stellte die Theorie auf, daß die Häufigkeit der Neukombination vom Abstand der betr. Gene auf dem Chromosom abhängt: Bei sonst konstanten Bedingungen ist ein Crossing over zw. zwei Genen um so wahrscheinlicher, je weiter sie voneinander entfernt sind. STURTEVANT fand bei relativ stark gekoppelten, also näher zueinander liegenden Genen, daß bei Austauschwerten zw. Gen X und Gen Y von a Prozent und zw. den Genen Y und Z von b Prozent der Zahlenwert des Crossing over für die Gene X und Z entweder $a+b$ oder $a-b$ ausmacht. Ein solches Ergebnis ist nur zu erwarten, wenn die Gene perlschnurartig, also linear hintereinander, aufgereiht sind und jedes einen eigenen, festliegenden Ort (Genlocus) einnimmt. Nach dieser Theorie sind für einige bes. gut analysierte Arten *(Fruchtfliege Drosophila melanogaster, Mais, Bohne, Erbse, Pilz Neurospora)* **Chromosomenkarten** angefertigt worden, aus denen ersichtlich ist,

- welche Gene jeweils zu einer Koppelungsgruppe gehören,
- in welcher Folge die Gene einer best. Koppelungsgruppe auf dem Chromosom liegen,
- wie groß die Abstände zw. den Genen sind, aus denen sich dann die relative Häufigkeit des Genaustausches ersehen läßt.

Direkter Nachweis der Genanordnung
Ein unmittelbarer Beweis für die Genlokalisationstheorie wird erbracht, wenn durch Röntgenbestrahlung der Keimzellen Stücke von Chromosomen am Ende oder aus der Mitte abgetrennt werden. Abgesprengte Chromosomenstücke können verlorengehen (Deletion, II, S. 445) oder sich verlagern (Translokation). Entwickelt sich ein solcher Gamet nach Befruchtung zu einem heterozygoten Individuum, so wirken sich im ersten Fall alle, auch die rezessiven Gene desjenigen Chromosomenabschnittes aus, dessen homologes Stück dem anderen Chromosom durch Stückverlust fehlt (Pseudodominanz). Der zweite Fall gibt sich durch neue Koppelungsgruppen zu erkennen, die ebenfalls cytolog. und kreuzungsgenet. erforscht werden können. Als bes. geeignet erweisen sich wegen ihrer Größe dabei die Riesenchromosomen aus den Speicheldrüsen der *Fruchtfliege*.
Der Vergleich der genet. und cytolog. Genkarten bestätigt die Übereinstimmung der Genfolge. Die Genabstände zeigen jedoch typ. Abweichungen: Auf den genet. Karten liegen die Gene am Chromosomenende und in Centromernähe zu dicht. Offenbar ist hier die Bruchhäufigkeit geringer.

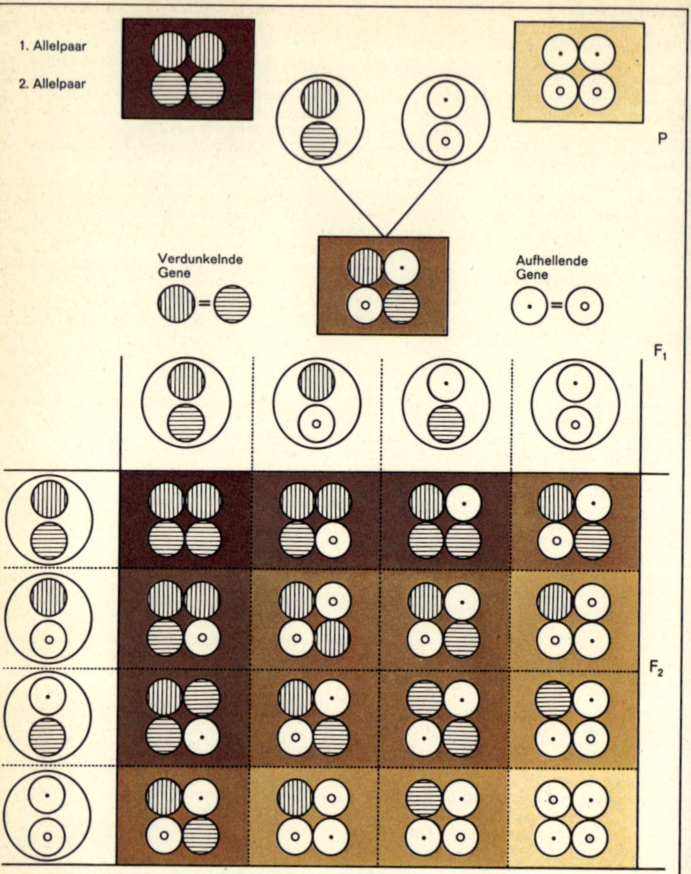

A Vererbung der Hautfarbe durch zwei Allelpaare

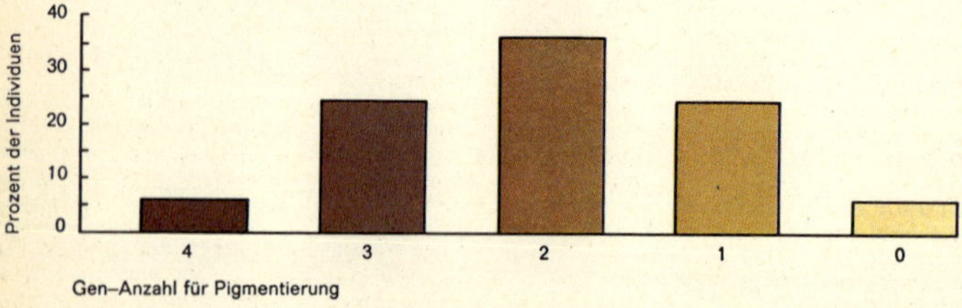

B Häufigkeit der verschiedenen Pigmentierungsklassen

Additive Polygenie (Pigmentierung der Haut)

Die bisherige Darstellung ordnete Phän und Gen einzeln einander zu (1-Gen-1-Merkmal-Hypothese). Diese allg. übl. Vereinfachung ist aber irreführend, da solch eindeutige Beziehungen nur gelten würden, wenn als Merkmale die prim. Genprodukte RNA und Enzymeiweiß aufgefaßt werden (1-Gen-1-Enzym-Hypothese). Da diese jedoch erst sek. und in einem Netzwerk sich gegenseitig beeinflussender physiolog. Prozesse die im Erbgang verfolgten Erscheinungen kontrollieren, wird die vielseitige Wirkung eines Gens (Polyphänie) und die Abhängigkeit eines Merkmals von zahlr. Genen (Polygenie) verständlich.

Die vielseitige Genwirkung (Polyphänie)

Sie wurde bereits von MENDEL beobachtet:

Außer der Blütenfarbe (rot, weiß) wird die Erbsenfarbe selbst (braun, hell) und ein Blattachsel-Fleck (rötl. oder fehlend) von nur einem Gen bestimmt.

Während eine solche Pigmentierung versch. Organe als einheitl. Genwirkung biochemisch verständlich ist, sind oft anscheinend völlig beziehungslose Merkmale durch einen polyphänen Faktor miteinander verknüpft:

- Ein best. Gen der *Maus* (Mutation gl) kontrolliert Fellfarbe und Knochenwachstum.
- Bei der *Fruchtfliege* verursacht das Gen »Stummelflügeligkeit« außerdem verkümmerte Halteren, abstehende Rückenborsten, veränderte Sexualorgane, geringere Eiablage, verminderte Vitalität.

Nur in wenigen, sorgfältig analysierten Fällen ist wenigstens die physiolog. Kausalkette erkannt (GRÜNEBERG):

Bei der *Ratte* bewirkt ein Gen deutl. Überentw. von Rippenknorpel, Brustbein und Luftröhrenringen. Die Folgen sind nacheinander: Starrer Brustkorb – beeinträchtigte Atembewegung – unterentw. Lungen – O_2-Mangel und zu enge Lungengefäße – hoher Blutdruck – überentw. rechte Herzkammer – früher Tod.

Zusammenwirkende Gene (Polygenie)

Der klass. Mendelismus untersuchte vornehmlich stark merkmalspezif. Gene und die von ihnen verursachten qualitativen, alternierenden Merkmale großer Auffälligkeit und guter Aufspaltung im Kreuzungsexperiment. Aber auch hier wirkt das »Hauptgen« mit anderen zusammen.

Bes. bei den quantitativen, d. h. den erblichen und nicht modifikatorisch im Ausprägungsgrad variierenden Merkmalen mit ihren zahlr. Zwischenstufen (z. B. der Größe, Farbintensität) wirken zahlr. Gene meist geringerer spezif. Wirksamkeit zusammen (Polygene). Da hier nur selten einfache Spaltungsverhältnisse auftreten, werden statt Kreuzungsanalysen versch. Methoden der mathemat. Statistik erforderlich. Der Unterschied zw. »Hauptgenen« und »Polygenen« liegt jedoch nicht in deren Natur, sondern in der Methode ihrer Untersuchung begründet. Bei komplexen polygenen Merkmalen ist die Zahl der mitwirkenden Gene völlig unbekannt, sicher liegen sie aber ebenfalls auf Chromosomen und sind damit den Grundregeln der Genetik unterworfen. Vielgenige Bestimmung der Merkmale kann im einzelnen sehr versch. beschaffen sein.

1. Bei der additiven Polygenie verstärken sich die Wirkungen der Gene versch. Allelpaare, die alle einen gleichsinnigen Effekt auf die Merkmalsausbildung ausüben:

- Wird z. B. die Pigmentierung der Haut durch zwei intermediär mendelnde Allelpaare bestimmt (A), wobei die Gene M und N im gleichen Ausmaß fördern, so ist MMNN am dunkelsten, mmnn am hellsten und die F_1-Hybriden MmNn liegen intermediär dazwischen. Die F_2-Generation spaltet in fünf Pigmentierungsklassen entspr. dem Anteil an fördernden Genen auf. Diese Klassen verteilen sich, in ihren Grenzen durch fließende Modifikation verwischt, entspr. der Binominalkurve (B), spalten jedoch als erbbedingt bei isolierter Weiterzüchtung versch. auf.
- Die Wüchsigkeit der *Pflanzen* hängt oft von mehreren Allelpaaren ab, innerhalb welcher Dominanz der fördernden Gene herrscht. Wenn dann z. B. jeder reinerbige Elter versch. fördernde Genpaare besitzt (AAbbCCdd und aaBBccDD), übertrifft der F_1-Bastard in der Merkmalsausbildung die beiden Elternrassen besonders stark (»Heterosis« z. B. bei *Mais*).
- Schließlich kann auch der dominante Faktor des einen Allelpaares die Polygene anderer Paare **»epistatisch«** beherrschen. So gibt es z. B. beim *Hafer* weißes Korn (aabb), graues Korn (aaBB oder aaBb) oder schwarzes Korn (mindestens ein Allel A), wenn B grau und A epistatisch über B und dominant über a schwarz verursacht.

2. Die komplementäre Polygenie, bei der die verschieden wirkenden Gene sich bei einer Merkmalsausbildung gegenseitig ergänzen, wird immer häufiger aufgedeckt:

Wildfarbene *Säuger* (zahlr. *Nager*, *Raub-* und *Huftiere*) zeigen auf jedem Haar ein typ. Agutimuster (schwarze Spitze, helle und schwarze Querbinden im Wechsel, grauer Haargrund), das auf dem Zusammenwirken zahlr. Gene beruht. A bildet die schwarzen Ringe, B erzeugt schwarzes Pigment aus gelbroten Vorstufen; fehlt C, so werden diese Vorstufen nicht synthetisiert, die Tiere sind weiß (Albinos). Nur das Auftreten aller drei dominanten Gene ermöglicht das vollständige Merkmal.

Der »atomistische Genbegriff«

MENDEL gelang eine erste Aufklärung der Vererbungsvorgänge durch die gedankl. Teilung des Erbgutes in einzelne Gene. Die moderne Molekulargenetik hat diese »atomistische« Basis mit der genet. Determinierung von Enzymen und Syntheseketten belegt. Nun müssen Systeme wachsender Komplexität aufgeklärt werden, und zwar schließlich bis zu einem Umfang, bei dem wiederum die Summe der genet. Information die Gesamtheit der Eigenschaften eines Organismus beeinflußt.

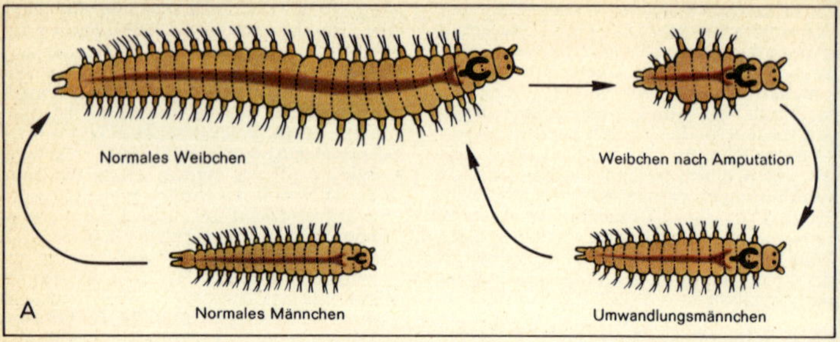

Diplophänotypische Geschlechtsbestimmung bei Ophryotrocha puerilis

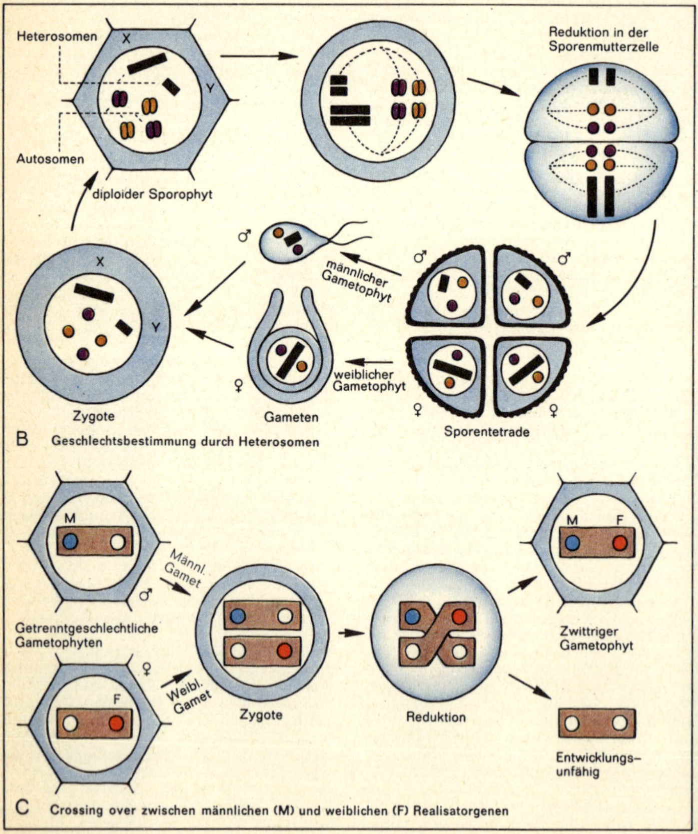

Haplogenotypische Geschlechtsbestimmung bei Pflanzen

Vererbung der Geschlechtlichkeit
Im Laufe der Stammesgeschichte haben alle Organismengruppen genet. fixierte Prozesse entwickelt, die gestatten, mit Hilfe der Rekombination in wenigen Generationen eine große Zahl von Allelkombinationen zu schaffen und ihrem biol. Wert entspr. auszulesen. Der Rekombinationsmechanismus ist:
- ein **Parasexualvorgang,** d. h. ein Teilaustausch der genet. Information ohne geordneten meiotischen Ablauf (*Viren*, *Bakterien*; Einzelheiten II, S. 432–435), oder
- ein **Sexualvorgang,** d. h. die Übertragung vollständiger Chromosomensätze (Karyogamie) und Meiose (Organismen mit echtem Zellkern; Einzelheiten I, S. 128 bis 133).

Im Zusammenhang damit steht eine allg. verbreitete **sexuelle Polarität,** die primär physiolog. Natur ist. Das alternative Geschlecht wird nun aber erstaunlicherweise nur im Rahmen einer **bisexuellen Potenz** aller Zellen innerhalb der Reaktionsnorm der Gene für »Geschlechtlichkeit« realisiert, d. h. »männlich« und »weiblich« sind fließende Modifikationen desselben Merkmals. Je nachdem, ob Umweltfaktoren oder modifizierende Gene die Entw. der Zelle zu einer bestimmten geschlechtl. Diff. führen, unterscheidet man phänotyp. oder genotyp. Geschlechtsbestimmung.

I. Phänotypische Geschlechtsbestimmung
Äußere Faktoren oder stoffwechselphysiolog. Bedingungen können darüber entscheiden, welche der genet. gleichen Zellen die eine Potenz auf Kosten der anderen entwickelt, d. h. männlich oder weiblich wird. Diese Geschlechtsbestimmung hat mit Erbvorgängen nur insofern zu tun, als die Geschlechtspotenz selbst, der Zeitpunkt ihrer Entw. usw. genet. festliegt.
Läuft der Vorgang an haploiden Zellen ab **(haplophänotyp. Geschlechtsbestimmung),** so zeigt die Ausbildung beiderlei Gameten von ein und demselben Organismus bes. deutl. die bisex. Potenz: Viele *Algen (Spirogyra, Vaucheria)*, *Pilze*, Gametophyten gemischtgeschlechtiger *Moose* und isosporer *Farne*.
Bei der diplophänotyp. Geschlechtsbestimmung vollzieht sich der Vorgang an diploiden Zellen, die in bezug auf das Geschlecht nur einen Genotyp aufweisen, z. B. bei manchen *Protozoen*, diploiden *Thallophyten*, den heterosporen *Farnen*, zwittrigen und monözischen *Samenpflanzen* mit eingeschlechtigen Blüten, zwittrigen *Metazoen*. Um Selbstbefruchtung einzudämmen, die eine Rekombination herabdrücken kann, sind sek. Sexualschranken entwickelt:
- Junge Tiere des *Borstenwurms Ophryotrocha puerilis* sind zunächst männlich, nach Bildung des 15.–20. Segments weiblich. Werden erwachsene Weibchen auf 5–10 Segmente zurückgeschnitten, werden sie innerhalb 48 Std. zu Männchen, die bei weiterem Wachstum später wieder umschlagen (A).
- Bei dem *Sternwurm (Bonellia)* stehen die Larven zunächst auf einer indifferenten Stufe. Können sie sich am Rüssel eines erwachsenen Weibchens festsaugen, so werden sie zu Zwergmännchen, andernfalls zu Weibchen. Abgelöste Larven entwickeln je nach Dauer des Rüsselparasitismus versch. Stufen zwischengeschlechtiger Phänotypen (Intersexe).

II. Genotypische Geschlechtsbestimmung
Hier bedingen best. Gene, die **Geschlechtsrealisatoren,** daß bei den Gameten und den sie erzeugenden Organismen im allg. nur die Eigenschaften des einen Geschlechts entfaltet werden.
1. Bei haplogenotyp. Geschlechtsbestimmung sind die Diplonten genet. zwittrig, und die Geschlechtertrennung tritt nur in der haploiden Phase zutage. Die Geschlechtsbestimmung erfolgt immer bei der Meiose:
  Diploide Zygoten best. *Chlamydomonas*-Rassen gehen durch Meiose in 4 Isogameten über, von denen je 2 dem einen (+), 2 dem anderen (–) Geschlecht zugehören; nur versch. geschlechtige Gameten kopulieren miteinander.

Die hier nur aus dem Kopulationserfolg erschlossene Geschlechtertrennung (Tetradenanalyse) kann bei getrenntgeschlechtigen *Moosen* auch cytolog. gestützt werden.
  Die diploide Sporenmutterzelle bestimmter *Lebermoose* enthält neben den üblichen homologen Chromosomenpaaren, den **Autosomen,** ein sich durch starken Größenunterschied auszeichnendes Paar, die **Heterosomen:** Das große X-Chromosom findet sich immer in weiblich, das kleine Y-Chromosom in männl. determinierten Sporen und entsprechend diff. Pflanzen, so daß die geschlechtsrealisierenden Gene in diesen Geschlechtschromosomen liegen dürften (B).

In vielen Fällen besitzt das Y-Chromosom keine geschlechtsbestimmende Wirkung, die dann allein von der An- oder Abwesenheit des X-Chromosoms ausgeht.
Zahlr. Untersuchungen haben gezeigt, daß die männl. Geschlechtsrealisatoren (M-Faktoren) und die weiblichen (F-Faktoren) zwar auf homologen Chromosomen liegen, aber keine Allele sind, d. h. an versch. Stellen des Chromosoms lokalisiert sind:
  Bei Tetradenanalysen treten neben den normalen Gametophyten auch zwittrige auf, bei denen offenbar infolge eines Crossing over ein Chromosom mit beiden und eines ohne Realisatoren entsteht. Der Kern mit letzterem geht nach cytolog. Beobachtungen zugrunde, der mit ersterem ist Basis einer zwittrigen Pflanze mit phänotyp. Geschlechtsbestimmung (C).

Die Geschlechtsrealisatoren können innerhalb des gleichen Geschlechts in verschiedener, genet. fixierter Stärke auftreten, so daß es starke und schwache männliche und ebensolche weiblichen Gameten geben kann. Da zur Kopulation offenbar nur bestimmte quantitative Unterschiede nötig sind, können in diesen Fällen auch gleichgeschlechtige, aber versch. starke Gameten miteinander verschmelzen **(relative Sexualität).**

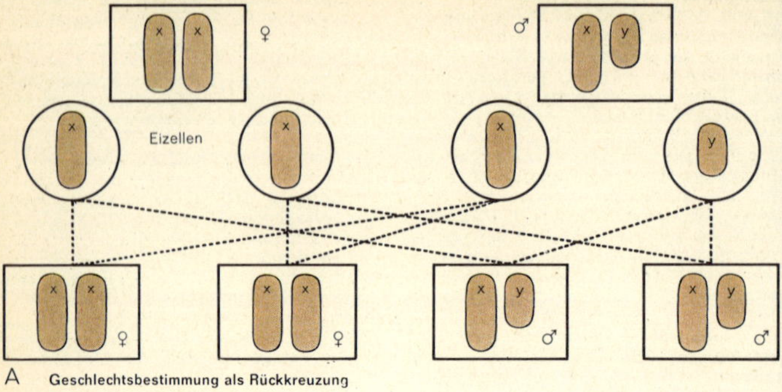

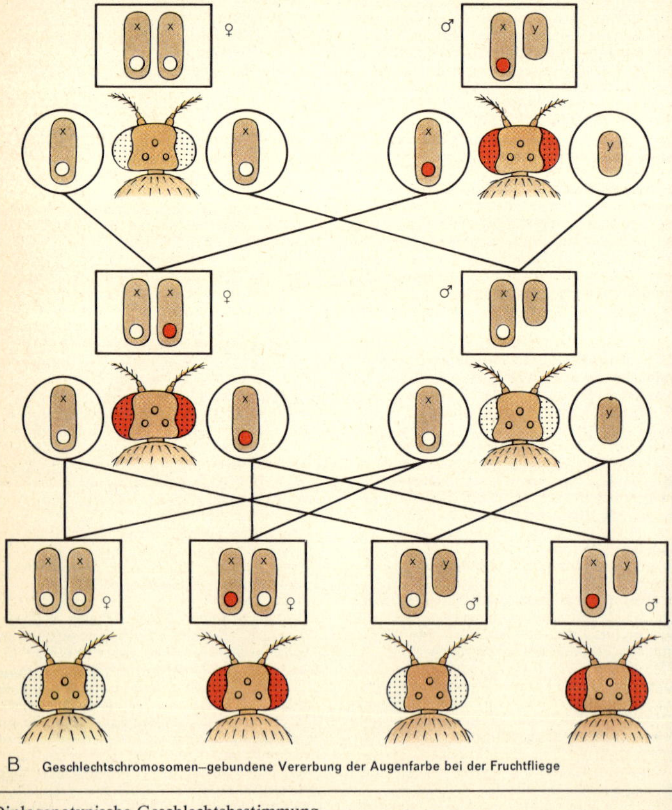

Diplogenotypische Geschlechtsbestimmung

2. Bei diplogenotyp. Geschlechtsbestimmung wird das Geschlecht bei der Befruchtung mit der Bildung der Zygote festgelegt. Damit ist die ganze diploide Phase der getrenntgeschlechtigen Diplonten, also der diözischen *Samenpflanzen* und *Tiere* sex. bestimmt. Die mit der Gametenbildung erfolgende Meiose bewirkt nämlich nur bei dem einen Geschlecht eine Trennung in zwei versch. Gametensorten (Heterogamie), in solche mit männl. oder weibl. bestimmenden Genen, während im anderen nur Gameten mit einheitl. sex. Tendenz entstehen (Homogamie). Folgl. sind die heterogametischen Organismen bezügl. des Geschlechtes heterozygot (gemischterbig) die homogametischen reinerbig (homozygot). Bei der Befruchtung entsteht also aus genet. einheitl. Gameten das homogamet. Geschlecht, aus genet. versch. das heterogametische.

Damit gleicht der Vorgang der diplogenotyp. Geschlechtsbestimmung ganz dem Schema der Rückkreuzung eines einfach mendelnden Bastards mit dem rezessiven Elter, wobei die R-Generation zu gleichen Teilen in Heterozygote und Homozygote aufspaltet (A): Die Zahl männl. und weibl. Nachkommen ist gleich.

Die Annahme der Heterozygotie des einen Geschlechts wird durch cytolog. Untersuchung solcher Organismen gestützt: In den diploiden Körperzellen fällt in dem heterogamet. Geschlecht neben den morpholog. gleichen autosomalen Chromosomenpaaren ein ungleiches Heterosomenpaar aus einem X- und einem Y-Chromosom auf, wobei letzteres meist kleiner ist oder sogar ganz fehlt. In dem anderen Geschlecht besteht dagegen das »Heterosomenpaar« aus einander und dem X-Chromosom gleichgestalteten Geschlechtschromosomen. – Weiblich ist meist das homozygote Geschlecht (XX), z. B. bei vielen *Fliegen*, *Käfern*, den *Säugern* einschl. des *Menschen* (A), dagegen ist es männlich bei *Schmetterlingen*, einigen *Fischen*, *Amphibien* und *Reptilien*.

Auch hinsichtlich der **Stärke und Lage** der Geschlechtsrealisatoren auf den X- und Y-Chromosomen und den Autosomen herrscht eine erst teilweise erforschte Vielfalt:

Lichtnelkentyp: Die *Nachtlichtnelke (Melandrium album)* besitzt im weibl. Geschlecht neben 22 Autosomen (= 11 Paare) noch zwei X-Chromosomen, im männlichen ein X- und ein Y-Chromosom. Versuche, in denen die Zahl der Autosomensätze oder der einzelnen Geschlechtschromosomen verändert wurde (s. Polyploidie, II, S. 447), ergaben, daß die Autosomen in bezug auf ein bestimmtes Geschlecht neutral sind und die männl. Realisatorgene auf dem Y-, die weiblichen auf dem X-Chromosom liegen und die M-Faktoren stärker sind als die F-Faktoren. Bei beliebigen Autosomensatz-Zahlen waren die Pflanzen nämlich weiblich bei fehlendem Y, männlich bei XY, XXYY, XXXYY, männlich mit einzelnen Zwitterblüten bei XXXY und zwittrig, aber fertil bei XXXXY.

Fruchtfliegentyp: Ähnl. Versuche (zusammengeklebte X-Chromosomen, s. u.) bewiesen bei *Drosophila*, daß das Y-Chromosom keine geschlechtsbestimmenden Gene enthält, also ganz fehlen (z. B. beim XO-Typ vieler *Insekten*) oder ohne Beeinflussung des Geschlechts bei Männchen und Weibchen in Mehrzahl auftreten kann. Hier beruht die Geschlechtsausprägung auf dem Mengenverhältnis zw. X-Chromosomen und Autosomensätzen. Bei dem Quotient $1/2$ entwickeln sich normale Männchen, bei 1 normale Weibchen, bei Werten dazwischen sterile Intersexe, >1 sind Überweibchen, $<0{,}5$ Übermännchen. X-Chromosomen enthalten also F-, Autosomen M-Faktoren; 2 X-Chromosomen sind ungefähr so stark wie drei Autosomensätze.

Schwammspinnertyp: Da hier die Männchen homogamet. sind (XX), muß der M-Faktor in den X-Chromosomen liegen. Versuche mit geograph. Rassen versch. starker Sexualität legen nahe, wegen der rein mütterl. (matroklin, II, S. 429) Vererbung die F-Faktoren im Cytoplasma zu lokalisieren (GOLDSCHMIDT).

X-Chromosomen-gebundene Vererbung

Das X-Chromosom enthält neben den geschlechtsbestimmenden Genen noch viele andere. Diese Koppelungsgruppe aber durchbricht die Reziprozitätsregel, da sie im heterogamet. Geschlecht ungepaart bleibt und z. B. im Falle der weibl. Homogamie die männl. Nachkommen ihr X-Chromosom nur von dem weibl. Elter erhalten können. Rezessive Allele der Koppelungsgruppe werden dabei sichtbar, weil ihnen im heterogamet. Individuum kein anderes Allel gegenüberstehen kann.

Bei der *Fruchtfliege* enthält das X-Chromosom ein Allelpaar, dessen dominantes Wildgen rote und sein rezessives Allel weiße Augen erzeugt (B). Die Kreuzung weißäugiger Weibchen mit reinerbig rotäugigen Männchen führt zu rotäugigen weibl. und weißäugigen männl. Nachkommen (»Vererbung übers Kreuz«). Reziproke Kreuzung liefert erwartungsgemäß nur rotäugige *Tiere* (MORGAN, 1910).

Verklebte (attached) X-Chromosomen

Die zuvor beschriebene Kreuzung weißäugiger *Drosophila*-Weibchen mit rotäugigen Männchen erbrachte unter 2000–5000 Nachkommen der F_1-Generation wider Erwarten ein einzelnes weißäugiges Weibchen und rotäugiges Männchen. Die cytolog. Untersuchung offenbarte den außergewöhnl. Chromosomensatz: Diese weibl. Tiere hatten zwei am Centromerende zusammengeklebte (attached) X-Chromosomen und dazu ein Y-Chromosom, während das Ausnahmemännchen nur ein X-, aber kein Y-Chromosom aufwies. Sie waren aus Eizellen entstanden, in denen bei der Reifungsteilung beide X-Chromosomen im Ei blieben bzw. beide in den Richtungskörper abgestoßen waren.

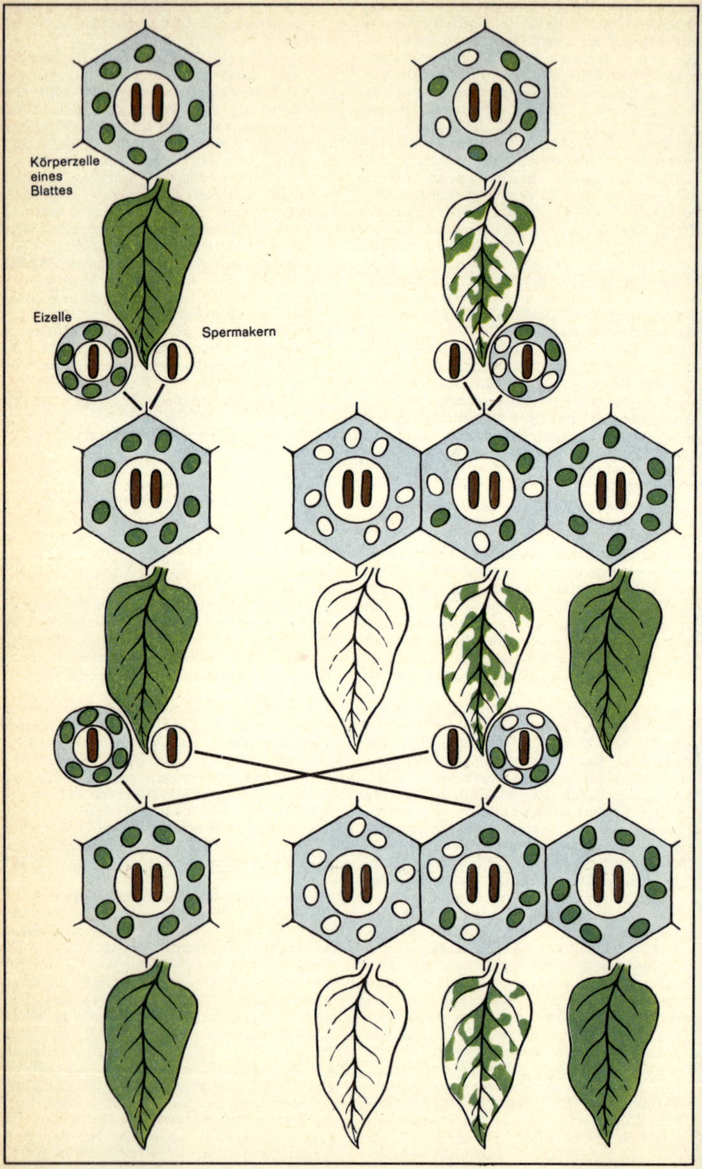

Plastiden-Vererbung (Japanische Wunderblume)

Extrachromosomale Erbfaktoren

Obwohl ohne Zweifel die wichtigsten Erbfaktoren in den Chromosomen liegen und der Erbgang vornehmlich durch den Verteilungsmechanismus der Chromosomen bestimmt wird, darf doch die Möglichkeit nicht ausgeschlossen werden, daß genet. Information auch in anderen Strukturen der Zelle vorhanden ist. Cytoplasmat. Faktoren, die sich anscheinend selbständig, manchmal jedoch nur unter dem Einfluß bestimmter Genome vermehren, spielen eine Rolle bei der Ausbildung eines Merkmals, ohne daß im einzelnen geklärt ist, ob diese Plasmafaktoren autonom oder aber Bestandteile eines chromosomalen Regelkreises sind. Sie scheinen an Plastiden angelagert oder frei im Plasma vorzukommen.

1. Plastiden-Vererbung: In den sich selbst reproduzierenden Plastiden der autotrophen Pflanzenzelle ist ganz ohne Zweifel ein außerhalb des Kerns lokalisiertes Vererbungselement gefunden, das man insgesamt als **Plastidom** bezeichnet (Plastiden-DNA).

Neben *Pflanzen* mit rein grünen Blättern kommen bei manchen *Pflanzen* auch weißgrüngescheckte, sog. weißbunte (panaschierte) Formen vor, die in den hellen Gewebeteilen statt normaler Plastiden nur oder vorwiegend nicht-ergrünende besitzen. Bei der Zellteilung werden beide Plastidensorten zufällig auf die Tochterzellen verteilt:

> Kreuzt man z. B. bei der *japan. Wunderblume* eine rein grüne Mutter mit einem panaschierten Vater, so sind die Nachkommen im allg. rein grün, im reziproken Fall dagegen teils grün, teils panaschiert oder weiß (Abb.).

Diese Durchbrechung der Reziprozitätsregel ist nicht durch das X-Chromosom bedingt, sondern geht als rein mütterl. (matrokline) Vererbung auf den Gehalt der Eizelle an nur normal grünen oder zusätzl. nicht ergrünenden Plastiden zurück. Da der Spermakern nur sehr selten väterl. Plastiden übermittelt, stammen die Plastiden alle aus der Eizelle und werden im Laufe der Zellvermehrung zufällig entmischt.

2. Cytoplasmatische Vererbung: Einige Befunde deuten darauf hin, daß auch im scheinbar undiff. Cytoplasma noch Erbfaktoren lokalisiert sind, die man als **Plasmon** dem Genom des Zellkerns und dem Plastidom der Plastiden entgegensetzt.

Art- und Gattungskreuzungen bei *Moosen* und *Samenpflanzen* haben einen cytoplasmat. Einfluß offenbart, der selbst nach Wiederherstellung eines einheitl. Genoms noch nach zahlr. Generationen spürbar ist:

> Kreuzt man z. B. die beiden *Weidenröschen*-Arten *Epilobium roseum* und *E. hirsutum* untereinander, so entwickeln sich die F_1-Hybriden groß und kräftig, wenn *E. roseum* weiblich und *E. hirsutum* männlich waren; im reziproken Falle bleibleiben sie klein, wachstumsgehemmt und unfruchtbar.

Eine vergleichbare Übertragung von außerchromosomalen Faktoren ist von Mückenspermien bekannt:

> Zwei Stämme von *Culex pipiens* versch. geograph. Herkunft sind in der Paarung A-Weibchen/B-Männchen voll fruchtbar und die Gene mendeln normal. Bei der reziproken Kreuzung dagegen sterben die Embryonen ab. Durch wiederholte Einkreuzung von B-Spermien erhält man schließlich Tiere mit vollständigem B-Genom in A-Cytoplasma. Wenn man solche Männchen mit Weibchen des B-Stammes kreuzt, wobei also gleiche Genome zusammenkommen, sterben die Embryonen trotzdem, weil Cytoplasmafaktoren des A-Stammes vom Spermium übertragen wurden.

Die Weitergabe von cytoplasmat. DNA in Körperchen, deren Vermehrung jedoch von einem chromosomalen Gen abhängt, ist bei einer Rasse des *Pantoffeltierchens* nachgewiesen:

> Bestimmte *Paramecien*-Stämme (»killer«) erzeugen einen Stoff, der andere Stämme tötet. Dennoch sind unter Vorsichtsmaßnahmen Konjugationen zw. beiden möglich, wobei normalerweise nach der Trennung jedes Individuum seine ursprüngl. Eigenschaft, »killer« zu sein oder nicht, beibehält. Bei bes. großen Plasmabrücken jedoch wandern die »killer«-Partikel auch in den vorher empfindl. Partner, dessen Nachkommen nun selbst resistent und »killer« werden.

Dauermodifikation des Phänotyps

Bestimmte durch Außenfaktoren aufgeprägte Modifikationen können in den Nachkommen aufeinanderfolgender Generationen auch dann wieder auftreten, wenn jene modifizierenden Bedingungen nicht mehr einwirken. Offenbar handelt es sich bei diesen Dauermodifikationen um eine durch den Außenfaktor in der Konstitution des Plasmas bewirkte, jedoch nicht den Genotyp ergreifende Veränderung, die sich auch auf das Plasma der Eizelle erstreckt:

- Die bei der *Schlupfwespe Habrobracon* mit extremen Temperaturen erzeugte dunkle Pigmentierung (I, S. 196) erhält sich auch unter normalen Bedingungen bis in die F_2-Generation.
- Hitze verursacht bei *Drosophila* als Dauermodifikation Zwergwuchs und verkrüppelte Flügel. Diese Schädigungen wurden in Kreuzungsversuchen matroklin weitergegeben, nahmen aber bald ab.
- Bei *Pantoffeltierchen* wurde beobachtet, daß die durch »Gewöhnung« erreichte Widerstandsfähigkeit gegen Chemikalien oder Hitze um so länger dauermodifikatorisch anhielt, je umfangreicher die modifizierende Einwirkung gewesen war.

Es gilt als denkbar, aber unbewiesen, daß durch eine viele Generationen währende Außeneinwirkung »erbfeste« Cytoplasmaveränderungen und damit Umprägungen der Erbfaktoren zustande kommen können. – Fälle, die zunächst wie »Vererbung erworbener Eigenschaften« aussehen, sind (nach WADDINGTON) abklingende Dauermodifikationen oder Selektionsfolgen an Polygenen.

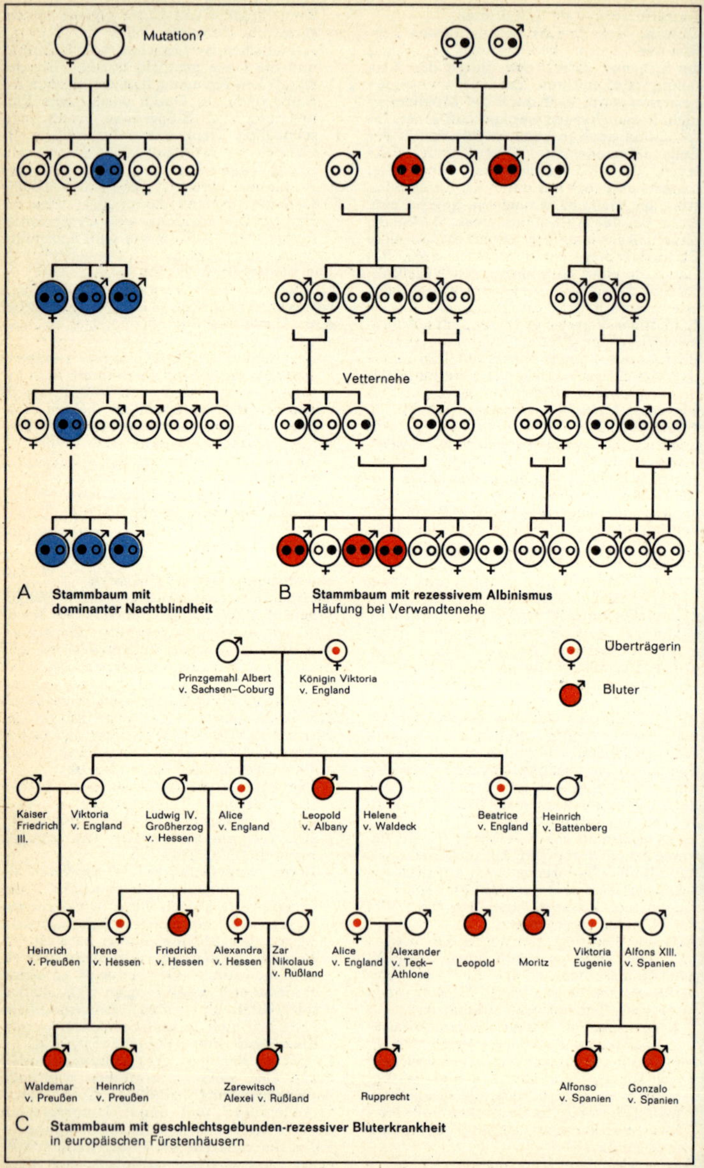

Stammbaum-Analysen menschlicher Erbkrankheiten

Für genet. Untersuchungen ist der *Mensch* wenig geeignet. Der Genetiker arbeitet vor allem an Gruppen genormter, möglichst erbgleicher Individuen. Seine Hauptmethode ist die gelenkte, experiment. Kreuzung von Typen, die sich nur in wenigen Merkmalen unterscheiden. Die Umweltbedingungen werden konstant gehalten. Man benutzt rasch sich fortpflanzende Objekte, weil Generationsserien analysiert werden müssen. Schließlich erfordert die statist. Ableitung der Aussage eine große Nachkommenzahl. – Die bes. Situation der Humangenetik erfordert demnach neue, angemessene Methoden, unter denen neben der statist. Untersuchung großer Populationen die Familienanalyse und die Zwillingsforschung vorherrschen.

Die Familienanalyse
tritt beim *Menschen* an die Stelle des Kreuzungsexperimentes. Sie verfolgt anhand von **Stammbäumen** (Nachkommen eines Paares) und **Ahnentafeln** (Vorfahren eines Individuums) den Erbgang eines best. Merkmals. Leicht beobachtbare, normale Merkmale wie Augen- und Haarfarbe, Statur, Intelligenz, Persönlichkeitszüge sind aber nicht nur stark umweltbedingt, sondern auch in ihrem Erbgang **komplex** und nicht aufspaltend:

– Die Vererbung der **Hautfarbe** bei den Nachkommen von Weißen und Negern wird als quantitatives Merkmal von wahrscheinlich 4–6 Pigment-Allelpaaren verursacht (nach STERN) und zeigt zudem eine große Umwelt-Abhängigkeit.

Unabhängig von Außeneinflüssen und von einem **multiplen Gen** (mehrere Allele am gleichen Genlocus) kontrolliert, werden die 4 Blutgruppen A, B, AB, 0 ausgebildet:

– Die beiden dominanten Allele a und b und das rezessive o können sich gegenseitig vertreten. Jeder *Mensch* besitzt zwei dieser Anlagen. Die Kombinationen und ihre zugeordneten **Blutgruppen** lauten: aa oder ao (A), bb oder bo (B), ab (AB) und oo (0). Ein Kind der Blutgruppe 0 z. B. kann keinen Elter mit Blutgruppe AB haben (Vaterschaftsnachweis), doch scheint die Rekombination von Allel a mit Allel b zu Allel o denkbar.

Die Mendelschen Gesetze, die universelle Gültigkeit besitzen, werden vor allem dann leicht bestätigt gefunden, wenn es sich um einfache monofaktorielle Erbgänge eines Gens handelt. Dabei fallen diejenigen mit eindrucksvollen Merkmalen, bes. Mißbildungen, verständlicherweise am ehesten auf:

Dominant verhält sich das Gen für angeborene Nachtblindheit (A), Kurzfingrigkeit (Brachydactylie), Otosklerose (Gehörverlust), achondroplastischen Zwergwuchs (kurze Gliedmaßen).

Rezessiv mendeln die Merkmale Hasenscharte, Phenylketonurie (Stoffwechselkrankheit mit Schwachsinn, II, S. 437), Sichelzellenanämie (sichelförmige rote Blutzellen bei Sauerstoffmangel) und rezessiver Albinismus (B). Seltene rezessive Merkmale treten durch Inzucht in belasteten Familien gehäuft auf.

Autosomale Koppelung ist bisher nur in sehr wenigen Fällen bekannt geworden, z. B. für eine Koppelung zw. dem AB0-Blutgruppen-Ort und einem sehr seltenen »Nagel-Patella-Syndrom«, bei dem sehr kleine Finger- und Zehennägel und Kniescheiben auftreten.

Die Geschlechtsbestimmung folgt dem Typus XX = weiblich und XY = männlich, so daß eine Frau 44 + XX, ein Mann 44 + XY als Chromosomenformel besitzt. Durch Verkleben von Autosomen- oder Heterosomenpaaren erzeugte Formeländerungen führen in strenger Abhängigkeit vom betroffenen Chromosomenpaar zu bestimmten Fehlentwicklungen und zu Zwitterbildung (Mongolismus bei dreifachem Autosom 21), z. B. bei X0 zu unvollständig entwickelten Mädchen (TURNER-Syndrom), bei XXY zu äußerl. männlichen, aber weibl. Individuen (KLINEFELTER-Syndrom).

X-Chromosom-gekoppelt und rezessiv verläuft der Erbgang der z. B. in europ. Fürstenhäusern verfolgten Bluterkrankheit (C), bei der die Gerinnbarkeit des Blutes (II, S. 321) so stark vermindert ist, daß selbst kleine Wunden durch Verbluten zum Tode führen können. Da das Gen nahezu ausschließlich heterozygot auftritt, sind nur Männer Merkmalsträger, Frauen Überträgerinnen. – In der gleichen Weise wird die häufigere Rot-Grün-Blindheit vererbt. Da das Gen ebenso wie das der Bluterkrankheit auf dem X-Chromosom liegt, wird hier Koppelung und seltener auch Koppelungsbruch durch Crossing over beobachtet.

Die Zwillingsforschung
gründet sich auf die allgemein anerkannte These, daß sich zweieiige Zwillinge (ZZ) nur wie andere Geschwister ähneln, eineiige (EZ) sich dagegen in ihrem Erbgut gleichen. Sofern sich bei EZ Unterschiede im Phänotyp zeigen, gehen sie also auf Umwelteinflüsse zurück. Die von GALTON 1875 begründete Zwillingsforschung vergleicht daher die Eigenschaften von

– EZ gleicher Umwelt (I),
– EZ verschiedener Umwelt (II),
– ZZ gleicher Umwelt (III).

Vergleich I/II ergibt die Umweltwirkung, I/III die Bedeutung des Erbguts. Die Berechnung der Übereinstimmung, als Korrelationskoeffizient ausgedrückt, erfolgt so, daß entspr. gleiche Beobachtungsergebnisse bei beiden Partnern aller Paare zu dem Wert +1 führen, Ungleichheit aller Paare zu –1. Bei dem Wert 0 besteht keine Korrelation, d. h. die Paare sind mit der gleichen Häufigkeit gleich und ungleich. Positive Korrelation erfordert also Kausalfaktoren, welche in beiden Individuen gemeinsam das Auftreten von Merkmalen bestimmen.

Merkmal	I	II	III	Erblichkeit
Körpergröße	0,93	0,97	0,64	0,81
Gewicht	0,92	0,89	0,63	0,78
Intelligenz	0,92	0,73	0,62	0,80
Wortverständnis	0,86	–	0,56	0,68
Rechnen	0,73	–	0,64	0,12

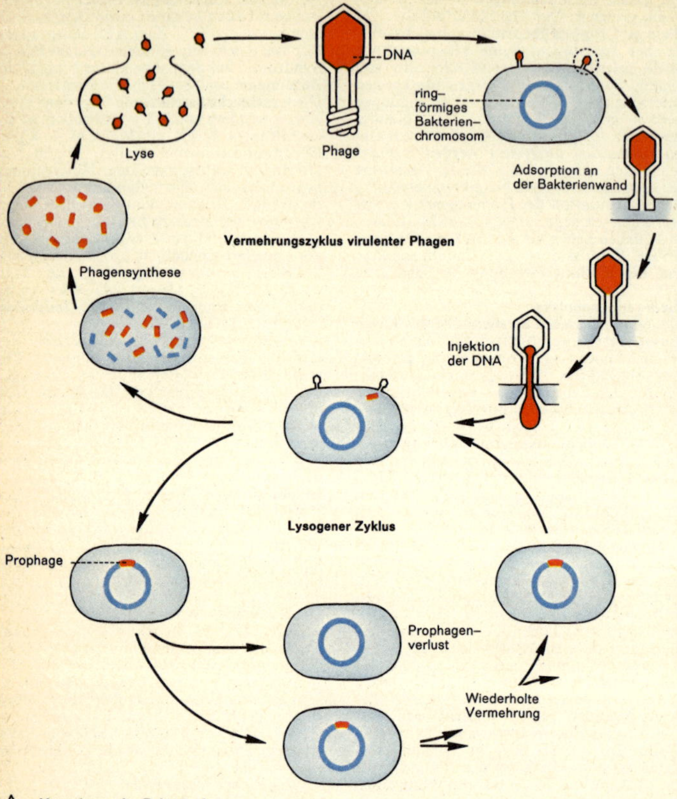

A **Vermehrung der Bakteriophagen**

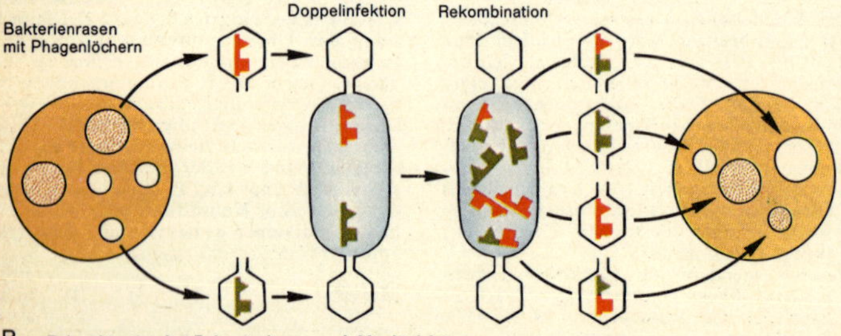

B **Rekombination bei Bakteriophagen nach Mischinfektion**
Phagenstamm verursacht große ( ), kleine ( ), trübe ( ), klare ( ) Phagenlöcher

Genetische Vorgänge bei Bakteriophagen

Seit man festgestellt hat, daß sowohl *Viren* als auch *Bakterien* kreuzbar sind, also Rekombinationen ihrer Erbanlagen im Zusammenhang mit parasex. Vorgängen (II, S. 425) zeigen, sind sie sehr schnell zum Standardobjekt der Genetik geworden. Sie bieten versch. Vorteile:

- Schnell verlaufende Vermehrung und damit sehr große Nachkommenzahl.
- Geringe Anzahl von Merkmalen.
- Auch sehr seltene Erbänderungen (Mutationen, Rekombinationen) sind erfaßbar.
- Wegen Haploidie werden solche Erbänderungen sofort manifest.

Das Virus
eines bestimmten Stammes hat uniforme Größe und Gestalt. Der Erreger der Kinderlähmung z. B. ist eine Kugel mit $2{,}5 \cdot 10^{-5}$ mm ∅. – *Viren* können als **wandernde Kleingenome** angesehen werden, die auf genet. Niveau parasitieren. Sie sind nämlich auf den Stoffwechselmechanismus der Wirtszelle angewiesen, da sie weder über einen eigenen Energiestoffwechsel noch über Enzyme zur Synthese ihrer Substanz verfügen, sondern nur über die genet. Information, die den Stoffwechsel der Wirtszelle zur Bildung virusspezif. Substanz auf Kosten der bereits vorhandenen Zellsubstanz veranlaßt (WEIDEL: »Geborgtes Leben«). – Zahlr. *Viren* sind in reiner Form, manche kristallisiert dargestellt worden. Sie bestehen aus Protein und Nukleinsäure. – Jede Virusgruppe ist auf best. Wirtszellen spezialisiert: **Bakteriophagen** (s. u.) auf best. *Bakterien*, von den **tierpathogenen Viren** z. B. die *Vakzine-Viren* auf die Haut von *Tieren* und *Menschen* (Pockenkrankheit). Unter den **pflanzenpathogenen Viren** ist das *Tabakmosaikvirus* (TMV) bes. gut erforscht: Es besteht aus einem langen Ribonukleinsäurefaden, der in Protein eingebettet eine enge Schraube bildet.

Bakterienviren (Bakteriophagen, A)
sind für bes. zahlreiche grundlegende Versuche der Molekulargenetik herangezogen worden. Der Wirtsbereich eines *Phagen*, der sich in *Bakterien* vermehrt, ist sehr beschränkt. Der *Coliphage T 4* ist z. B. auf den Bakterienstamm *Escherichia coli B* angewiesen. Sein großer sechseckiger »Kopf« aus Eiweiß umschließt die DNA. Im »Schwanz« ermöglicht ein Eiweiß das Anheften an die Bakterienmembran, ein anderes löst diese durch Enzymwirkung auf. Die DNA wird in die Bakterienzelle injiziert und gibt Anlaß zur Bildung neuer Phagensubstanz. Nach etwa 10 Min. sind die 30 bis 200 neuen *Phagen* zusammengesetzt und gelangen durch Platzen der Bakterienmembran (**Lyse des Bakteriums**) ins Freie.
Da Neuinfektion und Wachstum der *Phagen* rascher verläuft als die Vermehrung der *Bakterien*, bilden sich in dem sonst auf festem Nähragarboden gleichmäßig aufgewachsenen Bakterienrasen Phagenlöcher (»plaques«) infolge Lyse der *Bakterien* durch die Nachkommen eines einzigen *Phagen*. Diese Löcher sehen für die einzelnen Phagenstämme charakterist. aus und können bei Kreuzungsexperimenten als genet. Merkmal verwendet werden.
Neben den oben beschriebenen »virulenten« *Phagen*, die das *Bakterium* lysieren, kommen unter den infizierenden Teilchen auch friedl. **temperente** Typen vor, die sich als **Prophagen** an das Genom des *Bakteriums* anlagern und bei den folgenden Teilungen des *Bakteriums*, das nun **lysogen** genannt wird, synchron vermehrt werden. Spontan oder auf äußere Einwirkung hin (UV-Bestrahlung, Chemikalien) kann der Prophage wieder frei werden und in einen virulenten Kreislauf eintreten.
Der *Phage* verhält sich also wie ein *Bakterien*-Gen, das das Merkmal Phagensynthese vererbt und so lange von einer Bakteriengeneration zur anderen weitergegeben wird, bis es realisiert wird.

Rekombination bei Bakteriophagen
kann man durch Doppelinfektion mit zwei Phagenstämmen erzielen, die beide für dasselbe *Bakterium* pathogen sind:

- Verursacht z. B. der eine Phagenstamm auf einem Bakterienrasen kleine, klare Löcher, der andere dagegen große, trübe, so bilden sich nach der Mischinfektion neben den ursprüngl. Kombinationen auch kleine, trübe und große, klare »plaques« (B).

Die Rekombination findet in den 10 Min. nach der Infektion statt, wenn die DNA identisch reproduziert wird. Sie geht auf einen Genaustausch zw. den DNA-Strängen der beiden versch. *Phagen* zurück und ist im Prinzip dem Crossing over bei homologen Chromosomen gleich.
Die Möglichkeiten eines parasex. Prozesses bei *Phagen* und der grundsätzl. Unterschied zu Kreuzungen anderer Systeme geht aus einer **3-Eltern-3-Faktor Kreuzung** hervor:

- Infiziert man *Bakterien* gleichzeitig mit drei versch. Phagentypen mit den Genfolgen a^+ b c und a b^+ c und a b c^+, so treten in der Nachkommenschaft auch *Phagen* a^+ b^+ c^+ auf, Rekombinanten von drei versch. Eltern.

Bei höh. Organismen wäre solch ein Ergebnis nur durch mehrere aufeinanderfolgende Kreuzungen zu erzielen.
Bei Mischinfektionen zur 1-Faktor-Kreuzung mit *T2-Phagen* der Stämme r^+ und r (»rapid«, Allele für unterschiedl. Lysis-Geschwindigkeit) fanden HERSHEY und CHASE einige *Phagen*, die sowohl r wie r^+ waren. Diese **»partiellen Heterozygoten«** lieferten nämlich zugleich r^+- und r-Nachkommen und waren an den gesprenkelten »plaques« zu erkennen. Man vermutet, daß an den heterozygoten Genomabschnitten die beiden Einzelstränge der DNA-Doppelspirale verschiedene Information tragen.
Genauso wie bei chromosomalen Vorgängen kann man auch bei *Phagen* aus der Häufigkeit bestimmter Rekombinationen auf die Genfolge schließen und eine Genkarte aufstellen.

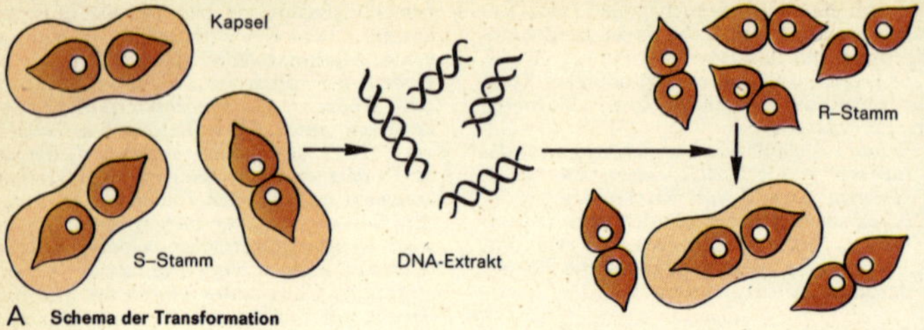

A **Schema der Transformation**

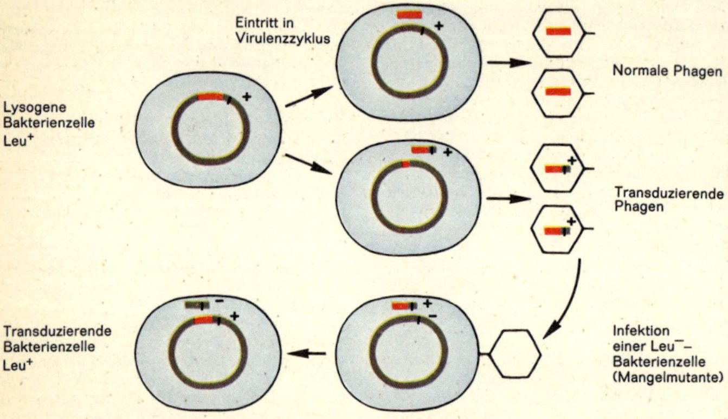

B **Transduktion bei Bakterien**

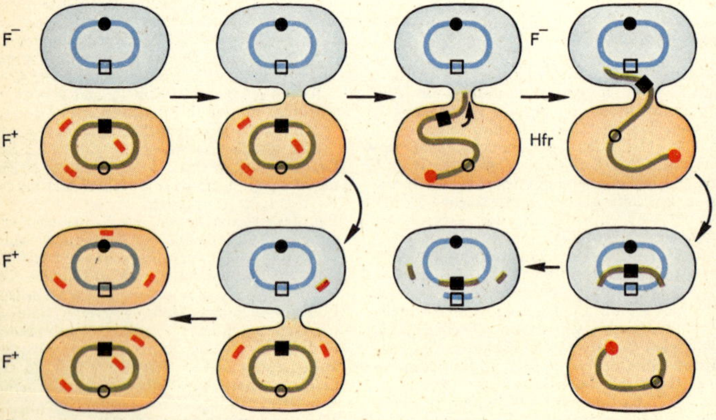

C **Konjugation:**
Übertragung des plasmatischen Geschlechtsfaktors F (▬),
Umwandlung von F$^+$– zu Hfr–Zellen und Rekombination

Genetische Vorgänge bei Bakterien

Das genet. Material ist bei *Bakterien* in Nukleoiden konzentriert (I, S. 41) und kann in drei versch. parasex. Mechanismen neu kombiniert werden: Bei **infektiöser Aufnahme** (Transformation und Transduktion) und bei **direkter Übertragung** von DNA von einer Zelle zur anderen (Konjugation).

1. Bei **Transformation** wird DNA, die aus einem Stamm isoliert worden ist, von lebenden Zellen eines anderen Stammes aufgenommen und in deren Genom eingefügt:

- *Mäusen* wurde gleichzeitig eine geringe Menge lebender Zellen des nicht virulenten *Pneumokokken*-Stammes R (rauhe, ungekapselte Kolonie) mit einer größeren Dosis hitzegetöteter Zellen des virulenten Stammes S (glatt, gekapselt) eingeimpft (GRIFFITH, 1928). Obwohl weder der lebende R-Stamm noch die abgetöteten S-Zellen allein bei *Mäusen* zu Krankheitserscheinungen führen konnten, trat dies bei Mischinfektion ein (A).

Diese Versuche sind auch mit zellfreier DNA der S-Zellen gelungen und wurden auf die Übertragung vieler anderer Merkmale ausgedehnt.

2. Bei **Transduktion** nimmt ein temperenter *Phage* unter Verlust eigener Genomsubstanz ein Stück DNA seines Wirtsbakteriums auf und überträgt es samt dem eigenen Gen »Phagensynthese« auf das anschließend befallene *Bakterium*, in dessen Genom er die DNA hineinkombiniert. Zur Durchführung der Versuche eignen sich vor allem solche Stämme einer *Bakterien*-Art, die infolge einer Erbänderung (Mutation, II, S. 445) des zuständigen Gens als **»Mangelmutanten«** nicht mehr alle organ. Zellbestandteile selbst synthetisieren können, diese Substanzen vielmehr fertig im Nährmilieu vorfinden müssen.

- Infiziert man z. B. einen Leucin-bedürftigen, Streptomycin-sensiblen (empfindlichen) Stamm (Leu^-S^s) des *Bakteriums Salmonella* mit *Phagen*, die sich zuvor auf Leu^+Sr-Zellen (stellen selbst Leucin her, gegen Streptomycin widerstandsfähig = resistent) vermehrt hatten, dann wird ein Teil der infizierten *Bakterien* durch temperente *Phagen* lysogenisiert. Diese *Salmonellen* bilden auf Agarböden mit Streptomycin und Leucin, oder auf solchen ohne beide, einzelne Kolonien. Die ersten sind S^r, die zweiten Leu^+ geworden (B).

Bei diesem Versuchsbeispiel treten praktisch keine Zellen auf, die beide Merkmale gleichzeitig erhalten haben. Wahrscheinlich liegen die beiden Gene im *Bakterien*-Genom weit auseinander, und *Phagen* können nur kleine Stücke übertragen.

3. Die **Konjugation,** eine dritte Art der Rekombination bei *Bakterien*, wurde ebenfalls mit Hilfe von Mangelmutanten entdeckt und aufgeklärt:

- Zwei *Escherichia*-Stämme, die die Synthesefähigkeit für Leucin bzw. Biotin eingebüßt haben (Leu^-Bio^+ und Leu^+Bio^-) können isoliert nicht auf einem Nährboden wachsen, der die betr. Aminosäure nicht enthält. Mischt man die Stämme dagegen vorher, so wachsen trotzdem einige Kolonien hoch.

Die Zellen dieser wachstumsfähigen Kolonien müssen in der Lage sein, alle Aminosäuren selbst herzustellen, sie sind also Leu^+Bio^+ geworden. Da in gleichem Maße auch die unter diesen Bedingungen nicht wachstumsfähige Doppelmutante Leu^-Bio^- entsteht, muß zw. Zellen versch. Stämme ein Genaustausch erfolgt sein. Der dazu unerläßl. direkte Kontakt zw. austauschenden Zellen geht mit der Bildung plasmat. Brükken einher (Konjugation), was elektronenopt. Bilder bestätigt haben (C).

Im Gegensatz zu den *Ciliaten* (I, S. 132) besitzen die *Bakterien* jedoch eine **asymmetrische Konjugation,** d. h. der Übergang von Erbfaktoren ist nur einseitig, vom Donator zum Rezipienten.

Die Verhältnisse des Erbfaktoren-Austausches sind in sich kompliziert und scheinen zwei Faktorengruppen getrennt zu umfassen: den Geschlechtsfaktor F und das übrige Genom.

- Eine *Bakterien*-Art besteht unabhängig von allen anderen Merkmalen aus zwei versch. Geschlechtsgruppen:
- Die F^--Gruppe rekombiniert unter sich gar nicht (»Fertilität negativ«);
- Die F^+-Gruppe konjugiert mit sich selbst zwar auch nur gering, aber mit F^--Zellen wesentlich besser. Im letzteren Falle werden ohne eine Rekombination anderer Merkmale alle Individuen zu F^+.

Hier wird vermutlich bei der Konjugation nur der selbständige, im Plasma frei verfügbare F-Faktor in einigen Teilchen von der ihn besitzenden F^+-Zelle (Donator) an die F^--Zelle (Rezipient) vermittelt, die dadurch ebenfalls F^+ wird.

Einige Zellen der F^+-Stämme sind jedoch zu einer solchen Umwandlung nicht mehr befähigt. Bei ihnen sind nämlich die genartigen F-Faktoren aus dem Plasma verschwunden und haben sich unter Aufsprengen des Ringchromosoms an dessen Hinterende angelagert. Diese *Bakterien* allein können nun als sex. aktive Form eine Rekombination des übrigen Genoms einleiten, sie sind zu **Hfr-Bakterien** geworden (»high frequency of recombination«):

Bei der Konjugation schiebt der angelagerte F-Faktor das ganze Chromosom, mit dem anderen Ende voran, wie eine Lokomotive durch die Plasmabrücke vom Hfr-Partner als Donator in die Rezipienten-Zelle (F^+ oder F^-). Sie enthält nach diesem Transfer, der wegen der Mithilfe des F-Faktors auch Sexduktion genannt wird, neben ihrem eigenen kompletten Genom noch ein Stück Hfr-Genom und kann einen Rekombinationsprozeß einleiten, bei dem Hfr-Allele an die Stelle der F-Allele treten.

Die Umwandlung von F^+ in Hfr, also die Fixierung eines zuvor freien genartigen Faktors an das Chromosom, ist dem Verhalten temperenter *Phagen* in lysierenden und lysogenen *Bakterien* vergleichbar. Solche Teilchen versch. Sitzes heißen Episomen.

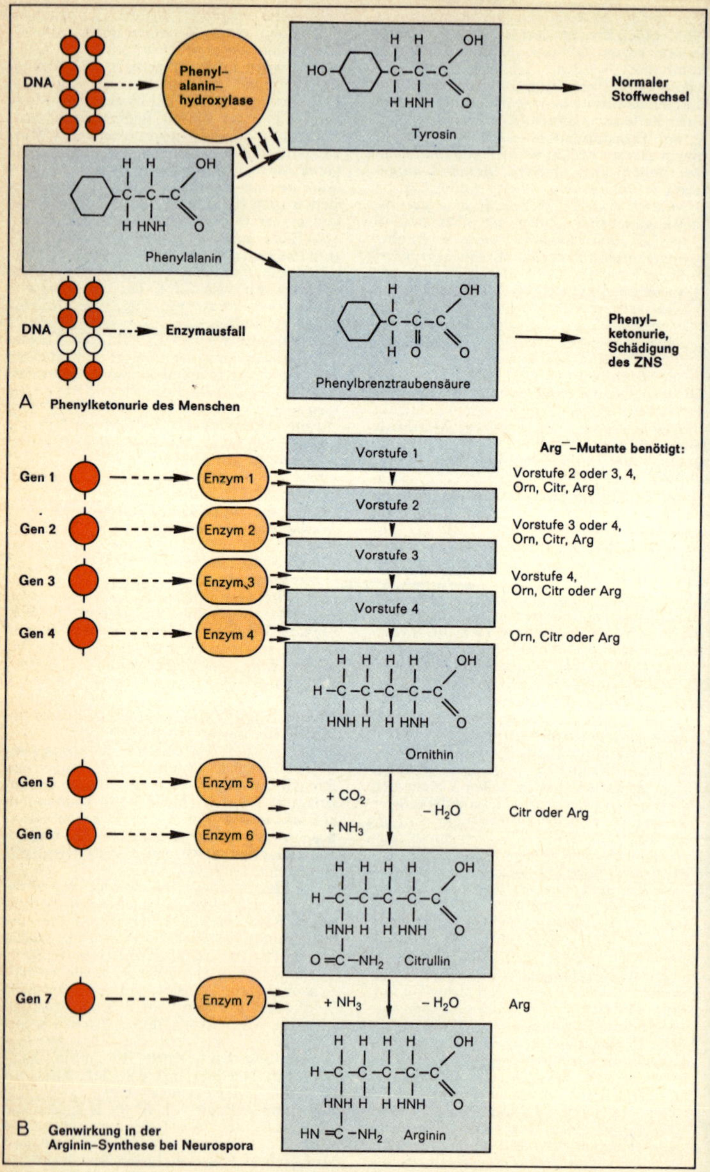

Die Gen-abhängige Bildung von Enzymen

DNA als Träger genetischer Information

Die aus Kreuzungsexperimenten erschlossenen Gene waren zunächst definiert als biol. Einheiten mit der Fähigkeit zur

- **identischen Reduplikation** als Voraussetzung der Kontinuität des Lebendigen,
- **Mutation,** der ungerichteten Erbänderung als Grundlage der Evolution,
- **Merkmalsauslösung** durch Kontrolle einzelner bestimmter chem. Reaktionen.

Eine Reihe von Befunden liefert den Beweis, daß Nukleinsäuren die materiellen Träger der Erbinformation bei *Viren* und *Bakterien* sind und daß best. Abschnitte der hochpolymeren DNA- oder RNA-Stränge alle Eigenschaften aufweisen, durch die Gene charakterisiert sind: Ident. Reduplikation (I, S. 29), Mutation (II, S. 442ff.) und Determination der Eiweißsequenz (II, S. 438f.). Da auch die Genloci in den Chromosomen durch den Besitz an DNA ausgezeichnet sind und ähnl. Verhalten zeigen, werden in gleicher Weise bei *Pflanzen* und *Tieren* die Gene als Teilabschnitte auf dem DNA-Doppelstrang aufgefaßt.

Beweise für die DNA-Theorie der Gene seien hier noch einmal zusammengestellt:

- Während erst Eiweiße als Träger der Vererbung galten, konnte AVARY 1944 bei der **Transformation** mit gereinigten und chem. analysierten Bakterienextrakten DNA als wirksame Substanz ermitteln. Die übertragene DNA erlangt im Wirtsorganismus die Fähigkeit zur ident. Reduplikation und zur Merkmalsauslösung.
- Bei **Bakteriophagen-Infektionen** zeigten HERSHEY und CHASE 1952 durch Markierung des Phagenproteins mit radioakt. Schwefel und der Phagen-DNA mit radioakt. Phosphor, daß nur DNA in die Bakterienzelle injiziert wird. Spätere Versuche mit reiner Phagen-DNA bewiesen deren Steuereigenschaft für die bakterielle Synthese phagenspezif. DNA und Hülleiweiße.
- Die **Konstanz der DNA-Menge** pro Zelle und der halbe Wert davon in Gameten der Diplonten (I, S. 29) entspricht den Erwartungen für die informationstragende Substanz, da hier die Körperzellen diploid, die Gameten aber haploid sind.
- Im Gegensatz zu den ständigen Umsetzungen aller übrigen Zellbestandteile im Fließgleichgewicht bestätigen Isotopenuntersuchungen die **Stabilität der DNA** im Stoffwechsel, die von ihr als materieller Basis der Kontinuität erwartet wird.
- Bei der experiment. **Erzeugung von Mutationen** z. B. durch UV-Strahlung deckt sich das Wirkungsspektrum der einzelnen Wellenlängen weitgehend mit dem UV-Absorptionsspektrum der DNA. Bes. aufschlußreich sind die chemischen, zu Mutationen führenden Veränderungen an der DNA (II, S. 445).

Durch eine Reihe ähnl. Untersuchungen konnte gezeigt werden, daß bei zahlr. pflanzen- und tierpathogenen *Viren*, aber auch bei einigen *Bakteriophagen*-Stämmen, statt der hier fehlenden DNA die RNA deren Funktion wahrnimmt.

Ein-Gen-Ein-Enzym-Hypothese

Die klass. Genetik untersucht die Zuordnung von Phänen (Bau- und Leistungsmerkmalen) zu Erbfaktoren, die sich aus Kreuzungsversuchen ergeben. Zw. den fertigen Merkmalen und den ihnen zugrunde liegenden spezif. DNA-Strukturen der Gene aber vermitteln als Zwischenstufen chem. Vorgänge.

Eine tiefere Einsicht in diese Primärwirkung einzelner Gene und ihr Zusammenwirken in Syntheseketten kann am ehesten dort erhalten werden, wo dem Gen ein **chemisches Phän** entspricht.

- Im menschl. Stoffwechsel wird normalerweise die Aminosäure Phenylalanin zu Tyrosin abgebaut. Bei der **Phenylketonurie** (II, S. 431) ist das Gen, das das dazu nötige Enzym erzeugt, homozygot defekt. Diesem prim. Mangel folgt sek. die Vergiftung des NS mit den abnormen Abbauprodukten, was zu Schwachsinn führt (A).
- Bei **Sichelzellenämie** ist das Eiweiß des Hämoglobins in nur einer Aminosäure (Valin statt Glutaminsäure) durch die geringfügige Änderung eines Gens abgewandelt. Heterozygote Sichler bilden beide Globin-Arten, sind also weniger betroffen durch Anämie (Intermediärer Erbgang).
- Aufschlußreich ist die **Argininsynthese** des haploiden, getrenntgeschl. *Ascomyceten Neurospora crassa*, die in der Leber der *Säuger* völlig analog abläuft (II, S. 301). Durch mutagene Bestrahlung der ungeschl. Konidiosporen stellt man zahlr. Mangelmutanten her und kreuzt sie mit der Wildform. Je eine der so erhaltenen haploiden Ascosporen läßt man auf einem Nährboden aufwachsen, der auch Arginin enthält (Vollmedium). Überträgt man nun von jeder Einsporenkultur etwas Mycel auf einen argininfreien Nährboden (Minimalmedium), so wächst die Hälfte nicht weiter (Mendelspaltung), da bei ihnen die Argininsynthese blockiert ist.
  Setzt man nun den Nährböden einzelne Aminosäuren zu, die als Vorstufen des Arginins in Frage kommen (B), so ergibt sich, daß bei versch. Formen der Arginin-Mangelmutante die Synthesekette an sieben Stellen unterbrochen sein kann, d. h. aber, für die Argininsynthese sind sieben Gene notwendig, deren Enzyme nacheinander in die Entw. des chem. Phäns »Arginin« eingreifen. Das erklärt auch, weshalb bei Kreuzung argininbedürftiger Mangelmutanten unter sich gelegentlich eine angebl. »Rückmutation« zum Wildtyp auftritt: Durch Rekombination in der Meiose zur Ascosporenbildung gelangen die Wildallele zweier an versch. DNA-Abschnitten mutierten Mangelmutanten auf dasselbe Chromosom.

Diese Beobachtungen führten zur Ein-Gen-Ein-Enzym-Hypothese, nach der jedes Gen für die Synthese eines bestimmten Eiweißes, meist eines Enzymeiweißes, verantwortlich ist, über das es seine Wirkung in der Zelle entfalten kann. Damit ist das Gen definiert als Einheit der Funktion.

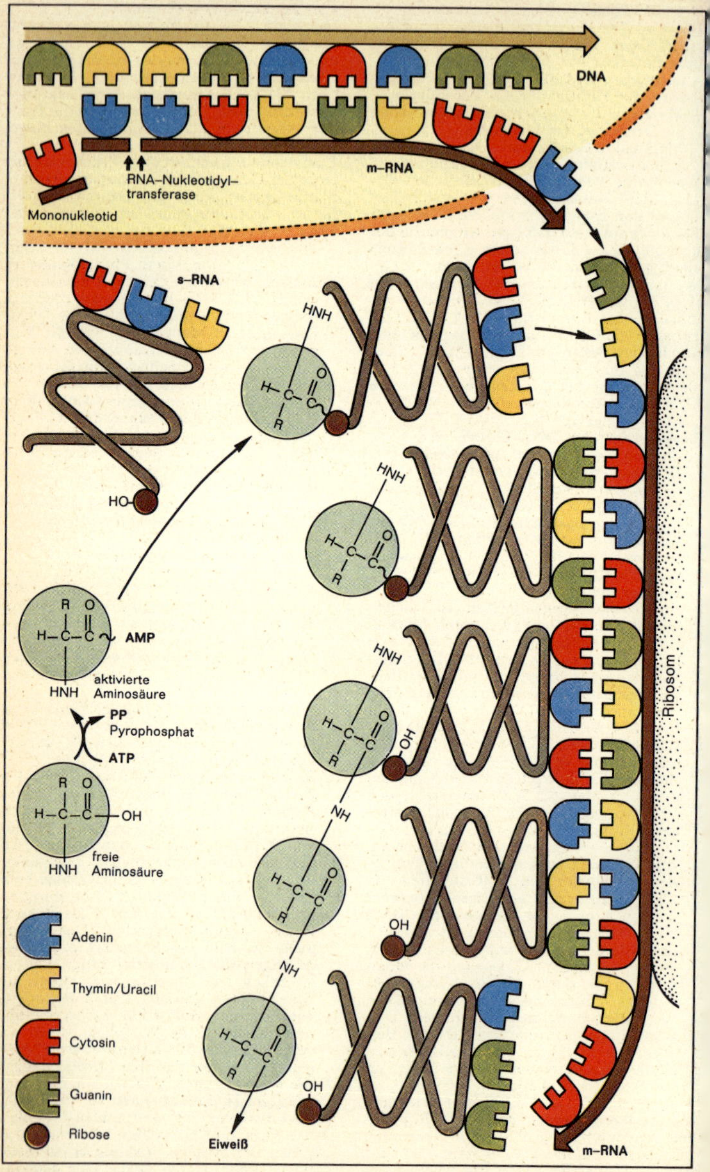

Biosynthese des Eiweißes

Gene kontrollieren die Enzymbildung, spez. deren Aminosäure-Sequenz. Da aber die genet. Information der DNA im Zellkern liegt, die Eiweißsynthese hingegen im Cytoplasma abläuft, stellt sich die Frage nach dem Mechanismus, durch den die Spezifität der DNA (Nukleotid-Sequenz) in die des Eiweißes (Aminosäure-Sequenz) umgewandelt wird. – Zu diesem grundlegenden biol. Problem sind in jüngster Zeit Vorstellungen, vorwiegend aufgrund von Untersuchungen an einfachen Organismen, entwickelt worden, die noch weitgehend Modellcharakter haben.

Die Biosynthese des Eiweißes

Da die DNA den Zellkern nicht verläßt, wird zunächst ihre Information in die »Arbeitskopie« der Matrizen-RNA (m-RNA, I, S. 29) übertragen, indem diese aus Nukleotid-Bausteinen und mit Hilfe des Enzyms RNA-Nukleotidyltransferase an der DNA und komplementär zu ihrer Nukleotid-Sequenz synthetisiert wird (A). Die hybriden, d. h. gemischten DNA-RNA-Doppelstränge sind experiment. kurzfristig nachzuweisen, bis sich die m-RNA von der DNA-Vorlage ablöst, durch die Poren der Kernmembran in das Cytoplasma einwandert und sich oberflächl. den Ribosomen anlagert. Dadurch werden die Ribosomen aktiviert (B).
Andererseits werden auch die zu verknüpfenden Aminosäuren aktiviert: Ihre Säuregruppe verbindet sich mit ATP unter Abgabe von Pyrophosphat (PP) zu dem energiereichen Aminosäure-Phosphorsäure-anhydrid (Aminoacyl-AMP, C) und nach Freigabe auch des Adenosin-monophosphat-Restes (AMP), mit der Ribose eines Adenosinrestes, der die Endgruppe einer s-RNA (Transfer-RNA, I, S. 29) bildet. Der Energiegehalt dieses Esters genügt, um die Peptidbindung zu ermöglichen.
Die Nukleotidkette der s-RNA umfaßt nur 70–80 Glieder. Während an einem Ende im allg. Guanin steht, befindet sich am anderen, Aminosäure-tragenden Ende die Folge –Cytosin–Cytosin–Adenin. Dazwischen liegen 2 Bezirke best. Nukleotid-Sequenz:

- Die **Aminosäure-Erkennungsregion** ermöglicht es der s-RNA, sich nur mit einer best. Aminosäure zu verbinden.
- Die **Matrizen-Erkennungsregion** paßt nur zu bestimmten Nukleotid-Sequenzen der m-RNA als komplementäres Symbol.

Die mit ihrer Aminosäure beladenen s-RNA gelangen zur m-RNA-Matrize und ordnen sich hier in der durch die Information der m-RNA vorgeschriebenen Reihenfolge. Unter Energieverbrauch und Mitwirkung von Enzymen erfolgt die Peptidbindung zw. den sich von ihren s-RNA-Molekülen trennenden Aminosäuren zu dem spezif. Eiweiß.
Die m-RNA-Stränge laufen gleichzeitig durch mehrere Ribosomen, die sie zu Polysomen verbinden, sind aber nur kurze Zeit aktiv (*Bacillus subtilis* 2 Min.). In dieser Zeit werden nur 10 bis 20 Eiweißmoleküle an einem m-RNA produziert. Die Eiweißsynthese bleibt also ständig unter der Kontrolle der m-RNA nachbildenden DNA.

Der genetische Code

Wenn die Nukleotid-Sequenz der Nukleinsäuren die Aminosäure-Sequenz der Eiweiße determinieren soll, stellt sich ähnlich wie bei der Übertragung der drei Zeichen der Morseschrift (Punkt, Strich, Pause) in die 26 Buchstaben des Alphabets das Problem des Verschlüsselungsgesetzes, des Code:
Für die etwa 20 biogenen Aminosäuren stehen 4 Nukleotide zur Verfügung. Da Kombinationen von nur je 2 Nukleotiden 16 Möglichkeiten ergeben, kann eine eindeutige Determinierung der 20 Aminosäuren erst durch »**Tripletts**«, also Gruppen von je 3 Nukleotiden, erreicht werden: Jeweils 3 Nukleotide bilden zusammen eine Codierungseinheit für eine Aminosäure.
Da es relativ wenige Unsinn-Tripletts gibt, die keine Aminosäure bedingen, sondern die Information abbrechen, müssen bei den 64 Kombinationsmöglichkeiten von je 3 Nukleotiden mehrere für dieselbe Aminosäure stehen **(degenerierter Code).** Ein gegenseitiges Überlappen der Tripletts scheint nicht vorzukommen. Der Code wird vielmehr von dem einen Ende her in Tripletts kontinuierlich und lückenlos abgelesen, der Ausfall eines einzigen Nukleotids würde die Information der ganzen folgenden Sequenz verändern.
NIRENBERG und KHORANA konnten die Tripletts der m-RNA beim *Coliphagen T 4* und *Tabakmosaikvirus* vollständig übersetzen (Adenin = A, Guanin = G, Cytosin = C, Uracil = U); sie lauten z. B.:

Phenylalanin:	UUU, UUC
Valin:	GUU, GUC, GUA, GUG
Serin:	UCU, UCC, UCA, UCG
Leucin:	UUA, UUG

Die Universalität des genet. Code

betrifft die Frage, ob in allen Lebewesen die gleiche Zuordnung zwischen Tripletts und den Aminosäuren gilt. Universalität liegt dann vor, wenn nicht ein bestimmtes Triplett in versch. Organismen zu versch. Aminosäuren führt. Das kann aber nie vollständig überprüft werden, doch sprechen einige Versuche für sich:

- In einer Flüssigkeit aus zerstörten *Kaninchen*-Reticulumzellen wird aus Aminosäure-beladenen s-RNA-Molekülen des *Bakteriums Escherichia coli* ein Eiweiß synthetisiert, das dem normalen *Kaninchen*-Hämoglobin entspricht.
- DNA aus *Vakzine-Viren*, die sich normalerweise in Zellen *höh. Tiere* vermehren, wurde Zellen von *Bacillus subtilis* eingefügt, die den Code verstanden und infektiöse *Vakzine-Viren* bildeten.

Hemmstoffe der Eiweiß-Biosynthese

wirken auf versch. Teilprozesse ein. Ein Antibioticum aus *Actinomyceten*, das **Actinomycin**, hemmt die Bildung der m-RNA durch Blockierung des Guanins in der DNA. Dagegen blockieren z. B. **Streptomycin, Chloromycetin, Puromycin** die Proteinsynthese an den Ribosomen; Puromycin hemmt, indem es wie ein falsches Endstück einer s-RNA methyliertes Tyrosin irreversibel bindet.

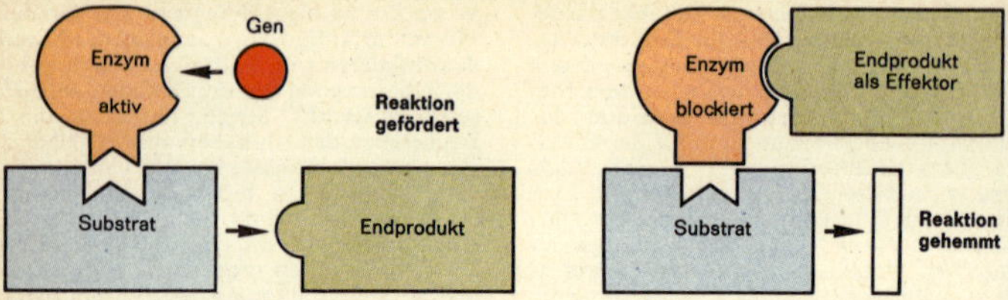

A **Regelung der Enzym-Aktivität durch allosterischen Effekt**

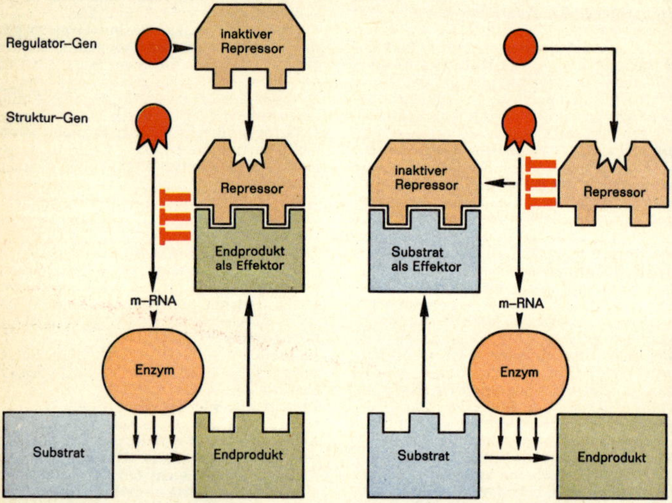

B **Regelung der Enzym-Produktion**
Endprodukt aktiviert Repressor

C **Regelung der Enzym-Produktion**
Substrat inaktiviert Repressor

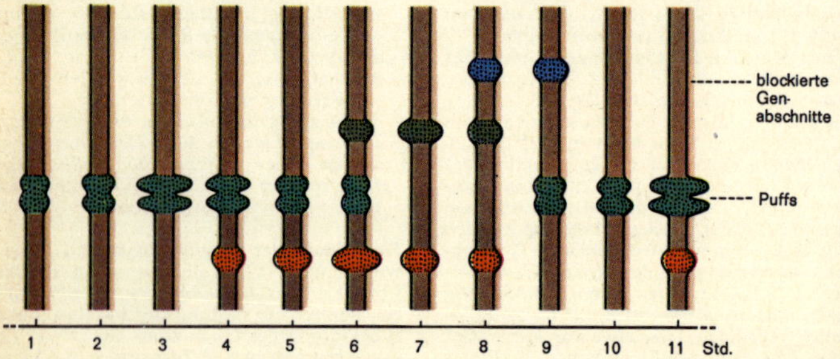

D **Aufeinanderfolge der Puffs in einem Chromosomenabschnitt** (schematisch)

Regulation der Enzyme

Die Regelung der Gen-Aktivität
Die vorstehend beschriebene Hypothese der prim. Gen-Wirkung erklärt zwar die Bildung spezif. Eiweiße, jedoch nicht, warum viele von ihnen nur zu bestimmter Zeit und nur in best. Zellen eines Organismus produziert werden. Eine Modellvorstellung zur Frage der **Regulation der Gen-Aktivität** hat sich aus dem Studium der Enzym-Induktion bei Mikroorganismen ergeben (MONOD, JACOB), bei der entweder die Aktivität vorhandener oder die Produktion neuer Enzyme geregelt wird.

Die Regelung der Enzym-Aktivität
ist eine rasch wirksame Feinkontrolle des Stoffwechsels, bei der das Enzym, das die Umwandlung eines Substrates zum Endprodukt katalysiert, vom Endprodukt selbst behindert wird (negative Rückkoppelung). Das Enzymmolekül verbindet sich nicht an der Substrat-empfangenden Seite mit dem blockierenden »Effektor«, sondern die Konfiguration dieser Region wird bereits durch die Anlagerung an einer anderen Stelle verändert **(allosterischer Effekt).** Die Koppelung zw. Effektor und Enzym ist nur kurzzeitig. Aber bei hoher Konzentration des Endprodukts übernehmen ständig neue Moleküle die blockierende Rolle (A).

Die Regelung der Enzym-Produktion
erfolgt über Steigerungen oder Drosselungen der Eiweißsynthese und führt infolge der naturgemäß zeitl. verzögerten Wirkung zu einer langsamen, aber sparsamen Grobkontrolle. Außer den **Strukturgenen,** die die Synthese von Eiweißen mit cytoplasmat. Funktionsbereich einleiten, treten noch **Regulationsgene** auf, deren Aufgabe in der Regelung der Eiweißproduktion durch Steuerung der Strukturgene liegt. Sie veranlassen die Bildung von **Repressor-Molekülen,** d. h. sehr spezif. Eiweißen (Histonen?), die die Strukturgene blockieren und somit den Aufbau der m-RNA verhindern.
Der Repressor eines Gens wiederum reagiert mit einem spezif. **Effektor** unter Änderung seines Aktivitätszustands. Dabei werden zwei Gruppen von Repressoren- und Effektoren-Typen unterschieden:
- Der **Auxorepressor** kann erst sein Gen blockieren, wenn er durch Verbindung mit dem Effektor dazu aktiviert ist. Der Effektor, oft das Endprodukt, bewirkt in negativer Rückkoppelung Hemmung der Eiweißproduktion (Repression, B).
- Der **Protorepressor** blockiert aus eigener Kraft sein Gen, wird aber durch den spezif. Effektor inaktiviert. Der Effektor tritt also als Induktor auf, der die Blockade des Strukturgens und der m-RNA-Bildung aufhebt und damit die spezif. Eiweißsynthese in Gang setzt (Induktion, C).

Enzym-induzierende Effektoren sind entweder Substrat- und Substrat-ähnliche Moleküle (z. B. Lactose für das Lactose-spaltende Enzym β-Galactosidase) oder Hormone (z. B. Cortison für versch. Enzyme des Kohlenhydratstoffwechsels). Wahrscheinl. ist die prim. Wirkung aller Hormone in ihrer Reaktion mit Repressoren zu sehen.

Gestaltänderungen bei Chromosomen (D)
Erstaunlicherweise läßt sich das raumzeitl. Aktivitätsmuster der Gene unter bestimmten Umständen auch direkt optisch beobachten. In den Zellkernen bestimmter Gewebe hoher Eiweißsynthese (z. B. Drüsen) haben sich bei *Zweiflüglern* die Längselemente der Chromosomen vertausendfacht, so daß auf diesen polytänen (= vielsträngigen) **Riesenchromosomen** die Quergliederung in Gene als Scheibenstruktur sichtbar wird. Gelegentlich löst sich in einer Querscheibe die feste Struktur des vielsträngigen Kabels auf und stülpt viele einzelne Schleifen nach außen. Es bildet sich für gewisse Zeit ein Wulst (englisch: »puff«) um das Chromosom herum.
Beobachtungen legen nahe, daß diese **Strukturmuster der Chromosomen** einem Aktivitätsmuster ihrer Gene entsprechen:
- Bei bestimmten Stoffwechselleistungen einer Zelle treten jeweils die gleichen Puffs auf.
- Isotopenmarkierungs- und Färbungsversuche beweisen, daß die m-RNA-Synthese auf die Puffs beschränkt und um so stärker ist, je größer diese Funktionsstrukturen sind.
- Die m-RNA versch. Puffs weist unterschiedliche Nukleotid-Zusammensetzung auf, wie man es von Produkten versch. Gene auch erwarten sollte.

Das Steuerungsspiel der Gen-Aktivität und die **Genom-Hormon-Beziehungen** werden bes. am Ablauf der *Insekten*-Metamorphose deutl.:
- Durch Injektion von Ecdyson (II, S. 331) kann nicht nur die Verpuppung junger *Insekten*-Larven, sondern auch ein ganz bestimmtes Muster von Puffs in ihren Chromosomen induziert werden.
- Ecdyson-induzierte m-RNA aus Epidermiszellen der *Schmeißfliegen*-Made zwingt die Ribosomen eines andersartigen Zellsystems zur Produktion von Enzym, das normalerweise Epidermiszellen erhärtet.

Auch unter Normalbedingungen wird die experiment. erzeugte Chromosomenveränderung beobachtet:
Etwa 4 Std. vor Verpuppungsbeginn wird das Ecdyson ausgeschüttet und eine höchst aktive Phase der Puff- und RNA-Bildung eingeleitet. Die erste Reaktion ist in allen Zellen einheitlich, nicht gewebespezifisch auf die Epidermis beschränkt. Aber vermutlich aktiviert das Ecdyson (durch direkte Inaktivierung von Repressoren?) nur diese bestimmten Startergene. In spez. Geweben vermögen dann die von ihnen produzierten Stoffe nachgeschaltete Gene in Aktion zu setzen.
Ähnl. Aktivitätsmuster treten sicher auch bei anderen Entw.-Vorgängen auf, nur ist die Beobachtung bei normalen Chromosomen nicht so leicht.
In diesen Untersuchungen der chromosomalen Funktionsstrukturen beginnt die Molekulargenetik, den genet.-entwicklungsphysiolog. Primärprozeß molekular, d. h. auf der Ebene physikal.-chem. Sicht zu erklären.

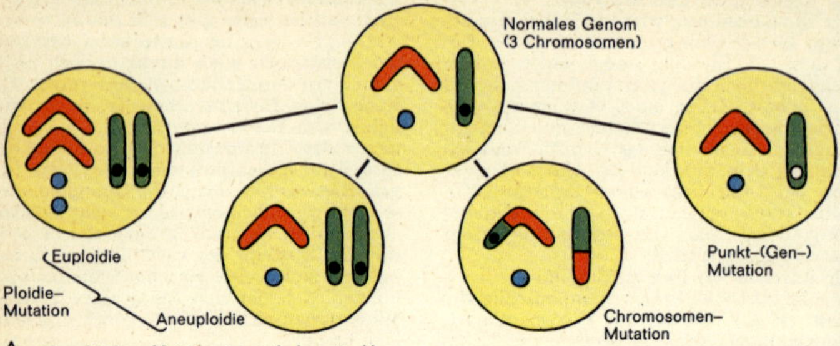

A **Verschiedene Mutationstypen** (schematisch)

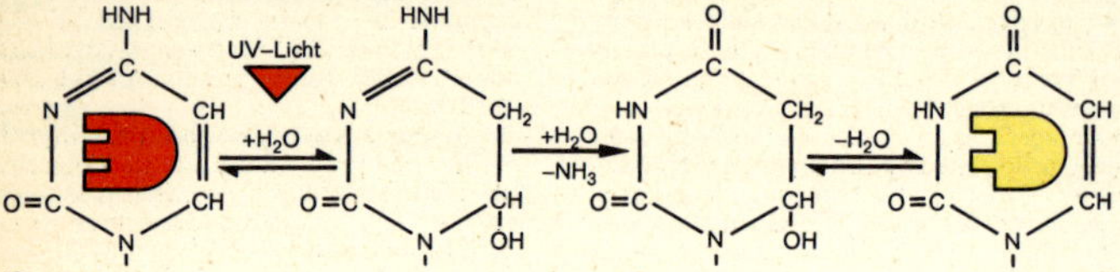

B **Umwandlung von Cytosin in Uracil durch ultraviolette Strahlung**

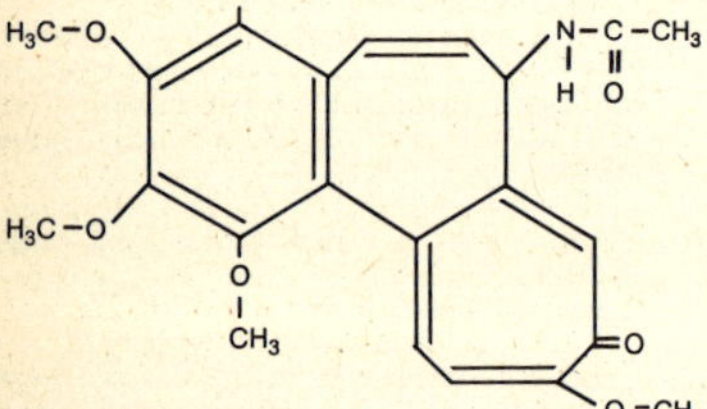

C **Strukturformel des Colchicins**

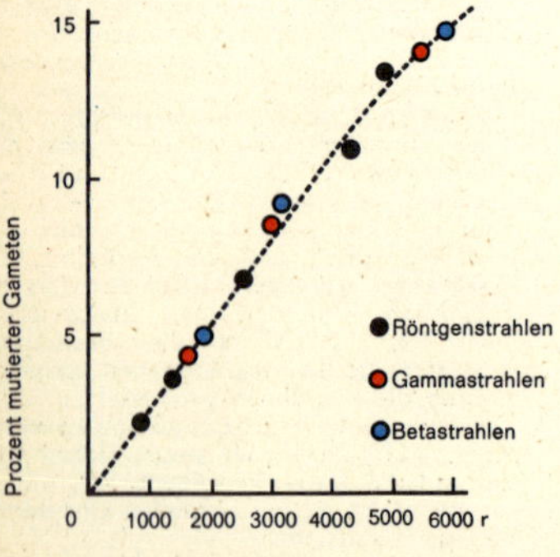

D **Mutation durch ionisierende Strahlen**
X-Chromosom von Drosophila

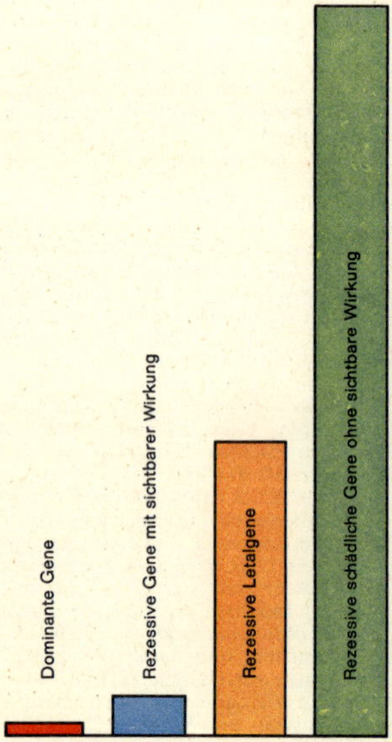

E **Mutierte Gene**
Röntgenbestrahlung von Drosophila

Mutationstypen und -ursachen

Sorgfältige Beobachtungen an völlig erbreinen Linien haben ergeben, daß bei einzelnen Individuen sprunghafte kleine Veränderungen auftreten, die sich von sonstigen umweltbedingten Variationen dadurch unterscheiden, daß sie weitervererbt werden. Die Konstanz des Erbgutes wird, wie erstmals DE VRIES 1901 aufgrund seiner Untersuchungen an *Nachtkerzen* vermutete, durch gelegentl. Mutationen durchbrochen.

Das Vorkommen von Mutationen
erstreckt sich auf alle Organismen und auf alle Zellen, bei *Vielzellern* also sowohl auf die Körperzellen (Soma) als auch auf die Keimbahn, d. h. die direkte Zellfolge zw. den das betr. Individuum begründenden und den es fortpflanzenden Gameten:

- **Somatische Mutationen** können während der Embryonalzeit zur Anlage individueller **mosaikartiger Gewebeänderungen** führen, deren Umfang vom Zeitpunkt der Mutation abhängt. In Anpassung an vermehrte Leistungsforderung vermehren sich in manchen Geweben ganze Chromosomensätze spontan, z. B. beim erwachsenen *Menschen* in der Leber auf 8n (Polyploidie, II, S. 447). Schließlich wird auch für das **physiolog. Altern** eine additive Häufung somat. Mutationen verantwortlich gemacht, durch die der Stoffwechsel der genet. veränderten Zellen qualitativ und quantitativ unausgeglichen wird.
- **Generative Mutationen** verändern das Erbgut innerhalb der Keimbahn und können deshalb frühestens in der Zygotengeneration phänotyp. erfaßt werden. Diese Mutanten, bei denen die Erbänderung alle Zellen betrifft, sind im allg. gemeint, wenn man von Folgen einer nicht näher bezeichneten »Mutation« spricht.

Die Einteilung des Mutationsgeschehens (A) ergibt sich daraus, daß Veränderungen entweder auf der Ebene des Zellkerns als Ganzem auftreten, nämlich indem sich die typ. Chromosomenzahl des Kerns wandelt (**Ploidie-Mutation,** II, S. 447), oder daß auf der Ebene des einzelnen Chromosoms grobe, mikroskop. sichtbare **Chromosomen-Mutationen** (II, S. 445) bzw. kleine, nur im genet. Verhalten feststellbare **Punkt-Mutationen** (II, S. 445) stattfinden.

Die Häufigkeit von Mutationen
ist zahlenmäßig schwer anzugeben, da kleine Veränderungen oft nicht erkannt werden. Die **Mutationsrate,** d. h. der Anteil der in einem Generationszyklus im haploiden Genom neu mutierten Gameten (bzw. bei ungeschl. Fortpflanzung von *Einzellern* der Teil, der bei jeder Verdoppelung mutierten Individuen), wird bei der *Fruchtfliege* auf insgesamt 5% geschätzt; bei 20 Gameten ist also einer irgendwie mutiert. Beim *Menschen* errechnete man auf 1 Mill. Gameten je 28 für Albinismus, 30 für Mikrokephalie, 32 für Bluterkrankheit, 42–70 für achondroplast. Zwergwuchs als Neumutation (NEEL und SCHULL, 1954). Die Mutation eines einzelnen Gens ist selten, aber durch die große Zahl der Gene im Genom addiert sich die Gesamtmutation auf beträchtl. Werte: Nach MULLER sind beim *Menschen* in jeder Generation 10–40% der Geschlechtszellen Träger einer neu aufgetretenen Mutation. Wie stark dabei die Mutationsrate von der Länge der Zeit abhängt, während der die Keimbahn mutagenen Einflüssen ausgesetzt ist, belegt das Ansteigen der Häufigkeit mongoloider Kinder mit dem Alter der Mutter: unter 25 Jahren sehr selten, über 40 bzw. 45 Jahre mehr als 1 bzw. 2,5% der Geburten.

Die Beeinflussung der Mutationsrate
gelingt mit versch. Umweltreizen: Auch unter natürl. Bedingungen vermag eine **Temperaturerhöhung** um 10° C die Rate zu verdoppeln. **Chem. Substanzen,** auch natürl. Bestandteile der Nahrung, wirken häufig in unterschiedl. Stärke mutagen. Bes. gut untersucht ist hier die Wirkung der salpetrigen Säure (II, S. 445), aber auch des Colchicins (C). **Ultraviolettes Licht** (B) wirkt am stärksten bei einer Wellenlänge um 260 nm, kann aber bei vielzelligen Organismen nur die äußere Zellschicht durchstrahlen. Im Gegensatz dazu erweisen sich die **ionisierenden Strahlungen** als Folgen der kosmischen Höhenstrahlung und der natürl. oder künstl. Radioaktivität als z. T. sehr durchdringend. Hier interessieren nicht die individuellen physiolog. Strahlenschädigungen, die bis zum Tod des Individuums führen können, sondern die linear mit der Strahlendosis wachsende und sich unmerklich im Erbgut der Bevölkerung anhäufende Menge mutierter Gene (D, E), die erst in späteren Generationen manifest werden. Die Frage nach einer genet. **Toleranzgrenze der mutagenen Strahlung** bedeutet zunächst nur, »ob wir eine Verdoppelung, Verzehnfachung oder Verhundertfachung der heute durch Spontanmutationen bedingten Fehlgeburten, Mißbildungen und Erbkrankheiten für ›tragbar‹ halten« (BRESCH).

Die Wirkung von Mutationen
ist in den überwiegenden Fällen mit einer Schädigung der homozygoten, aber auch der heterozygoten Träger verbunden, da dadurch eine **genet. Balance** gestört wird, die der Wildtyp durch die seit Generationen wirkende Selektion des in der herrschenden Umwelt Optimalen erreicht hatte. Bei der *Fruchtfliege* z. B. sind nach hoher radioaktiver Bestrahlung der Männchen deren Gameten zu 20% auf dem X-Chromosom mit einem Letal-Gen behaftet (verursacht homozygot vorgeburtl. Tod). – Auffälligerweise verhalten sich die meisten schädigenden Gene rezessiv. Vermutlich ist das auf eine **»Evolution der Dominanz«** zurückzuführen: Der Unterschied zw. Dominanz und Rezessivität bei Allelen geht auf die Wirkung anderer Gene zurück, die innerhalb des Genkomplexes als Abänderungsgene das mutierte Gen oder sein Wildallel verstärken bzw. abschwächen. Durch Selektion setzt sich im Verlauf weniger Generationen der Genkomplex in der Population durch, der die schädl. Mutation schrittweise rezessiv macht.

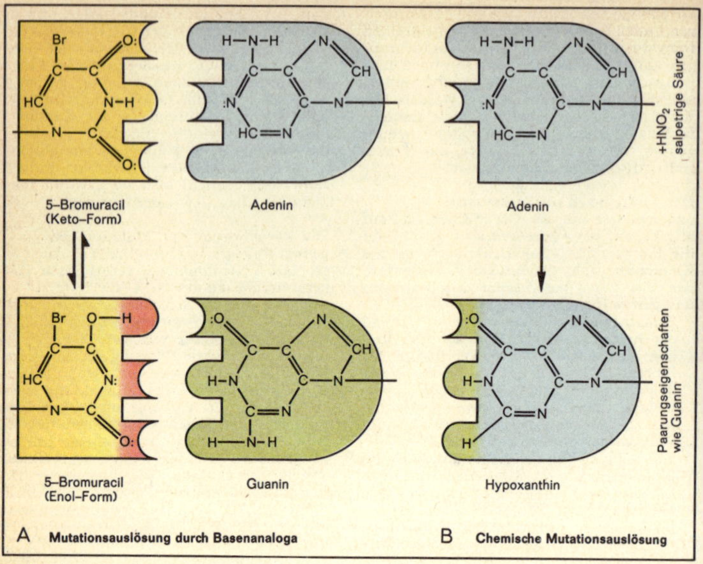

Molekulare Ursachen der Punkt-Mutation

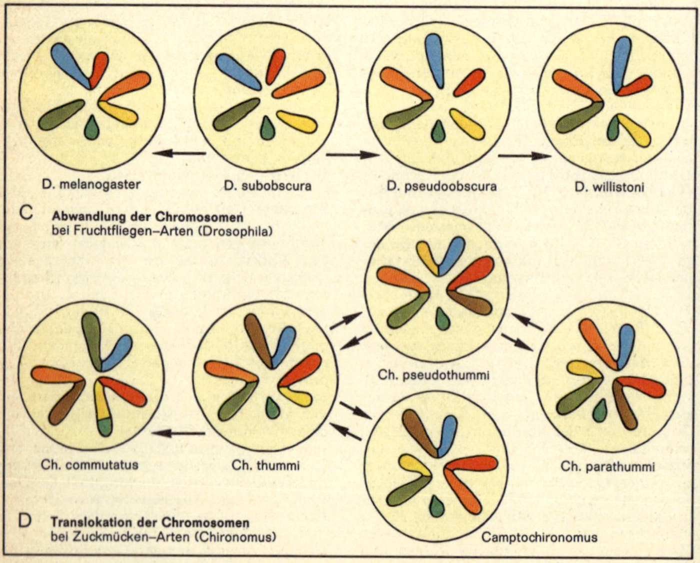

Chromosomen-Mutation

Punkt-Mutationen

Einzelne Gene können mutieren, indem »spontan« oder unter dem Einfluß äußerer Faktoren Veränderungen in der DNA eines Gens auftreten. Da die genet. Information eines Gens in der funkt. zusammengehörigen Sequenz von schätzungsweise 2000 Nukleotiden niedergelegt ist, können Mutationen, d. h. Änderungen dieser Sequenz, darin bestehen, daß ein oder wenige Nukleotide irgendwo im DNA-Strang herausgenommen, eingefügt oder durch andere ersetzt werden.

Erstreckt sich dieser Prozeß auf einen größeren Abschnitt, d. h. spielen sich in den Dimensionen des DNA-Moleküls ähnl. Vorgänge ab wie bei der Chromosomenmutation, so spricht man von Blockmutationen.

Bei dem **molekularen Austausch** einer einzigen Nukleotid-Base gegen eine andere sind zwei Mechanismen zu unterscheiden:

1. Einbau instabiler Basen-Analoga (A): Bietet man Mikroorganismen im Nährboden Stoffe an, die in der chem. Konfiguration den natürl. Nukleotid-Basen sehr ähnlich sind, so können diese Basen-Analoga im Reduplikationsprozeß anstelle der richtigen Basen eingebaut werden und schließlich zu Mutationen führen. Während nämlich die normalen vier Basen in ihrem chem. Aufbau sehr stabil sind, unterliegen die Basen-Analoga gerade in der Kontaktstelle für den komplementären Partner (I, S. 29) einer innermolekularen Umwandlung, indem die Keto-Gruppe mit der benachbarten Amino-Gruppe in Wechselbeziehung tritt (Keto-Enol-Tautomerie):

Das 5-Brom-Uracil, das leicht an die Stelle des Thymins tritt und sich ebenfalls mit Adenin paart, geht kurzzeitig aus seiner normalen Keto-Form in die Enol-Form über, in der es sich dann nur mit Guanin paart. Trifft der Enol-Zustand gerade in die Phase der DNA-Verdoppelung, so baut der komplementäre Strang Guanin statt Adenin ein (Replikationsfehler), und dieses Guanin sucht sich in der folgenden Verdoppelung ein Cytosin. Insgesamt ist also ein A-T-Paar in ein G-C-Paar übergegangen (Mutation).

2. Chemische Veränderung normaler Basen (B): Manche Chemikalien wirken auch auf nichtreplizierende DNA. Während die Acridine (z. B. Proflavin) einzelne Nukleotide ganz aus der DNA auslassen oder zusätzl. einbauen und dadurch die ganze folgende Sequenz durch Triplett-Verschiebung ändern, greifen andere Mutagene, z. B. Hydroxylamin und salpetrige Säure einzelne Nukleotide verändernd an (»Nitrit-Mutanten«):

Durch Nitrit-Behandlung werden Adenin, Guanin und Cytosin unter »Desaminierung«, d. h. Ersatz der Amino-Gruppe durch eine HO-Gruppe, in Hypoxanthin, Xanthin und Uracil überführt, die sich bei der Basenpaarung aber anders verhalten: Hypoxanthin wie Guanin, Uracil wie Thymin (Xanthin paart nicht und führt zu Letal-Mutationen).

Chromosomen-Mutationen

Durch Einwirkung energiereicher Strahlen oder chem. Stoffe (z. B. Senfgas) können in den Chromosomen Wandlungen der normalen linearen Anordnung der Gene verursacht werden. Diese Änderungen der Chromosomen-Architektur gehen auf ein Zerbrechen und unnormales Zusammenfügen der Chromosomenteile zurück (C).

Am häufigsten ist ein **Bruchstück-Verlust** (Deletion), bei dem das abgebrochene Ende oder ein herausgelöstes Mittelstück mangels Spindelansatzes nicht in die Tochterzelle gelangt und verlorengeht, was bei kleineren Verlusten nur in homozygoten Zellen, bei größeren aber auch schon in heterozygoten tödlich wirkt.

Wenn zwischen homologen Chromosomen an nicht homologen Stellen ein Crossing over eintritt, dann ist die Deletion mit einer **Verdoppelung** (Duplikation) des betreffenden Abschnitts auf dem anderen Chromosom verbunden.

Heftet sich ein Bruchstück ohne Genverlust an ein nicht-homologes Chromosom, oder tauschen zwei nicht-homologe Chromosomen wechselseitig ein Stück aus, so spricht man von einer **Translokation.**

Schließlich kann durch Schlingenbildung auch die vollständige **Drehung** (Inversion) eines Chromosomenstücks zustande kommen, so daß dieser Abschnitt in seinem Chromosom in umgekehrter Genreihenfolge vorliegt.

Die besondere Bedeutung dieser Chromosomenveränderungen beruht darauf, daß in Mutations-Heterozygoten während der Reifeteilung die Paarung der unvollständig-homologen Chromosomen nicht so eng ist und die unterschiedlichen Abschnitte kein Crossing over zeigen, d. h. die Merkmale auf ihnen dauernd gekoppelt bleiben. Aus Nachkommen mit gleichartigen Chromosomenabänderungen können auch reinerbige **Chromosomenmutations-Rassen** entstehen, bei denen die Gesamtzahl der Gene wie bei der Ursprungsrasse ist, die Anordnung und Verteilung auf die einzelnen Chromosomen sich jedoch unterscheidet. Das bedingt nicht nur neue Koppelungsgruppen, sondern wirkt sich auch besonders auf die Merkmalsausbildung aus, da die Genaktivität von der Nachbarschaft eines Locus beeinflußt wird (Positionseffekt).

Vergleichend-cytologische Untersuchungen des chromosomalen Paarungsverhaltens in den Reifeteilungen von Bastarden offenbaren, wie stark sich die homologen Chromosomen verschiedener Rassen besonders durch Transduktion und Inversion auseinanderentwickelt haben (D):

Bei den *Zuckmücken* scheint die Art *Chironomus thummi* der hypothet. Ausgangsart nahe zu stehen, denn aus ihr lassen sich andere untersuchte Arten durch relativ einfache Chromosomen-Mutationen ableiten. In einigen Fällen konnten sogar in Freilandpopulationen alle Phasen der innerartl. Umstrukturierung der Chromosomen beobachtet werden.

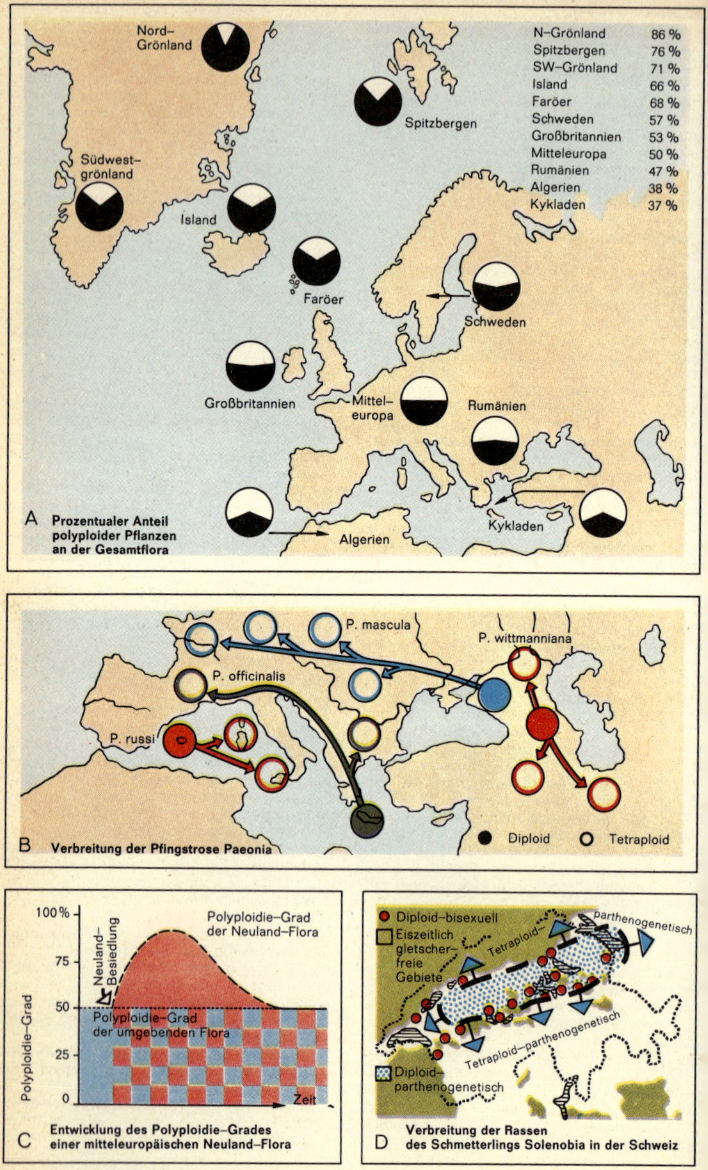

A **Prozentualer Anteil polyploider Pflanzen an der Gesamtflora**

B **Verbreitung der Pfingstrose Paeonia**

C **Entwicklung des Polyploidie-Grades einer mitteleuropäischen Neuland-Flora**

D **Verbreitung der Rassen des Schmetterlings Solenobia in der Schweiz**

Verteilung polyploider Organismen

Ploidie-Mutationen
Hemmung des normalen mitot. oder meiot. Kernteilungsverlaufs durch Temperaturschocks oder Spindelgifte (Colchicin, Hexachlorcyclohexan) führt zu einer zahlenmäßigen Abwandlung des Chromosomenbestands ohne Änderung der Architektur oder des Gengehaltes der einzelnen Chromosomen.
1. Aneuploidie: Wenn nur einzelne Chromosomen überzählig sind oder fehlen, weil sich in der Reifungsteilung ein homologes Chromosomenpaar nicht getrennt hat (Nondisjunction), spricht man von Aneuploidie.
Der **Verlust eines Chromosoms** ist meistens letal. Aber auch ein einfach (**Trisomie,** 2n + 1) oder zweifach überzähliges Chromosom (**Tetrasomie,** 2n + 2) wirkt sich phänotyp. meist störend aus, da das Gleichgewicht der Genwirkungen geändert ist.
Beim *Menschen* ist außer bei den Geschlechtschromosomen auch für einige Autosomen Trisomie erwiesen: Ist das Chromosom 21 betroffen, dann ist dadurch eine der häufigsten Schwachsinnsformen verursacht, die mongoloide Idiotie.
Bei *Pflanzen*, z. B. beim *Stechapfel*, *Mais*, *Tabak*, wurden sämtliche möglichen Trisomentypen gefunden. Sie unterscheiden sich je nach verdreifachtem Chromosom sehr spezif. voneinander in Vitalität, Frucht- und Blattformen.
2. Euploidie: Eine Zelle oder ein Individuum bezeichnet man als »euploid«, wenn alle Chromosomen in der gleichen Anzahl auftreten, »polyploid«, wenn in der Diplophase mehr als 2 Chromosomensätze pro Zellkern vorliegen: 3n = triploid, 4n = tetraploid, 6n = hexaploid.
Während bei ungradzahligen »anorthopolyploiden« Organismen die Aufteilung der Chromosomen nur äußerst selten zu normalen Gameten führt, Triploide z. B. daher fast völlig steril sind, kann bei gradzahligen Vielfachen des Ausgangsgenoms eine solche »orthopolyploide« Rasse normal fruchtbar sein.
Allgemein führt die erhöhte Genomzahl zur quantitat. Steigerung der Zellkerne, der Zellen (Kern-Plasma-Relation I, S. 19), der Organe und des ganzen Organismus. Gleichzeitig treten physiolog. Veränderungen auf (»Gigas-Rassen«, II, S. 451).
Hinsichtlich der Genomausstattung und der Bedeutung für die Bildung neuer Rassen und Arten werden zwei **Typen der Polyploidie** unterschieden:
- **Autopolyploidie** entsteht durch Vervielfältigung des Chromosomensatzes einer reinen Art oder eines fruchtbaren Bastards.
- **Allopolyploidie** geht auf die Verdoppelung des diploiden Genoms versch. Art- oder Gattungszugehörigkeit zurück. Während der diploide Bastard meist steril ist, bilden die »Additionsbastarde« diploide gemischterbige Gameten.

Unter *Pflanzen*, mit Ausnahme der *Pilze*, ist die Vervielfachung des Chromosomensatzes weit verbreitet, denn mehr als ein Drittel aller, bes. mehrjähriger *Pflanzen* ist polyploid. Die Gattung *Ehrenpreis (Veronica)* umfaßt z. B. di-, tetra-, hexa- und oktoploide Vertreter.
Die Zuordnung zu einem bestimmten Polyploidietyp fällt bei natürl. vorkommenden Arten nicht leicht. Während Autopolyploidie für die *Krähenbeere (Empetrum nigrum)*, für *Vaccinium uliginosum* oder *Galium molluga* vermutet wird, liegt bei dem aus den diploiden Arten *Galeopsis pubescens* und *G. speciosa* natürl. entstandenen und von MÜNTZING nachgezüchteten *Hohlzahn (G. tetrahit)* eindeutig Allopolyploidie vor.
Bei *Tieren*, bes. solchen mit dicytogener geschlechtl. Fortpflanzung, ist Polyploidie sehr selten. Balancestörungen im Mechanismus der genotyp. Geschlechtsbestimmung mögen sie auf zwittrige und parthenogenet. Formen beschränkt haben, denn
- die zwittrige *Planarie Dendrocoelum infernale* ist autotetraploid zu *D. lacteum*,
- tetraploide Arten des *Salinenkrebses (Artemia salina)* und des *Kleinschmetterlings Solenobia triquetella* (D), eine triploide Form der *Landassel Trichoniscus* vermehren sich parthenogenetisch (I, S. 135).

Selbst wenn auf die Kombinationsmöglichkeit der dicytogenen geschlechtl. Fortpflanzung verzichtet wird, weisen Polyploide eine höh. Anpassungsfähigkeit an neue Umweltbedingungen auf als die diploiden Ausgangsformen, weil sie eine größere Anzahl Allele und diese in mannigfacherer Zusammenstellung enthalten.
In Übereinstimmung damit steht die **geograph. Verbreitung** polyploider Organismen, bes. von *Samenpflanzen*. Es gilt die Regel: je jünger die Flora, desto größer der Anteil der Polyploiden an der *Angiospermenflora* eines bestimmten Areals:
- Der nacheiszeitl. Wiederbesiedlung Europas entspricht das Ansteigen des Polyploidenanteils von 37% (Kykladen) auf 86% (Nordgrönland): Polyploidiegrad = Breitengrad (A).
- In Pflanzengemeinschaften der Müll- und Trümmerplätze, neubesiedelter Inseln und der Spülsäume des Meeres ist der Polyploidiegrad höher als der angrenzender Areale (B, C).

Die **geograph. Isolierung** polyploider Formen durch die große Kolonisierungspotenz wird noch durch die **Fortpflanzungs-Isolation** verstärkt: Allopolyploide sind nur noch unter sich und bei gleichartigem Hybridisierungszustand fruchtbar, Autopolyploide sind in der – normalerweise anorthopolyploiden – Rückkreuzungsgeneration meistens steril. Polyploide Rassen oder Arten stabilisieren sich also selbst leicht und tragen so zur Evolution bei. Da experiment. erzeugte Ploidie-Mutationen genauso wie Gen- und Chromosomen-Mutationen ebensolche Unterschiede verursachen wie sie zw. natürlichen Rassen und Arten beobachtet werden, ist die Annahme berechtigt, daß Mutationen auch an der natürl. Umwandlung der Organismen (Evolution) mitgewirkt haben und noch mitwirken.

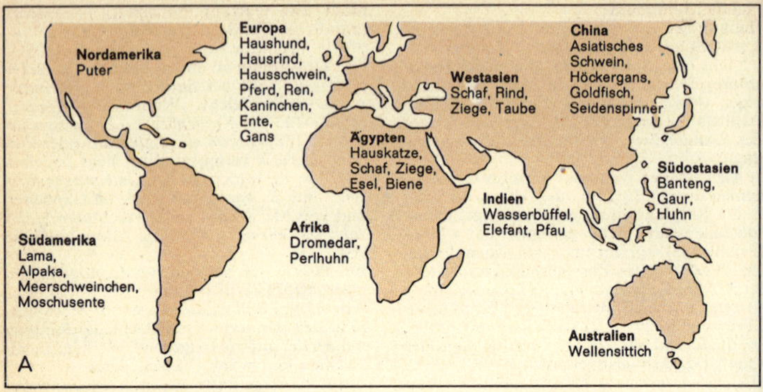

Domestikationsgebiete einiger Haustiere

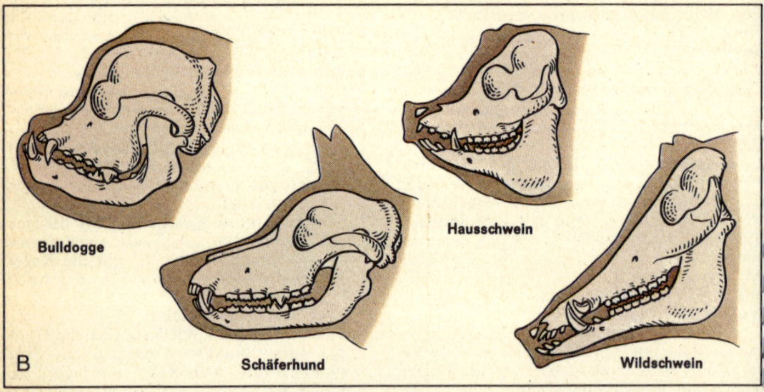

Domestikationsbedingte Schädelveränderungen

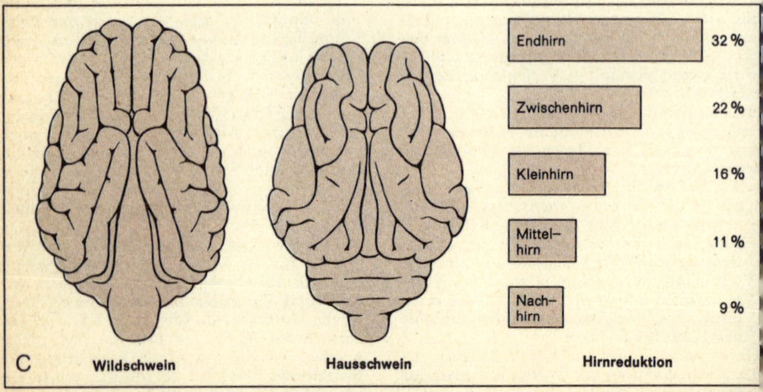

Domestikationsbedingte Rückbildung des Gehirns

Die Domestikation der Tiere, die Überführung von Wildarten aus ihren natürl. Lebensbedingungen in den Hausstand, gilt als das größte Experiment des *Menschen* mit *Tieren*. Während sich Haustiere und Nutzpflanzen in ihrer wirtschaftl. Bedeutung als ebenbürtig erweisen dürften, ist die wissenschaftl. Aussagefähigkeit der Domestikationsforschung an *Tieren* als eine Folge der komplizierteren und aufwendigeren Tierzucht jedoch weniger ergiebig.

Die Klärung der Haustierabstammung (A) aus best. Wildarten zeigt folgende Ergebnisse:
- Die einzelnen Haustiere gehen jeweils auf eine einzige wilde Stammart zurück.
- Einunddieselbe Art wurde mehrfach und an versch. Orten zum Haustier gemacht, z. B. das *Schwein* in Europa und Asien, das *Rind* in Mitteleuropa und im Vorderen Orient. Demnach gilt auch für Haustiere die prähistor. These »Ideen wandern schneller als Güter« (SCHWANTES).
- Wo die Wildart des anderswo und hauptsächl. domestizierten *Tieres* fehlte, übernahmen »Ersatzhaustiere« ihre Rolle, z. B. der *Esel Asinus africanus* für das *Pferd Equus przewalskii*, der *Yak (Bos mutus)*, der *Banteng (Bibos javanicus)* und der *Gaur (Bibos gaurus)* für den *Auerochsen*.

Die Erforschung der Haustiergeschichte (A) anhand von kulturhistor. Dokumenten und vor allem Knochenfunden in menschl. Siedlungen ist noch immer aktuell.
- Als das **älteste Haustier** gilt gegenwärtig das *Schaf*, von dem in einer Höhle im nördl. Irak fast 11000 Jahre alte Reste gefunden wurden. Sehr bald folgten hier *Rind*, *Ziege* und *Schwein*.
- Der *Hund* trat in Mitteleuropa um 8000 v. Chr. als Domestikationsprodukt des *Wolfes* erstmalig auf, und zwar hier als das erste Haustier primitiver Jäger mesolith. Kulturstufe. Er zeigte bereits ausgeprägte Domestikationsmerkmale (große Variation in Gestalt und Größe zw. *Schäferhund* und *Spitz*, Verkürzung des Gesichtsschädels).
  Für diese Überführung des *Hundes* in den Hausstand werden mehrere Gründe genannt. Sicher spielte die Fleisch- und Fellnutzung, in manchen Völkern sogar ausschließlich, eine Rolle, doch scheint im nördl. Eurasien die Jagdkonkurrenz zw. *Mensch* und *Wolf* in eine Symbiose überführt worden zu sein: Vielleicht wurden zunächst Jungtiere als Köder gefangen und dann gepflegt und großgezogen, als sie über ein interspezif. wirksames Kindchenschema (II, S. 414f.) menschl. Fürsorgeinstinkte auslösten. Die auf instinktivem Sozialverhalten und der Prägung (II, S. 401) beruhende Anpassungsfähigkeit und die Gelehrsamkeit des *Urhundes* haben die psych. Einstellung des *Menschen* zu ihm gewandelt und ihn zum wertvollen Jagdbegleiter und Beschützer werden lassen. Daneben mögen auch religiöse Erwägungen eine Rolle gespielt haben.

Über mehrere Jahrtausende hielten sich vermutlich in einer weitverbreiteten, primitiv rasselosen Hundepopulation durch natürl. Auslese einige wenige »Naturrassen«, die für die züchterisch interessierten Völker ein Reservoir zur Selektion und Kreuzung angestrebter Formen darstellten. Dadurch konnte z. B. der Typ der *Dogge* zeitl. und räuml. unabhängig voneinander im präkolumbischen Peru, im Zweistromland, in Assyrien und bei den Römern als Parallelbildung auftreten.

Der Prozeß der Domestikation ist im allg. gekennzeichnet durch
- Änderung der physiolog. wirksamen Bedingungen für modifikatorische (I, S. 197) und mutative Wandlungen,
- Änderung der Selektion z. T. durch Ersatz einer natürl. Zuchtwahl durch eine künstliche durch den *Menschen*.

Als Folge dieser Eingriffe ist eine besondere, den domestizierten Formen eigentüml. **Parallelentw. von Rassenmerkmalen** trotz der sonst weit verbreiteten Auflösung vieler Artmerkmale (große Variation in Körperbau und Leistung) zu beobachten:
- **Hängeohren** treten bei *Hunden*, *Kaninchen*, *Schweinen*, *Rindern*, *Ziegen*, *Schafen* auf.
- Die vorn und hinten dunkle, in der Mitte des Körpers helle **»Holländerscheckung«** begegnet bei *Rindern*, *Schweinen*, *Kaninchen*, *Hühnern*.
- **Mopsköpfigkeit,** d. h. stark verkürzte Schnauzenschädel bei *Hunden* und *Schweinen*, sind nach RENSCH eine erbl. Folge eines ungleichmäßigen Wachstums (Allometrie): Riesenrassen haben einen relativ langen Gesichtsschädel, Zwergrassen von *Säugern* dagegen einen verhältnismäßig kurzen, da dieser schneller wächst als der Gesamtschädel (B).

Während die genannten Beispiele erblicher Natur sind, ist bei anderen Parallelentw. die umweltabhängige modifikator. Ausprägung nicht zu übersehen.
- Erstaunlich ist vor allem die starke **Umweltbeeinflußbarkeit des Säugetiergehirns.** Menschl. Schutz und das Leben in Großherden fordern das Einzeltier weniger als das beunruhigende Leben in freier Wildbahn. Als Folge mangelnden Trainings nimmt das Hirngewicht um etwa 20–30% ab; außerdem vermindern sich im Hausstand Furchenlänge und -tiefe. Besonders betroffen sind die Projektionsfelder (Endstationen der opt. und akust. Sinneserregung), wenig dagegen die Assoziationszentren (C). Der gleiche Effekt wird schon in der ersten Gefangenschaftsgeneration von Wildtieren beobachtet.
- Parallel mit dem Fehlen von Stressoren (II, S. 329) geht auch eine Veränderung der **Hormonproduktion** und des **Instinktverhaltens** einher. Der jahreszeitliche Fortpflanzungsrhythmus und der Ablauf der Instinkthandlungen lösen sich von den starren Bindungen (Plastizität, II, S. 413).

Größenzunahme bei Kulturformen

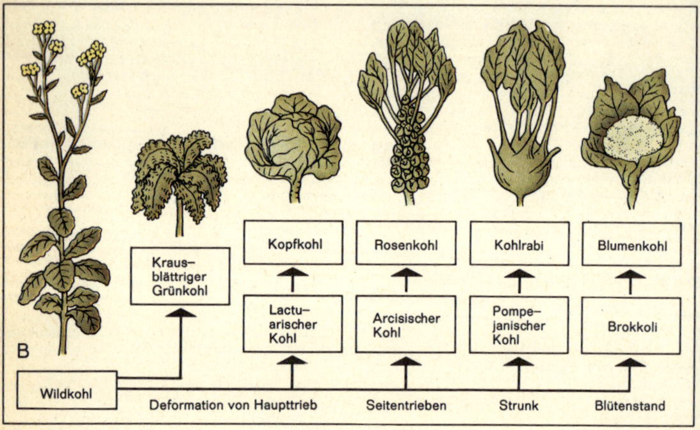

Variation des Kohls unter Züchtungseinflüssen

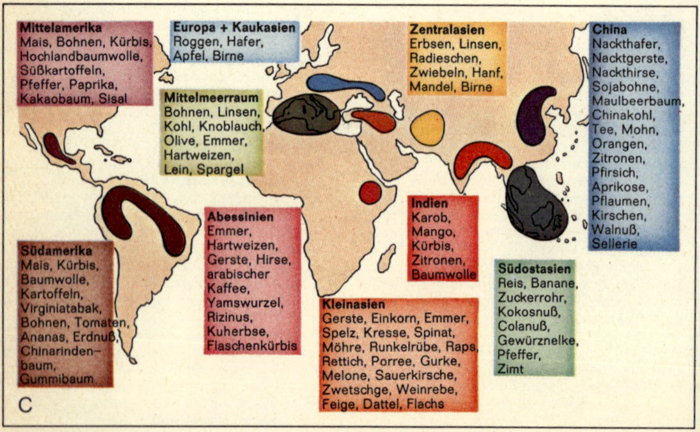

Ursprungsgebiete einiger Nutzpflanzen

Der Begriff »Kultur- oder Nutzpflanzen« umfaßt nicht nur die von Menschen planmäßig angebauten und gepflegten Formen, sondern alle *Pflanzen* mit einem Erbgut, das sie als Rohstoff, Nahrungs- oder Genußmittel verwendbar und zum Anbau geeignet macht und das durch **Züchtung**, d. h. durch bewußte, vom *Menschen* geplante Auslese in der Genkombination verändert wurde.

Grundsätzlich vollzog sich damit die **Evolution der Nutzpflanzen** nach den gleichen Gesetzmäßigkeiten des Wechselspiels zwischen Mutation und Selektion wie bei den Wildformen. An ihrem Modellfall lassen sich jedoch wichtige Grundzüge der Evolution überhaupt besonders gut analysieren, denn

- als Werk des Menschen reicht sie nur wenige Jahrtausende zurück;
- sie vollzieht sich auch gegenwärtig noch in bedeutendem Umfang und großer Geschwindigkeit;
- die Untersuchungsobjekte sind dem Menschen besonders lange und intensiv vertraut;
- die Wildformen sind oft neben den abgeleiteten Kulturformen erhalten geblieben.

Diese Umstände erlauben es, über morpholog.-physiolog. **Besonderheiten der Nutzpflanzen,** ihre Evolutionsgeschichte und -kausalität (II, S. 453) eingehende Forschungen zu treiben:

1. Pflanzen mit Gigas-Charakter verdanken ihre typischen Vergrößerungen, Formveränderungen und Stoffwechseldämpfungen der Genom-Vermehrung (Polyploidie, II, S. 447). Bei Kulturpflanzen sind gegenüber den Wildformen als auffälligster Unterschied **Größenzunahmen,** vor allem der vom *Menschen* genutzten Organe, zu beobachten:

- Ähren von *Getreide*, Früchte von *Tomaten* (A), Blüten der Zierpflanzen;
- Blätter bei *Kohl* und *Salat*, Wurzeln bei *Zuckerrüben* und *Möhren*, Sprosse bei *Kartoffeln* und *Kohlrabi*.

Da die Größenzunahme zumeist auch die nichtgenutzten Teile umfaßt, besitzen die Nutzpflanzen offenbar »Gigas-Charakter«. Dies trifft nicht nur für die zahlr. polyploiden Nutzpflanzen zu, sondern auch für diejenigen, die wie ihre wilden Ursprungsarten diploid sind: hier beruht die Vermehrung des genet. Materials nicht in der Vergrößerung des Chromosomensatzes, sondern in der größeren Zahl von DNA-Strängen innerhalb eines jeden Chromosoms, die dadurch auch äußerl. sichtbar anschwellen. – In den Wildpopulationen unserer Nutzpflanzen, z. B. bei *Lupinus luteus*, konnten Gigas-Varianten unterschiedl. Ausprägung gefunden werden. Daher ist leicht vorstellbar, daß histor. vom Menschen zunächst unbewußt, später aber geplant die *Pflanzen* mit den größten Samen und Früchten ausgelesen und vermehrt wurden.

2. Die Verlangsamung der Entwicklung, eine Folge des Gigas-Charakters mit seinem herabgesetzten Stoffwechsel, vergrößert die Lebensdauer der *Pflanzen*, die von der Einjährigkeit zur Zweijährigkeit übergehen (einige Gemüse). Da bei Nutzpflanzen aber möglichst rasch Erträge gewünscht werden, war die Züchtung bei den wichtigsten Arten auf Einjährigkeit gerichtet.

3. Die Verringerung des Keimverzuges, einer für Wildformen biol. vorteilhaften Samenruhe mit größerer Sicherheit, daß wenigstens einige Nachkommen ungünstige Außenbedingungen überdauern, ist dem *Menschen* nützlich. Sie wurde dadurch allmählich herausgezüchtet, daß jeweils bei den alten Kulturen das Saatgut nur von den im Jahr der Aussaat keimenden Pflanzen genommen wurde. So evoluierten die lange ruhenden *Avena fatua* und *Hordeum spontaneum* zu den Kulturformen *A. sativa (Hafer)* bzw. *H. distichum (Gerste)*.

4. Der Verlust von Gift- und Bitterstoffen kennzeichnet die Auslese-Erfolge z. B. bei *Kohl* (Senföl), *Rote Beete* (Saponin), *Schlehen* als der Stammform der *Zwetschgen* (Gerbsäuren) und *Lupinen*.

5. Verlust der natürlichen Verbreitungsmittel tritt einerseits als Bildung von Früchten ohne Befruchtung auf (**Apokarpie**, z. B. bei Kulturbananen, einigen Apfelsinen- und Rebensorten, die im Ertrag von der Bestäubung unabhängig sind), andererseits als **Synaptospermie:** Während bei Wildgetreide die Ähren bzw. Rispen wegen der Brüchigkeit der Spindel zerfallen und die Samen verstreut werden, was der Verbreitung der Art dient, sollen bei Kulturgetreiden die Körner nach der Reife noch auf dem Halm stehen. Solche in Gruppen keimenden Mutanten findet man auch in Wildpopulationen, wo sie nur an extrem trockenen Standorten den streuenden *Gräsern* überlegen sind.

6. Die erhöhte Variabilität der Kulturpflanzen fällt im allg. besonders auf. Bekannt sind die zahlr. Sorten der *Gartendahlie (Dahlia variabilis)*, der *Getreide* oder der von keiner anderen Nutzpflanze darin übertroffene *Kohl* (*Brassica oleracea*, B). Es scheint, daß hier an begrenzten Bereichen eine **Endopolyploidie** oder **innerchromosomale DNA-Vervielfachung** auftritt und damit verschiedene Varietäten mit partiellem Gigas-Charakter erscheinen. Daneben wird eine Parallelität der Mutanten auch in versch. Arten und entfernten Familien beobachtet:

- Kräuselung der Blätter *(Petersilie, Kohl, Sellerie)*,
- Anthozyanbildung *(Rotkohl, Rote Beete)*,
- Blütenfüllung, d. h. eine Vermehrung der Elemente des Schauapparats, z. B. durch Umwandlung von Staub- in Blütenblätter *(Rosa, Paeonia, Caltha)*.

Die Ursprungsgebiete der Nutzpflanzen (C)

Nach VAVILOV beschränken sich diese »Genzentren der Erde« auf wenige Bereiche der Erde, die weitgehend mit den alten Kulturzentren der Menschheit zusammenfallen. Die Feststellung dieser Gebiete hängt jedoch stark von dem botan. Wissen über die wahrscheinl. Vorfahren und ihre geograph. Verbreitung ab, ferner von den archäolog. Kenntnissen über die steinzeitl. Nutzpflanzen in den versch. Teilen der Erde.

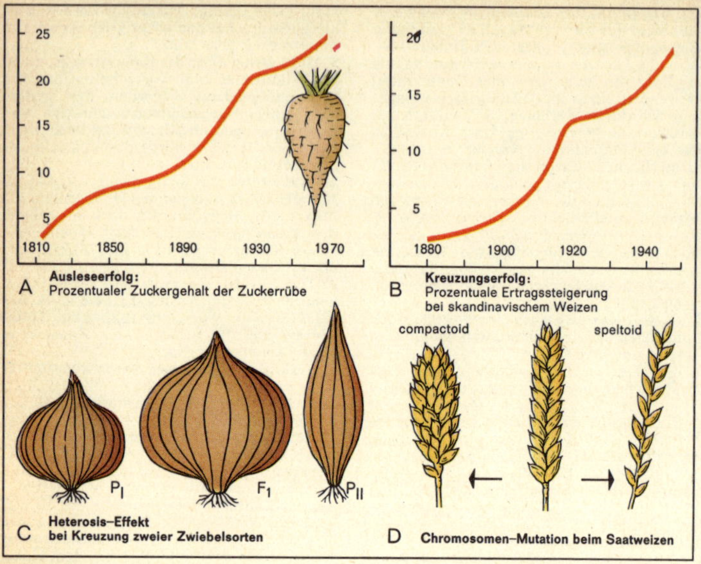

Ergebnisse der Pflanzenzüchtung

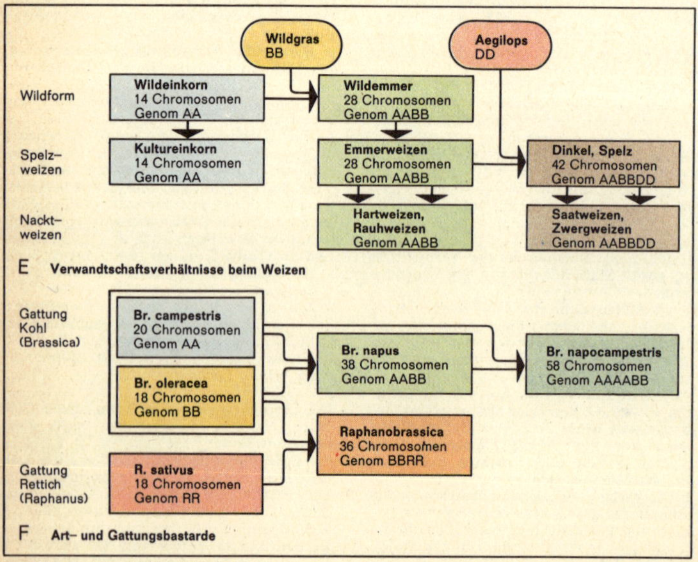

Artbildung durch Allopolyploidie

Die Beeinflussung der Evolutionsfaktoren durch den züchtenden Menschen ist kenntnisbedingt erst in den letzten hundert Jahren intensiviert und erweitert worden: In der

- **Phase der Auslesezüchtung** wurde noch im 19. Jh. die Nutzpflanzenevolution allein über die Selektion gesteuert, sowohl durch planmäßige Auslese über viele Generationen (*Zuckerrübe*, A) als durch Weiterzucht eines einzigen wertvollen »Findlings« (Bensings Findlingshafer, Squareheadweizen). Auch in der
- **Phase der Genetik-bestimmten Züchtung** wurde nur bereits vorhandenes Material neu kombiniert und strenger Auslese unterworfen. Bei »Kombinationszüchtung« wurden günstige Eigenschaften (Widerstandsfähigkeit, Standfestigkeit) in ertragreiche Zuchtsorten eingekreuzt (z. B. bei Wintergetreide, B), in der »Heterosiszüchtung« nutzte man bei quantitativen Merkmalen das Luxurieren der Bastarde (II, S. 423) zur Ertragssteigerung aus (*Mais* 37%, *Zwiebeln*, C). Erst in der gegenwärtigen
- **Phase der Mutationszüchtung** gelingt die experiment. Erzeugung neuer Formen durch Mutation (Einwirkung von z. B. Colchicin oder radioaktiven Strahlen) und damit eine Beschleunigung und Ausweitung der Evolution. Einigermaßen »gezielte« Veränderungen erreicht nur die Polyploidiezüchtung.

Mutationen als Grundlage der Züchtung sind heute ebenso überzeugend nachgewiesen wie die unbestrittene Wirkung der Selektion bei der Evolution der Nutzpflanzen:

1. Die Gen-Mutation spielt eine sehr bedeutende Rolle. Zahlr. Beispiele der Genetik belegen das (II, S. 416–419):

- Die Kopfbildung des *Kopfkohls* beruht wie die Kräuselung des *Krauskohls* auf jeweils drei mutierten Genpaaren.
- Bei der *Wildgerste* veranlassen zwei dominante Genpaare die Brüchigkeit der Ährenspindel. Mutationen in einem oder beiden verliehen der *Kulturgerste* zunehmende Bruchfestigkeit.
- Durch Röntgenbestrahlung konnten aus der zweizeiligen *Gerste* künstl. sechszeilige und mehltauresistente Mutanten erzeugt werden, die das neue Merkmal jeweils einer einzigen Gen-Mutation verdanken.

2. Die Chromosomen-Mutationen, die sich im Kreuzungsexperiment bei geringem Umfang wie Gen-Mutationen verhalten können und diese vortäuschen, verleihen manchen Sorten oder Arten ihre Eigentümlichkeiten:

- Die »speltoid«-Mutante des *Saatweizens (Triticum aestivum)*, die dem *Dinkel (Tr. spelta)* sehr ähnelt, ist durch Verdoppelung eines Chromosomenschenkels entstanden, während durch den Verlust (Deletion) ein »compactoid«-(= Dickkopf-) Typ erzeugt wird (D).
- Beim *Wildweizen (Tr. aegilopoides)* unterscheidet sich die eingrannige *var. baidaricum* von der zweigrannigen *var. stramineonigrum* durch Translokation (II, S. 445).

3. Die Ploidie-Mutationen haben zur Entstehung neuer Nutzpflanzen im Falle von **Aneuploidie** (II, S. 447) wegen der verminderten Fruchtbarkeit wenig beigetragen, bei **Polyploidie** dagegen sehr viel:

Eine große Anzahl der Kulturpflanzen ist **autopolyploid,** d. h. hat das Genom einer einzigen Art vervielfacht. So sind einige samenlose Sorten der *Wassermelone*, *Zitrone* und *Zuckerrübe* triploid (AAA), ferner solche des *Klees*, *Roggens*, der *Herbsthimbeere* und *Gigastraube* tetraploid (AAAA), *Dahlien* sogar oktoploid.

Eine große Rolle spielen auch die **allopolyploiden Formen**, in denen verschiedene Genome polyploid vorliegen. Bei der Bildung von solchen fruchtbaren Artbastarden kommt es geradezu zur **Entstehung neuer Arten:**

- Die *Hauszwetschge (Prunus domestica*, n = 24) stammt aus einer Kreuzung zw. der *Schlehe (Pr. spinosa*, n = 16) und *Kirschpflaume (Pr. cerasifera var. disvaricata*, n = 8).
- Der *virginische Tabak (Nicotiana tabacum*, n = 24) entstammt einem Bastard aus *N. silvestris* und *N. tomentosiformis* (beide n = 12).
- Der *Raps (Brassica napus*, n = 19) entstand aus dem *Kohl (Br. oleracea*, n = 9) und *Rübsen (Br. campestris*, n = 10).
- Auch bei der stammesgesch. Entstehung des *Weizens* wird die Bedeutung der Allopolyploidie deutlich (E): Während die *Einkorn*-Gruppe bei geringen Erträgen selbst in primitiven Ackerbaukulturen fast ausgestorben ist, zeigen die tetraploide *Emmer*-Gruppe und vor allem die hexaploide *Dinkel*-Gruppe höhere Variabilität, Anpassungsfähigkeit und wirtschaftl. Ertrag.
  Über die Entw. der drei *Weizen*-Gruppen hat sich aufgrund zahlreicher genet. und cytolog. Untersuchungen die Vorstellung gebildet, daß der *Wildemmer* aus einer Kreuzung zw. *Wildeinkorn* (AA) mit einem anderen *Wildgras* (*Agropyron triticum* oder *Aegilops speltoides*, BB) und anschließender Chromosomenverdoppelung im Bastard entstand (frühe Jungsteinzeit, Irak). Daraus leiteten sich durch Gen- und Chromosomen-Mutationen die versch. Arten der Emmerreihe ab. Durch Kreuzung eines *Kulturemmers* und eines sonst wertlosen *Grases* mit harten Spelzen, langen Grannen und einer dünnen, zerbrechlichen Spindel (*Aegilops aquarrosa*, DD) und nachfolgender Polyploidie soll, wie die experiment. Synthese nahelegt, die heute nicht mehr wild verbreitete Ausgangsform des *Dinkelweizens* entstanden sein (Bronzezeit, Mitteleuropa).

Ein extremes Beispiel ist der experiment. **Gattungsbastard** der *Raphanobrassica* (F), der aus der Verschmelzung der Gameten des *Rettichs Raphanus sativus* (RR, n = 9) und des *Gartenkohls Brassica oleracea* (BB, n = 9) entstand und als tetraploide Art 36 Chromosomen (BBRR) besitzt, die sich bei Meiose auf BR-Gameten verteilen.

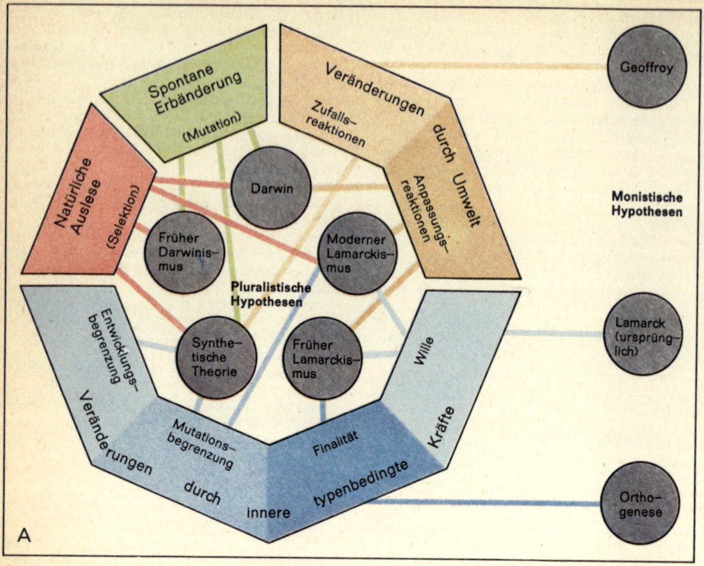

Aussageelemente verschiedener Evolutionstheorien

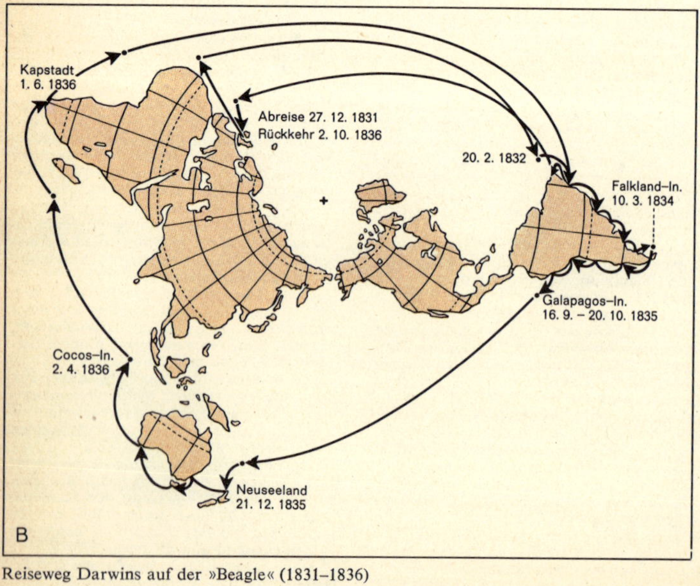

Reiseweg Darwins auf der »Beagle« (1831–1836)

Während in der Züchtung der Haustiere und Nutzpflanzen die Tatsache und grundlegende Verursachung einer Entstehung neuer Formen als »künstliche Zuchtwahl« längst und allgemein bekannt war, fanden Fragen nach dem **natürlichen Entstehen neuer Arten** im Chaos evolutionärer Mannigfaltigkeit und im Widerstreit persönl. und weltanschaul. Vorurteile zunächst keine befriedigende Antwort in einer ordnenden und kausal begründenden Evolutionstheorie.

Theorien der evolutionären Veränderung (A)
Die Analyse der versch. Evolutionstheorien zeigt, daß die älteren unter ihnen vorwiegend oder ausschließlich nur einem einzigen Faktor Gewicht beimessen. Innerhalb solcher **»monistischen Hypothesen«** betonte

- LAMARCK (1744–1829) ursprünglich die aktive Selbstanpassung der Organismen durch den ihnen innewohnenden Willen;
- GEOFFROY ST. HILAIRE (1772–1844) eine Bauplanänderung durch Umwelteinflüsse;
- CUVIER (1769–1832) die Vernichtung von Arten durch umfassende Katastrophen mit nachfolgender Wiederschöpfung nach einem ähnlichen, aber komplizierteren Bauplan;
- DARWIN (1809–1882) gelegentlich die natürl. Selektion im »Kampf ums Dasein«;
- WAGNER (1813–1887) eine Evolution infolge räuml. Sonderungen (»Isolation«);
- DE VRIES (1848–1935) die durch äußere Einflüsse vorbereitete, erblich latente Fähigkeit zur sprunghaften Erbänderung (»Mutation«).

Die abgeleiteten, meist jüngeren Auffassungen wählten die besten Gesichtspunkte aus den älteren Hypothesen aus und kombinierten sie neu und original in versch. **»pluralistischen Evolutionshypothesen«**:

1. Der Lamarckismus betont in seinen versch. Formen vor allem die aktive, auf Zweckmäßigkeit ausgerichtete **(finalistische)** Anpassung an die Umwelt und die Weitergabe der im individuellen Leben erworbenen Veränderungen oder Neuheiten auf die Nachkommen im Prozeß der geschlechtl. Fortpflanzung **(»Vererbung erworbener Eigenschaften«)**. Nach LAMARCK treiben zwei Faktoren die Evolution voran:

- »Eine Ursache, die unaufhörlich dahin strebt, die Organisation zu komplizieren«, und die nicht als ein vitalist. Vervollkommnungsprinzip interpretiert werden muß, da LAMARCK sie nicht näher beschreibt;
- »Unregelmäßigkeiten, die durch den Einfluß der Verhältnisse des Lebensraumes und durch den Einfluß der angenommenen Gewohnheiten verursacht sind«.

2. Der Darwinismus in seiner frühen Form einer Selektionstheorie führt die Evolution auf die **natürl. Auslese** (Selektion) des durch zufällige, richtungslose **Erbänderung** variierenden Materials zurück. DARWIN selbst rechnete auch mit einer **direkten Anpassung** an die Umwelt, war darin also »Lamarckist«. Er sah die Vorbedingungen der Züchtung von Nutzpflanzen und Haustieren auch in der freien Natur prinzipiell als gegeben an und begründet seine **Theorie der natürlichen Zuchtwahl** mit Feststellungen, die er aus den Beobachtungen während seiner Weltreise (B), der Lektüre von MALTHUS' ›Essay on the principle of population‹ und LYELLS Lehre einer stetigen geolog. Entw. ableitete:

- Die **Überproduktion** an Nachkommen führt schnell zu einer Überbevölkerung, wenn nicht die meisten Jungindividuen vor ihrer Fortpflanzung sterben.
- Die Individuen einer Art sind einander nie völlig gleich (Variation).
- Durch einen **»Kampf ums Dasein«** als planlos züchtende Macht werden die meisten minder geeigneten Jungindividuen vernichtet, während die tauglicheren eine größere Chance haben, ihr Erbgut in die nächste Generation einzubringen. Außerdem wirkt noch eine **»geschlechtl. Zuchtwahl«**, indem das Weibchen das schönste und kräftigste Männchen zum Partner wählt.

Mit diesem Modell hat DARWIN der weiteren Forschung den Weg gewiesen, dank seiner wohlbegründeten Einsichten und genialen Intuitionen und trotz zeitbedingter Unrichtigkeiten.

3. Die Synthetische Theorie (HUXLEY ›Modern Synthesis‹, 1942) baut auf dem darwinschen Konzept auf, von dem sie Überproduktion, Mutation und Selektion übernimmt und durch weitere **Evolutionsfaktoren** ergänzt (s. Bd. II, S. 460–469). Sie gilt nach dem gegenwärtigen Kenntnisstand als am besten begründet.

Daneben verdienen noch andere **Auseinandersetzungen mit dem Evolutionsproblem** Erwähnung, die, sieht man von der vitalistischen Ablehnung einer wissenschaftl. Evolutionserklärung ab (für die zumeist metaphysische Grundlagen einer dogmatisch-theologischen Auffassung primär bestimmend sein dürften), sich den Auffassungen der Synthetischen Theorie zunehmend anzunähern scheinen:

- Innerhalb des **Katholizismus** hat TEILHARD DE CHARDIN (1881–1955) die Abstammungslehre mit Einschluß des *Menschen* nachdrücklich vertreten und das Wirken von Mutation und Selektion ohne Zuhilfenahme einer vitalistischen, der Naturwissenschaft unzugänglichen Kraft dem kosmischen Gesamtgeschehen eingeordnet, in dem nach seiner religiösen Überzeugung eine göttl. Schöpferkraft richtungsbestimmend wirksam ist.
- Im Bereich der vom **dialektischen Materialismus** bestimmten Biologie lehrten MITSCHURIN und LYSSENKO eine durch Außenbedingungen »adäquat beeinflußte, gerichtete und adaptive Erbänderung«. Neuerdings wird die ursprüngl. Auffassung einer Vererbung erworbener Eigenschaften abgewandelt und in der Molekularbiologie eine Rückkoppelung zw. den umweltbeeinflußbaren Cytoplasma-Eiweißen und der DNA-Information diskutiert.

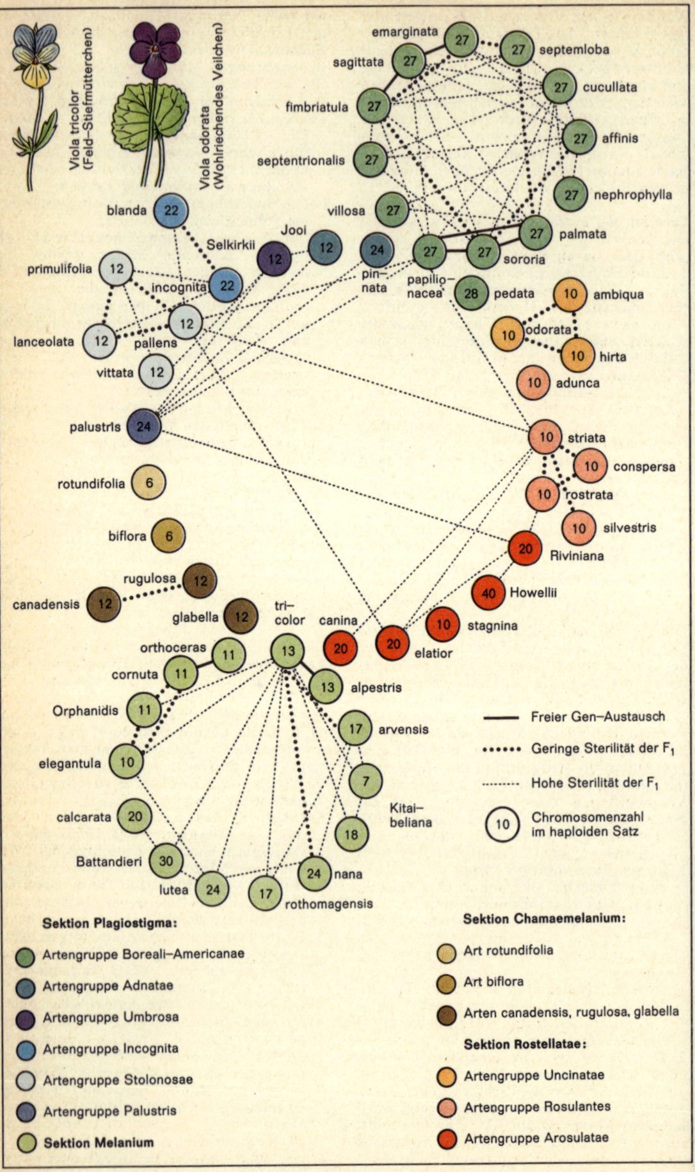

Kreuzungspolygon der Gattung Viola (Veilchen)

Hindernisse für moderne Evolutionstheorien
Die histor. Entw. des Evolutionsgedankens war ein langsamer, stufenweise fortschreitender Prozeß. Gründe dafür liegen inner- und außerhalb der Bereiche biol. Forschung und lassen sich unter anderem auf folgende Haupthindernisse zurückführen:
1. Jede junge Wissenschaft leidet zunächst unter einem **unvollständigen Kenntnismosaik.** Manche objektiven Daten erhalten nämlich erst Gewicht, wenn bestimmte Vorstellungen geklärt und umfassende Prinzipien erkannt sind:
- **Das Variieren der Arten** stiftete erst dann keine Verwirrung mehr, als zw. individuellen Modifikationen und geograph. Rassen klare Grenzen gezogen waren.
- **Die Bedeutung der Umwelt** konnte erst richtig eingeschätzt werden, als die Natur der Mikromutation und der Selektion voll verstanden war.
- **Einsichten in den Vorgang der Artbildung** setzen die Klärung des Artbegriffs und der geograph. Variation voraus.

2. Die philosoph. Ansicht der **Präformationstheorie** (I, S. 177), die zunächst nur die Individualentw. (Ontogenese) als »Entfaltung eines inneren Planes« auffaßte, wurde auch auf Probleme der Stammesentw. (Phylogenese) ausgedehnt. Demnach schafft die Evolution nicht echte Veränderungen, sondern besteht nur in der reifenden Vollendung innewohnender Potenzen.
Die gebräuchl. Begriffe »Evolution« und »Entwicklung« legen vom Wortsinn her diese präformist. Deutung nahe. Gegenwärtig zeigen noch einige orthogenet. und finalist. Evolutionstheorien, manchmal auch die Annahme bes. »phylogenet. Gesetze« (II, S. 489ff.) oder bestimmter Mutations- und Entw.-Begrenzungen (II, S. 455) Reste dieser Auffassung.
3. Als weitere hinderliche philosoph. Vorstellung gilt das **typologische Denken,** dem PLATONS Ideenlehre zugrunde liegt. Die bis in das 19. Jh. weitverbreitete Annahme, daß die den sichtbaren Variationen zugrunde liegenden »Ideen« allein real und außerdem unwandelbar sind, mußte jeden kontinuierl. Zusammenhang zw. zwei »Typen« leugnen und war mit evolutionärem Denken unvereinbar.

Überwindung der Hindernisse durch die Populationsgenetik
Eine Reihe von Schwierigkeiten, bes. die Folgen typolog. Denkens in der Biologie, wurden behoben durch die neuerdings sich ausbreitende Ergänzung der Versuche mit Einzelindividuen, die bisher als Einheit des Evolutionsprozesses und als Repräsentanten ihrer Art gegolten hatten, durch Beobachtungen und Versuche an »Populationen« und deren statist. Auswertung:
Die Population (JOHANNSEN, 1903) ist die Gemeinschaft potentiell inzüchtender Individuen in einem bestimmten geograph. Raum. Jedes ihrer Individuen verfügt über einen Teilbestand des Gesamtallelbesitzes, des »Genpools« der Population.

Entsprechend dem raum-zeitl. Verhalten der genet. Struktur einer Population werden zwei Modelltypen gegenübergestellt:
Die ideale Population, die methodisch große Bedeutung hat, aber nur ein irreales Modell darstellt, ist **erbkonstant.** Sie besitzt praktisch unendliche Größe und bildet eine panmiktische Einheit (d. h. zwei beliebige Partner haben gleiche Paarungswahrscheinlichkeit); es fehlen Mutationen und Eignungsunterschiede der Individuen gegenüber einer konstanten Umwelt. Bei normaler geschlechtl. Fortpflanzung stellt sich in einer solchen Population nach wenigen Generationen ein Gleichgewicht ein, unabhängig davon, wie häufig zwei Allele A und a anfangs waren: Ist die Häufigkeit des dominanten Allels A = q, die des rezessiven a = 1–q, so stellt sich nach dem **Hardy-Weinbergschen Gesetz** eine Genotypenfrequenz ein entsprechend q^2 AA : 2q(1–q) Aa : $(1-q)^2$ aa.
Die Allelenhäufigkeiten sind also konstant q · A und (1–q) · a, es kann keine Evolution auftreten.
Die reale Population zeigt dagegen eine Veränderung in der Genhäufigkeit, also eine **Evolution.** Der ideale Zustand der Population muß sich demnach gewandelt haben. Die Populationsgenetik hat im einzelnen durch Beobachtungen und Experimente zu ermitteln, welche Bedingungen sich genet. wirkungsvoll änderten, um so die Bedeutung einzelner **Evolutionsfaktoren** zu erfassen.

Die Untersuchungen an realen Populationen sind bes. für zwei Problemkreise von revolutionärer Bedeutung:
1. **Mikroevolution:** Die Populationsgenetik, die die inneren und äußeren Bedingungen für den Genbestand der Population und seine Merkmalsausprägungen analysiert, umfaßt damit die Gesamtheit der Voraussetzungen einer Mikroevolution, d. h. der innerartl. (infraspezif.) Veränderung, in kausaler Hinsicht und somit alle feststellbaren Evolutionsfaktoren und ihre Wechselbeziehungen (II, S. 460–465).
2. **Systemat. Einheiten:** Die Erforschung der Populationsdynamik und der Entstehung systemat.-taxonomisch bedeutsamer Erbänderungen gab aufgrund der Tatsache, daß dies bei versch. Organismengruppen unter versch. relativer Bedeutung der einzelnen festgestellten Evolutionsfaktoren zustande kam, eine Erklärung für die unbefriedigende Definition des »Art«-Begriffs (I, S. 225). Wegen der unterschiedl. Evolutionsbedingungen weisen einzelne Populationen der gleichen Art Eigenentwicklungen auf, so daß extreme Vertreter einer solchen »polytypischen« Art die Kriterien der Artzugehörigkeit (morpholog. Ähnlichkeit und fruchtbare Paarung) nicht mehr erfüllen (II, S. 458f., 466f.). Andererseits sind auch Vertreter versch. systemat.-taxonomischer »Arten« derselben Gattung untereinander und mit unterschiedl. Erfolg kreuzbar, wie Kreuzungspolygone erweisen (Abb.).

A	sacharowi	subalpinus	messeae	maculipennis	atroparvus	labranchia
Gebiet	Süd-europa	Mittelmeer-gebiet	Nord- und Mitteleuropa	Gebirgsland	Nord-europa	Südost-europa
Lebensraum	seichte, stehende Gewässer	häufig Reisfelder	stehendes Frischwasser	fließendes Frischwasser	kaltes Brackwasser	warmes Brackwasser
Überwintern	nein	nein	ja	ja	nein	nein
Eischiffchen	fehlt	groß, glatt	groß, rauh	groß, rauh	klein, glatt	klein, rauh
Menschenblut saugend	fast nur	?	selten	nie	ja	bevorzugt
Malaria-überträger	gefähr-lich	nein	selten	nein	selten	gefährlich

Biologische Unterschiede in der Moskitoart Anopheles maculipennis

Geographische Rassen von Fliegenschnäppern

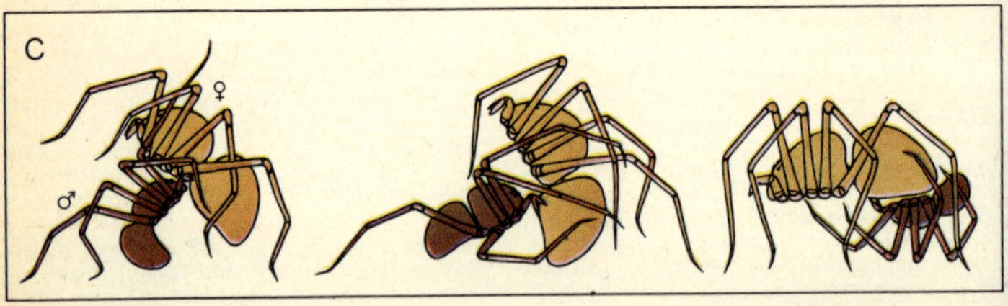

Paarungsstellung mitteleuropäischer, mediterraner und dalmatinischer Leimschleuderspinnen

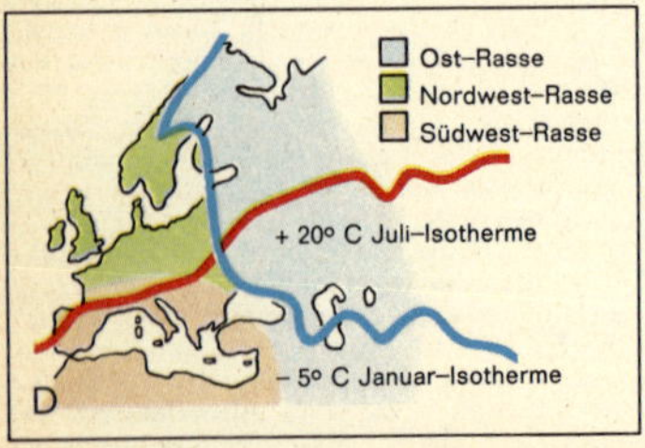

Temperaturrassen der Taufliege

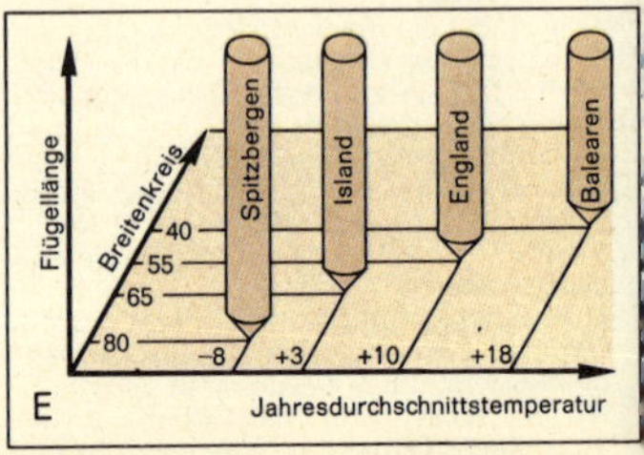

Flügellänge bei Papageientauchern

Der gleichzeitige Einfluß der Populationsgenetik auf das phylogenet. Problem der Mikroevolution und das systemat. des Artbegriffes wird verständlich durch den inneren Zusammenhang zw. beiden.
Mikroevolution ist zunächst immer das Neuentstehen von Rassen und Arten (Speziation). Die Frage nach der Überschreitung der Grenze zu neuen Rassen oder Arten setzt jedoch eine klare Bestimmung dieser Linie, d. h. eine angemessene **Definition des Artbegriffes,** voraus. Die gegenwärtig gebräuchlichen Auffassungen (I, S. 225) leisten in dieser Hinsicht Unterschiedliches:
1. **Die Konzeption der morphologischen Art,** der »Morphospezies«, besagt:
- Die Art wird ausschließl. durch morphologische Merkmale abgegrenzt.
- Sie ist äußerlich immer deutlich von den nächsten Verwandten unterschieden.
- Sie birgt als »monotypisch« nur eine einzige Gruppe nahezu ident. Individuen.
- Sie ist damit die niedrigste, nicht mehr zu gliedernde systemat. Einheit.

Diese Auffassung erweist sich als individualistisch und typologisch (II, S. 457), als zeitl. und räuml. »undimensional« (MAYR), indem evolutionäre und geograph. Variationen nicht gesehen werden: Abweichungen vom »Typus« sind Aberrationen, Mißbildungen.
Damit bleiben Fragen der Evolution und geographischer Varianz unbeantwortet und ausgeklammert. Schwierigkeiten bereiteten dieser Konzeption die »Geschwisterarten«, die sich äußerlich nicht unterscheiden, aber sich nicht miteinander kreuzen, mögen sie sich in ihren Verbreitungsgrenzen überlappen (sympatrische Formen) oder nicht (allopatrisch); so faßte man zunächst wegen fehlender morpholog. Unterschiede sechs versch. *Moskito*-Arten zu der einen *»Anopheles maculipennis«* zusammen (A).
2. **Die Konzeption der biologischen Art,** der »Biospezies«, läßt stark populationsgenet. und evolutionäre Gesichtspunkte hervortreten in ihrer **Definition der Art** als »Gruppe von tatsächlich oder potentiell sich kreuzenden Populationen, die in sexueller Hinsicht von anderen solchen Gruppen isoliert sind«.
Das bedeutet im einzelnen:
- Die Art besteht aus Populationen, nicht aus beziehungslosen Individuen.
- Sie wird eher durch ihre Beziehungen zu ungleichartigen Populationen (»Isolation«) als durch die zw. artgleichen Individuen charakterisiert.
- Das entscheidende Kriterium ist nicht die Kreuzbarkeit von Individuen, sondern die Fortpflanzungsisolation der Population als ganzer, wodurch der Genpool seine Eigenartigkeit aufrechterhält.

Diese Konzeption ist real und kollektivistisch. Sie erfaßt als »vieldimensional« zeitl. und räuml. Veränderungen und deutet sie als wesentlich zum Artbegriff gehörig: Die Arten sind natürlicherweise meistens »polytypisch«; sie bestehen aus meist räuml. getrennten, genet. bedingten **»Rassen«**, d. h. Gruppen von Individuen, die einen reinerbigen Unterschied im Erbgut gegenüber den anderen Artangehörigen gemeinsam haben. Die phänotyp. Unterschiede, die bei »einfachen Mendelrassen« auf nur ein abgewandeltes Gen zurückgehen, sind gelegentlich nur gering. Oft stellen sich zw. mehreren Rassen gleitende Merkmalsübergänge sowohl innerhalb der Art als auch zu den Nachbararten ein (Rassenkreis, II, S. 467).
Aufsplitterung in Rassen – darin liegt die Bedeutung eines Artbegriffes, der Rassen zuläßt – ist nach der herrschenden Vorstellung über Mikroevolution die nur quantitativ geringfügigere Vorstufe einer möglichen Aufgliederung in neue Arten:
Artbildung setzt ein, wenn in einer Population die Panmixie gestört wird und sich unter dem Einfluß der Evolutionsfaktoren in den isolierten Genpools versch. Erbvarianten anhäufen.
Unter diesem Aspekt gewinnen die weitverbreiteten **geograph. Variationen** der Arten große Bedeutung. Sie äußern sich in morpholog. (Größe, Proportionen, epidermale Strukturen, Farbmuster), physiolog. (Wachstum, Vitalität) oder etholog. (Verhaltensweisen) Merkmalen. Manche zeigen eine **richtungslose Streuung:**
- Der starengroße *Gelbbauchdickkopf (Platycephala pectoralis)* besiedelt in 80 geograph. Rassen Australien und die Malaiischen Inseln, davon in 6 Varianten allein die Salomoninseln (B).
- Ein anderer *Fliegenschnäpper*, *Monarcha castaneo-venertis*, ist mit mindestens 4 geograph. Rassen auf dieser Inselgruppe vertreten (B).
- Das Paarungsverhalten der *Leimschleuderspinne* unterscheidet sich in den mitteleuropäischen, mediterranen und dalmatinischen Rassen (C).

Andere Artvariationen zeigen einen deutl. Parallelismus zu geograph. Variationen der Umwelt, gelegentlich sogar regelrechte **Paralleltendenzen,** was sich in den Ökologischen Regeln (I, S. 211) niedergeschlagen hat:
- Übereinstimmung mit der Farbe des Erdbodens zeigen sandfarbene, fahlbraune oder dunkelbraune Rassen der ägypt. *Haubenlerche* und der amerikan. *Hirschmaus.*
- Die *Taufliege Drosophila funebris* besetzt klimatisch passende Gebiete mit ihren Temperaturrassen: Die Nordwest-Rasse hat die größte Vitalität bei gemäßigten Temperaturen, die Ost-Rasse ist kälte- und wärmeresistenter, die Südwest-Rasse dagegen wärmeresistent aber kälteempfindlich (D).
- Die durchschnittl. Flügellänge z. B. von *Meisen*, *Zaunkönigen*, *Papageientauchern* nimmt mit fallenden Jahresdurchschnittstemperaturen in Europa nach Norden hin zu (E).

Bei den letztgenannten Fällen ist das Ausmaß der genet. Bedingtheit gegenüber einer nur individuell erworbenen Modifikation nicht klar abzugrenzen.

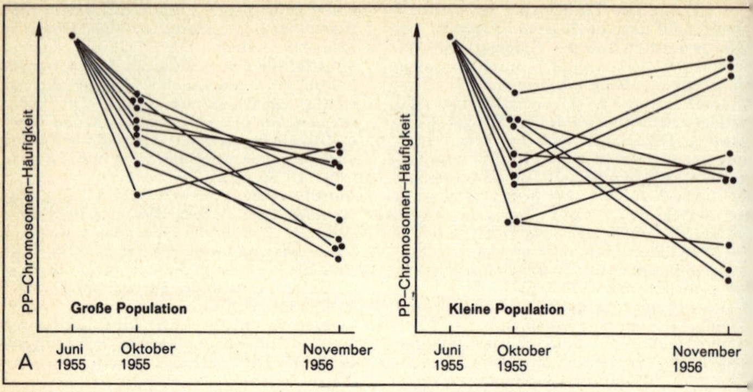

Varianz der PP-Chromosomen in großen und kleinen Drosophila-Populationen

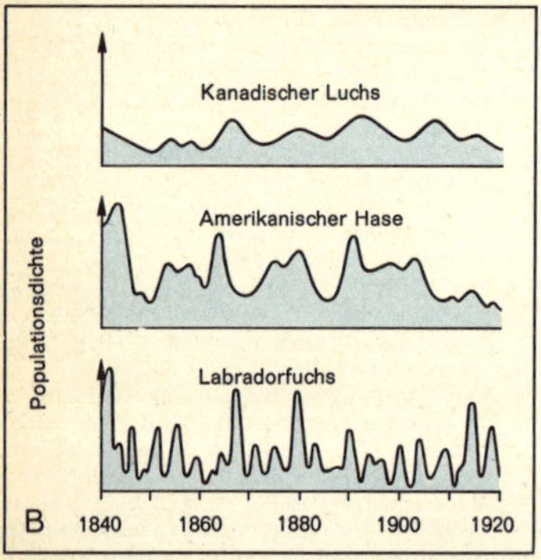

Populationsschwankungen bei nordamerikanischen Säugern

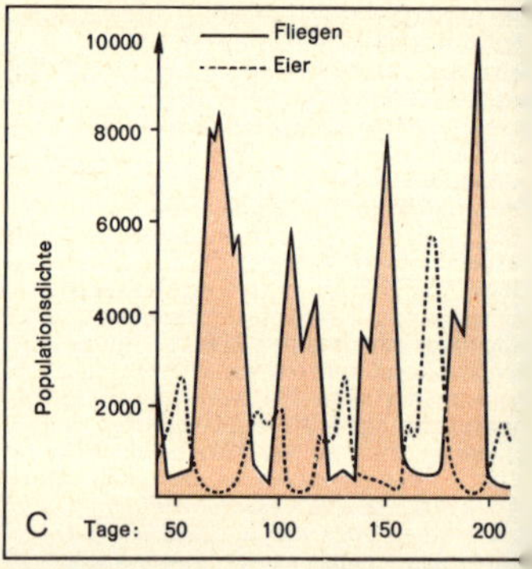

Populationsschwankungen durch innerartliche Konkurrenz

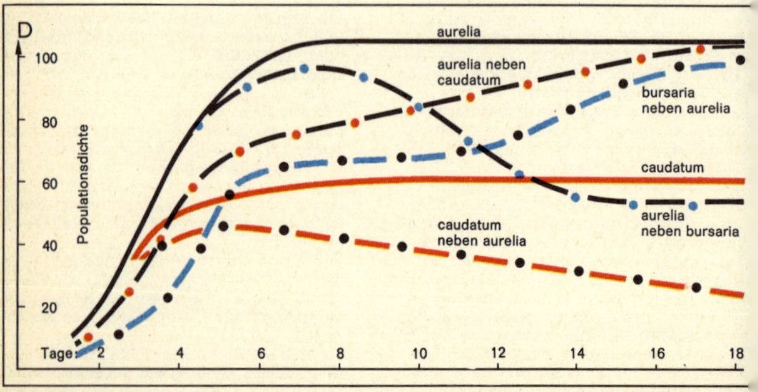

Entwicklung der Populationsdichte in Rein- und Mischkulturen von Pantoffeltiercher (Paramecium)

Die Evolutionsfaktoren

Zahlr. Analysen der kausalen Grundlagen einer innerartl. Evolution lassen das Zusammenwirken folgender Evolutionsfaktoren erkennen:

Mutabilität: Die Fähigkeit zur Abwandlung der Erbfaktoren;

Schwankung der Populationsgröße: Die zahlenmäßige Änderung im Bestand der potentiell inzüchtenden Individuen;

Annidation: Die »Einnischung« (LUDWIG) meist sympatr. Formen in unterschiedl. Lebensräume;

Isolation: Die Aufhebung der Panmixie innerhalb einer zuvor inzüchtenden Gruppe von Artangehörigen;

Selektion: Die natürl. Auslese an den Trägern unterschiedl. tauglicher Erbfaktoren (II, S. 462–465).

Diese Faktoren arbeiten – schwer gegeneinander abgrenzbar – in der Natur im allg. zusammen. Sie gelten nach Auffassung der Synthet. Theorie nicht nur als Elementarereignisse der Rassen- und Artbildung (II, S. 466–469), sondern auch der transspezif. Evolution (II, S. 486ff.).

Die Mutabilität

Die versch. Arten der Mutation (Einzelheiten s. II, S. 342–347) erweitern die genet. Mannigfaltigkeit der Population bzw. ihres Genpools, da die Mutationshäufigkeit in Richtung von dem »normalen« Allel einer Wildform weg immer viel größer ist als die »Rückmutation« zu ihm hin. Es besteht somit eine ständige Tendenz zum Zerfall der Gleichförmigkeit des Genpools, ein **Mutationsdruck,** wodurch zunächst aus Reinerbigen Mischerbige werden und schließlich eine Population buntester Genotypen entsteht. Da Mutationen ständig und bei allen Genen möglich sind, stellen sie den »Motor der Evolution« dar.

Schwankung der Populationsgröße

Die populationsgenet. Forschung hat die schon früher festgestellte evolutionäre Bedeutung des Individuenreichtums einer Population und ihrer zahlenmäßigen Schwankung sowohl für die Zusammensetzung des Genpools und damit dessen Kombinationsmöglichkeiten durch Kreuzung als auch für das Eingreifen der Selektion erneut in den Vordergrund der Betrachtung gestellt. Es ist ganz offensichtlich, daß kleine Populationen einer schnelleren Evolution unterliegen als sehr große:

10 experiment. *Drosophila*-Populationen mit je 20 Tieren zeigten gegenüber 10 anderen mit je 4000 Tieren, die insgesamt der gleichen Elternpopulation gemischten geograph. Ursprungs entstammten wie die Kleinpopulationen, nach 17 Monaten eine viel größere Varianz (A).

Wenn durch Änderungen des ausbalancierten Verhältnisses zw. Organismus und Umwelt (z. B. durch Auftreten ungünstiger Lebensbedingungen, Verfrachtetwerden in neue Lebensräume, Absplitterung an Arealgrenzen) der Populationsbestand erhebl. verringert wird, so verursacht dies eine wesentl. Störung des Gleichgewichts innerhalb des Genpools der betroffenen Population, den Verlust eines Teils der zuvor vorhandenen Allele und somit neue Selektionsvoraussetzungen für den verbliebenen Restbestand.

Neben einer selektionistischen Ausmerzung besteht dann auch die Möglichkeit, daß sich bisher nur mitgeführte Allele, die sich im großen Genschatz nicht durchsetzen konnten, in einer nur durch den Zufall bedingten **»Alleldrift«** (Sewall-Wright-Effekt) in der geschrumpften Population anhäufen und somit für den Genbestand bestimmend werden, während die zuvor allein bedeutsamen Allele verlorengehen (REINIG: **»Elimination«**).

Die Voraussetzung dieser Wirkungen, näml. das Auftreten kleiner Populationen unter natürl. Umständen, scheint im allg. gegeben zu sein:

- Die von LACK (1944) untersuchten *Darwinfinken* der Galapagos-Inseln bilden Populationen aus nur 100–1000 Tieren.
- Größere Populationen zeigen rhythm. Schwankungen (TIMOFÉEFF-RESSOVSKY: »Populationswellen«, durch Kälte- oder Trockenperioden) oder multifaktoriell bedingte unregelmäßige Veränderungen (B, C).

Somit betätigen sich Populationsschwankungen als Lieferanten des Evolutionsmaterials, das auch biol. neutrale Merkmale erfaßt.

Die Annidation

Manche Mutanten unterscheiden sich von der Stammform dadurch, daß sie innerhalb des gleichen geograph. Verbreitungsgebietes andere Bedingungen des Lebensraumes in Anspruch nehmen oder ausnutzen können (»Ökomutanten«):

- Unter Mückenlarven finden sich Formen, die auch in O_2-ärmerem Wasser leben.
- Die *Darwinfinken* haben sich auf den Galapagos-Inseln auf verschiedenste Nahrung spezialisiert (II, S. 468f.).
- In Konkurrenz mit dem *Pantoffeltierchen Paramecium aurelia* vermag das *Paramecium bursaria* die bodennahen Wasserschichten zu nutzen und so in diesem von *Paramecium aurelia* gemiedenen Raum zu überleben (D).

Selbst selektionist. benachteiligte Varianten finden also in dem Verbreitungsareal enger gezogene Lebensräume, sog. »ökolog. Nischen«, in denen sie überleben können und bei Änderungen der Umwelt als nunmehr begünstigt (präadaptiert) die Art repräsentieren und evoluieren.

Die Isolation

Dieser Evolutionsfaktor ist mit dem der Gründung kleiner Populationen oftmals eng verbunden. In den Isolaten können abgetrennte Teilbestände des Gesamtgenpools ihre Besonderheit bewahren und somit Ursache der Neubildung von Rassen und Arten werden (Einzelheiten s. II, S. 466–469).

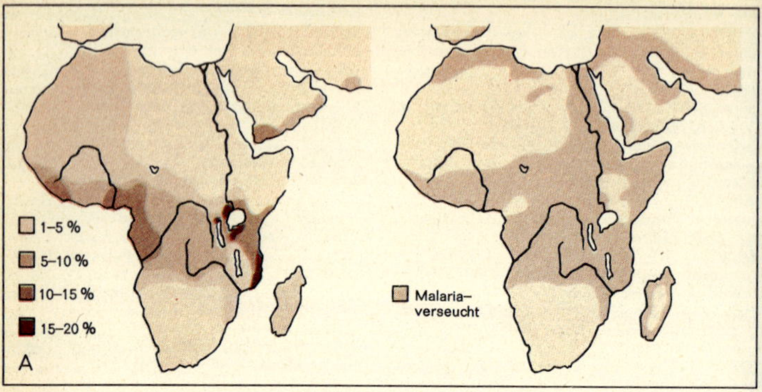

Häufigkeit des Sichelzellengens und Verbreitung der Malaria

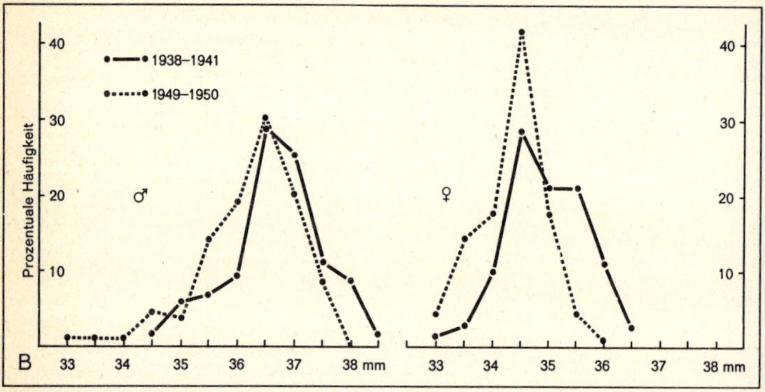

Schädellänge erwachsener Maulwürfe vor und nach einem katastrophalen Winter

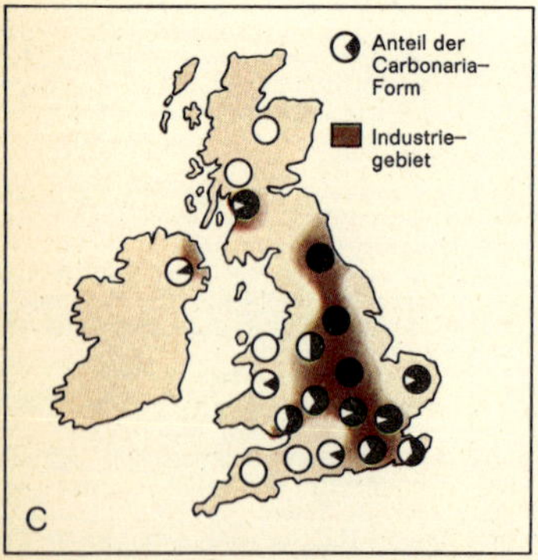

Industrie-Melanismus beim Birkenspanner

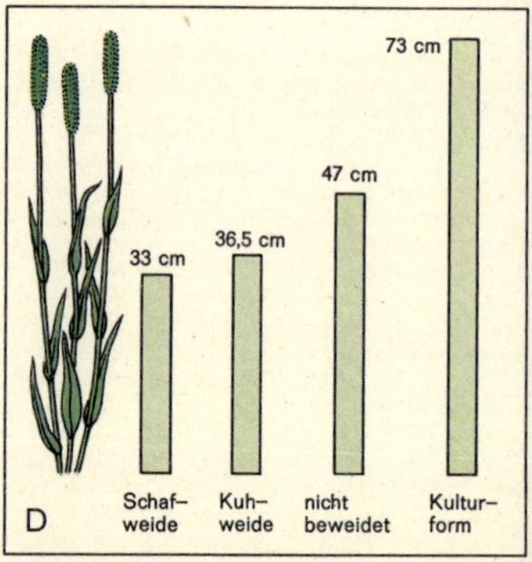

Wuchshöhe beim Lieschgras

Die natürliche Auslese (Selektion)
spielt eine entscheidende Rolle als Evolutionsfaktor, indem sie untaugl. Mutanten und Genkombinationen zurückdrängt, ohne jedoch im allg. wegen der bei allen Lebewesen großen Überproduktion von Nachkommen eine Art gänzl. auszumerzen. Sie arbeitet stetig (DARWIN: »Kampf ums Dasein«), bei Arten mit Populationsschwankungen jedoch auch in Serien von Selektionsprüfungen: Das Sinken der Populationsgröße ist durch Umweltauslese, das Ansteigen durch innerartl. Konkurrenz gekennzeichnet. – Da die Selektion das Überleben der Geeignetsten bedingt, verschiebt sie als richtender Faktor quantitativ die Genbestände innerhalb der Population, indem sie die relative Nachkommenzahl eines selektionsbevorteilten Genotyps gegenüber anderen erhöht. Damit entsteht ein **Selektionsdruck,** der als Änderung der Genfrequenz je Generation exakt meßbar ist.

Die Auslesevorgänge
greifen nicht direkt am Genotyp, sondern an bestimmten Merkmalen des Phänotyps an. Da nun ein Merkmal nicht durch ein einzelnes Gen, sondern meist polygen bestimmt ist, andererseits aber Gene polyphän wirken, werden ganze Gen- und Merkmalskomplexe von der Auslese betroffen und gelegentlich sogar ungünstige Eigenschaften gefördert, die mit selektiv günstigen gekoppelt sind (balancierter Polymorphismus):

Der Tod homozygoter Sichelgen-Träger an **Sichelzellenanämie** (II, S. 431, 437) führt nicht zu völligem Verschwinden der Sichelgene, da das durch sie bedingte anomale Hämoglobin gegen **Malaria-Infektion** gefeit ist. Der heterozygote Sichler wird in Malariagebieten durch die Selektion bevorzugt und sichert den Sichelgen-Bestand. In Gebieten mit bestimmter Malariahäufigkeit stellt sich der Anteil von Sichelgen-Trägern innerhalb der Population auf eine bestimmte Höhe ein (Westafrika bis 44%, deren US-Verwandte in malariafreien Gebieten nur noch 9%), wenn die Todesrate von Sichelzellenanämie bei Homozygoten ins Gleichgewicht mit der durch Malaria bei normalen Homozygoten kommt (A).

Der Selektionsdruck für ein Gen ist also wesentlich auch davon abhängig, in welches Gensystem es eingebettet ist.

Die Auslesefaktoren
Eingriffe der unbelebten Natur selektieren durch extreme Temperaturen, Niederschlagsverhältnisse (Trockenperioden, Überschwemmungen), chem. Bedingungen:
- Die *Maulwürfe* in Mitteleuropa litten katastrophal unter der Insektenarmut, einer Folge des extrem harten und langen Winters 1946/1947. Genetisch bedingt kleine, weniger Nahrung beanspruchende Tiere waren selektiv bevorteilt (B).
- Stummelflügelige *Drosophila*-Rassen haben an bes. windigen Stellen, vor allem auf Inseln, bessere Eignung als normale.

Feinde, die durch Töten der Beutetiere oder Schädigen der Futterpflanzen fortwährend Auslese treiben, fördern die Evolution geschützter Formen (Tarn-, Warnfarben, Reaktionsbereitschaft bei *Tieren*; Schnell-, Zwergwüchsigkeit, Hartlaub bei *Pflanzen*):
- In einem Birkenwald waren 15% des *Spanners Oporabia autumnata* dunkel, in dem benachbarten Föhrenbestand dagegen 96%; hier wurde die helle Rasse dreißigmal sooft Beute der *Vögel* wie die melanistische.
- Während die dunkle »*carbonaria*«-Rasse des *Birkenspanners (Biston betularia)* um 1850 nur 1% der Population ausmachte, stieg sie in Großbritannien mit der durch die Industrialisierung wachsenden Verschmutzung der Birkenrinde auf fast 100%, da die *carbonaria*-Mutante besser gegen Vogelfraß geschützt ist (Industrie-Melanismus; C).
- Populationen des *Lieschgrases Phleum nodosum*, die stark beweidet wurden, enthielten nur solche genet. Anlagen, die Zwergwuchs bedingen (D).

Parasiten und Krankheitserreger sind Feinde besonderer Art, die bei seuchenhaftem Auftreten durch Selektion und Populationsverkleinerung die Evolution der Wirtsorganismen, durch deren Abwehr aber auch ihre eigene, stark beeinflussen. Dabei entstehen oft hochresistente Rassen:
- Als Folge einer geschichtl. früh einsetzenden Selektion (Seuchen in dichtbesiedelten Städten, ungünstige Lebensbedingungen) haben Juden eine hohe Resistenz gegen best. Krankheitserreger entw. und infolge der Isolation von sympatrischen nichtjüd. Populationen auch erhalten.
- Bei Anwendung von Antibiotica gegen *Bakterien* überleben nur resistente Mutanten, die dann Gründer neuer, resistenter Stämme sind. Bei *Micrococcus pyogenes var. aureus* stieg die Resistenz gewaltig: Gegen Penicillin 187500-, Chloromycetin 193-, Aureomycin 210-, Dihydrostreptomycin 250000fach.

Konkurrenz um Nahrung, Raum und andere wichtige Lebensbedingungen treibt meist eine innerartl. (intraspezif.) Selektion, die zur Verdrängung der unterlegenen Artangehörigen in ökolog. Nischen (Annidation) oder zur Auslöschung führt:
- Während das *Pantoffeltierchen Paramecium aurelia* das sich einnischende *Paramecium bursaria* in Mischkulturen leben läßt, rottet es das *Paramecium caudatum* durch Konkurrenz aus (II, S. 460 D).
- Konkurrenzkampf zwischen einer normal grünen und einer gelbgrünen »*peraurea*«-Sippe der *Kleinen Brennessel* erwies die Normalform als eindeutig überlegen.

Geschlechtl. Auslese bei Konkurrenz um den Geschlechtspartner äußert sich als Bevorzugung bes. auffälliger, intensiv balzender, kräftiger Partner (I, S. 147). Wie bei jeder innerartl. Selektion besteht auch hier die Gefahr einer Sackgassen-Evolution wegen Übertreibung innerartl. vorteilhafter Merkmale auf Kosten anderer.

Auslese-generationen	Gen-häufigkeit
Anfang	55 %
1	35 %
2	26 %
3	21 %
4	17 %
5	15 %
6	13 %

Auslese-generationen	Gen-häufigkeit
7	11 %
8	10 %
9	9 %
10	8,5 %
15	5,9 %
20	4,6 %

Auslese-generationen	Gen-häufigkeit
30	2,6 %
40	2,4 %
50	1,9 %
100	1,0 %
500	0,2 %
1000	0,1 %

A

Fortschreitende Selektion gegenüber einem rezessiven Gen

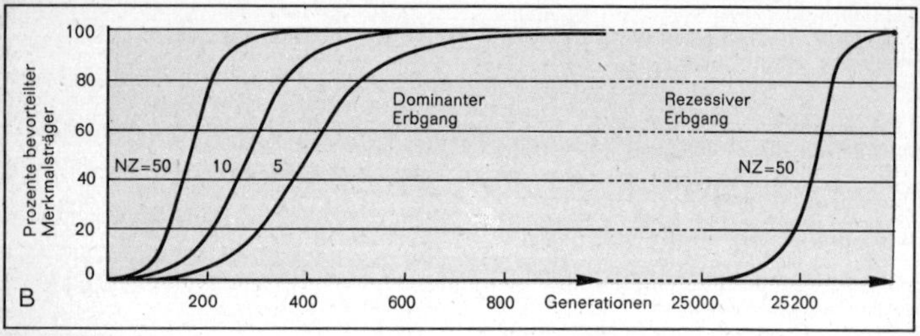

Errechnete Selektionswirkung bei verschiedenen Nachkommenanzahlen (NZ)

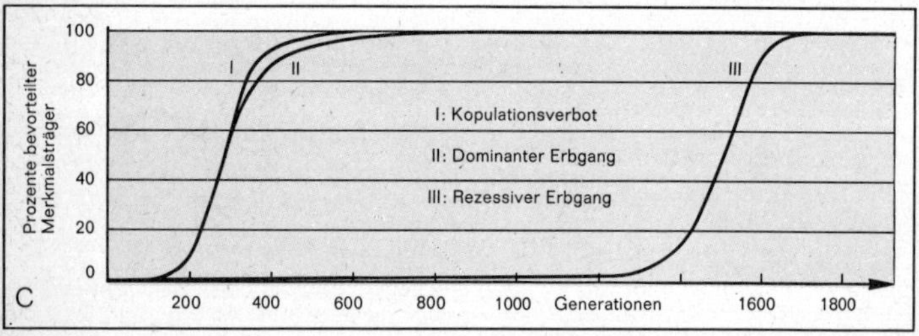

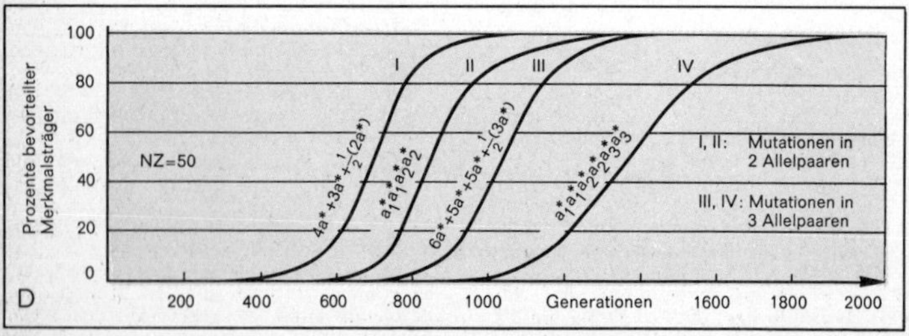

Errechnete Selektionswirkung unter verschiedenen Bedingungen

Genhäufigkeit

Nach dem Hardy-Weinberg-Gesetz (II, S. 457), das die Grundlage der Populationsgenetik ist und die Gleichgewichtsverhältnisse der Gene wiedergibt, bleibt in einer **idealen Population** die Häufigkeit der Gene, z. B. der Allele A (dominant) und a (rezessiv), von Generation zu Generation konstant:

Befinden sich in einer Population z. B. 70% A-Merkmalsträger (Genotyp AA oder Aa) und 30% a-Merkmalsträger (aa), so betragen die Häufigkeiten q^2AA : 2q (1–q) Aa: $(1–q)^2$aa. Da a-Merkmalsträger 30% = 0,3 der Population ausmachen, besitzt das Gen a im Genbestand die Häufigkeit $(1–q) = \sqrt{0,3}$ = 0,548 oder 54,8%, dementspr. das Gen A die Häufigkeit q = 1–0,548 = 0,452 oder 45,2%. Die A-Merkmalsträger errechnen sich dann zu 20,4 % als AA und zu 49,5 % als Aa.

Wandelt man die ideale Population dieses Beispiels insofern in eine **reale Population** ab, daß a-Merkmalsträger einer vollständigen, hundertprozentigen Selektion (s = 1,00) unterworfen sind, d. h. sich nicht fortpflanzen, dann wird das Allelverhältnis verändert, es tritt Evolution ein:

AA-Individuen würden nur A-Gene, Aa-Individuen dagegen in gleichen Anteilen A- und a-Gene zu dem Genpool der folgenden Generation beisteuern. Die Genhäufigkeiten betrügen dann 65% für A (= 0,204 + ½ × 0,495 = 0,451, bezogen auf die Gesamtrestpopulation 0,700 = 0,65) und entsprechend 35% für a (gegenüber zuvor 54,8%!).

Auslese vermag demnach die Genfrequenz beträchtlich zu ändern. Angenommen, aa-Individuen wären weiter an der Fortpflanzung verhindert, dann würde sich die Anzahl der a-Gene im Genpool in ständig abnehmendem Maße verringern (s. Abb. A).

Der schematische Selektionsmechanismus

Eine exakte Erfassung der quantitativen Verschiebungen in den Allelkonzentrationen (Genfrequenzen) innerhalb von Populationen erreicht die Populationsgenetik in erster Annäherung mit der mathematischen Bearbeitung des »schematischen Selektionsmechanismus«, d. h. des Zusammenwirkens von Mutabilität und Selektion ohne Berücksichtigung der übrigen Evolutionsfaktoren.

Die Frage lautet: Wie schnell können Mutationen, die einen bestimmten, meist nur geringen Selektionsvorteil gewinnen, das Artbild umprägen? »Selektionsvorteil« bedeutet, die Wahrscheinlichkeit, vor der Fortpflanzung zugrundezugehen, um einen bestimmten Bruchteil gegenüber der nicht begünstigten Konkurrenzform herabzusetzen. Dadurch verschiebt sich der Anteil der beiden Gruppen:

- Wenn ein Gen a zu a* mutiert, der Vorteil der Mutanten 0,01 (= 1%) und ihre Anfangshäufigkeit 0,001 der Gesamtpopulation beträgt, dann ergeben sich für verschiedene Nachkommenzahlen pro Elter (NZ = 5, 10, 50) Kurven, die die Zunahme der bevorteilten Merkmalsträger in der Generationenfolge und damit die Auslese an der Ursprungsform demonstrieren. Bei NZ = 50 sind im Falle der vollständigen Dominanz von a* nach etwa 1000 Generationen, bei Rezessivität aber erst nach über 25500 Generationen die Ausgangsformen ausgemerzt (B).
- Legt man den Berechnungen eine Anfangshäufigkeit von 0,1%, einen Selektionsvorteil von 0,001 bei NZ = 25 zugrunde, so siegt eine rezessive Mutante erst nach etwa 1700 Generationen, bei Kopulationsverbot zw. aa- und a*a*-Individuen (Selbstbefruchtung) nach etwa 500 Generationen (C).

Verhältnismäßig langsam setzen sich Formen durch, bei denen Allele verschiedener Genpaare, die frei kombinierbar und jeweils mutiert sind, additiv den Selektionsvorteil bedingen (D):

Die Kurven I und II gelten unter der Annahme, daß der Selektionsvorteil zweipaarig durch die mutierten Gene a^{1*} und a_2* bestimmt ist, daß Genotypen mit 4 und 3 fördernden Allelen (z. B. a_1* a_1* a_2* a_2*; a_1* a_1* a_2* a_2 oder a_1* a_1 a_2* a_2*) gegenüber $a_1a_1a_2a_2$ einen Selektionsvorteil von 0,01, Genotypen mit nur zwei fördernden Allelen (z. B. a_1 a_1 a_2* a_2*) den halben Vorteil haben, daß ursprünglich zu 0,1% Individuen entsprechend $a_1 \rightarrow a_1$* und $a_2 \rightarrow a_2$* mutierten, die Allele zufällig verteilt sind und NZ = 50 beträgt. Die Kurven III und IV beziehen sich auf entspr. Voraussetzungen bei dreipaarig-additiver Bedingtheit des Selektionsvorteils.

In allen diesen Berechnungen sind die Selektionsvorteile außerordentlich niedrig veranschlagt worden. Höh. Werte sind jedoch in der Natur keineswegs selten zu beobachten, so daß die Evolutionsgeschwindigkeit erheblich größer sein kann.

Die Bedenken, daß diese Generationenzahlen zur Erklärung der Evolution zu groß sind – spez. bei den rezessiven Mutanten, die ja weit überwiegen –, scheinen hinfällig zu sein. Denn da das Allel a* nicht einmalig neu entsteht, sondern mit einer bestimmten Mutationsrate fortwährend, steigt die Häufigkeit von a* allein schon durch den Mutationsdruck. Eine Berechnung von LUDWIG zeigt, daß durch Addition von gleichsinnig wirkendem Mutations- und Selektionsdruck die Zahl von 10^8 Generationen bei Rezessivität des neuen Allels auf 20000 zusammenschrumpft. Hinzu kommt, daß entsprechend der »Theorie der Dominanz« (II, S. 443) sich vorteilhafte rezessive Gene allmählich zur Volldominanz »emporarbeiten«.

Bei Zuhilfenahme der anderen Evolutionsfaktoren (Annidation, Elimination, Isolation) zu dem Wechselspiel von Mutation und Selektion ergibt die komplizierte populationsgenet. Berechnung eine weitere beachtliche Vergrößerung der Evolutionsgeschwindigkeit und des Zufallseffekts.

Rassen- und Artbildung bei der Kohlmeise

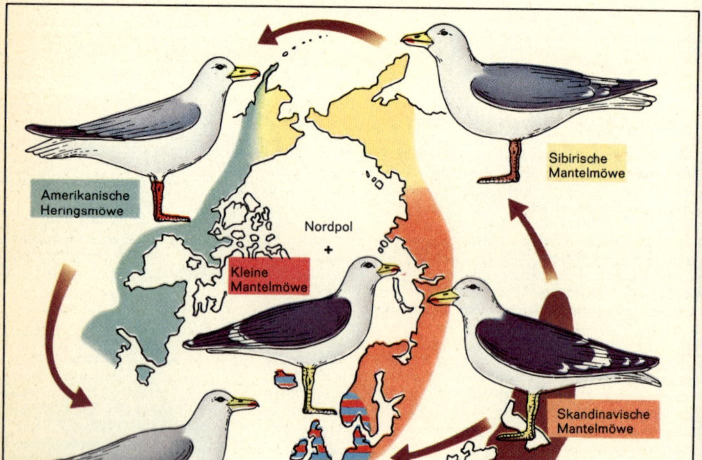

Circumpolare Überlappung bei Möwen

Die Mechanismen, die eine Art von ihren Verwandten fortpflanzungsmäßig isolieren, umfassen damit eine so wichtige Eigenschaftsgruppe dieser Art, daß sie definitionsgemäß das entscheidende Artkriterium darstellen (II, S. 459). Da zudem die Wirkungsweise der einzelnen Evolutionsfaktoren bei der Entstehung neuer Arten in ihrer jeweiligen Bedeutung schwer abzuschätzen ist, die Isolationsmechanismen aber großenteils erkennbar sind, eignen sie sich am besten dazu, einer Klassifikation der **Haupttypen der Rassen- und Artbildung** zugrunde gelegt zu werden:

1. Geographische Isolation: Trennung durch geograph. Faktoren wie Gebirge, Wüsten, Meere, Flüsse oder Kulturland hat die verbreitetste und schärfste Isolationswirkung.

2. Ökologische Isolation: Populationen, die im selben geograph. Gebiet leben, werden durch Umweltfaktoren isoliert, so daß sie getrennte Biotope oder ökolog. Nischen besetzen (II, S. 469).

3. Fortpflanzungsbiologische Isolation: Unterschiede in Paarungsverhalten, -zeiten, -auslösern, -stimmungen, Unstimmigkeiten in den Kopulationsorganen verhindern eine ungestörte Panmixie (II, S. 469).

4. Genetische Isolation: Trennung durch genet. Faktoren, bei der Populationen durch Änderungen in den Chromosomensätzen oder Gen-Anordnungen darin gehindert sind, sich erfolgreich fortzupflanzen (II, S. 447, 469).

Geographische Isolation

Sympatrische Arten oder Rassen können nur schwerlich aus einer einzigen Population entstehen, solange noch Panmixie herrscht. Andererseits kommt es bei allopatrischen Populationen, zwischen denen durch räuml. Trennung die Fortpflanzungsgemeinschaft aufgehoben ist, sehr leicht zu Artbildung. Daher konnte dieser Isolationsmechanismus bei fast allen Tiergruppen und verschiedenen Pflanzengruppen nachgewiesen werden: Die vorhandene Artenfülle muß überwiegend auf diese Differenzierungsform zurückgeführt werden.

Geograph. Rassen und Arten unterscheiden sich meist durch mehrere Gene voneinander. Damit sind sie insgesamt für Anpassungen in verschiedener Richtung geeignet und besitzen daher große evolutionäre Potenzen.

Die Unterscheidung »Rasse« oder »Art« ist oft dadurch erschwert, daß die Verbreitungsgebiete der einzelnen Rassen einer **polytypischen Art** sich mosaikartig aneinanderfügen und sich an den Arealgrenzen durch Bastardierung Übergangsformen entwickelt haben. Gerade solche **Rassenkreise** werden aber in den Fällen zu **Beweisen der Speziation** aus geograph. isolierten Rassen, wo sich extreme Glieder bzw. schon lange Zeit isolierte Rassen des Rassenkreises in einem sek. Überschneidungsgebiet unvermischt wie zwei neue Arten verhalten:

- Die *Kohlmeise (Parus major)* tritt in Eurasien in drei allopatrischen Formen auf (A). Die südliche Form geht in Persien kontinuierlich in die westliche, in Südostasien in die östliche infolge durchgehender Vermischung über. Nach der Eiszeit konnte die Westform so weit nach Osten vordringen, daß sie sekundär mit der Südform in Zentralasien und mit der Ostform im Amurgebiet sympatrisch wurde, ohne daß Vermischung auftritt.
- Nach der Eiszeit entwickelten sich aus *Möwen* der kaspischen Region die atlant. *Kleine Mantelmöwe (Largus fuscus graelsii)*, die *Skandinavische Mantelmöwe (L. fuscus fuscus)* und die pazifische *Sibirische Mantelmöwe (L. argentatus vegae)*, die sich in Nordamerika zur typ. *Amerikanischen Heringsmöwe (L. argentatus smithsoniatus)* weiter entwickelte und schließl. als *Britische Heringsmöwe (L. argentatus argentatus)* Nordwesteuropa besetzte. Sie lebt trotz des gemeinsamen Genpools rund um den Nordpol unvermischt mit der *Kleinen Mantelmöwe* sympatrisch (B).

In diesen Fällen war die Entw. eines Isolationsmechanismus möglich durch die **Verzögerung des Genflusses** durch eine lange Serie von Populationen.

Gut isolierte Gebiete (Inseln, Höhlen) beherbergen oft mehrere eng verwandte Arten, deren Stammart im Ursprungsraum einheitl. geblieben ist: Die **Erstbesiedler** aus der Stammpopulation waren in der Isolation bereits soweit genet. abgewandelt, daß eine Vermischung mit späteren **Folgebesiedlern** der gleichen Stammart unterblieb.

Entspr. der Bedeutung der Ausleseformen lassen sich versch. Typen der geograph. Isolation unterscheiden:

Richtungslose geograph. Isolation tritt besonders dann auf, wenn der Mutations- den Selektionsdruck übertrifft und wenn durch geringe Populationsgröße die Variationsbreite vermindert ist. Solche Bedingungen herrschen besonders in Inselgebieten mit ähnlicher (meist trop.) Umwelt, in der sich viele der richtungslosen Mutanten mit ihrer Vielfalt der Farben und Muster erhalten. Dabei lassen sich oft alle Stadien der Artbildung beobachten.

- Während *Gelbbauchdickköpfe* erst Rassen gebildet haben (II, S. 458f.), treten im gleichen Gebiet ein Dutzend versch. gefiederter echter Arten des *Drongo Dicrurus hottentottus* auf.
- Austral. *Vögel (Buntsittiche, Baumsteiger)* zogen sich bei zunehmender Austrocknung aus ihrem zentralen, ehemals bewaldeten Verbreitungsgebiet in die randlich isolierten Savannenreste zurück und entwickelten hier versch. gefärbte neue Arten.

Abgestuft variierende geograph. Isolation, bei der sich Merkmale gradweise von Form zu Form verschieben, kann in extrem kleinen Populationen vielleicht ohne Selektion durch Elimination ablaufen, meist ist sie jedoch selektiv bedingt und daher umweltparallel, wie dies im Bereich innerartl. Variationen bereits gezeigt wurde (II, S. 458f.). Da hier Umweltbedingungen eine Rolle spielen, ist die Abgrenzung zur ökolog. Isolation nicht einfach.

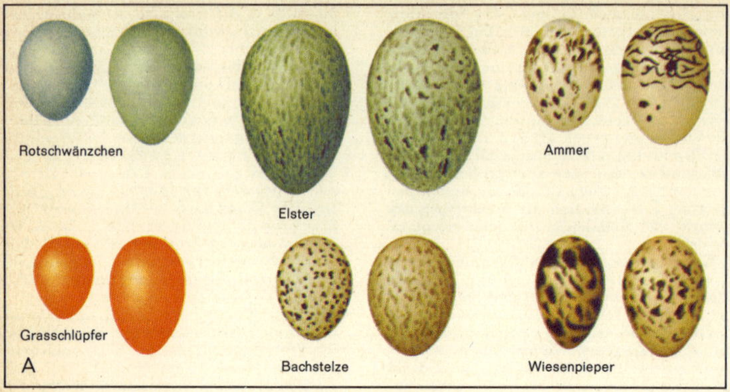

Anpassung der Kuckuckseier (rechts) an die Eier der Wirtsvögel (links)

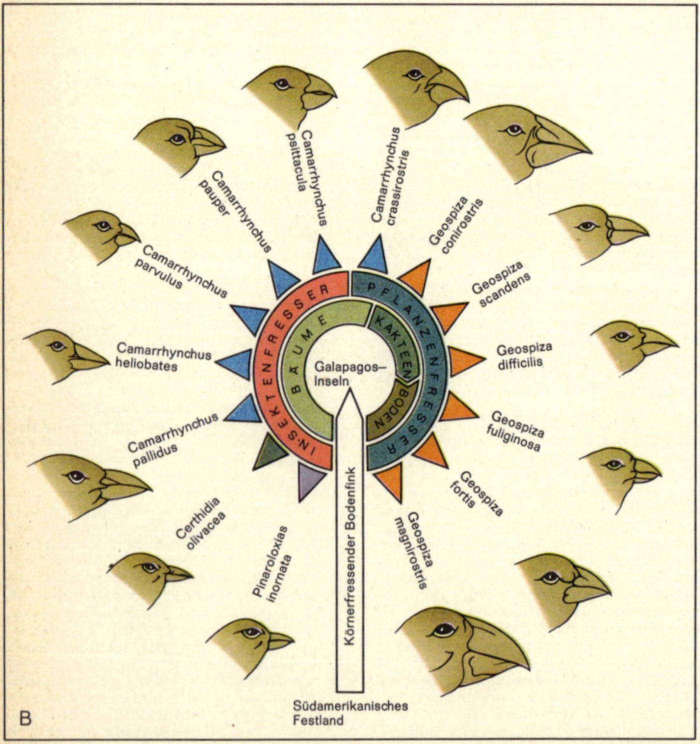

Evolution der Darwinfinken auf den Galapagos-Inseln

Ökologische Isolation
Die selektive Anpassung an best. Biotope ohne geograph. Sonderung ist als der Idealfall auf Parasiten beschränkt. Hier sind es eher physiolog. als morpholog. Merkmale, die die Formen trennen:
- Die bei vielen Menschenrassen und zusätzlich mit ihnen auch geograph. variierenden *Kopf-* und *Kleiderläuse* sind ökolog. isolierte Formen auf der Schwelle von ökolog. Rassen zu versch. Arten (gelegentl. Bastardierung).
- Trennung durch Wirtsanpassung zeigen die entoparasit. *Plasmodium*-Arten von *Mensch* und *Affe*, die *Zwergbandwürmer Hymenolepsis nana* und *H. fraterna* bei *Mensch* und *Mäusen*.
- Bei den brutparasitierenden *Kuckuck*-Arten bevorzugt die Selektion die Eier, die in Farbe, Musterung (und Größe?) den Wirtseiern nahekommen (A).

Für das Entstehen ökolog. isolierter Formen liefert z. B. der gelbe *Kleefalter Colias philodice* ein Modell:

Die weiße Mutante, die bei niedrigeren Temperaturen vitaler ist, fliegt am Frühmorgen und Abend, während die gelbe Normalform in der Zwischenzeit aktiv ist.

Das bekannteste Beispiel, das DARWIN an der Konstanz der Arten zweifeln ließ, stellen die *Darwinfinken* dar:

Der bodenbewohnende, körnerfressende *Fink Geospiza* besiedelte von Südamerika aus die etwa 1000 km westl. liegenden Galapagos-In. Er fand alle ökolog. Nischen erreichbar und frei vor und besetzte sie unter Evolution von 14 endemischen Arten (nur *Pinaroloxias inornata* kommt noch außerhalb, auf den 800 km entfernten Cocos-In., vor). Sie sind auf versch. Biotope und Nahrung spezialisiert (B). – Abgelegene Inseln zeigen außerdem die Wirkung geograph. Isolation: Da auf der Insel Hood der *Große Bodenfink* fehlt, besetzt der dort heimische *Kaktusfink* mit einer großschnabeligen Lokalrasse zusätzlich dessen ökolog. Nische.

Fortpflanzungsbiologische Isolation
Dieser Mechanismus, der ebenfalls mit einer geograph. Sonderung verknüpft zu sein scheint, wirkt aufgrund versch. Faktoren in manchen Fällen schon vor der Paarung und verhindert sie dadurch:

Jahreszeitliche Aktivitätsunterschiede: In Abhängigkeit von Temperatur oder Licht haben sympatr. Arten versch. Fortpflanzungszeiten. Der *Seefrosch* laicht 3 Wochen vor dem *Wasserfrosch*. Klimafaktoren können aber die Fortpflanzungsstimmung synchron reifen lassen, so daß die Isolation nicht vollständig ist.

Verhaltensschranken: Unvollständiger Besitz oder Fehlen sex. Auslöser opt., akust. oder chem. Natur läßt die Balz vorzeitig enden (I, S. 149), obwohl der Paarungstrieb bei beiden Partnern vorhanden ist.
Eine erstaunl. Form ökolog. und fortpflanzungsbiol. Isolation mit einzigartigen Anpassungen zeigen brutparasitierende afrikan. *Witwenvögel (Viduinae)*. Ihre Jungvögel kopieren die artspezif. Wirtsvogelarten *(Prachtfinken)* in Aussehen, komplizierten Rachenmustern, Bettelbewegungen und -lauten völlig, unter den *Paradieswitwen* z. B. *Steganura paradisaea* den *Buntastrild*. Da nun 7–8 Wochen alte *Witwenvögel* das gesamte Gesangsrepertoire ihrer Pflegeeltern erlernen (Prägung, II, S. 401), vermögen später geschlechtsreife Weibchen »ihre« nestbauenden Wirtsvogelpaare zu finden, deren Verhalten dann das *Witwen*-Weibchen paarungsbereit macht (interspezif. Auslöser). Das *Witwen*-Männchen jedoch wirbt mit einem Gesang, in dem genet. fixierte, aber nur für *Prachtfinken* typische Strophen mit vollendeten Kopien des Wirtsgesangs abwechseln. Dieser artfremde Gesangsteil isoliert die einander äußerlich sehr ähnlichen sympatr. Arten; denn je vollkommener ein *Witwen*-Männchen die Strophen der gemeinsamen Wirtsart vorträgt, desto attraktiver ist es für das partnersuchende Weibchen.

Mechanische Kopulationsschranken: Neben Größenunterschieden zw. nahestehenden Formen *(Bernhardiner/Pinscher)* wirken bei Tieren mit festen Außenskeletten *(Insekten)* abweichende Formen der Kopulationsorgane isolierend.

Andere Faktoren verhindern zwar nicht die Kopulation, jedoch später die Weiterentw. bei Bastardierung:

Gametensterblichkeit: Spermien fremder Formen werden im Genitalweg der Weibchen gelähmt oder abgetötet, z. B. bei Kreuzungen zw. *Drosophila americana* und *D. virilis*. Dem entspricht bei *Pflanzen* die Wachstumshemmung des Pollens auf artfremder Narbe (Inkompatibilität).

Avitalität der Bastarde: Zygotensterblichkeit, Bastardunterlegenheit und -sterilität sind bekannte Erscheinungsformen der reproduktiven Artisolation. Bastardembryonen best. Leinarten sind z. B. zu schwach, die äußere Samenschale zu durchbrechen. Werden sie künstlich herausgelöst, entwickeln sie sich zu normalen fertilen Pflanzen.

Genet. Voraussetzungen einer sex. Isolation sind bei Geschwisterarten analysiert: Männchen von *Drosophila pseudoobscura* und *D. persimilis* begatten vor allem arteigene Weibchen; *D. persimilis* bevorzugt auch noch solche Rückkreuzungsformen zw. Mischlingen beider Arten und *pseudoobscura*, die wenigstens ein X- oder II-*persimilis*-Chromosom haben. Experimentelle Auslese der Bastarde in Mischpopulationen verstärkt die Kreuzungsbarriere.

Genetische Isolation
Artbildung allein durch genet. Isolation gilt als selten. Zusammen mit geograph. Isolation gewinnt sie aber, vor allem bei *Pflanzen*, große Bedeutung, besonders auf der Basis der Polyploidie. Die natürl. Verbreitung dieses Isolationsmechanismus (Einzelheiten s. II, S. 447) wird durch die zufällig erreichten oder gezielt-experiment. Ergebnisse der Pflanzenzüchtung noch unterstrichen (II, S. 453).

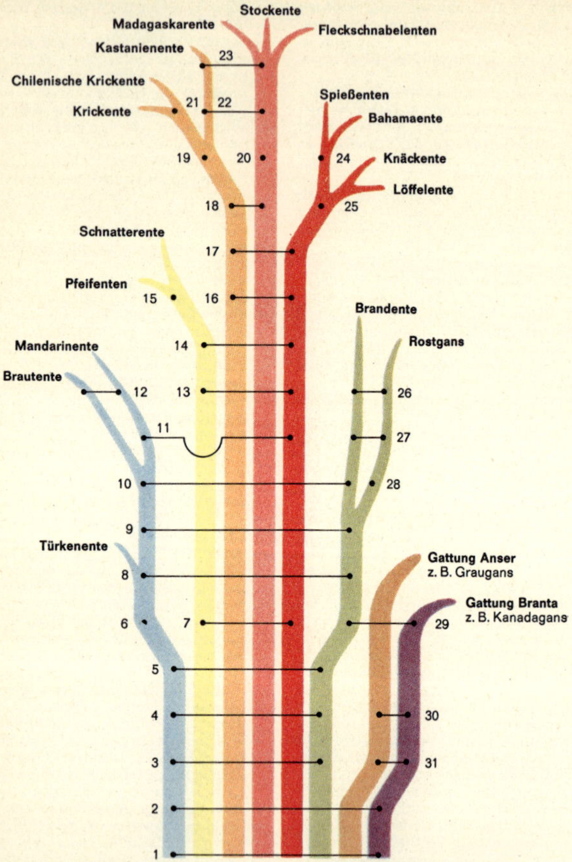

1 »Antrinken« als Befriedungs- und Balzbewegung
2 Einsilbiges »Pfeifen des Verlassenseins« beim Küken
3 Zweisilbiger Kükenstimmfühlungslaut
4 Mehrfarbiges Kükenkleid der Enten
5 Flügelspiegel
6 Zielende Kopfbewegung als Paarungseinleitung
7 Pumpen als Paarungseinleitung
8 Seihschnabel mit Hornlamellen
9 Hetzen der Ente als weibliche Balz
10 Schütteln als Imponier– und Balzbewegung
11 Gesellschaftsspiel der Erpel
12 Scheinputzen an einer besonderen Schmuckfeder
13 Einleitendes Sichschütteln bei der Erpelbalz
14 Decrescendoruf der Ente
15 Triumphgeschreiähnliches Kinnheben
16 Hochkurzwerden des balzenden Erpels
17 Hinterkopfzudrehen des Erpels
18 Gleiche Flügelspiegel bei Ente und Erpel
19 Schwarz–gold–grüner Krickentenspiegel
20 Schubkampf der Erpel
21 »Küdick«–Pfiff der Krickenten
22 Nickschwimmen der kokettierenden Ente
23 Paarungsnachspiel mit Nickschwimmen des Erpels
24 Hetzen der Ente mit erhobenem Vorderkörper
25 Lanzettförmige Schulterfedern
26 Schwarz–weißes Kükenkleid
27 Schwarz–weiße und rot–braune Flügelzeichnung
28 Ritualisiertes Schütteln fehlt
29 Halseintauchen als Paarungseinleitung
30 Einfarbiges Kükenkleid der Gänse
31 Mehrsilbiger Kükenstimmfühlungslaut

Gemeinsame Merkmale bei Entenvögeln

Bedeutung der Ähnlichkeit

Wenn mehrere komplexe Systeme wie Lebewesen oder menschl. Sprachen einander ähnlich sind und sogar in ihren grundlegenden Strukturen übereinstimmen, muß es dafür eine Ursache geben.

Während die aufgrund des Vergleichs von Vokabular, Wort- und Satzbau behauptete gemeinsame Abstammung des Spanischen, Französischen und anderer roman. Sprachen vom Lateinischen längst allg. anerkannt war, blieb der Biologie ein entspr. Erfolg zunächst versagt, obwohl die **Abstammungslehre** (Evolutionstheorie) die Ähnlichkeit der Organismen in gleicher Weise erklärte:

Die heute lebenden *Pflanzen* und *Tiere* haben sich aus andersgestaltigen Urformen entwickelt; die Ähnlichkeit zw. Lebewesen ist das Ergebnis ihrer Verwandtschaft, das Ausmaß der Übereinstimmung ein Maß für engere oder weitere Zusammengehörigkeit.

Direkte Beweise dafür liefert nur die experiment. Genetik und Züchtung (II, S. 453). Ihre Erkenntnismittel aber reichen an das Evolutionsproblem direkt nur soweit heran, als es sich um mikroevolutionäre Änderungen innerhalb von Populationen handelt, der Verwandtschaftskreis innerartl. Rassen oder nahestehender Arten also nicht überschritten wird. Allerdings wird von den innerartl. (infraspezif.) Vorgängen auch auf die überartl. (transspezif.) Prozesse geschlossen (II, S. 461–469).

Indirekte Beweise für die Abstammung von gemeinsamen Urformen werden jedoch in ungeheurer Fülle von den biol. Teilwissenschaften bereitgestellt. Sie stützen sich dabei auf den Vergleich von Strukturen (s. u.), von Lebensabläufen (II, S. 472ff.) und auf die räuml. und zeitl. Verbreitung (II, S. 476f.). Die zwanglose Deutung der Befunde im Sinne einer Evolution und die einheitl. Aussage trotz sehr unterschiedl. Methode (Bavink: »Konvergenz der Forschung«) haben der Abstammungslehre zur allg. Anerkennung verholfen.

I. Zeugnisse der Systematik

Auffälligerweise gibt es kaum Arten mit durchgehend konstanten Merkmalen. Meist sind Arten nämlich gar keine strengen systemat. Einheiten, sondern **Formenkreise** räuml. nebeneinander lebender Rassen mit fließenden Übergängen, jedoch auffälligen Unterschieden zw. den Extremen (II, S. 458f., 466f.). Auch zw. Gattungen und Familien sind Übergänge häufig, gelegentlich treten sogar fruchtbare Gattungsbastarde auf *(Rettich × Kohl, Weizen × Quecke)*.

Heute noch lebende **»rezente Brückenformen«** schaffen Zusammenhänge zw. höh. systemat. Einheiten: Das *Schnabeltier* hat noch Reptilienmerkmale (Kloake, eierlegend, schwankende Bluttemperatur), der *Peripatus* (I, S. 252f.) vermittelt zw. *Ringelwürmern* (Segmentierung, Fußstummel) und *Tausendfüßlern* (Mundwerkzeuge, Tracheenatmung), das *Lanzettfischchen* zw. *Wirbellosen* (Fehlen von Kopf, fünfteiligem Hirn, Gliedmaßen, Wirbeltiernieren) und *Wirbeltieren* (dorsales Stützgerüst, Rückenmark, Kiemendarm, fischart. Muskel- und Gefäßsystem).

Insgesamt demonstriert die Systematik, daß sie bei dem Versuch, im »natürl. System« (I, S. 227) zu klassifizieren, die stammesgesch. Verwandtschaft oft künstlich, ja sogar willkürlich zerreißen muß.

II. Zeugnisse der Verhaltensforschung

Die Verbreitung und Stufenfolge der Ähnlichkeit vieler Instinkthandlungen, bes. der Auslöser des Sozialverhaltens, lassen sich nur stammesgeschichtl. verstehen.

- *Enten* der Gattung *Anas* (z. B. die *Stockente*) unterscheiden sich zwar in ihrer Färbung beträchtlich, gleichen sich jedoch in ihrer sehr hoch diff. sozialen Balz.
- Der breitschnabelige *Kahnschnabel (Cochlearius)* Mittelamerikas rückt wegen der gleichart. Begrüßungszeremonie in die Verwandtschaft der *Nachtreiher (Nysticorax)*. Der die Kopfbewegungen unterstützende Federschmuck hat sich später und daher verschiedenartig entwickelt.

Heute lebende Arten spiegeln als Modelltypen einer **phylogenetischen Reihe** den histor. Gang der Entw. wider, die oft über einen Verlust der ursprüngl. Bewegungsfunktion zur Unterstützung der Signalbewegung durch opt. Strukturen verläuft:

Im Imponiergehabe des *Grauganters* ist das Offenhalten der Flügel die verlängerte Endphase des Fliegens. Bei der *Nilgans* ist es nicht mehr an einen vorausgegangenen Flug gebunden. Die *Orinokogans* hat diese selbständige Zeremonie weiterentwickelt: Hochaufgerichtet weist sie die auffällige Färbung der Flügelunterseite vor.

Bes. bei den *Entenvögeln* sind die Übereinstimmungen in Strukturen und Verhaltensweisen, häufig parallel auftretend und daher phylogenet. bes. überzeugend, von Lorenz untersucht worden (Abb.).

Nicht-homologe **»Anpassungsähnlichkeiten«** durch konvergente Entw. sind dagegen z. B. das bachstelzenhafte Schwanzwippen insektensuchender *Sperlingsvögel* oder der durchdringende, schwer zu ortende Warnlaut von *Amsel*, *Buchfink* und *Kohlmeise*.

III. Zeugnisse der Parasitologie

Parasiten stammen von ursprüngl. frei lebenden Vorfahren ab. Aber nicht nur ihre embryolog. Entw. liefert Evolutionsbeweise (II, S. 473), sondern auch ihre Wirtsspezifität, die es ihnen erschwert, sich eine neue Wirtsart zu suchen. Rezente Wirte haben ihre Parasiten von den Ahnformen mitbekommen:

- *Läuse* der Gattung *Pediculus* leben nur auf *Menschen* und *Schimpansen* und unterscheiden sich von denen anderer *Säuger*.
- *Flöhe* der Familie *Macropsyllidae* sind auf die *Mäuse* beschränkt.

Da sich die Bedingungen, unter denen Innenparasiten leben, weit weniger geändert haben als die der Wirte selbst, haben sich die Parasiten divergierender Wirtsarten nur wenig gewandelt und geben damit Hinweise auf die Verwandtschaft ihrer Wirte *(Bandwürmer* der *Warane* und *Riesenschlangen)*.

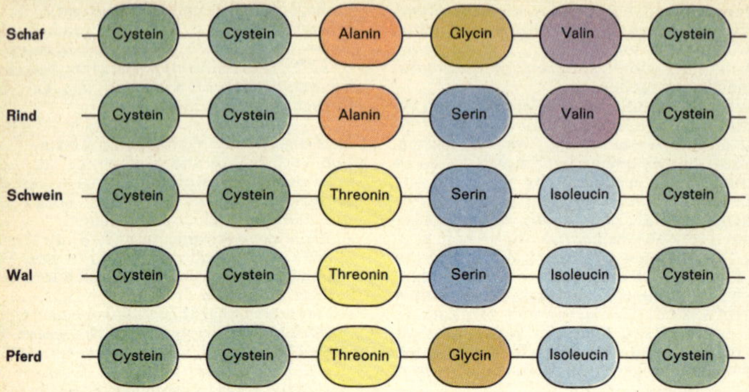

A **Artspezifische Sequenzunterschiede bei Insulin**

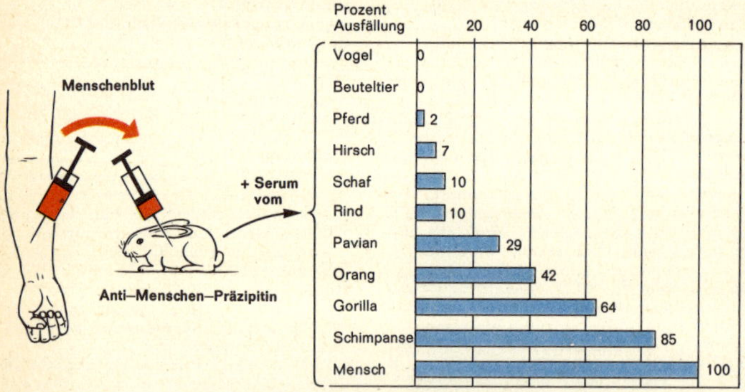

B **Serologische Bestimmung der Eiweißähnlichkeit zwischen Mensch und einigen Tieren**

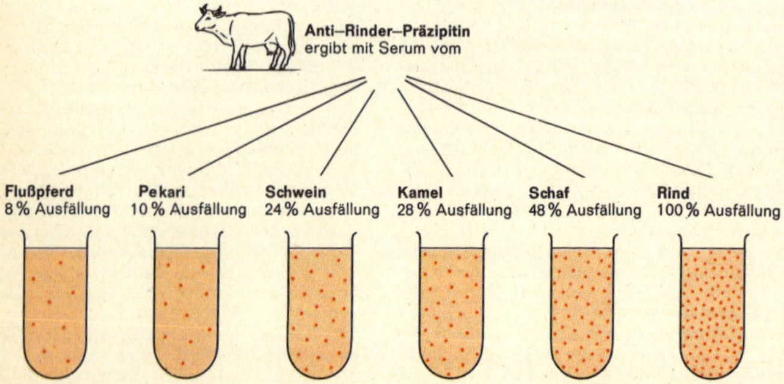

C **Eiweißverwandtschaft einiger Huftiere**

Biochemische und serologische Verwandtschaftsbeweise

IV. Zeugnisse der Physiologie
Die physiolog. Grundfunktionen der Vererbung, Entw., der Reizerscheinungen und des Stoffwechsels gleichen sich in allen oder mindestens in sehr vielen Organismen, was nur durch die Phylogenese, nicht durch spontane Entstehung neuer Arten verständlich ist.

V. Zeugnisse der Biochemie
Die vergleichende Untersuchung organismeneigener Stoffgruppen belegt z.B. durch die Universalität einzelner Wirkstoffe (ATP, NAD^+, II, S. 277) oder des DNA-Codes (II, S. 439) den gemeinsamen Ursprung alles Lebendigen, läßt darüber hinaus aber auch Rückschlüsse auf die biol. Verwandtschaft ihrer Träger zu.

Der weiße und gelbe Farbstoff der Schmetterlingsflügel bei *Weißlingen (Pieriden,* z.B. *Kohlweißling, Zitronenfalter)* ist ein Harnsäure-Abkömmling, der auf diese Familie beschränkt ist und daher von einer gemeinsamen Ahnform stammen muß.

Die engere Verwandtschaft der *Wirbeltiere* mit den *Stachelhäutern* legt das Auftreten der ATP-regenerierenden Phosphate nahe:

Während *Wirbellose* meist Argininphosphat enthalten, *Wirbeltiere* dagegen immer Kreatinphosphat, besitzen *Seesterne* und der *Eichelwurm Balanoglossus* entweder nur Kreatin- oder daneben auch Argininphosphat.

Die Eiweiße jeder Art sind streng spezif. und unterscheiden sich von andersartigen. Man kann sie durch Elektrophorese, d. h. die typ. Bewegung der Moleküle im elektr. Feld, voneinander isolieren:

Elektrophoret. Trennung der Eiweiße aus versch. Vogeleiern belegt die Ähnlichkeit und damit engere Verwandtschaft zw. *Störchen* und *Flamingos*, *Schwalben* und *Kolibris*, *Eulen* und *Ziegenmelkern*.

Bes. aufschlußreich sind Sequenzanalysen bei Nukleinsäuren (DNA) und Eiweißen. Die Größe der Übereinstimmung ist dabei ein Maß der stammesgeschichtl. Verwandtschaft:

- DNA-Doppelspiralen lassen sich halbieren und unter best. Umständen mit radioaktiv markierten, fremden Einzelsträngen komplementär neu verbinden. Solche Ergänzungen verlaufen umso vollständiger, je ähnlicher die DNA-Moleküle bzw. die sie liefernden Organismen sind. Sie betragen zw. *Maus* und *Hamster*, *Meerschweinchen*, *Mensch* jeweils 55 und 24 und 20%, zw. *Mensch* und *Rhesusaffe* 85%.
- Die kürzere Kette des Insulins (vgl. I, S. 20) ist bei verwandten *Säugern* nur im mittleren Teil durch Austausch von 1–2 Aminosäuren abgewandelt (A).
- Die Unterschiede in dem aus 104–108 Aminosäuren bestehenden Atmungsferment Cytochrom c betreffen von den *Säugern* zu den *Vögeln* 10–15, den *Fischen* 20, der *Hefe* 43–49 Aminosäuren. Zw. *Mensch* und *Rhesusaffe* beträgt der Unterschied 1.

Ähnliches zeigen die Sequenzanalysen von Hypophysenhormonen (Corticotropin, Melanotropin) oder Hämo- und Myoglobinen.

VI. Zeugnisse der Serologie
Die bei der »erworbenen Immunität« (II, S. 319) im Blutplasma vorliegenden Präzipitine bilden nicht nur mit dem spezif. Antigen einen Niederschlag (Präzipitinreaktion), sondern in schwächerem Maße auch mit den Eiweißen einer dem Antigen-Spender verwandten Art, und zwar quantitat. abgestuft nach dem Grad der Verwandtschaft:

- Gegen Menscheneiweiß eingestelltes Präzipitin irgendeines Versuchstieres fällt Affenserum etwa zur Hälfte aus, nicht dagegen Beuteltier- oder Vogelserum (B).
- Gegen Rinderblut wirksames Antiserum zeigt durch versch. starke Ausfällung die verwandtschaftl. Beziehungen einiger *Huftiere* (C).

Solche serolog. Tests haben bestätigt, daß *Wale* den *Paarhufern*, *Moschusochsen* den *Ziegen* und *Schafen*, nicht aber den *Rindern* am nächsten stehen, und daß die *Hasenartigen* nicht zu den *Nagetieren* gehören.

VII. Zeugnisse der Embryologie
Auf Verwandtschaft deuten auch die zahlr. Übereinstimmungen bei Embryonen versch. Tier- und Pflanzengruppen, deren Erwachsene einander nicht mehr ähnlich sind:

- Die Embryonen verschiedener Wirbeltierklassen, z.B. *Haifisch*, *Küken* und *Mensch*, sind sowohl in der Gesamtform als am Kopf mit seinen Augen, Nasenlöchern, Ohren, Kiemenspalten, an den Gliedmaßen, dem Herzen und Schwanz kaum zu unterscheiden.
- Nicht nur *Schnecken* und *Muscheln*, sondern auch meeresbewohnende *Ringelwürmer* gehen aus einer *Trochophora*-Larve hervor. Sie stammen also von einer gemeinsamen Ahnform ab, bei der es schon eine solche Larve gegeben haben muß.
- Die Verwandtschaft zwischen *Stachelhäutern* und den zu den *Chordatieren* überleitenden *Eichelwürmern* bestätigt der diesen Formen gemeinsame Larventyp der *Dipleurula*.

Die Embryologie kann vor allem auch die Stellung hochspezialisierter Formen aufdecken:

- Da die bis 1830 den *Weichtieren* zugeordneten »*Entenmuscheln*« (z. B. *Lepas*) eine *Nauplius*-Larve besitzen, die sonst nur bei *Krebsen* vorkommt, konnten sie als seßhaft gewordene *Krebse* erkannt werden.
- Aus dem gleichen Grunde konnte die auf *Taschenkrebsen* parasitierende, formlose und fast bis auf einen Sack mit Keimzellen zurückgebildete *Sacculina* (I, S. 216f.) als *Krebs* eingeordnet werden.

Häufig finden sich embryonale Strukturen, die für die heutigen Arten überflüssig, aber als Überbleibsel eines bei den Vorfahren notwendigen Organs stammesgeschichtl. verständlich sind (HAECKEL: Biogenet. Regel der embryolog. Wiederholung phylogenet. Entwicklungsstadien), z. B. menschl. Kiemenspalten, Schneidezahnanlagen im Oberkiefer bei *Paarhufern*, laubblattähnliche Keim- und Primärblätter bei *Pflanzen* mit zu Schuppen reduzierten Folgeblättern.

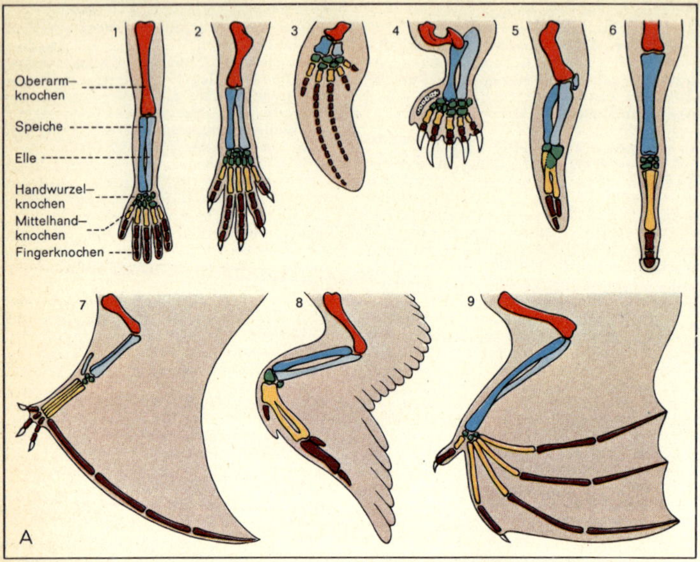

Homologe Organe: Vordergliedmaßen von Mensch (1), Eidechse (2), Wal (3), Maulwurf (4), Pinguin (5), Pferd (6), Flugsaurier (7), Vogel (8), Fledermaus (9)

Analoge Organe: Grabbeine

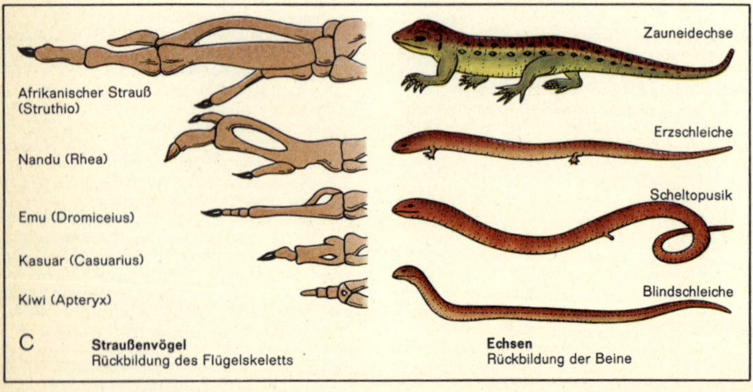

Rudimentäre Organe: Rückbildung der Beine

VIII. Zeugnisse der Morphologie

Ähnlichkeit in der äußeren Gestalt oder in Anordnung und innerem Bau einzelner Organe war schon für DARWIN ein Hinweis auf die Verwandtschaft der betr. *Pflanzen* und *Tiere*.

- Die Gliedmaßen der *Wirbeltiere* (I, S. 120f.) oder *Insekten* (I, S. 112f.) bestehen aus sehr spezif. Bauelementen, die bei den jeweils gemeinsamen Ahnformen entw. wurden.
- Die Zahl der Halswirbel beträgt bei den *Säugern* 7, mag der Hals lang *(Giraffe)* oder kurz *(Maulwurf)* sein.

Solch ein **gemeinsamer Bauplan** der Angehörigen derselben systemat. Gruppe, d. h. eine Ähnlichkeit trotz versch. Sonderanpassungen (z. B. bei Parasiten, Wasser- oder Trockenformen, seßhaften Tieren) leuchtet bei Annahme der Evolutionstheorie sofort ein. Begreiflich werden dadurch auch Organe mit keineswegs notwendigen Strukturen, wenn man sie als **Abwandlungen des Grundtyps** ansieht.

Das gegliederte Stützgerüst der Wirbeltierextremität (Oberarm-, 2 Unterarm-, Handwurzel-, Mittelhand- und Fingerknochen) ist auch in der Flosse des *Delphins* und dem Flügel der *Vögel* und *Fledermäuse* beibehalten worden und mußte für die neuen Funktionen in seinen Proportionen beträchtl. abgeändert werden (A).

Solche Organe, die äußerlich nach Bau und Verwendungsart versch. sein können, sich aber auf den gleichen Grundtyp zurückführen lassen, heißen **homologe Organe.** Weitere Beispiele sind die Insektenmundwerkzeuge (I, S. 112), Wirbeltiergehirne (II, S. 490), die Wurzel-, Sproß- und Blattmetamorphosen (I, S. 96–101).

Gebilde gleicher Funktion, die jedoch einen anderen Bauplan haben und versch. Herkunft sind, nennt man dagegen **analoge Organe**: Die Flügel eines *Vogels* und eines *Insekts*, die schaufelförmigen Grabbeine des *Maulwurfs* und der *Maulwurfsgrille* (B), die Speicherknolle der *Kartoffel* und *Dahlie* sind als Anpassungsähnlichkeiten im Laufe einer gleichgerichteten, »konvergenten« Entw. entstanden. Analogien bestätigen nicht die Verwandtschaft, eher die anpassende und schöpferische Wirkung der Selektion.

Homologe Strukturen bei versch. *Tieren* sind bezügl. benachbarter Systemelemente ident. angeordnet. Diese Konstanz der räuml. Beziehungen ermöglicht das Homologisieren auch in den Fällen starker Funktions- und Gestaltwandlung:

Die stammesgeschichtl. Ableitung der Gehörknöchelchen bei *Säugern* von den Kiefergelenksknochen der *Reptilien* (»Reichertsche Theorie«, vgl. I, S. 120, II, S. 482) stützt sich auf die Lagebeziehung der Knochen zu den benachbarten Nerven, Gefäßen und Muskeln.

Oft lassen sich homologe Organe oder Systeme in phylogenet. Reihen **(Progressionsreihen)** vom Einfachen zum Komplizierten ordnen, z. B. das ZNS der *Wirbellosen* und *Wirbeltiere* (II, S. 490), das Kreislaufsystem und Herz (I, S. 120), Schwimmblase und Lungen der *Wirbeltiere*.

Eine der stärksten morpholog. Stützen der Deszendenztheorie stellen funktionslos gewordene, rückgebildete Strukturen dar. Wenn sich die Umweltbedingungen für einen Organismus ändern, kann der Selektionsdruck auf die Aufrechterhaltung bislang lebenswichtiger Konstruktionen nachlassen und somit ein Verkümmern zu einem **rudimentären Organ** zulassen, wenn die entspr. Mutanten dadurch nicht in ihrer biol. Tauglichkeit gegenüber den ursprüngl. Formen gemindert sind:

- Die Rippen der *Schildkröten* sind fest mit dem Rückenpanzer verwachsen und darum völlig unbeweglich; dennoch besitzt eine junge *Teichschildkröte* noch Reste von Zwischenrippenmuskeln, die ihre Funktion in der Stammesgesch. seit mindestens 200 Mill. Jahren eingebüßt haben.
- Obwohl sich die Embryonen der *Beuteltiere* im Mutterleib entwickeln und durch eine Placenta ernährt werden, haben sie über 100 Mill. Jahre der Phylogenese noch Reste ihrer Reptilienherkunft bewahrt: Die Eier enthalten Dotter, Eiweiß und Schalen, die Embryonen eine Eizahn-Papille.
- Sek. *Wassersäuger* haben bes. Hals, Gliedmaßen und Schwanz zurück- und umgebildet. Der *Wal* z. B. hat keine Hinterbeine mehr, im Körperinnern liegen Reste vom Beckengürtel.
- Parasit. lebende *Samenpflanzen* haben die Laubblätter zu chlorophyllfreien Schuppen reduziert (z. B. *Fichtenspargel* [*Monotropa*]), den ganzen Sproß rückgebildet (z. B. *Rafflesia*, mit Riesenblüte unmittelbar auf der Wirtspflanze) oder sogar die Wurzeln rudimentiert *(Teufelszwirn* [*Cuscuta*]*)*.

Innerhalb mancher Gruppen lassen sich bei den versch. Arten unterschiedl. weit fortgeschrittene Rückbildungen feststellen, die sich zu einer phylogenet. Reihe zusammenstellen lassen, ohne daß damit gemeint ist, die Vertreter einer solchen **Regressionsreihe** seien einer aus dem anderen entstanden.

- Bei den flugunfähigen *Straußenvögeln* sind die Elemente des Flügelskeletts in unterschiedl. Maße nach Zahl und Größe rückgebildet und verwachsen (C).
- Versch. Eidechsenarten zeigen mehrere Stufen der Rückbildung ihrer Gliedmaßen. *Zauneidechsen* haben gut entwickelte fünfzehige Vorder- und Hinterbeine, die die schlängelnde Fortbewegung wesentl. unterstützen. Die sehr kurzen, dreizehigen Beine der *Erzschleiche* spielen bei der Bewegung keine große Rolle. Beim mittelmeer. *Scheltopusik* fehlen die Vorderbeine, die stummelförmigen Hinterbeine sind funktionslos. Unsere *Blindschleiche* endlich ist beinlos, doch finden sich noch Reste des Beckengürtels und ein vollständiger Schultergürtel (C).
- Unter den *Rachenblütlern* besitzt die *Königskerze* 5 Staubgefäße, von denen bei der *Braunwurz* eines reduziert, beim *Fingerhut* eines ausgefallen ist; die beim *Gnadenkraut* neben den 2 fruchtbaren noch vorhandenen 2 verkümmerten Staubgefäße fehlen beim *Ehrenpreis* ganz (I, S. 240 A).

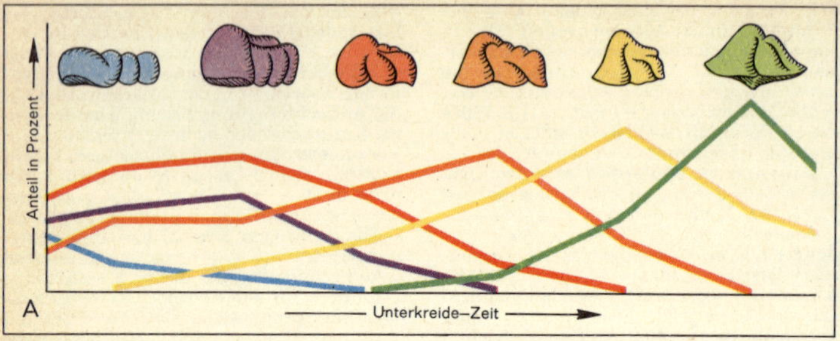

Verbreitung aufeinanderfolgender Schalentypen eines Lochkammerlings in der Kreidezeit

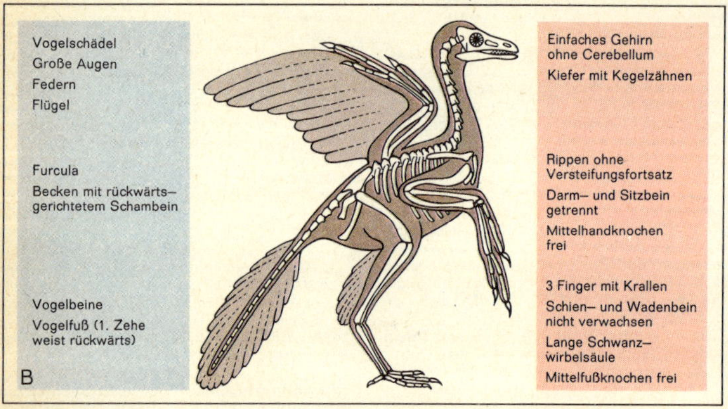

Reptilien- und Vogelmerkmale beim Urvogel

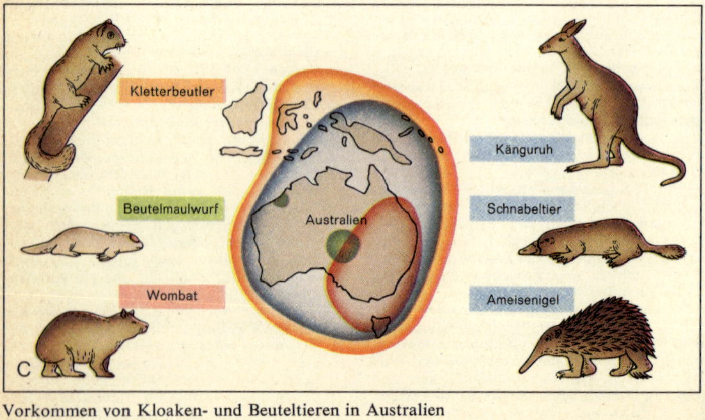

Vorkommen von Kloaken- und Beuteltieren in Australien

X. Zeugnisse der Paläontologie

Überreste von *Pflanzen* und *Tieren* früherer Epochen blieben in den Erdschichten im allg. nur dann bewahrt, wenn erhaltungsfähige Feststoffe (Holz, Innen- oder Außenskelett) vorlagen und die Leichen bald von konservierendem Material bedeckt wurden (Sedimente, Flugsand). Die fossilen Urkunden müssen daher lückenhaft bleiben. Dennoch liefert die Paläontologie wichtige Beweise für die Evolutionstheorie.

Vor allem belegt sie zwingend den **Wechsel im Formenbestand** der Organismen innerhalb der Erdgesch., das ständige Werden und Verlöschen neuer Typen und bestätigt voll die für den Gesamtablauf der Evolution zu fordernde **Zunahme in Menge und Ausmaß der Differenzierung:**

- Die Zahl der versch. pflanzl. Zelltypen stieg von 1–3 (vor 1,5 Mrd. Jahren) über 6–10 (vor 600 Mill. Jahren) und 40 (vor 400 Mill. Jahren) auf gegenwärtig 76.
- In der Stammesgesch. der *Pflanzen* wie *Tiere* (II, S. 480–483) wächst die Organisationshöhe (Anagenese, II, S. 491) von den geolog. älteren zu den jüngeren Vertretern (»Histor.-morpholog. Progression«: *Algen-Tange-Farne-Nacktsamer-Bedecktsamer*).

Nahezu lückenlose **Ahnenreihen**, die die Evolutionsfolge im Umwandlungsprozeß einer systemat. Einheit (Art, Gattung) aufzeigen, sind von *Dreilappenkrebsen (Trilobiten)*, *Austern*, *Schnecken*, *Ammoniten* (Verwandte der *Tintenfische*), *Elefanten*, *Kamelen* und *Pferden* (vgl. II, S. 484f.) bekannt, manchmal sogar Populationsanalysen:

Der *Lochkammerling Globorotalites* änderte während der Kreidezeit kontinuierlich sein Schalengerüst. Dabei verschob sich der Anteil der einzelnen Typen an den jeweiligen Populationen zeitlich in den geolog. aufeinanderfolgenden Ablagerungsschichten (A).

Von bes. Bedeutung sind Funde ausgestorbener Formen, die als **»fossile Brückentiere«** (Kollektivtypen) in sich Merkmale vereinigen, die mehreren, durch die spätere Eigenentw. scharf voneinander geschiedenen Gruppen gemeinsam sind, so daß die Vorfahren dieser Gruppen in jener Ahnform gleichsam zu einer systemat. Einheit verschmelzen:

- Der in Grönland im Oberdevon gefundene *Ichthyostega*, ein »Fisch mit Beinen«, besaß noch eine knöchern abgestützte Rükkenflosse, aber primitive Lungen, und 4 Beine mit je 5 Zehen. Er zählt zu den frühen *Dachschädlern (Stegocephalen)*, die den Übergang von den *Fischen (Quastenflosser)* zu den landlebenden *Wirbeltieren (Amphibien*, *Reptilien*) bilden (Schultergürtel noch mit dem Kopf, Becken noch nicht mit der Wirbelsäule verbunden).
- *Seymouria* aus dem Unter-Perm ist teils noch *Lurch* (Seitenliniensystem am Schädel, tiefer Ohrschlitz), teils schon *Reptil* (Choanen nah zusammen, Articulare und Supraangulare getrennt).
- Der taubengroße *Urvogel Archaeopteryx* der Jurazeit zeigte ein Mosaik von Reptilien- und Vogelmerkmalen (B).

X. Tier- und pflanzengeographische Zeugnisse

Im Laufe der Erdgesch. haben Oberflächengestalt und Ausdehnung der Kontinente stark geschwankt. Da nun Meere und hohe Gebirge die freie Wanderung der Landorganismen, große Landmassen diejenige von Wasserformen beschränkten, sind Zusammenhang der einzelnen Areale und Ausmaß der Verschiedenheit ihrer Bewohner eng miteinander verknüpft:

- Die Lebewesen der gekoppelten nördl. Festlandmasse unterscheiden sich nicht grundsätzlich, während die erdgeschichtl. schon lange isolierten Südkontinente ihre ihnen eigentüml. Arten bewahrt (Reliktendemiten) oder neu entwickelt haben (progressive Endemiten), Südamerika z. B. *Nandu*, *Breitnasenaffen*, *Zahnarme (Ameisenbär*, *Faultier)*.
- Australien, das zu Ende der Kreidezeit isoliert wurde, als erst *Kloaken-* und *Beuteltiere* erschienen waren, konnte diese bewahren, da sie nicht im Wettbewerb mit hier fehlenden *höh. Säugern* unterlagen (C).

Bes. die ozean. Inseln (Galapagos, Hawaii) mit ihren endem. Formen ließen bereits DARWIN die Frage nach der Ursache solcher ähnlichen, aber doch abgewandelten Arten in isolierten Verbreitungsgebieten stellen: »Sollen wir denn annehmen, daß die versch. Arten der *Nashörner*, die jeweils für sich Java, Sumatra und Malakka bewohnen ... aus der toten Materie dieser Gebiete erschaffen wurden? Sollen wir wirklich ohne vernünftigen Grund sagen, daß sie deshalb, weil sie so nahe beieinander leben, einander sehr ähnl. erschaffen wurden; daß sie im gleichen Gattungstyp erschaffen wurden wie das *sibir. Wollnashorn* und andere ausgestorbene Arten? ... Gibt es keinen Grund dafür, daß ihr kurzer Hals dieselbe Wirbelzahl enthält wie der lange Giraffenhals; daß ihre dicken Beine nach demselben Plan gebaut sind wie die Beine der *Antilopen*, der *Maus*, des *Affen*, oder wie der Fledermausflügel und die Delphinflosse; ... daß in den Kiefern ihrer Jungen kleine Zähne sitzen, die nie hervorbrechen; daß diese drei *Nashörner* durch solche nutzlosen Zahnreste sowie andere Merkmale in ihren Embryonalstadien anderen *Säugern* weitaus ähnlicher sind als im erwachsenen Zustand; und schließlich, daß in noch früheren Entwicklungsstufen ihre Blutgefäße wie bei *Fischen* verlaufen und das Blut zu gar nicht vorhandenen Kiemen bringen? ... Sollen wir nach all dem sagen, daß von jeder dieser drei Arten ein Paar oder ein trächtiges Weibchen für sich allein – mit deutlichen Merkmalen echter Verwandtschaft, in einigen Einzelheiten mit dem Stempel der Nutzlosigkeit, in anderen mit dem der Umformung – aus unbelebten Stoffen Javas, Sumatras und Malakkas erschaffen wurden? Oder stammen sie, wie unsere Haustiere, von demselben Urahnen ab? Ich für meinen Teil kann die erstgenannte Annahme ebensowenig bejahen wie ich annehmen kann, daß der freie Fall eines Steines nicht durch die Schwerkraft erfolgt, sondern durch den direkten Wunsch des Schöpfers.«

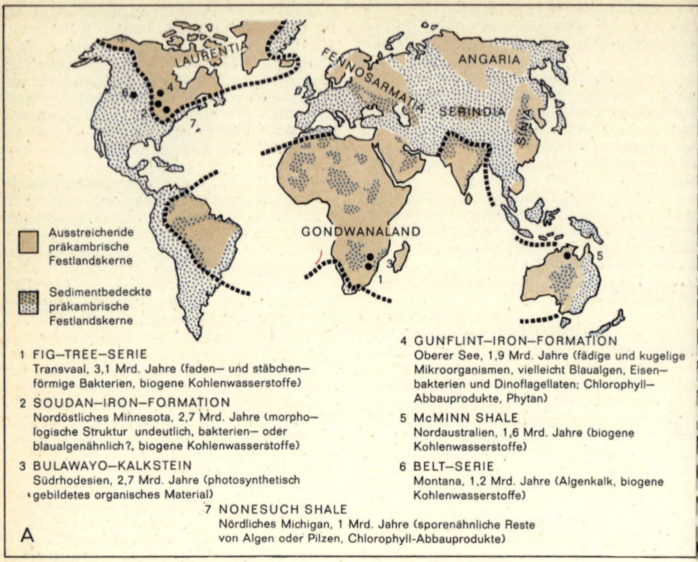

Präkambrische Festlandskerne mit Fundorten frühester Lebensspuren

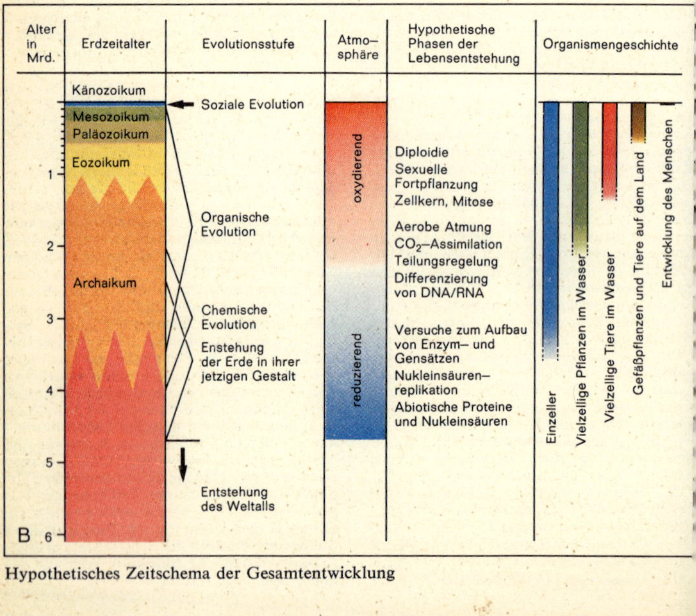

Hypothetisches Zeitschema der Gesamtentwicklung

Beginn des Lebens auf der Erde

Das Evolutionsproblem mündet folgerichtig ein in die Frage nach der Entstehung des Lebens (Biogenese). Die Kenntnisse darüber sind aber nur unsicher, da reicheres paläontolog. Fundmaterial nur bis zum Ende der Erdfrühzeit (vor etwa 600 Mill. Jahren) zurückreicht, wo bereits alle Stämme der *Wirbellosen* vorhanden und z. T. hochentw. waren. Ältere, also präkambrische Fossilien sind selten (A):

- *Blaualgen*-ähnliche verkieselte Organismen wurden in der 1,9 Mrd. Jahre alten Gunflint-Iron-Formation des kanad. Schildes in mehreren Arten gefunden.
- Das stäbchenförm. *Eobacterium isolatum* und die photosynthet. aktive *Blaualge Archaeosphaeroides barbertonensis* wurden in 3,1 Mrd. Jahre alten Schichten in Transvaal identifiziert.

Vor dieser Zeit, also vor mindestens 3 Mrd. Jahren, müssen demnach die ersten Organismen entstanden sein, d. h. organisierte, gegen die Umwelt abgegrenzte Gebilde von erhebl. chem. Kompliziertheit in Zusammensetzung und Aufbau, die sich selbst erhalten und in ihrer Art vermehren konnten. Voraussetzung für ihre Existenz war die an kein Leben gebundene (abiot.) Synthese biochem. wichtiger Substanzen, die als Molekül-Aggregate den Übergang von der unbelebten Materie zu primitiven Organismen schufen (B).

Abiotische Bildung organischer Stoffe

Die Erdatmosphäre vor 3 Mrd. Jahren war frei von Sauerstoff O_2, enthielt jedoch als anorgan. Substanzen wahrscheinlich:

Wasserstoff H_2	Methan CH_4
Ammoniak NH_3	Cyanwasserstoff HCN
Wasserdampf H_2O	Azetylen H_2C_2

Als **Energiequellen** für energieverbrauchende Synthesen waren verfügbar:

- Die **UV-Einstrahlung** der Sonne, die durch keine schützende Ozonschicht der Atmosphäre gemindert wurde,
- die **radioaktive Strahlung** und die **Wärme,** die beim Zerfall radioaktiver Elemente und als Folge der Kompression bei der Verfestigung der Erde entstand,
- **elektr. Entladungen** bei Gewittern.

Man hat im Experiment versucht, unter diesen Bedingungen der **Uratmosphäre** abiotisch die biochem. wichtigen Bausteine (Aminosäuren, Mononukleotide) herzustellen und sie zu Eiweißen bzw. Nukleinsäuren zu verknüpfen (Polymerisation).

Überraschenderweise gelingt die **Herstellung** von **Aminosäuren, Zuckern** und **Purinen** wie **Pyridinen** (I, S. 29) außerordentl. leicht. Aus der großen Fülle theoret. mögl. Verbindungen entstanden jedoch nur diejenigen, die sich auch natürlicherweise in Organismen finden, weil sie bes. stabil sind:

- Die Aminosäuren Glycin und Alanin entstehen bei Bestrahlung wäßr. Lösungen, die NH_3 und CH_4 enthalten; Gemische von NH_3, HCN und H_2O liefern bei Erwärmen zahlr. Aminosäuren, z. B. Arginin.
- Einfache Zucker (z. B. Traubenzucker, Ribose) entstehen in Gegenwart von Kalk aus wäßr. Lösungen von Formaldehyd; Acetaldehyd kondensiert zu Desoxyribose.
- Adenin, der bes. häufige Baustein in ATP, Nukleinsäuren und Enzymen, bildet sich in erwärmter HCN-NH_3-Lösung; Uracil, Cytosin und Thymin bei elektr. Entladungen in einer CH_4-NH_3-H_2O-Atmosphäre und nachfolgender Reaktion mit Harnstoff.

Die **Polymerisation** dieser Verbindungen zu den biochem. bedeutsamen Makromolekülen gelingt ebenfalls unter einfachen Bedingungen erstaunlich leicht:

- In Gegenwart von Polyphosphorsäure verbinden sich Aminosäure-Gemische bei 65° C zu eiweißart. Stoffen (MG 300000), die auch katalyt. Fähigkeiten z. B. der Esterspaltung besitzen.
- Bei 50–60° C polymerisieren Ribose, Purin- bzw. Pyrimidin-Basen mit Polyphosphorsäure zu hochmolekularen Nukleinsäuren, die sich autokatalyt. fördern.

Alle diese Experimente stützen die Annahme, daß sich die abiot. Synthese der wichtigsten organ. Verbindungen unter den Bedingungen der Uratmosphäre geradezu zwangsläufig ereignen mußte.

Organisation von Molekül-Aggregaten

Die Anreicherung und Ordnung dieser Makromoleküle in der stark verdünnten Lösung versucht die **Koazervat-Hypothese** (OPARIN) zu erklären.

Koazervate sind tröpfchenförmige Ansammlungen (Aggregate) versch. Makromoleküle in einer hochverdünnten Lösung, deren Inneres durch eine membranartige Grenzschicht von der umgebenden Flüssigkeit getrennt ist, mit ihr aber im Gleichgewicht steht und aus ihr in einer Art primitiven Stoffwechsel Stoffe ausgewählt aufnehmen kann:

- OPARIN versetzte in wäßr. Lösung das Eiweiß Histon und Phosphorylase mit ADP. Es entstanden Nukleinsäuren, die sich dann mit dem Histon zu Koazervattropfen vereinigten.
- Koazervate aus dem Polysaccharid Gummi arabicum und dem Eiweiß Histon nehmen das Enzym Phosphorylase auf. Zusatz von Glucose-1-phosphat bewirkt Speicherung von Stärke im Koazervattropfen, von Amylase den Stärkeabbau zu Malzzucker.

Analog zu diesen Versuchen können sich die abiot. entstandenen und in den Gewässern der Erde, der »Ursuppe«, gelösten Makromoleküle spontan zu Koazervaten sehr versch. qualitativer und quantitativer Zusammensetzung vereinigt haben. Immer neue Kombinationen konnten entstehen, bis vermutlich einmal auch solche Koazervate zusammentraten, deren Nukleinsäuren sich nicht nur selbst vermehren, sondern auch die Synthese von katalyt. wirksamen Eiweißen kontrollieren konnten. Sie besaßen die für lebende Organismen charakterist. Beziehungen zw. Nukleinsäuren und Eiweißen und damit die Möglichkeit, durch Mutation und Rekombination neue Eigenschaften der Umwelt zur Selektion anzubieten und so die Evolution in Gang zu bringen.

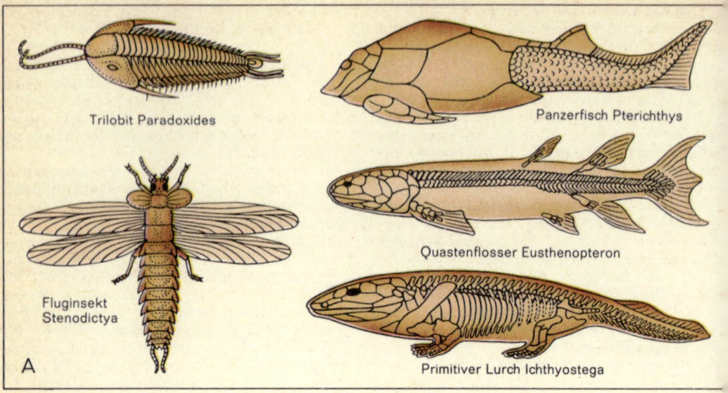

Tiere des Paläozoikums

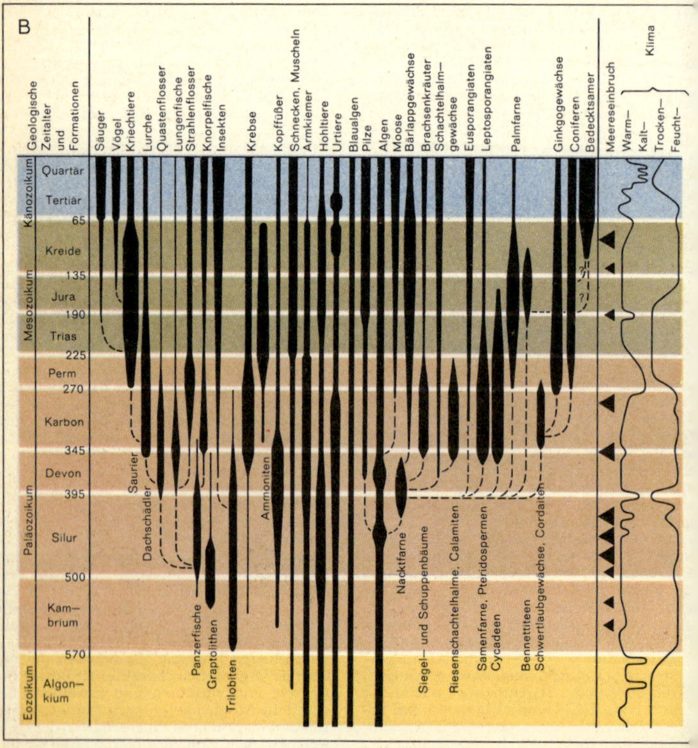

Auftreten und Verbreitung der Organismen in der Erdgeschichte

Der histor. Ablauf der Evolution der Organismen ist über eine Zeit von 1 Mrd. Jahren relativ gut belegt (B).

1. Erd-Urzeit (Archaikum): Aus dem ältesten geolog. Zeitalter sind die Fossilfunde nur sehr spärlich (II, S. 478f.) und z. T. umstritten. Die Trennung von *Pflanzen* und *Tieren* war noch nicht vollzogen.

2. Erd-Frühzeit (Eozoikum): Die Lebewesen waren ganz auf das Meer beschränkt, *Pflanzen* einfacher Kugel- oder Fadenorganisation herrschten vor – einerseits die bes. durch kalkschalige *Blaualgen* belegten *Spaltpflanzen (Schizophyten)*, andererseits die freibewegl. *Flagellaten*, aus denen sich während der 500 Mill. Jahre des Eozoikums sowohl Vorläufer versch. *Algen*-Stämme als auch *Wirbellose* abgeleitet haben: *Radiolarien* und *Schwämme* mit Kieselskelett, hornschalige *Armkiemer* vom Typ der heutigen *Lingula* (»Dauergattung«).

3. Erd-Altzeit (Paläozoikum): Einige Formen »entdeckten« harte Baumaterialien, die ihnen große Selektionsvorteile, uns aber überdauerndes Fundmaterial zum Evolutionsverlauf vermittelten.

Im Kambrium entfaltete sich in weltweiten Flachmeeren eine reiche Algenflora (kalkhaltige *Meeresschlauchalgen*); viele *Wirbellose* besiedelten auch den Meeresboden, begannen räuberisch zu leben und Schalen zu entwickeln.

Die Hälfte der 2500 Tierarten stellten die krebsartigen *»Dreilapper«* (*Trilobiten*, chitingepanzert, 1–70 cm, mit Kopf-, Rumpf-, Schwanzschild, zahlr. Einzel- oder hochentw. Facettenaugen, Fühlern, Schwimm- und Laufbeinen; A). Daneben waren schloßlose, in ihren Hornschalen nur gering mineralisierte *Armkiemer* verbreitet. *Weichtiere* waren selten und noch kaum gewunden.

Im Silur blühten die Stämme der *Wirbellosen* nach Formenfülle (26000 Arten) und Menge üppig auf: vierzählige *Korallen*, *Seelilien (Crinoiden)*, sämtl *Muschel*-Gruppen, spiralige *Schnecken*, große und hochentw. *Cephalopoden*, darunter die *Geradhörner* (*Endoceras*, 4,5 m) und der spiralig eingerollte *Nautilus*. Beherrschend und ungemein evolutiv, aber auf das Silur beschränkt waren die zu sägeblattartigen Kolonien vereinigten *Graptolithen*, im Flachmeer schwebende *Branchiotremata*. Im Untersilur durch Hautschuppen belegt, treten im Obersilur als erste *»Wirbeltiere«* in großer Zahl fischförm. *Kieferlose (Agnathi)* auf, denen Kiefer und Innenskelett fehlten, aber ein Saugmund und eine verknöcherte Haut zukam *(Knochenhäuter, Ostracodermi)*. Ihnen folgten die *Panzerfische* (*Placodermi*, mit Kiefer) und die ersten echten *Fische*.

Grün-, *Rot-* und *Braunalgen*, unter letzteren die aus einem Geflecht röhrenförm. Zellen schenkeldicke Stämme und mächtige Thalluslappen aufbauenden *Nematophycus*-Formen, stellten die Meeresflora. Im Obersilur trat die erste Landpflanze auf, die zu den gegen Ende des Devon wieder ausgestorbenen *Nacktfarnen (Psilophyten)* gehörende *Rhynia* (Sumpfpflanze, horizontaler Wurzelstock mit Rhizoiden, aufrechte 50 cm hohe Gabelsprosse mit einfachen Spaltöffnungen und endständigen Sporangien, Leitbündel, Cutin als Verdunstungs- und UV-Schutz, Lignin als Festigungsstoff der Stützzellen).

Im Devon gaben Sumpflandschaften der Erdoberfläche das Gepräge. Die *Nacktfarne* diff. sich zunächst unter Größenzunahme. Im Oberdevon treten baumartige *Pflanzen* auf (Archaeopteris-Flora), deren großblättrige *Farne* (*Archaeopteris* mit doppelt gegliederten Wedeln), kleinblättrige *Bärlappgewächse* (*Cyclostigma*, 8 m hoch) und *Schachtelhalmartige (Sphenophyllum)* die ältesten Wälder bildeten (Oneonta-Sandstein in New York).

Für die Wassertiere sind die erstmals auftretenden *Ammoniten*, bes. aber *Knorpelfische (Chondrichthyes, Althaie)* und *Knochenfische* im weiteren Sinne *(Osteichthyes)* bezeichnend. *Lungenfische (Dipnoi)* waren an das Leben in austrockenden Gewässern angepaßt: die *Quastenflosser* (*Crossopterygii*; A) leiteten zu dem ersten Landwirbeltier über, dem noch sehr primitiven *Amphibium Ichthyostega*. Wirbellose Landtiere sind durch das *Urinsekt Rhyniella* belegt.

Im Karbon, der Steinkohlenzeit, entfaltete sich bei günstigem Klima eine üppige Waldvegetation (3000 Arten). Die ca. 30 m hohen, bis 2 m dicken *Schuppenbäume* besaßen eine extrem dicke Rinde (nur 1–2% des Stammvolumens war Holz), während die schachtelhalmartigen *Calamiten* gleichgroß, aber innen hohl waren. Da alle diese *Farngewächse* in ihrer Gametophyten-Generation auf Wasser angewiesen waren (Verdunstung, Befruchtung), konnten nur feuchte Niederungen besiedelt werden. Unabhängig davon waren außer z. B. dem *Samenbärlapp* (I, S. 141) nur die ersten *Nacktsamer (Gymnospermen)*, näml. die *Samenfarne (Pteridospermen)* mit farnartigen Blättern und Samenbildung aus den Makrosporangien und die schmalblättrigen *Schwertlaubgewächse (Cordaiten)*.

Das Land bevölkerte sich mit *Lungenschnecken*, *libellen-* und *geradflüglerartigen Insekten* (Spannweite bis 75 cm, *Meganeuron*), *Panzerlurchen* und echten *Reptilien*.

Im Perm trieb ein trockeneres Klima mit ausgeprägten Jahreszeiten eine scharfe Auslese zugunsten derjenigen Formen, die Trockenschutz und Winterruhe besaßen und dadurch weite Räume besiedeln konnten: Die *Gymnospermen* hatten gut ausgebildete Gefäße, derbwandige Blätter und geschützte Gametophyten, dazu die Samenruhe. *Reptilien* sind in ihrer Entw. vom Wasser unabhängig, ihre Eier gegen Trockenheit geschützt. Einige *Insekten* »erfinden« die holometabole Entw. mit der Puppenruhe. Insgesamt bedeutete das Perm eine der stärksten Krisen in der Geschichte des Lebens.

Reptilien des Mesozoikums (Saurier)

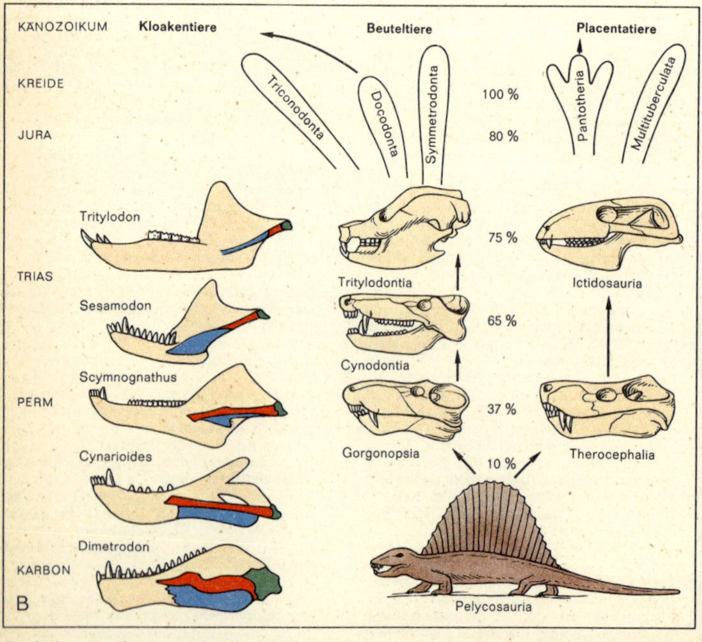

Evolution der Säugermerkmale (100 %) und Umwandlung des reptilischen Unterkiefers (Articulare: grün, Praearticulare: rot, Angulare: blau)

4. Erdmittelzeit (Mesozoikum): Als Übergang vom Paläozoikum zur Erdneuzeit steht das Mesozoikum letzterer schon näher, da es bereits den heutigen Zustand der Organismen einleitete, während altzeitl. (paläozoische) Formen (z. B. *Trilobiten, Panzerfische*) schon ausgestorben waren oder doch bald verschwanden.

In der Trias wurden unter den heißen, trokkenen Klimabedingungen der Buntsandstein- und Muschelkalkzeit die *Farnartigen* weiter durch die widerstandsfähigeren *Nacktsamer* ersetzt. In der lichten Vegetation fanden sich *Coniferen*, z. B. die buschige *Voltzia* mit ihren langen oder kurzen Nadeln und bis 7 cm langen Zapfen, vor allem jedoch Vertreter der *Cycadeen* (I, S. 143) und die auf das Mesozoikum beschränkten *Bennettiteen*, cycadeenähnl. Vorläufer der *Bedecktsamer* mit zwittrigen, vielleicht von *Insekten* bestäubten Blüten mit gut ausgebildetem Perianth.

Unter den *Wirbeltieren* bringen die *Reptilien* viele neue Ordnungen hervor (z. B. *Schildkröten, Krokodile*), darunter auch die aus den karbon. *Pelycosauriern* evoluierten und in der Trias belegten ersten *»Säugetiere« (Theriodontia)*, die sich in 2 Hauptlinien entfalteten (B).

Im Jura blieben die Grundzüge des Florencharakters gegenüber der oberen Trias fast unverändert.

Die Tierwelt wies eine große Mannigfaltigkeit auf. Unter den *Wirbellosen* sind die *Ammoniten* und *Belemniten, Kopffüßer* mit spiraligen bzw. kegelförm. Schalen, weiterhin charakteristisch, während die *Insekten* durch das Hinzutreten von *Schmetterlingen, Haut-* und *Zweiflüglern* mit ihren stechenden, saugenden oder leckenden Mundwerkzeugen moderner wurden. Unter den *Wirbeltieren* herrschen die z. T. riesigen *Saurier* (A): im Wasser die nackthäutigen, lebendgebärenden, fischförmigen *Fischechsen* (*Ichthyosaurier*, z. B. *Stenopterygius*, 5 m lang) mit Ruderschwanz, Ruderbeinen, mit vergrößerter Zehen- und Gliederzahl (Polydactylie und Polyphalangie) und riesigen Lungen; ferner die *Ruderechsen (Plesiosaurier)* mit sehr langem Hals (28–50 Wirbel), Polyphalangie (bis 30 statt 3 Fingerglieder), aber ohne Polydactylie und Ruderschwanz. In seichten Seen grasten die *Schreckenssaurier (Dinosaurier) Brontosaurus* (22 m) und *Diplodocus* (27 m), die noch in 12 m tiefem Wasser stehen konnten und bei einem Körpergewicht von 40000 kg nur ein Gehirn von ½ kg besaßen. Die *Flugsaurier (Pterosaurier*, z. B. *Pterodactylus)* hatten eine Flughaut zw. dem Körper und dem verlängerten 4. Finger ausgespannt und flogen mehr als Gleit- und Segelflieger.

Während die primitiven *Säuger* bereits mit mehreren Gruppen vertreten waren *(Multituberculata, Pantotheria, Symmetrodonta, Docodonta, Triconodonta)*, erschienen die ersten *Vögel* erst im oberen Jura *(Archaeopteryx)*.

In der Kreide vollzog sich im Pflanzenreich ein großer Umschwung: Die ersten *Bedecktsamer* traten sicher schon während der Trias in Gebirgen auf und wanderten erst von der Kreidezeit ab in die Tiefländer. Aus diesen Sedimentationsräumen sind Urkunden erhalten. Aber bereits während der Oberkreide entfalteten sich die *Bedecktsamer* explosionsartig und überflügelten weit alle bisher die Erdoberfläche besiedelnden Pflanzengruppen. Unter den ältesten Funden sind *Einkeimblättrige (Monokotyledonen)* und *Zweikeimblättrige (Dikotyledonen)*, unter diesen *Freikronblättrige (Dialypetalen)* wie *Kronenlose (Monochlamydeen)*. *Verwachsenblättrige (Sympetalen)* traten wohl erstmals in der Oberkreide auf. Die Tierwelt ist der jurassischen noch ähnlich, doch starben einige typ. Vertreter aus: *Ammoniten, Belemniten*, nach letztem großartigen Aufblühen auch *Flugsaurier* (*Pteranodon*, mit 8 m Spannweite der größte Flieger der Erdgesch.) und *Raubsaurier* (*Tyrannosaurus rex* war mit Elefantengröße der größte Fleischfresser, der je lebte). Die Kreidevögel standen insgesamt den rezenten Formen näher als den jurassischen, obwohl sie auch noch bezahnt waren. Aus *»Pantotherien«*, die dann nach VANDERBROCK auch *Symmetrodonta* und *Docodonta* umfassen, entwickelten sich die ersten, bald weitverbreiteten *Beuteltiere* und zuletzt als erste placentale *Säuger (»Eutheria«)* die ursprüngl. *Insektenfresser*.

5. Erd-Neuzeit (Känozoikum): Typisch für das gegenwärtige geolog. Zeitalter ist die Herrschaft der *Bedecktsamer* und besonders der *Säugetiere*, die ihre Überlegenheit der besseren Nahrungsnutzung (Gebiß), der Brutpflege (Placenta, Säugen, Sozialität), dem Klimaschutz (Fell, Warmblütigkeit), und der Hirnzunahme verdanken.

Im Tertiär waren die Fortschritte der *Pflanzen* nicht grundsätzlicher, sondern mehr quantitativer Art; die *Bedecktsamer* übernahmen die völlige Herrschaft in allen Klimabezirken. – Die placentalen *Säugetiere* verdrängten zunehmend die *Beuteltiere* und wandelten schon im Paleozän den ursprüngl. Bauplan eines kleinen, kurzbeinigen, fünfzehigen Sohlengängers mit 44 kurzkronigen Zähnen in versch. Richtungen ab, so daß schon frühzeitig alle heute bestehenden Säugetierordnungen erschienen waren.

Im Quartär sind schon angesichts der kurzen Dauer (2 Mill. Jahre) keine großen Änderungen zu erwarten. Die Kaltzeiten des Diluviums wandelten weniger den Artenbestand bei den *Pflanzen*, als vielmehr die Anordnung der klimabedingten Vegetationsgürtel. Unter den *höh. Säugern* traten einige Anpassungsformen auf *(Höhlenbär, Wollhaariges Nashorn, Mammut)*. Von bes. Bedeutung ist die Evolution des *Menschen* (II, S. 492–501), mit dessen Auftreten eine Epoche begann, in der die anorgan. und organ. Welt zunehmend und bewußt in ihrer Entw. beeinflußt wird.

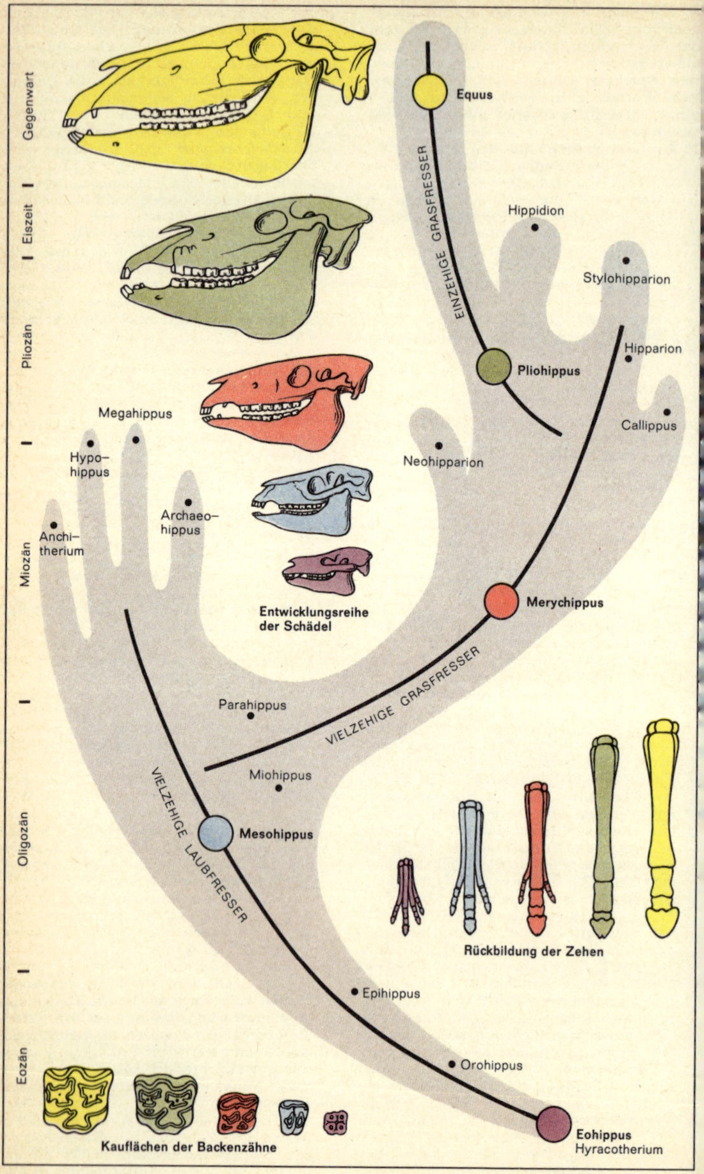

Evolution der Pferde

Die Entwicklungsgeschichte der Pferde
ist wohl das beste Beispiel eines trotz seiner reichen Verzweigung nahezu lückenlos rekonstruierten fossilen Stammbaums, der sich über das gesamte Tertiär und Quartär verfolgen läßt und schon von HAECKEL als »Paradepferd der Paläontologie« bezeichnet wurde.

Im Paleozän lebende Vertreter der bereits im Eozän aussterbenden Ordnung der *Urhuftiere (Condylarthra)* werden trotz des noch raubtierart. Eindrucks als Vorläufer betrachtet: *Phenacodus*, ein schafgroßer Allesfresser mit spitzen, wenig abkaufähigen Zähnen und vergrößertem Eckzahn, lief auf primitiven fünfzehigen Pfoten mit je 5 kleinen Hufen.

Im Eozän lebten in Nordamerika das *Frühpferd Eohippus*, in Europa das nahe verwandte *Hyracotherium*, die nur fuchsgroß waren, sich gut auf weichem Untergrund bewegen konnten (vierzehige Vorder- und dreizehige Hinterpfoten mit Zehenpolstern und sehr biegsamen Gelenken, Unterschenkelknochen unabhängig voneinander beweglich) und weiches Laub fraßen (zusammenhängende Zahnreihe, niedr. Kronen ohne Zement, dreieckige und dreihöckrige Prämolaren, viereckige und vierhöckrige Molaren).

Die europ. Formen wurden rasch artenreich *(Paläotherien)*, starben aber bis zum Oligozän ganz aus. Die Nachkommen des nordamerikan. *Eohippus* dagegen evoluierten zunächst sehr langsam: Im mittl. Eozän nimmt bei *Orohippus* der letzte Prämolar, im späteren Eozän bei *Epihippus* auch der vorletzte Prämolar Form und Höckerzahl der Molaren an (Molarisation).

Im Oligozän breitet sich in Nordamerika der größere *Mesohippus* aus: 60 cm Schulterhöhe, vergrößerte Hirnhemisphären, Augen seitl. am längeren Kopf, drittletzter Prämolar molarisiert, Zahnhöcker durch Kämme und Joche verbunden (verstärkte Kaufähigkeit). Die langen schlanken Beine mit je 3 Zehen werden nur noch in Richtung der Körperachse bewegt. – Bei *Miohippus* hat am Ende des Oligozän die Schulterhöhe 75 cm erreicht, die Mittelzehe ist verstärkt und trägt die Hauptlast.

Im Miozän war das feucht-warme Klima vorausgegangener Epochen zunehmend kühler und in vielen Gegenden auch trokkener geworden. An die Stelle der Laubwälder traten weit überschaubare Grassteppen mit hartem Untergrund. Gleichzeitig spaltete *Mesohippus* in versch. neue Gattungen auf, von denen *Anchitherium*, *Hypohippus* und *Merychippus* die wichtigsten sind.

Während die beiden ersten Gattungen ihrer Lebens- und Ernährungsweise treu blieben und in die Alte Welt auswanderten, wo sie sich zunächst stark ausbreiteten, schließl. aber doch als sehr große *(Megahippus)* oder zwergenhafte Form *(Archäohippus)* ausstarben, blieb *Merychippus* in Nordamerika zurück und selektierte diejenigen Mutanten heraus, deren Merkmale die gesamte folgende Evolution der Pferdefamilie kennzeichnen:

- Die Zähne sind hochkronig (hypsodont), mit weit offener Wurzel und entwickeln Zement. Nach dem Abkauen der jugendl. Höcker entstehen von harten Schmelzleisten durchsetzte Kauflächen, wodurch die Ernährung von kieselsäurehaltigem und dadurch sehr rauhem *Gras* möglich war. Die Eroberung der nur von wenigen Nahrungskonkurrenten besiedelten Graslandschaft konnte beginnen.
- Zugleich waren hier die größeren, kräftigeren und schnelleren Formen begünstigt, die sich in der offenen Landschaft besser sichern, verteidigen oder durch Flucht ihren Feinden entziehen konnten.

Im Pliozän hat sich die *Merychippus*-Gruppe bei stark beschleunigtem Evolutionstempo reich aufgegliedert: In Nordamerika gab es zeitweilig gleichzeitig bis zu 13 versch. Gattungen grasender *Pferde*, von denen das ponygroße *Hipparion* über Asien nach Europa und Afrika wanderte, hier aber im Eiszeitalter ausstarb. – Das schon modern anmutende nordamerikan., bald auch Südamerika besiedelnde *Pliohippus* trug an jedem Fuß nur noch eine Zehe, war also bereits Einhufer wie die heutigen *Pferde*, jedoch mit stärker hypsodonten Zähnen.

Im Eiszeitalter (Pleistozän) setzte in Nordamerika die Evolution der Gattung *Equus* ein. Während die im Ursprungsland verbliebenen oder nach Südamerika gewanderten Pferdearten am Ende des Eiszeitalters ausgestorben sind, setzten sich in der Alten Welt die Vorläufer der Altwelt-Einhufergruppe *(Esel, Halbesel, Zebra* und die eigentl. *Wildpferde)* durch. Ob die Aufsplitterung in diese Arten bereits in Amerika im späten Pliozän oder frühen Pleistozän erfolgte oder erst in der Alten Welt, ist noch ungewiß.

Ein Überblick über die Pferde-Evolution
offenbart den Zickzackkurs zw. den Anfangs- und Endformen. Glaubte KOVALEVSKY 1873, vor der Entdeckung amerikan. Fossilien, eine gerichtete Deszendenzreihe *Hyracotherium-Anchitherium-Hipparion-Equus* aufstellen zu können (es war der erste Triumph des Evolutionsgedankens in der Paläontologie!), so zeigt der Vergleich zw. den Fehlschlägen und Erfolgen innerhalb der *Pferde*-Evolution, daß beim Wechsel der Umweltbedingungen zuvor höchstleistungsfähige »angepaßte« Formen solchen mit bisher unbedeutenden Neuerwerbungen, also »präadaptierten Formen«, weichen müssen. Weder bei der Körpergröße, der Zahnhöhe, dem Zahnmuster oder der Fußumbildung noch bei der Schädelform und Gehirnentw. lassen sich gleichförm. und generelle Linien verfolgen, sondern nur eine **»adaptive Radiation«**, d. h. eine Vermannigfaltigung versch. Formenelemente durch Mutation und Selektion mit der Folge eines Angepaßtseins.

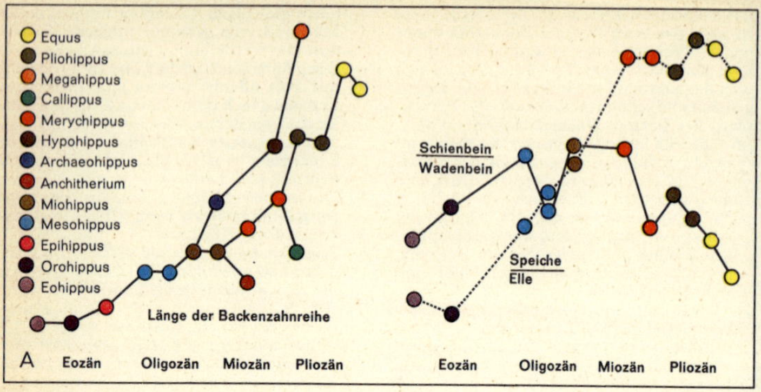

»Trendwechsel« in der Stammesentwicklung der Pferde

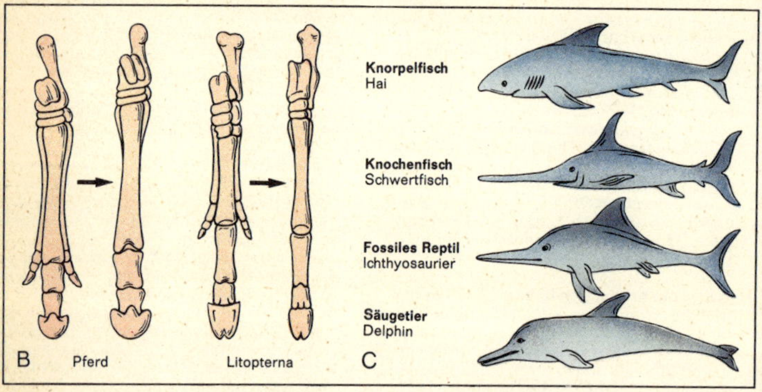

Konvergente Entwicklung bei schnellen Land- (B) und Wassertieren (C)

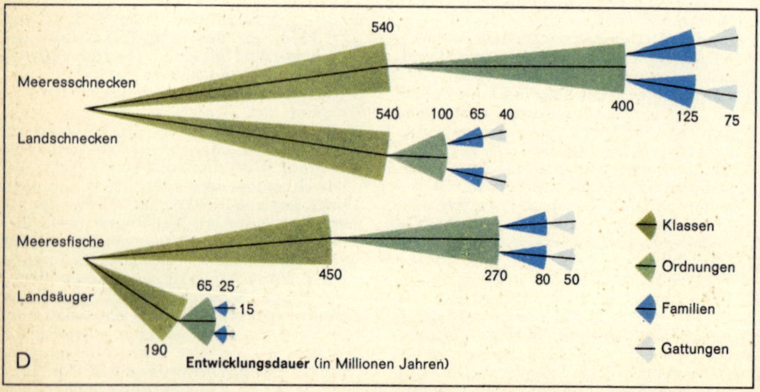

Evolutionsgeschwindigkeit bei Land- und Wasserformen

Die transspezifische Evolution, d. h. die stammesgeschichtl. Fortentw. über die Neubildung von Arten hinaus, war ihrer Natur und Verursachung nach noch bis zur Mitte des 20. Jh. sehr umstritten. Manche Autoren glaubten, das Auftreten neuer Organe und Baupläne, also neuer Familien, Ordnungen, Klassen usw. nur durch **Evolutionssprünge** (Saltationen) oder durch besondere, zielstrebig wirkende **»orthogenetische Trends«** erklären zu können. Die synthet. Theorie dagegen sieht in der transspezif. Evolution nur eine weitergreifende Wirksamkeit derjenigen Vorgänge, die in dynam. Populationen neue Rassen und Arten entstehen lassen (II, S. 455). Diese Kausalfaktoren bedürfen nach vorherrschender Auffassung keiner weiteren hypothet. »autonomen Entwicklungskräfte«.

Die Richtungslosigkeit der Evolution auf der Grundlage richtungsloser Mutationen äußert sich außer in selektionsneutralen »Konstruktionsfehlern« (z. B. Rudimente, II, S. 475; Adelphophagie, I, S. 157) und »Luxusbildungen« (Größe und Art der Ausbildung eines Organs steht in keinem Verhältnis zu seiner Funktion: Hirschgeweih, Tukanschnabel) vor allem darin, daß *alle* biol. tragbaren Entw.-Richtungen bei manchen Diff. »durchprobiert« werden:

- Unter den *Schmetterlingen* winterkalter Zonen kann bei versch. Arten jedes Stadium des Entw.-Kreislaufs überwintern: *Schwammspinner* überwintern als Ei, $^2/_3$ aller *Großschmetterlinge* als Raupe, viele *Schwärmer* als Puppe, *Pfauenauge* und *Zitronenfalter* als Imago.
- Die Ausschöpfung aller morpholog. Sonderausprägungen, die biol. tragbar sind, veranschaulichen die geraden, gebogenen, gewundenen, glatten oder quergeriffelten Gehörne bei *Antilopen*, aber auch die Schalen von *Schnecken* oder die Gefiedermuster z. B. von *Wildenten*.
- Große Vielfalt weisen unter den *Pflanzen* auch die versch. Wuchs-, Blatt- und Blütenformen auf (*Rachenblütler*, I, S. 240).
- Das Durchprobieren physiolog. wichtiger Entw.-Tendenzen fällt bei den unterschiedl. Arten der O_2-Versorgung (II, S. 313 ff.) bei Wasserinsekten auf, aber auch bei den Kiemenbildungen an versch. Organen (Parapodien bei *Borstenwürmern*, Hinterleibsbeine bei *Asseln*, Tracheenkiemen bei *Insekten*-Larven, Ambulakralanhänge bei *Seeigeln*, Wasserlungen der *Seegurken*, Vorderdarmspalten der *Fische*, Kopfkiemen bei *Amphibien*-Larven).

Insgesamt kann die Mannigfaltigkeit der Formbildung nur dadurch begreifl. werden, daß ein richtungsloses Durchprobieren konstruktiver Abwandlungsmöglichkeiten in Rechnung gesetzt wird.

Ein stammesgeschichtlicher Entwicklungszwang wird den Organismen allerdings von der Umwelt auferlegt. Wirken dieselben Auslesefaktoren über lange Zeiträume, so erscheint der Abschnitt einer Stammesreihe zielstrebig gerichtet, weil nämlich die Auslese richtend eingriff (**Orthoselektion,** oft mit »Trendwechsel«, A). Andererseits können auch versch. Mutationsansätze unter dem gleichen Selektionsdruck funktionsähnl. Strukturen entwickeln (**Konvergenz**):

- Nektarsaugende *Tiere* haben aus den unterschiedlichsten anatom. Grundlagen Saugröhren abgeleitet (*Schmetterlinge, Hautflügler, Vögel, Kletterbeutler, Fledermäuse*).
- Blattfressende *Säuger* haben unabhängig voneinander in der Stammesgesch. Mahlzähne mit flachen Kronen und starker Schmelzfaltung entwickelt.
- Bäume der trop. Regenwälder tragen Blätter nahezu ausschließlich ellipt. Form mit Träufelspitze.

Eine weitgehende Übereinstimmung von Organen gleicher Funktion, aber versch. embryonaler Entstehungsweise ist zu erwarten, wenn die Entw.-Möglichkeit rein konstruktiv sehr stark eingeengt ist:

Das Blasenauge mit Retina, Pigmentepithel, Linse und Cornea hat sich konvergent, d. h. unabhängig bei versch. Tierarten und mit unterschiedl. Konstruktionsverfahren in prinzipiell gleicher Weise gebildet bei einigen *Hohltieren*, *Ringelwürmern*, *Stachelhäutern*, *Schnecken*, *Tintenfischen* und den *Wirbeltieren* (II, S. 344).

Soweit sich die evolutionären Vorgänge abschätzen lassen, werden derartige, gerichtet erscheinende Entwicklungen ebenfalls durch Orthoselektion, durch das Gleichbleiben der Auslesefaktoren, bedingt.

Da die gleichen Selektionsfaktoren oftmals bei vielen Stammesreihen parallel wirksam waren, lassen sich einige allg. stammesgeschichtl. **Entwicklungsregeln** ableiten, z. B.:

- Große *Landwirbeltiere* müssen Säulenbeine mit massigen Knochen besitzen, weil die Knochen nur proportional ihrem Querschnitt belastbar sind, während das Volumen des zu tragenden Körpers bei Größensteigerung dreidimensional anwächst (*Elefant*, *Nashorn*, *Strauß*).
- Schneller laufende *Tiere* zeigen die Tendenz zur Verlängerung der Beine und Rückbildung der Zehenzahl (B).
- Schnelle Bewegung in der Luft und im Wasser (C) ist an einen stromlinienförmigen Rumpf gebunden (*Schwärmer*, *Vögel*, *Fledermäuse*; *Fische*, *Pinguine*, *Wale*, *Robben*).
- Seßhafte *Tiere* können nur im Wasser leben, da ein Herbeistrudeln der Spermatozoen und der Nahrung in der Luft nicht möglich ist.
- Meeresformen zeigen ein langsameres Tempo in ihrer stammesgeschichtl. Entw. als Landbewohner (D). Dies läßt sich sowohl auf das Vorherrschen sehr großer Populationen als auch auf die relativ konstante Auslese im Meer zurückführen, die durch die nur geringen Schwankungen der ökolog. wichtigen Faktoren wie Temperatur, O_2-Gehalt, Belichtung, Nährstoffe sowohl tages- und jahresrhythmisch als auch unperiodisch bedingt sind.

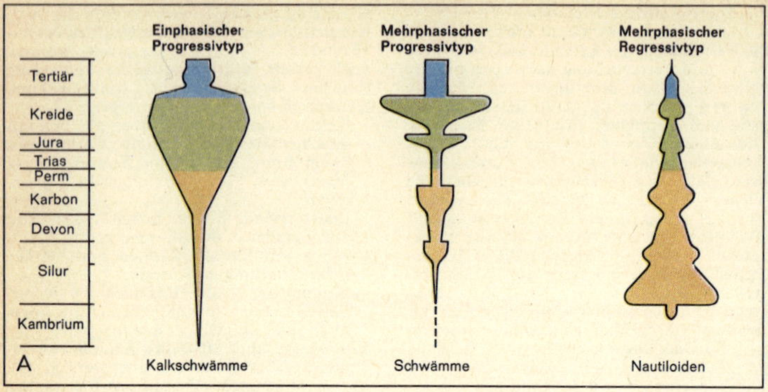

Typen der stammesgeschichtlichen Entwicklung

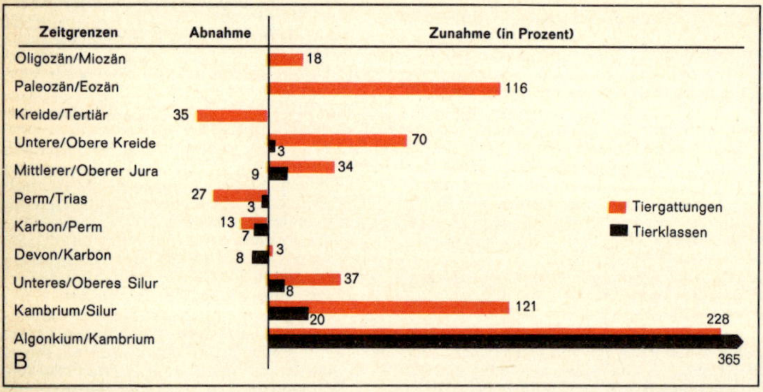

Stammesgeschichtliche Aktivitätszeiten

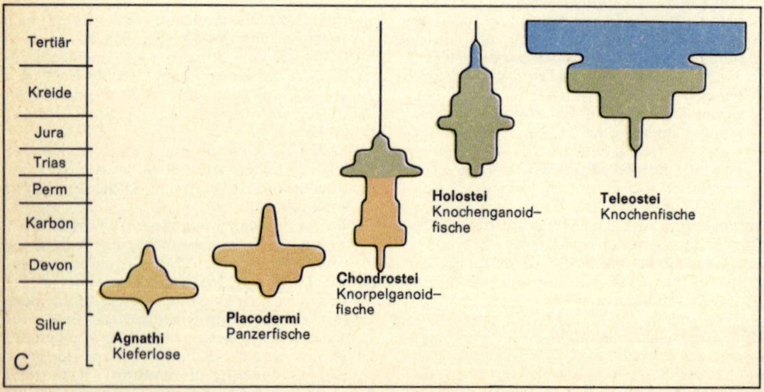

Ökologischer Ersatz bei den Fischen im weiteren Sinne

Die **Kausalanalyse transspezif. Evolution** umfaßt nach RENSCH die Frage der Ursache und Regelhaftigkeit der Stammverzweigung (Kladogenese) und das Problem der stammesgeschichtl. Höherentwicklung (Anagenese). »Es handelt sich nicht nur darum festzustellen, nach welchen Prinzipien ein Stammbaum entstand, sondern auch, warum der Stammbaum ›aufrecht‹ steht, so daß viele Äste nach ›oben‹ streben« (RENSCH, 1954).

Prinzipien der Stammverzweigung

In den meisten Stammesreihen war die Intensität der Artwandlungen nicht immer gleich (A). Die Kladogenese beginnt oft mit einer lebhaften Formenaufspaltung (Virenzperiode), entwickelt in der Phase der Spezialisierung eine beschränkte Anzahl von Ästen langsam weiter und endet schließlich in der stammesgeschichtl. Phase der Überspezialisierung und des Alterns mit entarteten, übermäßigen Ausprägungen.

1. Die Phase der Formenaufspaltung: Die Evolution neuer Formen setzt in der Stammesgesch. selten explosiv ein (z.B. *Seelilien* im Untersilur, *Raub-* und *Huftiere* im Alttertiär), meist wird sie vielmehr von einer Anlaufzeit über mehrere geolog. Epochen hinweg (bis 150 Mill. Jahre) vorbereitet. Solche **Virenzperioden** plötzl. Formenaufspaltung treten zwar in allen geolog. Zeiten auf, häufen sich jedoch zu best. geolog. Epochen (B):

- Im **Untersilur** ist die Evolution aller untersuchten Tiergruppen stark beschleunigt.
- Im **Karbon** und **Perm** bilden die *Insekten* zahlr. neue Ordnungen, im frühen Tertiär die *Säuger* und *Vögel*.

Dabei waren nicht Großmutationen oder gesteigerte Mutationsraten von kausaler Bedeutung, sondern die zeitweilig verschärfte Selektion durch veränderte Umweltfaktoren in der Zeitenfolge:

- Innerhalb des Verbreitungsgebietes ändern sich lebenswichtige ökolog. Faktoren wie Temperatur, Ernährungsmöglichkeit; z.B. waren die tertiären Übergänge der *Wale* von der Großtier-, Fisch-, Tintenfisch- zur Planktonnahrung jeweils mit explosiven Formaufspaltungen verbunden.
- Ein gänzlich freies oder nur von stark unterlegenen Konkurrenten besetztes Areal wird erobert, wobei sich die Neulinge ungewohnten Selektionsbedingungen ausgesetzt finden: z.B. bei der ersten Landnahme der *Pflanzen* und nachfolgenden *Tiere* im Silur und Devon oder bei der Verdrängung der *Beuteltiere* durch die überlegenen *Placentatiere* im Tertiär.

2. Die Phase der Spezialisierung: In dem Maße, wie die neubesiedelten Lebensstätten von den fortschrittl. Arten besetzt und die Biotope gesättigt sind, weicht die Formenaufspaltung einer Spezialisation weniger, bes. vorteilhafter Gruppen in langwierigen Anpassungsprozessen an die Umwelt (C). Viele »richtungslos« gebildeten Formenreihen verlöschen wieder, einige bleiben relativ unspezialisiert bestehen (Generalisten). Die Paläontologie hat zahlr. Beispiele solcher »Anpassungsreihen« (*Pferde*, II, S. 484ff.) und »fehlgeschlagener Anpassungen« (Brechscherengebiß fossiler *Raubtiere* mit vergrößerten hinteren statt vorderen Molaren) geliefert und versucht, aus dem reichen Fundmaterial **Regeln der transspezif. Konstruktionsänderungen** abzuleiten:

Die bei der Spezialisierung rückgebildeten Strukturen kehren nie wieder in ihren stammesgeschichtlich früheren Zustand zurück, sondern werden höchstens sek. durch andere anatom. Konstruktionen ersetzt (**Dollosche Regel** der Nichtumkehrbarkeit der Entw.), da eine Wiederkehr der histor. Mutations- und Selektionsbedingungen höchst unwahrscheinl. ist.

> Hochseeformen jurassischer *Schildkröten* reduzierten die dicken Knochenplatten ihres Panzers bis auf ein dünnes Gerüst. Bei sek. Rückkehr zum Küstenleben entwickelten sie einen Panzer in der Haut.

In vielen Stammesreihen der *Säugetiere* nahm die Körpergröße Schritt für Schritt zu (**Copesche Regel**), was sich außerordentl. komplex sowohl anatom. wie physiolog. äußern kann, da sich die Proportionen der versch. Organe ändern können (allometr. Wachstum).

Die Verknüpfung versch. individueller Diff. zu umfassenden Konstruktionsänderungen kann schließlich auch, wenn man von den höchst bedeutsamen polyphänen Genen absieht (II, S. 423), durch Materialkompensation verursacht werden: Schnell wachsende Strukturen entziehen langsamer wachsenden einen Teil der Nahrung:

> Bei Ausbildung stärkerer Hinterbeine werden häufig Schwanz und Rippen im Lendengebiet verkleinert *(Frosch / Salamander; Pavian / Meerkatze, Mensch)*.

3. Die Phase der Überspezialisierung: Die fortschreitende Spezialisierung der Formengruppen währt nur so lange, wie sie biol. tragbar ist. So setzte die Selektion ein, als durch positiv allometr. Wachstum bei Körpergrößenzunahme Stoßzähne *(Mammut)*, Geweih (eiszeitl. *Riesenhirsch*), Schwanzfedern übermäßig und teilweise funktionswidrig wurden. Dieses morpholog. Degenerieren, das auch bei Gruppen ohne Größensteigerung auftritt, kann von einer instinktiven Entartung z. B. der Balz- oder Kampfhandlungen ergänzt werden. Übertriebene Auslöser (II, S. 398f.) führen dann zusammen mit einer intraspezif. Selektion in **stammesgeschichtl. Sackgassen,** wenn die Herauszüchtung ohne funkt. Berücksichtigung der außerartl. Umwelt verlief:

> Bei *Hirschen*, die sich gegen Raubfeinde (außerartl. Selektion) nur mit den Vorderhufen verteidigen, wurde das nur dem Rivalenkampf dienende Geweih in intraspezif. Selektion immer stärker und bis zur allg. störenden Größe entwickelt.

Daneben sind jedoch in großer Fülle Stammesreihen ausgestorben, ohne daß die Endformen Degenerationserscheinungen erkennen lassen.

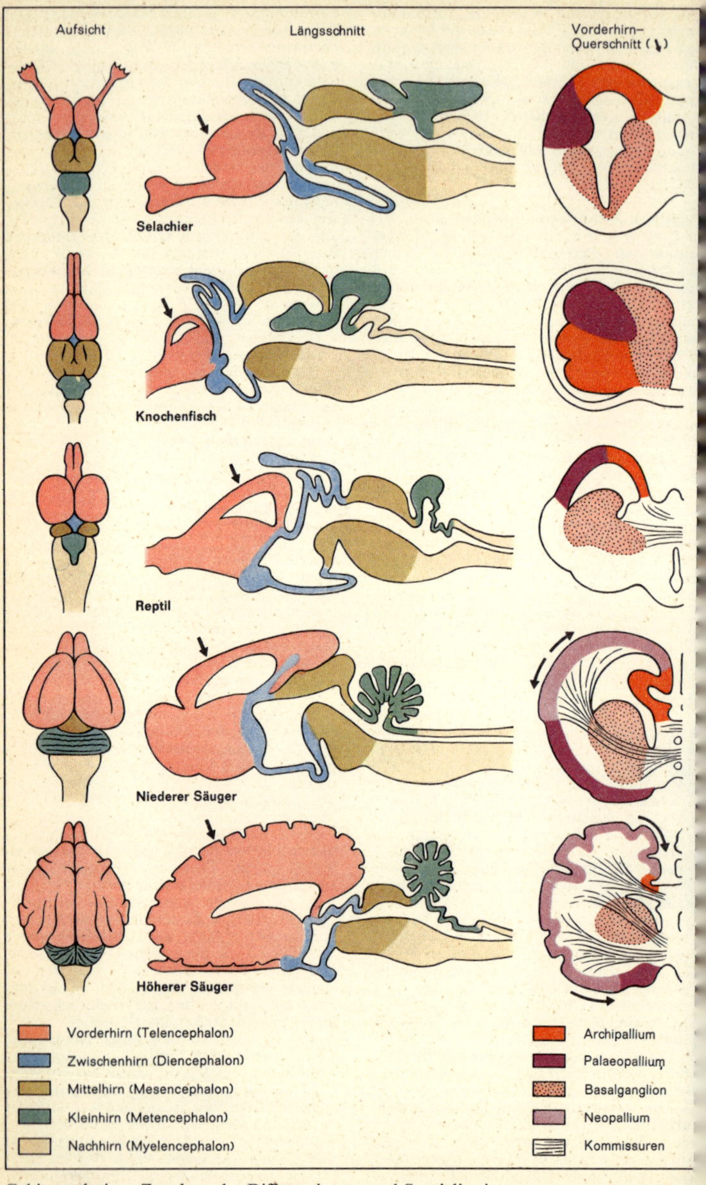

Gehirnevolution: Zunahme der Differenzierung und Spezialisation

Spezielle und generelle Vervollkommnung
Die Spezialisation innerhalb der Kladogenese verleiht zwar eine wachsende Anpassung an spez. Umweltbedingungen, sie erkauft diesen einseitigen Vorteil jedoch mit dem Verlust allg. Anpassungsfähigkeit bei neuen Umweltänderungen. Solche in spez. Hinsicht vollkommenen Formen unterliegen dann den wenig spezialisierten Generalisten (II, S. 489). Gerade diese aber geben grundlegende »Erfindungen« mit großem Selektionsvorteil, aber ohne spez. Sonderanpassungen an alle darauffolgenden Formen weiter und repräsentieren damit die Stufen in der großen Linie der allg. Höherentwicklung (Anagenese).

Phäne genereller Höherentwicklung
setzten sich ebenfalls im Spiel von Mutation und Selektion durch. Die Anagenese bedarf daher keiner »autonomen Kräfte«. Eine Fülle von konstruktiven Erfindungen, die oft in versch. Stämmen parallel auftreten, kennzeichnen den Weg von primitiven zu allg. höherentwickelten Formen:
- Am Anfang des Lebens stand die Entstehung der **DNA-Systeme** mit ihrer Fähigkeit zur ident. Vermehrung und Mutation.
- Das Zusammentreten von Genen zu **Chromosomen** war eine wichtige und daher allg. beibehaltene Erfindung, weil damit die gleichmäßige und gleichzeitige Genverteilung bei der Vermehrung primitiver Lebewesen garantiert war.
- Die allen Lebewesen zukommende **Sexualität** ermöglicht es, immer neue Genkombinationen durchzuprobieren.
- Das Konstruktionsmerkmal **»Zelle«** sicherte die Nahwirkung der Gene und eine Arbeitsteilung im Zusammenhang mit der Differenzierung.
- Die Erfindung der **Nervenzellen** wurde beibehalten, weil durch die von ihnen vermittelte Erregungsleitung eine Reaktion fern vom Reizort möglich wurde.
- Die **Zentralisation** solcher Neuronen zu einem ZNS, parallel entw. bei den *Gliederfüßlern (Phyllopoden* bis *Insekten)*, *Weichtieren (Amphineuren* bis *Tintenfische)* und *Wirbeltieren (Agnathen* bis *Säugetiere)*, erlaubte die Koordinierung vieler Erregungen in Reflexen, Instinktbewegungen, Lern- und Denkleistungen.

Entspr. lassen sich viele weitere Erfindungen bei *Pflanzen* und *Tieren* als Schritte zur generellen Vervollkommnung nennen, die von den nachfolgenden Formen wegen des positiven Selektionswertes weitergezüchtet wurden.

Kennzeichen der Anagenese,
wie sie im folgenden kurz (nach RENSCH) dargestellt werden, bedingen möglicherweise schon allein, häufig jedoch miteinander kombiniert, eine Höherentw., selbst wenn sie durch rein quantitative mutative Änderungen zustande kommen.

1. Zunahme der Differenzierung: Die stammesgeschichtl. Vergrößerung von Organismen bedingt häufig infolge eines positiven allometr. Wachstums bestimmter Gewebebezirke eine steigende Komplikation, z. B. bei dem Ausstülpen der Parapodien der *Borstenwürmer* als Vorläufer der Arthropodenbeine, dem Hervorwuchern von Hautfalten als Grundlage der Insektenflügel oder von Gehirnregionen der *Lurche* zur Hirnrinde der *höh. Wirbeltiere.* – Solche, oft durch reine Massenzunahme einzelner Körperabschnitte entstandenen Neubildungen werden dann sek. mit neuen Funktionen ausgestattet.

2. Strukturelle und funktionelle Rationalisierung: Eine Leistungssteigerung wird in der Phylogenese der *Tiere* auf versch. Wege erreicht: Wesentlich ist die **Arbeitsteilung**, die sich in einer zunehmend auseinanderlaufenden Diff. zunächst gleichartiger, in Mehrzahl vorliegender Organe ausdrückt, z. B.
- die von homologen Strukturen abgeleiteten Mundgliedmaßen der *Insekten* und Extremitäten der *Krebse* (I, S. 112, 110);
- das Auftreten differenzierter Gebisse bei *Fischen* und *Säugetieren* (Heterodontie: Schneide-, Eck-, Backenzähne);
- die Gliederung des Gehirns in sensorische, motorische, assoziative Zentren und Reflexzentren.

Häufig wird eine **Zahlenverminderung** gleichartiger Teile durch Einsparen und Zusammenfassen unnötiger Einzelteile beobachtet:
In der Phylogenese der *Fische* zu den *Säugern* wird die Anzahl der Schädelknochen reduziert (von 150 bei *Quastenflossern* auf 28 beim *Menschen*).

Diese Vereinfachung ist oft mit einer steigenden **Zentralisierung** verknüpft, bei der Funktionszentren von höh. Nutzeffekt herausgebildet werden:
- Die nervöse Vervollkommnung in den Stammesreihen der *Ringelwürmer*, *Weichtiere*, *Gliederfüßler* und *Wirbeltiere* bildet wohl die markantesten Kennzeichen einer Anagenese (Abb.).
- Die Konstruktion eines Herzens statt vieler pulsierender Blutgefäßabschnitte mag den Fortschritt von den *Acrania* zu den *Agnatha* charakterisieren.

3. Fortschreitende Anpassungsfähigkeit: Hochentwickelte Organismen zeichnen sich durch eine größere Unabhängigkeit von den Veränderungen der Umwelt aus. Diese individuelle Selbständigkeit, die sich beim *Menschen* bis zur Beherrschung der Umwelt steigern kann, beruht auf der Zunahme der Diff. und Rationalisierung, die eine wachsende **Regulationsfähigkeit** garantieren:
- Die Anagenese des Gehirns erlaubt über starre Reflex- und Instinktbewegungen hinaus Wahlhandlungen aufgrund eines Lern- und Einsichtvermögens.
- Eine große Zahl von Mechanismen regelt bei *Vögeln* und *Säugern* die Konstanz der Körpertemperatur (Homöothermie).
- Die Drüsen-Aktivitäten werden in der Entwicklungsreihe der *Wirbeltiere* immer vollkommener hormonal bzw. nervös geregelt.

In diesem Sinne ließen sich noch zahllose Beispiele einer wachsenden Plastizität anführen.

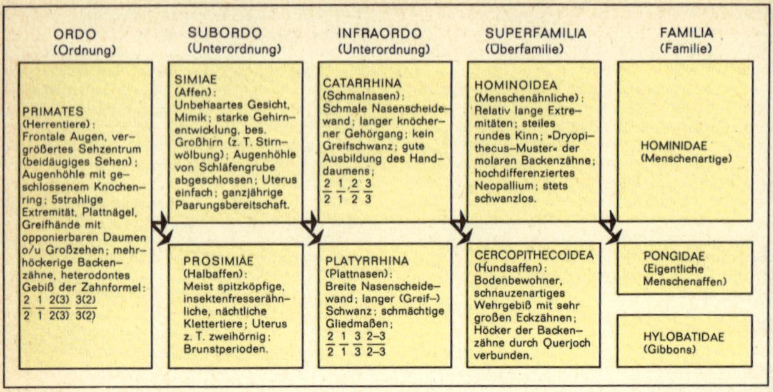

Systematik der Primaten

MERKMAL	AFFE (Cercopith.)	MENSCHENAFFE (Pan)	MENSCH (Homo sap.)
Stirnhöhlen	keine	vorhanden	vorhanden
Handwurzelknochen	9	8	8
Zwischenkiefer	vorhanden	nur embryonal	nur embryonal
Eckzähne des Männchens	groß	groß	klein
Daumen	klein	klein	groß, viel benutzt
Schulterbeweglichkeit	gering	sehr gut	sehr gut
Armstreckung	vorwärts	seitlich	seitlich
Freie Armsupination	90°	90°	180°
Armmuskulatur	Strecker groß	Strecker groß	Beuger groß
Fortbewegung	vierfüßig	schwingkletternd	zweibeinig
Schlafstellung	sitzend	sitzend	liegend
Pubertät nach	2–4 Jahren	8 Jahren	14 Jahren
Wachstumsende nach	7 Jahren	12 Jahren	20 Jahren
Kindliche Abhängigkeit	1 Jahr	2 Jahre	6–8 Jahre
Lebensraum	klein	klein	groß
Schutzbauten	keine	kurzfristige Nester	Feuerstellen, Häuser,

Vergleich einiger äffischer und menschlicher Merkmale

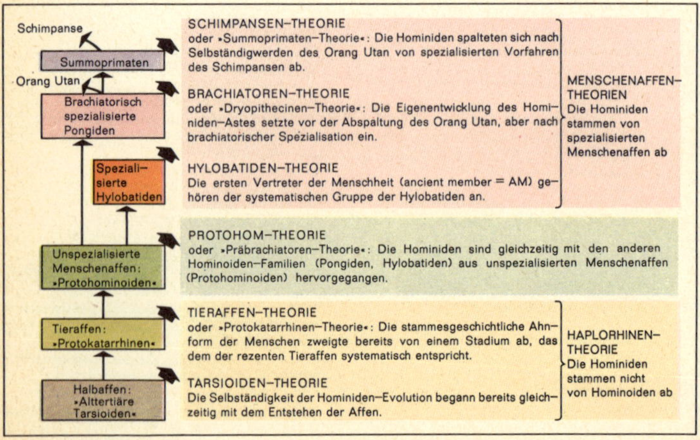

Einige Theorien zur Abzweigung des Hominiden-Astes

Beweis der menschlichen Evolution
Die Abstammung des *Menschen* von tier. Ahnen wurde bereits 1809 von LAMARCK, dem ersten konsequenten Anhänger des Evolutionsgedankens, angedeutet. DARWIN vermutet 1859, daß die Entstehung der Arten auch auf den Ursprung des *Menschen* und seine Geschichte Licht werfen würde und beschäftigt sich 1871 eingehend und beweisführend mit diesem Problem in seinem Werk ›Die Abstammung des Menschen‹, nachdem TH. H. HUXLEY 1863 in der Vorlesung über »Zeugnisse für die Stellung des Menschen in der Natur« Belege gebracht hatte, die den *Menschen* zusammen mit *Menschenaffen*, *Affen* und *Halbaffen* in die Ordnung der *Herrentiere* (*Primaten*, A) einreihen. Diese Zeugnisse haben bis heute ihre Gültigkeit bewahrt und sind von vielen biol. Einzelwissenschaften gestützt und ergänzt worden.

Verhaltensforschung: Eine Reihe menschl. Verhaltensweisen läßt sich auf homologes allgemeineres *Primaten*- oder *Säugetier*-Verhalten zurückführen, u. a. in den sex. Beziehungen, im Mutter-Kind-Verhalten (z. B. Greifreflex des Säuglings bei Berühren der Handinnenfläche), in Dominanz-Unterordnungsbeziehungen und bei allg. Ausdrucksdrang (z. B. benutzt der *Schimpanse* die gleiche mimische Muskulatur wie der *Mensch* bei Lachen, Grinsen, Weinen, Furcht, Aufregung, Aufmerksamkeit, Wut).

Parasitologie: Das *Virus* der Bläschenflechte tritt nur bei *Mensch* und *Affe* auf, die Läusegattung *Pediculus* nur bei *Mensch* und *Schimpanse*.

Physiologie: Die nahezu vollständige Übereinstimmung der Organ-, Gewebe- und Zellfunktionen weist den *Menschen* als Teil eines evolutionären Verbandes der höh. Organismen aus. Mit den übrigen *Primaten* teilt er die Fähigkeit zu Raum- und Farbsehen, die Reduktion des Geruchssinnes und das Fehlen bes. Brunstzeiten.

Biochemie: Eine zahlenmäßige Aussage über den Grad der Verwandtschaft ermöglichen Untersuchungen zur Sequenz bei DNA und Eiweißen (s. II, S. 472f.).

Serologie: Auch hier sind quantitative Aussagen zur Verwandtschaft des *Menschen* mit den anderen *Primaten* erarbeitet worden (s. II, S. 472f.), die unter Berücksichtigung der geschätzten Mutationsgeschwindigkeit und der festgestellten Anzahl von Sequenzabweichungen auch zu Angaben über den Zeitpunkt benutzt werden, zu dem sich die Evolutionswege der verglichenen Arten getrennt haben.
Interessanterweise sind die Hämoglobine der *Säugetier*-Embryonen einander viel ähnlicher als die von embryonalen und erwachsenen Vertretern der gleichen Art.

Embryologie: Das vorübergehende Auftreten von embryonalen Kiemenspalten, Schwanz und Lanugofell ist nur als Beibehalten der Entwicklungsmuster zurückliegender Ahnen zu deuten (II, S. 473).

Vergleichende Morphologie: Der menschl. Körper ist nach einem Bauplan konstruiert, der mit wachsender Ähnlichkeit dem der *Wirbeltiere*, *Säuger*, *Primaten* und *Menschenaffen* entspricht.
»Einzigartige« Strukturen, die anderen *Primaten* fehlen, konnten beim *Menschen* nach DOBZHANSKY nicht entdeckt werden: Der Fußmuskel Peroneus tertius, der bei *Menschenaffen* als fehlend angenommen war, fehlt auch bei einigen *Menschen*, findet sich aber andererseits bei 5% der *Schimpansen* und 18% der *Gorillas*. Sogar die Brocasche Windung, ein Zentrum der Sprache, das angeblich nur beim *Menschen* vorkommt, wurde z. B. im Gehirn von *Pinsel*- und *Seidenaffen* nachgewiesen.
Rudimentäre Organe, z. B. die funktionslos gewordenen Kopfhaut- und Ohrmuschelmuskeln oder der Wurmfortsatz des Blinddarms, weisen auf die Evolution auch des *Menschen* hin.
Insgesamt teilt der *Mensch* zahlr. spezialisierte Merkmale mit *Menschenaffen* und *Affen*, wenn er sich auch in mancherlei Weise durchaus von anderen *Primaten* deutlich unterscheidet (B).

Der Verlauf der Primaten-Evolution
Verständlicherweise interessiert sich der *Mensch* für die evolutionären Vorläufer seiner eigenen Art mehr als für die anderer. Paläontologie, Archäologie und Geschichtsforschung haben einen umfangreichen Faktenbestand zusammengetragen. Obwohl sich das Tempo der Entdeckungen in den letzten Jahrzehnten bedeutend beschleunigt hat, sind viele Stufen in der *Primaten*-Evolution noch im Dunkeln, viele ruhen wegen der bruchstückhaften Funde auf so unsicheren Fundamenten, daß zukünftige Entdeckungen mit Sicherheit die zur Zeit vertretenen Vorstellungen, das **wissenschaftl. Jeweilsbild**, revidieren dürften.
Mehrere **Hypothesen-Typen** versuchen, die Menschwerdung (Anthropogenese) innerhalb der *Primaten*-Evolution einzuordnen (C). Die Unterschiede zw. ihnen lassen sich im wesentlichen auf die versch. Antworten zu den Fragen zurückführen:
- Stammen die *Menschenartigen (Hominiden)* von irgendwelchen *Menschenähnlichen (Hominoiden)* ab?
- War die Wurzelform des *Hominiden*-Astes, DARWINS »ancient member« (AM), bereits im Sinne einer der drei heute lebenden *Hominoiden*-Familien *(Hylobatiden, Pongiden, Hominiden)* spezialisiert?

Diejenigen Hypothesen, die eine polyphyletische, d. h. vielwurzelige Abstammung oder eine solche von nicht-haplorhinen *Primaten* annehmen, widersprechen den modernen biol. Erkenntnissen vollständig, auch die Summoprimaten-, Hylobatiden-, Tieraffen- und Protokatarrhinen-Hypothesen scheinen nicht wohlbegründet zu sein. Von den übrigbleibenden gut belegten Lehrgebäuden hat durch die Funde der letzten Zeit die Protohom-Theorie (HAECKEL: Prothylobates-Hypothese) gegenüber der Dryopithecinen-Theorie sehr an Wahrscheinlichkeit gewonnen.

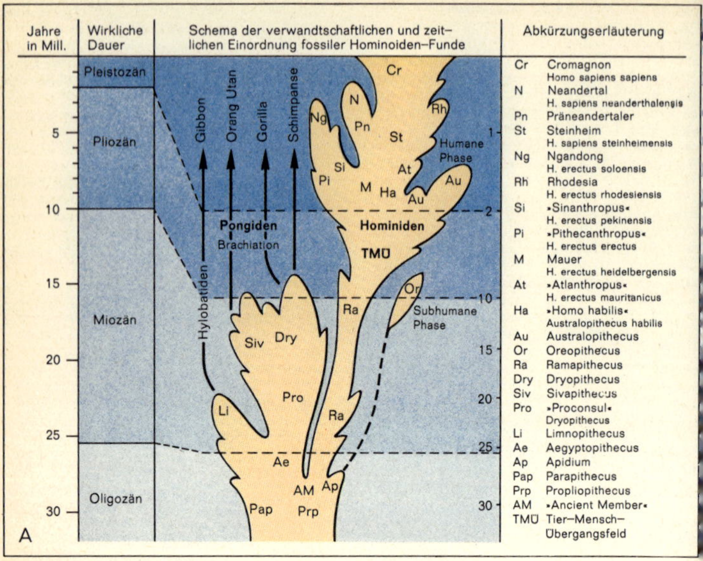

Schema der Hominoiden-Evolution (nach Heberer, Stand 1968)

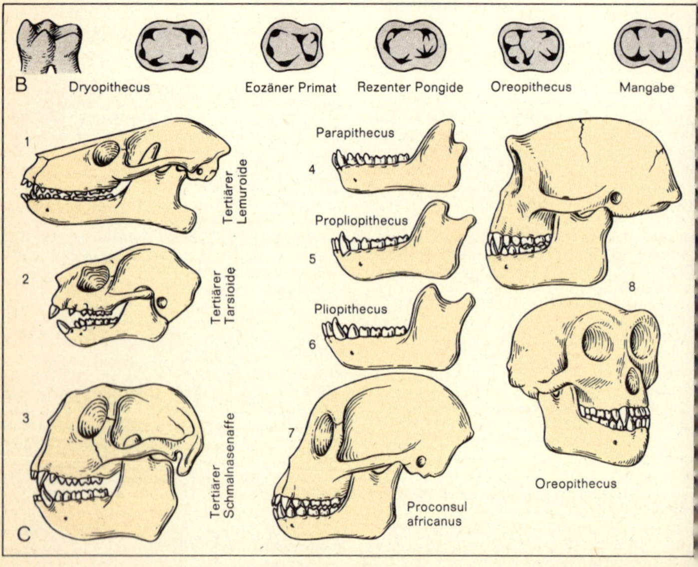

Höcker- und Leistenmuster der unteren Molaren (B); Schädel tertiärer Primaten (C)

Fossile Frühformen der Primaten
sind durch zahlr. Funde, meist Kieferreste und Zähne, bereits für das Paleozän, bes. aber das Eozän belegt. Ein Teil wird wegen der an primitive Merkmale der lebenden *Tarsier* erinnernden Züge **alttertiäre Tarsioidea** genannt und kann nur in den noch nicht spezialisierten Linien Vorläufer der *höh. Primaten* sein, z. B.
- die *Anaptomorphus-Washakius*-Gruppe aus dem Eozän Nordamerikas, deren Formen mit 3 Prämolaren vermutlich in Südamerika die *Plattnasenaffen (Platyrrhinen)* entwickelten, während die mit 2 Prämolaren nicht notwendigerweise Ahnen der *Schmalnasenaffen* sind *(Katarrhinen)*;
- die ostasiat. Formen wie *Amphipithecus* oder *Hoanghonius* (Annäherung an das fünfhöckrige »Dryopithecus-Muster« der Molaren aller *Hominoiden*, B).

Spätestens im Mitteleozän gab es neben den ursprüngl. *Halbaffen* als echte *Affen* die neuweltl. *Platyrrhinen* und altweltl. *Katarrhinen*.
Die phylogenetische Spaltung der Katarrhinen in die in Wirbelsäule und Bewegungsapparat primitiv bleibenden *Tieraffen* (*Cercopithecoidea*, geschwänzt, mit schnauzenartigem Wehrgebiß) und die *Menschenähnlichen (Hominoiden)*, die im Gebiß ursprüngl. Merkmale bewahrt haben, begann wahrscheinlich schon im Eozän, doch sind sichere *Hominoiden* erst aus dem Oligozän bekannt (Fayum, Ägypten):
- *Parapithecus* zeigt noch viele Primitivmerkmale eozän. Tarsioidea und noch die Zahnformel mit drei Prämolaren.
- *Propliopithecus*, ebenfalls eine kleine Form, ist gegenüber *Parapithecus* in vielen Merkmalen höher, in manchen deutlich in Richtung auf die rezenten *Hominoiden* (deutliches Dryopithecus-Muster) entwickelt.

Diese Arten, die nur durch Unterkiefer und Zähne repräsentiert sind, entsprechen natürl. nicht vollständig einer Ahnform der späteren *Hominoiden*, doch könnte *Propliopithecus* als Modell dienen (C).

Die miozänen Hominoiden
lassen bereits deutlich an teilweise umfangreichem Fundmaterial die Selbständigkeit der *Gibbons (Hylobatiden)* und großen *Menschenaffen (Pongiden)* erkennen:
- *Prohylobates* (Ägypten), *Limnopithecus* (Kenya) und *Pliopithecus* (Europa) werden von manchen Autoren als Vorläufer der rezenten *Gibbons* angesehen, die als kurzarmige Formen nicht wie diese Langarmschwinger auf Brachiation, d. h. die hangelnde Fortbewegung mit den Armen spezialisiert gewesen seien.
- Zahlr. Funde von *Dryopithecinen*, die von Europa bis Indien (Sivalikberge) und Afrika (Kenya) reichen, belegen die lebhafte evolutive Entfaltung dieser pongiden *Menschenaffen*, deren Zähne Ähnlichkeit mit denen von *Schimpansen* (z. B. *Dryopithecus germanicus* = Bohnerzzähne), *Gorilla (Dr. fontani, Proconsul major)* und *Orang (Sivapithecus himalayensis)* aufweisen, aber noch keine strukt. Brachiatoren waren.
- Die dryopithecine Gattung *Proconsul* ist aus 500 Funden bekannt, z. T. aus den gleichen, etwa 25 Mill. Jahre alten Schichten am Viktoria-See, die auch *Limnopithecus* enthielten. – Der schimpansengroße *Dryopithecus (Proconsul) africanus* lebte in lichten Waldsteppen, in denen er sich vermutlich meist vierfüßig (quadruped) am Boden, aber auch mit den Armen von Ast zu Ast kletternd oder schwingend bewegte. Er besaß nämlich die Greifhand des Stemmgreifkletterers und nicht (oder nur in Ansätzen?) die langfingrige, kurzdaumige Hakenhand und den langen Arm der heutigen schwingkletternden *Menschenaffen* (strukt. Brachiatoren). Eine Vorform wäre *Aegyptopithecus*.

Die Propliopithecus-Gruppe umschreibt den phylogenet. Bereich, in dem der Hominidenast vom Pongidenstamm abzweigt und mit dem im »ancient member« (AM) schließlich die selbständige Evolution der *Menschenartigen (Hominiden)* begann (A).
Dieses »ancient member«, dem vielleicht *Propliopithecus* nahe kommt, kann allerdings mangels fossiler Funde nur hypothet. rekonstruiert werden: Keine Spezialisation auf Brachiation oder Bipedie, d. h. gleichlange Vorder- und Hintergliedmaßen, weder verlängerte Seitenfinger und Mittelhand noch Längswölbung des Fußes, kein ponginer Handkantengang, sondern pavianähnl. Sohlengang; die 5 Höcker der Unterkiefermolaren bilden das Dryopithecus-Muster, der obere Eckzahn überragt die Nachbarzähne nur wenig.
Die Protohom-Theorie (Bergner) betrachtet proconsulähnliche präbrachiator. *Pongiden* der mitteltertiären Baumsteppe als dem Modell des AM ähnlich. Ihre Population besaß einen chrakterist. Genbestand, den sie in der einen Adaptationslinie im wesentlichen bewahrte und im Verlauf von etwa 20 Mill. Jahren (vom Miozän zum Pliozän) so durch neue Gene bereicherte, daß zusammen schließlich das Merkmalsgefüge der in den geschlossenen trop. Regenwald eingenischten Brachiatoren, also der heutigen *Menschenaffen (Ponginen)*, entstehen konnte. Die *Hominiden*-Linie dagegen paßte sich von *Propliopithecus* aus in dieser »subhumanen Phase«, in der die *Hominiden* sich noch auf einem tier. Status befinden und den bei *Tieren* wirksamen Evolutionsmechanismen unterliegen, an den Biotop der Steppe an. Es wurden weniger AM-Gene bewahrt, dafür viele hominiden-typ. Gene herausselektiert.
Die subhumane Phase
der *Hominiden*-Evolution erstreckte sich über mindestens 25 Mill. Jahre oder mehr als $1/2$ Mill. Generationen. Das fossile Fundmaterial wird noch ausgewertet:
- *Ramapithecus punjabicus* (mio-pliozänes Sivalikgebiet) zeigt hominid gestaltete Zahnbögen, kleine Eckzähne, verkürzten Kieferschädel. Ähnlich ist der afrikan. *Kenyapithecus (Ramapithecus) wickeri*.

Oreopithecus, der sich vermutl. von *Apidium* ableiten läßt, stand als Sumpfwaldspezialist der *Hominiden*-Linie nur nahe.

Rekonstruiertes Lebensbild eines Australopithecinen (nach Wilson)

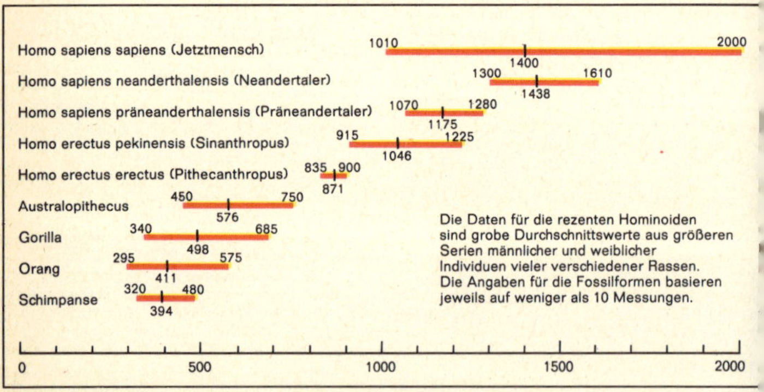

Schädelkapazität (Gehirnvolumen in ccm) einiger Hominoiden

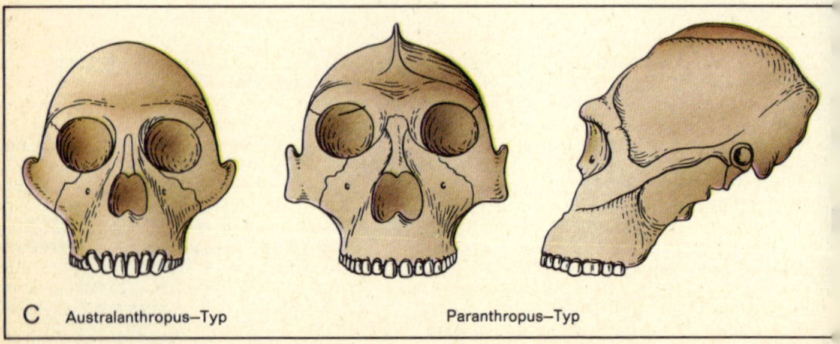

Rekonstruktionen von Australopithecinen-Schädeln

Das Tier-Mensch-Übergangsfeld (TMÜ)
steht am Ende jenes Selektionsprozesses, in dessen Verlauf der aufgerichtete, zweibeinige (bipede) Steppenläufer aus dem Genbestand der subhumanen Waldbewohner herausgezüchtet worden ist. Die Bedingungen dazu waren in dem Zwischenbiotop der Baumsteppe am günstigsten: Hier konnten die *subhumanen Hominiden* als Augentiere ihr schlechtes Witterungsvermögen durch das während des Baumlebens erworbene Raumsehen ausgleichen, und die von Fortbewegungsaufgaben zunehmend entlastete Hand wurde für neue Tätigkeiten frei, nicht zuletzt auch für den **Werkzeuggebrauch** zur Verteidigung (Ausgleich für fehlende Fluchtanpassungen). Dadurch wurde nicht nur die Rückbildung des pongiden Wehrgebisses, sondern auch innerhalb eines Mitkoppelungsmechanismus die Leistungssteigerung des Gehirns (Cerebralisation) und der Hand ermöglicht.
Diese, auf der Kombination von aufrechtem Gang, Freisetzung der Hand und Cerebralisation samt ihren funkt. Beziehungen beruhende **Hominisation** (Menschwerdung) verlief sicher nicht sprunghaft plötzlich; die alten Merkmale wurden langsam nacheinander durch neue fortschrittliche (progressive) ersetzt oder ergänzt (**»additive Typogenese«**), so daß mit einem ausgedehnten TMÜ im auslaufenden Pliozän (vor mehr als 3 Mill. Jahren) gerechnet werden kann.
Fossiles Urkundenmaterial liegt jetzt in den *Ramapithecinae* vor. Zudem erlaubt der anatom. Typus der *Australopithecinen* (s. u.) es, sie ungeachtet ihrer bereits humanen psych. Qualitäten als strukt. Modelle von TMÜ-*Hominiden* anzusehen (HEBERER).

Die humane Phase
schließt sich als letzter Abschnitt der menschl. Geschichtslinie an das TMÜ an. Sie ist vor allem durch eine psychosoziale Höherentw. charakterisiert (HUXLEY, OAKLEY). Daher wird der *humane Hominide* nicht allein durch anatom.-physische Merkmale seiner Leiblichkeit definiert (z. B. Gehirnvolumen, A), sondern vor allem durch die Funktionen des Gehirns. Diese lassen sich, da morpholog. Skelettmerkmale kaum Rückschlüsse auf geistige Fähigkeiten erlauben, in dieser Frühzeit nur archäolog. aus den »Geräten« jener *Hominiden* erschließen. Denn die **Herstellung von Geräten** ist gebunden an Logik und Abstraktion, an sinnvoll zukunftsbezogenes Planen, Verbessern naturgegebener Werkstoffe und Weitergabe handwerkl. Technik auf die folgende Generation (Tradition), damit auch an Weitergabe und Sammeln von Erfahrung im Zusammenhang mit der Entw. einer Symbolsprache. Damit trat der *humane Hominide* in das Wirkungsfeld einiger ständig in ihrer Komplexität sich steigernder kybernet. Systeme, die z. B. in den von der Selektion gerichteten Wechselbeziehungen zw. Gerät, Hand und Gehirn bestehen oder in der Erschaffung einer künstl., vom *Menschen* geschaffenen Umwelt, die ihrerseits wieder auf die Evolution zurückwirkt (Selbstdomestikation).

Die Australopithecinen (B)
vereinen in ihrem Körperbau ein Mosaik sowohl menschenäffischer wie menschl. Merkmale. Sie veranschaulichen damit nicht nur das Evolutionsprinzip einer additiven Typogenese, sondern erweisen den Modellcharakter der *Australopithecinen* für einen TMÜ-*Hominiden* hinsichtl. des **physischen Status.**
Als **pongoid** werden gewertet
- die Proportionierung des Schädels mit großem Kiefer- und kleinem Hirnschädel,
- das Innenraumvolumen des Hirnschädels, das noch in die Variationsbreite der heutigen *Menschenaffen* fällt (A).

Hominid sind dagegen
- die Art und Anordnung der Zähne (kleine Eckzähne, bogenförm. Zahnreihe und das Fehlen einer Zahnlücke),
- die Länge der Gliedmaßen,
- der durch die S-förmig gebogene Wirbelsäule, die Beckenform und den Standfuß belegte Aufrechtgang.

Das absolute erdgeschichtl. Alter der *Australopithecinen* hat sich nach neuen Grabungserfolgen auf > 2,8 Mill. Jahre vergrößert (Fundort: Kanapoi/Ostafrika).
Die zahlr. Funde in Afrika (Tansania, Transvaal) lassen bisher zwei Typengruppen unterscheiden, die als Arten aufgefaßt werden und wahrscheinlich versch. Anpassungsformen darstellen (C):
Der Australopithecus-Typ (A-Typ) mit einem wenig spezialisierten Gebiß und normaler Kaumuskulatur war vorwiegend Fleischesser, feingebaut und nur 120 cm groß;
- *Australopithecus africanus*, 1. Fund 1924 bei Taung an der Grenze Transvaal/Betschuanaland, ferner etwa 100 Individuen (z. B. *»Plesianthropus«)* aus Transvaal (Sterkfontein, Makapansgat);
- *A. habilis (»Präzinjanthropus«)*, nach dem Entdecker LEAKEY *»Homo habilis«*, aus dem ostafrikan. Oldoway/Serengeti-Rand.

Der Paranthropus-Typ (P-Typ) besaß bes. große Backenzähne und eine kräftige Kiefermuskulatur, die nicht nur an der Hirnschädeloberfläche, sondern auch an einem spez. knöchernen Scheitelkamm ansetzte. Dieser vegetarisch lebende robuste »Nußknackermensch« war 150 cm groß;
- *Paranthropus (Australopithecus) robustus*, aus Kromdraai und Swartkrans/Transvaal,
- *P. (= Zinjanthropus) boisei*, Oldoway.

Demnach repräsentiert der P-Typ einen etwas abweichend entw. *Australopithecinen*, während der A-Typ, bes. der älteste aus Oldoway (unterstes Pleistozän, 1,5–2 Mill. Jahre alt) der menschl. Evolutionslinie näher gestanden haben mag. Direkter Vorfahre kann aber auch er wegen der eigenart. Diff. und des zu geringen geolog. Alters nicht gewesen sein.
Im **psychischen Status** waren die *Australopithecinen* vom A-Typ bereits human, denn sie stellten einfache Geräte her, Knochengeräte (aus Makapansgat), Geröllgeräte und primitivste Faustkeile (aus Oldoway), auch Steinringe als Windschutz. Demgemäß steht den *Australopithecinen* der Name »*Urmensch*« zu.

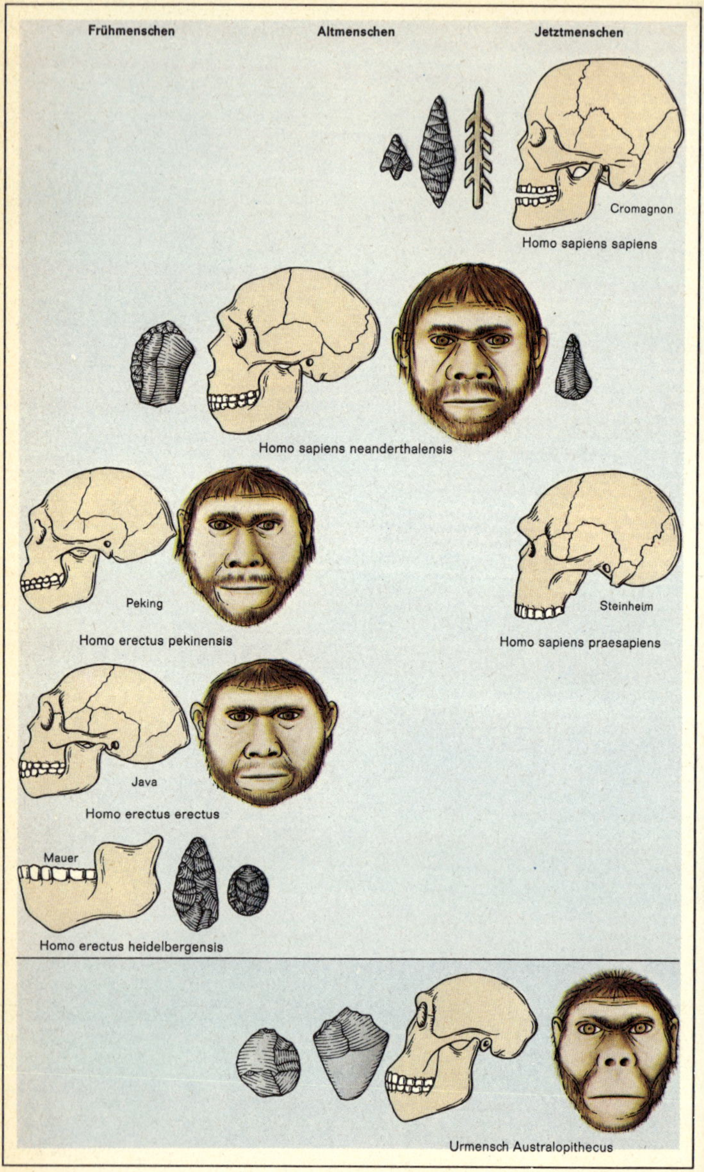

Urmenschen (Australopithecinen) und Vollmenschen (Euhomininen)

Das Jeweilsbild der eiszeitl. Geschichte der *Vollmenschen* = *(Eu)Homininen* hat sich in den hundert Jahren seiner wissenschaftl. Erforschung ständig gewandelt, weil
- die Zahl der Fossilbelege stetig wuchs,
- sich die Erkenntnis durchsetzte, daß die Funde nur selten als direkte Vorläufer (Ancestoren) der heutigen *Menschen* angesehen werden können,
- die Populationsgenetik die Enge des Art- und Typusbegriffes sprengte, als sie das Ausmaß innerartl. Variation zeigte.

Entspr. herrschte lange ein Chaos in der Benennung und systemat. Gliederung, da Funde, die zunächst in den Rang versch. Gattungen erhoben waren, heute weitgehend als zu der einzigen Gattung »*Homo*« gehörend zusammengefaßt werden müssen. Auch die zahlreichen Artnamen fossiler *(Eu)Homininen* repräsentieren keine versch. Arten im Sinne der Genetik und Systematik.
Angesichts dieser Schwierigkeit gliedert HEBERER ohne Berücksichtigung einer systematisch entspr. fixierten Benennung die *(Eu)-Homininen* nur nach morpholog. Merkmalen in 3 Großgruppen.

Die Frühmenschen *(Archanthropinen)*
sind bereits unterpleistozän räuml. auffällig weit verbreitet; die extreme Randlage einiger ihrer Fundorte verweist auf einen zentraler gelegenen, bisher aber nicht ermittelten Ursprungsraum, in dem die ersten *(Eu)Homininen* aus subhumanen *Hominiden* hervorgegangen sind.
Frühmenschen stellten nicht nur Geräte her, sie weiteten auch durch Nutzung von Feuer und Felshöhlen ihre Wohngebiete über die Tropen hinaus aus. Sie waren Jäger und Fleischesser, manche Kannibalen.

»Pithecanthropus erectus« (= *Homo erectus erectus)*, klass. Erstfund eines *Frühmenschen*, durch DUBOIS 1891 bei Trinil/Java geborgen: flacher Schädel, Hirnvolumen unter 1000 ccm, starke Überaugenwülste, betont schnauzenart. Kiefer; mittelpleistozän, in der primitiveren Form »*Pithecanthropus erectus modjokertensis*« vielleicht unterpleistozän.

»Sinanthropus pekinensis« (= *H. erectus pekinensis)*, zunächst 1927 von BLACK in Choukoutien/China gefunden; eng verwandt mit den javan. Formen, aber mit größerem Gehirnvolumen. Jetzt neue Funde, als *H. erectus lantianensis* bezeichnet (WOO).

»Homo heidelbergensis« (= *H. erectus heidelbergensis)*, der einzige europ. Fund (nur Unterkiefer) eines *Archanthropinen*, 1907 in Mauer bei Heidelberg gefunden; er verbindet relativ modern anmutende Zähne mit einem massigen, kinnlosen Kiefer.

»Homo rhodesiensis« (= *H. erectus rhodesiensis)* aus Broken Hill/Rhodesien und von der Saldanha-Bay bei Kapstadt, war ausgeprägt schlank und hochwüchsig, zeigt eigentümliche, teilweise moderne Züge; dem Alter (spätes Oberpleistozän) entspricht eine jungpaläolithische Kultur (fortgeschrittenes Levalloisien).

Die Altmenschen *(Paläanthropinen)*,
bisher nur aus spätpleistozänen Funden in Westeuropa, Nordafrika und Westasien bekannt, lassen sich nur schwer von frühmenschl. Funden (z. B. Rhodesia- und Ngandong-Typ) abgliedern und umfassen entspr. dem zeitl. Auftreten und der zunehmenden Spezialisierung zwei Formenkreise.

Der »Präneandertaler« (= *Homo sapiens präneanderthalensis*) der letzten Warmzeit (Riß-Würm-Interglacial, 110 bis 75 Tausend Jahre vor der Gegenwart) aus Weimar-Ehringsdorf, Krapina/Kroatien, Ganovce/Slowakei zeigt die Merkmale des klass. *Neandertalers* erst in abgemilderter Form und ist dessen direkter phylogenet. Vorläufer.

Der »Homo neanderthalensis« (= *Homo sapiens neanderthalensis)* stellt mit über 130 Individuen den zentralen Fundkomplex: Gibraltar 1848 (zunächst nicht erkannt), Neandertal bei Düsseldorf 1856, Spy/Belgien, La Chapelle aux Saints, Le Moustier, Petralona (Griechenland), Monte Circeo (Italien), Dschebel Irhoud (Nordafrika), Usbekistan, Palästina. Ihr Vorkommen in der letzten Kaltzeit (Würm) läßt sie zu Zeitgenossen später *Archanthropinen* und früher *Jetztmenschen* werden; die Bildung von möglichen Mischpopulationen scheint evolutionär unbedeutend gewesen zu sein. Der typ. *Neandertaler* war klein (155–165 cm), kurzbeinig, gedrungen, mit fliehender, niedriger Stirn und Überaugenwülsten (Proskopinie), ausladendem Hinterkopf. Er verfertigte Steingeräte der Moustérien-Kultur, bestattete Tote und zeigt dabei Ansätze einer metaphysischen Beziehung. Als spez. Anpassungsform starben seine Populationen nacheiszeitlich aus.

Die Jetztmenschen *(Neanthropinen)*
leiten sich nicht von dem Neandertaler-Typ ab, sie haben mindestens schon in der Riß-Würm-Warmzeit ihre Eigengeschichte. Mit der **Präsapiens-Gruppe**, die modellhaft den Beginn der *Jetztmenschen* »*Homo sapiens*«, vielleicht auch den der *Altmenschen* vertritt, reichen sie sogar bis in das Mittelpleistozän (Mindel-Riß-Warmzeit); zwei sicher datierte Funde repräsentieren den *Homo sapiens praesapiens:*

Steinheim a. d. Murr/Süddeutschland: Schädel eines vermutlich weibl. Individuums mit altmenschl. proskopiner Stirn, aber sapienshaftem hinterem Schädelabschnitt. Kulturelle Reste sind nicht bekannt.

Swanscombe/England: Scheitel- und Hinterhauptsbeine, dem *Steinheimer* ähnlich, aber stärker neanthropin trotz der rekonstruierten Proskopinie. Die mitgefundene Kultur enthält Faustkeile vom mittl. Acheuléen und Levalloisien-Geräte.

In der Würm-Kaltzeit, vor etwa 40000 Jahren, tritt schließlich in weltweiter Verbreitung die **Sapiens-Gruppe** auf. Der moderne *Mensch (Homo sapiens sapiens)* war von Anfang an ein Wanderer und Kolonisator, gegenwärtig scheint es jedoch noch nicht möglich, seinen Ursprungsort zu lokalisieren.

Ausbreitung des Menschen

Die biol. Ursachen der Menschwerdung stellen für die Evolutionsforschung eines der zentr. Probleme dar, und obwohl für vergangene Ereignisse keine experiment. Beweisführung möglich ist, konnten doch Analysen der kulturellen und sozialen Struktur sowie der Lebensbedingungen der frühen *Hominiden* Hinweise auf die entscheidenden Auslesefaktoren geben.

Allerdings sind die Zusammenhänge hypothet. und sehr komplex. Deshalb können nur wenige mögl. Wirkungsketten verfolgt werden:

1. Raumvorstellung und Greifhand: Die pongiden Vorfahren der *Hominiden* hatten sicher wie alle rezenten *Affen* mit Greifhänden die Fähigkeit, innerhalb ihres Baumbiotops Richtungen, Entfernungen und genaue Lagebeziehungen exakt zu erfassen; ein Unvermögen oder Irrtum hätte tödl. Folgen haben können. Diese Raumvorstellung (»Zentrale Repräsentanz des Raumes«) ermöglicht nach LORENZ den *höh. Primaten* auch, in diesem Vorstellungsraum nicht nur sich selbst zu bewegen, sondern auch best. Objekte der Umwelt. Statt durch die Versuch-Irrtum-Methode handelnd eine Lösung zu finden (Lernkreis, I, S. 16 f.), benutzen sie höchst energie- und risikosparend das »zentrale Raummodell«, um die gesamte Operation in ihrer Vorstellung durchzuprobieren (Denkkreis, I, S. 16 f.). Dadurch sind Ansätze zum Denken und planmäßigen Verfertigen von Geräten vorhanden. Im Prozeß der Menschwerdung förderten sich Geräteherstellung, Handfertigkeit, Denkvermögen und aufrechte Körperhaltung wahrscheinlich wechselseitig in einem Rückkoppelungsvorgang (II, S. 497) und verliehen ihren Besitzern einen immer größeren adaptiven Vorteil.

2. Sexualität und Familienintegration: Die nicht-hominiden Vorfahren des *Menschen* hatten wahrscheinl. eine ähnl. soziale Organisation wie die *Menschenaffen*. Bei polygamen Beziehungen wurden die sex. aktiven Männchen und entspr. die passiven Weibchen von der Auslese bes. begünstigt, aber die Energien der aktivsten und ranghöchsten Männchen wurden durch das Fernhalten von Rivalen und Feinden verbraucht, die Aufzucht der Jungen blieb den Weibchen überlassen. Diese Sozialorganisation war nur im trop. Waldbiotop mit der Fülle an Nahrung für Weibchen und Nachkommen tragbar. Mit dem Übergang zur omni- oder karnivoren Lebensart der Baumsteppe und Steppe, zu einer jagenden, die Nahrung sammelnden Wirtschaftsweise mußte eine andere Arbeitsteilung durch die Auslese gefördert werden.

Die auf den *Menschen* beschränkte dauernde weibl. Sexualbereitschaft machte ein monogames Familienleben möglich und befreite damit den Mann von der steten Notwendigkeit, Rivalen abzuwehren. Er konnte sich auf die Tätigkeiten außerhalb des Wohnplatzes spezialisieren, konnte Unterdrükkung und Rivalität in Zusammenarbeit umwandeln. Letztere erforderte Nachrichtenaustausch und regte die Entw. der Sprache an.

3. Elterliche Fürsorge und Domestikation: Die Zufallsstreuung einer hohen Sterblichkeit bei Jungtieren, die die richtende Wirkung der Selektion mindert, wird durch elterl. Fürsorge eingeschränkt, wobei die Befähigung dazu mit steigender Gehirnevolution anwuchs. Beide scheinen durch Rückkoppelung ursächl. miteinander verknüpft gewesen zu sein:

> Mit wachsender Gehirngröße nahm die Entw.-Geschwindigkeit des Kindes ab, die Dauer seiner Pflegebedürftigkeit damit zu (sek. Nesthocker, I, S. 156 f.); dies wiederum erhöhte den Selektionswert der elterl. Fürsorge und damit die Auslese in Richtung auf ein leistungsfähigeres Gehirn.

Als Folge der Entwicklungshemmung beim Kind stellt LORENZ ein Fortdauern von Jugendmerkmalen **(Neotenie)** in den Vordergrund: Der *Mensch* erhält sich eine **weltoffene Neugier** nahezu über sein ganzes Leben. Der Selektionswert bedarf keiner Erläuterung.

4. Instinktreduktion und Freiheit des Handelns: Im Zusammenhang mit der Domestikation wurden vermutlich auch erbl. fixierte und daher starre Verhaltensweisen von plastischeren, adaptiven und individuellen Reaktionen verdrängt.

Einerseits mag diese Instinktreduktion in Fortsetzung der kindl. Abhängigkeit und natürl. Bereitschaft, Autorität, z. B. der Erwachsenen anzuerkennen, durch eine gewisse soziale Norm- und Prägbarkeit des einzelnen abgesichert gewesen sein. Nach WADDINGTON legte dieses nicht-genet. Determinationssystem schließlich die Grundlagen für eine Entw. von Sittenlehren und religiösen Dogmen.

Andererseits wurde mit schrumpfender Instinktsicherheit in der Auseinandersetzung mit der Umwelt der Freiheitsgrad des Handelns neu erweitert. Dabei wurde durch die Auslese die Fähigkeit erhebl. begünstigt, übernommene oder persönl. Erfahrungen zu sammeln, zu verbinden und schließlich einen an das Großhirn gebundenen Erkenntnisapparat zu entwickeln, der es dem Menschen gestattete, eine richtige Theorie der realen Welt (s. Einleitung, I, S. 11) zu formulieren und damit diese Welt auch im zweckgerichteten Handeln zu beherrschen.

Ansätze zu falscher Theorienbildung wurden sicher in der natürl. Evolution rasch ausgeschaltet. Übrig blieben also nur diejenigen Populationen, deren Erkenntniskategorien sich infolge der ständigen Korrektur durch die Selektion immer mehr an die Kategorien der realen Welt anpaßten. Der ungeheure Selektionsvorteil stattete den *Menschen* mit einem Denkvermögen aus, welches weitgehend die Strukturen der realen Welt zu erfassen erlaubt.

Die Evolution des *Menschen* läßt in allen seinen konstitutiven Merkmalen einen Rückkoppelungsmechanismus erkennen, der zwei Vererbungssysteme, das biol. und das kulturelle, umfaßt. Ihre kausale Verknüpfung machte den Menschen zur erfolgreichsten Art der Erde.

Bibliographie

Allgemeine und Spezielle Biologie

Bertalanffy, L. von: Theoretische Biologie. Francke, Bern 1951.
Bogen, H. J.: Knaurs Buch der modernen Biologie. Droemer-Knaur, München-Zürich 1967.
Denffer, D. von/Schumacher, W./Mägdefrau, K./Firbas, F.: Strasburger, Lehrbuch der Botanik für Hochschulen. G. Fischer, Stuttgart (1966^{28}) 1967^{29}.
Frisch, K. von: Biologie. Bayerischer Schulbuch-Verlag, München 1967.
Grzimek, B. u.a.: Grzimeks Tierleben. Kindler, München [im Erscheinen].
Handbuch der Biologie. Athenaion, Konstanz 1959/1960.
Hartmann, M.: Allgemeine Biologie. G. Fischer, Stuttgart 1953^{4}.
Hesse, R./Doflein, F.: Tierbau und Tierleben, Bd. I, II. B. G. Teubner, Leipzig-Berlin 1910.
Hofmann, E.: Dynamische Biochemie. Akademie-Verlag, Berlin 1966.
Koch, H./Steinecke, F./Siedentop, W./Straub, J.: Schmeils naturwissenschaftliches Unterrichtswerk (Allgemeine Biologie). Quelle & Meyer, Heidelberg (1958^{5}) 1967^{11}.
Kühn, A.: Grundriß der allgemeinen Zoologie. Thieme, Stuttgart (1964^{15}) 1967^{16}.
Linder, H.: Biologie. Metzler, Stuttgart 1967^{16}.
Nultsch, W.: Allgemeine Botanik. Kurzes Lehrbuch für Mediziner und Naturwissenschaftler. Thieme, Stuttgart (1964^{1}) 1966^{2}.
Rensch, B.: Biologie II (Zoologie). Fischer Bücherei, Frankfurt am Main 1963 (88. bis 100. Tsd. 1968).
Rensch, B.: Homo sapiens. Vom Tier zum Halbgott. Vandenhoeck & Ruprecht, Göttingen 1965^{2}.
Strugger, S.: Biologie I (Botanik). Fischer Bücherei, Frankfurt am Main 1962.
Troll, W.: Allgemeine Botanik. Enke, Stuttgart (1954^{2}) 1959^{3}.
Ungerer, E.: Die Wissenschaft vom Leben, Bd. III. Alber, Freiburg 1966.
Wurmbach, H.: Lehrbuch der Zoologie. G. Fischer, Stuttgart 1957 (Bd. I) und 1962 (Bd. II).

Geschichte und Wissenschaftstheorie

Arber, A.: Sehen und Denken in der biologischen Forschung. Rowohlt, Hamburg 1960.
Bavink, B.: Ergebnisse und Probleme der Naturwissenschaften. S. Hirzel, Zürich 1954^{10}.
Bünning, E.: Theoretische Grundfragen der Physiologie. Piscator, Stuttgart 1949^{2}.
Diepgen, P.: Geschichte der Medizin. Bd. I, II a/b. de Gruyter, Berlin 1949, 1951, 1955.
Flechtner, H.-J.: Grundbegriffe der Kybernetik. Wissenschaftliche Verlagsgesellschaft, Stuttgart 1967.
Hartmann, M.: Die philosophischen Grundlagen der Naturwissenschaften. G. Fischer, Jena 1948.
Hassenstein, B.: Biologische Kybernetik. Quelle & Meyer, Heidelberg 1965.
Lorenz, K.: Methoden der Verhaltensforschung; in: Handbuch der Zoologie, Bd. 8. de Gruyter, Berlin 1957.
Mittelstaedt, H.: Die Regelungstheorie als methodisches Werkzeug der Verhaltensanalyse. Die Naturwissenschaften 1961/8.
Mohr, H.: Das Gesetz in der Biologie; in: Freiburger Dies universitatis, Bd. 12. H. F. Schulz, Freiburg i. Br. 1965.
Schrödinger, E.: Geist und Materie. F. Vieweg u. Sohn, Braunschweig 1959.
Straass, G.: Modell und Erkenntnis. Zur erkenntnistheoretischen Bedeutung der Modell-Methode in der Biologie. G. Fischer, Jena 1963.
Thienemann, A.: Vergleichende Beobachtung und Experiment in der Biologie. Studium Generale 1948/5.
Weizsäcker, C. F. von: Das Experiment. Studium Generale 1947/1.
Weizsäcker, C. F. von: Die Tragweite der Wissenschaft, Bd. I. S. Hirzel, Stuttgart 1964.

Zellen- und Gewebelehre, mikroskopische Anatomie

Bargmann, W.: Histologie und mikroskopische Anatomie des Menschen. Thieme, Stuttgart 1962^{4}.
Bourne, G. H.: Division of Labor in Cells. Academic Press, New York-London 1964.
Bucher, O.: Histologie und mikroskopische Anatomie des Menschen. Huber, Bern-Stuttgart 1962^{3}.
Buchsbaum, R.: Animals without Backbones. University Chicago Press, Chicago 1948.
Hertel, H.: Struktur – Form – Bewegung. Krausskopf, Mainz 1963.
Hoffmann-Berling, H.: Mechanismen von Zellbewegungen. Die Naturwissenschaften 1963/7.
Klima, J.: Cytologie. G. Fischer, Stuttgart 1966.
Klug, H.: Bau und Funktion tierischer Zellen. Franckh, Stuttgart 1965.
Loewy, A. G./Siekevitz, P.: Die Zelle. Bayerischer Landwirtschaftsverlag, München 1967.
Lüdtge, E.: Praktikum der vergleichenden Zoohistologie. G. Fischer, Jena 1963.

Metzner, H. (Hrsg.): Die Zelle. Struktur und Funktion. Wissenschaftl. Verlagsgesellschaft, Stuttgart 1966.
Mörike, K. D./Mergenthaler, W.: Biologie des Menschen. Quelle & Meyer, Heidelberg 1959[4].
Picken, L. E. R.: The Organization of Cells and other Organisms. Clarendon Press, Oxford 1962.
Porter, K. R./Bonneville, M. A.: Einführung in die Feinstruktur von Zellen und Geweben. Springer, Berlin u.a. 1965.
Sitte, P.: Bau und Feinbau der Pflanzenzelle. G. Fischer, Stuttgart 1965.
Swanson, C. P.: Cytologie und Cytogenetik. G. Fischer, Stuttgart 1960.
Wagner, R.: Rückkoppelung und Regelung, ein Urprinzip des Lebendigen. Die Naturwissenschaften 1961/8.
Wallraff, J.: Leitfaden der Histologie des Menschen. Urban & Schwarzenberg, München-Wien-Innsbruck 1958.
Watzka, M.: Kurzlehrbuch der Histologie und mikroskopischen Anatomie des Menschen. Schattauer, Stuttgart 1957.
Westphal, O., Lüderitz, O.: Die biologische Bedeutung der chemischen Feinstruktur bakterieller Zellgrenzflächen. Die Naturwissenschaften 1963/12.
Wittekind, D.: Pinozytose; in: Verhandl. der Gesellsch. dtsch. Naturforscher u. Ärzte 1962. Springer, Berlin u.a. 1963.
Wohlfarth-Bottermann, K. E.: Grundelemente der Zellstruktur; in: Verhandl. der Gesellsch. dtsch. Naturforscher u. Ärzte 1962. Springer, Berlin u.a. 1963.

Organologie und Morphologie

Kämpfe, L./Kittel, R./Klapperstück, J.: Leitfaden der Anatomie der Wirbeltiere. G. Fischer, Jena 1966[2].
Kükenthal, W./Matthes, E.: Leitfaden für das zoologische Praktikum. Piscator, Stuttgart (1950[12]), 1967[15].
Portmann, A.: Einführung in die vergleichende Morphologie der Wirbeltiere. Schwabe, Basel (1948) 1965[3].

Fortpflanzung und Entwicklung

Austin, C. R.: Die Befruchtung. Franckh, Stuttgart 1967.
Goerttler, K.: Entwicklungsgeschichte des Menschen. Springer, Berlin u.a. 1950.
Hämmerling, J.: Fortpflanzung im Tier- und Pflanzenreich. de Gruyter, Berlin 1951[2].
Hartmann, M.: Geschlecht und Geschlechtsbestimmung im Tier- und Pflanzenreich. de Gruyter, Berlin 1951[2].
Hartmann, M.: Die Sexualität. G. Fischer, Stuttgart 1956[2].
Kühn, A.: Entwicklungsphysiologie. Springer, Berlin u.a. 1965[2].
Lengerken, H. von: Die Brutfürsorge- und Brutpflegeinstinkte der Käfer. Akadem. Verlagsgesellschaft, Leipzig 1954[2].
Luckhaus, G.: Fortpflanzung und Nomenklatur im Pflanzen- und Tierreich. Parey, Berlin-Hamburg 1965.
Pflugfelder, O.: Lehrbuch der Entwicklungsgeschichte und Entwicklungsphysiologie der Tiere. G. Fischer, Jena 1962.
Seidel, F.: Entwicklungsphysiologie der Tiere, Bd. I, II. de Gruyter, Berlin 1953.
Starck, D.: Embryologie. Ein Lehrbuch auf allgemein biologischer Grundlage. Thieme, Stuttgart 1955.
Sussman, M.: Physiologie der Entwicklung. Franckh, Stuttgart 1965.

Ökologie

Eibl-Eibesfeldt, I.: Galapagos. Piper, München 1960 (16.–23. Tsd. 1964).
Filzer, P.: Pflanzengemeinschaft und Umwelt. Enke, Stuttgart 1956.
Gösswald, K.: Unsere Ameisen. I und II. Franckh, Stuttgart 1954, 1955.
Grzimek, B.: Serengeti darf nicht sterben. Ullstein, Berlin 1959 (152.–158. Tsd. 1965).
Kühnelt, W.: Grundriß der Ökologie unter besonderer Berücksichtigung der Tierwelt. G. Fischer, Jena 1965.
Lundegårdh, H.: Klima und Boden in ihrer Wirkung auf das Pflanzenleben. G. Fischer, Jena 1957[5].
Runge, F.: Die Pflanzengesellschaften Westfalens. Aschendorffsche Verlagsbuchhandlung, Münster 1961[2].
Thienemann, A.: Die Binnengewässer in Natur und Kultur. Springer, Berlin u.a. 1955.
Thienemann, A.: Leben und Umwelt. Rowohlt, Hamburg 1956.

Systematik

Bold, H. C.: Das System der Pflanzen. Franckh, Stuttgart 1965.
Brohmer, P.: Fauna von Deutschland. Quelle & Meyer, Heidelberg (1949) 1964[9].

Kaestner, A.: Lehrbuch der Speziellen Zoologie. G. Fischer, Stuttgart [im Erscheinen].
Miehe, H./Mevius, W.: Taschenbuch der Botanik. 2. Teil. Thieme, Stuttgart 1963[13].
Schmeil, O./Fitschen, J.: Flora von Deutschland. Quelle & Meyer, Heidelberg (1950) 1965[77].
Walter, H.: Grundlagen des Pflanzensystems. Einführung in die Phytologie. Bd. II. Ulmer, Stuttgart 1961[3].
Weber, H.: Grundriß der Insektenkunde. G. Fischer, Stuttgart 1966[4].

Stoffwechsel-, Hormon-, Sinnes-, Nerven- und Bewegungsphysiologie

Ammon, R./Dirscherl, W.: Fermente, Hormone, Vitamine. Bd. II. Thieme, Stuttgart 1960.
Autrum, H.: Die Arbeitsweise einzelner Sinneszellen; in: Naturwissenschaftliche Rundschau 2/1961.
Bersin, Th.: Biochemie der Vitamine. Akadem. Verlagsgesellschaft, Frankfurt am Main 1966.
Brauner, L./Rau, W.: Versuche zur Bewegungsphysiologie der Pflanzen. Springer, Berlin u.a. 1966.
Eccles, J. C.: Funktionsweisen des neuralen Mechanismus im Zentralnervensystem; in: Naturwissenschaftliche Rundschau 2/1961.
Flaschenträger, B./Lehnartz, E.: Physiologische Chemie. Springer, Berlin u.a. 1951–1959.
Florey, E.: An Introduction to General and Comparative Animal Physiology. Philadelphia, London 1966.
Fragner, J.: Vitamine. G. Fischer, Jena 1964, 1965.
Frye, B. E.: Hormonal Control in Vertebrates. The MacMillan Company, New York 1967.
Galston, A. W.: Physiologie der grünen Pflanze. Franckh, Stuttgart 1964.
Gans, C.: Es geht auch ohne Beine; in: Das Tier 6/1967.
Heidermanns, C.: Grundzüge der Tierphysiologie. G. Fischer, Stuttgart 1957[2].
Hensel, H.: Allgemeine Sinnesphysiologie. Springer, Berlin u.a. 1966.
Herter, K.: Vergleichende Physiologie der Tiere. I: Stoff- und Energiewechsel, II: Bewegung und Reizerscheinungen. de Gruyter, Berlin 1950.
Hoar, W. S.: General and Comparative Physiology. Prentice Hall, Inc. Englewood Cliffs, New York 1966.
Holzer, H.: Intrazelluläre Regulation des Stoffwechsels. Die Naturwissenschaften 1963.
Huber, B.: Die Saftströme der Pflanzen. Springer, Berlin u.a. 1956.
Karlson, P.: Kurzes Lehrbuch der Biochemie für Mediziner und Naturwissenschaftler. Thieme, Stuttgart (1966[5]) 1967[6].
Klotz, I. M : Grundlagen biochemischer Energetik. Thieme, Stuttgart 1960.
Koller, G.: Hormone. de Gruyter, Berlin 1949.
Lullies, H./Trincker, D.: Taschenbuch der Physiologie. Bd. I: Vegetative Physiologie. G. Fischer, Stuttgart 1967.
Netter, H: Theoretische Biochemie. Springer, Berlin u.a. 1959.
Rapoport, S. M.: Medizinische Biochemie. VEB Verlag Volk u. Gesundheit, Berlin 1966[4].
Rein, H./Schneider, M.: Einführung in die Physiologie des Menschen. Springer, Berlin u.a. 1966[15].
Schmidt, H. (Hrsg.): Der Flug der Tiere. Kramer, Frankfurt am Main 1960.
Schubert, E.: Physiologie des Menschen. G. Fischer, Jena 1966.
Thews, G.: Der Transport der Atemgase; in: Verhandl. der Gesellsch. dtsch. Naturforscher u. Ärzte 1962. Springer, Berlin u. a. 1963.

Verhaltensforschung

Baerends, G. P.: Aufbau tierischen Verhaltens; in: Kükenthal, Handbuch der Zoologie, 8, 10 (3). de Gruyter, Berlin 1956.
Carthy, J. D.: Tiere in ihrer Welt. F. A. Brockhaus, Wiesbaden 1967.
Dethier, V./Stellar, E.: Das Verhalten der Tiere. Franckh, Stuttgart 1964.
Dylla, K.: Verhaltensforschung. Quelle & Meyer, Heidelberg 1964.
Eibl-Eibesfeldt, I.: Grundriß der vergleichenden Verhaltensforschung. Piper, München 1967.
Friedrich, H. (Hrsg.): Mensch und Tier. Deutscher Taschenbuch Verlag, München 1968.
Frisch, K. von: Aus dem Leben der Bienen. Springer, Berlin u.a. (1959) 1964[7].
Hediger, H.: Tierpsychologie im Zoo und im Zirkus. Reinhardt, Basel 1961.
Hofstätter, P.: Psychologie. Fischer Bücherei, Frankfurt am Main 1957 (332.–356. Tsd. 1967).
Lorenz, K.: Das sogenannte Böse. Borotha-Schoeler, Wien 1963.
Lorenz, K.: Er redete mit dem Vieh, den Vögeln und den Fischen. Deutscher Taschenbuch Verlag, München 1964.
Lorenz, K.: So kam der Mensch auf den Hund. Deutscher Taschenbuch Verlag, München 1965.
Lorenz, K.: Über tierisches und menschliches Verhalten. Band I und II. Piper, München 1965 (46.–55. Tsd. 1966 [I]; 33.–40. Tsd. 1966 [II]).
Portmann, A.: Zoologie und das neue Bild des Menschen. Rowohlt, Hamburg 1958.
Remane, A.: Das soziale Leben der Tiere. Rowohlt, Hamburg 1960.
Rensch, B.: Gedächtnis, Abstraktion und Generalisation bei Tieren. Arbeitsgemeinschaft für Forschung, Nordrhein-Westfalen 1962.

Rensch, B.: Die höchsten Hirnleistungen der Tiere; in: Naturwissenschaftliche Rundschau 3/1965.
Saint-Paul, U. von: Zur Frage der hierarchischen Ordnung instinktiven Verhaltens; in: 4. Biologisches Jahresheft. Hrsg. Verband Deutscher Biologen, 1964.
Tembrock, G.: Verhaltensforschung. G. Fischer, Jena (1961) 1964².
Tinbergen N.: Die Welt der Silbermöwe. Musterschmidt, Göttingen u.a. 1958.
Tinbergen, N.: Instinktlehre. Parey, Berlin-Hamburg (1964) 1966⁴.
Tinbergen, N.: Tiere untereinander. Parey, Berlin-Hamburg 1967².
Uexküll, J. von/Kriszat, G.: Streifzüge durch die Umwelten von Menschen und Tieren. Rowohlt, Hamburg 1956.
Walther, F.: Mit Horn und Huf. Vom Verhalten der Horntiere. Parey, Berlin-Hamburg 1966.

Genetik und Evolutionslehre

Auerbach, Ch.: Genetik. Econ, Düsseldorf 1967.
Becker, P. E.: Humangenetik. Ein kurzes Handbuch in 5 Bänden. Thieme, Stuttgart 1964.
de Beer, G.: Bildatlas der Evolution. Bayerischer Landwirtschaftsverlag, München 1966.
Bonner, D. M./Mills, St. E.: Die Vererbung. Franckh, Stuttgart 1966.
Bresch, C.: Klassische und molekulare Genetik. Springer, Berlin u.a. 1965.
Brewbaker, J. L.: Angewandte Genetik. G. Fischer, Stuttgart 1967.
Cain, A. J.: Die Tierarten und ihre Entwicklung. G. Fischer, Jena 1959.
Colbert, E. H.: Die Evolution der Wirbeltiere. G. Fischer, Stuttgart 1965.
Darwin, Ch.: Die Entstehung der Arten. Reclam, Stuttgart 1963.
Delevoryas, T.: Prinzipien der Pflanzenphylogenie. Bayerischer Landwirtschaftsverlag, München 1967.
Dobzhansky, Th.: Die Entwicklung zum Menschen. Parey, Berlin-Hamburg 1958.
Dobzhansky, Th.: Dynamik der menschlichen Evolution. S. Fischer, Frankfurt am Main 1965.
Dobzhansky, Th.: Vererbung und Menschenbild. Nymphenburger Verlagshandlung, München 1966.
Fritz-Niggli, H.: Vererbung bei Mensch und Tier. Thieme, Stuttgart 1961².
Fuhrmann, W.: Taschenbuch der allgemeinen und klinischen Humangenetik. Wissenschaftl. Verlagsgesellschaft, Stuttgart 1965.
Hanson, E. D.: Die Entstehung der Formen. Franckh, Stuttgart 1965.
Hardin, H.: Naturgesetz und Menschenschicksal. Cotta, Stuttgart 1962.
Heberer, G. (Hrsg.): Die Evolution der Organismen. I und II. G. Fischer, Stuttgart 1959².
Heberer, G. (Hrsg.): Menschliche Abstammungslehre. Fortschritte der Anthropogenie 1863–1964. G. Fischer, Stuttgart 1965.
Heberer, G. (Hrsg.): Die Evolution der Organismen I. G. Fischer, Stuttgart 1967³.
Heberer, G.: Der Ursprung des Menschen. G. Fischer, Stuttgart 1968.
Heberer, G./Kurth, G./Schwidetzky-Roesing, I.: Anthropologie. Fischer Bücherei, Frankfurt am Main 1959.
Heberer, G./Walter, H./Schwidetzky, I.: Anthropologie. Frankfurt am Main 1968.
Huxley, J.: Entfaltung des Lebens. Fischer Bücherei, Frankfurt am Main 1954.
Jinks, J. L.: Extrachromosomale Vererbung. G. Fischer, Stuttgart 1967.
Jukes, Th. H.: Molecules and Evolution. Columbia University Press, New York 1966.
Kalmus, H.: Genetik. Ein Grundriß. Thieme, Stuttgart 1966.
Koenigswald, G. H. R. von: Die Geschichte des Menschen. Springer, Berlin 1968².
Kühn, A.: Grundriß der Vererbungslehre. Quelle & Meyer, Heidelberg 1961³.
Levine, R. P.: Genetik. Bayerischer Landwirtschaftsverlag, München 1966.
Mayr, E.: Animal Species und Evolution. The Belknap Press of Harvard University Press, Cambridge (Mass.) 1963.
Medawar, P. B.: Die Zukunft des Menschen. S. Fischer, Frankfurt am Main 1962.
Müller, A. H.: Großabläufe der Stammesgeschichte. G. Fischer, Jena 1961.
Oparin, A. J.: Das Leben. Seine Natur, Herkunft und Entwicklung. G. Fischer, Jena 1963.
Pirchner, F.: Populationsgenetik in der Tierzucht. Parey, Berlin-Hamburg 1964.
Remane, A.: Ist Oreopithecus ein Hominide? Verlag der Akademie der Wissenschaften u. Literatur in Mainz, F. Steiner, Wiesbaden 1955.
Rensch, B.: Neuere Probleme der Abstammungslehre. Enke, Stuttgart 1954².
Rensch, B. (Hrsg.): Handgebrauch und Verständigung bei Affen und Frühmenschen. Huber, Stuttgart-Bern 1968.
Rieger, R.: Die Genommutationen. G. Fischer, Jena 1963.
Rieger, R./Michaelis, A.: Die Chromosomenmutationen. G. Fischer, Jena 1967.
Savage, J. M.: Evolution. Bayerischer Landwirtschaftsverlag, München 1968.
Simpson, G. G.: Zeitmaße und Ablaufformen der Evolution. Musterschmidt, Göttingen 1951.
Smith, K. M.: Biologie der Viren. Parey, Berlin-Hamburg 1967.
Stahl, F. W.: Mechanismen der Vererbung. G. Fischer, Stuttgart 1967.

Starck, D./Schneider, P./Kuhn, H.-J.: Neue Ergebnisse der Primatologie. G. Fischer, Stuttgart 1967.
Stern, C.: Grundlagen der menschlichen Erblehre. Musterschmidt, Göttingen 1955.
Stubbe, H.: Kurze Geschichte der Genetik bis zur Wiederentdeckung der Vererbungsregeln Gregor Mendels. G. Fischer, Jena 1965².
Stubbe, H.: Induzierte Mutationen und ihre Nutzung. Akademie-Verlag, Berlin 1967.
Vogel, F.: Lehrbuch der allgemeinen Humangenetik. Springer, Berlin u.a. 1961.
Wallwitz, U./Gosda, W./Schmidt, H.: Probleme der Molekularbiologie. Akademie-Verlag, Berlin 1966.
Weber, E.: Mathematische Grundlagen der Genetik. G. Fischer, Jena 1967.
Weidel, W.: Virus und Molekularbiologie. Springer, Berlin u.a. 1964².
Wieland, Th./Pfleiderer, G. (Hrsg.): Molekularbiologie. Umschau-Verlag, Frankfurt 1967.
Wright, S.: Evolution and the Genetics of Populations. University of Chicago Press, Chicago 1967.
Zeuner, F. E.: Geschichte der Haustiere. Bayerischer Landwirtschaftsverlag, München 1967.
Zimmermann, W.: Die Phylogenie der Pflanzen. G. Fischer, Stuttgart 1959².

Quellennachweis für Band 1 und 2

Sämtliche Abbildungen wurden für den Deutschen Taschenbuch Verlag nach Entwürfen der Autoren gezeichnet; für die folgenden Abbildungen benutzten die Autoren Vorlagen: 340 E–G nach Autrum (1961); 390 C, 394 C, 398 F nach Baerends (1956); 70 E nach Benninghoff, in Bargmann (1962); 462 A, C, 498 nach de Beer; 442 nach Bresch; 256 F, G nach Brohmer (1949); 74 D–H nach Bucher (1962); 62 A, F, 64 C–F, H, 76 E, 80 A, C, 94 A–C, E, 98 F, 102 A, 198 A–C, 204 B, D–H, 208 A, B, 230 A–C, 232 A, C, 234 B, 236 A, B, J, 238, 240 nach Denffer u.a. (1966); 138 A–C, 290 B, 296 B, C, E, 332 A, D, E, 336 A–E, G, H, 338 A, B, F, 376 A, C nach Denffer u.a. (1967); 486 B, 494 C nach Dobzhansky (1958); 318 C nach Dobzhansky (1966); 398 F nach Dylla (1964); 368 B nach Eccles (1967); 264 B nach Eibl-Eibesfeldt (1960); 398 A nach Eibl-Eibesfeldt (1967); 408 A–D nach v. Frisch (1959); 214 D, E, 216 E nach v. Frisch (1967); 198 D nach Galston (1964); 380 B, C nach Gans (1967); 214 F–H nach Gösswald (1954); 210 B nach Grzimek (1959); 402 D nach Grzimek (im Erscheinen); 460 B, C nach Tischler, in: Handbuch der Biologie III/1; 448 C, 456, 464 C nach Heberer (1959); 500 nach Heberer (1965); 482 B nach Heberer (1967); 494 A nach Heberer (1968); 496 B, C nach Heberer/Kurth/Schwidetzky; 404 A nach Hediger (1961); 294 E, 298 A, C, D, 300 B, C, 340 A–D, 342 B, D, F, 346 B, D, 352 A, B, 354 A, E–G, 356 A, B, 358 D, 368 C, 374 A nach Heidermanns (1957); 294 F nach Herter (1947); 314 nach Herter (1950); 196 F nach Wesenberg-Lund, in Hesse/Doflein; 212 B, C, 216 F, G, 218 A, C, E, 224 B, 342 F, 344 A–C, 346 A, C nach Hesse/Doflein (1910); 382 C nach Hofstätter (1957); 310 B–D nach Holzer (1963); 292 C–E, 338 G nach Huber (1956); 110 D, 226 B, 242 A, B, D–F, H, J, L, 244 A, C, E, F, 246 B–E, 248, 250 A–E, 252, 254 F–H, 256 C, D, 258 F, 260 A, B, H nach Kaestner (im Erscheinen); 420, 426 nach Kalmus; 276 F, 284 B, 330 A nach Karlson (1966); 196 C nach Schlottke, in Kühn (1961); 446 D nach Seiler, in Kühn (1961); 458 B nach Mayr, in Kühn (1961); 458 D nach Timofeef, in Kühn (1961); 464 B, D nach Mittmann, in Kühn (1961); 104, 106, 108 D, E, 110 A–C, 112 A–C, 114, 116 B–D, 118 A–D, 120 A, C, 254 A, 258 G, 260 J, 294 A, B, 300 A, 334 A–D nach Kühn (1964); 148 nach Bonner (1944), in Kühn (1965); 178 B nach Voigt (1929), in Kühn (1965); 178 C nach Holtfreter (1938), in Kühn (1965); 178 F nach Holtfreter (1944), in Kühn (1965); 210 C, 214 B, 220 A, 404 C, D nach Kühnelt (1965); 116 C, 242 G, 244 B, 294 C nach Kükenthal/Matthes (1950); 84 B nach Kummer; 222 E nach Linder (1967); 388 A, B, E, 398 E, 412, 414 A, B, 470 nach Lorenz (1965); 200, 202 A nach Lundegårdh (1957); 148 A nach Barber, in Mayr (1963); 458 A nach Mayr (1963); 460 A nach Dobzhansky/Pavlovsky (1957), in Mayr (1963); 84 C–F, 88 F, G, 90 C nach Mörike/Mergenthaler (1959); 488 nach Müller (1961); 26, 30 A–C, 32 C, 54 E, 132 B, 280 G, 432 nach Nultsch (1964); 122 C nach Pflugfelder (1962); 120 B nach Portmann (1948); 348 A nach Rapoport (1966); 342 G, H, 348 B–D, 352 E, F, 356 C, 358 A–C, F, 360 B, 362 B, C, 366, 368 A, D, 370, 372, 374 B–E, 376 E, F, 378 A, B nach Rein/Schneider (1966); 494 B nach Remane (1955); 406 B nach Remane (1960); 342 A, E, 344 D, E, 352 D, 354 B, D, 364 B, 380 A nach Rensch (1963); 410 nach Rensch (1965); 206 A nach Runge (1961); 386 C, D nach v. Saint-Paul (1964); 108 A–C, 202 D nach Schmeil (1958); 380 D–F nach Schmidt (1960); 186 nach Starck (1955); 296 A, F, 332 C nach Strugger (1962); 384 B, 398 B nach Tembrock (1961); 316 B nach Thews (1963); 384 A, C, 386 A, B, 388 C, F, 392, 394 A, B, 396 B, C, 400 nach Tinbergen (1964); 62 B–D, G, H, 64 A, B, G, 76 A–D, 78, 92, 94 D, F, 96 D, 100 A, 102 E, F, 124 D–F, 202 B, C, 204 A, C, 206 D, 292 B, 332 B, 334 B, E, 336 F, 338 C, D nach Troll (1954); 398 C, D, 402 A–C, E nach Walther (1966); 112 E, 294 D, 342 C, 344 F–H, 352 C, 364 A nach Weber (1966).

Register

Der Übersichtlichkeit halber ist das Register geteilt: im Namenverzeichnis sind alle Tier- und Pflanzennamen, im Sach- und Personenverzeichnis alle übrigen Stichwörter aufgenommen. Die Übersetzungen der im Text nicht näher erläuterten Fachausdrücke stehen in Klammern hinter den entsprechenden Stichwörtern.

Namenverzeichnis

Sach- und Personenverzeichnis

Halbfette Ziffern: Das Stichwort steht auf dieser Seite an zentraler Stelle.